国家出版基金项目
NATIONAL PUBLICATION FOUNDATION
"十二五"国家重点图书出版规划项目
中国森林生态网络体系建设出版工程

浙江现代林业发展战略

Modern Forestry Development Strategy for Zhejiang

彭镇华　等著
Peng Zhenhua etc.

中国林业出版社
China Forestry Publishing House

图书在版编目（CIP）数据

浙江现代林业发展战略 / 彭镇华等著 . —北京：中国林业出版社，2014.12
“十二五”国家重点图书出版规划项目
中国森林生态网络体系建设出版工程
ISBN 978-7-5038-7746-9

Ⅰ. ①浙… Ⅱ. ①彭… Ⅲ. ①林业经济 – 经济发展战略 – 研究 – 浙江省 Ⅳ. ① F326.275.5

中国版本图书馆 CIP 数据核字（2014）第 274427 号

出版人：金 旻
中国森林生态网络体系建设出版工程
选题策划 刘先银 策划编辑 徐小英 李 伟

浙江现代林业发展战略
统 筹 刘国华
责任编辑 何 鹏

出版发行 中国林业出版社
地 址 北京西城区刘海胡同 7 号
邮 编 100009
E - mail 896049158@qq.com
电 话 （010）83143525 83143544
制 作 北京大汉方圆文化发展中心
印 刷 北京中科印刷有限公司
版 次 2014 年 12 月第 1 版
印 次 2014 年 12 月第 1 次
开 本 889mm × 1194mm 1/16
字 数 610 千字
印 张 26.5
彩 插 8 面
定 价 159.00 元

前　言
PREFACE

进入 21 世纪，为了促进我国林业现代化建设，在国家层面开展了“中国可持续发展林业战略研究”，提出了“确立以生态建设为主的林业可持续发展道路；建立以森林植被为主体的国土生态安全体系；建设山川秀美的生态文明社会”为核心的新时期林业发展战略指导思想，强调了“生态建设，生态安全、生态文明”这一“三生态”的核心发展理念。2003 年，《中共中央 国务院关于加快林业发展的决定》充分吸收战略研究的成果，对林业做出新的定位，指出：“在贯彻可持续发展战略中，要赋予林业以重要地位；在生态建设中，要赋予林业以首要地位；在西部大开发中，要赋予林业以基础地位。”林业在国家经济社会可持续发展中的地位空前突出。

加快现代林业建设，实现林业现代化，是中国林业发展的重要战略取向。什么是“现代林业？”相关研究指出（江泽慧，2000）：现代林业是充分利用现代科学技术和手段，全社会广泛参与保护和培育森林资源，高效发挥森林的多种功能和多重价值，以满足人类日益增长的生态、经济和社会需求的林业。

中国林业现代化，是一个不断赶超世界先进水平的现代林业建设过程，是以生态理念指导林业、用市场手段推动林业、科技创新支撑林业、现代制度保障林业，建设完备的林业生态体系、发达的林业产业体系和丰富的森林文化体系，实现林业可持续发展，不断满足经济社会发展对林业的生态、经济、社会和文化需求。

中国林业发展和生态建设已进入了一个快速发展的历史新时期。在全面推进西部大开发中林业生态建设的同时，国家林业局根据“中国可持续发展林业战略研究”确立的“东扩、西治、南用、北休”的战略布局，提出了区域林业发展的战略构想。浙江省委、省政府提出了率先建成小康社会，率先基本实现现代化的宏伟发展目标，大力推进生态省建设和林业发展。浙江省是中国林业相对发达的省份，森林覆盖率为 60.5%，居全国第 3 位，2004 年林业总产值 979 亿元人民币，位居全国第一。浙江省率先提出，到 2020 年，建成比较完备的森林生态体系和比较发达的林业产业体系，森林覆盖率稳定在 62% 以上，林业行业产值达到 2000 亿元人民币，在全国率先基本实现林业现代化。因此，浙江省被作为了国家林业局推动林业现代化建设的试点省。通过对浙江省林业现代化发展的定位、理念、内涵以及指导思想、发展目标的研究，以期深化对林业现代化建设规律的认识，研究成果必将为探索浙江乃至中国林业现代化发展道路做出积极的贡献。

目录
CONTENTS

前 言

总 论

各　论

总　论

第一章　浙江林业发展背景与现状

一、发展背景

（一）自然资源

浙江省地处中国东南沿海、长江三角洲南翼，东临东海，南接福建，西与江西、安徽相连，北与上海、江苏接壤。陆域面积 10.18 万平方公里，占全国的 1.06%，是中国面积最小的省份之一。全省海岸线总长 6486 公里，居中国首位；有面积 500 平方米以上岛屿 3061 个，是中国岛屿最多的一个省份。

浙江属亚热带季风气候，四季分明，光照充足，降水充沛。年平均气温 15~18℃，年降水量 1000~2200 毫米。

浙江地形复杂，山地和丘陵占 70.4%，平原和盆地占 23.2%，河流和湖泊占 6.4%，耕地面积仅 208.17 万公顷，故有“七山一水两分田”之说。地势由西南向东北倾斜，大致可分为浙北平原、浙西丘陵、浙东丘陵、中部金衢盆地、浙南山地、东南沿海平原及滨海岛屿等六个地形区。省内有钱塘江、瓯江、灵江、苕溪、甬江、飞云江、鳌江、京杭运河（浙江段）等八条水系；有杭州西湖、绍兴东湖、嘉兴南湖、宁波东钱湖四大名湖及人工湖泊千岛湖。

浙江物种资源丰富，名优特产多。茶、桑、柑橘等中外著名，山核桃、香榧等干果占全国产量的 70% 以上，乌桕、厚朴、山茱萸等为全国重点产区，毛竹产量居全国前列。全省有木本植物 109 科 423 属 1407 种，有兽类、鸟类、爬行类、两栖类野生动物 105 科 635 种。

（二）社会经济

近十几年来，浙江经济发展迅速，特别是外向型经济和民营经济发展走在全国前列，主要表现为：

（1）经济总量大，产业结构趋于高级化。2004 年浙江省生产总值突破万亿元大关，达到 11243 亿元，是全国第四个经济总量突破万亿元的省份。财政总收入 1424 亿元，其中地方财政收入 806 亿元。外贸出口总额 581.6 亿美元。全年城镇居民人均可支配收入 14546 元，农村居民人均纯收入 6096 元。三次产业结构为 7.3%：53.7%：39%。

（2）民营经济活跃，外贸依存度高。2004 年浙江省民营经济占 GDP 的比重为 63%。2004 年共有商品交易市场 4049 个，商品交易市场成交额 6384 亿元，在全国名列前茅。全省有民营企业30.2万家，个体工商户158.5万户，个私工业总产值、销售总额、社会消费品零售总额、出口创汇额四项指标连续7年居全国第一。民营经济出口152亿美元，占全省出口总额的36.5%，超过了国有及国有控股企业和外商企业。2004年对外贸易总额达852.3亿美元，其中出口581.6亿美元，进口270.7亿美元，实现贸易顺差310.9亿美元，位居全国第一。外贸依存度达到62.7%。民营企业的快速发展使浙江从一个“资源小省”迅速发展为“全国经济大省”。

（3）城市化进程快。浙江有杭州、宁波2个副省级城市，温州、湖州、嘉兴、绍兴、金华、衢州、舟山、台州、丽水9个地级市，36个县、22个县级市、32个市属城区，837个镇、562个乡、212个街道。目前，城市化水平达50.1%。

（4）人口密度大，环境负荷重。到2004年末，浙江省常住人口为4719.57万人。其中，农村人口为2199.4万人，城镇人口为2480.1万人；人口密度464人/平方公里。全年人口自然增长率为4.95‰。全省耕地面积208.17万公顷，人均耕地仅0.66亩。

二、林业发展现状与潜力

（一）建设成就

改革开放以来，浙江省委、省政府高度重视林业工作，采取了一系列重大政策措施，取得了可喜的成绩。主要表现在：

1. 森林资源总量有了显著提高

多年来，经过封山育林和大规模植树造林活动，浙江如期实现了“五年消灭荒山、十年绿化浙江”的宏伟目标。进入新世纪，省委、省政府提出“建万里绿色通道、创千亿林业产值、造浙江秀美山川”的奋斗目标，重点抓好生态公益林、万里绿色通道、平原城镇绿化、林业产业化四大工程。经过多年来的建设和发展，全省森林覆盖率由第一次资源清查（1979年）时的36.4%，提高到第六次清查时（2004年）的60.5%，活立木总蓄积量由9874万立方米增加到19382.93万立方米，实现了森林面积、蓄积的双增长。

2. 大力推进林业生态建设，生态环境明显改善

沿海防护林体系建设初具规模。自1991年启动沿海防护林体系工程建设以来，累计造林面积达五百多万亩，沿海基干林带已基本合拢，沿海地区生态环境恶化趋势得到初步遏制。

生态公益林建设全面启动。在全省9000多万亩林业用地内界定了3000万亩重点生态公益林，全面实施了封山育林、人工造林（补植）及退耕还林，使森林得到有效保护，水土流失状况明显好转，生态功能不断增强，综合效益明显提高。

通道绿化建设步伐加快。2000年以来，采取工程化建设、项目化管理、市场化运作，累计建成绿色通道6600多公里，形成了沪杭甬、甬台等一批具有区域特色、高标准、高质量、生态与经济效益相结合的示范路段。

野生动植物保护与自然保护区建设稳步推进。目前全省共建设各类自然保护区20个，总面积10.03万公顷。其中，湿地保护区5个，面积3923公顷。自然保护小区353个，总面积6.8万公顷。自然保护区与自然保护小区合计占全省国土面积的1.7%。

3. **全面加强平原城镇绿化建设，城乡人居环境明显改善**

公众的生态意识显著提高，全省各地把加强城市绿化和生态环境建设作为提高城市品位、改善投资环境、促进城市化进程的重要举措。全省城市和县城绿化覆盖面积59639公顷，各类公园704个，全省设市城市建成区面积1250平方公里，绿化覆盖率31.1%，绿地率27.7%，人均公共绿地面积7.49平方米。涌现出一大批“省级绿色小城镇”和全国绿化“千佳村”。

4. **积极发展林业产业，林业效益显著增强**

全省林业产业逐步向区域化、规模化、特色化方向发展，形成了一批有各自特色、有一定规模的块状经济区。2000年以来，全省在建林业特色基地215个，面积达217万亩，其中省级基地46个，面积62.2万亩。林业产业的组织化程度有了较大的提高，已经组建各类行业协会和专业合作组织200多个。2004年全省林业行业社会总产值达979亿元，比1999年的415亿元翻了一番还多。

以木竹加工为主的林业企业数量不断增加，规模逐步扩大，装备水平和研发能力不断提高，涌现了一批上规模的龙头企业，形成了一批具有区域特色的产业带。以木材为原料的加工业比较发达，木材加工及其制品的产值在整个林业产业中居第一位。竹加工年产值78亿元，竹业年总产值100亿元。新建国家森林公园9个，新建省级森林公园19个，目前全省省级以上森林公园已达73个，年接待游客超千万人次。花卉苗木快速发展，面积已达103万亩。野生动物合理开发利用已经起步。

5. **加强森林资源保护，资源安全保障能力不断增强**

浙江省高度重视森林防火工作，防火机制由被动防火转为主动防火，建立了“百县千支万人森林扑火队伍”；生物防火林带建设逐步完善，防火预警体系初步建立，防火设施配备逐步加强。森林病虫害综合治理工作不断深化，森林病虫害预测预报与防治体系已基本建立，松材线虫、日本松干蚧、松毛虫等有害生物得到有效控制。森林公安、林政管理等执法队伍建设和依法治林工作不断加强。森林限额采伐、林地征占用管理和生物多样性保护工作进一步强化。

6. **林业科技支撑水平不断提高，林业政策法规日益健全**

林业科技源头创新能力不断增强，林业科技管理规范化，科技与林业生产结合日益紧密，高新技术研发能力不断增强，企业自主创新能力逐步提高。“十五”期间，林业获得省级以上科技进步奖85项，其中获国家科技进步二等奖1项；厅局级科技进步奖210多项。通过转化和技术推广产生经济效益110亿元。目前，浙江科技发展对林业经济增长的贡献份额约为49%，科技成果转化率约为50%。林业科技总体处于全国先进水平。

修订出台了《浙江省森林管理条例》《浙江省农民合作社条例》等一系列政策法规，使林业发展逐步走上了规范化、法治化道路；初步建立了生态公益林补偿机制，使生态公益林建设得到基本保障；林地使用权流转试点工作初见成效，林地规模经营得以实现，使有限的林地资源得到有效利用。

7. **林业发展对社会的贡献日益增大**

2004年全省从林业发展直接受益的林农达800余万人，同时林业二产、三产还为100

余万人提供了就业岗位。全省50个山区县（市、区）的农业人口2281.27万人，占全省总人口的50.1%，占全省农业人口的67.2%，林业发展将直接惠及这些区县的广大山区农民。如花卉业已成为全省农业十大支柱产业之一。以绿化观赏花木为主的浙江花卉产品遍销全国，市场占有率超过20%。2004年，全省花卉种植面积达130万亩，是2000年的5.7倍，产值达66亿元，从业人员达40余万。

（二）存在问题

森林是陆地生态系统的主体，林业是生态建设的主体，在推进全面建设小康社会的伟大进程中，肩负着重要使命。尽管浙江省林业已取得很大成绩，但与肩负的重要使命还不相适应，存在不少问题，主要包括：

一是对林业的认识难以适应以生态建设为主的林业发展战略的需要。浙江林业处在重要的变革和转折时期，正经历着由木材生产为主向以生态建设为主的历史性转变。在全面建设小康社会、提前实现现代化的发展过程中，经济体制和经济增长方式的根本性转变，使林业工作发生了深刻的变化。根据这些变化，努力推进林业的历史性转变，要求在指导思想上，牢牢把握以生态建设为主，紧紧围绕生态建设、生态安全、生态文明的总体要求，实现认识的转变。

二是森林质量不高，资源安全保障能力不足，生态功能仍较脆弱。全省森林覆盖率虽然已经很高，但林地单位面积的生物量仍然较低，林分结构、树种组成、林龄结构、林种组合不尽合理。全省有林地面积中，森林生态功能好、中、差3个等级的比例分别为0.37%、78.04%和21.59%。全省森林的生态功能指数为0.4628，森林生态功能总体评价属中等偏下。森林资源结构性矛盾突出。森林生态系统的多样性总体上属中等偏上水平，森林的生态功能不能满足生态安全的需求，全省生态建设任务长期而艰巨。森林资源保护压力大，过度消耗甚至破坏森林资源的现象依然存在，森林火灾和森林病虫害对林业的威胁仍很严重。林业基础设施建设有待加强。2005年，浙江人均GDP超过3000美元，人们对生态环境的要求空前高涨，现有的森林和生态已不能满足浙江人民日益增长的生态环境需求。

三是城市林业发展滞后。近几年，浙江省城市林业建设发展较快，绿化工作取得了一定的成绩，城市生态环境得到改善。但是，城市林业建设无论在规模、数量、结构及生态环境作用上与其得天独厚的自然条件和社会经济发展很不相称，存在绿地规划面积少、布局欠合理、群落结构简单、绿化树种单一等问题。

四是乡村生态环境建设没有得到足够重视。在以往农村发展的重点一直集中在脱贫致富，对以乡村绿化、村容村貌整治为核心的农村生态环境建设没有引起足够重视，政府投入更是严重不足。特别是近年来随着浙江民营、乡镇企业的蓬勃发展，污染问题日益突出，"垃圾靠风刮，污水靠蒸发"，已成为制约农村经济社会可持续发展的重要因素之一。改善星罗棋布的广大乡村的人居环境，创建绿色和谐生态家园，促进城乡生态建设一体化，是建设社会主义新农村的重要内容和必然要求。

五是以沿海防护林为主体的沿海生态安全体系建设亟待加强。沿海地区是自然灾害多发区域，长期遭受着风暴潮的危害，并面临着海啸的威胁。经过多年的建设，浙江省沿海防护林体系框架基本形成，沿海地区湿地得到较好保护，农业综合生产能力不断提高，人居环境有效改善。然而，沿海防护林建设也存在着总量不足、质量不高、人为破坏、投入不足、法律保障和科技支撑滞后等问题，致使其难以承担抵御特大风暴潮和海啸的重任。进一步加强浙江省沿海防护林体系建设是保障浙江生态安全以及构筑我国东南沿海生态屏障的重要内容。

六是林业产业组织化、规模化程度较低。千家万户的分散经营导致规模化程度低。林业产业组织化程度、市场竞争力都需要进一步提升，高附加值、精深加工产品不多。与林业发达国家和社会对林业的需求相比，林业产业发展水平有待于进一步提高，林业经济增长方式集约化程度尚有较大发展空间。

七是林业管理机制亟待进一步创新。林业投入相对不足，民间资本进入林业的机制还不健全，政策保障措施尚需完善。为适应林业现代化建设的需要，在城市林业、公益林建设投入、林地流转、森林采伐等方面的政策机制有待于进一步建立和规范。

八是林业科技支撑能力有待增强。浙江林业要实现现代化，必须坚持科技兴林的方针，依靠现代的科技来发展林业，用先进的手段来管理林业。技术储备、科技人才、科研投入和科技支撑不足等问题仍然在很大程度上制约着浙江林业的发展。

（三）发展潜力

1. 得天独厚的自然条件

浙江位于东海之滨，长江三角洲南翼，地处亚热带常绿阔叶林地区，光、热、水、气、土等自然地理条件十分优越，适宜林业发展。全省山地面积占 70.4%，森林覆盖率居全国前列。生态系统多样，物种资源丰富，素有我国“东南植物宝库”之称，有木本植物 109 科、423 属、1407 种，其中不少属于国家重点保护和本省特有或稀有树种。野生动物种类繁多，有兽类、鸟类、爬行类、两栖类野生动物 105 科、635 种，其中列入国家一、二级保护动物 123 种。大力发展现代林业，建设自然保护区、保护生物多样性不仅是客观的要求，也具有很大的发展潜力。

2. 雄厚稳健的经济发展

经济基础是林业建设的物质保证。2004 年，浙江省国内生产总值 11243 亿元，财政 1424 亿元，城镇居民可支配收入 14546 元，农民人均纯收入 6096 元，已进入全面建设小康社会新阶段，为林业现代化建设奠定了雄厚的物质基础。2005 年，浙江人均 GDP 超过 3000 美元，进入了经济发展的转型时期。人们消费需求由单一的经济向生态、经济全面需求转变，为林业的发展提出更高的要求。以生态为主的林业建设需要强大的资金支持，公共财政是投入的主体。充裕的民间资本、灵活的市场机制有利于非公有制林业发展。经济体制改革、机制创新、超前观念的先发优势，为推动林业发展提供强大的动力。

3. 前所未有的发展机遇

中共中央、国务院《关于加快林业发展的决定》的颁布，标志着以生态建设为主的新的时代已经到来。国家林业局不仅将浙江省作为全国率先实现林业现代化的试点省，而且根据“东扩、西治、南用、北休”的区域林业发展战略要求，作为“东扩”重要省份的浙江进一步加快林业发展步伐。浙江省委、省政府提出了“创建生态省”战略举措。这都为浙江林业现代化建设带来了前所未有的发展机遇。

4. 方兴未艾的森林旅游

浙江生态环境优越，森林景观优美，人文古迹荟萃，旅游资源丰富。尤其是杭州、舟山、天目山、千岛湖等自然山水风光在国内外都享有很高的声誉。随着我国经济发展、社会进步和人民生活水平的提高，人们对回归自然、走进森林的愿望日益强烈。浙江是全国人民，尤其是长江三角洲地区人民游览观光的重要目的地。浙江发展以森林旅游、森林文化为主体的人文林业具有巨大潜力。

5. 蓬勃发展的城市林业

城市森林是城市现代化、生态化的重要特征，是城市文明进步的重要标志。近年来我国城市林业建设迅速兴起。浙江是中国城市化程度比较高的省份。截至2003年年末，全省城市化水平达到53%，高出全国12.5个百分点。在此进程中大气污染、水污染、土壤污染、光污染、噪音污染、城市热岛效应等一系列的环境问题相应而生，使得建设城市森林以改善生态环境的任务显得日益重要。

6. 坚强有力的组织领导

浙江省各级党委、政府对林业高度重视，公众参与能力不断增强。先后出台了《浙江省生态环境建设规划》《浙江省可持续发展规划纲要》和《关于“十五”期间加强浙江省生态环境保护工作的通知》，建立了环境保护目标责任制。根据浙江省目前的环境质量和良好的经济社会发展基础，浙江是中国最有希望最早建成生态省的省份。发展林业具有得天独厚的条件。生态需求已成为第一需求，效益林业已成为农业增效、农民增收的有效途径，公众参与意识和社会林业的发展，给新时期林业带来了新的活力。

三、林业现代化的基本内涵及浙江林业发展阶段

（一）基本内涵

中国林业现代化，是一个不断赶超世界先进水平的现代林业建设过程，是以生态理念指导林业、市场手段推动林业、科技创新支撑林业、现代制度保障林业，建设完备的林业生态体系、发达的林业产业体系和丰富的森林文化体系，实现林业可持续发展，不断满足经济社会发展对林业的生态、经济、社会和文化需求。

林业现代化建设，要求以科学发展观、可持续发展理论为指导，遵循以人为本、生态优先的原则，以科技创新为支撑，充分利用现代科学技术和手段，以森林生态工程建设为重点，以宏观调控和市场手段为动力，依法治林为核心的管理制度为保障，全社会广泛参与保护和培育森林资源，广泛参与国际交流与合作，建设发达的森林生态体系、林业产业体系、林业管理体系和森林文化体系，实现林业资源、生态和产业协调发展，高效发挥森林的多种功能和多重价值，满足人类日益增长的生态、经济和文化需求。

浙江林业是中国林业现代化建设的示范点。根据目前浙江林业现状和中国林业现代化建设要求，浙江林业现代化的基本内涵主要包括四个方面：

一是用生态理念指导林业。以生态学和经济学的原理为指导，把林业的经营对象视为森林生态经济系统，按照生态经济系统的规律，立足自身特点与资源优势，因势利导地发展、培育和利用森林资源，使生态、经济和社会等效益同步发展，全面实现森林生态经济系统的良性循环和持续经营和利用。

二是用市场手段推动林业。以社会主义市场经济为基础，逐步建立有利于林业资源、环境和产业协调发展的体制和运行机制，及其相应的林业政策。

三是用科技创新支撑林业。用高新技术手段改造传统的林业产业，全面提高林产品在国内市场和国际市场的竞争力，迅速把研究成果积极地转化为经济增长的推动力，并克服发展过程中的瓶颈，为全面推进中国林业持续协调快速健康发展提供科学技术的强力支撑，进一步把林业科技工作提高到一个新水平。

四是用现代制度保障林业。建立严格有效的林业法制管理制度和与时俱进的配套的政策保障体系；灵活的林业经济体制建设与经营管理制度；比较健全的规范的标准化管理制度；科学的信息化管理制度，为中国现代林业全面健康持续发展和林业生产建设整体技术水平的超常发展提供强有力的制度政策保障。

生态功能强大、林业产业发达、人文内涵丰富、管理制度完备、国际交流密切是浙江林业现代化的主要特点。

（二）林业发展阶段的基本判断

1. 浙江林业发展阶段判断

世界林业发达国家的发展历程大都经历了森林原始利用、木材过度利用、森林恢复发展、森林多功能利用和可持续发展等 5 个阶段。目前我国总体上处于森林恢复发展阶段。浙江是我国林业发达省份，林业发展阶段明显高于全国平均水平，目前正在由森林恢复发展阶段向森林多功能利用阶段过渡。

2. 浙江林业发展阶段特征分析

（1）浙江林业与历史时期比较更加注重森林质量的提高。从森林资源的发展方式来看，浙江林业已从注重森林数量的增加向更加注重森林质量的提高和布局合理的阶段转变。由于经济发展和城市化的加速，近年来森林面积大幅度扩张的土地空间已经不多，主要转为提高森林资源质量、调整优化结构和在非林业用地上培植林木。通过调整森林布局和结构，加强森林保护和近自然化经营，提高森林资源质量，强化生态系统功能。

（2）浙江林业与国内其他省份比较处于领先地位。与全国其他省份相比，浙江林业在森林覆盖率、经营方式、科技含量、管理机制等方面均处于领先水平。浙江森林覆盖率 60.5%，处于全国第三位，大大高于全国平均水平（18.21%）。浙江省林业产业发达，林业产值在全国名列前茅。就“如何建设林业现代化”的问题，浙江正在大胆改革，积极探索，为全国林业现代化发展发挥示范和先导作用。

（3）浙江林业与国际先进国家之间的差距正在逐渐缩小。与德国、新西兰、日本等国家的林业发展水平相比，客观地说浙江林业的现代化程度与它们之间还存在着一定的差距，但这种差距正在逐渐缩小。世界上一些先进国家林业建设中普遍采用的做法，如城市林业、近自然林经营模式、林业信息化管理技术、生态效益补偿、森林公园建设等先进理念和技术，正在被借鉴应用到浙江林业现代化建设中来，全面贯彻以人为本原则，增强了林业对公众的全面服务。从森林覆盖率来看，浙江目前为60.5%，已超过世界平均水平。当然，浙江森林的质量，与国外相比仍存在不少差距，需要在结构优化和林分质量方面不断加强和提高。

四、浙江林业现代化建设的必要性

（一）保障我国东部生态安全的需要

浙江地处我国东部沿海发达地区，有6141公里的海岸线，处于台风主要登陆口之一，生态区位非常重要。建设沿海防护林、保育山地森林，提高森林资源的数量、质量和效益，可以起到减弱台风危害、发挥森林保持水土、涵养水源的作用，对于保障我国东部生态安全都具有重要意义。

（二）长三角生态一体化建设的需要

在长三角地区，生态环境问题正成为危及到当地经济社会的重大隐患，制约了整个区域经济社会的可持续发展。浙江省位于长三角地区的南翼，且处于黄浦江、太湖的源头地区，其森林是长三角生态安全的重要屏障。浙江全面推进林业现代化建设，是改善长三角地区生态环境的重要举措，是改善长三角旅游资源环境的主要途径，是提高长三角综合竞争力的重要保障。

（三）构建浙江和谐社会的需要

可持续发展的关键是环境的可持续发展，而以森林为主体的生态系统的健康发展是环境可持续发展的核心。随着浙江经济的快速发展，生态环境问题日显突出，发达的林业既是浙江实现经济、社会可持续发展的客观要求，也是率先实现现代化的必要条件。加快浙江林业发展是落实科学发展观，贯彻《中共中央 国务院关于加快林业发展的决定》，实施“八八战略”、建设生态省，实现人与自然和谐、构建浙江和谐社会的具体行动。

（四）建设社会主义新农村的客观要求

党的十六届五中全会向全社会提出了新时期建设生产发展、生活宽裕、乡风文明、村容整洁、管理民主的社会主义新农村的战略任务。浙江林业主要集中在山区，而山区又大多属于经济欠发达的农村地区，在新农村建设中林业可以大有作为。大力发展乡村林业，推动城郊的休闲观光林、庭院和围庄型生态经济林、道路林、水岸林、风水特用林建设，促进社会主义新农村建设，推进浙江林业现代化，发挥林业富民、绿化美化和改善农村人居环境的作用。乡村林业不仅是建设社会主义新农村的必要保障，也是建设社会主义新农村的重要内容。

（五）提升浙江林业富民能力的需要

浙江省经济发达，但山区经济发展相对落后。而林业是山区农民经济收入的重要来源。林业不仅能够提供木材、药材、食品及其他工业原料，而且在生物能源、生物新材料等生物产业方面也将大有作为。林业在生物经济发展中将扮演越来越重要的角色。发展林业产业，对于解决“三农”问题、帮助山区农民脱贫致富具有重要意义。

（六）满足人们生态文化消费的需要

随着浙江经济社会的快速发展和人民生活水平的不断提高，人们回归自然、返璞归真的生态文化需求日益高涨，对生活环境质量的要求越来越高。需求层次正发生深刻变化，由生存消费向发展消费、享受消费转变。社会对林业的主导需求已由木材需求转向生态与文化需求。尤其是在城市地区，城市林业的发展对于改善城市人居环境、丰富城市生活、提高文化氛围等方面起到积极的作用。随着浙江城市化进程的加快以及人口数量的迅速增加，改善生态环境，保障生态安全，满足人们休闲、旅游等活动需求成为林业发展的重要任务之一。

（七）率先在全国实现林业现代化的需要

根据中央对浙江提出的在全国率先基本实现现代化和“走在前列，干在实处”的指示精神，浙江加快了全面实现现代化的步伐。而实现林业现代化是全面实现现代化的一项重要任务。推动浙江等东南沿海地区林业率先实现现代化，是新时期我国林业发展和生态建设的重要战略部署。浙江是自然条件优越、经济发达的省份，浙江林业有条件、有基础、有可能在全国率先实现现代化，为其他地区林业发展提供宝贵经验。浙江作为全国林业现代化建设的试点省和排头兵，在全国林业现代化建设中占据先导地位，具有不可替代的突出作用。

综上所述，在浙江和谐社会构建和社会主义新农村建设中林业具有重要地位；在长三角生态环境建设中浙江林业处于关键地位；在全国林业现代化建设中浙江林业处于先导地位。

五、浙江林业现代化建设理念

从浙江省的实际出发，参照国际国内林业发展的经验，按照浙江省委、省政府建设“和谐浙江”的总体要求，浙江林业现代化发展的基本理念为“绿色浙江，生态家园”，即：发展现代林业，建设山清水秀的绿色浙江，打造人与自然和谐的生态家园。其内涵是：发展生态林业，保障国土生态安全；发展富民林业，推动绿色经济增长；发展人文林业，弘扬江南森林文化，简称“三林业”。

（一）发展生态林业，保障国土生态安全

生态林业是浙江林业的重点。加强生态建设，维护生态安全，建设生态文明，是二十一世纪人类面临的共同主题，也是浙江经济社会可持续发展的重要基础。浙江作为山区面积大、城市密集、生态区位重要的省份。为了保障浙江经济社会可持续发展，维护国土生态安全，为浙江提供良好的投资环境，就必须按高标准构筑起“点、线、面”相结合的森林生态网络体系，为浙江率先实现现代化提供强有力的绿色屏障。

加快城市森林建设，改善城市生态环境。城市森林是城市现代化、生态化的重要特征，是城市文明进步的重要标志。城市森林在改善城市生态环境、增进居民身心健康、促进城市发展等方面发挥着重要作用。浙江是我国城市化程度比较高的省份。把森林引进城市，建设完备的城市森林生态体系，成为浙江林业现代化的一项重要任务。

优先发展生态公益林，推动山区林业发展。山区约占全省总面积的70.4%，在山区搞好生态公益林建设，对于水土保持、涵养水源、实现生物多样性、促进生态旅游尤为重要。山区林业应处理好商品林业与生态林业的关系，将生态公益林建设放在首位。增强森林资源安全保障能力，特别是护林防火能力。逐步加大森林生态效益补偿的范围和标准，提高山区农民参与生态公益林经营管护的积极性。

强化林网、水网建设，推动平原区林业发展。平原区农业生产发达，经济发展较快，但生态环境比较脆弱。做好平原区的林业工作，对于发挥森林体系防护功能，促进经济发展、增进人民身心健康具有重要意义。平原区的生态建设应以实现“林网化、水网化”为目标，进一步加大和提高生态体系建设的力度和标准。

加快以沿海防护林为主体的沿海生态安全体系建设，保障沿海及海岛区生态安全。沿海及海岛区为台风、干旱、洪涝自然灾害的高发地。今后要加快沿海防护林体系建设，从单一的海岸林带向带网片相结合的防护林体系建设的方向发展；从单一树种、林种向多树种、多林种的方向发展；从粗放经营向集约经营发展。

（二）发展富民林业，推动绿色经济增长

当前，浙江林业除了必须注重生态效益外，还必须把提高经济效益放在重要位置，发展林业产业，满足当地农民致富奔小康的需求。

发展竹木加工业和森林资源综合利用，满足经济建设对森林产品的需求。竹产业、木材加工业最具浙江特色。为了解决资源对产业发展的制约，今后应进一步提高林地单位面积产出率调整；产品结构，提高附加值；延长产业链，实现多次增值；鼓励和引导工商企业等社会资金投入林业产业。

发展森林旅游业，满足公众对生态旅游的需求。充分利用和合理开发浙江丰富的自然景观、人文景观、历史遗址和动植物资源，大力发展森林旅游业，满足广大人民的绿色消费需求，促进山区农民脱贫致富。

建设用材林、经济林与经济动物基地和产业，满足人民对木材、林特产品的需求。加快资源培育，大力发展速生丰产用材林基地。加强野生动物资源保护，合理地开发利用野生动物资源，组建一批管理规范的驯养繁殖加工企业，形成产业链。建立森林食品的标准体系、认证体系、检测体系和监管体系，提高林特产品的质量安全水平。

建设花卉、苗木基地，满足人民的绿化美化需求。在品种上调整优化结构，增加科技含量，提高质量档次；扩大国际技术协作和信息交流，逐步缩小与国际先进水平的差距；尽快建立和完善与市场体制相适应的现代化生产和供应体系。

（三）发展人文林业，弘扬江南森林文化

所谓人文林业，主要是指蕴含了以人为本这一人文精神的林业。在浙江加快发展人文林业，丰富和弘扬江南森林文化，可起到传承悠久历史、提高公民素质、丰富文化生活等作用。发展人文林业，要用科学发展观为指导，从人的文化需求出发，满足人们的旅游、休闲、保健、审美、心理等精神文化需求。

强化生态意识，进一步提高广大人民的生态意识，动员社会各界参与造林绿化，依靠社会办林业。将森林资源与生态服务价值纳入国民经济核算体系，建立绿色GDP的核算体系，提高经济增长的质量。

发展林业科技、健全林业法制，提升浙江林业发展水平。实施科教兴林、人才强林和科技创新战略，提高林业发展水平。实施依法治林，提高公众的森林法律意识和依法行政水平。

挖掘浙江历史文化内涵，弘扬江南森林文化。以浙江旅游资源为依托，发展森林公园和风景游憩林，发展竹文化、园林文化、茶文化。充分发挥自然资源与人文资源丰富的优势，弘扬森林文化，推进浙江物质文明、政治文明、精神文明和生态文明全面协调发展。

第二章 指导思想、建设原则与战略目标

一、指导思想

树立和落实科学发展观，深入贯彻《中共中央 国务院关于加快林业发展的决定》，按照建设“和谐浙江”的总体要求，立足浙江实际，将浙江林业放在全省和谐社会和社会主义新农村建设的重要地位，长三角生态建设的关键地位，全国林业现代化建设的先导地位。用当代最先进的科学技术和理念经营和管理林业，统筹人与自然的和谐发展，协调森林的生态、经济和社会效益，最大限度地满足对森林的生态、经济、社会和文化需求。建设“绿色浙江，生态家园”，发展生态林业以保障国土生态安全，发展富民林业以推动绿色经济增长，发展人文林业以弘扬江南森林文化。在全国率先实现林业现代化。

二、建设原则

（一）生态优先，全面发展

浙江林业现代化建设的首要任务就是要为浙江经济社会的持续、健康、高速发展提供可靠的生态保障。推进生态建设，打造“绿色浙江”，已成为浙江省加快全面建设小康社会、率先基本实现现代化的重大使命。将林业生态建设放在突出的位置。同时，从浙江土地稀缺出发，尽量采用生态经济树种，发展多功能、复合型林业，充分发挥森林的经济和社会功能，全面满足人们的多种需求。

（二）政府主导，公众参与

林业建设具有正的外部性以及建设周期长、见效慢、风险高等特点，私人和企业在投资公益林建设时，往往难以获取应有的回报。因此，公益林建设的投资主体也应该以政府为主导。同时，浙江林业现代化也离不开广大公众的参与。积极树立公众的生态保护意识、忧患意识、责任意识和参与意识，对确保浙江林业现代化的顺利实现，具有十分重要的作用。

（三）城乡一体，林水相依

推动城镇化进程是小康社会建设和社会主义新农村建设的重要内容。发展城市森林，走生态化的城市发展道路，加快乡村林业发展，有效解决“三农”问题，是浙江林业现代化的重要任务。在浙江林业的现代化进程中，就必须坚持城乡一体的原则，统筹考虑城乡经济、社会和生态环境的协同、和谐发展。结合地域特点，浙江省的林业发展，要正确处理山、水、林、城的关系，按照林水相依的原则，加强林网、水网的建设。

（四）功能分区，整体协调

浙江省地形复杂，森林种类多样，区域经济发展水平和发展重点差异较大。在山、海、城、乡等不同区域，根据社会对林业的不同需求，应有所侧重、科学区划，实现生态林、产业林、人文林协调发展。由于森林的生态环境效益具有明显的外部性，在实现浙江林业现代化过程中，要把浙江省的林业作为一个整体进行研究、统一布局，最大限度地发挥森林在浙江省生态环境和经济发展中的作用。

（五）科教兴林，规范管理

林业现代化发展，要靠政策、靠投入、靠机制，最根本的还是要靠科学技术。要不断吸收、引进和消化应用国内外高新技术成果，通过科技创新有效解决制约浙江林业现代化发展的技术“瓶颈”，以科技进步支撑林业现代化建设。同时，用现代理念和制度管理林业。依法治林，强化营造与管护并重的意识，加强和改进森林资源保护管理工作，巩固林业建设成果。

三、战略目标

浙江林业现代化建设的战略目标是：到 2020 年，在全省建成资源丰富、布局合理、功能完备、优质高效、管理先进、内涵丰富的现代林业体系，以增强森林生态功能、提升林业经济实力、提高林业管理水平、繁荣森林文化氛围，基本满足浙江建设山川秀美、人与自然和谐、经济社会可持续发展的生态省的需求。具体目标包括：

（一）建设完备的森林生态体系

完备的森林生态体系是浙江林业现代化建设的关键。通过加强林分改造、优化林种、树种结构，加强野生动植物及湿地自然保护区建设，重点加强城市地区森林建设，社会主义新农村绿化建设等工程，把浙江省建成资源丰富、布局合理、功能完备、结构稳定、优质高效的现代林业生态体系。

（二）建设发达的林业产业体系

发达的产业体系是浙江林业现代化建设的关键。加强林业第一产业发展，提升林业基地建设质量，促进资源的增长；大力发展森林产品精深加工，提高资源综合利用水平和林产工业竞争力；促进以旅游为主的服务业，培育新的林业经济增长点。

（三）建设高效的林业管理体系

高效的林业管理体系是林业现代化的重要标志。强化森林防火、有害生物防治等能力建设，建立健全森林监测体系，加强林业立法和依法行政，逐步实现林业管理的法制化、信息化、科学化。

（四）建设丰富的森林文化体系

森林文化是人与自然和谐共处的精神保障。建立和保护森林文化载体，包括森林公园、自然保护区、古树名木、科普教育基地等等。提高公众生态意识、弘扬绿色文明、繁荣森林文化。

第三章 浙江林业现代化发展指标

浙江林业现代化发展指标，是以可持续发展战略、经济发展理论和现代林业理论为依据，全面考察分析林业现代化发展各构成要素的内在关系及各要素对当地经济社会的影响，系统分析和评价区域林业现代化发展水平，对比分析并找出目前在林业发展过程中存在的问题和不足，为浙江林业现代化发展提供依据。

一、指标体系构建

（一）指标体系构建原则

林业现代化评价指标涉及经济、社会、环境、管理等多方面，是一个巨大的复杂系统，在设计指标体系过程中，须有明确的原则作为构建该体系的依据。选择指标的一般原则：

（1）系统层次性。浙江省林业现代化是复杂的巨系统，依据关联性的程度将其分门别类，划分层次，以便于分析研究。层次越往上，指标越综合，层次越往下指标越具体。

（2）时空可比性。量化指标元素口径一致，提供相互可比的量化信息；不同地域的发展水平或者同一地域不同时间的发展进程之间的可比。

（3）可操作性。即指标的易得性和简明性相结合。可以获得连续的官方统计数据，避免随机波动，要求指标体系可操作、可测，便于把握，力求简洁易行。

（4）指标开放性。指标体系需反映浙江林业现代化的典型特征，同时，随着林业现代化的发展，新的特征会出现，对于新的变化，指标是可调节的。

（5）数量适度性。指标数量不宜过多或过少。指标过多，评价难度大。指标过少，评价不稳定。

（二）林业现代化发展指标体系

考虑到林业现代化发展进程的动态性，采用相关分析、主成分分析及GM（1，N）模型，在专家讨论确定的50个候选指标中，筛选出23个核心指标，分属13个指数。运用层次分析法、专家咨询法和客观赋权方法确定权重。此外，浙江林业现代化必须走具有浙江特色的发展之路，增加了特色指标，作为评价林业现代化的区域特色。

1. 总体指标体系

浙江林业现代化评价指标体系由“两大板块、不同尺度”构成：

（1）两大板块：评价体系由“核心指标”（表3-1）和“特色指标”（表3-2）两大板块组成（核心指标的含义见附件一）。“核心指标”得分是评判林业现代化发展水平的依据，满分100分；

“特色指标”得分作为参考分以评判林业现代化的区域特色，满分 20 分。另外，由于城市林业的特殊性，单独建立了一个城市林业现代化评价指标体系，以评判城市林业现代化发展水平。

表 3-1 浙江林业现代化核心指标

指标	代码	权重	单位	尺度			
				省级和地级	山区县	平原县和嘉兴市	沿海、海岛县和舟山市
综合指数		1.0000					
一、林业资源优丰度	A	0.3510					
1. 资源丰富指数	A_1	0.2755					
1）有林地与林业用地面积比例	A_{11}	0.50	%	0~98	0~98	0~98	0~98
2）单位国土面积的绿量	A_{12}	0.50		1~7	1~7	1~5	1~6
2. 资源优质指数	A_2	0.3909					
1）森林碳密度	A_{21}	0.6	吨 / 公顷	0~300	0~300	0~350	0~250
2）单位森林面积蓄积量	A_{22}	0.4	立方米 / 公顷	0~120	0~120	0~120	0~80
3. 城市林业发展指数	A_3	0.3333					
1）城镇人均公共绿地面积	A_{31}	0.40	立方米 / 人	15	15	15	15
2）城市绿地率	A_{32}	0.30	%	38	38	38	38
3）城市绿化覆盖率	A_{33}	0.30	%	42	42	42	42
二、生态安全度	B	0.2548					
4. 生态建设指数	B_1	0.5212					
1）生态公益林建成率	B_{11}	1.00	%	0~95	0~95	0~95	0~95
2）沿海防护林建成率 *	B_{12}	—	%	0~95	0~95	0~95	0~95
5. 国土安全指数	B_2	0.3689					
1）森林成灾率	B_{21}	0.58	%	0.1~5	0.1~5	0.1~5	0.1~5
2）水土流失率	B_{22}	0.42	%	5~30	5~30	2~10	5~30
6. 生态保护指数	B_3	0.110					
1）保护区占国土面积比例	B_{31}	0.50	%	8	8	8	8
2）公园（含湿地）占国土面积比例	B_{32}	0.50	%	6	6	6	6
三、产业经济高效度	C	0.2304					
7. 集约经营指数	C_1	0.4327					
单位商品林面积林产品产值	C_{11}	1.00	元 / 公顷	0~6000	0~6000	0~6000	0~6000
8. 产业结构指数	C_2	0.3307					
二、三产业占林业总产值比重	C_{21}	1.00	%	0~80	0~80	0~80	0~80

* 沿海防护林建成率已包含在生态公益林建成率中，本文不作为核心指标评价；待浙江全省全面规划建设沿海防护林后，本指标将单列成为核心指标进行评价。

（续）

指标	代码	权重	单位	尺度			
				省级和地级	山区县	平原县和嘉兴市	沿海、海岛县和舟山市
9. 产业效率指数	C_3	0.2366					
工业全员劳动生产率	C_{31}	1.00	万元 / 人	0~16	0~16	0~16	0~16
四、社会保障力度	D	0.1638					
10. 科技保障指数	D_1	0.3889					
林业科技贡献率	D_{11}	1.00	%	0~80	0~80	0~80	0~80
11. 生态建设投入指数	D_2	0.2741					
1）林业生态建设投入占财政支出中的比例	D_{21}	0.55	%	0~1.0	0~1.0	0~1.0	0~1.0
2）单位面积生态建设水平投入	D_{22}	0.45	元 / 公顷	0~900	0~900	0~900	0~900
12. 科学管理指数	D_3	0.1838					
1）资源管理信息化程度	D_{31}	0.60	%	100	100	100	100
2）管理人员知识化水平	D_{32}	0.40	%	0~80	0~80	0~80	0~80
13. 社会公平指数	D_4	0.1532					
1）林业职工收入与社会职工收入比率	D_{41}	0.40	%	0~100	0~100	0~100	0~100
2）农民收入与城市居民的收入差距	D_{42}	0.60	%	0~100	0~100	0~100	0~100

表 3-2 浙江林业现代化特色指数指标构成＊

指标	代码	权重	单位	尺度		
				省级	地级	县级
1. 特色产业比重	E_1	0.2	%	0~50	0~60	0~70
2. 林产品专业市场交易率	E_2	0.2	%	0~30	0~40	0~50
3. 林特产业合作社比重	E_3	0.2	%	0~50	0~60	0~70
4. 林源生物产业比重	E_4	0.2	%	0~30	0~40	0~50
5. 林业投入的非公资金比重	E_5	0.2	%	0~50	0~60	0~70

（2）不同尺度：对不同行政设置（省级、地级、县级）测评的内容基本相同，但部分指标测评尺度不同；针对不同区域（山区、平原、沿海），在“核心指标”中设计了一些符合其自身特点的选择指标，即“调节指标”。这样，既不违背“林业现代化”的统一标准要求，又兼顾了不同区域的差异。

2. 城市林业指标体系

城市林业现代化评价指标数据无量纲化和核心指标确定的方法与林业现代化相同。根据城市林业的特点及其功能，确定了以下指标为核心指标（图 3-1），其含义见附件一。

＊ 由于未能获得“特色指标”历史数据，“特色指标”在本文中未进行评价，将用于下一阶段浙江林业现代化发展水平的评价。

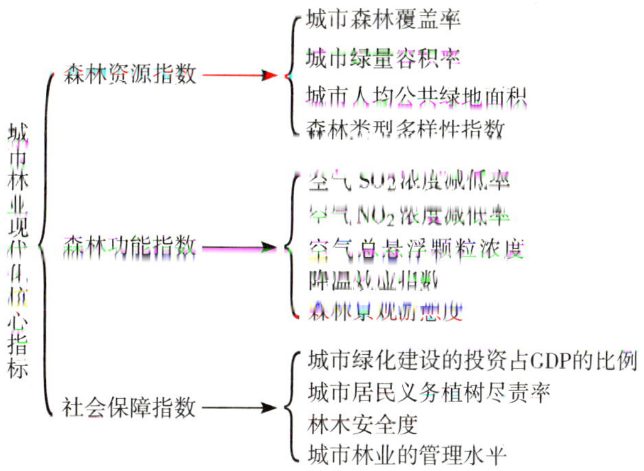

图 3-1　城市林业核心指标

3. 林业现代化发展阶段划分依据

根据林业发展特点，将浙江省林业现代化发展进程划分为准备阶段、起步阶段、初步实现阶段、基本实现阶段及发达阶段，用综合评价指数进行分类（表 3-3）：

表 3-3　浙江省林业现代化建设各阶段核心指标得分

得分	阶段	得分	阶段
30 分以下	准备阶段	75~90	基本实现阶段
30~60	起步阶段	90 分以上	发达阶段
60~75	初步实现阶段		

同时,将基本实现林业现代化中的“基本”二字加以数量上的严格定义。所谓的“基本”实现，必须同时满足以下三个条件：

（1）实现林业现代化目标的地域空间，必须超出整个实施区域范围的 85%。

（2）在实现林业现代化指标体系中所包括的全部基础要素，按权重标准化后的要素达标比例不小于 85%。

（3）在 0~1 之间的规范尺度中，实施林业现代化的区域与当时世界中等发达国家的相对差距，应平均小于 0.15。

二、林业现代化评价

（一）浙江林业现代化综合发展指数

自从改革开放以来，浙江省林业现代化总体水平稳步上升，1979 年得分仅为 22.28，1999 年上升至 48.34，到 2004 年浙江林业现代化综合指数已经得到 53.88 分，但各主体指标发展水平是不均衡的（表 3-4 和图 3-2）。浙江林业现代化建设就不同区域而言其发展是不平衡的，少数地区已开始或已经进入林业现代化初步实现阶段，大部分地区还处于起步阶段（图 3-3 和图 3-4）。

（二）杭州城市林业发展水平综合指数

杭州城市林业现代化发展水平研究结果见表 3-5。2004 年杭州城市林业现代化综合指数为 61.20 分，刚刚进入城市林业现代化的初步实现阶段。

表 3-4　不同时期浙江林业现代化发展实现程度　　单位：%

年份	1979	1986	1989	1994	1999	2004
综合指数	22.28	25.18	28.98	32.52	43.67	53.88
一、林业资源优丰度	31.01	33.07	35.74	41.31	48.34	56.92
二、生态安全度	22.64	21.73	30.97	32.23	45.79	56.57
三、产业经济高效度	10.78	16.44	16.17	20.82	39.89	50.61
四、社会保障度	19.17	25.94	29.44	30.59	35.66	47.81

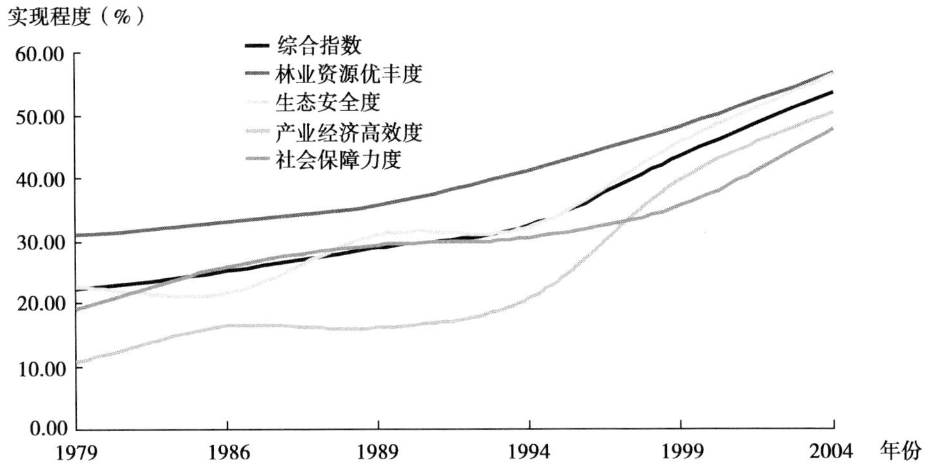

图 3-2　浙江林业现代化发展进程

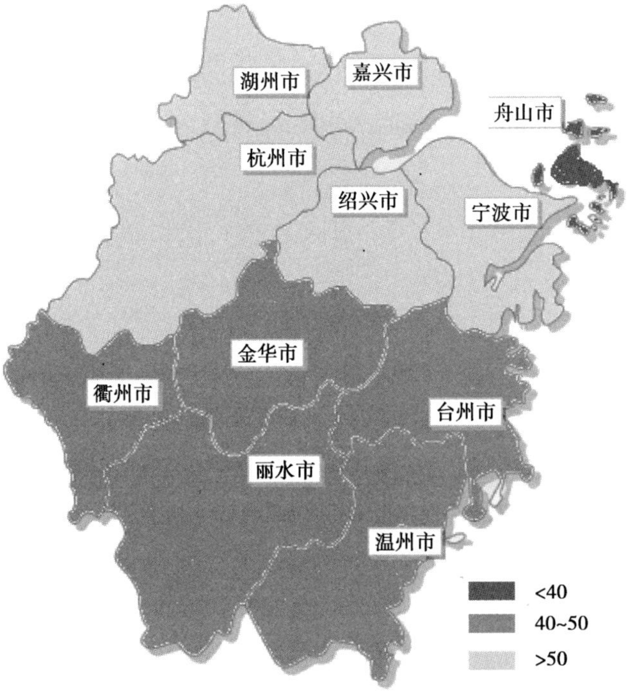

图 3-3　2004 年浙江省不同地区林业现代化综合水平发展示意图

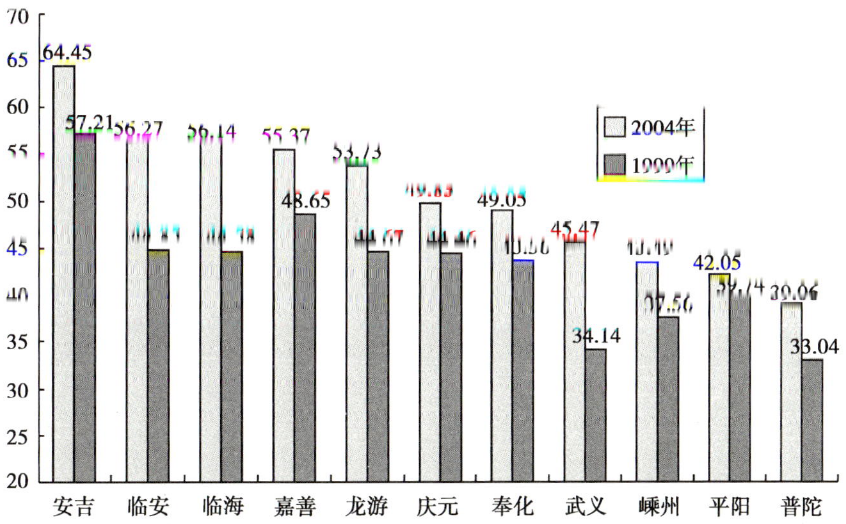

图 3-4　1999 年和 2004 年浙江省部分县林业现代化综合水平发展指数

表 3-5　杭州城市林业现代化的核心指标测定值

指标	2004 年实现程度
综合指数	61.20
一、城市森林资源优丰度指标	62.96
二、城市森林功能指标	56.74
三、社会保障指标	73.59

（三）与国内外部分指标的比较

1. 与一些发达国家的部分指标差距

浙江林业现代化发展的差距主要表现在以下几个指标：

（1）单位面积蓄积量：据联合国粮农组织（FAO）1999 年报道，世界上单位面积蓄积 114 立方米 / 公顷，美国约 116 立方米 / 公顷，俄罗斯约 105 立方米 / 公顷，日本为 160.83 立方米 / 公顷，德国为 270 立方米 / 公顷，中国平均为 96 立方米 / 公顷。目前浙江省平均每公顷蓄积量仅为 43.76 立方米。

（2）森林碳密度：俄罗斯土壤层碳密度为 244.1 吨 / 公顷，世界平均水平为 189 吨 / 公顷。我国森林土壤平均碳密度是 193.55 吨 / 公顷，森林生态系统平均碳密度 258.83 吨 / 公顷，而浙江分别为 109 吨 / 公顷和 124 吨 / 公顷。

（3）人均公共绿地与城市绿化覆盖率：美国人均绿地指标 40 平方米（包括自然公园、高尔夫球场、野营地等），人均公园面积 12 平方米；英国规定人均公共绿地 28 平方米，澳大利亚 1965 年采用人均公共绿地 19.2 平方米的标准。浙江省 2004 年的城镇人均公共绿地面积 8.5 平方米。国外发达国家的城市绿化覆盖率，如东京为 40% 左右，柏林 45%，罗马 70% 以上，而浙江城市绿化覆盖率为 31%。

（4）林业科技贡献率：我国林业科技进步对林业经济增长的贡献率只有 27.3%，林业科技成果转化率只有 34%。美国科技进步对经济增长的贡献率为 33.8%；20 世纪 80 年代以来，其科技贡献率高达 80%；发达国家的林业贡献率普遍在 60% 以上。目前浙江省林业科技贡献率为 45%。

（5）资源管理信息化程度：日本约 1/3 的都、道、府、县引进了 GIS 资源管理系统；加拿大、美国等国家于 90 年代起通过卫星遥感和地理信息相结合监测可持续森林经营管理。浙江省目前才开始着手建设实时灾害监控、基础数据（森林资源、林地等）等的信息化管理系统。

（6）林业建设生态投入占财政支出中的比例：根据发达国家的经验，如加拿大、德国等对林业的投入占政府财政管理预算总额的 1%~3% 之间。浙江财政对林业投入比重很低，2000~2004 年平均仅为 0.52%，难以满足实际需求。因此，林业支出占财政支出的比例至少达到 1%~3%。其中对生态的投入应在 0.5% 以上，浙江省作为林业现代化试点省份，应率先达到此标准。

2. 与其他省份的比较

2004 年浙江林业现代化发展水平要明显高于广西、安徽、江西三省，也略高于江苏、福建和广东（图 3-5），为 2020 年浙江在全国率先基本实现林业现代化打下良好的基础。

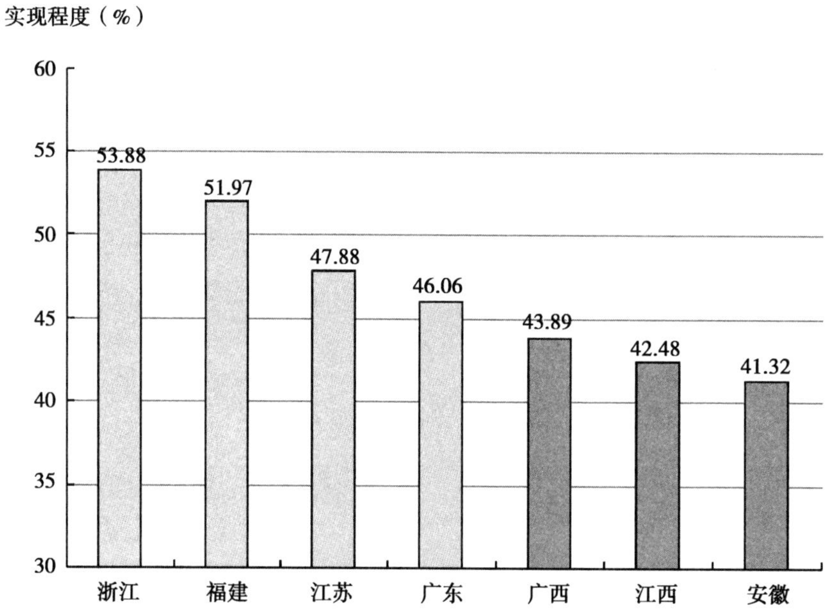

图 3-5 浙江与部分省份林业现代化发展水平比较

通过浙江林业现代化的综合评价分析表明，2004 年，浙江省林业现代化实现程度为 53.88%，处于起步阶段，距离初步实现林业现代化还有不少距离。经预测，保持目前的发展速度，部分指标近期可达到初步实现林业现代化甚至基本实现林业现代化的要求，如林业资源丰富指数、国土安全指数和林业产业结构指数实现程度均已超过 60%。但林业资源优质指数、生态投入指数、科学管理指数等实现程度只有 30% 略强，离实现林业现代化的目标值还有相当大的距离。因此，林业生态投入水平、森林资源质量、林业管理手段等是当前主导浙江省实现林业现代化的关键问题。

三、林业现代化阶段性发展指标

在推进浙江省林业现代化战略进程中，为了确保浙江省2020年基本实现林业现代化的战略目标，必须对战略目标加以量化，进行有效的监测评估，并定期公布评估结果，以了解战略实施进程，发现其中存在的问题，从而有利于浙江林业现代化战略的顺利实现。

（一）林业现代化发展水平预测

通过GM（1，N）模型对浙江林业现代化实现程度发展趋势进行预测，其结果见表3-6和图3-6，到2010年左右浙江省林业现代化就可进入初步实现阶段，2020年前达到基本实现林业现代化。

表3-6　浙江林业现代化实现程度发展趋势　　单位：%

年份	2005	2010	2015	2020
综合指数	50.4	59.3	69.8	82.1
一、林业资源优丰度	55.8	65.6	77.1	89.6
二、生态安全度	57.2	65.8	75.7	87.0
三、产业经济高效度	58.6	69.0	81.3	94.7
四、社会保障力度	53.0	64.3	78.1	94.8

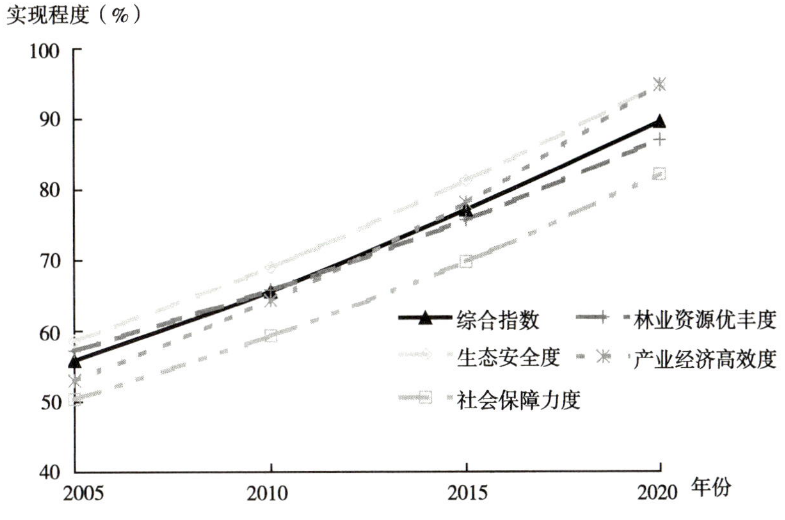

图3-6　浙江林业现代化发展水平趋势线

（二）阶段性发展指标

1. 阶段性发展指标

针对林业现代化发展进程要求和林业发展中存在的薄弱环节及社会主义新农村建设要求，浙江林业现代化阶段性发展总体目标为“基数稳定，增量补差；质量提升，效益翻番”；浙江省基本实现林业现代化的必备条件为：林业生态投入占财政支出中的比例达到0.5%，建立覆盖全省的森林资源、林地等信息化管理、实时灾害监控系统，建成重点生态公益林200万公顷，单位国土面积绿量达到6，森林总碳贮量10.8亿立方米以上，林业行业产值达到 3000 亿元。具体发展指标见表 3-7，其重要性及目标值确定依据见附件一。

表 3-7 浙江省林业现代化阶段性发展指标

发展指标	单位	2004 年	2010 年	2020 年
森林覆盖率	%	60.52	>60	>60
森林总绿量	万公顷	5160	5500	6100
活立木总蓄积	亿立方米	1.94	2.5	3.20
城市建成区绿化覆盖率	%	31.05	35.5	39
村庄绿化覆盖率	%	21%	25%	30%
自然保护区、小区，湿地和森林公园占国土面积	%	4.7	6	8
建成一、二类林重点生态公益林比例	%	55	70	90
森林碳贮量	亿吨	6.80	9.1	10.8
森林生态价值	亿元	15487	20000	25000
林业行业社会总产值	亿元	979	1500	3000
资源管理信息化程度	%	—	50	100
林业生态投入占财政支出中的比例	%	0.2	0.3	>0.5
山区农民年收入净增额（林业收益）	元	—	800	2500

2. 阶段性区（县）域实现目标

浙江省林业现代化的发展的阶段性和空间分布不均衡性，决定了不同区域林业现代化实现的程度不同步。根据浙江省林业现代化发展趋势和正态分布规则，结合不同县域经济社会条件、自然和林业发展基础，提出不同阶段县域林业现代化实现计划，分别到 2010 年浙江 20% 的县（市、区）、2020 年 85% 以上的县（市、区）基本实现林业现代化。

第四章　林业现代化发展战略布局

一、布局原则

（一）服务社会发展需求，促进人与自然和谐

浙江经过多年的改革开放发展，实现了经济上的全面腾飞，林业建设不仅成为全省国土生态安全的重要保障，也发展成为创造巨大财富的绿色产业。因此，浙江省的林业建设要结合浙江新的发展形势，特别是三大城市群发展和融入长江三角洲的一体化发展趋势，在战略定位上要突出服务型林业的特点，为全省的生态环境建设服务，为经济发展服务，为旅游产业服务，为山区农民脱贫致富服务，为全省发展再上新台阶服务。以环杭州湾（杭嘉湖地区及宁波）、温（州）台（州）、金（华）衢（州）丽（水）三大城市群为重点，协调 11 个市 58 个县（市）和 791 个建制镇对全省林业进行整体规划，充分发挥森林在改善区域生态环境中的重要作用，为浙江的人居环境改善和生态化城市建设服务，促进人与自然和谐发展。

（二）立足浙江省域范围，兼顾长三角生态圈

浙江省既是我国东部沿海经济比较发达的省份，又是长三角生态一体化建设中的重要一翼，已经打下了比较雄厚的发展基础。按照科学发展观和建立和谐社会的要求，必须实现生态建设与经济社会的同步发展。因此，林业规划必须着眼整个长江三角洲地区的生态、经济、社会协调发展，着眼本地区的生态安全，针对浙江省域对林业的多种需求，突破行政区边界，按照区域生态功能区划和环境建设需求进行总体布局，并分区实施。从而与周边省市的林业生态建设规划相互衔接，达到互相补充、互相促进，实现区域生态建设的一体化发展，提高浙江省乃至整个长江三角洲地区的整体综合竞争力。

（三）统筹山海城乡规划，健全森林生态网络

按照浙江省自然地貌和土地利用类型来看，大体呈现山地、城市、乡村、海洋的空间格局，从面积比重、生态建设重要性以及今后发展的潜在空间来看，浙江作为多山省份和海洋大省，山地的森林保育和配合海洋经济发展的沿海地区防护林建设显得更为重要，城市和乡村森林建设也将日益成为一个关注的热点。因此，要贯彻全省生态建设一体化的理念，以山丘岗地森林、城市地带片林、森林公园，以及现有的森林、湿地等自然保护区为主体依托，使之成为浙江完备森林生态体系的核心生态斑块，成为保护生物多样性的基础；结合钱江、椒江、瓯江等主干水系以及高速公路等主干道路绿化，构筑林水结合、林路结合的贯通性主干林带，使之成为地域内生物交流、水系连通、城市通风送氧降温的主体生态廊道；完善道路、水系、农田、沿海防护林网，把众多的森林绿岛、水体连接起来，并与上述林水主体斑块、主干廊道相连，使之成为遍布整个省域的生态脉络，从而建设“山海城乡，林水相连，生态一体”的森林（湿地）生态安全格局，为浙江生态环境的改善与维持提供长期而稳定的保障。

（四）结合区块经济特色，发展富民林业产业

林业产业是实现林业富民的根本途径，也是生态林得以保护和维持的重要保障。对于山地面积占70%以上的浙江省来说，要全面建设小康社会和社会主义新农村，实现城乡共同富裕、区域经济协调发展，大力发展高效林业产业具有重要意义。目前浙江林业产业发展已经形成了各具特色的区块发展格局，杭州的森林旅游、南浔的地板产业、安吉的竹业、东阳的木线、萧山的苗木等等，林业已经不仅仅是一项重要的公益事业，更是能够富民的绿色产业，2004年，全省林业社会总产值达979亿元。要根据浙江的地域特点、现有林业产业的发展状况，按照不同地区的比较优势及市场需求变化确定合理的产业林基地发展方向和规模，达到“产业保生态，产业促生态，产业促发展”的目标。

（五）营造森林文化氛围，培养环境保护意识

浙江的经济社会发展已经步入了新的发展阶段，在富起来的同时，要建设和谐社会，一个重要的任务就是全面提高人们的整体素质，特别是提升人们的文化水平和生态意识。除了高雅的园林文化以外，现实最需要的还是引导人们的生态观。要大力弘扬爱护自然、保护环境的生态文化，在高度人工化的城市建设中，把生态学原理应用于具体的工程建设当中，尽可能保留自然景观，营造低维护、高效益的近自然林。因此浙江林业发展必须与浙江古老的园林文化相结合，与文化古迹保护相结合，与传播生态意识相结合，加强古树名木和各类名胜区森林的保护，同时顺应现代城市居民生态文化需求，大力发展以各类纪念林为代表的文化林，丰富森林文化内涵，弘扬绿色文明，把浙江建设成为生产发展、生活富裕、生态良好的和谐社会。

二、结构布局

（一）布局依据

浙江林业现代化发展是以“绿色浙江、生态家园”为核心理念，即发展生态林业以保障生态安全，发展富民林业以满足多种需求，发展人文林业以弘扬绿色文明。因此，基于这种理念，根据主导功能的不同对森林进行相对的划分。

在林业发展的结构布局上，要首先满足保障浙江省生态安全的需要，在森林资源空间布局方面，以生态公益林为骨架构建覆盖全省的比较完备的生态林体系，在森林营造、培育、管理的各个环节都要把提高现有林的生态功能放在首位，在这个森林生态安全体系的框架之下，根据现实状况和市场需求发展产业林体系，并加强与浙江历史文化、环境科普教育等结合起来，建设以森林为载体的人文林体系。

（二）布局框架

根据上述浙江林业现代化发展理念和总体规划的基本原则，提出如下的浙江林业现代化发展的总体结构布局：

——建立以山地森林、平原防护林、城区林地、沿海防护林为主，片、带、网相连接的生态林体系，为浙江生态环境的改善提供长期稳定的保障，满足浙江经济社会可持续发展的需要；

——形成以竹产业、绿色森林食品、森林旅游、花卉等优势产业为主，林农、林药、林禽等多种模式相配套的产业林体系，拓宽林业富民渠道，稳固生态林体系，促进浙江包括林业在内的绿色产业发展。

——建设以城市古典园林、村庄绿化、森林公园、名胜古迹林等为主，重点加快城市各类纪念林、森林生态环境教育基地建设，人文与森林景观相结合的人文林体系，增强人们的环境保护意识，传承浙江的历史文化，实现人与自然协调发展，为和谐社会建设作贡献。

核心是：生态林体系，产业林体系，人文林体系。

“三林”体系是根据森林具有生态、经济、社会“三大效益”和国家林业发展战略提出的“三生态”思想，结合浙江林业的现状和发展趋势，按照森林的主导功能进行定位划分的，是一种相对的划分，它们共同构成浙江森林资源的整体。生态林体系是基础，体现了现代社会对林业“生态优先”的主导需求，是产业林体系和人文林体系实现持续、健康发展的保障；而产业林体系和人文林体系是对生态林体系生态功能的有效补充，有利于实现林业富民，满足人们的生态文化需求，避免或减缓生态林体系可能面临的破坏压力，发展绿色产业和弘扬绿色文明，为浙江林业的发展带来了巨大的活力。具体内涵是：

（1）生态林体系：形成合理布局，保障生态安全。生态林体系是指以生态公益林为主，包括各类自然保护区在内的森林、湿地资源，其主体应该是以地带性森林植被为主的生态公益林，发挥生态功能是第一位的。它对全省的生态环境起着主要控制作用，是长期稳定的。主要以原有的山地森林资源为主，并针对城市周边地区、平原区、沿海等地的防灾需要，以及生态敏感区维护、人居环境需要等设置，具有保护生物多样性，减轻水土流失，降低台风危害，净化河流水质，阻隔病虫害传播等多种生态功能。在这些生态公益林营造、改造过程中，要向近自然林的方向引导，并适当有选择地增加长寿命、高价值的珍贵树种。

（2）产业林体系：提供林副产品，促进产业发展。产业林体系主要是指省域范围内以提供木（竹）材、绿色森林食品、苗木花卉、林副产品为主的用材林、经济果木林、竹林、能源林、苗圃等，在生态功能上是对生态林体系的补充，可减轻对其人为采伐利用的压力，对改善全省的生态环境起着增强作用。产业林更主要受产业发展的经济效益左右，在一定的时期内是随市场波动的，但这部分森林资源用地面积、林种结构等方面的波动不会对全省的生态环境产生大的影响。因此，产业林体系建设要结合浙江林业产业发展的区块特色，以服务浙江林业产业发展为导向，满足本省乃至其他地区对浙江林副产品消费需求，发挥比较优势，发展以竹产业、绿色森林食品、森林旅游为主、多种产业复合发展、具有浙江特色的高效产业林体系。

（3）人文林体系：承继历史文化，传播生态文明。人文林是具有丰富文化内涵的森林，是森林文化体系的重要组成部分，是浙江林业的一大特色，也是浙江经济社会发展到现实水平后向建设和谐社会目标迈进过程中，要继续加强的一项重要工作。林业现代化的一个重要前提是人的观念现代化，特别是人的生态意识的提高，人人培养爱护环境的意识，是实现人与自然和谐的关键。人文林体系是弘扬生态文明的重要载体。针对浙江的特点，主要包括森林公园、名胜古迹林、风水林和各类纪念林，在发挥改善环境功能的同时，更主要的是对历史文化的反映，具有传承历史文化的功能。从现实情况来看，浙江在人文林保护和建设方面做了很多工作，积累了丰富的经验，而对如何提高人们的保护环境意识，把科普宣传体现在具体的建设、活动当中则做法不多。因此，发展人文林，加强环境保护意识的培养，有助于增强人们的生态意识，丰富森林文化内涵，促进浙江的和谐社会建设。

因此，浙江林业发展的结构布局可以概括为：通过构筑布局合理、长期稳定的生态林体系，为浙江生态环境的改善提供保障，满足浙江经济社会可持续发展和改善人居环境的需要；通过发展经济效益好、具有市场弹性的产业林体系，稳固生态林体系，促进浙江林业产业发展；通过加强古典园林、古树名木、名胜古迹林的保护，大力发展各类纪念林，实现人文与森林景观的完美结合，传承浙江古都的历史文化，并注重森林旅游、生态教育基地等项目中的科普功能建设；从而建立以生态公益林为主的完备的生态林体系，以及依附于生态林体系之上的发达的产业林体系和丰富的人文林体系，为建设生态浙江做贡献。

三、空间布局

从浙江省的自然环境条件、环境质量状况、生态敏感区的分布、城市化进程、城市群发育程度、林业产业发展状况与趋势、社会文化需求等方面考虑，对浙江省不同生态功能区的林业发展进行功能定位，提出布局的依据和建议。

（一）布局依据

1. 自然地形地貌

浙江省地处我国东南沿海、长江三角洲南翼。陆域面积 10.18 万平方公里，其中丘陵山地占 70.4%，平原占 23.2%，河流湖泊占 6.4%；省内地势西南部高，东北部低，地理环境相对独立。森林资源 80% 以上分布在浙南和浙北地区，因此，山地森林对于山区的水土保持与水源涵养具有极其重要的意义，也是从源头维护这诸多水系“清水长流”的、保障全省生态安全的最根本保证。

21 世纪被认为是“海洋经济”时代，海岛、沿海地带无疑将是海洋经济的最主要平台基地。浙江省海域面积连同专属经济区及大陆架达 26 万平方公里，有 3000 多个岛屿，海洋资源丰富，但台风等气象灾害比较频繁。因此，浙江的海岛、海岸林业建设也是将来浙江林业建设的重要方面。

2. 现有森林资源分布格局

浙江自然地理区域森林资源总的趋势是西南部山区的林区县（市）森林资源多，北部平原和东南沿海地区的非林区县（市）森林资源少。

（1）浙北平原区。本区位于浙江东北部，太湖以南的杭州湾两岸，土地总面积 171.48 万公顷，占全省土地总面积 16.6%；林业用地面积 51.46 万公顷，有林地面积 47.87 万公顷，森林覆盖率为 31.0%。这一地区应坚持走“水网化”与“林网化”的林业发展道路，大力建设以农田防护林和杭州湾海防林为主的林业体系，以保障平原区的农业生态系统的生态安全。同时，应该结合杭州湾城市群的发展，大力发展城市林业。

（2）浙西北中低山区。本区位于浙江西部山区，全区土地总面积为 176.92 万公顷，林业用地面积 138.35 万公顷，森林覆盖率 71.7%。这一区域大中型水库众多，而且是钱塘江许多支流和苕溪的发源地，在该区域林业产业化发展已经形成了以竹产业为主的、初具规模的产业生产、加工、贸易体系，因此，林业发展除了继续加大山区以水源涵养功能维护为主的林业建设和林分改造力度外，还应该继续加大以竹产业为主产业林体系建设。

（3）浙中丘陵盆地区。本区位于浙江中部、中东部腹地，全区土地总面积为 215.46 万公顷，林业用地面积 139.37 万公顷，森林覆盖率 62.4%。这一地区既是全省第二城市群的发展地区，也是浙江仅次于杭嘉湖平原的第二大农业生产区，同时也是茶叶、板栗、柑橘等经济林的集中产区。林业建设重点除了做好山区以公益林为主、以水土保持为目标功能的林业建设外，作好与林农致富相结合的经济林这篇文章也应该是今后的重点工作。

（4）浙南中山区。本区地处浙江省南部，全区土地总面积 278.67 万公顷，其中林业用地面积 222.15 万公顷，占全省林业用地面积 33.9%，森林覆盖率 76.7%。该区域是浙江省森林资源分布面积最大的区域，也是浙江省生态公益林分布最为集中的区域。

（5）浙东南沿海区。本区地处浙江东南部沿海地区，全区土地总面积为 188.52 万公顷，占全省土地总面积的 18.3%；林业用地面积 103.58 万公顷，森林覆盖率 53.4%。这一区域背山面海，以遭受台风暴雨的危害。该区域也是浙江省柑橘、枇杷等水果的主要产区，因此，林业工作的重点应该是搞好以沿海防护林带为主的防护林和经济林建设。

3. 城市群环境问题和发展趋势

浙江是我国经济发展速度很快的地区，也是城市化发展迅速的地区之一，目前已经基本形成了以杭州湾城市群为龙头的三大城市地带：杭州湾城市群、温台沿海城市群和金衢丽山间河谷城市群。城市化的快速发展与经济的高速增长，来了严重的城市环境问题，其中以水污染、酸雨危害、城市垃圾污染的形势最为严峻（图 4-1、4-2）。根据省环境质量监测结果，2001~2004 年间全省 16 个省控城市空气质量均呈下降趋势，空气中 SO_2 和 NO_2 浓度呈上升势态，总悬浮颗粒物浓度呈下降势态，但空气综合污染指数呈上升势态。

2004 年全省大部分城市的酸雨率在 80%~100% 之间，占省控城市数的 84%，较 2003 年上升 15 个百分点；其次为酸雨率在 60%~80% 之间的城市，占 16%（图 4-2）。

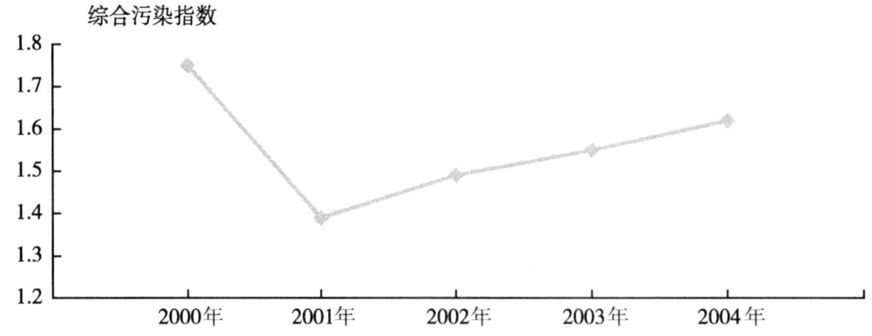

图 4-1 2000~2004 年浙江省城市空气污染物年日均值比较图

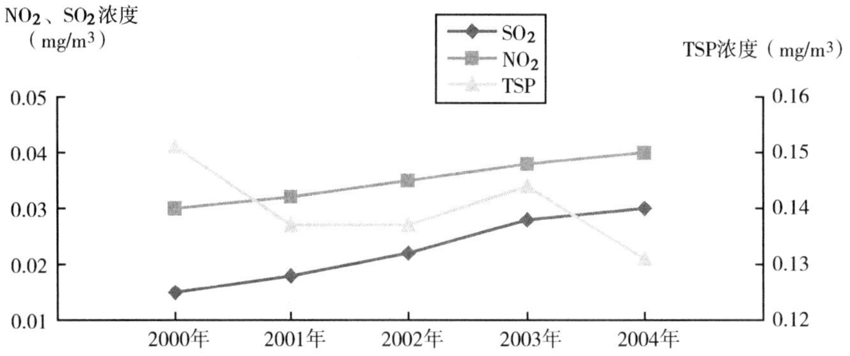

图 4-2 2000~2004 年浙江省城市空气综合污染指数年度比较图

从 2004 年全省地表水水质污染分布状况中可以看出（图 4-3），全省地表水主要的污染区域有 5 个：运河及杭嘉湖平原河网区污染区、东阳江 - 南江 - 金华江 - 兰江污染区、椒江 - 金清河网污染区、鳌江污染区、新昌江污染区。这五个主要区域也是上述三大城市群中城市分布最为集中的地区。

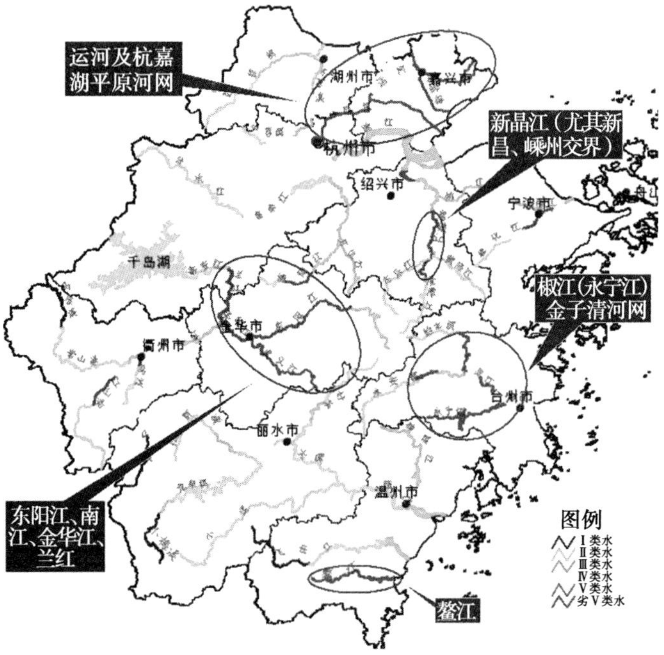

图 4-3 浙江省 2004 年地表水水质污染分布状况

因此，以上述三大城市群为核心，以众多的次一级城镇为基础，开展城市林业建设在浙江具有极其重要的现实意义，应该是今后林业发展与林业建设布局的重要内容之一。

4. 人口分布

浙江省是我国人口密度最高的省份之一，但地区分布很不平衡（图 4-4）。浙北地区和东南沿海平原以及岛屿地区人口分布相对稠密，其中人口最稠密的地区分别为杭州市市区、宁波市区、舟山市市区、台州市温岭县，其人口密度均在 1000 人／平方公里；而人口密度小于 200 人／平方公里的地区主要是西部山地与西南部山地地区。

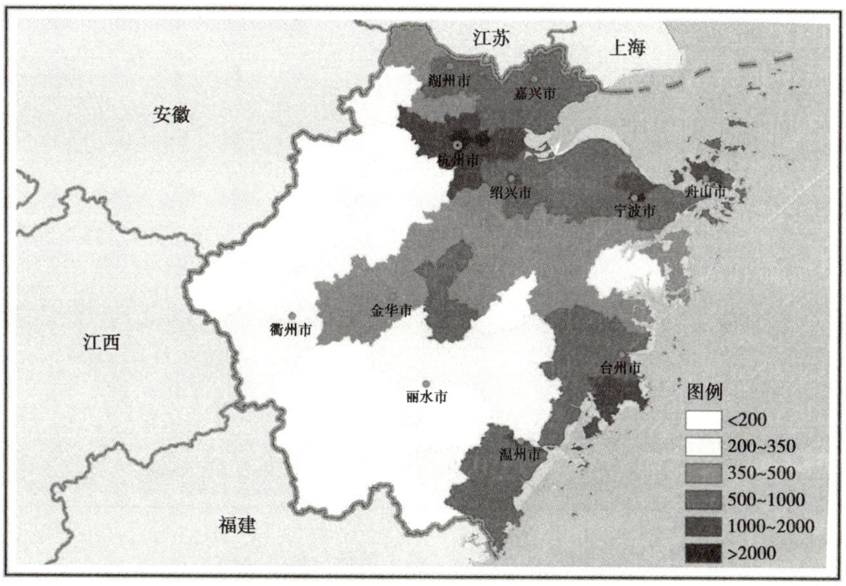

图 4-4　浙江省 2003 年人口密度图（人／平方公里）

（二）布局框架

浙江省林业发展布局规划，要以中国森林生态网络体系点、线、面布局理念为指导，山、海、城、乡统筹，林水结合，区域生态一体规划，以服务城市群生态环境需求、促进特色林业产业发展为目标，全面整合山地森林、平原与沿海防护林、城区绿地、城镇村庄绿化等多种模式，实现森林资源空间布局上的均衡、合理配置。

从浙江的地形地貌、森林资源分布格局、未来林业建设重点与趋势来看，西南部山地森林应该成为浙江省生态公益林建设的核心，而与浙江省杭州湾、金衢丽、温台州三个城市群交错分布的北部、东北部的丘陵岗地森林是这些地区生态安全的保护屏障，也是支撑林业产业发展的重要基地，传播森林生态文化的重要载体。根据这种自然格局和建设构想，山地森林分布呈现“一掌五指”的自然格局，形似手掌，而且其中以佛教文化享誉长三角乃至世界的“中国四大佛教名山”之一的普陀山，位于“五指”之中的小指，另外千里岗山—天目山（拇指）、龙门山（食指）、会稽山（中指）、四明山—天台山（无名指）之上的佛教也享誉浙江省和长三角，故称“佛手”。环杭州湾、金衢丽、温台州三个城市群是浙江最具活力的发展地带，也是林业现代化建设中需要大力拓展的重点领域，更是目前城市林业发展的核心地带；发展乡村林业，繁荣生态文化是建设“乡风文明、村容整洁”新农村的重要内容，浙江作为我国东部经济发达省，在新时期社会主义新农村建设中要走在全国前列。城市和村镇称得上是浙江省林业“佛手”之上的“掌上明珠”。据此提出“一掌五指三群多点”为一体的浙江林业现代化建设空间格局框架，可形象地称为“佛手护珠”（图 4-5）。

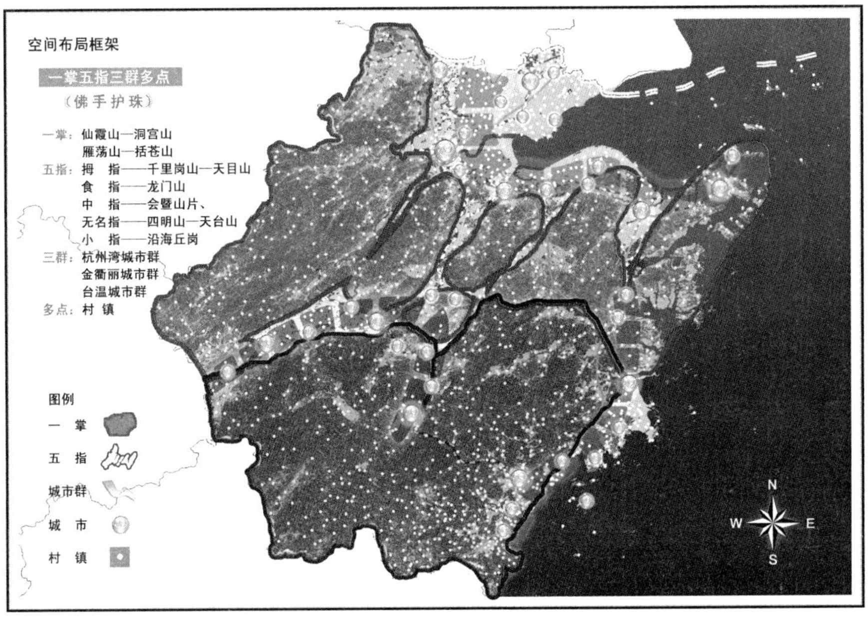

图 4-5　浙江林业建设“佛手护珠”空间布局框架

1. 一掌

“一掌”是指浙江西南部与福建相邻的广大山地，主要由仙霞山、洞宫山、雁荡山和括苍山等四大山地森林构成，是浙江森林生态环境的主体依托，为全省的制高点。以火山岩 - 粗骨土为特点，其中，浙西南山地多黄壤，森林覆盖率高达 80% 以上，针阔比全省最低（仅 3.4：1），竹林约占 7%。浙东南多灰岩—黄红壤，森林覆盖率不足 70%，针阔比 7：1，竹林少于 3%，公益林与经济林之比 11：1，较西南部高。

该区是浙江省八大水系源头地区，生态区位重要，同时是浙江省重点林区和经济欠发达山区。该区域目前存在的主要问题是：①作为重点林区，对林业一产的依存度过大、二产技术含量过低、三产则刚刚起步；②作为重点速丰林生产基地，基础设施老化、机制不活、机械化程度低；③作为浙江省的“绿谷”，优质、生态、健康的林产品和森林景观急待开发；④大面积低效生态公益林、低产竹林、低产经济林和中幼林急待改造和抚育。

根据不同山地的生境特点和森林资源建设目标，重点是通过生态公益林建设，构建浙西南森林生态屏障体系和浙江绿谷；通过低产低效林改造，促进资源培育；通过技术引进，发展森林食品和木竹加工业，促进林业产业升级。

2. 五指

“五指”是指位于浙江北部、东北部的千里岗山—天目山（拇指）、龙门山（食指）、会稽山（中指）、四明山—大台山（无名指）、沿海丘岗（小指）等五个呈西南—东北走向的丘岗山体，这些丘陵岗地森林也是浙江林业活力所在，五指的山丘岗地上部以生态公益林为主，外围是浙江经济林分布最为集中的地带，重点与当地林业产业发展相结合发展特色经济林，并服务城市生态需求加快生态风景林建设。

（1）拇指——千里岗山、天目山

区内有天目山脉和千里岗山脉分布全区，中山环绕，山高坡陡，河谷深切。主要水系有钱塘江水系的富春江、新安江、分水江和太湖水系的东、西苕溪。该区是杭嘉湖地区水源供给地和浙北地区重要的生态屏障，也是浙江省生态环境较好的地区和“黄金旅游”之地，本区以下寒武系碳硅质岩系、石灰岩为背景的石灰岩土为特征。山地发育火山岩系。森林覆盖率高于 70%，天目山区竹林比例居全省之冠，占林地两成以上。针阔比 8∶1，公益林与经济林之比超过 10∶1。

该区森林主要分为水源涵养林、生态风景林、用材林、经济林等类型。现有森林与野生生物类型国家级自然保护区 3 个、省级 1 个，生物多样性丰富，所在的浙皖低山丘陵地区是我国生物多样性保护的热点地区。该区是浙江第一大河钱塘江的主要源头区，区内有杭州的水源地、浙江第一大水库——新安江水库，以及富春江等近 20 个大中型水库，森林发挥着重要的水源涵养作用。同时该地区是浙江省分竹林分布最集中、面积最大的地区，也是全国的竹子分布中心，竹产业十分发达，如安吉是毛竹的中心产区，临安的雷竹和德清的早园竹等食用竹也十分有名。森林旅游资源十分丰富，现有国家森林公园 5 个，省级 10 个，由于离上海、苏南、杭州近，森林旅游业发展潜力很大。区域内的建德、淳安、开化、临安等地用材林资源也非常丰富，是浙江省重要的用材林基地。目前存在的主要问题是：局部地区水土流失较重，山体滑坡灾害较多；山溪性河流落差大、蓄水能力差，易使下游发生洪涝灾害。

重点是以封山育林为主要措施，加强野生植物保护和自然保护区建设；大力发展珍贵用材林、竹林和以山核桃为主的特色经济林；服务城市和周边地区的旅游需求，发展森林旅游。

（2）食指——龙门山

富春江（钱塘江）西侧的龙门山脉，是杭嘉湖平原通往浙赣的生态门户。该区位于平原（杭嘉湖平原、宁绍平原）、中山（浙西中山）、盆地（金衢盆地）的交汇处，夹于富春江、浦阳江两江之间（富春江为钱塘江的中游，浦阳江为钱塘的支流），以中低山地貌为主，以火山岩 - 黄壤为特征，森林覆盖率与天目山相似，均在 70% 以上。竹林占林地比例约 10%，针阔叶林比亦在 8∶1 左右，唯公益林与经济林之比高达 40∶1 以上。

重点是进行水源涵养林建设和保护，提高森林涵养水源、保持水土的能力。桐庐、建德等地相应发展用材林、毛竹林。依托 2 个国家级和 3 个省级森林公园，发展森林旅游产业。

（3）中指——会稽山

该区为富春江东，甬绍平原南侧之会稽山丘陵河谷区。以花岗岩—黄壤、红壤为特征。森林覆盖率偏低（50% 左右），竹林比龙门山略高（12%），针阔比最高达 29∶1，公益林与经济林之比最低（仅 4∶1）。

重点是大力加强森林保护，提高森林生态功能，充分发挥保持水土功能。同时，发展香榧等特色干果、毛竹等经济林。此外，应结合会稽山系越历史文化的保护和挖掘，大力发展森林旅游产业。

（4）无名指——四明山—天台山

四明—天台山地处宁波以南，是宁波的主要饮用水源地，水源涵养任务重。该地区为中低山丘陵区，以灰岩—粗骨土为特征，森林覆盖率略高于会稽山区，竹林比17%，仅次于天目山区，针阔比与龙门山相似。公益林比偏低，略高于会稽山。

该地区森林旅游资源十分丰富。天台山、大盘山的野生植物资源丰富，是浙江省野生植物保护的七个关键区域之一。在经济林方面，上虞、余姚、慈溪的杨梅，奉化的水蜜桃较为有名，应重点发展山地小水果。四明山区的毛竹林资源也十分丰富。同时，四明山雪窦寺、天台山国清寺是佛教圣地，是文化林建设的重点地区。目前存在的主要生态问题：水环境污染较重，生物多样性指数下降，丘陵坡地过度开发使水土流失较为严重。

重点是提高饮用水源地森林的水源涵养能力，建立水系源头等重要生态功能保护区，加强小流域综合治理和水土流失治理；发展具有特色文化内涵的森林旅游。

（5）小指——舟山、岱山、嵊泗等沿海丘岗、海岛

浙东北沿海低山丘陵，以灰岩 / 花岗岩—黄红壤、粗骨土为特征。森林覆盖率为山区次低，仅39%，竹林比仅占6%，针阔比13∶1，公益林与经济林之比为8∶1。

该区淡水资源缺乏，台风、暴潮危害十分严重。30年来，直接登陆的有15次，台风的直接登陆造成树倒竹折、山洪暴发，乃至房毁人亡，亦易造成经济林木的落花落果和农作物的倒伏甚至涝害，因此，如何建立以海防林为主的综合防护林体系，改善和美化生态环境，减轻风害，保障农业和经济果木稳产高产是本区林业建设的一大重要任务。

以普陀山为中心的舟山群岛也是浙江省野生植物保护的关键区域，生物多样性丰富，分布许多海岛特有植物，是浙江省发展海洋经济的重点地区，林业应为海洋经济的发挥提供重要的生态支撑。该区的林业有害生物（松材线虫病）危害十分严重，如舟山、象山等地，健康森林建设的任务很重。重点是沿海防护林体系建设，提高森林的保安功能。在大陆海岸沿线和海岛上，应选择耐盐抗风、耐干旱瘠薄，及防护效能和经济价值均较高的造林树种，建设林分结构优化、空间配置高效的以抗御台风为中心的防风林带及以掩蔽军事设施为目的的国防林，重点绿化开垦荒山、荒地，改造疏林，在水土流失严重的山地营造水土保持林，水库与溪流的汇水区内侧营建水源涵养林。同时，海岛的森林旅游资源也比较丰富，可以结合相关产业发展进行开发。

3. 三群

“三群”是指浙江经济最为发达、城市化水平最高、人口最为密集的杭州湾、温台、金衢丽三个城市群。重点是加强城市林业建设，大力发展农家乐等多种模式的观光林业，这既是改善城市生态环境，提高人居质量的重要途径，也是最能够体现现代林业特色，提高三大城市群地区综合实力和国际竞争力的有效举措。

（1）环杭州湾城市群

环杭州湾区域是浙江省经济最发达的城市群地区，也是先进制造业基地和信息产业化

基地，其独特的地理条件和优越的区位优势，决定了在浙江省林业现代建设过程中发挥重要作用。该区为长江三角洲冲积平原区，以第四系和边缘灰岩、水稻土为特征。南北为杭嘉湖、绍甬两大城市地带。北部的杭嘉湖为老冲积平原，较多火山岩残山，森林覆盖率不足5%，公益林与经济林之比0.8：1，为全省最低。南部的绍甬为新冲积平原，主要是水稻土和潮土，其中潮土主要分布于围垦区，森林覆盖率较北部高约3倍。

该区域目前存在的主要问题是：①平原地带森林覆盖率过低；②城市之间缺少大片森林的分隔；③作为江南水乡，有“绿肾”之称的大块湿地太少；④作为浙江省重要的竹木加工基地，产品和工艺急待升级；⑤作为浙江省重要的森林休闲旅游基地，森林景观缺乏统筹规划、整体效益有待发挥。

该区建设重点：①沿海、沿江、沿湖、沿路的通道绿化和大规模扩绿，重点实施杭州湾跨海大桥两岸防护林、舟山群岛国防林；②把森林引入城市，在城市周边大面积构建森林防护景观林；③根据水网化的地理特点，重点实施水乡和滩涂的湿地保护及生态修复；④通过技术创新，加快嘉兴、湖州等的竹木加工产业升级；⑤整合森林旅游资源，提升千岛湖、黄浦江源等森林休闲旅游效益；⑥发挥区域优势，加大外向型特色林产品产业带的建设和加工龙头企业的扶植。

（2）金衢丽城市群

金衢丽城市群地处浙中丘陵盆地，中西部为灰岩伴下寒武系、花岗岩－水稻土、黄壤为特点，森林覆盖率近50%，竹林占一成半。针阔比亦最低，公益林与经济林之比不足1：10，为经济林发达区。东部火山岩-黄壤、粗骨土为主，森林覆盖率低于40%，针阔比近12：1，公益林与经济林之比超过13：1。

该区域目前存在的主要问题是：①丘陵岗地过度开垦，造成土壤裸露，“红化”形势严峻；②城市周边地区风景林建设相对滞后；③作为浙江省重要的森林休闲旅游基地，森林旅游产业发展需要进一步升级。

该城市群中，重点是加强城市周边地区生态风景林建设，突出地域特色发展森林食品、花卉苗木等林业产业。丽水市及其下辖的城市中往往有自然山体入城，城市森林建设应与自然山体结合。在衢州市的周边有大面积的柑橘，而金华市周边的绿化苗木业以及其他经济林也相当发达。因此，衢州、金华两市及其下辖的城市森林建设应与生产绿地建设结合起来。

（3）温台城市群

温台州城市群地处长三角南缘近海岸丘陵平原、岛屿带收敛部位，以火山岩、灰岩、花岗岩分带及灰潮土为特征。森林覆盖率不足40%，针阔比高达28：1，竹林较少。温台沿海区域是浙江省民营经济发达地区，块状特色产业优势明显，机制灵活。该区域不仅是浙江省沿海第一线生态防护屏障地带，也是林业产业发达地区。因此，城市森林建设应与沿海防护林体系结合起来，通过以红树林为核心的沿海基干林带建设和困难立地造林，发挥山海资源优势，大力开发林业产业，实施山区富民工程，实现“山海并利”。

该区域的自然灾害多为台风、暴雨，是浙江省沿海防护林体系建设的重点区域之一，目前林业建设存在的主要问题是：①以海岸基干林带为重点的沿海防护林体系仍相当脆弱；②海岛、坡耕地、坟山、迹地等敏感地带急需治理，困难地造林任务较重。

建设重点为：①以海岸基干林带、岩质海岸防护林为重点沿海防护林体系建设；②山区敏感地、困难地带绿化和整治；③欠发达山区林业产业发展和富民工程的实施；④实施椒江源头水源涵养林，乌岩岭等生物多样性保护工程；⑤建设“两具一果”（木制家具、玩具和山地水果）为重点的林业特色产业带。

4. 多点

“多点”是指全省村镇的林业生态建设。重点结合 1334 个乡镇和 38322 个行政村的环境整治，加强村镇绿化建设。森林不仅具有良好的生态功能，在改善生态状况、美化人居环境方面作用突出；而且也是人类文化的重要源泉，是传承和弘扬生态文化的重要载体，生态文化的繁荣对农村的文明进步具有巨大的推动作用。因此，着眼于乡风文明、村容整治，必须加大生态建设力度，切实保护好农村自然生态，按照“千村示范、万村整治”的总体部署，继续深入开展“绿化示范村”创建活动，推进村庄绿化，改善农村人居环境；加强生态文化建设，促进生态文明发展，尽快形成节约森林资源的增长方式、健康文明的生活方式和保护生态的价值概念，实现人与自然和谐相处，为建设社会主义新农村提供精神动力。

从“佛手护珠”格局建设方向来看，“一掌”、“五指”是林业生态建设的主体依托，指掌之上公益林为主，指掌之间经济林为主，“三群”和“多点”建设围绕“改善生态状况、美化人居环境、传播生态文化”目标，加快城市林业、乡村林业发展。因此，“佛手护珠”格局中的“一掌”、“五指”是生态基础和产业基地，“三群”和“多点”是服务对象。

从“佛手护珠”格局建设意义来看，这只“佛手”有生态的主体，有产业的基地，有服务的对象，有文化的内涵。它是浙江林业工作的“抓手”，是全省生态安全的“护手”，是区域协调发展的“助手”，是现代和谐社会的“推手”。

（三）建设重点

在浙江林业现代化发展实现森林生态网络中点、线、面合理布局的基础上，重点是加强“体”（即提高森林质量）的建设。近期重点是：围绕“五项”内容，实施“十大”工程。

1.“五项”内容

（1）保育山地森林。浙江的山地森林重点是保护资源，提高质量。近期是保生态，长远还要富民。主要应该采取封山育林为主，辅之以人工措施。在林分改造过程中，提倡按照地带性森林植物群落结构发展近自然林。在树种选择过程中，借鉴欧洲恒用林的经营理念，适当增加长寿命、高经济价值珍贵树种，使山地森林成为浙江省森林生态系统健康稳定的基础，成为生物多样性保护的基地。

（2）打造产业基地。浙江作为林业资源潜力大省，也是产业大省。多年来的不断发展，各个地区林业产业已经形成了特色明显、优势突出的主导产业。很多林业产业关系的是农村经济、农民致富，因此，林业产业不仅仅是林业行业本身的问题，更主要的是“三农”问题。在推进林业产业结构优化、提质增效的过程中，一项重要工作就是要打造产业基地，使林业为地方经济发展作贡献，为解决“三农”问题作贡献。

（3）建设人居森林。人居森林建设的目的主要是为了提高人居环境质量、增进人民身体健康、满足人们日益增长的生态文化需求。人居森林建设要以人为本，注重发挥森林的生态和社会效益。建设内容包括城市与乡村两部分。城市森林建设的重点要突出林网化与水网化，在观念上从过去比较注重视觉效果转移到既注重视觉效果又注重人的身心健康轨道上来，注重提高绿地空间使用效率，提倡增加高大乔木树种，建设森林型的绿地。在城市周围、城乡结合部建设以近自然林为主的生态风景林、休闲观光林。乡村林业结合新农村建设、农村产业结构调整，大力发展庭院林、围庄林、生态经济林、人居防护林、风水林等。

（4）构筑海防林带。沿海地区的防护林建设是保障沿海生态安全的重要屏障，对于经济比较发达的沿海地带来说意义十分重大。在千里海疆构建起一道绿色“长城”，减轻海岸带极易遭受台风、盐碱等现实自然灾害危害以及可能的海啸等威胁。重点建设海岸带国家基干林带和海岛生态风景林，构筑起区域性防护效果显著的绿色屏障。

（5）培植科普载体。浙江林业现代化，很重要的一个方面是人的观念现代化，也就是生态意识的增强。重点是规划建设生态纪念林，打造森林、湿地等多个生态教育基地，通过这些具有文化内涵的科普载体，传播生态文化。

2.“十大”工程

围绕浙江现代林业的三大体系建设，全面推进“十大”林业工程，即：

（1）森林生态体系建设：重点实施四大工程，包括城市森林工程、山地森林保育工程、沿海防护林体系建设工程、野生动植物与湿地保护工程。

（2）林业产业体系建设：重点实施四大工程，包括森林食品工程、竹木业工程、森林生态旅游工程和林业高科技产业工程。

（3）森林文化体系建设：重点实施二大工程，包括新农村绿色家园建设工程和生态文化传承工程。

第五章　浙江省林业重点工程建设规划

一、规划依据与目标

（一）规划依据

1.《浙江生态省建设规划（2005~2020）》
2.《环杭州湾地区城市群空间发展战略规划》
3.《浙江省水资源保护和开发利用总体规划（2004）》
4.《浙江省城镇体系规划（1~12卷）》
5.《浙江省土地利用总体规划（1997~2010）》
6.《浙江省金衢丽地区城市群空间发展战略规划》
7.《浙江省公路水路交通建设规划纲要（2003~2010）》
8.《关于全面推进林业现代化建设的意见》
9. 浙江省政府批复建设的有关生态、林业、水利等相关方面的规划

（二）规划目标

重点加强山地森林资源保育，提高森林资源质量，加快城市与乡村人居森林、沿海防护林的建设，增强生态敏感地区的森林防护能力。到2020年，使浙江的森林覆盖率稳定在60%以上，建成功能完备的山地、河流、海岛、城市、乡村一体的绿色生态屏障，形成山地茂林修竹、江湖水秀鱼跃、海岛鸟语花香、城市林荫气爽、田园果硕粮丰的生态景观，实现强化森林系统功能，建设一流林业产业，丰富森林文化内涵的目标，为建设山川秀美、人与自然和谐、经济社会可持续发展的生态浙江奠定基础。

规划建设的近期重点是：围绕“五项”内容，实施“十大”工程。

（1）“五项”内容：保育山地森林，打造产业基地，建设人居森林，构筑海防林带，培植科普载体。

（2）“十大”工程：四大森林生态工程，四大林业富民工程，二大森林文化工程。

二、森林生态工程

（一）城市森林工程

1. 范围

全省所有市及县级城镇，以各城市（城镇）建成区为核心，涵盖城区行政区域内的近郊。

2. 目标

至2020年，全省80%以上城市（县级城镇）的林木覆盖率达到30.0%，城市规划建成区绿地率达到35%，基本建成以林木为主体，总量适宜、分布合理、植物多样、景观优美、生态功能较强的城市森林生态体系。

3. 主要内容

加快城市核心生态林地建设，构建结构稳定、具有一定规模的各种生态功能林，使其成为城市森林系统中的核心林地。在城乡结合部等生态敏感区，保护现有的森林资源，建设具有净化、美化、防护等多种功能的环境保护林。在城市边缘区，建设以森林为主的生态隔离带，避免城区范围的无序扩大。采取近自然的树种配置和管护模式，加强城市范围内以河流、公路、铁路等主干廊道沿线的防护林建设，完善农田防护林网、道路林网建设。

（二）山地森林保育工程

1. 范围

全省除纯平原县以外的所有县，涉及79个县（市、区）。

2. 目标

至2010年，全省乔木林中阔叶林和针阔混交林的比例达到45.0%以上。山地重点生态公益林中阔叶林和针阔混交林的比例达到50.0%以上，郁闭度达0.7以上。

至2020年，全省乔木林中阔叶林和针阔混交林的比例达到50.0%以上，全省山地森林资源结构和树种结构进一步优化，水源涵养、水土保持能力显著增强，抵御病虫害和森林火灾的能力明显提高，形成较为完善的山地森林生态体系。

3. 主要内容

（1）严格按照《浙江省生态公益林管理办法（试行）》和浙江省生态公益林建设系列标准，建设3000万亩重点生态公益林。

（2）采用“封育、新造、补植、改造”等综合措施发展阔叶林，培育阔叶林和针阔混交林，实施通道生态景观林、城镇绿屏、休闲景观林、森林防灾减灾、城镇饮用水源涵养林、沿海岛屿国土保安林等6项子工程。共发展阔叶林35万公顷。

（3）重点做好现有火烧迹地、采伐迹地的更新，规划在三年内完成全省现有迹地的更新任务。今后，每年新形成的迹地限期在两年内完成更新。

（三）沿海防护林体系建设工程

1. 范围

嘉兴、湖州、杭州、绍兴、宁波、台州、温州、舟山等8个市的52个县（市、区）。

2. 目标

扩大沿海防护林建设范围，拓宽基干林带，充实建设内容，形成由沿海基干林带、平原农区与城镇防护林网、山地丘陵防护林三个防护层次构成的综合防护林体系，至2020年，建成多树种、多层次、多功能、高效益、科学配置的生态防护林体系。

3. 主要内容

（1）沿海基干林带改造。采用人工造林、封山育林等方式，拓宽4489公里基干林带宽度，实现基干林带完全合拢，使其防护功能进一步提高。重点加强沿海围垦区的防护林建设。规划新营造沿海基干林带12.93万公顷，在泥质海岸和沙质海岸进行人工造林，面积3.32万公顷，在岩质海岸进行封山育林，面积9.61万公顷。

（2）沿海农田防护林网完善。在沿海防护林体系建设范围内的平原县加大农田林网建设力度，总体要求是农田林网控制率达80%以上，路、河、沟、渠、堤宜林地段绿化率95%以上。规划新建农田林网1.3万公里，面积0.74万公顷。

（3）红树林保护和发展。重点保护奉化市缸爿山、象山松兰山海滨木槿和乐清市西门岛秋茄林。在沿海发展红树林（秋茄）和半红树林（海滨木槿、苦槛蓝），其中秋茄主要发展于椒江以南淤泥质缓风海湾、海滩、感潮河口江滩；半红树林适宜地类为围涂和河口江滩最高潮水线附近的陆地边缘，其中海滨木槿适宜于沿海各地，苦槛蓝限定在象山港以南。规划发展红树林和半红林0.6万公顷，其中秋茄0.45万公顷，海滨木槿和苦槛蓝0.15万公顷。在苍南县建立秋茄红树林引种与利用示范区。

（4）城乡绿化一体化。在工程建设范围内开展城乡一体化绿化，主要包括绿色通道建设和村庄绿化。其中绿色通道的建设标准为国省道两侧各5米，其他道路两侧各3米。绿色通道工程量为0.47万公顷，村庄绿化2.08万公顷。

（5）低效林改造和森林抚育。对工程区范围的基干林带和生态公益林中的残次林、小老树林、低效林、病残林进行重点改造，改造面积28.2万公顷；在工程区开展森林抚育，对象是：密度过大而出现挤压现象、林带结构不符合防护要求和遭受病虫害、火灾及雪压、风折等自然灾害的基干林带，以及郁闭度0.8以上、林下立木或植被受光困难和遭受病虫害、火灾、雪压、风折等自然灾害，病腐木已达10%的生态公益林，总面积59.6万公顷。

（四）野生动植物与湿地保护工程

1. 范围

该工程范围面向全省，重点在现有自然保护区、保护小区，以及尚未建设保护区或保护小区但具有保护价值的区域。

2. 目标

建立和完善野生动植物、湿地保护体系，新建和扩建一批自然保护区、自然保护小区，加强野生动植物栖息地、原生地和湿地生态系统保护，抢救和保护国家、省重点野生动植物种群及其栖息环境，加强现有自然保护区的能力建设，实现自然保护区建设标准化、管理规范化、信息数字化。

至2010年，新建、扩建自然保护区5个以上（其中新建湿地类型国家级自然保护区1个）；新建自然保护小区50个以上；至2020年，在全省范围内形成一个以自然保护区为主体，以保护小区为补充，以珍稀濒危野生动植物保护为重点，布局合理、类型齐全、设施先进、管理高效、具有国内外重要影响的自然保护网络，实现野生动植物和自然湿地生态系统的有效保护。

3. 主要内容

（1）森林生态系统与野生动植物保护。加强天目山等7个国家级自然保护区建设，提高生物多样性保护力度和保护区管理水平，充分发挥上述保护区在生物多样性保护和科研、生态道德宣传教育等方面的示范作用。加强省级、市级、县级自然保护区建设，对现有的安吉龙王山、诸暨东白山、仙居俞坑、松阳箬寮岘、绍兴兰亭、常山太公山、武义牛头山、瑞安大洋坑等自然保护区，加强机构和基础设施建设。在衢县水门尖、缙云大洋山、江山双溪口、桐庐芦茨等地新建保护区或保护小区。开展扬子鳄、华南虎、朱鹮、梅花鹿、黑麂、野牛雉类、云豹、藏酋猴、河麂的保护拯救，恢复和扩大种群。建立兰科植物繁育中心、春兰品种园和石斛人工培育基地。

（2）湿地保护。新建乐清湾三眼陡湿地保护区（暂名）、杭州湾湿地自然保护区（暂名）、象山港海岸湿地自然保护区（暂名）、镇海棘螈自然保护区等四处保护区；重点保护平原河网地区的自然—人工复合型湿地生态系统，新建 5 处以上湿地公园；实施温州湾黑嘴鸥栖息保护工程，主要内容是规范围垦、治理污染，保护黑嘴鸥的栖息地；在山地水系源头区建立一批湿地自然保护小区，保护山地河源湿地。

三、林业富民工程

（一）森林食品工程

1. 目标

建成 20 万公顷（300 万亩）森林食品基地，在现有基础上增加认定（证）森林食品 100 个，森林食品的销售收入比基地建设前提高 20.0% 以上；建立和完善省级“森林食品”检验检测机构，建立省、市、县、生产区互相配套的检验体系，使全省林特产品的质量得以全面提高，市场竞争力明显增强，成为全国林特产品质量安全管理的典范。

2. 主要内容

（1）对照国际相关的森林产品认证系列，根据《森林食品系列标准》和《浙江省森林食品基地认定办法》中的界定原则，通过对传统的林产品生产基地的改造，使其符合森林食品基地标准并通过认定，实现基地面积增长 5.3 万公顷（80 万亩）；结合全省林业特色基地建设，采用“森林食品基地”标准进行规范化建设，实现面积增长 5.3 万公顷（80 万亩）；通过已经认定的森林食品生产基地自身的扩大再生产，实现面积增长 4 万公顷（60 万亩）。重点发展蔬菜（竹笋、森林蔬菜等）、干果（香榧、山核桃、银杏、优质板栗等）、山地水果（杨梅、青梅、梨、优质柑橘、柿等）、饮料（苦丁茶、茶叶等）、食用油料、森林保健食品等六大类森林食品。

（2）建立健全与基地建设相配套的体系。不断完善森林食品系列标准；建立“森林食品”检验检测网络，强化森林食品基地认定和产品认定工作，实行严格的产地环境和产品质量检测和跟踪制度；加强宣传与政策扶持，创建良好的外部环境，确保“森林食品”的持续健康发展。

（二）竹木业工程

1. 目标

建设竹林基地 60 万公顷，木材加工原料林基地（速生丰产林基地）33 万公顷，实现竹木加工业产值 1000 亿元，竹木及制品出口 30 亿美元。

2. 主要内容

（1）加强竹林基地建设。在杭州市、湖州市、宁波市、绍兴市及龙游、衢江、江山、景宁、遂昌、缙云等地建设材用竹林基地；在衢江、江山、龙游、龙泉、庆元、景宁、遂昌等地建设笋竹两用林竹笋竹炭原料林基地，在余姚、奉化、宁海、鄞州、象山、绍兴、嵊州、诸暨等地建设笋竹两用林和竹笋加工原料林基地；在平阳、瑞安、苍南建设绿竹笋用林基地，在杭湖的临安、德清、余杭、富阳、安吉、吴兴和宁波的奉化、余姚、鄞州建设两大无公害散生笋用竹基地；在安吉、湖州、萧山建设观赏竹及笋用竹种基地。建设竹林基地 60 万公顷。

加大木材加工原料林的培育力度，重点发展杉木、国外松、杨树、桉树和乡土速生阔叶树。建设以丽水市为中心的浙南片，以杭州市、衢州市为中心的浙西北片，以天台、仙居、临海、磐安、东阳为中心的浙东浙中片三大片速生丰产林基地，其中浙南片重点培育大径级用材和人造板材，浙西北片重点培育人造板原料材，浙东浙中片重点培育浆纸原料材。木材加工原料林基地 33 万公顷。

（2）引导产业集聚，培育具有区域特色的竹木加工产业带。重点培育嘉兴、湖州的人造板实木地板产业带，湖州、衢州、丽水、浙东的竹产业带，台州、云和、泰顺、文成的木制工艺品产业带，温州、玉环、绍兴的木制家具产业带四大产竹木加工产业带，强化产业带对企业、资金、技术的集聚功能。

加大对具有竞争优势的竹木产品加工企业的技改投入，积极支持重点加工企业引进和开发先进加工技术、工艺、设备，拓展精深加工，提高加工转化能力和产品技术含量，培育一批具有行业和区域带动作用的骨干企业。维持现有人造板生产能力，控制生产规模，原则上不再发展新的人造板生产企业。

（三）森林生态旅游工程

1. 目标

森林公园总数达到 120 处以上，总经营面积 60 万公顷。在现有基础上，再建成 20 处在国内外享有较大影响的重点森林公园，推出具浙江特色的生态旅游热线 10 条。争取年接待森林旅游人数达到 3000 万人次，森林旅游经营收入达到 150 亿元。形成以森林公园为主体，以湿地公园、自然保护区为补充，布局合理、管理科学、功能完备、效益良好的森林生态旅游网络。

2. 主要内容

（1）浙东森林旅游区：以舟山普陀山、宁波天童寺两大国家级森林公园为依托，开展宗教旅游；利用绍兴兰亭森林公园书法圣地、印山越国王陵的文化旅游资源，开展怀古旅游。利用台州大鹿岛、大陈岛森林公园的海岛风光，开展海岛风情游；充分挖掘“浙东唐诗之路”的森林生态旅游内涵，重点在“浙东唐诗之路”沿线的嵊州、新昌、天台、临海新建森林公园，争取使本区的森林公园总数达到 40 处。开发杭州湾、三门湾、象山湾、舟山群岛的湿地旅游资源，发展湿地旅游。

（2）浙西森林旅游区：以钱塘江为中轴，以钱江源、千岛湖、白沙、富春江、大奇山、黄公望等森林公园为依托，打造沿江森林旅游带，突出山、林、水旅游资源的组合提升，重点开展小城观光、度假休闲、林水风情、水上体育康娱、文化旅游、野生动植物科普等旅游项目。三衢、紫微山等森林公园要充分利用岩溶、溶洞的地貌特点，重点开展地貌考察、洞府游览等旅游项目。城郊森林公园要充分利用区位优势，发展动态参与型森林旅游项目，吸引节假日的城市游客。适度开发天目山、清凉峰、古田山等自然保护区的生物旅游资源，依法开展生态旅游。争取新建森林公园 20 处以上。

（3）浙南森林旅游区：加强山、林、水和人文旅游资源的开发，完善基础设施、旅游设施和服务设施建设。雁荡山、玉苍山、铜铃山、仙宫湖、南雁等观光旅游资源丰富的森林公园要重点发展观光型旅游项目。以气候凉爽见长的遂昌、大山峰、大洋山等森林公园要大力开展避暑度假、会议旅游等项目。充分利用本区野生动植物资源丰富的特点，开展生物观赏、科普修学等旅游项目，适度在凤阳山—百山祖、乌岩岭、九龙山等自然保护区开展生态旅游。

（4）浙北森林旅游区：充分利用区位优势、交通优势、客源市场优势，开发休闲度假娱乐类旅游产品。以安吉竹乡、德清莫干山等森林公园为依托，充分发挥竹海的旅游优势，开发各类与竹有关的旅游项目，铸造竹乡风情游旅游精品。九龙山森林公园要发挥山海并利的优势，打响杭州湾北岸绿色明珠、休闲港湾品牌。适度在“黄浦之源”龙王山自然保护区开展生态旅游。利用“江南水乡”水网密集的独特优势，开展湿地生态旅游。

（四）林业高技术产业工程

1. 目标

根据浙江林业产业的发展现状与趋势，针对未来国内外林产品供需结构和特点，大力发展林业高技术产业，大幅度提高林业高技术产业份额，至 2020 年高技术林业产业占林业产业总产值达到 25%~30%；形成具有浙江特色的林业高技术产业群（带）；产业核心竞争力和综合实力明显提升。基本建立一个布局合理、结构优化、装备先进、特色明显、规模适度、效益显著的林业高技术产业体系。

2. 主要内容

重点发展林木种苗花卉新品种培育、生物质新材料、生物质能源、林业生物制剂。

（1）林木种苗花卉新品种培育。种苗培育是浙江的优势产业，在全国有重要影响。未来我国生态建设和商品林培育对多抗优质种苗有巨大需求，为此，应充分发挥浙江的区域优势，利用分子育种、细胞工程和基因工程技术，重点培育乡土、优质、抗逆、珍贵造林树种新品种，并建立与之配套的快速繁殖和栽培技术体系，发展以生物高技术为依托的新兴种苗产业，培育若干个集育种、繁殖、造林、管护一体化的重点产业基地，为全国生态林和商品林建设提供支撑。

（2）生物质新材料。利用生物质资源开发新材料是材料工业发展的重要方向。要充分发挥浙江在竹木加工方面的良好基础，拓展产业领域，延伸产业链，提高附加值。通过竹木生物质材料的改性、重组和复合，重点发展新型木基（木塑）复合材料、陶瓷化木材、竹木纤维新材料以及林业绿色化学品，加快我国人工林木材增值利用的产业化步伐；加快提高产业的装备水平和研发能力，培育竹基新材料高附加值深加工产业群和人造板等木材深加工产业集群，开展生物质可降解高分子新材料产业化示范打造一批品牌产品。

（3）生物质能源工业。结合浙江的资源特点，重点发展林业生物质的气化、液化、成型固化及气热电联产技术；开发生产生物基酒精、生物基柴油以及生物基化工产品；建立起浙江特色的生物质能利用体系。

（4）森林生物制药和生物制剂。重点开发高性能植物生长调节剂、复合菌根菌肥、专用缓 / 控释肥料以及多功能生物肥料；利用资源优势发展生物制药以及环保型生物农药；利用生物反应器技术生产高附加值植物提取物。

四、森林文化工程

（一）新农村绿色家园建设工程

1. 目标

通过村庄道路、河道、庭院、宅旁绿化、公共绿地和围村林的建设，完善村庄绿化布局，构筑多树种、多层次、多功能的村庄植被生态系统，实现村庄绿化美化，发挥绿化的文化功能，改善农村居民的生产、生活环境，建设乡村绿色家园。建成 100 个绿化达标镇，1000 个绿化示范村，绿化美化 10000 个村庄。

2. 主要内容

（1）加强村庄内公共绿地建设及庭院、道路、河渠堤、农田、周边山体的绿化，建立较为完善的村庄植被生态系统。

（2）推广村庄片林和围村林建设。在绿化示范村中推广建设村庄片林或围村林，将其建设成为村庄绿地系统中的核心林地。争取在 50.0% 的绿化示范村建设村庄片林，一村一片，有条件的要建成围村林。传承传统风水林中强调人与自然和谐共存的发展观，用人居生态学、景观生态学理论指导村庄片林和围村林保护与建设。

（3）深入挖掘村庄绿化的文化内涵，实现绿化与文化的协调统一。对历史悠久、文化内涵丰富的村庄或古村落，要优先进行绿化。

（二）生态文化传承工程

1. 目标

以“保护、继承、发展”为基本方针，弘扬生态文化，开展古树名木保护、生态道德教育基地建设和森林博览城建设等工程，完善古树名木的保护体系和文化传承体系，逐步建立生态道德教育体系，以传承森林生态文化，宣传和普及生态文化知识，使公众生态意识明显提高。

2. 主要内容

（1）古树名木保护。充分挖掘古树名木的文化内涵，在文化内涵丰富的古树名木密集区，建立古树名木文化长廊、文化区等森林文化景观展示基地，开展多种形式的森林文化旅游；开展古树名木的复壮保护工作，建设古树名木信息管理系统和网上宣传展示系统；保护和培育后备资源。

（2）生态道德教育基地建设。选择生态教育内容丰富、基础设施较好的自然保护区、森林公园、动物园、植物园、湿地公园，开展生态道德教育基地的命名工作。在宁波市东钱湖旅游度假区建设森林博览城、完善安吉竹博园、天目山自然博物馆等现有博物设施。在各城市周围划定地块，开辟专门的纪念林、纪念树营造基地，积极组织群众义务植树，提高义务植树尽责率，开展林木的认养、认领工作，建设城市纪念林。

第六章 科技平台和基础设施建设

一、科技平台建设

（一）创新平台建设

1. 目标

适应浙江林业现代化建设的需求，整合、优化科技资源，构筑好源头创新平台，提高浙江林业科技创新能力，为实现浙江林业可持续发展提供科技支撑。

2. 重点建设内容

重点建设竹子、森林生态、林木种苗、森林食品、森林灾害防控等技术研究中心。

（1）竹子工程技术研究中心。重点开展竹资源培育、可持续经营、竹材高效加工利用自动控制、新型竹木复合多功能新材料开发、竹化学加工利用等方面技术研究。

（2）森林生态技术研究中心。重点对生态脆弱区生态系统恢复与重建、森林资源和生态效益监测与效益评价、常绿阔叶林的恢复与可持续经营、城市森林生态圈构建规划与效益评价、湿地保护与生态修复、复合农林业高效可持续经营等领域的研究。

（3）林木种苗技术研究中心。重点开展木本植物优质、抗逆、抗病虫的基因工程，浙江省特色树种种质资源的收集、保存与创新利用，生态公益林高抗性和多用途动植物材料选育，珍稀干果、山地水果、木本药材等特色经济林良种选育，珍稀濒危树种种质材料的快速繁育等领域的研究。

（4）森林食品技术研究中心。重点开展“森林食品”标准制（修）订、环境和质量监测、标志论证等；“森林食品”安全生产的全程监控技术体系；主要经济林、竹林的重大病虫害的监测及综合控制技术；生物农药、生物肥料研制等关键、共性技术研究。

（5）森林灾害防控技术研究中心。重点开展应用“3S”技术进行森林火灾探测，森林火灾地形、地貌和植被类型对林火蔓延的影响及扑灭，适宜南方丘陵山地森林火灾扑救的轻便型器械，松材线虫病等重大森林病虫害的监测、应急防治和综合控制，基于营林措施的灾害控制自然力加成，森林生态系统基于生物灾害生态控制原则的构建和重建以及恢复，健康森林生态系统的保健技术等方面的技术研究。

这些技术研究中心的建设，主要依托于浙江省林科院、浙江林学院、中国林业科学院亚林所及其他相关的科研院所及高等院校，整合科技资源，优化创新环境，提升林业科技的创新能力和水平。

（二）成果转化平台建设

1. 目标

为加快林业科技成果的转化与应用，加速高技术成果产业化步伐，促进林业产业的集聚与示范，根据浙江块状经济和林业区域化布局的特点，在区域科技创新服务平台建设方面，拟建立三大森林生态建设科技试验示范区、六大林业特色产业科技推广带，构建四大区域科技转化平台。

2. 重点建设内容

（1）建立三大森林生态建设科技试验示范区。重点围绕浙西南生态公益林、环杭州湾组团式城市森林、浙东沿海防护林等建设，建立三大森林生态建设科技试验示范区。

浙西南森林生态屏障体系主要以全面实施3000万亩生态公益林建设工程为载体，重点开展森林生态体系构建及效益监测关键技术研究与示范；环杭州湾组团式城市森林生态体系主要通过通道绿化、城镇绿化和花卉苗木基地建设等，构建多层次、点线面结合的生态效益与景观效益、经济效益相协调的生态圈，重点开展城市森林树种选择、配置模式、管护技术、生态风景林营建等方面的研究与示范；在甬、台、温、舟等市围绕浙东沿海防护林体系的构建，重点以海岸基干林带和岩质海岸防护林为主开展防护林树种选择与培植模式的研究与示范。

（2）形成六大林业特色产业科技推广带。充分发挥浙江省林业产业的比较优势，实施扶优扶强发展战略，以调整优化生产布局和产业结构为主线，应用高新技术提升传统产业，重点建成以浙北、浙西南和浙东区域为重点的竹产业带；以会稽山脉、天目山脉为中心的珍稀干果产业带；以环杭州湾区域为主的花卉苗木产业带；浙东南、浙东北的山地水果产业带；浙中、浙西南的木本粮油产业带和木本药材产业带等六大林业特色产业科技推广带，形成区域优势，促进区域经济发展。

（3）构建四大区域科技转化平台。根据浙江省林业资源区域布局特点，构建四大区域科技转化平台，即以安吉、德清、临安、余杭为核心区，构建竹产业化技术研发实验区，开展竹林可持续经营技术、竹材深加工、竹化学利用技术研究及数控竹木加工机械研发；以凤阳山、百山祖等自然保护区为资源库，以龙泉市、庆元为重点，构建森林多功能利用实验区，开展生物多样性及野生动植物资源的保护与利用、乡土阔叶树种的发掘利用、特色经济林树种资源开发等项目的研究与示范；以慈溪、余姚为重点区域，构建沿海防护林体系建设实验区，开展高抗性防护林树种的引进与选育、结构配置与营造技术、综合示范与效益评价等研究与评价；以永康、丽水为辐射区域，构建林业机械研发实验区，以轻便型森林火灾扑救、营造林和森林病虫害防治器械研发为突破口，开发各类林业机械。

二、基础设施建设

（一）林业信息化

林业信息化是广泛使用信息技术、提高林业综合发展实力的过程，林业信息化是林业发展的必然趋势，是林业现代化的一个重要标志。

1. 目标

加强基础设施建设，完善网络基础平台、公共数据平台建设，在行政、业务、生产、科教部门推广应用各类林业应用系统、公众服务系统和自动化、智能化生产控制系统，初步建成结构合理、体系健全、安全可靠、初具规模的全省林业信息化服务体系。具体目标包括：

——基本建成覆盖全省林业系统的林业信息网络硬件平台；

——开发林业公共基础数据管理系统，完善林业公众服务信息网，基本建成各层次的林业公共服务数据平台；

——基本建成电子政务框架体系；

——基本建成以森林资源管理信息为核心的各类林业信息管理应用系统；

——建立与健全信息化管理体制，初步形成法规、标准、规范和安全体系框架；

——普及信息技术知识，建设一支素质较高的技术队伍，培养一批既懂信息技术和信息管理，又熟悉林业政务的复合型人才。

至 2020 年，进一步完善林业信息化服务体系建设，实现林业管理的数字化，使林业信息资源的开发更加深入，信息服务的范围不断扩大，信息服务的质量明显提高，满足林业现代化发展的需要。

2. 重点建设内容

（1）以网络为核心的信息化基础硬软件平台建设。充分利用政府网、公共数据网等社会资源，进行全省计算机通信内外网和有线无线通信网络建设，到 2007 年建成省、市（地）、县三级计算机网络系统，建成信息化网络平台。到 2010 年完成全部计算机网络系统建设，覆盖所有林区的所有管理、生产部门和环节，并在重点林区实现数据采集、传递、处理等环节的自动化、网络化。

（2）公共基础数据平台和数据中心建设。到 2008 年，省、地、县、林业基层单位基本建成空间与非空间数据平台，重点建设模型库、方法库、知识库系统，并利用数据挖掘技术，与公共数据平台相配合，整合外部和各单位的专用数据。建立省级和地市级的数据中心。

（3）林业政务信息化。遵照《关于浙江省电子政务建设指导意见》及有关电子政务建设要求，充分利用公用政务平台，推进内部办公自动化、公文交换无纸化、管理决策网络化、公共服务电子化。

（4）重点业务应用系统（生产、管理）建设。针对森林资源管理、营造林、森林病虫害防治、森林防火等应用领域建设业务应用系统。到 2007 年，建成以综合森林资源管理为核心的管理信息系统框架。在此基础上到 2010 年，建成相对完善的林业业务管理信息系统体系，并在主要生产领域开展生产自动化、智能化系统的推广应用，为进一步发展奠定基础。

（5）信息化的规范与标准化。以林业业务管理信息化标准、规范的研究制定为突破口，争取在 2007 年前初步完成主要业务管理信息化标准的制定工作。加强信息技术政策、法规研究，到 2010 年基本建立适应信息化建设需要的规范与标准体系。

（二）森林防火能力建设

1 目标

以宣传、通讯、交通、扑火设备建设为基础，以远程视频监控系统、生物防火林带、专业护林员队伍、专业森林消防队伍建设和重点森林火险区综合治理工程为重点，以森林防火指挥中心建设为保障，以现代科技为支撑，全面推进“四网二化”建设，至2010年，建成比较完备的现代森林防火体系，不断降低森林火灾发生率和受害率，率先实现森林防火现代化。

2. 重点建设内容

（1）重点火险区综合治理及防火林带建设：重点建设治理5个森林重点火险区；在40个森林火灾多发县（市、区）的坟墓周边、田林交界、库区景区保护区等重点地段，新建以生态经济型树种为主的生物防火林带12000公里，林带平均宽度20米，面积约24000公顷。

（2）森林火灾远程视频监控系统建设：在已建成的1个市级监控中心和19个县级监控中心的基础上，规划建设1个省级监控中心、9个市级监控中心和35个县级监控中心共75个建设单位组成的森林火灾远程视频监控系统。构成覆盖率达95%以上的浙江省森林火灾远程视频监控系统。

（3）森林防火物资储备建设：建设浙江省森林防火物资储备总库，包括1个省级分库、10个市级分库和17个县级分库。

（4）人工增雨灭火和飞机灭火：开展浙江省森林火灾人工增雨灭火、森林火灾飞机灭火。

（5）综合建设：利用“3S”技术，建立全省林火地理信息系统和指挥决策辅助系统：建立林火卫星地面接收终端，对全省林火热点实行快速监测定位；建立全省森林防火护林员队伍，继续实施“百县千支万人森林消防队伍建设工程”。制定重大森林火灾应急预案。

（三）森林生物灾害防控能力建设

1. 目标

认真贯彻落实“科学防控”的防治方针，加强科学研究，大力推行无公害、生物防治等先进适用技术，加快科技成果的转化，建立和健全比较完善的林业有害生物防治科研机制和科技推广网络体系，全面提高林业有害生物防治科技水平。到2010年，全省林业有害生物防治的科技贡献率达60%，成果转化率达70%，全省森防检疫系统劳动者素质、科技含量和科学防控能力显著提高，使浙江省林业有害生物防治科技走在全国前列。

2. 重点建设内容

（1）松材线虫病可持续控制能力建设：开展松材线虫病监测预警体系、防控体系，传播媒介昆虫防治、媒介昆虫引诱剂的开发与利用等方面的研究；加强松材线虫病预防体系、应急救灾体系、检疫封锁体系等方面的建设。

（2）浙江省森林有害生物监控系统建立：建立引种林木繁殖材料和观赏植物的风险综合评估、疫情监控、除害处理等体系；建设森林害生物检疫、预测、预报、预警、应急、控制机制相配套的林业有害生物监控系统。

（3）森林生态系统的保健技术体系建设：从生态系统健康、经营手段健康和功能目标健康三个方面入手，培育多功能、多目标、生物多样性丰富的健康森林，加强酸雨对森林健康影响、高效低毒的病虫害药剂、濒危物种恢复、古树复壮等方面技术的研究与应用。

（4）竹林无公害和生物防治关键技术建设：修订浙江省主要竹子病虫害测报技术规程；查清竹子病虫害发生规律并建立预测预报模型；探索无公害防治、生物防治的关键技术，整合竹林无公害防治、生物防治的综合配套技术，制定竹林无公害防治、生物防治技术标准。

（5）浙江省突发性重大森林病虫害应急处置体系建设：组建浙江省突发性重大森林病虫害应急协调小组，领导和协调相关市、县（市、区）突发性重大森林病虫害应急防治工作，县、镇（乡）一级林业部门在原有森防队伍和林技队伍的基础上组建相应的灾害救治队伍，承担在突发性病虫害发生时的紧急防治工作。及时制定与灾（疫）性事件相关病虫害防治的一系列技术方案，建立省、市、县三级物资储备制度，并建立相应的奖惩制度。制定重大森林病虫害应急预案、野生动物突发事件应急预案。

第七章 浙江林业现代化建设关键技术

根据上述制定的浙江林业现代化建设总体目标和重点工程建设规划，在对现有技术进行组装、集成的基础上，并提出了以下十个方面的关键技术。

一、城市与村镇人居森林建设技术

城市森林具有吸收二氧化碳、释放氧气、维持碳氧平衡，降温增湿、缓解热岛效应、调节城市气候，滞尘杀菌、降低噪声、净化空气，维护生物多样性等功能。积极发展城市森林，加强村镇绿化建设，对于改善城乡生态环境，提升城乡经济文化水平，全面推进社会主义新农村建设，实现城镇可持续发展具有十分重要的作用。

现有配套技术有：城市绿化观赏树种引进、驯化和筛选技术；城市森林道路林网建设与树种配置技术，城市森林水系林网建设与树种配置技术，城市森林隔离防护林带配置模式，城市森林核心林地（片林）构建技术，城市立体绿化模式，居住区与单位庭院绿化技术，广场绿化树种选择与配置技术，村镇多功能绿化模式等。

城市与村镇人居森林是林业研究的一个新领域。国外对城市森林研究较早，我国相对较迟，但发展很快。浙江城市森林建设取得了显著的成绩，城市生态环境得到明显的改善。但是，城市绿化无论在规模、数量、结构及生态环境作用上与其得天独厚的自然条件和社会经济发展还有一定差距。尤其是对城市森林与村镇人居森林的功能定位、优化模式构建、水域环境、生态效益、功能树种选育等方面尚需要进一步研究。

今后重点攻关的技术包括：

（1）城市森林多功能树种选择。引进、筛选、培育城市观赏绿化树种、色彩绿化树种及耐火绿化树种，研究城市森林不同功能区优化模式构建技术；以抗污性为育种目标，选育高抗污、吸污树种，尤其是对 SO_2、氟化物、氯气等有害气体抗性高、吸收强的绿化树种，包括植物种类、优良种源、优良单株，研究污染厂区抗污型绿地配置技术。

（2）城市生态绿地可持续经营技术。针对城市人居环境特点，开展生态绿地的不同功能区科学规划，包括生态功能、防护功能、休闲、游憩功能、保健功能、文化功能等；从绿地系统的植物种类、组成与结构、物种多样性、规模生态效益、群落稳定性等方面，研究城市生态绿地可持续构建技术，强调乡土植物特别是建群种和优势种的应用，突出近自然植被群落模式的特点。

（3）城市群绿化优化模式的研究。浙江省社会经济发展迅速，城市化水平越来越高，城市群的形成已是势在必行。根据各自的自然条件、地理位置、区域特点，不同城市群选择独具特色的绿化优化模式，建设多树种、多层次、多景观的城市森林，建设集绿色通道、休闲度假和科学普及教育等为一体的绿色城市绿岛，形成人文与自然交融的秀丽景色，力求景观优美、气势浑厚，设计方案突出个性化，注重植物的空间立体配置、季相配置、色彩配置。

（4）城郊与村镇人居环境绿化技术集成。城郊是城乡结合部，环城公路建设、工厂搬迁、住宅小区的兴起、设施农业的发展等因素都对城郊原来的生态环境产生了很大的影响。根据城郊与村镇社会经济发展趋势、特点和自然气候地理条件，对不同地域城郊、小城镇、村庄绿地系统作出总体规划和功能性布局;运用现代生态学、经济学、景观学原理，对城郊、小城镇、村庄绿地系统的树种、种群结构、规模生态效益等进行科学配置；强调人居环境，体现以人为本、人与自然相互协调，研究适合浙江山地、丘陵、平原、沿海等不同区域环境条件下的城郊与村镇绿化模式和综合集成技术，建立具有区域特色的多功能城郊与村镇人居环境绿化综合工程集成示范区。

二、沿海防护林营建技术

沿海防护林是沿海生态安全体系建设的重要组成部分，加快沿海防护林建设，提升现有防护林营建技术，充分发挥林带防护功能，对于抵御自然灾害、改善区域生态环境、保障经济社会可持续发展具有十分重要的意义。

现有沿海防护林建设配套技术包括防护林立地类型划分与评价、适宜树种选择、优化模式配置、造林配套技术等。适于岩质海岸防护林建设的树种为:杜英、木荷、枫香、杨梅、板栗、火炬树、日本扁柏、柏木、湿地松、火炬松等抗盐风、耐干旱及多用途多功能树种。主要树种配置模式有：生态经济型防护林模式——湿地松 + 杨梅、枫香 + 杨梅等；常绿针阔叶混交模式——湿地松 + 杜英、湿地松 + 木荷等；常绿落叶针阔混交模式——湿地松 + 枫香、湿地松 + 南酸枣等。鉴于岩质海岸，特别是临海一面坡立地条件的特殊性及造林成活率普遍较低的现状，采用综合造林配套技术，阔叶树（如南酸枣等）种植穴以 60 厘米 ×60 厘米为好，针叶树（如湿地松）种植穴以 30 厘米 ×30 厘米为好，落叶阔叶树大苗的截干造林、ABT 生根粉蘸根，针叶树的集团造林、磷肥蘸根、靠穴边植树、容器苗造林。这是提高沿海地区困难立地造林成活率的技术关键，大面积造林保存率可达 90% 以上。

由于沿海防护林建设范围扩大，必须加强生态经济型防护树种选择，提高防护林的综合效益，增加农民群众经济收入。加强生态经济型防护林树种配置技术、造林配套技术等研究，加快浙东沿海防护林和长江中下游防护林体系建设。

今后重点攻关的技术包括：

（1）生态经济型沿海防护林树种选择。根据沿海防护林体系建设“东扩”要求，需在浙江沿海的南部、中部、北部地区，不同土壤质地（岩质、泥质、沙质）建设沿海防护林。对此，筛选、引进防护生态功能强、经济效益好的生态经济型沿海防护林树种，重点培育出耐盐类、干水果类、药用类、珍贵用材等优良品种，丰富沿海防护林建设造林树种，增加农民经济收入。

（2）高效沿海防护林树种优化配置技术。针对沿海防护林的不同功能类型和自然条件，采用乔、灌、草的时空配置，研究高效同（异）龄复层混交型沿海防护林，包括树种优化配置、混交比例、密度控制、经营模式等技术，以达到建设种群配比合理、结构稳定、生态功能高效的绿色防护屏障之目的。

（3）困难地造林及低效沿海防护林定向改造技术。针对沿海防护林造林困难地特点，开展困难地树种筛选和引进树种适应性实验，采用菌根剂、保水剂、自养型容器大苗培育等手段提高困难地造林成活率；采用树种更替、抚育间伐、人工促进天然更新、阔叶化改造等综合配套技术，对低效沿海防护林定向改造，提高森林的生产力水平、防风减灾、水土保持等功能。

（4）沿海防护林生态工程关键技术集成与示范。基于生态经济型树种选择、困难地造林、树种配置等单项技术，在不同生态工程建设区域，通过沿海防护林建设关键技术的集成与应用，重点攻关沿海防护林景观生态建设、低效沿海防护林更新改造、海岸带乔灌草复合生态系统构建等技术。

三、山地森林保育技术

山地森林对确保浙江生态安全和促进社会经济的可持续发展至关重要。山地森林保育技术可以有效维护山地森林健康，增强森林生态系统功能，减轻自然灾害。

现有山地森林保育技术有，山地造林树种选择、生态公益林高效空间配置、低效能生态林改造、速生丰产林营建、阔叶林发展（包括新造林地，采伐、火烧及松材线虫病危害迹地，针叶林阔叶化改造技术）、容器苗造林、抚育管理、封山育林等技术。适合山地森林保育工程建设的珍贵用材树种有鹅掌楸、乳源木莲、深山含笑、毛红椿、光皮桦等；耐旱耐瘠树种有枫香、木荷、麻栎、青冈、苦槠等，经济林树种有杨梅、油茶、锥栗、杜仲、厚朴等，下层配置植物为杨桐、柃木、胡枝子、掌叶覆盆子、木莓、紫荆、金樱子、乌药、山矾、夹竹桃等灌木。

山地森林保育工程涉及面广，类型多，大部分立地质量较差。因此，必须加强以阔叶林、针阔混交林、生态型经济林、乔灌结合等多种结构的生态公益林，采伐、火烧迹地更新，阔叶林发展等研究，提升现有山地森林保育技术，有利于减少水土流失，维护土壤肥力，增强山地森林的生态功效。

今后重点攻关的技术包括：

（1）山地森林生态系统恢复与重建技术。研究林业生态系统恢复与重建的系列配套工程技术体系，低效生态公益林定向改造和功能恢复技术，包括低效水土保持林、八大源头水源涵养林、防风固沙林等定向改造和功能恢复技术。

（2）困难立地植被恢复技术。针对工矿废弃地、干瘠石质山地、盐碱地、退化山地、海岸风口等不同困难立地类型，研究以工程与生物措施相结合改善林木生长发育基本环境条件的蓄水整地、土壤改良以及植被管理系列技术，使不良立地的局部环境与林木的生态特性相适应。

（3）山地景观生态公益林构建技术。针对城镇周围、森林公园、风景旅游区等山地森林，研究提出生态与景观相结合的山地森林空间配置结构设计与调控技术，松杉采伐、火烧及松材线虫病危害迹地针叶林阔叶化改造技术等。

（4）生态经济型树种选择与可持续经营技术。开展生态经济型树种选择与可持续栽培模式、低效生态公益林改造技术、生态公益林林下栽种木本经济植物配套技术、退耕坡地植被恢复技术与经济开发等研究。

四、湿地保护与恢复技术

湿地与森林、海洋并称为全球三大生态系统。湿地具有保持水源、净化水质、蓄洪防旱、调节气候和维护生物多样性等重要生态功能，健康的湿地生态系统，是国家生态安全体系的重要组成部分和经济社会可持续发展的重要基础。保护湿地，对于维护生态平衡，改善生态状况，实现人与自然和谐，促进经济社会可持续发展，具有十分重要的意义。

湿地保护主要措施：第一，制定湿地保护与管理的法律法规，如《中国湿地保护行动计划》、浙江省《海洋环境保护条例》等。第二，建立湿地自然保护区。第三，湿地资源调查，初步查清了全省湿地资源状况，建立湿地资源数据库。

湿地生态恢复技术可概括为：湿地生境恢复、湿地生物恢复和湿地生态系统结构与功能恢复3个部分。湿地生境恢复主要是采取工程措施，维护基底的稳定性，稳定湿地面积，并对湿地的地形、地貌进行改造；通过污水处理技术、水体富营养化控制技术等来改善湿地水环境质量。湿地生物恢复技术主要包括物种选育和培植技术、物种引入技术、物种保护技术、种群动态调控技术、种群行为控制技术、群落结构优化配置与组建技术等。生态系统结构与功能恢复主要包括生态系统总体设计技术、生态系统构建与集成技术等。

红树林恢复技术主要有：造林地选择，宜选择浅滩地、中滩地营造红树林；采用天然苗移植或容器苗造林；栽植方式、密度控制、红树混交林等技术。

浙江湿地资源丰富，面积大、类型多、分布广，许多湿地都面临着退化和消失的威胁。今后要树立科学的发展观，加强湿地保护，恢复湿地功能。开展湿地分布和演变规律、湿地生态系统结构和功能、退化湿地的恢复和重建、湿地水旱灾害、污染等方面的研究，为湿地的科学管理和保护、利用提供科学依据。

重点攻关的技术包括：

（1）退化湿地生态系统恢复技术。重点对湿地生态系统恢复关键技术，湿地生态系统结构与功能的优化配置与重构及其调控技术，物种与生物多样的恢复与维持技术、湿地治污生态修复技术等进行研究。

（2）湿地生物多样性保护与合理利用。根据浙江省湿地保护需要，抓紧建立一批各种级别的湿地自然保护区、湿地森林公园，开展湿地资源保护规划、湿地生物多样性保护，湿地景观多样性设计及城市湿地公园建设。

（3）红树林保护与发展关键技术。开展红树植物引种扩种技术、红树林植被恢复技术，沿海防护林建设中半红树植物营造技术，红树人工林生态恢复过程中的综合定位，监测外来引进种对红树林湿地生态影响与生态安全等研究。

五、林木种苗花卉良种繁育技术

林木良种培育工作是林业生产中一项全局性、超前性、战略性的基础工作。选育和应用林木良种是改变我国林业的现状，提高林业生产和生态效益的根本途径之一。开展林木良种培育技术的研究和开发，不仅可为林业生态工程建设提供主要树种种苗生产的技术支持，而且对调整林业产业结构、增加农民收入都具有重要的现实意义。

现有的林木良种培育技术包括引种驯化技术、选择育种技术、杂交育种技术等。目前全省引种选优和收集保存了263个树种8208份种源、优树或品种类型等优良种质资源，选育并审定（或认定）通过了166个林木优良品种。此外，还从国外引进了仙客来、石斛兰、红叶石楠、马醉木等优良盆花新品种，选育、改良了浙江特色的茶花、杜鹃、桂花、梅花、佛手橘等五大名贵花卉，驯化了樟科、木兰科、壳斗科、山茶科等野生的乡土观赏花木，培育了花灌木、彩叶及观果植物、盆花类、宿根花卉类及观赏乔木等。

由于林业可持续发展需要生态公益林、经济林、工业用材林等各种不同用途和类型的林木良种，因此必须加大林木良种培育和繁育技术的研究力度，增加良种选育目标的多样化、加快良种繁育进程、保护种质资源多样性、提高优树质量。

今后重点攻关的技术包括：

（1）浙江省特色树种、珍稀濒危树种种质资源的收集、保存与创新利用。在林木种质资源的收集、保存与科学利用方面，建立林木种质资源库，加强浙江省乡土树种、珍稀濒危树种、名特优经济林、竹林及花卉品种的收集、保存、创新与利用的研究。

（2）珍稀干果、山地水果、木本药材等新名优特经济林良种选育。不断选育出优良新品种，建立无性系采穗圃和高级采穗圃，研究组培与扦插或嫁接相结合的快繁技术、高产技术，低产经济林的改造及更新复壮技术，探讨遗传品质和环境因子及相配套的栽培技术和经济性状的遗传特点等。

（3）工业用材林特定用途、生态公益林高抗性、生物防火林耐火树种定向育种。根据人造板材、木地板、木质工艺材、纸浆材等特定功能用途，重点开展工业用材树种杂交育种及子代测定、无性系测定，不断选育出高产、优质的繁殖材料；优先引进、选育和培育一批具有抗旱、耐盐碱、抗病虫害、耐瘠薄、抗风耐水等高抗性的生态公益林树种，以及耐瘠薄干旱、耐火性强、生长较快等生物防火林带树种。

（4）竹子种质资源保护及优质高产抗逆育种。加强竹子种质资源保存新技术研究，竹子遗传育种的基础理论研究，以寻求种质创新的新突破，开展优良高产抗逆（耐盐碱、水湿、干旱、寒冷等）竹种的定向筛选、培育并进行相关机理的研究。

六、重大森林灾害预警与控制技术

以国土生态环境恶化为诱导因素的森林灾害近年来频繁发生，森林的寄主主导性生物灾害发生普遍，全球气候变化导致森林生态系统的生物灾害流行。就浙江而言，林业有害生物、森林火灾已成为影响全省生态安全、森林资源保护的重要隐患。加强重大森林灾害防控，有利于提高林业重点工程建设质量、实现森林可持续经营。

现有森林病虫害生态预防技术包括森林重大病虫害综合控制技术、抗性良种选育、营林配套技术、预测预报技术及检疫监管技术等。森林重大病虫害综合控制技术遵循“预防为主，综合治理”的策略，运用昆虫信息素、天敌培养和释放、植物和微生物农药防治等生物防治技术为主要防治手段，配合应用物理防治和低毒化学农药防治技术，针对不同的病虫害加以配套应用。通过不同树种和品种配置、组成和结构调整、密度控制等技术对马尾松、杉木、杨树、毛竹等纯林进行改造，营造针阔及阔叶混交林，增加现有纯林森林生态系统的生物多样性，提高森林生态系统的稳定性和自我调控功能。森林火灾防控技术包括森林火险等级预报、卫星监测林火、森林火灾远程监测、森林防火地理信息指挥系统、森林火灾综合治理、生物防火林带营建等技术。

今后重点攻关的技术包括：

（1）森林重大病虫害综合控制技术。针对生态环境整体恶化为诱因的松材线虫病等重大林业病虫害正威胁浙江森林安全问题，重点开展松材线虫病等重大林业有害生物的监测检疫、发生机理以及综合控制技术；树种布局、营林技术等以提高森林自我调控能力为目标的生物灾害生态控制技术等。

（2）外来林业有害生物预防与控制技术。针对外来林业有害生物入侵和蔓延的规律，需要重点攻关的技术主要包括建立有害生物信息系统与网络，外来有害生物快速检验、鉴定技术，外来生物风险评估，外来有害生物检疫和管理。

（3）森林火灾预防与综合控制技术。森林火灾是危害浙江省森林的主要灾害之一，对森林资源、森林生态系统造成很大的破坏。重点攻关森林火险预报与林火探测，卫星监测森林火灾技术，林火发生机理，森林可燃物管理与林火扑救以及林火扑救辅助决策与火灾损失评估等技术。

（4）生物防火综合集成技术应用与示范。针对浙江森林火灾特点和分布规律，研究森林火灾与植被类型、生物防火林树种配置与林带结构，提出生物防火综合配套技术，开展生物防火综合集成技术应用与示范。

七、森林食品与特种经济动植物开发利用技术

生产安全优质的食品是当今世界农业产业化发展所追求的目标和总趋势。森林食品是指遵循森林可持续经营原则，以良好的森林生态环境为前提，采用国际标准和国内外先进标准，按照特定的生产标准组织生产，经专门机构认定，允许使用“森林食品”标志，来自于森林，生态、优质、营养的食用林产品及加工产品。因此，森林食品具有很强的市场竞争力和发展前景。野生动物是自然生态系统的重要组成部分，是人类赖以生存和发展的重要自然资源，在切实保护好现有资源，拯救珍稀濒危物种的同时，大力开展科学养殖，扩大资源，既能满足人们的物质和文化生活需要，又能培育新的林业经济增长点。

现有可食林产品安全生产技术包括香榧、山核桃、银杏、杨梅、猕猴桃、油茶、茶叶、苦丁茶、竹笋、森林野菜等种类的无公害栽培、绿色食品栽培及其可持续经营技术，香榧、山核桃、银杏、茶叶等有机栽培技术。2003 年浙江省林业厅开展了森林食品认定（证）试点工作。先后制定了《森林食品系列标准》，初步建成了森林食品标准体系。2003~2004 年，共认定了森林食品 49 个，森林食品基地 102 个，认定总面积 87 万亩，示范面积 251.6 万亩。

厚朴、山茱萸是我国特有的珍贵中药材，浙江无论在科研上，还是在生产上，在全国占有重要地位，地域性明显。厚朴药理作用广泛，利用厚朴配方的中成药达 200 多种。厚朴栽培技术主要有，品种类型选择、苗木培育、栽培密度、混交配置、抚育间伐、立木环剥再生等技术。山茱萸为传统用作补益肝肾的良药。临床试验证明有抗癌、治疗心血管系统疾病、补益肝肾、补血和免疫等多种功效。山茱萸优良无性系选育技术，选育出先锋、太平、童玉等 11 个优良无性系，并通过浙江省林木良种审定委员会审定。山茱萸嫁接方法一般采用贴枝接、花苞接和长块削芽接，成活率达 90% 以上。山茱萸栽培主要有保花保果、丰产稳产、立体经营、病虫害防治等技术。山茱萸耐阴，很适宜立体经营，在低山丘陵地区可以和板栗、银杏、枣、柿等混栽复合经营，上层的经济树种为山茱萸适宜的光照条件，促进其生长结果。

全省人工驯养繁殖的野生动物共有 70 多种，其中主要养殖的野生动物有梅花鹿、河麂、猕猴、黑熊、狐类、野猪、蓝孔雀、鸵鸟、绿头鸭、七彩山鸡、杂交天鹅、红腹锦鸡、水豚等 20 余种。环颈雉、七彩山鸡、绿头鸭、孔雀类、野猪、鸵鸟、猕猴、梅花鹿、华南兔等养殖数量也较多。

在森林食品生产方面，必须重点研究可食林产品有害生物综合控制技术，及其安全生产的全程监控技术体系，提高林产品质量安全和市场竞争力。在野生动物养殖与加工利用方面，由于许多人工养殖技术尚未得到解决，浙江野生动物驯养与加工资源，以利用野生资源为主，人工繁育资源所占比重很小。野生动物综合利用水平较低，资源消耗和浪费较严重。人工驯养野生动物，开发精、深加工的野生动物产品，对保护野生动物资源，满足人民生活需求，发展山区野生动物养殖经济有着重大意义。

今后重点攻关的技术包括：

（1）林业标准制（修）订。“森林食品”标准制（修）订、环境和质量监测、标志论证等，“森林食品”安全生产的全程监控技术体系，生态建设、商品林生产、花卉苗木等标准制（修）订。

（2）森林食品安全生产关键技术。重点攻关主要经济林、竹林的重大有害生物的监测及综合控制技术，生物农药、生物肥料、微生物肥料研制。

（3）森林食用菌保鲜与精深加工技术。重点攻关食用菌保鲜与精深加工综合利用关键技术，大型食药用真菌高附加值生物活性成分提取纯化、结构修饰及药用与保健制品产业化深加工技术。

（4）特种经济动物驯养繁殖技术。开展实验性动物、药用动物、野生水禽、野生水禽与家禽的杂交种、兽类的偶蹄动物等方面研究，重点解决特种经济动物种质资源收集及创新利用技术、珍贵野生动物的驯养繁殖技术、野生动物检疫技术、饲养动物疾病防治、产品精（深）加工技术等。

八、竹林生态化经营与竹木深加工技术

竹木业是浙江林业最具特色、最具优势、最具发展潜力的支柱产业之一，经济、生态、社会三大效益显著，尤其适合山区发展。优先发展竹木产业，对浙江农村全面推进建设小康社会具有重要的意义。

现有竹资源培育技术包括早竹（雷竹）笋用林早出高产栽培、毛竹“一竹三笋”丰产栽培、竹笋两用林高效经营、毛竹低产林改造技术、毛竹林养分循环规律及其应用等技术。竹木产品加工技术包括清汁笋、小包装笋、笋干、竹材胶合板、竹木复合板、竹木地板、竹凉席、竹窗帘、重组竹材、装饰用竹单板、竹木复合集装箱底板、仿真木等竹木材加工技术，以及机械化连续式竹炭生产，竹炭、竹醋液精深加工产技术。

随着全球环保意识增强和木材资源短缺，市场对竹木产品科技需求将进一步增加，提升竹产业科技水平，有利于保护森林资源，提高产品竞争力。今后重点开展高效生态经济型竹林培育、竹笋保鲜、竹木材高效加工利用自动控制技术、新型竹木复合多功能新材料开发、竹化学加工利用技术等，提高竹木材利用率、产品档次和符合环保要求。重点攻关的技术包括：

（1）竹林可持续经营技术。重点开展高效生态经济型竹林培育技术、竹笋有机栽培及可持续经营技术等，包括培育技术对竹林生态系统影响，联合固氮菌肥等高效微生物肥、长效有机平衡复合肥等应用技术，竹林混交技术等。

（2）竹木新型胶合板及复合材料加工技术。重点研究低毒无毒胶粘剂、重组竹材胶合板、竹木集成材、竹木复合材料、新型木基建筑工程材料和功能型材料等竹木材加工技术。

（3）高附加值竹木加工技术。竹炭、竹活性炭制造及深加工利用，竹醋液制备工艺与产品精深工等竹化学利用技术、竹纺织纤维产业化生产技术。

（4）新型数控竹木加工机械研发技术。开展数控激光竹木材三维雕刻机研制，数控竹窗帘、竹地毯编织机的研制，数控技术在竹木地板加工上的应用，贴面板染色数控技术应用等研究。

九、林业生物质资源利用技术

林业生物质资源高效利用是以森林生物资源为对象，以生物、化学、物理技术为手段，合理高效地保护、培育、开发、利用森林资源及其衍生资源，实现森林生物资源的增值服务。大力开发林业生物质资源，发展林业高技术产业，增加林产品附加值，对于促进林业产业结构调整、缓解资源短缺、实现循环经济良性发展、解决“三农”问题，加强国防安全和环境保护等具有重要意义。

现有林业生物质资源利用技术主要分为生物质能源化技术、生物质化学品深加工技术、生物质材料制备技术、生物质活性成分提取技术。生物质能源化技术包括生物质富氧催化气化、生物质催化气化集中供气系统、中小型生物质气化发电、天然油脂制备生物柴油等技术；生物质化学品深加工技术包括水性化技术、中（碱）性乳液造纸施胶剂、环保型农药增效剂、

绿色金属缓蚀剂制备技术等；生物质材料制备技术包括乙烯基单体与各种纤维素材料的接枝共聚、粘胶纤维接枝物代替羊毛，环保型酚醛胶粘剂，木基复合材料、纤维素基可降解餐具、淀粉基可降解塑料等高技术；生物活性成分提取、分离、纯化技术，包括溶剂提取、浓缩、萃取分离、膜分离、简单色层分离、超临界萃取，反渗透膜浓缩、多极低温柱色谱、液液逆流色谱分离等。

随着生物技术、新材料技术、新能源技术、纳米技术等高新技术的飞速发展，林业生物质资源利用技术正朝着以绿色化学资源化利用技术为特征的精深加工、高效、高附加值、综合利用、定向转化、功能化、环境友好化、标准化等方向发展。在林业生物质利用的工艺、设备和产业化等方面，都还处于起步阶段，与发达国家相比差距甚大，还有许多需要研究解决的重大技术问题。

今后重点攻关的技术包括：

（1）植物资源高效提取、分离、纯化与深加工技术。开发高有效成分含量的植物提取物及其制剂的制备技术;高附加值化工中间体提取及深加工配套技术，包括萜烯类、黄酮类、生物碱类和植物多糖等生物活性物质提取与衍生物制备技术；研究开发以药效植物提取物制备各种保健药品、食品和天然化妆品，如片剂、胶囊、冲剂等技术；植物提取物中功能成分的分离、纯化和单体的制备技术。重点开展林产资源有效成分的提取、分离、结构鉴定新方法、分布规律、功能机理及其加工技术研究；具有强生物活性的植物提取物功能成分超纯品或单体产品制备新技术研究；天然色素提取及高效高选择性生物农药的作用机理和制备新技术研究。

（2）生物质能源高效转化技术。重点研究木本油脂经济高效制备生物柴油技术，解决提高天然油脂酯化催化反应速度和反应产物的高效分离、同步生产附加值高的化工产品、制取生物柴油经济可行的综合利用、性能生物柴油及其改进剂的创制与工程化等技术；木质纤维原料制备燃料乙醇、生物质催化气化重整及其合成生物燃料、生物质直燃高效转化发电等技术。

（3）木基复合材料和高分子新材料制造与应用技术。木基复合材料方面，开展木纤维/合成纤维复合工程材料制造技术，人工林木材/高分子塑料复合材料板材制造技术，新型木质模压装饰材料制造技术，新型结构用单板层积材生产技术，建筑用三元木塑复合材料板材制造等研究。高分子新材料方面，重点攻关纤维素高效利用的技术、木质素改性技术；树脂化技术，利用木质纤维材料在多元醇中的液化产物制备可生物降解的泡沫塑料。

十、林业信息化技术

应用信息技术不但可随时获得森林资源信息，而且还能描述森林生长、生物多样性结构和演替的动态变化过程，预测未来经营活动与措施对森林生态系统的长期变化，为决策者制定经营方案提供科学决策评价依据。以信息技术为核心的数字林业的建立，将为全省森林资源的高效保护、管理和运营提供基于广域网的大平台，为林业建设决策和迅速提高行业管理水平提供技术与数据保障。

现有林业信息化建设的基础与技术有：国家和部门的信息化标准；基础地理和森林资源数据库建设；遥感、地理信息系统和全球定位系统等信息技术在森林资源调查、森林灾害监测、资源管理与评价等方面得到了深入的研究和应用。如“星载SAR森林应用研究”，可对林地、森林蓄积量进行识别和估算；“3S”技术在国家级森林资源连续清查、森林经理调查中的应用，实现了森林资源数据的快速动态更新；“3S”技术在林业工程管理与评价中的应用研究，实现了对重大工程的准实时分析、管理与指导；基于高分辨率遥感数据的林相图更新技术研究，极大提高了二类森林资源清查的工作效率，缩短了调查周期；全国森林病虫害防治与检疫信息系统的构建，实现了森林病虫害信息处理、传输的电子化、网络化。

由于“3S”技术、网络等高新技术发展迅猛，所以众多的林业应用研究还未获得广泛的推广，只有众多技术系统的不断完善与应用，才能使这些新技术与新方法真正推动社会生产力的进步；其次，数字林业是一个庞大的系统工程，内容纷繁复杂、技术日新月异，只有不断跟踪和应用新技术，才能满足林业信息化建设的管理需求。

今后重点攻关的技术包括：

（1）森林资源调查与监测技术。重点研究森林资源的大尺度快速监测技术，森林资源动态变化（中尺度）的宏观监测技术，森林资源的微观监测技术，森林资源动态变化预测和分析技术，森林资源二类调查与林相图的生成和更新技术，GPS应用技术等。

（2）林业信息可视化技术。主要研究林业专题地图的生产与制作技术，林业分析统计方法，真三维显示技术。实现将三维地形信息、林业专题信息等结合起来，生成局部区域的三维显示图，以动态的方式显示森林分布及其与周围环境的关系，为林业规划等提供决策支持；研究利用多媒体技术使森林真实地再现在计算机中，虚拟现实世界，进行仿真模拟，辅助管理决策人员进行决策。主要包括三维实时建模技术，三维综合信息可视化技术，体视化技术，交互可视化技术等。

（3）基于网络技术的林业资源信息共享服务与协同操作、处理技术。由于林业资源的数据总量非常大，因此必须采用分布式数据库管理系统来进行存储与管理，这就需要解决基于网络的信息共享与协同操作、处理技术。主要包括元数据平台、数据安全设计与用户认证、异构数据互操作、数据格式转换、数据协同更新、数据处理与分析工具的共享等技术。

第八章　投资估算与效益分析

一、投资估算与资金筹措

（一）投资估算

浙江省林业现代化建设的投资概算，主要包括“十大”战略工程建设的投资，以及在这个期间需要强化的基础设施和能力建设所需要的资金概算，浙江林业现代化重点工程与基础设施建设总投资 439.5 亿元。

其中：城市森林工程 63 亿元，山地森林保育工程 89.7 亿元，沿海防护林体系建设工程 29.9 亿元，野生动植物与湿地保护工程 12.8 亿元，森林食品工程 9 亿元，竹木业工程 43.2 亿元，森林生态旅游工程 77.5 亿元，林业高新技术产业工程 15 亿元，新农村绿色家园建设工程 38 亿元，生态文化传承工程 40 亿元。科技创新平台与成果转化基地建设 6.45 亿元，林业信息化能力建设 1.1 亿元，森林防火能力建设 10.85 亿元，森林生物灾害防控能力建设 3 亿元（表 8-1）。

表 8-1　重点工程投资估算表　　单位：亿元

序号	工程名称	合计	2006~2010 年	2011~2020 年	估算依据
		439.5	194.12	245.38	
四大森林生态工程		195.4	75	120.4	
1	城市森林工程	63.0	21.0	42.0	每年 4.2 亿元
2	山地森林保育工程	89.7	29.7	60.0	1. 全省重点生态公益林面积 200 万公顷，2006~2010 年以 120 元 / 年 · 公顷估算，2011~2020 年以 300 元 / 年 · 公顷 2. 发展阔叶林 35 万公顷，其中人工造林 6 万公顷，封育（抚育）改造 29 万公顷。人工造林 15000 元 / 公顷，封育（抚育）改造 3000 元 / 公顷
3	沿海防护林体系建设工程	29.9	17.9	12.0	1. 新建沿海基干林带 12.5 万公顷，其中人工造林 2.9 万公顷（按 2.4 万公顷计算资金），封育 9.6 万公顷（按 7.8 万公顷计算资金）。人工造林 37500 元 / 公顷，封育（抚育）改造 6000 元 / 公顷 2. 新建农田林网 0.7 万公顷，单价 15000 元 / 公顷 3. 新造红树林 0.3 万公顷，单价 24000 元 / 公顷 4. 城乡绿化一体化，绿色通道 0.5 万公顷，单价 15000 元 / 公顷。村庄绿化造林面积 2.1 万公顷，单价 15000 元 / 每公顷 5. 低效林改造面积 15.3 万公顷，单价 6000 元 / 公顷 森林抚育面积 15.0 万公顷，单价 900 元 / 公顷

（续）

序号	工程名称	合计	2006~2010 年	2011~2020 年	估算依据
4	野生动植物与湿地保护工程	12.8	6.4	6.4	根据《浙江省自然保护区体系规划》（2005 年）
四大林业富民工程		144.7	63.9	80.8	
5	森林食品工程	9	4	5	2006~2010 年每年投入 8000 万元，2011~2020 年每年投入 5000 万元
6	竹木业工程	43.2	32.4	10.8	1. 营造竹林基地 60 万公顷，其中新造林 11 万公顷，改造 49 万公顷，新造林单价 10500 元 / 公顷，改造 2250 元 / 公顷 2. 木材加工原料林建设 33 万公顷，其中新造林 17 万公顷，改造培育 16 万公顷，新造林单价 7500 元 / 公顷，改造 3000 元 / 公顷 3. 每年投入 2000 万重点扶持竹木加工企业
7	森林生态旅游工程	77.5	22.5	55.0	每个森林公园每年投入 500 万元，2006~2010 年以 90 个森林公园计，2011~2020 年以 110 个森林公园计
8	林业高新技术产业工程	15	5	10	每年投入 1 亿元
两大森林文化工程		78	42.8	35.2	
9	新农村绿色家园建设工程	38.0	22.8	15.2	绿化示范村建设每村 80 万元，绿化美化村庄每村 30 万元
10	生态文化传承工程	40	20	20	森林博览城建设需投资 10 亿元，其他文化传承每年投入 2 亿元
基础设施与能力建设		21.4	12.42	8.98	
11	科技创新平台与成果转化基地	6.45	3.25	3.20	1. 对 5 个科技创新平台每个投入 3000 万基础建设资金，每年每个投入研发经费 500 万。合计 5.25 亿元 2. 对 12 个成果转化基地，每个投入 1000 万元，合计 1.2 亿元
12	林业信息化能力建设	1.1	0.50	0.60	1. 软件购买 :85 个用户单位，每套 50 万元合计 0.425 亿元 2. 平台开发费用 4350 万元（含监测、电子政务、电子商务等） 3. 效益监测平台建设 2000 万元；运行费用每年 ,400 个点，每点 1 万元，合计 400 万元
13	森林防火能力建设	10.85	7.67	3.18	1. 对 85 个县每个县基础设施投入 300 万元，合计 2.55 亿元 2. 每县每年投入运行经费 50 万元，合计 6.3 亿元 3. 万里生物防火林带建设，每公里 2 万元，合计 2 亿元
14	森林生物灾害防控能力建设	3.0	1.0	2.0	每年每公顷林地投入 2 元，按现有林地 600 万公顷计，每年投入 1200 万元

（二）资金筹措

工程投资的资金来源包括财政投资、货款扶持、社会融资、企业自筹、居民投工投劳等方面。其中，中央、省级财政和各级地方财政投入主要用于生态工程、森林文化工程建设；

产业工程建设中的森林食品工程、竹木业工程中的竹木基地建设、森林旅游工程中的基础设施建设等政府作必要资金扶持，其他主要由民营投资解决。综合分析多年来林业投资构成以及相关部门的投入构成情况，建议在林业现代化建设总投资 439.5 亿元中，需要省级财政和各级地方财政投资 287.45 亿元，占 65%（表 8-2）。

表 8-2　重点工程投资筹措渠道　　单位：亿元

序号	工程名称	投资总额	政府投资比例	政府投资额
合计		439.5	65%	287.45
四大森林生态工程		198.3	88%	175.33
1	城市森林工程	63.0	80%	50.40
2	山地森林保育工程	89.7	95%	85.22
3	沿海防护林体系建设工程	29.9	90%	26.91
4	野生动植物与湿地保护工程	12.8	100%	12.80
四大林业富民工程		144.7	30%	43.06
5	森林食品工程	9.0	10%	0.90
6	竹木业工程	43.2	5%	2.16
7	森林生态旅游工程	77.5	40%	31.00
8	林业高新技术产业工程	15.0	60%	9.00
两大森林文化工程		78.0	62%	48.30
9	新农村绿色家园建设工程	38.0	85%	32.30
10	生态文化传承工程	40.0	40%	16.00
基础设施与能力建设		21.4	97%	20.76
11	科技创新平台与成果转化基地	6.5	90%	5.81
12	林业信息化能力建设	1.1	100%	1.10
13	森林防火能力建设	10.9	100%	10.85
14	森林生物灾害防控能力建设	3.0	100%	3.00

二、效益分析

（一）生态效益分析

1. 抗御自然灾害效益

浙江沿海地区台风及台风经过造成的狂风、暴雨洪涝灾害等自然灾害频繁。1949~2004 年，台风在浙江引起明显灾害的有 42 年，93 例，年均 1.82 例，其中 2001~2004 年达 16 例，年均 4 例，共造成直接经济损失 800 亿元，死亡万余人，近年来影响浙江的台风次数和损失呈上升趋势。此外，浙江省的森林病虫害、干旱等灾害也十分严重。林业现代化建设的重点工程实施后，将能将有效缓解或减轻上述自然灾害。如沿海防护林体系建成后，台风、暴雨、海啸等灾害的危害将得以减轻。山地森林保护育工程实施后，将使山地森林的健康程度增加，从而减少有害生物、森林火灾的发生。森林面积增加、质量提高后，将使干旱的危害得以减少。

2. 控制水土流失效益

据研究，无林地土壤侵蚀模数平均为3000吨/平方公里·年，而有林地的保土率平均在95%以上，据此计算森林防止水土流失量为28.5吨/公顷·年。重点工程实施后，在不考虑其他使森林面积下降的因素，仅山地森林保育工程和沿海防护林体系建设工程两项就可使森林覆盖面积增加51.82万公顷，则保土能力增加1477万吨/年。通过重点工程实施，200万公顷的生态公益林得到有效保护，林分质量总体上得到提高，也将有助于减轻水土流失。

3. 涵养水源效益

森林具有涵养水源的功能。与无林地相比,有林地平均可多蓄水322.5立方米/公顷·年。项目建成后，仅森林面积增加一项可使区域森林增加水源涵养能力1.672亿立方米/年。阔叶林和常绿阔叶林的水源涵养能力较针叶林为高，山地保育工程实施后，将大大提高浙江森林中的阔叶林和针阔混交林比例，森林的水源涵养能力将大为提高。与此同时，生态公益林保护、低效林分改造和森林经营，也将促使森林调节地表径流、保持水土的能力提高，区域内水土流失面积必将减少，程度减轻，从而使区域内现有大中型水库、河道得到有效保护，并因此而提高水资源的有效利用率。

4. 制造氧气、净化空气的效益

据有关研究，森林在生长过程中释放氧气、吸收二氧化碳，从而净化空气。据研究，中亚热带中东部地区主要森林类型年固定二氧化碳量在14.8~54.2吨/公顷，其中天然阔叶林37.5吨/公顷，马尾松林29.3吨/公顷，毛竹林29.3吨/公顷，灌丛148吨/公顷，则仅山地森林保育工程和沿海防护林体系建设工程两项中增加的森林就可增加固定温室气体二氧化碳量约为1858.3万吨/年（在新增的森林面积中，按80%为阔叶林，20%为针叶林计算）。

5. 生物多样性保护效益

通过重点工程建设，区域重点湿地、阔叶林资源和动植物资源得到保护，地带性植被得到较好的恢复和发展。阔叶林的比例得到显著提高，林分结构更趋复杂，为各种动物、微生物、珍稀植物提供良好的生存、栖息环境，从而有效地保护生物物种及其遗传多样性。与此同时，森林生态系统中各种生物之间、生物与非生物之间的物质循环、能量流动和信息传递将保持相对稳定的平衡状态，从而有效地保护生态系统多样性，维护生态平衡。

6. 农业增产效益

平原地区建设完备的农田林网后，将为农业高产稳产提供有力保障。例如，沿海防护林体系工程实施后，沿海防护林体系建设范围内134.8万公顷耕地基本可得到有效保护。据有关测定，农田防护林网对农业的增产效益在正常年景为4%~10%，气候异常年份为10%~15%，粮食生产的增产效益可达到8%~12%。仅海防林工程一项，每年可望增产粮食44万吨。

7. 净化环境效益

森林具有吸收污物、阻滞粉尘、杀除细菌、降低噪声及释放负氧离子和核烯物质的机能。

这一机能对浙江这样一个人口密集、工业发达的省份有重要意义，森林在环境保护、健康卫生和生产生活等方面有十分重要的作用。根据《中国生物多样性经济价值评估》，森林对 SO_2 的吸收能力：针叶林为 215.6 公斤 / 公顷・年，阔叶树为 88.65 公斤 / 公顷・年，则仅山地森林保育工程和沿海防护林体系建设工程两项中增加的森林就可增加 SO_2 的吸收能力为 5.9 万吨 / 年（在新增的森林面积中，按 80% 为阔叶林，20% 为针叶林计算）。在滞尘方面，根据有关研究，针叶林的滞尘能力为 33.2 公斤 / 公顷・年，阔叶林为 10.11 公斤 / 公顷・年，则两项工程的新增森林面积可增加滞尘能力 0.76 万吨 / 年。

（二）社会效益分析

重点工程的实施社会效益至少体现在以下几个方面：

1. 为社会提供就业机会

十大重点工程的实施可以为当地居民提供许多直接和间接就业机会，如人工造林、林分改造、竹木业加工等等。据初步估计，仅十大工程中的人工造林、林分改造、抚育等工作，就需投工约 6821 万个工，可安排近 9.66 万人工作 10 年，这在一定程度上可以缓解农村劳动力出路问题。此外，项目开展后将直接带动种苗、交通等的发展，从而带来间接的就业机会。

2. 有利于改善投资环境

重点工程完成后将形成优越的环境，改善浙江全境的生态状况，有效地改善浙江的投资硬件，提升浙江知名度，从而有利于扩大对外开放，促进国际国内的经济、技术合作，为更多更好地引进资金、人才、技术服务。

3. 带动其他经济部门的发展

重点工程实施时需要大量的苗木，首先将使种苗花卉业被带动起来。其次，森林质量的全面提高必将促进旅游业的发展，从而带动许多经济部门和行业的发展，如交通运输业、邮电通信业、建筑业、工商业、餐饮娱乐业以及文化教育、财政金融业等。总之，投资如此之大的林业工程必将带动浙江经济的发展，增加地方税收，带动和促进地方经济的全面发展。

4. 改善人居环境

森林、湿地景观和环境的改善，为人们的生产、生活提供了更好的场所，从而提高人们的生活质量，促进人类健康。与此同时，沿海防护林体系的建成，将有效地抵御自然灾害，减少台风暴雨、风暴潮、泥石流、干旱、森林火灾、森林病虫害等自然灾害对人民生命财产的威胁，维护人民群众正常的生产、生活秩序和安定团结的社会局面，为构建和谐社会作出贡献。

5. 提高干部群众的生态意识，提升林业的社会地位

重点工程中的森林文化工程作为生态文明建设的重要载体，对促进森林文化的传播有重要意义。重点工程实施的过程也是一个宣传教育的过程，通过项目建设，不仅有效地提高项目区广大干部群众的生态建设意识、环境保护观念，同时也培养和锻炼了一大批林业专业技术人员，提高了他们的专业技术水平，而且通过项目招投标、施工监理等一系列先进管理手段、先进管理经验的引入，从根本上改变区域林业生产和管理的综合水平，同时也使林业的社会地位得到提高。

（三）经济效益分析

重点工程的经济效益体现在以下两个方面：

1. 直接经济效益

首先，重点工程中的四大林业富民工程主要以产生经济效益为主，如森林旅游工程实施后将使旅游经营收入从目前的年 13.5 亿元增加到 150 亿元，净增 136.5 亿元，竹木业加工工程实施后，将使加工业产值增加至 1000 亿元。至项目期末，将使浙江省的森林食品基地面积增加至 20 万公顷，以每公顷 30000 元计，则年经济效益为 60 亿元。林业高新技术产业工程的实施也将产生巨大的经济效益。

其次，森林生态工程中的低产林改造，森林抚育等工作中通过间伐抚育、更新采伐也可以产生一定经济效益。森林文化工程中的生态教育基地建设等通过收取门票，也可获得一定经济效益。

2. 间接经济效益

间接经济效益包括水土保持效益、林木储备效益、水储备效益、防护功能效益、保护生物多样性效益、风景旅游效益、控制生物灾害的效益，目前尚难货币化。

（四）效益总体评价

重点工程的实施将为建成比较完备的林业生态、产业、文化三大体系和在全国率先基本实现林业现代化奠定基础，为建设空气清新、环境优美、生态良好、人与自然和谐、经济社会全面协调可持续发展的浙江奠定基础。工程将产生巨大的生态、社会、经济效益，推动整个浙江经济社会的快速发展，从而为浙江提前基本实现现代化作出行业示范。

第九章　林业现代化保障体系

实现林业现代化目标，需要建立健全包括政策制度、投入、科技、组织和人力资源在内的保障体系。其中，政策制度是核心，投入是基础，科技是动力，组织是保证，人力资源是根本。

一、政策制度保障

（一）生态建设指标列为国民经济和社会发展的重要指标

森林生态产品及服务是重要的社会公共产品，准确反映其价值形态和动态变化情况，是全面落实科学发展观和政绩观的重要内容。在社会主义市场经济条件下，应加强森林资源价值核算，建立生态效益及成本评估和核算指标体系，并逐步将其纳入绿色国民经济核算体系。浙江作为中国林业现代化的唯一试点省份，应率先将林业纳入绿色 GDP 核算体系，这对于全国、特别是长江三角洲等经济发达地区有很好的示范作用。因此，应抓紧进行森林资源价值尤其是生态价值的核算，并做好定期的动态监测工作，为全面认识森林资源价值及其纳入绿色国民经济核算体系提供基础信息，为政府决策提供依据。可分别制定不同区域、不同类别的生态建设指标，将其列为国民经济和社会发展指标以及领导干部政绩考核指标。

在清洁生产机制（简称 CDM）潜力调查的基础上，进行造林再造林、生物质能源、林业产业节能等 CDM 项目的策划，实施推广全球碳汇交易机制，以获得潜在的利益和林业发展机会，并以此培育生态服务市场，推动生态效益货币化、资产化，并将其作为地区和干部生态贡献的考评依据。

（二）强化林业法制建设和资源林政管理工作

强化林业法制建设，把林业生态和林业产业的全过程纳入法制管理的轨道。率先出台适合于森林分类经营的地方性法规或政府规章，包括林木种苗，商品林采伐，林地流转、工业原料林环境管理标准，生态公益林建设、保护、管理和补偿等规范性法规。尤其是抓紧做好《浙江省森林防火条例》《浙江省湿地保护条例》《浙江省生态公益林管理办法》等法规规章的立项上报工作，为林业现代化建设提供法律保障。加强林业执法体系建设。健全林业执法机构，充实林业执法队伍，提高林政、执法人员整体素质和依法行政能力与水平；强化执法监督，明确执法范围，规范执法行为。通过各种渠道和形式开展林业法制教育与宣传，提高公众法制意识，为实现林业法制化管理提供良好的社会氛围。

强化资源林政管理工作的“三个地位”，即在生态建设中的核心地位、在林业产业发展中的基础地位、在林业行政执法中的主体地位。加强森林资源特别是林地资源保护及其管理，做好林地保护利用规划，有效指导林地的合理开发与利用，严格实行林地占补平衡制度；完善征占用林地审核审批管理制度，切实有效地保护有限的林地资源，坚决查处破坏森林和野生动植物资源、乱垦滥占林地、破坏城镇绿化的违法犯罪案件。

（三）加强公众的生态道德教育

加大生态文明的宣传教育力度。应把增强国民生态文明意识列入国民素质教育的重要内容。通过加强森林公园、湿地公园、自然保护区、生态道德教育基地建设，出版科普读物，开展生动活泼、喜闻乐见的群众性宣传教育活动，向国民特别是青少年展示古今中外丰富多彩的森林文化与生态文化，扩大生态文明宣传的深度和广度，提高公众生态意识。同时，要长期坚持和落实义务植树制度，制定《浙江省全民义务植树奖惩办法》，动员群众广泛参与义务植树，以真正体现全民办林业的宗旨。

（四）探索多元化森林生态效益补偿机制

完善生态公益林补偿政策，逐步提高补偿标准，健全森林生态效益补偿基金制度。在此基础上，建立健全以公共财政为主体建设生态公益林的投资机制。同时，按照“谁受益、谁补偿”的原则，积极探索多元化生态补偿机制，逐步实现森林生态效益补偿足额到位。森林生态效益补偿包括直接补偿和间接补偿两种形式。直接补偿机制，即由政府明确受益主体，通过税收征收对象和征收方式，由下游地区对上游地区提供经济补偿；间接补偿机制，即由下游受益地区为上游地区异地发展提供必要的土地资源和相应的优惠条件，积极探索森林生态服务市场化补偿机制，创建上下游（付出方与受益方）之间的利益共享与经济互补制度。可率先探索碳汇交易这一市场机制以实现森林生态服务价值。并依据森林生态服务类型及受益主体的特征，探索森林生态服务市场化补偿的途径。

同时，自然保护区（或自然保护小区）对浙江省生物多样性保护和森林生态体系具有关键作用，因此，应在理顺自然保护区管理体制的基础上，构建自然保护区共管模式和特定的生态补偿机制。另外，对于生态区位极其重要，而经济社会发展条件又十分恶劣的地区，可以通过生态移民，确保森林生态体系建设目标的实现。

（五）建立城市林业建设与管理机制

城市林业是现代城市建设的重要组成部分，应将城市林业建设纳入国民经济与社会发展的总体规划之中。城市林业建设和管理体制的基本框架为“政府主导，市场运作，公众参与”。政府在城市林业的建设和管理中扮演投资者、立法者（行政立法）、组织者、监管者的角色。对于适宜由市场主体承担的城市林业建设和管理项目，如造林作业设计、工程施工、监理、常年养护等，在“公平、公开、公正”的原则指导下，政府可采取反租、发包、招标等形式，以市场手段把政府行为转换为市场行为。政府要构筑社会公众参与的平台，在城市规划中将部分林地作为各种纪念林或全民义务植树的场所，交非盈利民间机构组织建设和养护管理，所需资金、劳务全部由社会公众承担。可通过“城市林业发展基金会”和“森林、林木、绿地的认养制度”等激发社会公众的热情。政府应颁布鼓励城市林业建设的政策法规，对城市林业的建设用地和范围、管理权属、资金来源、技术规程、质量标准等作出明确的规定。

（六）建立公平高效的林权交易市场

根据浙江林业现代化建设对林业规模经营与发展的要求，必须规范林权交易市场，健全以林地流转为核心的林业产权制度，充分发挥市场在资源配置中的主导作用，促进各类生产要素向林业生产领域集聚。应在稳定和完善现行产权关系，落实经营者的经营权、处置权、收益权的基础上，尽快制定和出台规范森林资源转让、森林资源资产抵押贷款、森林资源资产评估3个方面的管理条例（或办法），建立权威性森林资源资产评估机构。

建立林业要素市场。林业要素市场应作为林业产权管理、信息发布、林权交易实施、中介服务于一体的综合性产权市场交易平台。集体林产权市场交易平台的建立，可以先在个别县（市）进行试点。

（七）实行人工商品林采伐动态管理和登记备案制度

为了推进浙江林业现代化建设，促进非公有制林业的发展，必须改革现行森林采伐限额管理制度，在森林采伐量不超过生长量的前提下，建立保障经营者合法权益的“人工商品林采伐限额动态管理制度和登记备案制度”。根据林业分类经营的要求，对生态公益林和人工商品林分别采取不同的采伐限额管理制度和采伐更新作业规程。对生态公益林和兼有公益与商品两种功能的天然林应严格控制采伐，只允许进行抚育、更新和卫生性质的采伐；每一次既要有“量”的限制，也要有“质”的要求，并由林业行政机构实行作业检查验收。而对人工商品林实行采伐限额动态管理制度,将现行“采伐限额制”改为“采伐登记备案制”。考虑到制度的衔接性，可从短期和长期分步实施、逐渐推进。短期内，在总量控制下经营者可以进行时间和空间的调配；从长期看，逐步将采伐限额制度改为采伐登记备案制度，用“人工商品林采伐更新作业规程”对经营业主进行限制,取消对非木质资源（主要指竹林资源）采伐限额的管理。

（八）制定林业生物产业发展的政策

从林业种质创新与资源培育、生物质能源、生物质新材料、生态生物治理、林源生物制剂等五大领域入手，促进浙江林区经济繁荣，加快林业产业结构调整，使全省林业产业由传统的加工业向生物产业转移，由小型、分散、粗放，向规模化、集约化方向转移，由单一的木材加工利用，向发展生物质能源、生物质新材料和森林药材、林源生物制剂转移，充分显示林业生物产业在强省富民战略中的重要地位和作用。

（九）促进高效生态产业发展的政策

发展高效生态产业是林业现代化的一项战略任务，按照统筹城乡经济发展、建设社会主义新农村的要求，浙江林业产业发展必须继续走在中国的前列。应建立和完善促进高效生态产业发展的政策，提高林业产业规模化水平、增强林业产业核心竞争力，实现林业产业结构升级。出台包括推动林产品市场体系和营销网络建立、促进林产品实施名牌战略、鼓励林业专业合作经济组织发展、鼓励观光林业和森林旅游业发展等5个方面的政策。鼓励林产品批发市场、运销大户和有自营出口权企业的发展。

鼓励原产地域产品申报和原产地域保护，发展森林食品，实施林业生产标准化，加强绿色产品的认证。应在《浙江省农民专业合作社条例》的基础上，出台与林业专业合作组织相关的包括资金、税收、科技等在内的鼓励政策。对森林旅游业和观光林业等新兴林业产业发展给予政策优惠（征地、信贷等方面）。完善基地建设扶持政策和优化林业龙头企业扶持政策。增加用于原料林（林业生物质能源）、生态高效特色基地（森林食品、名特优新林产品基地）、野生动物驯养繁育等方面的扶持资金，并拓展资金来源渠道，建立林业风险基金制度。龙头企业的扶持重点是家具、板材、玩具等竹木加工行业、特色经济林新产品开发和关键技术、先进设备的引进。

（十）加快林业国际化进程，提升林业国际竞争力

面对经济全球化、贸易自由化的机遇与挑战，应充分利用浙江外向型经济发达的优势，加强林业领域的国际交流与合作，加快国际接轨步伐，大力发展林业外向型经济，扩大林业发展空间。

浙江林业产业发达，以木质林产品出口企业为优势，应制定有效政策措施鼓励引进国外先进技术，提高木质林产品出口企业的科技含量，充分利用海外资源和市场。同时，适应国际木材贸易的新变化，通过宣传教育和培训，提高对森林认证的认识，研究并制定应对策略，提升浙江林业产业的整体市场竞争能力。

拓宽林业科技国际合作领域，加快技术、人才引进与输出的步伐，充分利用好两种资源、两个市场，提高浙江林业的国际竞争力。

二、投入保障

（一）建立以公共财政为主的多渠道投资方式

根据林业的公益性特征，政府应加大对林业的支持力度，林业支出占公共财政支出的比例至少达到1%~3%。扩大公共财政的支出面，建立林业管理部门全额拨款制度，保证林业基层单位与队伍（尤其是乡镇林业站）的稳定和业务的正常开展。从浙江生态省建设目标出发，应大幅度增加财政在生态方面的支出比重。应提高森林生态效益补偿标准，至少达到生态公益林建设经营管理成本，并尽可能接近于机会成本，充分调动森林经营者参与生态公益林建设的积极性。

不断拓展林业投资渠道，鼓励和吸引民营与国外资本更多地投资林业，建立新型的林业发展基金（如森林火灾扑救基金、林业科技创新基金等），通过吸引企业或个人自愿捐赠、国际组织或机构资助等途径，吸引社会对林业的投入，创新全民义务植树机制，根据实际需要可选择由适龄公民出资委托林业专业机构或企业进行造林的方式。

（二）争取国家进行课征森林生态税和发行森林绿色彩票的试点

森林生态产品及服务的社会公益性、利益共享性特点，决定了森林生态效益补偿必须实行“取之于民，用之于民”的政策。要从根本上解决森林生态效益补偿的问题，逐步建立森林生态税收制度，实现森林生态产品及服务投入与产出的良性循环。建议国家在浙江省率先进行森林生态税课征的试点，以便取得经验在全国推广。同时，为拓展林业发展资金来源渠道，争取国家批准发行森林绿色彩票，通过发行绿色彩票既可为林业发展筹集资金，又可提高公众的生态保护意识。

（三）建立健全林业资金安全运行和绩效评价机制

构建林业资金安全预警机制，包括发现警情、分析警兆、寻找警源、判断警度以及采取正确的预警方法将警情排除的全过程，使各级政府和林业主管部门对林业资金安全运行的全过程进行跟踪监督。建立健全林业资金运行的绩效评价机制，分别不同层次确定绩效评价的主体和客体，制定评价的方法、标准和指标体系，逐步建立起政府组织评价与非政府机构评价相结合的机制，以确保绩效评价工作的有序进行。

三、科技保障

（一）加快林业科技创新体系建设

林业科技创新体系，是以林业公益类科学研究机构为主体，以促进林业综合生产能力持续提高为目的，高效有序地开展包括原始创新、集成创新和引进吸收消化再创新，以及先进实用技术应用与加快成果转化等全部林业科技活动。加快林业科技创新体系的建设是提高浙江省林业生态建设水平和提升林业产业核心竞争力的必然需求，也是实现兴林富民、解决“三农”问题的客观趋势。

林业科技创新体系的构架可分成区域研发中心、科技服务中心和创新实验基地三种类型。

（1）区域研发中心。按照林业现代化目标的要求，以基础研究和应用基础研究为核心，在加强“省院合作”的基础上，一方面争取国家科学中心在浙江落户，另一方面以现有省级科研机构和相关大学科研机构（尤其是“两院一所”为核心）的优势学科和领域为龙头，通过加大扶持力度、整合资源、集聚人才、提升林业科技自主创新能力，共同服务于浙江经济社会的全面协调发展。

（2）科技服务中心。基于浙江省生态、经济和社会发展对林业的需求，以现有的林业高等院校、科研院所和企业的研发机构为依托，按照区域优势建立若干科技中心，扩大现有区域科技创新服务中心和工程技术中心的范围，直接服务于林业生态和林业产业建设的主战场。尤其要重视在企业创建科技中心，形成产、学、研紧密结合的新的研发投入机制，减少成果转化环节和周期，使企业真正成为技术创新的主体。

（3）创新实验基地。以提供科研条件和基础性工作为目标，打造与知识创新和科技创新相适应的科学研究基地（重点实验室、野外观测台站、种质资源库等）和产业开发基地（试验林、中试基地、示范林、科技示范园区等等）。

（二）完善科技推广体系建设

市场经济条件下的科技推广体系，应该是适应市场化要求的多元化主体共同参与的立体模式。根据浙江林业现代化建设的需要和市场经济发育状况，这些多元化供给主体可以划分为两类：政府公益性推广组织，民间商品性推广组织（专业合作组织、林业龙头企业、民营研究所等）。应在乡镇林业站等林业基层组织全额纳入财政预算的前提下，承担起政府公益性推广组织的职责；加大推广资金投入，确保林业科技能及时有效地转化，以满足经营主体尤其是林农对林业技术的需求。鼓励技术推广组织采用股份（合作）制等形式创办科技示范基地（企业），鼓励科技人员通过技术入股、承包、转让等形式参与推广。政府应制定扶持政策（税收、信贷、项目等）鼓励民间组织从事商品性林业技术推广。通过建立小额贷款等方式减少农民采用新技术的资金障碍；通过咨询、讲授、现场示范、举办培训班和建立示范点等多种方式更新观念，提高农民接受和掌握新技术的能力和水平。坚持和完善林业科技特派员制度，通过制定优惠政策鼓励高等院校、科研院所人员到欠发达地区进行指导，为当地解决生产实践中的问题；并鼓励林业科技特派员在当地进行科研活动，使科技成果转化为生产力。

（三）推进林业标准化体系建设

实施林业标准化战略、建设林业标准化体系，是林业在更大的范围、更宽的领域和更高的层次上融入世界经济、适应经济全球化的需要。必须制定“浙江省林业质量标准化实施管理条例”，以林产品质量安全标准为核心，建立完善“林业生产先进适用技术标准、检验检测方法标准和管理标准协调配套”的林产品生产、加工、贮运标准体系。尤其是按照国际标准和要求，修改完善《森林食品系列标准》，并逐步建立工业原料林环境管理标准。健全林产品质量安全检测体系，根据浙江省林产品的区域特色，构建“以省级检测中心为龙头、与主产区检测站（点）相衔接、企业（基地）自我检测相结合”的检验检测体系，从产地环境、生产技术、产品质量和标识管理等各个环节严把质量关。加强标准化研究推广体系建设，以标准为纽带，建立“企业 / 合作社 / 协会 + 基地（农户）+ 标准”的基地建设模式，形成各方参与的标准推广体系。开展标准化教育培训，尽快培养一批既有标准化知识，又掌握专业技术的推广队伍。

四、组织保障

（一）稳定和强化现有林业行政管理机构与职能

在稳定现有林业行政管理机构和人员的基础上，根据林业分类经营的具体要求和“生态优先”发展原则，强化林业资源监测管理、林政执法、林业技术推广与应用方面的职能，以满足林业现代化发展对行政管理的要求。尤其是稳定和强化乡镇林业工作站，因为它是对林业生产经营实施组织管理的最基层机构，承担着政策宣传、资源管护、林政执法、生产组织、科技推广和社会化服务等职能。

（二）建立城市林业管理机构

由于城市林业发展处于起步阶段，相应的职能与主管部门尚未明确，出现了职责不明、多头管理等现象，一定程度上影响并制约了城市林业的健康发展。因此，近期内可充分发挥绿化委员会在城市林业发展中的协调作用，而从长远看，随着城市林业的发展，应设置专门的城市林业管理职能部门。

（三）完善林业专业合作经济组织

建立适应市场需求的林业专业合作经济组织（农民合作社和专业协会），是提高农民的组织化程度、增加农民收入的必然要求。浙江省已率先出台了《浙江省农民专业合作社条例》，为合作经济组织的发展营造了良好的外部环境。因此，应在自愿基础上，建立和完善真正服务于林农的、功能齐全的林业专业合作经济组织体系，包括直接围绕林业生产活动服务的合作小组（或称联络会），围绕产前、产后服务的合作小组，以及省、县（市）、乡（镇）垂直型纵向组织结构。建立健全“利益共享，风险共担”机制，通过协议定价、利润返还、按股分红等方式进行利益分配，确定法定公积金、公益金、合作经济组织发展基金（风险基金）、社员（会员）股息等的分配比例。增强林业专业合作经济组织对社员（会员）的资金扶持、低价或无偿服务、生产资料采购等方面的功能。建立包括合同产销、保护价格和风险基金等在内的保障制度。建立健全包括章程、机构设置等在内的内部管理体制和机制。做好林业专业合作经济组织内部的财务规范化管理工作，创造条件推进信息化服务，提升合作组织自身的层次和竞争力。

五、人力资源保障

（一）优化林业人力资源的激励机制

林业人力资源是林业生产要素中最能动、最积极、最活跃的因素，是林业建设的第一资源。应缩小林业职工与其他行业职工工资水平的差距，稳定现有林业从业人员队伍。建立“按绩取酬”分配制度，鼓励要素参与分配。按照“公开、平等、竞争、择优”的原则，采取公开招聘、竞争上岗、双向选择等手段，促进各类人才的合理流动和优化组合。建立“绿色浙江”林业科技人才发展基金，实施“315”林业科技人才计划和青年人才科研培养计划。坚持“不为所有，但求所用”的原则，通过制定优惠政策，为引进人员提供优厚的工作和生活条件，实现人力资源的共享。加强与中国林业科学院等在人才培养方面的合作。

（二）强化林业人力资源的能力建设

以能力建设为核心，全面提高林业人力资源素质与能力，是林业现代化得以实现的关键所在，也是社会主义新农村建设的客观需要。强化林业高等教育和职业教育，加强对“二院一所”的财力支持力度，使之成为浙江省林业拔尖人才的培养基地。实现林业经营、管理人员的岗位培训和继续教育的制度化、规范化。设立农民培训专项计划和经费，选择若干相关高等院校和科研院所作为培训基地，选择一批生态市（县）、乡镇和生态村、林业生态型科技企业建立林业现代化教育基地。

六、十条建议

为推进浙江林业现代化建设的顺利实施，在本项研究的基础上，提出如下十条建议：

（1）将生态建设指标列为国民经济社会发展的重要指标。以科学发展观为指导，率先将森林资源价值纳入绿色国民经济核算体系，分别制定不同区域、不同类别的生态建设指标，将其列为国民经济社会发展指标和干部政绩考核指标。建议国家在浙江省进行森林生态税课征和生态彩票发行试点。率先开展固碳林业建设，推进森林碳汇贸易。

（2）深化以林地流转为核心的林业产权制度改革。制定森林资源转让、森林资源资产抵押贷款、森林资源资产评估等管理办法，建立森林资源资产评估机构；建立健全林业生产要素市场，推进林地、林木流转。在森林采伐量不超过生长量的前提下，逐步将商品林“采伐限额制”改为“采伐登记备案制”，促进非公有制商品林业的发展。

（3）加大公共财政对林业的投入。林业支出占公共财政支出的比例逐步达到1%~3%。建立林业管理部门全额拨款制度，尤其是将乡镇林业工作站等公益性机构纳入财政预算框架。

（4）探索多元化的森林生态效益补偿机制。扩大对森林生态效益的公共财政补偿力度，使补偿标准至少要达到生态公益林建设的经营管理成本，并积极探索多元化的森林生态效益补偿机制，创建森林生态效益上下游利益互补和市场化补偿机制，增强森林生态服务功能。理顺自然保护区管理体制，构建自然保护区共管模式和特定的生态补偿机制。局部地区实施生态移民战略。

（5）加强城市林业建设。将城市林业纳入城市建设规划，设置城市林业行政管理职能机构，制定城市林业建设和城市林业发展相关法规和技术标准，促进城市林业发展。

（6）实施林业生物经济发展战略。大力发展林业生物质能源、生物质材料、生物制剂、森林食品、种苗花卉、森林旅游等新兴林业产业；提高森林资源综合利用率，适当限制传统资源消耗型林业产业发展，促进高效生态产业发展，实现林业产业可持续发展。

（7）加快浙江林业科技创新体系。以“省院合作”为平台，整合现有省级高等院校和科研院所的资源，建立区域研发中心；按照区域优势，组建科技服务中心；打造与知识创新和科技创新相适应的创新实验基地，构建浙江林业科技创新体系。同时，强化林业高等教育和职业教育，办好一所林业大学，建立“绿色浙江”林业科技人才发展基金，实施“315”林业科技人才计划和青年人才科研培养计划，设立农民培训专项计划和经费。

（8）强化林业法制建设。率先出台适合于森林分类经营的地方性法规或政府规章，加强林业执法体系建设。加强森林资源特别是林地资源保护及其管理，做好林地保护利用规划，完善征占用林地审核审批管理制度。加大林业法制宣传教育力度，提高公民法制意识。

（9）推动森林文化体系建设。加大生态文明的宣传教育力度。加强森林公园、湿地公园、自然保护区、森林博览城等森林文化基地建设，开展古树名木保护、绿地认养、营造各种纪念林等社会公益活动，出版科普读物，开展参与式的群众性宣传教育活动，向公众特别是青少年展示古今中外丰富多彩的森林文化与生态文化，提高公众生态意识。

（10）加快林业国际化进程。大力发展林业外向型经济，鼓励民营林业企业家到海外创业，充分利用海外资源和市场，拓展林业发展空间，提升浙江林业国际竞争能力。积极引进国外先进技术，推动森林认证，提高森林可持续经营水平。

各论

专题一　浙江林业现代化发展理念研究

第一章　浙江林业现代化建设的国内外背景

浙江林业现代化发展战略研究是在总和结国内外现代林业发展理论和和实践经验的基础上提出的。本章从国际、国内两个层面集中阐述浙江林业现代建设的背景情况，这不仅是进一步开展研究的基础，而且可为浙江林业现代化建设提供重要借鉴。

一、浙江林业现代化建设的国际背景

（一）和谐发展正在成为世界林业发展的重要主题

在2003年9月，联合国粮农组织在加拿大魁北克市召开了第12届世界林业大会，和谐发展第一次成为全球政府间林业论坛的重要主题。从1926年的第一届世界林业大会开始，随着人类经济社会的快速发展，历届世界林业大会的主题也因经济社会对林业发展的需求的改变而改变。从历届世界林业大会主题看，其演变特征表现在三个方面：一是从微观到宏观的特征，大会主题由聚焦树木培育逐步发展到关心人类福利；二是从局部到全局的特征，大会主题由聚焦区域森林建设发展到关心区域社会发展；三是从经济到生态的特征，大会主题由聚焦森林资源的开发利用逐步转向关心林业的和谐发展。

进入21世纪，和谐发展已成为世界林业发展的取向。以12届世界林业大会为标志，大会确立了“森林——生命之源”的主题，构绘了森林与人类、森林与地球、人与森林和谐共存的发展主线。特别是就“人与森林和谐共存”的发展关系而言，强调遵循可持续经营模式，积极制定与森林相关的政策与制度，推动研究、技术与教育事业，协调全球森林保护与生态建设行动的愿望。在发展方向上，鼓励开发“生态友好”的森林产品和服务；推动“生物经济”发展，注重森林资源利用的效率与价值；发展森林社区文化，保护传统知识与精神价值；信息知识共享，政府的角色与作用转换；推动森林认证，发展森林可持续经营的标准和指标体系。

（二）城市森林建设在世界生态化城市发展中具有重要作用

进入21世纪，城市规模扩大、人口增加、生态环境压力加大，是世界城市发展的一

个共同特点。加快城市森林建设，建设生态结构合理、生态服务功能高效的城市生态系统，推动生态化城市建设，已成为世界城市发展的新潮流。

生态化城市建设是世界城市发展的新潮流。进入20世纪，城市建设中的生态思想逐步清晰并得到更广泛的运用。20世纪初，英国生物学家P·盖迪斯在他1904年所写的《城市开发》和《进化中的城市》中，把生态学的原理和方法应用于城市研究。1971年，联合国教科文组织在第16届会议上，提出了“关于人类聚居地的生态综合研究”，“生态城市”概念应运而生。“生态城市”是城市生态化发展的结果，是社会和谐、经济高效、生态良好的人类居住区形式。这一崭新的城市概念和发展模式刚一提出，就受到全球的广泛关注。到20世纪后期，“生态城市”已经被公认为是21世纪城市建设模式。1999年10月，美国世界观察研究所在一份题为《为人类和地球彻底改造城市》的调查报告中指出，无论是发达国家还是发展中国家，都必须将本国城市放在协调发展的战略地位，实现“人—社会—自然”的和谐发展，走生态化的城市发展道路。

城市森林是生态化城市的重要组成部分。自从20世纪60年代美国和加拿大提出“城市森林”和“城市林业”的概念以来，世界城市林业发展势头极为强劲。随着社会经济的飞速发展和城市化进程的不断加快，城市生态环境问题，如大气污染、水资源短缺、热岛效应等日益突出，城市森林作为城市生态系统的重要组成部分，为改善城市生态环境、减少空气污染、缓解交通和工业及居民生活噪音、调节小气候、提供优美生活环境和游憩娱乐休闲场所、开展林业科普教育等方面起着越来越重要的作用。发展城市林业已经成为世界城市建设的重要内容之一。进入21世纪，“让森林走进城市、让城市融入森林”已成为提升城市形象和竞争力、推动区域经济持续健康发展的新理念。在许多国家，城市森林已经被视为现代化城市和城市竞争力的重要标志之一。譬如，华盛顿的环境局长基姆·道泽提呼吁：“缺少树木的城市是没有竞争力的城市”。1998年当选为华盛顿市市长的安东尼·威廉姆斯提出的竞选纲领就是“必须改变首都缺林少树的面貌”。可见，从某种意义上说，没有城市林业可持续的管理和发展，就不可能有城市自身的可持续发展。

城市林业在国内外还是一项新兴事业。发展城市林业和建设城市森林，已经成为当今世界城市建设和林业发展的重要趋势。美国纽约市的中央公园，就是一个“森林建在城中”的典型；澳大利亚首都堪培拉，被誉为“森林中的首都”；瑞典首都斯德哥尔摩，是“森林与湿地一体化建设”的典范；日本东京市的绿化覆盖率达到了64.5%（包括草地）；莫斯科也是一个建在茂密森林之中的城市。莫斯科市区有100条林荫大道，98个市、区级林木繁茂的公园，800多个街心花园，郊外的18万公顷防护林带以及森林公园从8个方向楔入城市，将城市公园与周围的森林公园相连，构成了城市森林的基本格局。

（三）全球人工林建设保持快速发展势头

随着全球经济的迅速成长，一方面国际市场对林产品需求攀升，另一方面天然林保护的呼声高涨，天然林供材压力加大，使得人们的目光更多的转向了人工林。近年来，一些国际组织和许多国家的政府，都对发展人工林以弥补天然林供材缺口表示出了较大的热情。值得人们高兴的是，近二十年来，世界人工林面积仍在不断地增加，FAO报告认为，这一趋势将持续整个21世纪。许多国家都制定了长期的造林计划，主要有阿根廷、巴西、中国、智利、越南、印度、印度尼西亚、摩洛哥、泰国和乌拉圭等国家。虽然人们无法得到有关发达国家人工林面积的确切数字，据FAO1999年公布的世界森林状况报告估计，发达国家的人工林面积约为6000万公顷，其中欧洲国家近占一半，约有2900万公顷。在发达国家中处于前5位的国家是：俄罗斯（1700万公顷）、美国（1300万公顷）、日本（1000万公顷）、新西兰（150万公顷）和澳大利亚（100万公顷）。发达国家的人工林并非都是商品人工林或工业人工林，还包括了较多的生态防护林，诸如水土保持林、防风林、护岸林等。

新西兰是世界人工林事业的成功标志。新西兰用占国土面积5%的林地和退耕地发展人工林，生产并满足了新西兰99%的工业材需求，并使人工林产业成为新西兰国民经济的两大支柱产业之一。新西兰的人工林事业始于1870年，旨在保护有限天然林资源，提高人工林供材能力，弥补天然林材的需求缺口。20世纪20年代，新西兰的人工林事业进入了第一个兴盛期，短短10来年的时间，人工林面积由1925年的2.6万公顷增加至1936年32万公顷。到60年代，新西兰政府认识到，人工林将是国家出口型经济的重要支柱产业，极大地推动了新西兰人工林事业的迅速发展。进入90年代后，新西兰政府实施了新的林业税收政策，使其人工林事业进入了第三个高速发展时期，使新西兰的人工林面积增加至目前的150万公顷，创造了被世人誉为“新西兰模式”的人工林奇迹。

（四）通过清洁发展机制增强森林“碳汇”功能

森林问题是全球气候变化控制中一个热点问题。1992年，联合国通过并正式签署《气候变化框架公约》。随着联合国气候变化框架公约谈判的不断深入，森林作为陆地碳吸收的主体受到越来越多的关注。1997年在日本京都召开的公约第3次缔约方大会上，谈判取得了突破性进展，其标志即《京都议定书》的签署。2001年《波恩政治协议》和《马拉喀什协定》已同意将造林、再造林项目作为第一承诺期合格的清洁发展机制（CDM）项目，这意味着发达国家可以通过在发展中国家实施林业碳汇项目抵消其部分温室气体排放量。

森林作为碳的“储存器”或“吸碳物”，对影响气候变化在3个方面起到作用。首先，森林被砍伐时要释放碳，若目前森林被完全砍伐后，将占全球碳排放量的五分之一。其次，在森林可持续经营条件下，用森林生物量作为能源替代化石燃料，可以减少温室气体的排放。最后，森林有潜力将预计全球碳排放量的大约十分之一吸收到其生物量、土壤和产品中，并在原则上永远储存起来。由于开展CDM碳汇项目对于发达国家和发展中国家有着各自的吸引力，因此CDM碳汇试点项目已经全面开展起来。目前，主要在发展中国家开展的CDM碳汇试点项目，主要包括印度、马来西亚、捷克、阿根廷、伯利兹、哥斯达黎加、墨西哥、巴拿马、巴西等国家。具体项目活动包括通过造林、再造林、森林保护、森林经营管理等来促进社区林业发展，改善项目所在地的生态环境和保护生物多样性。

（五）发展森林认证以推动森林可持续经营

为了公正地证明森林的经营方式是不是可持续的，客观上应该有一个衡量的原则标准或指南，并应该有一个规范的机制去执行，否则森林可持续经营只是一种承诺，没有任何实际意义。森林认证是森林可持续经营认证的简称，它是伴随着人们对消费产品进行“生态标签”应运而生的。它力图通过对森林经营活动进行独立的评估，以达到将“绿色消费者”与寻求提高森林经营水平和扩大市场份额以求获得更高收益的生产者相联系的目的。

森林认证包括森林经营认证和产销监管链认证，其最显著的特点是自愿性，而且必须以市场为基础，只有证明在商业上具有合理性，才值得去认证。为此，森林认证是促进森林可持续经营的一种市场机制，这一点已经得到国际社会的普遍认可。森林认证起步较晚，基本上是在环发大会前后才开始，但发展势头很大。截至 2002 年 12 月 2 日，全世界共有 3105 万公顷森林通过了各种森林认证体系的认证。目前世界上有很多森林认证体系，有全球体系、区域体系和国家体系，但还没有一个被广泛接受的统一的体系。全球体系主要有森林管理委员会体系和国际标准化组织体系；区域体系主要有泛欧森林认证体系和泛非森林认证体系；国家体系有许多，至少有 13 个国家制定了自己的森林认证体系，中国也正在研究制定自己的森林认证体系和森林认证国家标准。作为促进森林可持续经营的一种市场机制，森林认证与林产品国际贸易密切相关。目前，许多欧美国家要求进口的林产品贴有如森林管理委员会 FSC 那样的标签，以证明生产这些林产品的木材源自经过独立的第三方认证为可持续经营的森林。

（六）私有林成为推动林业发展的重要力量

在世界林业的发展进程中，私有林的发展历史最为悠久，在林副产品提供、森林服务和生态环境保护等方面占据了重要地位，发挥了不可替代的作用。时至今日，私有林在市场经济国家的林业建设与发展中，仍是一支重要力量，各国政府对私有林的发展十分重视，并通过健全的法律保障体系和积极的政策扶持措施，推动着私有林的健康发展。虽然由于国情、林情不同，许多国家的私有林发展途径也不尽相同，但仍有不少共同的特点。这些特点突出表现在以下几个方面：

一是突出的地位作用。与国有林多分布在自然条件比较差的地域不同，私有林多分布在自然条件较好、交通方便、靠近市场的地方，私有林的发展有着十分明显的比较优势。芬兰虽然是北欧小国，但却是林业大国和私有林大国，林业是国民经济的重要产业。可与芬兰媲美的国家是芬兰的邻国瑞典，私有林面积占全国森林总面积的 87%，占供材量的 60%，私有林业在国民经济中占有举足轻重的地位。在美国全国近 2 亿公顷的用材林面积中，私有林就占 73%，采伐量占 80% 以上。法国的私有林面积 997.8 万公顷，占全国森林面积的 60.4%，年木材生长总量为 6306.7 万立方米，占全国年木材生长总量的 73%。

二是健全的法制保障。世界各国，尤其是欧洲国家现代私有林制度的形成和发展，得益于国家在政体上的法制特性和在经济上的市场特性。相关法律法规对有关各方的权利和义务都用法律的形式加以明确规定，充分体现以法治林的精神。这在瑞典、德国、奥地利、法国、美国、日本等其他国家中也大多如此。瑞典对私有林的管理，主要体现在《森林法》。1903 年颁布的第一部《森林法》中相关条款明确规定，林业主的森林采伐量不得超过生长量，必须保证对采伐迹地进行及时更新，尽快地恢复森林，否则将处以罚款或禁止伐木。

三是有效的政府扶持。总体上说，各国私有林发展的政策环境是十分宽松和有效的。许多国家的政府都不同程度地采取了财税金融扶持政策，以鼓励和支持私有林业主的事业发展。减免税费是许多国家支持私有林发展的一项重要举措，日本、瑞典、德国、奥地利等国为鼓励私有林发展和维护林业主的利益，在所得税、遗产税、土地税、财产税、销售税等方面均对私有林业主的林业经营活动实行了优惠。许多国家的政府对私有林的经营活动都以不同形式和不同程度地实行了贷款等优惠的金融扶持政策。德国、日本等国则对林业主的造林和森林保护等实行了资助补贴政策。德国私有林企业主和林农交纳的税种主要有所得税、土地税、企业税、销售税、森林财产税。美国政府通过一系列的扶持政策来激励私有林业主营林的积极性。为鼓励私有林业主造林，美国设立了一项林业奖励项目基金，各州统一实行造林奖励政策。美国政府制定了积极的“退耕还林”政策，规定现有的农田如果原来是林地的话，就必须退耕还林，在5年内，政府连续为每公顷林地补助111美元。日本的造林补助金制度作为推进日本造林特别是私有林造林的发展起到了十分重要的作用，它是造林制度的基础。从第二次世界大战后的1946年开始，造林事业就被纳入公共事业对象中，由国家对造林费用提供1/2的补助，第二年改为国家补助4/10，地方政府补助1/10。除了国家的补助金之外，地方政府也常常根据自己的财政情况，按国家补助金的一定的比例追加地方补助金。

二、浙江林业现代化建设的国内背景

（一）中国林业面临全新的发展形势

1. 构建和谐社会，林业建设任重道远

新一届中央领导集体确定的科学发展观及构建和谐社会目标中，把人与自然的和谐摆到了突出的位置。胡锦涛同志在2005年2月中央举办的省部级主要领导干部提高构建社会主义和谐社会能力专题研讨班开班式上发表了重要讲话，指出要努力构建民主法治、公平正义、诚信友爱、充满活力、安定有序、人与自然和谐相处的社会主义和谐社会。人与自然的关系是一个古老而又沉重的话题，纵贯古今，横跨东西。森林是人类的摇篮，是人类早期居住与生活的地方，是人类社会文明得以产生和发展的基础。一部森林的变迁史，在一定程度上反映了人类进化的发展和演变过程。尊重自然，保护自然，将给人类提供优越的生存条件；违背自然，破坏自然，将使人类遭受无穷的灾难。进入21世纪，人类已逐渐从长期对自然的索取、破坏而遭受的处罚中觉醒，一个从征服自然、破坏自然到回归自然、珍爱自然的新理念正在形成。从此，人类将继农业文明和工业文明之后，进入生态文明的新阶段，人与自然和谐相处就是生态文明的主要特征。林业生态建设，作为改善自然陆地生态系统主体——森林的活动，在生态建设中，已被赋予首要地位；在贯彻可持续发展战略中，已被赋予重要地位。

2. 关注“三农”问题，林业建设大有作为

“三农”问题是建设社会主义新农村的核心内容。党中央连续两年将“三农”问题提

到重要议事日程，2004 年国务院一号令明确指出，要提高粮食的综合生产力，林业在提高粮食综合生产力、调整农村产业结构以及提高农民就业等方面具有不可估量的作用，在建设社会主义新农村中将做出更大的贡献。一是通过农田防护林的建设，提高粮食稳产高产；二是通过种植经济林，调整农村产业结构；三是通过发展公益林建设，增加农村地区就业。

3. 实践科学发展观，林业建设责无旁贷

在新的历史发展时期，中共中央、国务院深刻总结了国内外发展史的经验教训，吸收人类文明进步的新成果，站在历史和时代的高度，提出了牢固树立科学发展观的重大问题。科学发展观包括以坚持经济建设为中心、坚持经济社会协调发展、坚持城乡协调发展、坚持区域协调发展、坚持可持续发展、坚持改革开放、坚持以人为本等 7 项核心内涵。在这 7 项基本内涵中，至少有 5 条涉及人口资源环境工作，可以说坚持以人为本，树立全面、协调、可持续发展是科学发展观的精髓。科学发展观就是要求统筹人与自然和谐发展，处理好经济建设、人口增长与资源利用、生态环境保护的关系，推进整个社会走上生产发展、生活富裕、生态良好的文明发展道路。所以，加快林业现代化建设，推进可持续发展，是实践“三个代表”重要思想、落实科学发展观的基本要求。集中体现在以下两个方面：

一是绿色 GDP 体系的构建，给林业建设提出了更高的要求。20 世纪六七十年代，伴随全球资源环境问题的突现，一些专家和学者逐步认识到单纯用 GDP 指标指导经济增长和发展，具有一定的盲目性，是不可持续的。由此开始探讨并提出“绿色 GDP”概念。

二是《京都议定书》的生效，给林业建设赋予了崇高的使命。2005 年 2 月 16 日《京都议定书》在全球生效。这是人类反省自身活动对环境造成破坏的结果，也是人类勇于修正自我的开始。《京都议定书》指出，温室效应致使气候变暖，主要原因是大气中的二氧化碳等温室气体增加。大量研究表明，森林能吸收二氧化碳并放出氧气，每公顷森林每生产 10 吨干物质，平均可吸收 16 吨二氧化碳，释放 12 吨氧气；破坏森林，会释放二氧化碳。目前，由于森林破坏造成的碳排放仅次于矿物燃料造成的碳排放，居第二位。温室效应已对人类造成了严重危害。近一百年来，北极地区的冰盖已减少了 42%，海平面上升了 50 厘米。美国公共利益研究集团 2001 年 4 月 6 日发表的一份研究报告说，过去十年地球变暖导致的严重生态灾害比五十年代多四倍，造成的实际经济损失高达 6252 亿美元，相当于此前四十年损失的总和。要减缓温室效应，主要有三条途径：一是大大减少矿物燃料的使用；二是避免破坏森林资源；三是重建地球的森林植被。营造森林是成本最低的控制二氧化碳的措施。大力推进现代林业建设步伐，快速增加森林资源，是积极响应《京都议定书》的重大举措。

（二）中国林业面临难得的发展机遇

1. 盛世兴林的社会氛围已经形成

进入新世纪后，中国人均 GDP 已达 1000 美元。许多国家的发展进程表明，在这一阶段，有可能出现两种发展结果：一种是搞得好，经济社会继续向前发展，顺利实现工业化、现代化；另一种是搞得不好，往往出现贫富悬殊、失业人口增多、城乡和地区差距拉大、社会矛盾加剧、生态环境恶化等问题，导致经济社会发展长期徘徊不前，甚至出现社会动荡和倒退。

温家宝总理在2004年初召开的省部级主要领导干部树立和落实科学发展观专题研究班上的讲话中强调，在这个重要阶段，一定要按照“五个统筹”的要求推进改革和发展，正确处理好“六种关系”，其中一条就是要“处理好经济增长同资源、环境的关系”。这充分说明在经济社会快速发展，综合国力大幅提升的新形势下，党和人民更加重视资源的保护与生态环境的建设。具体体现在：

党的十六大明确指出，全面建设小康社会、开创中国特色社会主义事业新局面，要使“可持续发展能力不断增强，生态环境得到改善，资源利用率显著提高，促进人与自然的和谐，推动整个社会走上生产发展、生活富裕、生态良好的文明发展道路”。党的十六届三中全会提出：要按照“五个统筹”、“五个坚持”的要求，树立全面、协调、可持续的科学发展观，促进经济、社会和人的全面发展。生态建设在经济社会发展中的位置日益显得重要，林业生态建设改善和优化生态环境的根本作用，日益为人们所认识。在国家实行经济宏观调控政策的前提下，中央明确提出国债和新增财政资金重点向“三农”和生态建设倾斜。2003年6月，中共中央、国务院发出了《关于加快林业发展的决定》。确定了“坚持全国动员，全民动手，全社会办林业”的基本方针。全国林业工作会议，对新世纪林业发展做出了全面部署。正是在党和政府的高度重视和正确领导下，经过全国人民不懈的努力，中国林业现代化建设取得了巨大成绩。2004年全国共完成造林任务1.1亿亩，连续三年突破亿亩大关；林业产业总产值突破6000亿元。林业对促进经济社会可持续发展的贡献越来越大。六大工程获得了空前支持。

2. 林业发展的内在动力日益强劲

随着经济的发展和人们生活水平的提高，林业的发展盛况空前。一是生态需求增添了林业发展的巨大活力，中国人从来没有像现在这样关心生态环境建设。二是产业发展形成了林业发展的强大动力。全体人民基本摆脱了温饱的困扰，整体进入建设小康社会的发展进程；生态环境成为小康社会的重要内容，关系到每个人的生活质量。这是中国人基于经济社会发展阶段而产生的改变生存与发展环境的强烈愿望，现实、真切、强烈地冲击着整个社会，冲击着生态环境的供需关系。强烈的社会需求不可能不对改变传统的供给方式提出强烈要求，努力增加供给是必需的、迫切的，而且是不可回避的。需求是压力，更是动力。内生需求是改变生态环境的基础，给林业现代化建设注入新的活力。

（三）中国林业面临严峻的挑战

1. 生态建设和生态破坏处于相持阶段

从全国森林资源清查、全国野生动植物及湿地和大熊猫调查、水利部全国水土流失调查、全国荒漠化和沙尘暴调查四大清查监测结果充分说明，新世纪以来，国家对林业的关怀重视、巨额投资、政策扶持开始显现效益，全社会办林业的方针开始发挥威力，六大工程的实施开始见到成效，林业部门做出的艰苦努力开始有了回报，中国林业展现出许多令人欣喜的积极变化。主要体现在：

一是森林资源发展态势良好。根据第六次全国森林资源连续清查结果，1999~2003年间在满足了经济社会快速发展对木材等林产品需求的前提下，通过大力造林、严格管护等措施，中国森林面积增加了2.4亿亩，森林覆盖率提高到18.21%，森林蓄积量增加8.9亿立方米，年森林采伐消耗量减少537万立方米。

二是生物多样性保护成效显著。全国野生动物、野生植物、湿地和大熊猫调查结果表明，野生动植物种群数量稳中有升，分布范围越来越大，栖息环境不断改善；湿地类型多样，分布广泛，保护面积不断扩大。

三是水土流失治理成效明显。水利部全国水土流失最新调查监测结果表明，中国水土流失面积不断减少，由过去的367万平方公里下降到356万平方公里；水土流失面积不断减轻，2003年全国11条主要江河流域土壤流失量大幅度减少，其中长江和淮河减少50%。

四是生态恶化趋势得到初步控制。全国荒漠化监测和沙尘暴监测结果表明，近几年来，特别是2002以来，中国土地沙化现象发生了根本性变化，年均治理面积超过了年均扩展面积；重点省区的生态恶化趋势下降，内蒙古、新疆、宁夏等沙漠化扩展速率均有所下降，治理速度远远大于沙化速度，生态状况明显改善。

清查监测结果同时也表明，中国生态建设仍然存在着许多突出问题，森林资源破坏依然十分严重。中国的经济发展带有明显的区域性和多元特征，形成经济较为发达地区和落后地区横向处于相同的发展时期、纵向处于不同的发展阶段的特殊结构，造成观念、思维方式、发展方式在地域上的差异，人们对森林的生态价值认识不同，行为方式不同。在一些地区已将森林视为重要的生态资源和社会资源的同时，另一些地区仍以牺牲森林资源来换取粮食增产、经济增长，对森林资源的经济依赖度仍然相当大，并造成林地大量流失。因此，中国生态建设正处在“治理与破坏相持的关键阶段”，这个阶段具有脆弱性、不确定性、反复性、不平衡性和艰巨性。“逆水行舟，不进则退”。所以，在“相持阶段”这个关键时期，推进林业现代化建设的政策绝不能动摇、精神绝不能松懈、干劲绝不能减弱，必须始终保持清醒的头脑，进一步增强责任感和使命感，把机遇变为责任，把挑战变为动力，把成绩看成压力，把问题看成潜力，努力赢得更多的重视、支持、关注、投入和发展条件，推动中国林业持续快速协调健康发展。

2. 林业综合生产力发展水平还较低

生产力是人类社会中最重要、最积极、最活跃的因素，是推动社会发展的根本动力。林业同样如此，只有林业生产力的大发展，才能有林业事业的大发展。以工程方式推进林业建设，是从中国的国情和林情出发，充分发挥林地生产力、加速林业生产力发展的一条成功经验。但是，由于历史和社会的原因，林业生产力的发展，还难以满足经济社会发展对林业的多种需求，林业综合生产力的发展水平还较低。

一是森林资源总量不足。中国森林覆盖率为18.21%，大大低于全世界26%的平均水平；森林面积虽居世界第五位，但人均占有量仅为0.128公顷，约为世界人均占有量0.6公顷的1/5；森林蓄积量列世界第七位，人均蓄积量9.0立方米，只有世界人均蓄积量72立方米的1/8。上述三项指标，莫说与森林资源丰富的发达国家相比差距甚远，就是与发展中国家相比也是很低的。

二是森林资源质量不高。全国林分平均每公顷蓄积量为80.66立方米，仅为世界平均水平的 68%。其中，用材林平均每公顷蓄积量为 72.5 立方米，人工林只有 34.76 立方米。每公顷林分年均生长量 3.35 立方米。郁闭度在 0.2~0.3 的林分面积占林分总面积的 20.1%。森林质量明显低于世界林业发达国家水平。

二是林业生产力发展滞后。一是难以满足国内木材需求，年进口木材、木制品和纸浆及纸制品，折合成木材约 4700 万立方米；二是难以满足社会日益增长的巨大生态需求。中国的生态环境恶化速度在加快，全国水土流失面积已达 367 万平方公里，占国土面积的 38%，且以每年 1 万平方公里的速度在增长；每年新增荒漠化面积达 3436 平方公里，相当于吞噬一个中等规模面积的县，全国有近 4 亿人口生活在受荒漠化影响的地区；沙尘暴的发生频率呈上升趋势；有 15%~20% 的动植物物种濒临灭绝，高于世界 10% 的平均水平。毁林开垦、陡坡种植、围湖造田等人为活动破坏了生态环境，加重了自然灾害造成的损失。生态环境的恶化，严重影响了中国经济和社会的可持续发展。

3. 生态建设与经济发展的矛盾仍很突出

二十多年来，中国致力于改革开放和推进社会发展，取得了巨大的成功。改革开放从根本上改变了传统僵化的经济体制，使整个国家面貌发生了前所未有的变化，国民经济迅速增长，目前人均 GDP 已达 1000 美元，是同期经济增长最快的国家之一。经济发展使中国人民逐步摆脱了贫穷落后的状况，长期制约经济增长的供给数量“瓶颈”相继消除，从而总体上结束了“普遍短缺”的时代，经济活力和整体经济实力大大增强，城乡人民生活明显改善。按照邓小平同志提出的三步走的战略目标衡量，中国提前实现了第一步战略目标，并在上世纪末全面实现第二步战略目标，从而为本世纪初实现第三步战略目标打下了坚实的基础。

但与此同时，中国的生态环境问题也以前所未有的规模和速度伴随着经济的快速发展应势而生。中国是一个拥有 13 亿人口的发展中大国，发展的起点并不高，发展的欲望却相当强烈，这种欲望因计划经济体制的长期束缚和反复的政治动荡而受到压抑。改革开放使发展的欲望、积累的能量获得了释放。我们很难在发展与生态之间进行选择。即使注意到了生态建设的重要性及环境问题对未来发展的影响，也很难在制度上进行安排。一方面，粗放型经济增长是经济发展的必由之路；另一方面，经济发展的正、负效应之间存在着时间上的不一致性，使得经济发展过程中一些重要的东西被忽视。生态环境问题的发展特点具有隐蔽性、渐进性和积累性，其后果则具有间接性、全局性和突发性。随着生产力水平的不断提高和经济社会的快速发展，生态环境问题就演变成严重的危机，这就是发展的代价。事实说明，目前中国的经济发展已让原本就基础薄弱、先天不足、并非优势的生态环境受到了强烈的冲击，尤其是在经济相对落后，生态脆弱的地区，贫困、传统生产方式、土地利用的制度缺陷、政策上不完善等相互叠加、共同作用，进一步加剧了生态环境的恶化趋势。建设赶不上破坏，生态建设明显落伍于经济的快速增长。自然环境和自然资源是经济发展的基础，从某种意义上讲，今天的生态环境又将严重影响着明天的经济社会发展。我们正承受着空前庞大的人口压力和前所未有的生态环境问题，面临着有史以来的生态建设与经济发展这种“自相矛盾”或“两难”的特殊处境。

4. 造林绿化和资源保护的压力依然很大

进入 21 世纪后，中国造林绿化实现了跨越式发展，过去的三年新增幼林面积近 4 亿亩。这些幼林能否成林成材，能否为森林覆盖率和森林蓄积量增长做出贡献，关键在于管护能否跟上，森林经营是否有效。另外，随着林业资源经济价值的日益凸现，森林资源保护工作面临的压力越来越大。在生态建设与生态破坏处于相持阶段的关键时期，更加迫切要求我们，必须以加强保护工作的非常之力来巩固生态建设的非常之功。

第二章 浙江省林业发展的本底分析

浙江林业现代化发展战略的确立，必须从浙江省的实际出发，认真总结全省现代林业建设的经验，既要看到建设的成就，又要认识到面临的挑战和存在的问题，同时还要对浙江林业现代化建设的必要性和发展潜力有充分的认识。

一、浙江省自然、经济和社会概况

（一）自然概况

浙江省地处中国东南沿海长江三角洲南翼，介于北纬27°12′~31°31′和东经118°~123°之间，东临东海，南接福建，西与江西、安徽相连，北与上海、江苏接壤。境内最大的河流钱塘江，因江流曲折，称之江，又称浙江，省以江名，简称“浙”。省会杭州。浙江省东西和南北的直线距离均为450公里左右，陆域面积10.18万平方公里，占全国的1.06%，是中国面积最小的省份之一，其中，山地和丘陵占70.4%，平原和盆地占23.2%，河流和湖泊占6.4%。全省海岸线总长6486公里，居中国首位；有面积500平方米以上岛屿3061个，是中国岛屿最多的一个省份。

浙江属亚热带季风气候，四季分明，光照充足，降水充沛。年平均气温15~18℃。1月、7月分别为全年气温最低和最高的月份，5月、6月为集中降雨期，年降雨量1000~2200mm。浙江省平均水资源总量为937亿立方米，按单位面积计算的水资源量居全国第四位。森林覆盖率达60.5%，经济林、竹林资源丰富，名优特产多。茶、桑、柑橘等中外著名，山核桃、香榧等干果占全国产量的70%以上，乌桕、厚朴、山茱萸等为全国重点产区，毛竹产量居全国前列。树种资源丰富，素有中国“东南植物宝库”之称，“活化石”银杏等50多种野生植物列入国家珍稀保护名录。已知野生动物1900种，其中列入国家重点保护野生动物名录的有120多种，占全国野生保护动物的1/3。浙江矿产以非金属矿产为主。有12种矿产储量位于全国前三位，其中，在探明储量的矿产中，石煤、明矾石、叶蜡石、水泥用凝灰岩、建筑用凝灰岩居全国第一位，萤石居全国第二位。大陆架蕴藏着丰富的石油和天然气资源，开发前景良好。浙江海域渔业资源丰富，舟山群岛是中国最大的海洋渔业基地。

浙江地形复杂，山地和丘陵占70.4%，平原和盆地占23.2%，河流和湖泊占6.4%，耕地面积仅208.17万公顷，故有”七山一水两分田”之说。地势由西南向东北倾斜，大致可分为浙北平原、浙西丘陵、浙东丘陵、中部金衢盆地、浙南山地、东南沿海平原及滨海岛屿等六个地形区。省内有钱塘江、瓯江、灵江、苕溪、甬江、飞云江、鳌江、京杭运河（浙江段）等八条水系；有杭州西湖、绍兴东湖、嘉兴南湖、宁波东钱湖四大名湖及人工湖泊千岛湖。山川秀丽，风景优美。浙江旅游资源丰富，自然风光与人文景观交相辉映，特色明显，知名度较高。全省有重要地貌景观800多处，水域景观200多处，生物景观100多处，人文景观100多处。有14个国家级风景名胜区，1个国家级旅游度假区，16个国家级森林公园和42个省级风景名胜区。

（二）经济概况

浙江是中国经济比较发达的沿海对外开放省份，素有“鱼米之乡”之称；是综合性的农业高产区域，以多种经营和精耕细作见长，大米、茶叶、蚕丝、柑橘、竹品、水产品在全国占有重要地位。绿茶产量占全国第一，蚕茧产量占全国第二，绸缎的出口量占全国的30%，柑橘产量名列全国第三，毛竹产量居全国第一。浙江也是全国的一个重点渔业省，渔业已由传统的生产型，逐步过渡到现在的捕捞、养殖、加工一体化，内外贸全面发展的产业化经营的新格局。舟山渔场是全国最大的海洋渔业基地，海洋捕捞量居全国之首。杭嘉湖平原是全国三大淡水养鱼中心之一。浙江工业基础较好，以轻工业、加工制造业、集体工业为主。改革开放以来，乡镇企业异军突起，1995年底，乡镇工业已占全省工业总产值的四分之三。丝绸工业历史悠久，产品精美，传统工业闻名遐迩，电力工业发达，秦山核电站为国家第一座核能电站。新安江电站为国内第一座自行设计、自制设备和施工安装的大型水力发电站。浙江境内交通条件日趋改善。沪杭、浙赣铁路相接纵贯省境，与杭甬、杭宣铁路构成交通主干线，铁路通车里程900公里。浙西南的运输大动脉、全长251公里的金温铁路，已于1997年8月全线铺通。1937年建成的钱塘江大桥是国内第一座自行设计、建造的铁路、公路两用双层桥，至今仍是浙赣线之咽喉。钱江二桥、三桥、四桥和五桥均已建成通车。全省有6条国道和66条省级干线公路，全省所有乡镇已通公路。杭甬高速、沪杭高速、杭金衢高速公路已建成通车。航空网线初步形成，已开通杭州-香港、杭州-新加坡、宁波-香港的直达航班。浙江大小港口星罗棋布，共有50多个港口，万吨级以上的深水泊位37个，开通有抵美、日等国和香港特区的班轮航线。其中宁波是浙江最大的海运港口，宁波北仑港区拥有中国最大的国际第三代、第四代集装箱码头，为全国四大深水中转枢纽港之一。邮政电信事业发达，各主要城市都开办了邮政特快专递业务，11个市（地）已全部建成长途电话自动交换中心，县以上电话都已进入国际、国内自动电话交换肉，可与世界上195个国家和地区开展长途直拨。国家重点工程——南沿海光缆在浙江省境内的铺设工程已经完工。

浙江外向型经济呈现出前所未有的活力。有国家批准的一类口岸10个，省级批准的二类口岸10个。有67个市县对外国人开放，37个市县列为沿海经济开放区，国家先后批准建立了宁波经济技术开发区和保税区，杭州高新技术开发区和之江国家旅游度假区，温州经济技术开发区和萧山经济技术开发区，形成包括对外国人开放市县——经济技术开发区——沿海经济开放区——浙西南和浙西北广大腹地的梯度推进的多层次，全方位的对外开放格局。已与五大洲的150多个国家和地区的近万家客商建立了经济贸易关系，在美国、日本、英国、德国、巴西、墨西哥、多哥等国家设立了贸易公司或办事处。先后建立了30家省级专业进出口公司。与60多个国家和地区开展承包工程和劳务合作，合作领域广泛。来浙江投资的有30多个国家和地区，投资合作项目涉及多种领域，"三资"企业遍布全省各市地。进入90年代以来，对外友好交往发展也很快，已同9个国家结成了23对友好城市（县、州）关系和4对友好交流关系，与10多个国家的40多个民间组织建立了固定友好交流渠道。全省的高等院校和研究机构也与国外建立了友好关系，每年有数以千计的专家，学者相互进行科技交流，联合国等有关组织在浙江建立了中国水稻研究所等26个项目。

2004年浙江省生产总值突破万亿元大关，达到11243亿元，比上年增长14.3%，成为继广东、江苏、山东之后全国第四个经济总量突破万亿元的省份。财政总收入1424亿元，其中地方财政收入806亿元，调整出口退税因素后为1805亿元和901亿元，按可比口径计算，分别增长16.5%和16.3%。外贸出口总额581.6亿美元，增长39.8%。城镇居民人均可支配收入14546元，增长10.4%，扣除价格上涨因素实际增长7.4%。农村居民人均纯收入6096元，增长12.2%，扣除价格上涨因素实际增长7.4%。新增城镇就业61.6万人，年末城镇登记失业率4.1%，比上年末降低了0.1个百分点。人口自然增长率4.95‰。

（三）社会概况

浙江现设杭州、宁波2个副省级城市（其中宁波市为全国计划单列市），温州、湖州、嘉兴、绍兴、金华、衢州、舟山、台州、丽水9个地级市，36个县、22个县级市、32个市属城区，837个镇、562个乡、212个街道。

2003年末，全省常住人口4679.6万人，其中，男性人口2367.4万人，女性人口2312.2万人，分别占总人口的50.6%和49.4%，2003年全省出生人口45.0万人，出生率为9.66‰；死亡人口29.7万人，死亡率为6.38‰；全年净增人口15.3万人，自然增长率为3.28‰。全省少数民族人口40万左右，约占全省总人口的0.9%，主要为畲族。

浙江历史悠久，文化灿烂，是中国古代文明的发祥地之一。有杭州、绍兴、宁波、衢州、临海5座国家级历史文化名城，国家级文物保护单位72.5个（嘉兴南湖中共"一大"会址与上海中共"一大"会址合为一个），省级文物保护单位279处，国家确定的重点博物馆7座。早在5万年前的旧石器时代，浙江就有原始人类"建德人"活动；境内已发现新石器时代遗址100多处，有距今7000年的河姆渡文化、距今6000年的马家浜文化和距今5000年的良渚文化。春秋时浙江分属吴、越两国。秦朝在浙江设会稽郡。三国时富阳人孙权建立吴国。唐朝时浙江先后属江南东道、两浙道，渐成省级建制的雏形。五代十国时临安人钱镠建立吴越国。元代时浙江属江浙行中书省。明初改元制为浙江承宣布政使司，辖11府、1州、75县，省界区域基本定型。清康熙初年改为浙江省，建制至此确定。

在历史长河中，浙江人文荟萃，名人辈出，在哲学、政治、军事、科技、文化等各个领域都出现了不少杰出的人物。自东汉到现代，载入史册的浙江籍文学家逾千人，约占全国的 1/6。新中国成立以来的“两院”院士（学部委员）中，浙江籍人士占了近 1/5。

二、浙江林业发展现状与发展阶段

（一）林业发展现状与成就

1. 森林资源状况

根据 2004 年第六次森林资源连续清查结果显示，浙江省的森林资源现状如下：

（1）浙江省土地总面积 1018.00 万公顷。其中：林地面积 667.97 万公顷，占土地总面积的 65.6%；非林地面积 350.03 万公顷，占 34.4%。林地面积中：有林地 498.47 万公顷，占林地面积的 74.6%。其中：乔木林（含乔木经济林 27.06 万公顷）420.18 万公顷，竹林 78.29 万公顷。疏林地面积 3.83 万公顷，占林地面积的 0.6%。灌木林地面积 117.31 万公顷，占林地面积的 17.6%。其中：国家特别规定灌木林（浙江省基本上为灌木经济林）85.95 万公顷，其他灌木林 31.36 万公顷。未成林地面积 12.93 万公顷，占林地面积的 1.9%。其中：未成林造林地 8.38 万公顷；未成林封育地 4.55 万公顷。苗圃地 3.35 万公顷，占林地面积的 0.5%。无立木林地 14.84 万公顷，占林地面积的 2.2%。其中：采伐迹地 4.07 万公顷，火烧迹地面积 8.38 万公顷，其他无立木地 2.39 万公顷。宜林地面积 17.24 万公顷，占 2.6%。其中：宜林荒山荒地 17.24 万公顷。森林覆盖率（有林地和灌木林地面积之和占土地总面积百分数）为 60.5%。林木绿化率（有林地、灌木林地、四旁树占地面积之和占土地总面积的百分数）为 61.9%。

（2）全省活立木总蓄积量 20168 万立方米。其中：按立木类型分：林分林木蓄积 17882 万立方米，占 88.7%；疏林蓄积 33 万立方米，占 0.2%；散生蓄积 1478 万立方米，占 7.3%；四旁蓄积 775 万立方米，占 3.8%。按组成树种类型分：乔木树种 18822 万立方米，占 93.3%；经济树种 811 万立方米，占 4.0%；灌木树种 535 万立方米，占 2.7%。乔木树种按组成树种组分：松木 7176 万立方米，占 38.1%；杉木 6714 万立方米，占 35.7%；阔叶树 4931 万立方米，占 26.2%。

（3）经济林（按 1999 年标准统计）面积 113.01 万公顷。其中：乔木经济林面积 27.06 万公顷；灌木经济林面积 85.95 万公顷。竹林面积 78.53 万公顷。其中：毛竹 65.82 万公顷，杂竹 12.95 万公顷。毛竹总立竹量 16.6 亿株，其中新竹立竹量 2.04 亿株，新竹约占总立竹量的 12.2%。

2. 林业生态建设

新中国成立以来，浙江省委、省政府高度重视林业工作，采取了一系列政策措施，林业建设取得了可喜的成绩，尤其是十一届三中全会以来的十多年，全省上下围绕省委、省政府做出的“两年准备、五年消灭荒山、十年绿化浙江”的决定，开展了大规模植树造林活动，提前消灭了宜林荒山，如期实现了全面绿化浙江的宏伟目标。进入新世纪后，省委、省政府针对林业新形势，审时度势，提出了“建万里绿色通道、创千亿林业产值、造浙江秀美山川”的奋斗目标，重点抓好生态公益林、万里绿色通道、平原城镇绿化、林业产业化四大工程。

一是积极实施生态公益林建设工程。按照林业分类经营的总体要求，对全省 600 多万公顷林业用地进行了区划界定，把 200 万公顷规划为重点生态公益林。在重点生态公益林界定区内全面实施了封山育林、人工造林（补植）及退耕还林，落实了“五个一”（即“一个封育规划、一份封育合同、一套管护措施、一支护林队伍、一块封育标志牌”）封育措施，使森林得到有效保护，水土流失状况明显好转，生态功能不断增强。据生态公益林效益监测结果表明，4 年来全省生态公益林综合效益达 300 亿元。

二是大力实施平原城镇绿化工程。根据“森林进城、园林下乡、城乡一体、整体绿化”的思路，全省开展了平原城镇绿化工程，平原地区绿化面貌大为改观。桐乡、海盐等 9 个县已通过了高标准平原绿化验收。尤其是随着城市化进程的加快，各地对城市绿化空前重视，乔灌草并举，绿化与美化相结合，取得了显著成绩。三年来，全省城镇扩绿 9400 多万 m^2，城市人均公共绿地面积从 $7m^2$ 增加到 $9m^2$，大大提高了浙江城市的品位。杭州、宁波、绍兴、嘉兴、富阳已通过“国家级园林城市”的考评验收。同时还涌现了一大批“省级绿色小城镇”和全国绿化“千佳村”。

三是全面启动万里绿色通道建设工程。2000 年以来，浙江省加大了绿色通道建设力度，按照大生态、大手笔、高质量的思路，采取工程化建设、项目化管理、市场化运作，通道绿化取得了阶段性成果。累计建成绿色通道 1.38 万公里，绿化面积 0.32 万公顷，形成了一批具有区域特色、高标准、高质量、生态与经济相结合的示范路段。

四是积极推进林业产业化经营。近几年来，浙江省在坚持生态优先、加强生态建设、注重森林资源保护的同时，大力推进林业产业化经营，突出发展林业特色基地，扶持和培育林业龙头企业，积极培育森林旅游、野生动物驯养等新兴产业，2004 年全省林业行业社会总产值达 979 亿元。已初步形成了区域化布局、专业化生产、产品特色明显的林业主导产业和一批优势企业、优势产品，涌现出了一批林业经济强县（市），51 个县（市）林业产值超过 5 亿元，27 个县（市）超 10 亿元，嘉善、德清、安吉、黄岩、南浔等县（区）超 30 亿元。林业产业已成为浙江省农业农村经济的支柱产业，林业产业的发展有力地推动了区域经济的发展，为浙江省农民增收和林业增效做出了重要贡献。

五是全面加强森林资源保护。森林公安、林政管理等执法队伍建设和依法治林工作不断加强。森林限额采伐、林地征占用管理和生物多样性保护工作进一步强化。森林火灾和森林病虫害综合治理工作不断深化，火灾发生率和受害率、病虫害防治率和监测率都控制在考核指标范围内。全省已建县级以上森林和野生动物类型的自然保护区和自然保护小区 290 个，其中新建国家级自然保护区 3 个，自然保护小区 271 个，面积达约 15 万公顷。扬子鳄等珍稀濒危动物繁育取得了突破性进展。实现了森林面积、蓄积、覆盖率的三增长。浙江成为工业化和城市化进程首屈一指的经济大省。无论从天上俯瞰，还是在地上远眺，这里满眼青山，全省森林覆盖率 60.5%，生态质量位居西藏之后，名列全国第二。

3. 林业产业发展

森林资源小省的浙江，如今却是闻名的竹业大省、木业大省、花木大省、森林食品大省、森林旅游大省。2004年，全省林业行业总产值达979亿元，位居全国第一。

社会工商资本投资林业已经成为浙江省林业投资的主流，并向基地化、规模化、集约化、现代化方向发展。到目前为止，全省工商资本投资林业项目共有7211个，投资额累计已近80亿元。

浙江省民营经济活跃、民资丰裕，各地积极引导和鼓励社会工商资本投资林业。如浙江万向集团投资5000万元，在临安建设山核桃基地3万亩，投资5亿元开发千岛湖森林公园的一个景区；东阳市森太公司、康大公司、格林公司投资开发香榧等经济林近约267公顷。

浙江省工商资本在投资林业时还积极探索新的开发、经营方式。2004年3月，桐乡华章现代生态农业开发公司把林业与旅游开发有机结合起来，投资3000万元，开发集苗木、果树、蔬菜、湿地保护、旅游休闲为一体的生态农业，农民以土地入股占50%股份，公司采用工资制，对农民实行企业化管理。

工商资本投资林业加工业不仅延长了林业产业链，而且使浙江从林业资源小省成为全国木材加工大省。据不完全统计，浙江省已有木材加工企业2万多家，创产值350亿元，有64%的资本投入了以人造板和木、竹、藤制品为主的加工业，大批竹木新产品开发成功，拓展了竹材加工的新领域，提高了产品的附加值。全省形成了像东阳的木线基地、南浔的实木板基地、嘉善的人造板基地、温州和玉环的出口家具基地等10多个全国木业加工“单打冠军”。工商资本投资林业还极大地促进了林农增收，仅全省45个省级林业特色基地建设，就带动45万林农年人均增收1822元。

在吸引民间资金，发展非公有制林业方面，浙江有着先天优势。近三年国家投入林业的资金约10亿元，而各种社会资金投入达78亿元。像东阳，投入林业开发的单位和个人共有2767家，其中非公性质的2761家，占99.8%。安吉县政府仅投入150万元资金，就建成了总投资1000多万元的“绿色长廊”。安吉县林业局负责人说：“我们把‘绿色长廊’作为资产经营，吸引社会各方资金投入绿色事业。”

民营资本在浙江林业发展中的分量，只要看一个数字就能明白：浙江林业行业总产值去年达到979亿元，位居全国第一。其中，民营经济的比重占到90%以上。来自省林业厅的调查显示，全省目前社会投资林业共有7211个单位，其中公有制单位393个，累计投资10.9亿元；非公有制单位6818个，累计投资77.8亿元。浙江民间资本投资林业，主要集中在森林旅游、花卉苗木、荒山承包开发。

民间资本的大量投入，不仅为林业发展注入了大量资金，最重要的是，促进了林业经营体制机制的改革创新，促进了林业市场化程度的提高。

浙江属南方集体林区。稳定山林权、划定自留山和确定林业生产责任制的林业“三定”工作，早在上世纪80年代初就已全面部署，在全国较早建立了以家庭经营为基础的统分结合的林业双层经营体制。当时，全省划定责任山和自留山约547多万 公顷，占全省林业用地的83%、有林地的98%。农民拥有了自主权，经营山林的积极性空前高涨，也为日后发展非公有制林业奠定了基础。

发展非公有制林业，浙江可谓“思想解放、放手发展”，特别注重体制和机制的创新。针对林业“三定”后出现的“一主多山、一山多主”等新情况，省里明确规定非公林业“三个允许”：允许林地使用权和林木所有权有偿转让；允许活立木买卖和中幼林转让；允许拍卖宜林荒山、荒坡、荒沟、荒滩的使用权。按照“明确所有权，稳定承包权，搞活使用权”的原则，在“依法、自愿、有偿”的前提下，推行森林、林木和林地使用权的有偿流转。

林业专家认为，浙江林业改革在全国处于领先地位，按照市场取向，随着山地的流转，资金、劳力、技术、土地、林木等生产要素也随之合理流动和优化组合，吸引了一大批工商业主纷纷投资林业开发。在浙中东阳市，森太农林果开发公司2001年率先受让369公顷国有林地从事林业开发，期限60年，开创了浙江大规模林地流转之先河。在杭州近郊的建德市，近年实行山地流转约1.5万公顷，引进招商项目55个，协议引进资金8900万元，已建成7个万亩板栗生产基地，年产值可达1000多万元。

浙江非公有制林业通过几年的发展，经营领域已涵盖林业的一二三产业，经营形式也呈现出多样化的局面。一是家庭承包经营，经营方式由集体向家庭转变，家庭林场由此应运而生；二是农户责任经营，虽是一家一户，但在非公有制林业中“群体最大”；三是个体投资经营，承包、租赁荒山、荒坡，兴办绿色农庄，成为发展生态农业的排头兵；四是企业转让经营，大中型企业投资开发、经营林地；五是家庭作坊式经营；六是民间集资经营。

浙江林业目前已经形成产业化经营格局：山上抓特色，山下抓加工；企业连基地、基地带农户。建设一片基地、致富一方农民、培育一大产业。

最具浙江特色的是竹子产业。竹林面积占全国的六分之一，赢得全国三分之一的竹业产值。年产商品竹1.15亿株，为全国第一。2003年，全省有23个县竹业产值超亿元，全省竹业总产值达115亿元，为全国第一竹业经济大省。

木材加工业同样令人刮目相看。全省木材加工经营企业2万多家，产值20多亿元。湖州的南浔镇是全国最大的实木地板生产基地，约占全国实木地板产量的四分之一；东阳是全国最大的木线生产基地，年销售量50万立方米，产值16亿元，约占全国的40%；云和县是全国最大的木制玩具生产基地，85%以上的产品出口，约占全球30%的市场份额。

此外，迅速发展的花卉种苗业、日益火爆的森林旅游业，正在成为浙江林业发展的新亮点。

（二）浙江林业发展阶段的基本判断

在与国内外林业发展水平做深入比较的基础上，准确判断浙江林业目前所处的发展阶段，是制定下一步发展目标和工作重点的必要环节。

1. 浙江省林业发展阶段的划分

根据林业跨越式发展理论的观点，世界林业发达国家的生态建设历程大都经历了森林原始利用、木材过度利用、森林恢复发展、森林多功能利用和可持续发展等5个阶段，其中森林恢复发展阶段包括治理小于破坏、治理与破坏相持、治理大于破坏3个小阶段。据此，结合浙江林业发展实际，可将浙江省林业发展大致划分为以下阶段：

（1）森林原始利用阶段：1958 年以前。

（2）木材过度利用阶段：1958~1978 年。

（3）森林恢复发展阶段：1978~2010 年。又分三个小的阶段。

• 治理小于破坏阶段（1978~1985 年）。

• 治理与破坏相持阶段（1985~2000 年）。省委、省政府做出“两年准备、五年消灭荒山、十年绿化浙江”的决定，开展了大规模植树造林活动，提前消灭了宜林荒山，如期实现了全面绿化浙江的宏伟目标。

• 治理大于破坏阶段（2000~2010 年）。省委、省政府针对林业新形势，提出了“建万里绿色通道、创千亿林业产值、造浙江秀美山川”的奋斗目标，重点建设生态公益林、万里绿色通道、平原城镇绿化、林业产业化四大工程。

（4）森林多功能利用阶段：2010~2020 年。

2. 浙江林业处于“治理大于破坏阶段”

2005 年 7 月，国家林业局提出了相持阶段理论。该理论阐述了相持阶段的基本内涵、判断指标、理论依据、主要特征、时段跨度、四大区域等重要问题。我国生态建设状况总体上由“治理小于破坏阶段”进入“治理与破坏相持阶段”。浙江是我国林业发达省份，林业发展阶段明显高于全国平均水平。

根据环境库兹涅茨理论，即环境压力与经济增长呈倒 U 形曲线的关系。当一个国家或地区发展到人均 GDP 达 1000 美元时则进入倒 U 形曲线的拐点区，必须采取大规模生态治理行动。2005 年，浙江人均 GDP 超过 3000 美元，明显高于全国水平。

目前，浙江林业与历史时期比较比较更加注重森林质量的提高。从森林资源的发展方式来看，浙江林业已从注重森林数量的增加向更加注重森林质量的提高和布局合理的阶段转变。由于经济发展和城市化的加速，近年来森林数量大幅度扩张的空间已经不多，主要转为提高森林资源质量、调整优化结构和在非林业用地上培植林木。通过调整森林布局和结构，加强森林保护和近自然化经营，提高森林资源质量，强化生态系统功能。

浙江林业与国内其他省份比较处于领先的排头兵地位。与全国其他省份相比，浙江林业在森林覆盖率、经营方式、科技含量、管理机制等方面均处于领先水平。浙江森林覆盖率 60.5%，处于全国第三位，大大高于全国平均水平（18.21%）。浙江省林业产业发达，林业产值在全国排名第一位。就“如何建设林业现代化”的问题，浙江正在大胆改革，积极探索，为全国林业现代化发展发挥示范和先导作用。

浙江林业与国际先进国家之间的差距正在逐渐缩小。与国际林业发达国家的林业发展水平相比，客观地说浙江林业的现代化程度与它们之间还存在着一定的差距，但这种差距正在逐渐缩小。国际上林业建设中普遍采用的做法，如城市林业、近自然林经营模式、林业信息化管理技术、生态效益补偿、森林公园建设等先进理念和技术，正在被借鉴应用到浙江林业现代化建设中来，全面贯彻以人为本原则，增强了林业对公众的全面服务。从森林覆盖率来看，浙江目前为60.5%，已超过世界平均水平。当然，浙江森林的质量，与国外相比仍存在不少差距，需要在结构优化和林分质量方面不断加强和提高。

经过研究分析，浙江林业从总体上看当前已处于“治理大于破坏阶段”。

三、浙江林业现代化建设的必要性

（一）保障我国东部生态安全的需要

浙江林业处于“东扩”区，有6141公里的海岸线，处于台风主要登陆口之一，生态区位非常重要。建设沿海防护林、保育山地森林，提高森林资源的数量、质量和效益，可以起到减弱台风危害、发挥森林保持水土、涵养水源的作用，对于保障我国东部生态安全都具有重要意义。

（二）长三角生态一体化建设的需要

在长三角地区，生态环境问题正成为危及到当地经济社会的重大隐患，制约了整个区域经济社会的可持续发展。浙江省位于长三角地区的南翼，且处于黄浦江、太湖的源头地区，其森林是长三角生态安全的重要屏障。浙江全面推进林业现代化建设，是改善长三角地区生态环境的重要举措，是改善长三角旅游资源环境的主要途径，是提高长三角综合竞争力的重要保障。

（三）构建浙江和谐社会的需要

可持续发展的关键是环境的可持续发展，而以森林为主体的生态系统的健康发展是环境可持续发展的核心。随着浙江经济的快速发展，生态环境问题日显突出，发达的林业既是浙江实现经济、社会可持续发展的客观要求，也是率先实现现代化的必要条件。加快浙江林业发展是落实科学发展观，贯彻《中共中央 国务院关于加快林业发展的决定》，实施“八八战略”、打造“平安浙江”，实现人与自然和谐、构建浙江和谐社会的具体行动。

（四）建设社会主义新农村的客观要求

党的十六届五中全会向全社会提出了新时期建设生产发展、生活宽裕、乡风文明、村容整洁、管理民主的社会主义新农村的战略任务。山区是浙江林业建设的主战场，而山区又大多属于经济欠发达的农村地区，在新农村建设中林业可以大有作为。通过进一步深化浙江集体林权制度改革，大力发展乡村林业，包括城郊乡村的休闲观光型林业、庭院和围庄型生态经济林、乡村生态景观林、乡村人居防护林、乡村风水及墓地特用林等多种模式，促进社会主义新农村建设，推进浙江林业现代化，发挥林业富民、绿化美化和改善农村人居环境的作用。乡村林业不仅是建设社会主义新农村的必要保障，也是建设社会主义新农村的重要内容。

（五）提升浙江林业富民能力的需要

浙江省经济发达，但山区经济发展相对落后。而林业是山区农民经济收入的重要来源。林业不仅能够提供木材、药材、食品及其他工业原料，而且在生物能源、生物新材料等生物产业方面也将大有作为。林业在生物经济发展中将扮演越来越重要的角色。发展林业产业，对于解决“三农”问题、帮助山区农民脱贫致富具有重要意义。

（六）满足人们生态文化消费的需要

随着浙江经济社会的快速发展和人民生活水平的不断提高，人们回归自然、返朴归真的生态文化需求日益高涨，对生活环境质量的要求越来越高。需求层次正发生深刻变化，由生存消费向发展消费、享受消费转变。社会对林业的主导需求已由木材需求转向生态与文化需求。尤其是在城市地区，城市林业的发展对于改善城市人居环境、丰富城市生活、提高文化氛围等方面起到积极的作用。随着浙江城市化进程的加快以及人口数量的迅速增加，改善生态环境，保障生态安全，满足人们休闲、旅游等活动需求成为林业发展的重要任务之一。

（七）率先在全国实现林业现代化的需要

根据中央对浙江提出的在全国率先基本实现现代化和"走在前列，干在实处"的指示精神，浙江加快了全面实现现代化的步伐。而实现林业现代化是全面实现现代化的一项重要任务。推动浙江等东南沿海地区林业率先实现现代化，是新时期我国林业发展和生态建设的重要战略部署。浙江是自然条件优越、经济发达的省份，浙江林业有条件、有基础、有可能在全国率先实现现代化，为其他地区林业发展提供宝贵经验。浙江作为全国林业现代化建设的试点省和排头兵，在全国林业现代化建设中占据先导地位，具有不可替代的突出作用。

四、浙江林业发展的优势与潜力

（一）得天独厚的自然条件

浙江位于东海之滨，长江三角洲南翼，地处亚热带常绿阔叶林地区，光、热、水、气、土等自然地理条件十分优越，适宜林业发展。浙江有广阔的宜林地资源，森林面积大，覆盖率高，居全国前列。浙江生态系统多样性丰富，物种资源丰富，素有我国"东南植物宝库"之称，全省有木本植物 109 科 423 属 1407 种，其中不少属于国家重点保护和本省特有或稀有树种。野生动物种类繁多，有兽类、鸟类、爬行类、两栖类野生动物 105 科 635 种，其中列入国家一、二级保护动物 123 种。大力发展现代林业，建设自然保护区、保护生物多样性不仅是客观的要求，也具有很大的发展潜力。

（二）雄厚稳健的经济发展

经济社会发展是林业建设的原始动力，2004 年，全省国内生产总值 11243 亿元，财政 1424 亿元，城镇居民可支配收入 14546 元，农村人均 6096 元。浙江已进入全面建设小康社会新阶段。根据现代化发展阶段理论，分为"准备、初步和基本"三阶段，全面建设小康社会与率先基本实现现代化的进程是相吻合的。提前基本实现现代化是浙江省经济社会发展进入新阶段的内在要求，现代化是一个动态的过程，浙江省第十次党代会对浙江现代化作出了战略部署，到 2005 年争取近 1/3 的县（市）基本实现现代化，到 2010 年争取 2/3 的县（市）实现现代化，到 2020 年全省率先基本实现现代化。

浙江省体制改革、机制创新、超前观念的先发优势，也将为林业发展提供强大的动力。非公有制经济成为发展的重要增长点，市场配置资源的基础性作用比较充分，林业建设方面体制、机制创新也不断加强。丰富的农村劳动力，较多的社会闲散资金，发展非公有林业经济有较大的潜力和优势。五十多年尤其是近十多年的林业建设成就也为今后林业发展奠定了坚实的基础。

（三）前所未有的发展机遇

浙江提出了“创建生态省”战略举措。这是探索经济社会发展与人口、资源、环境以及城乡统筹等协调的可持续发展之路，人民的生态意识日益增强，生态建设逐渐成为全省的共同行动，各地把林业作为生态建设的主体来抓。中共中央《关于加快林业发展的决定》的颁布，标志着以生态建设为主的新的时代已经到来。现代林业的理论指导实践，促进林业跨越式发展，由传统林业向现代林业转变。

（四）方兴未艾的森林旅游

浙江生态环境优越，森林景观优美，人文古迹荟萃，旅游资源丰富。尤其是杭州、舟山、天目山、千岛湖等城市和自然山水风光在国内外都享有很高的声誉。随着我国经济发展、社会进步和人民生活水平的提高，人们对回归自然、走进森林的愿望日益强烈。浙江是全国人民，尤其是长江三角洲地区人民游览观光的重要目的地。浙江发展以森林旅游、森林文化为主体的人文林业具有巨大潜力。

（五）蓬勃发展的城市林业

城市森林是城市现代化、生态化的重要特征，是城市文明进步的重要标志。近年来我国城市林业建设迅速兴起。浙江是中国城市化程度比较高的省份。截止到2003年年末，全省城市化水平达到53%，高出全国12.5个百分点。在此进程中大气污染、水污染、土壤污染、光污染、噪音污染、城市热岛效应等一系列的环境问题相应而生，使得建设城市森林以改善生态环境的任务显得日益重要。

（六）坚强有力的组织领导

浙江省各级党委、政府对林业高度重视，公众参与能力不断增强。先后出台了《浙江省生态环境建设规划》《浙江省可持续发展规划纲要》和《关于“十五”期间加强浙江省生态环境保护工作的通知》，建立了环境保护目标责任制。根据浙江省目前的环境质量和良好的经济社会发展基础，浙江是中国最有希望最早建成生态省的省份。发展林业具有得天独厚的条件。生态需求已成为第一需求，效益林业已成为农业增效、农民增收的有效途径，公众参与意识和社会林业的发展，给新时期林业带来了新的活力。

五、浙江林业面临的主要挑战

森林是陆地生态系统的主体，林业是生态建设的主体，在推进全面建设小康社会的伟大进程中，肩负着重要使命。尽管浙江省林业已取得很大成绩，但与肩负的重要使命还不相适应，存在不少问题，主要包括：

（一）森林质量不高，资源安全保障能力不足，生态功能仍较脆弱

全省森林覆盖率虽然已经很高，但林地单位面积的生物量仍然较低，林分结构、树种组成、林龄结构、林种组合不尽合理。全省有林地面积中，森林生态功能好、中、差3个等级的比例分别为 0.37%、78.04% 和 21.59%。全省森林的生态功能指数为 0.4628，森林生态功能总体评价属中等偏下。森林资源结构性矛盾突出。森林生态系统的多样性总体上属中等偏上水平，森林的生态功能不能满足生态安全的需求，全省生态建设任务长期而艰巨。森林资源保护压力大，过度消耗甚至破坏森林资源的现象依然存在，森林火灾和森林病虫害对林业的威胁仍很严重。林业基础设施建设有待加强。2005 年，浙江人均 GDP 超过 3000 美元，人们对生态环境的要求空前高涨，现有的森林和生态已不能满足浙江人民日益增长的生态环境需求。

全省森林资源质量不高。林分平均每公顷蓄积 31.91 立方米，与全国的平均水平 78.06 立方米和全世界的平均水平 114 立方米相比，分别只有全国和全世界的 41% 和 28%；人均森林面积 0.124 公顷，与全国人均 0.128 公顷的人均占有量基本持平，是全世界人均水平 0.64 公顷的 20%；林分的平均郁闭度为 0.48，低于全国林分平均郁闭度 0.54，郁闭度 0.8 以上的森林面积仅占 9.2%。现有林分以幼龄林为主，郁闭度在 0.2~0.3 的林分有近 80 万公顷，占林分面积的 20% 以上，成熟林少；用材树种结构也不合理，存在针叶林多、阔叶林少，人工林多、天然林少、纯林多、混交林少的不合理现象。浙江省是一个木材资源小省，但却是利用大省。全省每年需要 500 万 ~600 万立方米的木材，但只能提供 400 万立方米左右，缺口很大，木材结构性供需矛盾十分突出。注重森林覆盖率的提高，缺乏提高林分质量和效益的强有力措施。

森林分布不均衡，布局不合理。从地域分布看，浙江省现有森林主要分布在浙西南地区和浙西北地区，山区森林覆盖率达到了 80.7%，但浙东平原、沿海地区、城镇村庄森林植被稀少，其中平原地区绿化覆盖率仅 11.8%，城市绿化覆盖率为 27.2%。平原、城镇、村庄、通道两侧和城乡结合部已成为浙江省林业生态建设的薄弱环节，离生态省建设差距很远；从林种结构看，用材林占林分面积 77%，防护林和特用林只占 22.8%；从林龄结构看，中、幼龄林面积比重较大，占林分总面积的 84.1%，成、过熟林只占林分总面积的 4.3%；从社会经济发展状况看，全省 90 个县（市、区）有 51 个是林区县，林区县人口占全省总人口的 63.6%，土地占全省的 79.9%，山区经济发展相对缓慢，始终是浙江省经济的薄弱环节。

最近五年间，全省因自然灾害造成的经济损失累计超过 300 亿元。全省水土流失面积高达 1.9 万平方公里，约占全省土地总面积的 1/5。全省还有 120 万亩坡度在 25 度以上的坡耕地仍在继续耕种，导致大量的水土流失。生态环境的脆弱性和农业生态的恶化，严重制约浙江省农业实现可持续发展和实现农业和农村现代化。八大水系源头都在山区，经济发展相对滞后，山区人民的收入主要来源于林业，对森林资源消耗依赖性大。树种单一，生物多样性下降；布局合理，防护功能较佳的森林生态屏障体系还未完全建立；通道、城镇、乡村的绿化仍很薄弱。局部地区的火灾、病虫害、采伐迹地未能及时更新，造成新的荒山；在贫困山区，以大量消耗当地森林资源为原料的产业仍在发展。林业存在市场性矛盾。一是森林资源具有较大的正外部性，森林的生态和社会效益难以通过市场途径获得经济补偿，目前虽然初步建立了森林生态效益补偿制度，但补偿范围较小，补偿标准也很低；二是森林资源的采伐受到国家禁伐、限伐政策的约束，不能自由进入市场；三是在技术上森林资产的评估十分困难，政策上森林资产的流转也不完善，目前没有形成规范的森林资源产权交易市场，林业的产权交易困难；四是林木生长周期长，见效慢，而且破坏容易恢复难，经营风险比较大。因此，林业不能完全按照市场机制和价值规律运作，是一个竞争力相对较差的弱质行业。五是森林火灾和森林病虫害的高发势头还没有从根本上得到遏制。近年来，由于森林植被的增加、树枝落叶层的加厚和人为活动的频繁，导致森林火灾防不胜防、频繁发生。同时，有“松树癌症”之称的松材线虫病呈现疫点增多、疫区扩大的趋势，危及全省近3000万亩松林，对森林安全构成了重大威胁。要从根本上解决这一问题，必须要采取阔叶林改造、林分结构的优化，以及加强预测预报等综合措施加以治理。

（二）城市、乡村、沿海等地区的林业生态建设亟待加强

城市林业发展滞后。近几年，浙江省城市林业建设发展较快，绿化工作取得了一定的成绩，城市生态环境得到改善。但是，城市林业建设无论在规模、数量、结构及生态环境作用上与其得天独厚的自然条件和社会经济发展很不相称，存在绿地规划面积少、布局欠合理、群落结构简单、绿化树种单一等问题。

乡村生态环境建设没有得到足够重视。在以往农村发展的重点一直集中在脱贫致富，对以乡村绿化、村容村貌整治为核心的农村生态环境建设没有引起足够重视，政府投入更是严重不足。特别是近年来随着浙江民营、乡镇企业的蓬勃发展，污染问题日益突出，“垃圾靠风刮，污水靠蒸发”，已成为制约农村经济社会可持续发展的重要因素之一。改善星罗棋布的广大乡村的人居环境，创建绿色和谐生态家园，促进城乡生态建设一体化，成为建设社会主义新农村的重要内容和必然要求。

以沿海防护林为主体的沿海生态安全体系建设亟待加强。沿海地区是自然灾害多发区域，长期遭受着风暴潮的危害，并面临着海啸的威胁。经过多年的建设，浙江省沿海防护林体系框架基本形成，沿海地区湿地得到较好保护，农业综合生产能力不断提高，人居环境有效改善。然而，沿海防护林建设也存在着总量不足、质量不高、人为破坏、投入不足、法律保障和科技支撑滞后等问题，致使其难以承担抵御特大风暴潮和海啸的重任。进一步加强浙江省沿海防护林体系建设是保障浙江生态安全以及构筑我国东南沿海生态屏障的重要内容。

（三）林业产业组织化、规模化程度较低

千家万户的分散经营导致规模化程度低。林业产业组织化程度、市场竞争力都需要进一步提升，高附加值、精深加工产品不多。与林业发达国家和社会对林业的需求相比，林业产业发展水平有待于进一步提高，林业经济增长方式集约化程度尚有较大发展空间。

林业经济增长方式粗放，林业产业组织化程度低。主要表现在：一是由于林业经营主体是千家万户分散的农户，组织化程度低、规模小、农民素质偏低，森林经营停留在粗放型状态，或者不投入任其自然生长，或者不遵循规律、不顾及生态环境盲目投入，致使林地生产率低，林地退化现象严重，林产品档次不高，市场竞争力较强。二是对发挥生态效益为主的森林，由于缺乏有效的补偿机制，经营者的经济利益得不到应有的补偿，经营公益林的积极性不高，处于不投入或破坏状态，导致森林质量不高，进而使生态服务的供给能力难以保障。三是林产品加工业科技含量低，大多以初加工为主，原料（尤其是木材）消耗量大，导致森林资源破坏严重，产品附加值低，产出与投入之比不高，属于一种“外延型”再生产。四是由于缺乏有效的制度保障和激励机制，使科技、信息等现代经济增长要素在林业发展中的作用仍未充分显现，林业经济增长仍然主要依靠劳动力等传统的生产要素。

尽管林产业蕴藏着巨大的空间，发展非公有制林业也面临更大的机遇，但是目前非公有制林业发展还存在许多亟待解决的问题：非公有制林业受冷落的问题还存在；产权不明晰的问题依然比较突出；林业税费负担长期过重，影响了经营者发展林业的积极性。林业市场化进程缓慢，产业化、组织化程度不高。此外，适应市场经济要求、符合林业特点的管理体制和运行机制尚未完善。

（四）林业管理机制亟待进一步创新

对林业的认识难以适应以生态建设为主的林业发展战略的需要。浙江林业处在重要的变革和转折时期，正经历着由木材生产为主向以生态建设为主的历史性转变。在全面建设小康社会、提前实现现代化的发展过程中，经济体制和经济增长方式的根本性转变，使林业工作发生了深刻的变化。根据这些变化，努力推进林业的历史性转变，要求在指导思想上，牢牢把握以生态建设为主，紧紧围绕生态建设、生态安全、生态文明的总体要求，实现认识的转变。

林业投入相对不足，民间资本进入林业的机制还不健全，政策保障措施尚需完善。为适应林业现代化建设的需要，在城市林业、公益林建设投入、林地流转、森林采伐等方面的政策机制有待于进一步建立和规范。

由于林木生长周期长，对林业的投资回报时间长，直接经济效益不明显，导致社会对林业的实际投入少，林业资金缺乏，不能对森林进行有效的改造更新，不能按林地面积相应配备护林人员，对森林公园和自然保护区的建设也缺乏必要的投入，使它们很难充分发挥作用。生态公益林封育管护资金严重不足，以生态和社会效益为主的生态公益林建设是改善生态环境的根本性措施和长远大计，理应由政府投入为主体，纳入政府公共财政体系。但目前的状况是，政府补助的范围、标准与生态公益林的全面建设，与广大林农的合理要求差距还非常大。

资金问题已成为生态公益林建设和管理的最大制约因素。具体来讲：一是扶持面小。现有的封山育（护）林省级扶持主要用于位于钱塘江和瓯江两水系中上游及欠发达地区的生态公益林，且这些地区的公益林也只有一部分纳入扶持范围。其他水系及这两大水系的中下游地区、沿海地区除了国有林场、自然保护区外，就没有扶持。据统计，全省享受省级扶持的生态公益林面积为108多万公顷（包括欠发达地区的67万公顷），只占全省190万公顷封育（护）计划的57.9%。二是配套资金不到位。享受省里扶持的县，大多是财政困难的县（市），配套资金大多不能全部到位；而省里没有扶持的县，多数也没有按要求安排自筹建设资金。三是扶持标准过低。生态公益林界定后，国家已经调减了浙江省的采伐限额，并规定在生态公益林内不能进行商业性经营活动，林农的收入势必减少。目前由于补偿政策跟不上、补助标准过低，给林农的生活带来一些困难，也影响到农民保护建设生态公益林的积极性。目前国家公益林试点补助标准为 5 元 / 亩，而浙江省 1~2 元 / 亩的局部性补助不仅难以使生态公益林得到长期有效的管护，更谈不上给予老百姓的补偿。

营造林的投资标准过低：长期以来，营造林项目一直以补助的形式进行扶持，林业生态工程造林并没有按照工程项目来实施，这是制约林业生态建设的重要因素。如交通、城建等部门和林业部门造同样的林在投资标准上大相径庭，相差几倍甚至十几倍。生态工程以发挥生态效益为主，应由各级政府投入为主，但目前国家对林业生态工程造林投入补助每亩仅 100 元，靠这点投资根本无法开展正常的招投标、监理等工程管理，给政府资金的使用效益带来较大的影响。

（五）林业科技支撑能力有待增强

浙江林业要实现现代化，必须坚持科技兴林的方针，依靠现代的科技来发展林业，用先进的手段来管理林业。技术储备、科技人才、科研投入和科技支撑不足等问题仍然在很大程度上制约着浙江林业的发展。

（1）技术储备和科技支撑不足。林业科技支撑与科研推广经费严重短缺，科技资源不能有效地优化配置和集成，重复和低效运用时有发生。林业作为一项周期长的公益事业，具有较强的特殊性。具体到林业科技方面的林业新品种、新技术、新方法的研究、推广、试验方面，存在着风险大、周期长、见效慢的特点，很难吸引社会资金的投入。因此，各级政府财政的支持对林业科技事业的发展则尤其关键。林业工程经费中按照比例应该用在科技支撑上的资金，也往往难以落到实处。农民的经济基础薄弱，在基层收费的培训几乎无人参加。经费的短缺，制约了新品种、新技术的引进推广。浙江省林业科技推广经费虽然逐年有所增加，但由于基数太低，增加有限，不能满足需要，加之投入的一大部分要用于基础设施，投入第一线的就不多了。近几年，由于地方财政的困难，推广部门特别是县、乡两级都不同程度地存在着经费不足的问题，有的地方甚至是“有钱养人（发工资），无钱工作”，经费低投入状况成为制约科技发展的重要原因。

（2）林业科技机制不活，缺乏激励政策，原始创新能力薄弱。目前，不少市、县林业科研与推广机构存在机构虚化、人员不到位、经费无着落、任务不明确、责任不落实、工作缺乏激励机制等问题，科技人员干与不干一个样、干多干少一个样，无法调动他们的积极性、主动性和创造性，这可能是目前浙江省林业科技方面存在的比较突出的问题。

（3）林业科技推广服务体系不健全。乡镇林业站被严重削弱，林业科技推广服务缺乏最基层的支撑力量。在前两年的乡镇机构改革中，平原、丘陵区的大部分乡镇林业站被并入农业综合服务站（中心），从事林业工作的人员太少，且多被乡镇政府统一安排包村包点，大部分时间从事其他工作，没有精力开展林业科技推广工作。不少推广服务网络只停留在形式上，满足于有牌子、有章子、有编制，也有的在机构改革中对林业推广部门搞“拆庙、断奶、脱钩”，要求完全搞市场化，造成推广队伍的不稳定。

（4）林业队伍薄弱，基层林业管理力量不强。人员不稳定，后继乏人，且知识老化，推广技术落后，林农及林业从业人员素质有待提高。有的林业技术人员存在着知识老化，更新不及时，解决技术问题的能力不强的问题。各地林业科技推广部门普遍存在着与国内知名的林业科研院所、大专院校联系少的问题，信息不畅，造成林业科技信息、新技术、新品种来源少，在新品种、新技术的引进、推广方面已经落后于当地的林业生产大户，难以承担指导新技术推广的重任。林业科研是一项投入大、收益慢、回报低的工作，如果没有政府的支持，林业科研很难维持。林业生产的主战场在农村、山区及边远地区，比较封闭落后，大多数林农受所在地区社会经济条件相对较差的影响，一般科技文化水平较低，习惯于传统的生产经营方式，成为林业生产发展缓慢的重要原因。

（5）林业标准体系尚未建立。目前，浙江省不少地方林业标准化工作处于无序状态，各地对林业标准化的认识不够，标准意识、质量意识淡薄。有的地方在林业新品种的引进、推广方面，存在着不经过引种区域化试验就急于求成、盲目大面积推广的现象。

（6）科技与经济脱节的问题还没有从根本上得到有效解决，产业化成果少，成果转化率低。科技成果的产业化程度低，科技链与产业链没有很好的结合。尽管中国每年都有一批具有相当水平的科技成果，但是与之不相称的是中国的林业科技成果的开发推广水平却相当低，真正能够推广应用特别是在大面积、大范围内推广的，还不足十分之一，具体表现是：林业科技成果的推广率低，林业科技成果在适宜地区覆盖率低，科技进步因素在林业增长中贡献率低。林业技术市场发育很差，远远不能适应市场经济的要求。

（7）科技资源分散重复，资源共享机制尚未形成。目前，浙江省内有中国林业科学研究院亚林所、国家林业局竹子中心、浙江省林科院和浙江林学院等 4 家大型林业科研院所，加上各地市县林特研究所，技术人员多而分散，科技资源简单重复投资建设，互相封锁，科技资源不能联合互补，各搞一套，资源共享机制尚未建立，造成科技资源的浪费。

由于上述问题的存在，致使浙江省林业科技进步贡献率与林业科技成果转化率与林业发达国家相比，仍存在较大的差距。目前，浙江省林业科技总体上仍处在以初级技术、实用技术为主的低度化状态，不能完全适应林业自身特点和规律，林业重点工程建设的要求，林农对科技的渴望，以及林业跨越式发展的需要，急需得到进一步加强。

第三章　浙江林业现代化的内涵与特点

21 世纪的中国林业呈现出了生机勃勃的良好发展势头，进入了前所未有的大发展时期。林业正在成为我国生态环境建设与经济社会可持续发展格局中具有举足轻重作用的社会公益性事业，是生态环境建设的主体，是国家生态安全的重要保障和基础，是人类生态文明社会建设的重要力量。党的十六大提出的全面建设小康社会的目标之一，就是“可持续发展能力不断增强，生态环境得到改善，资源利用率显著提高，促进人与自然和谐，推动整个社会走上生产发展、生活富裕、生态良好的文明发展道路”。可见，林业现代化建设已成为中国现代化建设的重要组成部分，加快以森林为主体的生态环境建设是中国实现第三步战略目标、全面建成小康社会的新内涵。

一、浙江林业现代化的基本内涵

中国林业现代化，是一个不断赶超世界先进水平的现代林业建设过程，是以生态理念指导林业、市场手段推动林业、科技创新支撑林业、现代制度保障林业，建设完备的林业生态体系、发达的林业产业体系和丰富的森林文化体系，实现林业可持续发展，不断满足经济社会发展对林业的生态、经济、社会和文化需求。

林业现代化建设，要求以科学发展观、可持续发展理论为指导，遵循以人为本、生态优先的原则，以人才充盈、科技创新为支撑，充分利用现代科学技术和手段，以森林生态工程建设为重点，以宏观调控和市场手段为动力，依法治林为核心的管理制度为保障，全社会广泛参与保护和培育森林资源，广泛参与国际交流与合作，建设发达的森林生态体系、林业产业体系、林业管理体系和森林文化体系，实现林业资源、生态和产业协调发展，高效发挥森林的多种功能和多重价值，满足人类日益增长的生态、经济和文化需求。

浙江林业是中国现代林业建设的示范点，这就意味着浙江林业的建设必须率先实现现代化。根据浙江目前的林业现状和中国林业现代化建设的要求，浙江林业现代化的基本内涵主要包括以下四个方面。

（一）用生态理念指导林业

发展现代林业，保护生态环境，实现林业可持续发展，是现代人类求生存，求发展的必然选择。追求人与自然的和谐，是人类经过深刻反思后得出的科学认识。林业在促进人与自然和谐相处、构建和谐社会中承担着重大的历史使命。

森林是可以再生和循环利用的自然经济资源，不仅有经济效益，同时还发挥着巨大的生态效益和社会效益，在实现社会经济和谐发展，保护自然再生产能力的过程中，具有不可替代的作用。可以说林业的现代化建设，是社会经济和谐发展的基础和前提。发展林业的目的是要通过合理科学的经营管理手段，建立起稳定、完整、高效的森林生态系统，实现林业的可持续发展，保证林业资源的永续利用，维持生态平衡，充分发挥林业资源的优势，以保证持续、稳定地满足经济社会对林业的多种需要。

目前中国林业发展还面临着许多问题，对现代林业本身的研究还不够，尚处于起步阶段。中国林业行业面临着由传统林业向可持续林业过渡的历史使命，需要总结过去成功的林业经营管理经验，研究现代林业的理论、策略和技术，对林业的多种效益进行综合规划，将森林的木材永续利用，转移到多种效益的可持续发展，逐步实现林业现代化。

浙江是一个经济大省，森林资源也十分丰富，但分布不均，质量不高。随着经济的高速发展，生态环境问题已经开始凸现出来。土地退化、湿地退化、水污染、大气污染等生态环境问题已成为制约浙江经济社会和谐发展的重要因素。因此，用生态理念来指导浙江林业现代化的建设，是改变浙江经济和生态不平衡局面的唯一出路，是缩小浙江平原和山区经济差距的重要途径。所谓用生态理念指导林业就是以生态学原理和经济学原理为指导，把林业的经营对象视为森林生态经济系统，按照生态经济系统的规律，立足自身特点与资源优势，因势利导地发展、培育和利用森林资源，使森林生态系统的生态、经济和社会等效益同步发展，全面实现森林生态经济系统的良性循环和持续利用。这就要求各地各部门要充分认识推进林业现代化建设的重要意义，把林业工作纳入国民经济和社会发展规划，做到认识到位、责任到位、政策到位、工作到位。

（二）用市场手段推动林业

浙江的传统林业是以木材利用为主，在长期计划经济体制下形成的林业体制和运行机制，及其相应的林业政策，已经不能适应林业现代化发展的要求。根据市场经济的特点，建立和完善林业现代化的体制和运行机制，才能极大地发挥林业资源的生产潜力、提高林业的生态、经济和社会效益，不断地满足人们对森林多种效益和林产品的需求。

所谓用市场手段推动林业即指浙江省的林业现代化要以社会主义市场经济为基础，逐步建立有利于林业资源、环境和产业协调发展的体制和运行机制，及其相应的林业政策。

（三）用科技创新支撑林业

科学技术是第一生产力，由科技进步带来的效率提高是生产力发展最为活跃的因素。在林业现代化建设中科学技术同样具有不可替代的决定性作用。因为在一定的时期内，一个省份对林业的投入总是有限的，体制改革和机制创新释放出来的能量在短期内作用会非常显著，但在质的飞跃过后，又将是长期量的积累过程，不可能总是产生超常规发展的效果。只有科技创新，才能给我们以无限的想象空间和发展余地，产生出较强的“乘数效应”，起到“四两拨千斤”的作用。

在国民经济和社会发展中，林业长期处于弱势地位，转变林业经济增长方式，调整林业经济结构，提升其产业层次和水平成为中国林业面临的紧迫任务。目前，我国林业经济结构不合理、产业素质低下、科技进步水平低的状况十分突出。林业总产值占 GDP 的比重不足2%，林业第一产业质量低劣，第二产业非常薄弱，第三产业很不发达。林业企业生产方式和设备陈旧落后，劳动力水平低下，职工知识结构老化、缺乏更新。特别是森工企业停止采伐，实行转向后，在今后相当长的一个时期内，难以摆脱资源危机和经济危困的局面。"科学技术是第一生产力"的思想不到位，林业科技工作与现代林业发展的要求不相适应；生产管理水平低和经营粗放，普遍存在就生产抓生产，因循守旧，缺乏推广先进技术和林木良种的观念。林业科技成果推广率仅有20%左右，基层林业部门科技力量薄弱，林业科技实力和基础应用研究落后于全国平均水平。

面对林业发展中的这些问题，仅靠过去拼资源、拼劳动力的外延式增长方式已难以为继，因此，在21世纪，要使经济建设和社会发展有一个稳定协调和可持续性发展的环境，不仅要把发展林业作为经济建设的一项重要产业，更重要的是要把现代科学技术创新作为林业建设的技术支撑，必须推进积极的技术创新发展战略，靠发展高科技，实现产业化来解决。

所谓用现代科技支撑林业就是用高新技术手段改造传统的林业产业，全面提高林产品在国内市场和国际市场的竞争力，迅速把研究成果积极地转化为经济增长的推动力，并克服发展过程中的瓶颈，为全面推进中国林业持续协调快速健康发展提供科学技术的强力支撑，进一步把林业科技工作提高到一个新水平。

林业的科技创新主要包括以下三个方面的内容：

（1）大力发展培育保护技术。主要是：第一，大力发展林业生物技术，加强主栽树种在林木育种中的应用，加快林木培育与加工技术的结合，提高林木的有效利用率，加快生物技术在林业产业中的推广应用；第二，大力发展森林保护技术，通过信息技术和生物技术革命，提高森林病虫害发生的预测预报率、生物防治率和森林火灾的预测预报率；第三，大力发展森林资源管理技术，在资源监测及遥感测量方式上有新的突破；第四，大力发展野生动植物繁育技术，在深入了解野生动植物的生活习性的基础上，开发野生动植物快速繁育技术和高产技术；第五，大力发展人工林培育技术，将育种技术、生态优化技术和信息技术等交叉融合在一起，将人工林培育成生物量高、生态系统稳定、景观多样的森林系统。

（2）积极发展合理利用技术。在森林资源可持续利用方面要研究开发既有利于生态环境，又有利于降低费用的"双赢"技术；在森林综合利用方面，在应用现代高新技术、研究开发木质复合材料加工技术及竹加工技术方面形成产业技术体系；在林副产品开发方面要以市场为导向，加快浙江特色资源的开发利用，将资源优势转化为经济优势，形成新的产业。

（3）全面强化先进科学技术。广泛引入、推广、应用全球定位系统（GPS）、地理信息系统（GIS）和遥感系统（RS）、网络技术和其他现代化高新技术，改进林业资源监控手段，改变林业管理方式，实现林业管理网络化、数字化、精确化，以此带动林业的产业化和经营集约化，推动林业生产力的跨越式发展。同时，大力推进"数字林业"建设，加快林业现代化进程。

（四）用现代制度保障林业

浙江省林业现代化建设，不仅需要用现代生态理念指导林业，用市场手段推动林业，用现代科技创新支撑林业，同时还需要用现代制度保障林业。现代管理制度是将各种生产要素科学地、有机地结合起来，使之发挥出最大组合效益和整体效益的关键。中国林业尚处于社会主义初级阶段的较低层次，林业生产力各个要素的发展水平都比较低，浙江林业也不例外。没有林业的制度创新，就没有林业的现代化。这要求我们必须正视林业现代化中的新问题、新矛盾和新要求，围绕浙江社会主义新农村建设对林业发展提出的新要求，解放思想，大胆探索，通过进一步深化浙江集体林权制度改革，以制度创新突破与林业现代化要求不相适宜的林业管理体制、运行机制和政策法规等制度创新，加快中国林业现代化建设的步伐。因此，通过现代制度促进林业生产力的尽快提高，是加快浙江林业现代化建设步伐的一条有效途径。

所谓用现代制度保障林业就是要建立严格有效的林业法制管理制度和与时俱进的配套政策保障体系；灵活的林业经济体制建设与经营管理制度；比较健全的规范的标准化管理制度；科学的信息化管理制度，为中国现代林业全面健康持续发展和林业生产建设整体技术水平的超常发展提供强有力的制度政策保障。其具体主要包括以下内容：

（1）严格有效的林业法制管理制度与政策保障体系。林业现代化要求有严格有效的法规和政策作为管理的保证；我国《森林法》《野生动物保护法》《环境保护法》及浙江林业地方法规是浙江林业现代化建设、实行依法治林的基本制度与政策保障。

（2）灵活的林业经济体制建设与经营管理制度。随着林业资源对环境建设的巨大影响，几乎所有国家都十分重视对林业经济体制、经营方式和资源动态监测的管理。一方面，在采取生态价值补偿、资金政策扶持的同时，要保持多种所有制形式并存，鼓励多种经济形式共同发展，提倡多种经济所有制并存的发展模式；另一方面，要大力发展林业合作经济，实现生产专业化和产供销一体，促进浙江林业现代化的管理达到新的水平，推动浙江林业现代化走向商品化、产业化和国际化，并通过集约经营与规模经营的组合，提高浙江林业的生态效益、社会效益和经济效益。

（3）比较健全的规范的标准化管理制度。随着经济体制的变革及人们思想观念的转变和现代市场的拓展，浙江林业现代化应注重所有生产过程中的质量管理，如质量控制与质量保证体系的建设，法规化质量检测赔偿和控制等；同时，还应十分注重林产品质量的国际化和标准化及林业企业管理行为的规范化。

（4）科学的信息化管理制度。随着第三次技术革命浪潮强有力的冲击，信息化管理制度已成为林业管理手段现代化最重要的标志。浙江林业现代化应按照科学发展观的要求，及时、迅速、准确地掌握林业信息，进行统筹安排，科学决策，适当调整相应的林业政策、法规等，有力地推动林业经济增长方式向知识密集型转化，林业产业结构向质量效益型转化的进程，以信息化管理制度带动林业管理手段的自动化、管理方式的集约化、管理质量的标准化和资源信息系统的网络化。

二、浙江林业现代化的主要特点

森林既是林业生产的起点，又是林业经营的结果。对于林业经营成效而言，主要是保持森林生态系统的持续经营，它包括保护性资源经营和生产性产品经营两个方面。它的直接绩效表现为生态贡献和产业贡献的大小。产业贡献是建立在生态贡献基础之上的，生态贡献的水平决定了产业贡献的持续程度，这二者统一于林分质量之中。因此，从林业经营成效来看，21 世纪的浙江林业现代化应具有如下五个特点。

（一）生态化

生态系统是构成社会经济发展的物质基础，生态环境是人类生存和发展的基本条件。森林是维持陆地生态系统平衡的主体，这就决定了林业首要职责和根本任务是保护和建设好生态环境，保障国土安全，为社会、经济的可持续发展提供一个好的环境。按照党的十八大提出的全面建成小康社会的要求，生态需求已成为社会对林业的第一需求。这是因为保护生态环境就是保护生产力，改善生态环境就是发展生产力。因此，21 世纪的林业现代化应以生态优先为理念，要把发展经济与生态建设放在同等重要的位置考虑和进行决策，走以生态建设为主的林业可持续发展道路。根据地域特点，浙江林业现代化的生态化特征主要体现在以下四方面：

（1）城区生态化，构建和谐社区。发展城市森林，建设生态化城市，实现从绿化层面向生态层面的提升，建设生态结构合理、生态服务功能高效的城市生态系统，促进城市、城市居民及自然环境间和谐共存。

（2）滨海区林带化，保障沿海安全。滨海区处于陆地与海洋交替的气候剧变带，因害设防，主要形成以防风固沙林、水源涵养林及水土保持林为主的沿海防护林体系。

（3）山区森林资源优化，促进区域持续发展。山区是生态环境的天然屏障，重点发挥生态公益林的生态和社会效益，森林培育、林分改造、森林经营均以生态优先为原则，形成“近自然、健康、可持续森林”。

（4）农区林网化，保障农业安全。在大面积树木稠密地方能形成稳定的农田生态系统，以促进农牧业稳产高产，调整农村产业结构、繁荣农村经济。

（二）产业化

林业是具有产业属性的社会公益事业。林业发达国家的经验已经证明：林业的可持续发展必须以产业为支撑，资源的培育必须依靠产业来拉动，林业绝大部分产值是由林产工业提供的。林业三大效益的充分发挥和社会和谐发展都离不开林业经济实力的不断增强。因此，林业现代化必须是以森林资源富饶和合理高效利用为基础的高度产业化的林业。林业产业化经营是实现“农业增效，农民增收”两大目标和生态建设的重要保障。浙江林业现代化的产业化特征体现在：

（1）林业产业经营高效化。林业现代化的发展必须把林业产业化放在重要的地位，以高效的产业发展带动林业资源的培育、开发与合理配置。在商品林经营领域，与传统林业相比，林业现代化侧重具有规模和集约经营、在经济利益的驱动下根据市场需求规划经营对象，追求经济效益最大化。林业经营的对象及主产品是林业产业化的基础，它决定了产业链条的市场走向，以初始产品为切入口，通过产业链条的延伸扩展到其他行业，最终达到产业效益的最大化。

（2）林业产业体系发达化。林产品长期以来一直是浙江的特色产品，随着人口的增加和人民生活水平的提高，对林产品的需求将会越来越大。同时，随着人们环境意识的逐步提高，人们对林业的环境和社会需求也会不断增长。为了满足对林业不断增长的多种需求，必须建立发达的林业产业体系，利用市场对资源配置的基础性作用，以市场需求为导向，以效益为中心，优化林业产业结构，提高管理水平，通过大力发展以精深加工为带动、以科技进步为支撑的低消耗、高附加值的新型林业加工企业，形成区域化布局、专业化生产、产品特色明显的具有竞争优势的主导性林业产业集团（如竹产业、林产化工业、人造板业、花卉业、森林绿色食品开发业、森林旅游业等等），协调发展第一、第二、第三产业，促进林业产业化经营，使林业真正成为区域经济发展的重要支柱。

（三）人文化

21 世纪浙江林业现代化的人文化特点主要包含以下 3 方面的内容：

（1）全面建成小康社会赋予生态文明新内容。全面建成小康社会，不仅要在吃穿住用等方面达到小康水平，更重要的是使人们在思想观念、科学教育、文学艺术、人文关怀、生态伦理等方面都产生新的变化，在生产方式、消费方式、生活方式等各方面构建生态文明的新社会形态。

（2）森林文化建设是生态文明的重要保障。森林是人类文明的摇篮和生命基因库。森林文化是人类文明的重要内容，是传承历史文化遗产和建设生态文明社会的重要组成部分，也是全面建设小康社会的必然要求。生态文明建设是一项复杂而艰巨的系统工程。在生态文明建设中，除了生态环境和经济方面的建设（当然是主要的）外，还包括政治、文化方面的内容。与生态相应的政治、文化建设是生态文明的重要保障。因此，为了保障浙江省林业现代化建设的健康和快速发展，就必须以浙江深厚的历史文化底蕴和丰富的旅游资源为依托，融入现代林业理念和生态文明的理念，通过加快自然保护区、森林公园及城乡人居森林建设，不断地加强森林文化的建设，为长三角地区人民的休憩提供优质服务。

（3）以城市林业和森林旅游为代表的文化传承林是绿色生态文化的重要标志。发挥森林的文化功能，增强人的生态意识，大力弘扬城市园林文化、森林旅游文化、花文化、竹文化、茶文化等，构建历史文化与现代文明交相辉映的新型的绿色生态文化。这也正是林业现代化的又一重要特征。

（四）法治化

坚持依法治林是加快林业发展的一项基本方针；全面推进依法治林，是中国实施以生态建设为主的林业发展战略的客观需要，是加快林业发展的重要法律保障，是各级林业主管部门的职责，也是适应森林问题国际化的必然选择。为此，浙江省的林业现代化也必须与时俱进，以高度的紧迫感和责任感，把林业的各项工作纳入法治化、规范化的轨道，自觉运用法律手段调整利益关系，规范林业行政行为，做到认识到位、责任到位、法制观念和执法水平到位，执法力度和执法成果到位，为促进和保障林业持续、快速、协调、健康发展，提供强有力的法律保障。其具体内容主要体现在以下几方面：

（1）拥有完备的林业法律法规体系。《森林法》是依法治林的基础，依法治林能否实现在很大程度上取决于森林法的完善与否。因此，要抓立法，加快立法工作，并根据新情况对现有法律法规进行修订，以便在加快林业发展的进程中有所遵循和保障。

（2）建成规范的林业行政执法体系。要采取各种措施和办法，加强宣传林业法制教育和生态道德教育力度，为执法人员依法办事创造良好的社会氛围和执法环境；各级林业部门要严格履行法律赋予的神圣职责，提高执法水平；积极主动地配合司法部门，加大严格执法的力度，坚持依法严厉打击乱砍滥伐、违法加工和销售木材等各种破坏森林资源的违法犯罪活动，以维护森林资源的稳定安全，促进林业的快速发展，为合理开发利用森林资源，发挥森林资源的综合效益创造良好的环境。

（3）建立高效的林业行政执法监督体系。各级地方政府和林业企业要高度重视依法治林工作，加大执法监督力度，改善执法监督条件，提高执法监督队伍素质，健全监督机制，严格执行责任追究制度，防止以罚代刑、以罚代处、变相处罚等问题。

（五）全球化

经济作为人类文明的重要组成部分，随着时间的推移，内容不断丰富，形式愈加多样。进入近代以来，经济活动不仅变得越来越国际化，更重要的是变得越来越全球化。今天的全球化是作为一个新经济时代的特征加以概括的。就浙江林业现代化的主要特点来讲，其全球化主要体现在以下两个方面。

（1）生产经营的跨国性。国家之间的关系已经不再局限于最终产品的交换关系，而是越来越多地转变为由跨国公司所组织的产品及其零部件直至工艺的分工关系。民族国家的市场障碍不断被跨国公司的全球战略所冲破，林业产业分布越来越多地成为跨国公司全球战略的结果，而越来越少地继续作为本国产业政策的体现。

（2）国际间的合作与交流的主动性。顺应全球经济一体化进程和世界林业的发展趋势的要求，在推进浙江省林业现代化建设的进程中，以市场经济为基础，按照生产要素的优化配置原则，积极主动地加强国际间的合作与交流，参与国际林业科技、经济、环境、生态保护和贸易合作，充分利用两种资源和两个市场，进而促进中国和世界各国林业的共同发展，推动林业全球化。

值得一提的是：对于林业现代化的研究不仅要进行定性研究，而且也要进行定量研究。不过，随着中国不同区域自然、地理特征，以及林业所处的地位、发展现状和社会经济发展水平的不同，国家级指标的框架不能完全适应各地区衡量和评价林业发展水平的需求。各地区的衡量指标将具有分异的特征。就浙江林业现代化的总体需要来说，主要衡量指标可以包括：森林覆盖率、健康森林程度、森林资源综合利用率、科技贡献率、资源保护率和公众参与程度等方面。

第四章 浙江林业现代化的战略定位

结合浙江林业的实际和需求，参照国际、国内林业发展经验和趋势，重点从浙江省、长江三角洲和全国三个层面，对浙江林业现代化的战略定位进行了研究。研究结果指出，浙江林业现代化的战略定位可表述为：在浙江和谐社会构建和社会主义新农村建设中林业具有重要地位；在长三角生态环境建设中浙江林业处于关键地位；在全国林业现代化建设中浙江林业处于先导地位。

一、在浙江和谐社会构建和社会主义新农村建设中林业处于重要地位

构建社会主义和谐社会和建设社会主义新农村，是我们党从全面建设小康社会、开创中国特色社会主义事业新局面的全局出发提出的一项重大任务，适应了中国改革发展进入关键时期的客观要求，体现了广大人民群众的根本利益和共同愿望。浙江构建和谐社会和建设社会主义新农村走在全国前列，具备良好的基础和条件。改革开放以来，浙江一直是全国发展比较快的地区。近几年来，浙江省注重经济增长方式转变，注重发展的速度和质量并重，注重经济和社会、城镇和农村、人与自然等各方面的协调发展。2004 年，浙江省国内生产总值突破万亿元大关，农村居民人均纯收入达到 6096 元，列上海、北京、天津之后，居全国第 4 位，城镇居民人均可支配收入 14546 元，列上海、北京之后，居全国第 3 位。

可持续发展的关键是环境的可持续发展，而以森林为主体的生态系统的健康发展是环境可持续发展的核心。随着浙江经济的快速发展，生态环境问题日显突出，发达的林业既是浙江实现经济、社会可持续发展的客观要求，也是率先实现现代化的必要条件。加快浙江林业发展是落实科学发展观，贯彻《中共中央 国务院关于加快林业发展的决定》，实施“八八战略”、打造“平安浙江”，实现人与自然和谐、构建浙江和谐社会的具体行动。

从生态建设、经济和社会三方面考量，在“七山一水两分田”的浙江构建和谐社会应赋予林业以重要地位。

（一）林业促进人与自然和谐发展

追求人与自然的和谐发展，是人类经过深刻反思后得出的科学认识。林业在促进人与自然和谐相处、和谐发展中承担着重大的历史使命。地球三大生态系统中，有两个属于林业工作职能的范围：森林是陆地生态系统的主体，在维护陆地生态安全、保护生物多样性等方面发挥着支柱作用，被称为“地球之肺”；湿地在维护水资源平衡、保护生物多样性等方面同样具有巨大的生态功能，被誉为“地球之肾”，它既是一个完整的生态系统，又是联接海

洋和森林生态系统的纽带与桥梁。森林和湿地两大生态系统是中国国土最重要的生态系统，是国家全面发展、民族繁荣进步、百姓安居乐业的生态安全屏障。近年来，中国果断结束以木材生产为主的林业建设指导思想，确立以生态建设为主的新的林业发展战略，并取得了生态建设阶段性的重大成果。但目前生态建设仍处于治理与破坏相持阶段，这一阶段的生态建设具有很强的脆弱性、不确定性、不平衡性、反复性和艰巨性。人与自然和谐相处、和谐发展的关键是发展，是在发展中寻求和谐、建立和谐、完善和谐、升华和谐。相持阶段的林业发展，是以满足国民经济发展需求、服从并服务于构建和谐社会目标、以生态建设为主的全新发展。随着中国进入工业化中期阶段，经济社会发展对林业的要求也在发生根本性的变化。一是社会对林业的需求发生了重大变化。基于森林在维护生态平衡、保护自然生态、改善生态环境方面的巨大作用，治理、保护和改善生态环境已逐步取代木材生产而成为国民经济和社会发展对林业的第一位要求。二是经济增长方式的转变，使国民经济发展对林业的要求发生了根本改变。人们从惨痛的教训中领悟到，以牺牲资源和环境为代价换来的经济增长是短暂的，更是得不偿失的，追求可持续发展已成为世界经济发展的大趋势。三是科学技术的进步和思想观念的更新，使社会公众对林业作用的认识全面提高，对生态环境问题的关注达到了前所未有的程度。进入新世纪，林业在经济社会可持续发展中的地位受到空前重视，生态需求已成为社会对林业的第一需求，因此，林业必须以更大的决心和力度推进生态建设，建立人与自然新的更高水平的和谐。只有把生态建设作为首要任务，才能使林业建设适应新时期国民经济发展和人民生活水平提高的需要，才能使林业事业承担起维护人与自然和谐相处的历史重任，才能使林业部门找到在促进人与自然和谐发展中的位置。因此，保护生态、改善生态必然成为林业最重要的历史使命，全力加强生态建设也就成为林业工作的核心任务。

全面建设小康社会，加快推进社会主义现代化，必须走生产发展、生活富裕、生态良好的文明发展道路，实现经济发展与人口、资源、环境的协调，实现人与自然的和谐相处。城乡协调发展，是构建和谐社会的重要内容。浙江省农村发展态势良好，农民生活水平不断改善。据前不久发布的国家统计局农调队的测评结果显示，按照农村小康社会的评价指标体系，中国 2003 年农村全面小康程度为 16.9%，而浙江省农村全面实现小康程度为 51.2%，过半农民过上小康生活，比全国农村全面小康实现程度快 34.3 个百分点，居各省区之首，列全国第 4 位。还有浙江省市场经济发育早，民营经济比较发达，吸纳劳动力就业能力较强；教育、文化、卫生等各项社会事业相对发展较快；人民群众在改革开放实践中锤炼出来的强烈的创新和开放意识，人民群众发展经济和创造财富的积极性不断提高等，都是浙江构建和谐社会的扎实基础和优势所在。同时，深厚的历史文化传承，“自强不息、坚韧不拔、勇于创新、讲求实效”的浙江精神，日益繁荣的文化事业和文化产业，这些都构成了浙江的软实力，为建设和谐社会和建设社会主义新农村提供了强有力的精神支撑。

尽管浙江国内生产总值 2004 年突破万亿元大关、财政收入位居全国前列，但全省经济发展还不平衡，特别是山区发展相对滞后，对广大的山区来讲，由于历史、社会和地理、自然等多种原因，山区经济发展一直比较缓慢，山区农民收入比较低，建设社会主义新农村的历史任务仍然相当艰巨。成为浙江全面建设小康社会、提前基本实现现代化的瓶颈。浙江省面积小、人口多，而且山多地少，全省全面建设小康社会、提前基本实现现代化，难点、重点都在山区，而山区经济发展和农民脱贫致富，希望在山，潜力在林。同时，经济发达、人民生活水平提高，必然对生态安全更加重视，对提高生态建设质量、尽快实现人与自然和谐的要求就更高、更为迫切。因此，全面推进浙江林业现代化建设，不仅对维护浙江生态安全、推动山区经济发展、消化农村剩余劳动力、维护社会稳定、实现全省经济社会可持续发展具有决定意义，而且对全省全面建设小康社会、提前基本实现现代化，对发挥浙江林业在实现全国林业跨越式发展中的辐射、带动和示范作用也十分重要。

森林文化是人类文明的重要内容，是传承江南历史文化遗产和建设生态文明社会的重要组成部分，也是浙江全面建设小康社会的必然要求。随着现代化进程的加快和人民生活水平的提高，人们对改善生态环境、保护生物多样性、森林旅游观光等方面的要求越来越高，以江南园林、庙宇林、名胜古迹林等为代表的文化林发展模式，已经不能完全满足人们回归自然的愿望。加强森林文化建设，大力发展森林公园、自然保护区、动物园、植物园等集科普教育、休闲观光、旅游度假等多种功能为一体的森林文化体系，正成为林业建设的新内涵。

以浙江深厚的历史文化底蕴为依托，融入现代林业理论和生态文明的理念，通过加快自然保护区、森林公园及城乡人居森林建设，大力弘扬城市园林文化、森林旅游文化、竹文化、花文化、茶文化等，构建历史文化与现代文明交相辉映的新型生态文化，这是浙江林业现代化建设的丰富内涵。发挥森林的文化功能，增强人们的生态意识，提高人的审美能力和促进人的全面发展，是生态文明建设的基本目标。

（二）林业是生态建设的主体

新时期，林业被历史地推向了发展的核心地位，成为经济社会可持续发展的重要基础。在可持续发展战略中居于重要的地位；在生态建设中，林业具有首要地位。林业是人类赖以生存与发展的具有产业属性和生态效能的重要社会公益性事业。随着人类社会现代文明的发展与进步，世界各国特别是经济发达国家均把发达的林业列为国家繁荣、社会进步、民族兴旺的重要标志之一。森林资源对于社会发展和全球环境保护是至关重要的，一个国家森林的消亡意味着这个国家消亡，人类就失去了生存的基础。林业肩负着优化环境与促进发展的双重历史使命，在实现国家经济社会可持续发展中，始终处于极其重要的基础和主体地位，发挥着无可替代的保障和支撑作用。

浙江是“七山一水两分田”的省份，由于地处东南沿海亚热带地区，雨量充沛，森林资源丰富。但因历史上森林受到多次过量采伐，大面积天然林遭受破坏。省内钱塘江、瓯江等八大水系广布，流域面积占全省陆地总面积的 89.4%，而上游均为源短流急的山溪性河流；沿海大陆海岸线长达 1840 公里，台风暴雨频发。长期以来，境内水土流失严重，风灾、洪涝、干旱等自然灾害不断，影响了浙江省经济的发展和人民群众生命财产的安全。

浙江的经济正处在高速增长时期，局部地区生态环境恶化的趋势未能得到控制，经济社会发展与人口、资源、环境的矛盾日益突出。与经济发展水平相比，生态环境质量更不能满足人民群众对提高生活质量的要求。环境问题已成为制约浙江省经济社会持续发展的重要因素。森林是陆地生态体系的主体，是实现自然生态系统和社会经济系统协调发展的重要纽带，具有无法替代的作用。从生态、经济、社会的意义上讲，一个面积足够、功能完善的森林生态系统存在，对于浙江省的社会经济发展和基本实现现代化的总体目标至关重要。

加快林业发展，加强生态建设，是实现人与自然和谐的根本途径，是构建社会主义和谐社会的重要内容。林业兴则生态兴、生态兴则经济兴、经济兴则浙江兴。加强林业建设，改善生态状况是从根本上为人民谋求最大利益，为人类谋取长远利益。经济社会的发展势必造成对生态承载力的不断加大，要正确处理发展经济与保护生态的关系，发展经济要以不危害生态为前提。浙江已开始全面启动生态省建设，探索生产发展、生活富裕、生态良好，人与自然和谐的循环经济发展道路，把美好家园献给人民群众，把青山绿水留给子孙后代。实施以生态建设为主的林业现代化发展战略，必须坚持以人为本，促进人与自然和谐发展。保障和促进人与自然和谐发展，是国民经济和社会发展全局赋予林业最重要、最根本的时代重任，是以生态建设为主的林业现代化发展战略的出发点和根本目标。以人为本、促进人与自然和谐发展的理念，是林业发展新战略的灵魂。人与自然和谐发展的关键是要保护和改善生态，林业在统筹人与自然和谐发展中具有重大的、独特的、不可替代的关键作用。

（三）林业是新农村建设和山区经济发展的重要力量

浙江省经济发达，但山区农村经济发展相对落后。党的十六届五中全会向全社会提出了新时期建设生产发展、生活宽裕、乡风文明、村容整洁、管理民主的社会主义新农村的战略任务。浙江林业主要集中在山区，而山区又大多属于经济欠发达的农村地区，在新农村建设中林业可以大有作为。大力发展乡村林业，促进社会主义新农村建设，推进浙江林业现代化，发挥林业富民、绿化美化和改善农村人居环境的作用。而林业是山区农民经济收入的重要来源。林业不仅能够提供木材、药材、食品及其他工业原料，而且在生物能源、生物新材料等生物产业方面也将大有作为。林业在生物经济发展中将扮演越来越重要的角色。发展林业产业，对于建设社会主义新农村、解决“三农”问题、帮助山区农民脱贫致富具有重要意义。

全面建设小康社会，加快推进社会主义现代化，必须走生产发展、生活富裕、生态良好的文明发展道路，实现经济发展与人口、资源、环境的协调，实现人与自然的和谐相处。从历史发展的全过程考虑，维持良好的生态环境是第一位的，是经济可持续发展的基础，也是人类生存发展的保障。反过来说，经济发展是生态建设的保障，只有经济社会的不断发展，才能有效地开展生态建设。

林业在全省经济社会发展尤其是新农村建设中的地位和作用日益突出。省委、省政府高度重视林业工作，始终把植树造林、绿化浙江、加强生态建设作为一件利国利民的大事，摆上重要的位置。全省森林资源迅速增加并得到了有效的保护，生态功能不断增强，森林生态状况明显改善，为生态省建设提供了有力的环境支撑；在坚持“生态优先”的前提下，大力发展效益林业，促进林业增效、农民增收，使全省林业行业总产值不断提高，既解决了林农的增收问题，又造就了一批靠绿色产业致富的百万富翁。林业为浙江省的生态建设和经济发展做出了重大贡献，多次受到省委、省政府和国家林业局的充分肯定，得到社会的广泛赞誉。

广大山区农民的增收致富主要还是来源于林业，对森林资源的依赖程度还比较高。全面建设小康社会、提前基本实现现代化，难点在欠发达地区，主要集中在山区。山区经济的发展，不仅关系到山区的脱贫致富和经济振兴，而且关系到全省经济社会的持续、快速、协调、健康发展和现代化建设。

迈入新世纪，浙江进入了加快工业化、城市化、信息化、市场化和国际化，全面建设小康社会，提前基本实现现代化的新阶段。当前，经济社会的发展深刻改变着人们传统的生存和生产方式，经济社会可持续发展迫切需要有良好的生态环境作保障。所谓统筹协调发展，应当是经济社会整体上的全面发展，既要生产发展、生活富裕，又要生态良好、社会文明进步；应当是空间上的协调发展，既要有现代化的物质文明，又要天蓝、地绿、水净；还应当是时间上的持续发展，既要为今天的发展尽力，又要对明天的发展负责，绝不能做“上吃祖宗饭，下断子孙粮”的事。我们要统筹经济社会发展、统筹城乡发展、统筹区域发展、统筹产业发展、统筹人与自然的和谐发展，都迫切要求加快林业发展，改善生态状况，提高林业效益，促进林业与农业及二三产业的协调发展、生态与经济的协调发展、山区与全省的协调发展，既保护山区的生态环境，又为全省提供更好的生态屏障。

生态建设和产业建设是林业发展的“一鸟两翼”，缺了哪一个，林业都飞不远、飞不高，都是残缺不全的林业。建立并维护好良好的生态环境，是当今社会对林业的主导需要；满足国家和人民对生态环境不断增长的需要，是新时期林业建设的重要任务。重视和加强生态建设是世界林业发展的潮流，加强生态建设是新时期林业建设的第一要务，以生态建设为主是时代赋予林业的历史使命。当然，加强生态建设并不是意味着放弃产业发展，林业产业是国民经济的重要基础产业，是浙江省经济的重要增长点，是林业发展的根本任务之一。没有产业的林业，是没有后劲和活力的林业。目前，如果不重视林业在生态建设中的主体地位和作用，林业的发展就失去方向，同样如果不重视林业产业的发展，林业就会失去持久的动力和经济依托。生态建设和产业建设是相辅相成，互为促进的矛盾统一体。林业产业总量上的快速发展，能够充分拉动森林资源培育业的发展，使其在创造经济效益的同时，更好地发挥生态和社会效益。同时林业产业素质上的提高，能够充分实现以最少的林地资源，满足社会的多种需求，从而保证森林生态效益的发挥。

二、在长三角生态环境建设中浙江林业处于关键地位

1957 年，法国地理学家戈特曼提出了“大都市连绵带”的概念。当时西方学术界开列的世界 6 大都市连绵带中，中国的长三角地区位居其中。

长江三角洲地区地跨苏、沪、浙两省一市，包括上海市、浙江东北部的杭州、宁波、湖州、嘉兴、绍兴、舟山、台州和江苏沿江的南京、镇江、扬州、泰州、常州、无锡、苏州、南通共 16 个城市，是中国人口最稠密、经济最发达、人民生活最富裕的经济区域。

长江三角洲区域相近、人缘相亲、文化相通、经济相融，经济合作源远流长，在中国经济发展中处于不可替代的重要地位，也是中国经济发展的亮点。改革开放以来，长三角地区的经济合作与人员往来更加密切，加强了地区间的协作、协调与联动，推动了区域经济的快速发展与区域经济一体化的进程。据统计，2003 年上半年长三角地区的 GDP 总量突破 1 万亿元，占全国总量的 20.7%；进出口总量占全国的 30%；引进外资总量占全国的 40.8%；固定资产投资总量占全国的 23.5%。

近年来，长三角这个鱼米之乡的生态环境问题正在成为日益危及到当地经济社会的重大隐患。酸雨污染有着“令人吃惊”的关联度，而水的跨界污染问题在长三角地区显得非常突出。目前，京杭运河长三角地区段、太湖、长江下游段、钱塘江段等水资源都受到不同程度的污染。此外，长三角资源逐渐减少，在一定程度上制约了整个区域社会经济的可持续发展。因此，在推进长三角区域经济一体化的同时，必须看到区域生态一体化的必要性与紧迫性。

浙江省位于长三角地区的东南部和水域的上游，其经济的发展与生态环境的建设在长三角区域发展中有着举足轻重的作用。经济的发展根植于生态环境之中。因此。全面推进林业现代化建设，不但是实现浙江经济与人口、资源、环境协调发展的必然要求和加快全面建设小康社会、提前基本实现现代化的重要内容，更是推进长三角生态一体化的迫切需要，改善长三角旅游资源环境的主要途径和提高长三角综合竞争力的重要保障。

（一）浙江林业现代化是推进长三角生态发展一体化的迫切需要

林业发展水平的高低、生态环境状况的优劣是衡量一个国家或地区经济发展、社会进步、人民生活质量的重要标志。从历史上看，一部人类的发展史，就是人与自然的关系史。从古至今，人与自然和谐发展始终是人类社会向往和追求的目标。“厚德载物，和谐养无限生机”。在中国传统文化中，人与自然的关系被称为“天人关系”。“天人合一”指的是人是自然的一个有机组成部分；“师法自然”强调的是人类的行动必须符合自然规律。早在春秋时期管仲就提出了注意山林川泽的培育和管理，“以时禁发，以时养发”。人类社会的发展历史反复证明林业兴则生态兴，生态兴则文明兴。

长三角历史悠久，有着 5 千多年的文明史，人杰地灵，名人辈出，是文人雅士和实业家的汇集之地。太湖平原与水有着不解之缘，长三角人民自古以来有着用水与治水的优良传统，创造了中外独特的水文化生态系统，并在经济发展中起到不可估量的作用，合理利用和发挥水的优势是目前乃至今后长三角区域经济发展和人民生活中一件大事。但由于长三角分属两省一市，没有统一的协调和领导机构。因此，相互攀比、重复建设、产业雷同、以邻为壑等现象十分严重，尤其是太湖水质恶化及其治理已到了刻不容缓的地步。加上密集的人口和日益减少的耕地，因而对太湖及其大小河道和长江水体进行一体化控制和治理，是长三角经济振兴和发展的迫切需要。

2004 年 6 月，在杭州举办的“区域环境合作高层国际论坛”上，江苏、上海、浙江三地政府主管部门共同宣读了《长江三角洲地区环境合作倡议书》，为长三角地区跨行政边界治理和有效改善环境奠定了基础。在那次论坛会，环保专家谏言，长三角的区域合作要以防治水域污染和二氧化硫为突破口。首先，水的跨界污染、二氧化硫引发的酸雨问题是国家着力解决的问题，长三角的各城市都面临着较大的现实压力；其次，这些问题的危害也是地方政府和公众所切身感受到的，一体化治理有利于生态环境的可持续发展和保护好长三角的“碧水蓝天”。

森林具有涵养水源、保持水土的作用。俗话说：“山上没有树，水土保不住，山上栽满树，等于修水库；雨多它能吞，雨少它能吐。”主要体现在：一是森林林冠层对降雨具有截留作用；二是森林凋落物层对地表径流具有吸收调节作用；三是森林土壤具有渗透和蓄水作用。因此，大力植树造林，不断提高森林覆盖率是综合治理流域内水体污染的重要途径。

2004 年 2 月 27 日，中共浙江省委、浙江省人民政府颁布了《关于全面推进林业现代化建设的意见》（浙委〔2004〕5 号）。《意见》提出：在新的历史阶段，要把林业建设放在更加突出的位置，要充分发挥林业在生态体系建设中的主体作用。重点实施五大工程（生态公益林建设工程、城乡绿化一体化工程、重点防护林建设工程、绿色通道建设工程、生物多样性保护工程），加快生态建设步伐。到 2010 年，建成重点生态公益林 3000 万亩，全省森林覆盖率达到 62%，城市绿地率达到 32%；到 2020 年，建成生态公益林 5000 万亩，森林覆盖率稳定在 62% 以上，城市绿地率达到 35%。在 2003 年的林业工作会议上，浙江省又将八大水系源头、自然保护区等生态重要地区和生态脆弱地区确定的 3000 万亩重点生态公益林建设列为林业现代化建设的重中之重。这充分表明，浙江在全面落实和推进长三角经济一体化进程的同时，已将生态建设提到了重要的议事日程，为推进长三角地区生态一体化迈出了关键的一步。

（二）浙江林业现代化是改善长三角旅游资源环境的主要途径

在苏、浙、沪三地产业越来越呈现一体化趋势，迸发出巨大经济能量的同时，旅游业也呈现出相互交融的态势，上海的都市风光、苏州的园林景观以及浙江的自然山水，搭配成一道颇具吸引力的旅游套餐，形成独具特色的长三角旅游圈。

长三角旅游圈是中国现代旅游业的发源地和旅游产业最为活跃的地区，也是全国旅游出游人次最多的地区。据国家旅游局统计资料显示，2002 年三省（市）接待海外游客 750 万人次，占全国 25%；接待国内游客 2.6 亿人次，占全国 30%；每年出游人次超过 1 亿。

近几年来，随着长三角区域经济的快速发展，三地之间经济与社会发展相互融合程度日益加深，区域旅游互为客源地与目的地的特征更加明显。因此，大力改善浙江旅游环境，对促进长三角旅游业的发展有着十分重要的意义。

浙江虽然陆地面积较小，但旅游资源丰富，以风景名胜、森林公园、自然保护区、旅游度假区和历史文化名城而闻名遐迩。据浙江旅游局汇总数据显示：从 1996 年到 2002 年，全省入境旅游者接待人次从 72.9 万增加到 204.1 万，旅游创汇从 2.9 亿美元增加到 9.26 亿美元；国内旅游者接待人次从 3773 万增加到 8020 万，旅游总收入从 256 亿元增加到 633.8 亿元，旅游总收入相当于全省国内生产总值的比重从 6.7% 上升到 9.27%，成为全省国民经济的重要组成部分。

浙江省旅游产业的高速发展，在一定程度上是依赖浙江省丰富的旅游资源条件。但是，随着大批旅客的涌入及其生态保护意识的薄弱，浙江旅游资源的生态环境正面临着前所未有的巨大挑战。此外，随着城市化进程的加快和人民生活水平的提高，人们对改善生态环境、保护生物多样性、森林旅游观光等方面的要求也越来越高。因此，大力推进现代林业建设，以浙江深厚的历史文化底蕴和丰富的旅游资源为依托，融入现代林业理念和生态文明的理念，通过加快自然保护区、森林公园及城乡人居森林建设，逐步改善和完善浙江旅游生态环境，将浙江建设成为上海的后花园，为长三角地区人民的休憩提供优质服务，奏响长三角旅游业发展的宏大乐章。

（三）浙江林业现代化是提高长三角综合竞争力的重要保障

“世界上没有穷山恶水的现代化”。没有发达林业的小康生活是低层次的小康生活，没有发达林业的现代化是不完整的现代化。与许多现代化国家和地区相比，浙江省的经济发展水平居于全国的前列，也是全世界经济发展的亮点。因此，全面推进林业现代化建设，营造优美舒适的人居环境，生产安全可靠的绿色产品，实现自然资源的永续利用，统筹经济社会、人与自然协调发展，是提高浙江综合竞争力的重要保证，也是提高长三角区域综合竞争力的重要保障。

首先，生态环境已成为一个国家和地区综合竞争力的重要组成部分。许多国家和地区都高度关注生态安全问题，把它作为国家安全的基本战略之一。如出口贸易越来越多地面临来自发达国家的“绿色壁垒”的挑战。近年来，全球生态灾难不断，沙尘暴、洪水、旱灾、禽流感等，可以说无一不与生态安全有关。要保证浙江经济大省、出口大省，招商引资大省的地位，吸引更多的人来浙江投资，就必须更加注重生态保护和林业建设，从这个角度讲，林业绿色也是生产力的基本要素，发展林业是增强全省综合实力和国际竞争力的必由之路。江泽民同志指出：“破坏资源就是破坏生产力，保护资源环境就是保护生产力，改善资源环境就是发展生产力。”深刻地阐明了这一点。

其次，林业在国民经济可持续发展中的重要地位，主要体现在提供更多更丰富的林产品和名特优林副产品，满足市场需求，为国家创造大量财富，增强综合国力。

国外林业发展的经验表明，林产品的供应对促进整个经济发展具有十分重要的战略地位。1979~1990 年，世界林产品出口总额从 413.15 美元增至 9740.70 美元，净增 561.55 美元，年增长率为 7.41%；并保持继续增长的势头。美国、日本、法国、瑞典、芬兰、加拿大等国，林业产业在国民经济中也都占有较大的比重，特别是林产工业已成为这些国家的支柱产业。木材工业产值占林业总产值的 90% 左右，不仅为社会提供优质的木材加工产品，而且保护了生态环境。芬兰 1991 年林产品出口占全国总出口额的 36%，居世界之首，瑞典占 18%，加拿大占 13%，新西兰占 10%。据 1991 年统计，林产品生产总值占国内生产总值比重：加拿大占 5%，芬兰占 7%，新西兰占 5%，世界平均占 2%。

联合国粮农组织的预测表明，进入 21 世纪，全球的林产品生产和消费将继续保持增长的趋势，由于生态环境保护力度的加大，限制利用森林生产木材的压力进一步增加，同进，由于各种木材代用品的不断增多及其性能的改进，林产品市场的竞争将进一步加剧。林产品以成为一个国家经济和社会发展中不可缺少又难以替代的重要资源，与人民生活生产息息相关，是衡量一个国家和地区综合实力的重要标志。

浙江有着丰富的城市园林资源、森林旅游资源、花木资源、竹资源和茶资源等，大力发展林业，构建历史文化与现代文明交相辉映的新型绿色林产品资源库，以生产更多的林产品满足市场需要，这既是林业持续发展的基本要求，又是经济社会可持续发展对林业提出的重要任务，也是确保国民经济持续稳定高效发展的重要保障。

总之，我们既要小康社会和现代化的物质文明，又要蓝天、碧水、净土；既要生产发展、生活富裕，又要生态良好；既要为今天的发展尽力，又要对明天的发展负责，把美好的家园奉献给人民，把青山绿水留给子孙后代。

三、在全国林业现代化建设中浙江林业处于先导地位

推动浙江等东南沿海地区林业率先实现现代化，是新时期中国林业发展和生态建设的重要战略布局。近期全国林业现代化建设工作的重点，一是研究制定现代化林业发展规划，统筹人与自然和谐发展，统筹经济社会与人口、资源、环境协调发展，统筹城市与乡村林业协调发展，统筹山区、平原、海岛区域林业协调发展，统筹林业生态与产业协调发展；二是采取针对性措施，在稳步提高森林覆盖率的同时，优化树种品种结构，增强生态服务功能；三是抓好科技成果转化，加快林业产业发展，培植先进林业生产力；四是在这一地区开展政策性试点工作，为落实《决定》精神积累经验；五是做好浙江省省级林业联系点工作，探索中国特色现代化林业发展道路。浙江省作为全国林业现代化建设的试点省，在全国林业现代化建设中占据先导地位，具有不可替代的突出作用。

（一）浙江省是中国林业现代化建设的排头兵

浙江省是国家林业局率先实现林业现代化的联系点和试点省，在推动全国林业现代化建设中具有突出地位。通过浙江现代化林业的试点，探讨解决带有普遍意义的林业发展面临的问题，创新林业管理体制和机制，总结推广现代林业的经营理念，探索经济发达地区林业现代化建设路子，促进和带动全国林业跨越式发展。国家林业局周生贤局长指出，浙江作为率先实现林业现代化联系点是中国林业在新世纪实现大跨越、大发展的审慎选择。一方面，浙江省是“七山一水两分田”，根据2004年森林资源连续清查第六次清查的结果显示，全省有林地面积498.47万公顷，活立木总蓄积量20168万立方米，是森林资源小省；另一方面，2003年浙江林业产值一举突破了979亿元，占全国4000多亿的林业总产值的六分之一，又是名副其实的林业强省。浙江省通过实施沿海、长江流域防护林等国家重点生态工程，森林资源不断增加，人居环境逐步改善，林业产业迅猛发展，具有区域特色的现代林业格局已初步形成，为实现林业现代化奠定了基础。为加强对浙江林业工作的指导，探索中国林业现代化建设的路子，国家林业局把浙江省确定为率先实现林业现代化联系点，希望通过试点，探讨解决带有普遍意义的林业发展面临的问题，创新林业管理体制和机制，总结推广现代林业的经营理念，探索经济发达地区林业现代化建设的路子，促进和带动全国林业的跨越式发展。对发挥浙江林业在实现全国林业跨越式发展中的辐射、带动和示范作用也十分重要。

目前，浙江已进入了加快工业化、城市化、信息化、市场化和国际化，全面建设小康社会，率先基本实现现代化的新阶段。浙江要在全国率先实现现代化，浙江林业也迎来了率先实现现代化的历史机遇和重大使命。

（二）浙江林业有条件、有基础、有可能在全国率先实现现代化

浙江是中国古代文明的重要发祥地，是中国自然条件最优越、经济最发达、经济最活跃的沿海省份之一。长期以来，浙江省委、省政府高度重视林业工作，采取了一系列政策措施，有力地促进了林业发展，取得了如期实现“五年消灭荒山、十年绿化浙江”等辉煌成就，实现了森林面积、蓄积量和森林覆盖率“三增长”，积累了丰富的林业生态建设经验和林业产业发展经验，林业在全省经济社会发展中的地位和作用日益突出。自1999年开始，浙江在全国率先建设生态公益林，致力将林业的功能从单纯提供木材资源向提高生态效益、社会综合效益转变。目前，浙江省已营建起200万公顷生态公益林，占全省陆地面积的19.65%。经过几年的封山育林、定向培育、限制采伐、调整结构、综合开发，全省生态公益林的林分结构明显优化，生态功能逐年提高。作为沿海发达省份，浙江林业有条件、有基础、有可能率先一步。

浙江并非林木主产区，林业能走出“边缘”地位的原因，正是在浙江经济高速发展的背景下，生态需求成为社会对林业的第一需求，林业不再被单纯地看做是提供木材的产业，而被认定为维系国土生态安全、保障经济社会可持续发展的重要公益事业和基础产业浙江已率先踏上了全面推进林业现代化建设的新征途，其他经济发达地区也应像浙江那样，站在时代前沿，敢为人先，善为人先，率先完成由以木材生产为主向以生态建设为主的历史性转变，尽快实现林业跨越式发展，为实现本省全面建设小康社会的目标做出应有的贡献。这是时代的要求，是经济发达地区义不容辞的责任和历史使命。浙江林业与全国很多省份有着许多共性，其发展经验值得全国借鉴。浙江在全国林业现代化进程中必将发挥示范、先导、带动作用。

（三）浙江林业为全国林业现代化发挥示范、先导、带动作用

进入新世纪后，中国林业始终保持着快速发展的良好势头，森林资源稳步增长，生态状况明显改善，林业产业迅猛发展。特别是中央林业《决定》颁发和全国林业工作会议召开后，全国各地迅速掀起了贯彻落实的热潮，地方各级党委、政府纷纷召开林业会议、出台林业文件，对林业工作重视程度之高、采取的措施之有力、取得的成效之明显，都是前所未有的，各项林业事业焕发出空前的生机与活力。但问题和困难依然突出，主要表现在林业产权落实、营造林管理机制、资源保护管理、国有林业改革、林业资金管理、林业产业发展、科教兴林、依法治林、林业基础管理等9个方面。这些问题，都是制约林业改革与发展的关键性因素。

浙江林业现代化的探索是浙江省经济、社会发展的需要，同时也为中国林业的发展提供丰富的经验，有利于全国林业的繁荣。浙江林业是中国林业改革最好的“试验田”。一是近年来浙江林业十分注重体制和机制的创新，其涉及内容主要包括：林地使用权和林木所有权有偿转让；活立木买卖和中幼林转让；拍卖宜林荒山、荒坡、荒沟、荒滩的使用权等。二是浙江林业现状是中国林业现状的缩影。浙江省包括海岛、沿海地区、中部丘陵地区和西部山区等地形，与中国的整体地形相似;浙江东部沿海地区经济发达，中西部经济相对落后，与中国的整体经济发展状况接近。三是浙江林业发展是中国林业发展的方向。浙江林业行业总产值 2004 年达到 979 亿元，位居全国第一。浙江林业的民营经济发达，占全省林业行业总产值的 90% 以上。可以说，浙江林业在现有经济条件下，闯出了一条发展的发展道路，为中国其他地区林业的发展树立了一个良好的榜样。浙江林业的发展经验，对于全国尤其是东部沿海地区的林业发展都具有很好的借鉴意义。

浙江林业现代化试点，可以为其他地区林业发展的提供宝贵的经验。可以说“浙江林业的今天就是中国林业的明天。目前，中国林业的发展正处于“相持阶段”，林业还需要很长的路要走。作为林业相对较发达的地区,浙江林业有义务也有能力为中国林业发展“探路”。

第五章　浙江林业现代化的发展理念

从浙江省的实际出发，借鉴国际国内林业发展的经验，按照浙江省委、省政府建设“和谐浙江”的总体要求，围绕率先建成小康社会、率先实现现代化和建设生态省的总体目标，结合在浙江和谐社会构建中赋予林业以重要地位、在长三角生态环境建设中赋予浙江林业以关键地位、在全国林业现代化建设中赋予浙江林业以先导地位这一基本定位，浙江林业现代化发展的基本理念为“绿色浙江，生态家园”，即：发展现代林业，建设山清水秀的绿色浙江，打造人与自然和谐的生态家园。其内涵是：发展生态林业，保障国土生态安全；发展富民林业，推动新农村建设；发展人文林业，弘扬江南森林文化，简称“三林业”。

一、发展生态林业，保障国土生态安全

加强生态建设，维护生态安全，建设生态文明，是21世纪人类面临的共同主题，同样也是浙江省经济社会可持续发展的重要内容。加快浙江林业现代化建设，促进经济发展与人口、资源、环境的协调，实现人与自然和谐相处，构建社会主义和谐社会，必须走生产发展、生活富裕、生态良好的文明发展道路。

（一）生态优先是浙江林业的必然选择

随着国家可持续发展战略的实施和浙江经济社会的快速发展，民众的生态意识普遍增强，以生态建设为主的国家林业发展战略，正全面推动中国林业由以木材生产为主向以生态建设为主的历史性转变，生态建设、生态安全、生态文明必然作为浙江林业21世纪发展的主导思想。浙江作为山区面积大、城市密集、生态区位重要的省份，与商品林业相比，公益林业必然成为浙江林业的重点。为了保障浙江经济社会可持续发展，维护国土生态安全，尤其是为沿海开发提供良好的投资环境，就必须按高标准构筑起“点、线、面”相结合的森林生态网络体系作为生态屏障，促进生态经济系统的良性循环，发挥森林生态系统的生态功能和综合效益，为实现浙江林业现代化提供强有力的绿色屏障。

生态系统是构成社会经济发展的物质基础，人类的生存和发展，都离不开水、气、土、森林等生态环境要素的综合支持。但是，自然生态系统长期维护人类社会经济可持续发展是需要一定条件的，这就是任何自然生态系统都具有自身恢复能力的“阈值”，一旦对生态环境的破坏超出其阈值，就会出现生态安全问题。森林生态系统作为陆地生态系统的主体，为了保障生态安全，提高生态质量，就必须强化林业生态建设。

随着国民经济的快速增长，生态环境破坏加剧，因生态环境破坏造成的经济损失也将

正比增长。国内外的相关研究成果表明，因生态不安全造成的经济损失值，一般约占 GDP 的 5%~10%。需要指出的是，上述测算只是生态破坏的直接经济损失和部分间接经济损失，没有包括基因、物种消失等许多难以测算的潜在经济损失。据联合国环境规划署评估，这种损失远大于生态破坏造成的直接经济损失，有时为其 2~3 倍，甚至 10 倍。

浙江林业，作为省委、省政府提出的“建设生态省、打造绿色浙江”的主体和中坚力量，必须从“生态建设、生态安全、生态文明”的高度重视和加强林业工作，进一步增加森林资源总量，提升森林生态体系整体功能。

（二）加快城市林网化与水网化建设以推动城市林业发展

城市森林是城市现代化、生态化的重要特征，是城市文明进步的重要标志。浙江是中国城市化程度比较高的省份。截至 2003 年年末，全省城市化水平达到 53%，高出全国 12.5 个百分点。在此进程中大气污染、水污染、土壤污染、光污染、噪音污染、城市热岛效应等一系列的环境问题相应而生，使得发展城市林业以改善生态环境的任务显得日益重要。同时建设城市森林的条件也趋于成熟：城市居民向往乡村生活，回归大自然，回归森林的意识和愿望十分强烈；政府和领导的重视；较强的经济实力和技术支撑；公民有义务植树的法律保障；国内外城市林业发展拥有宝贵的历史经验及教训等，都使得城市林业成为城市发展的必然要求。

城市园林建设，着重充分发挥森林、绿地和水面的生态功能是未来城市发展的趋势。城市森林是城市的天然水源，如果一座城市的区域 30% 被森林覆盖，那么雨水的流量将减少 14%，有林地区比无林地区的空气湿度高 15%~25%，夏天气温低 3~5℃，冬季气温高 2~3℃，会有效地缓解城市热岛效应。当城市的绿化覆盖率达到 50% 时，才能与人工环境达成较佳的协调效果，要想使整个城市保持 CO_2 与 O_2 的平衡，必须保证人均 60 平方米的绿地。

城市森林在防止风沙、降低城市风速的同时，还是一道天然的隔音墙。据测定，70 分贝的噪音通过 40 米宽的隔离带能降低 10~15 分贝，有绿化的街道比无绿化的街道噪音低 8~10 分贝，公园中的成片森林可降低噪音 26~43 分贝，为城市居民的生活、工作营造良好的环境。此外，城市森林在维持生物多样性，减弱光污染、净化城市地下水源等方面也发挥着重要的作用。

为了构筑完善的生态体系、强化生态功能，城市的生态建设，应该以实现“林网化、水网化”为目标，致力于“林水相依”，进一步加大和提高生态体系建设的力度和标准。

实现林网化与水网化，要符合本省城市地区的特点，全面整合林地、林网、散生木等多种模式，有效增加城市和郊区林木数量；恢复城市水体，改善水质，使森林与各种级别的河流、沟渠、塘坝、水库等连为一体；建立以核心林地为森林生态基地，以贯通性主干森林廊道为生态连接，以各种林带、林网为生态脉络，实现在整体上改善城市地区生态环境的林水一体化森林生态系统。林网化和水网化的城市森林生态建设理念，就是要建立起一个能够最大限度地改善生态环境的森林生态网络体系，具有“林水相依、林水相连、依水建林、以林涵水”的特点。

林网包括三类，即农田林网、道路（公路、铁路）林网和水系林网。“三网”与城区森林、村镇片林、经济林、用材林、森林公园等结合形成城市地区复合防护林体系；同时，水网体系由江、河、湖、海、沟、渠等湿地相互交织而构成。

为了把森林引进城市，达到城在林中、林在城中的和谐发展模式，到2020年浙江省的森林覆盖率要稳定在62%以上，活立木蓄积量达到1.8个亿立方米以上，城市绿地率达到35%，城市人均公共绿地15平方米以上，森林质量有较大提高，建成比较完备的森林生态体系，实现远郊森林、近郊森林、市区森林三位一体的规划模式。

（三）搞好生态公益林建设以推动山区林业发展

山区在浙江省占很大比重，约占全省总面积的70.4%。做好这一地区的林业工作，搞好生态公益林建设，对于水土保持、涵养水源、实现生物多样性、促进生态旅游尤为重要。

随着现代林业的不断推进，按照分类经营原则，山区林业在整体上将分为公益林业和商品林业两部分。山区是江河的源头，现在普遍存在着不同程度的水土流失，并且已成为生态环境建设的重点。目前，由于山区经济发展及生态补偿标准低等原因，发展商品林与生态林之间存在着一定的矛盾。山区林业的发展，不仅可为名特产品加工业和服务业提供充足的原料和创造条件，且将对农、牧、渔、水、矿业发展的生态环境起保护作用。因此，山区林业应处理好商品林业与生态林业的关系，将生态公益林建设放在首位。

在生态公益林建设中，根据国际国内经验，建设“近自然、健康、可持续森林”应作为森林培育、林分改造、森林经营的方向和目标。浙江省山区的生态公益林包括野生动植物自然保护区、森林公园、水土保持林、水源涵养林、风景林、名胜古迹林、文化林、特种用途林，以及散布各地的古树名木等。

根据山区的实际情况，在现有林分中划分出适当比例的生态公益林，尤其是在高海拔、坡度大的地方，最需要加强水土保持林、水源涵养林、自然保护区建设。从实际出发发展生态林业、发挥生态公益林的生态和社会效益，严格管理和保护，制定生态公益林管理规定，严格控制生态公益林采伐，当其生态公益效能下降时，以不产生新的水土流失为依据，进行必要的卫生伐和更新伐，伐后要及时更新。

同时，要改变造林绿化中树种少、结构单一，人工痕迹较强，与自然不够和谐的现象，提高生态林的整体功能。增强林木管护和森林资源安全保障能力，特别是护林防火能力，确保森林资源安全。为了加强生态公益林建设，在现有基础上，应逐步加大森林生态效益补偿的范围和标准，提高山区农民参与生态公益林经营管护的积极性。

（四）强化林网化建设以推动平原区林业发展

浙江省平原区主要有杭嘉湖平原、宁绍平原、东南沿海平原及浙中盆地的一部分，共有42个平原、半平原、部分平原县（市、区）。平原地区是本省粮棉油的主要生产基地，农业生产发达，同时也是经济发展较快的地区，但生态环境比较脆弱。做好平原区的林业工作，对于发挥森林体系防护农田、道路、水系等生态功能，促进经济发展和美化环境、增进人民身心健康都具有重要意义。

为了构筑完善的生态体系、强化生态功能，平原区的生态建设，应该以实现“林网化”为目标，致力于“林水相依”，进一步加大和提高生态体系建设的力度和标准。

实现林网化，要符合本省平原区的特点，全面整合林地、林网、散生木等多种模式，有效增加平原和农区林木数量；恢复水体，改善水质，使森林与各种级别的河流、沟渠、塘坝、水库等连为一体；建立以核心林地为森林生态基地，以贯通性主干森林廊道为生态连接，以各种林带、林网为生态脉络，实现在整体上改善平原区生态环境的林水一体化平原森林生态系统。林网化的森林生态建设理念，就是要建立起一个能够最大限度地改善生态环境的森林生态网络体系。

林网包括三类，即农田林网、道路（公路、铁路）林网和水系林网。“三网”与城区森林、村镇片林、经济林、用材林、森林公园等结合形成平原区复合防护林体系。

以现有森林和林业工程为基础，进一步完善浙江平原地区江、河、湖、海水系、道路绿色通道建设和农田林网建设，高起点、高标准、高质量的构筑点、片、网、群、带相结合的森林生态网络，建成资源丰富、布局合理、功能完备、结构稳定、优质高效的现代林业生态体系。

（五）加快以沿海防护林为主体的沿海生态安全体系建设保障沿海及海岛区生态安全

沿海及海岛区是自然灾害和人为灾害的常发地和高发地，其生态系统比较脆弱，生态环境虽经多年治理，但恶化趋势并未得到根本扭转，自然灾害中的台风、龙卷风、盐碱、干旱、洪涝为沿海林业发展增添了不以人的意志为转移的麻烦，而人为灾害所造成的威胁亦不亚于自然灾害。

随着沿海经济的兴起，不可避免地引起了一系列的生态环境问题，如大面积的围垦干扰了湿地生态平衡；能源工业、石化工业为主体的海洋工业引发对空气、陆地、海洋、水体的严重污染；生态质量不断下降。其中一个重要原因就是森林防护系统不完善，缺少植被保护。因此，必须加快沿海及海岛地区的防护林体系建设。

沿海生态防护林作为一个生态系统，在维护生态平衡中，需要多层次的结构和一定群体数量。否则在外力的不断作用下，一旦超过其自我调节平衡能力的限度，生态系统就难以恢复原状，生物量就会下降，其功能也就会大为降低。

沿海林业建设应从单一的海岸林带建设向带网片相结合的防护林体系建设的方向发展；从单一树种、林种向多树种、多林种的方向发展；从粗放经营向集约经营发展。

遵循带、网、片、点相结合的原则，防护林、风景林、用材林、经济林、薪炭林相结合，合理安排林种比例，因地制宜，因害设防，统筹安排，合理布局，建设多树种、多林种、多层次、高效益的综合性防护林体系，使沿海林业建设成为具有抗风固沙、保护农田、保护经济发展、美化环境、改善生态环境，并能提供木材、果品、燃料和森林景观旅游等多种功能的防护林体系，从生态型防护林向生态经济型的方向发展。

二、发展富民林业，推动新农村建设

当前，浙江林业除了必须注重生态效益外，还必须把提高经济效益放在重要位置，尤其是在山区，大力发展林业产业，一方面可以极大地促进农民就业，兴林富民，满足当地农民致富奔小康的需求，另一方面，还可以通过产业发展带动生态建设，使生态和产业互相促进、协调发展，加快社会主义新农村的建设步伐。

浙江林业产业近年有了很大的发展。2004年林业行业总产值达到979亿元。比1999年的415亿元翻了一番。从产业布局看，浙江省的林业产业逐步向区域化、规模化、特色化方向发展，形成了一批各具特色、有一定规模的块状经济区。

浙江林业产业产值目前排全国第一位，要继续保持这第一的位置，必须继续加快发展。从浙江省现代化建设和林业增效、林农增收考虑，林业产业也必须快速发展。占浙江国土面积70%的山区林业应该为山区经济发展、人民增收做出应有的贡献。浙江国民经济发展速度在两位数以上，浙江林业产业也以10%的幅度增加，按这个幅度计算，到2010年林业产值要达到1300亿元,也就是在现有基础上再翻一番。到2020年,实现林业产值2000亿元。

要实现以上目标，是既有条件又有可能的，但也存在不少困难。所谓条件，是由于浙江经过多年的发展，具备了较好的发展基础，积累了许多宝贵的经验。存在的问题和困难是高投入、高消耗、低产出。企业规模小,产品雷同,档次不高,科技含量低。浙江资源贫乏,发展后劲不足。过去的先发优势已渐渐失去；现在浙江省劳动力成本提高；浙江是缺木材的省份,木制行业的产值约占林业产值的三分之一,本省生产的木材还不到加工需要量的一半；浙江是毛竹资源大省，但竹加工的快速发展，使毛竹资源的供需矛盾日趋紧张。

对浙江林业产业发展来说，今后重点是做好竹木加工业、森林资源综合利用、森林旅游业、经济林基地、花卉和苗木基地建设等优势产业。在树种方面应更加注重多效益树种、品种的选择使用，尽可能地使生态、经济、社会效益相统一，实现整体效益的最大化。

（一）发展竹木加工业和森林资源综合利用，满足经济建设对森林产品的需求

竹子产业最具浙江特色，竹林面积占全国的六分之一。2003年，全省有23个县竹业产值超亿元，全省竹业总产值达115亿元，为全国第一竹业经济大省。

木材加工业同样令人刮目相看。全省木材加工经营企业2万多家，产值20多亿元。湖州的南浔镇是全国最大的实木地板生产基地，约占全国实木地板产量的四分之一；东阳是全国最大的木线生产基地，年销售量50万立方米，产值16亿元，约占全国的40%；云和县是全国最大的木制玩具生产基地，85%以上的产品出口，约占全球30%的市场份额。

资源的制约是浙江到2020年实现林业产值翻一番最大问题。以竹产业为例，浙江省目前竹产业产值115亿元，占整个林业产值的1/7，如果在今后的发展中，竹产业要承担现在同样的份额，则需要比现在翻一番，增加100个亿。竹产业中，一产不到1/3，二产占2/3，约80亿元。80亿元的产值，消耗毛竹约1.5亿~1.6亿支，省内生产毛竹1亿支，有近5000万支毛竹要省外调进。如加工产值同样翻一番，毛竹缺口要近1亿支。竹产业是这样，占浙江省林业产业大头的木材加工业更是这样，资源的制约问题将会日益突出。

为了使浙江林业产业持续快速发展，浙江继续保持林业产业全国领先地位，实现10%以上的增长速度，在竹木加工产业方面，今后应重点做好以下方面的工作：

（1）进一步提高林地单位面积产出率。这方面潜力巨大。以竹林为例，全省1200万亩竹林，现在平均亩产出只280元（还包含食用竹产出），如果加大先进适用技术的推广力度，适当增加投入，对低产林实施改造，亩产出提高200元就可以增加产值24亿元。

（2）调整产品结构，提高附加值。一方面，淘汰科技含量低的产品，提高浙江产品的竞争力;另一方面，要千方百计使浙江的产业在不增加资源消耗或少增加资源消耗的情况下，提高产值和经济效益。龙游县作过调查，每百斤原竹，生产竹胶板提高附加值 30.6 元，生产竹凉席提高 36.6 元，生产竹地板提高 39.5 元，生产竹工艺品（如鸟笼）提高 70 元。如附加值提高一倍，不增加毛竹的消耗量，产值可以翻一番。

（3）延长产业链，实现多次增值。浙江木材加工是林业最大的产业，三分天下有其一。但这个产业对资源的依赖性大，如按现在的形式发展，资源将支撑不住。因此，木材加工在降低资源消耗、提高附加值的同时，还要考虑延长产业链，实现多次增值，善加利用人造板集中生产的优势，引进大型家具生产企业是很好的例子。

（4）浙江省各地充分利用民间资本丰裕、机制灵活等优势，鼓励和引导工商企业等社会资金投入林业产业。据不完全统计，近三年国家投入林业的资金约 10 亿元，而各种社会资金投入林业达 78 亿元。非公有制林业的异军突起，极大地推动了浙江省的林业发展和生态建设。临安市按照“生态经济化、经济生态化”的思路，加大山地流转和林木转让力度，目前全市私营林地总面积已占有林地面积的 80% 以上，非公有制林业成为临安林业发展和生态建设的主力军。

（二）发展森林旅游业，满足公众对生态旅游的需求

俗话说，“上有天堂，下有苏杭”。杭州历来是中国百姓向往的好去处。而且，浙江素有上海的“后花园”之称。随着旅游业的发展，到浙江省旅游的人数将越来越多，同时对浙江森林生态环境也提出了更高的要求。

大力发展森林旅游业，使浙江丰富的森林生态景观优势转变为经济优势，是拓展浙江林业产业的新的增长点。对满足广大人民追求自然、返璞归真、观光休闲的绿色消费需求，促进山区农民脱贫致富，带动林业相关产业的发展，具有重要意义。2003 年 1~6 月，森林旅游接待游客 800 多万人次，产值超过 15 亿元。森林旅游是“绿色产业”的重要组成部分，是现代林业不可缺少的重要内容，是近年来发展起来的新兴产业，在浙江有巨大的发展空间和潜力。

森林旅游产业与生态保护是一种良性互动关系，良好的生态环境是旅游业发展的基本条件和对象，旅游业的健康发展又能促进生态改善和资源的优化利用。建设城市森林，大力发展森林公园、自然保护区、动物园、植物园等集科普教育、休闲观光、旅游度假等多种功能为一体的生态文化林，正在成为林业建设的新领地。

合理开发和充分利用浙江丰富的自然景观、人文景观、历史遗址和动植物资源，积极发展森林旅游业。坚持“立足保护、适度开发、引资共建、突出特色”的方针，以市场为导向，整合资源、科学规划、加大宣传和营销力度，充分发挥森林资源优势，做好森林旅游线路和森林公园的基础设施建设，集中力量实施森林旅游工程。

发展森林旅游业是国有林场改革发展的方向。浙江省根据林业分类经营的要求，提出把国有林场界定为生态公益型林场和商品经营型林场，并对两类林场的内部结构和运营机制作出相应调整。生态公益型林场按公益事业单位管理;商品经营型林场全面推行企业化管理。宁波市林场通过大力发展森林旅游业，2002 年实现旅游收入 200 万元，2003 年达到 300 万元，重新核定编制和经费，由市财政进行公益林经营补偿。

（三）建设经济林与经济动物基地，满足人民对林特产品的需求

打造森林食品生产基地。以提高林产品市场竞争力为目标，以加强质量安全管理为手段，通过建立森林食品的标准体系、认证体系、检测体系和监管体系，真正从生产源头上严把质量安全关，全面提高林特产品的质量安全水平。

打造野生动物驯养繁殖加工基地。在加强野生动物资源保护的前提下，科学合理地开发利用野生动物资源，培育成新的林业经济增长点，组建一批管理规范的驯养繁殖加工企业，形成产业链。

（四）建设花卉、苗木基地，满足人民的绿化美化需求

迅速发展的花卉种苗业正在成为浙江林业发展的新亮点。目前全省花卉种苗种植面积120万亩，从业人员20多万，花木产值去年已达60多亿元。

花卉苗木产业是浙江省农业十大支柱产业之一。打造花卉苗木生产供应基地，在现有基础上，调整优化结构，增加科技含量，提高质量档次，关键是在品种上要有突破；要与国际先进的花卉苗木企业建立起比较稳定的技术协作和信息交流关系，在新产品的开发和新技术的应用等方面逐步缩小与国际先进水平的差距；尽快建立和完善与市场体制相适应的现代化生产和供应体系。

总之，为了浙江林业产业健康持续快速发展，要从浙江实际出发，树立并落实科学发展观。要以市场为导向，在科技上挖潜力，尤其是在“精致”上做文章，提高产品和服务质量。基地开发要“精致”，要高度集约经营；竹木加工产品要“精致”，要以最小的消耗生产出最精致的产品；森林旅游业的发展也是一样，要把每一个景点建得十分“精致”，把每一条旅游线路建成精品线路，全部体现浙江的特色。这样，浙江的林业产业就大有希望。

三、发展人文林业，弘扬江南森林文化

所谓人文林业，主要是指在林业建设中从人的文化需求出发，用以人为本、天人合一的精神为指导，发展森林文化，弘扬生态文明，促进人与自然和谐发展，满足人们的旅游、休闲、保健、审美、心理等精神文化需求。森林与人类文明进程息息相关，是人类精神文化、艺术创作的重要源泉。森林与人类密不可分、共生共存。森林是人类的摇篮，人类的朋友，为人类提供生命、生产、生活、生态、精神的保障和资源；同样，人类也应成为森林的朋友，森林的建设者和保护神。在浙江加快发展人文林业，丰富和弘扬江南森林文化，可起到传承悠久历史、提高公民素质、丰富文化生活等作用。

（一）以人为本，发展人文林业，满足人们的文化需求

以人为本是科学发展观的核心。用科学发展观为指导，发展现代林业，可以满足全社会对生态、经济、文化等多样化需求。发展人文林业，主要是从人的文化需求出发，满足人们的旅游、休闲、保健、审美、心理等精神文化需求。

发展近自然的文化公益林业，促进人与自然和谐共处。人文林业的特点是：一方面，在森林的发展模式上，符合自然规律的要求，森林发育呈现“近自然林”状态；另一方面，在

合乎人的要求上，森林景观符合人的审美、旅游、观光要求，而且在森林的经营和管理方式上，也应该体现一种公益型林业特色。

为了实现全社会的可持续发展，不损害子孙后代的利益，发展循环经济、倡导绿色消费就成为必然选择。而且人与自然和谐共处，将人类融入自然，不仅符合自然生态规律，符合人的自身利益，同样也是人类的精神需要。

发展人文林业，要求大力发展城市森林，改善城市人居生态环境，走生态化城市发展道路；加快森林公园建设，推进森林生态旅游；加大古树名木、珍稀濒危物种种质资源和林区人文资源保护力度，保护森林文化遗产。开展全民义务植树，鼓励营建各类纪念林。大力发展林业科技、教育，提升林业科技水平，培养林业建设人才。加大宣传力度，普及现代林业生态知识，提高公众生态意识，提高生态伦理道德水平，弘扬绿色文明，繁荣森林文化，充分发挥浙江特有的自然景观和人文历史优势，建设人与自然和谐共处的生态文明社会。

（二）强化生态意识、建立补偿机制，依靠社会办林业

为实现浙江绿化美化建设目标，要进一步强化和提高广大人民的生态意识，动员社会各界和更多的群众参与造林绿化。要通过电视、广播、报刊、网络等现代媒体和多种形式，大力宣传植树种草、水土保持、改善生态环境的重大意义，动员全民搞绿化、全社会办生态，形成自觉参与植树种花种草、爱绿护绿、保护生物多样性的良好社会风尚。积极建立起符合市场经济规律的全民义务植树新机制。要建立健全以省、市、县绿化委员会为主的全民义务植树领导和组织体制，积极创建新的形式，继续推进林木绿地、古树名木的认建、认管、认养活动，动员、吸引社会力量投入林业生态建设。

建立和完善森林生态效益补偿机制，调动务林人的生产积极性。加大政策倾斜，在森林生态效益补偿制度的基础上，提高补偿标准，规范补偿办法，并建立使林农直接受益的多种补偿渠道，使为保护生态而受到经济损失的农民得到相应的经济补偿，真正调动他们参与生态建设的积极性，巩固林业生态建设的成果。扶持发展替代产业，解决林区经济结构单一化问题。浙江政府要从制度上解决破坏生态的人既得利又不承担责任，而保护和发展生态的人既要承担造林管护成本支出，又不得利的经济制约机制。要将资源和环境包括森林资源与生态服务价值纳入国民经济核算体系，建立绿色 GDP 的核算体系，提高经济增长的质量。同时要逐步建立损害生态者承担责任的机制。要逐步形成使高收入、高资源消耗人群支付生态补偿费的制度。

（三）发展林业科技、健全林业法制，提升浙江林业发展水平

实施科教兴林和人才强林战略，提高林业发展水平。实施科教兴林战略确保林业生态建设的质量和水平。紧紧围绕浙江林业生态建设的目标和任务，加速推进林业新科技革命，不断提高科技进步水平和创新能力，源源不断地为林业生态建设提供强有力的科技支撑和动力，促使浙江林业真正走上依靠科技创新的内涵式发展道路。加强科学研究，不断提高林业科技持续创新能力和总体水平；强化科技成果和技术的系统集成与推广应用，切实提高林业生态建设的科技含量；加速科学技术的培训与普及，努力提高林业从业人员的科技意识和科技水平。

发展科技密集型林业，提升浙江林业产业的规模和效益。以技术跨越为途径，推动高新技术产业化，提高浙江林业产业整体实力和市场竞争力，是新时期浙江林业可持续发展赋予林业科技工作的另一项重要任务。在推进浙江林业技术跨越的进程中，以增强市场竞争力为目标，加快企业技术创新体系的发展；以关键技术、核心技术为目标，推动林业高新技术产业化。坚持“有所为，有所不为”的方针，及时把握世界林业高新技术发展的方向，在充分借鉴国外先进技术的基础上，选择对浙江林业产业发展有重大带动作用的关键技术和核心技术，协调攻关，重点突破。

实施依法治林战略，提高公众的森林法律意识。实行依法治林，是保障林业发展，维护林业正常秩序的需要，也是林业发展的一条重要经验。在市场经济体制下，更要把浙江林业建设的全过程都纳入法制轨道，对各种生产经营行为以规范、引导和制约，强化与之相适应的法律，采取严格的法律手段保护森林，发展林业，保护林业建设者的合法权益，坚决打击一切破坏森林资源的违法犯罪行为。强化综合法律对林业的支持,加强林业专项立法；建立和执行破坏森林资源案件责任追究制度；加大违法犯罪的打击力度，有效遏制林业重大案件发生；严格执法监管，建立规范约束的执法机制；规范执法行为，提高林业行政执法队伍素质；强化林业普法，使公民知法懂法；改革林业行政审批制度。

（四）挖掘浙江历史文化内涵，弘扬江南森林文化

浙江省历史文化遗产众多，旅游资源极为丰富，是发展人文林业的有利条件。迄今为止，在全国1268处国家重点文物保护单位中，浙江有72.5处（嘉兴南湖中共一大会址因与上海中共一大会址合并为1处，所以计0.5处），位居全国第5位；省级文物保护单位有279处，县级文物保护单位近2000处，已知的地上地下文物点2万余处。全国100座国家历史文化名城中浙江有5处，此外，浙江有省级历史文化名城12座，省级历史文化保护区43处。浙江的国家、省、市县级文物保护单位具代表性的有:东阳卢宅、金华侍王府、宁波保国寺、杭州闸口白塔、海宁海神庙、湖州小莲庄、长兴新四军苏浙军区革命旧址、嘉兴南湖中共“一大”旧址、绍兴周恩来祖居、湖州胡瑗墓、金华法隆寺经幢、嘉兴沈钧儒故居、文成刘基庙、乐清南阁牌坊群、临海千佛塔、杭州胡雪岩故居等。在已发现的各类新石器时代文化中，以河姆渡文化和良渚文化在中华民族的历史上最具重要意义，堪称浙江史前文明的“双璧”。1973年发现的河姆渡遗址，是迄今为止长江下游地区时代最早、规模最大、出土器物最丰富的一处史前文化遗址；良渚文化的一系列重大发现折射出中华文明的曙光。近20余年间，浙江省重大考古项目已达50余项。其中反山墓地、瑶山祭坛、汇观山祭坛、莫角山遗址、荀山遗址和“土垣”遗址的发掘与发现，确定了良渚遗址群的重要学术地位。20余年间，浙江省良渚遗址群的反山墓地、瑶山祭坛、汇观山祭坛、莫角山遗址、杭州南宋太庙遗址、绍兴印山越国王陵、慈溪寺龙口越窑遗址的发现、发掘分别被评为当年度全国十大考古新发现。因此，浙江具有极其丰富的旅游文化资源。以旅游资源为依托，发展森林公园和风景游憩林，就可为林业建设增添浓厚的文化色彩。

浙江省是中国茶文化的中心地区。杭州作为浙江省省会城市和龙井茶主产地，发展茶产业有得天独厚的优势。杭州茶叶资源丰富、茶种植条件优越、茶产业基础良好、茶文化底蕴深厚，依托西湖龙井茶的品牌资源；有强大的技术支撑，八家国字号涉茶机构坐落杭州。目前杭州市委市政府正发挥自身优势，提出“倡导茶为国饮，打造杭为茶都”的口号。发展茶产业，弘扬茶文化，应是人文林业建设的一个重要内容。

弘扬浙江的园林文化。江南园林多集中在江苏和浙江一带，历史上从晋朝开始，由于中原大批人口迁移江南，将中原文化带入江南，园林艺术也在江南得到蓬勃发展。由于江南气候温和，水量充沛，物产丰盛，自然景色优美，为园林的营建创造了条件。历史上江南一带名园迭出，从皇家苑囿到私人园林，极其兴盛，可惜现在留存的已所剩无几，但即使如此，江南仍是中国古代园林保存最集中之地。江南园林的艺术创造成为后来中国园林建筑的主流。目前剩余的园林遗产，如嘉兴烟雨楼始建于五代，嘉兴落帆亭始建于宋代，易代修建，已失原貌。南翔明闵氏园、嘉定明龚氏园均建于明代，规模尚在。江南气候温和，宜于草木生长，因此 江南园林中花木种类众多。园中林木布局很有章法，高大乔木以荫蔽烈日，古松柔柳以供欣赏，再辅以花、果、叶的颜色和香味，令人赏心悦目。江南园林文人气很浓，以淡雅为尚，布局自由，建筑朴素，厅堂随意安排，结构不拘定式，亭榭廊槛，宛转其间，一反宫殿、庙堂、住宅之拘泥对称，而以清新洒脱见称。这种文人园风格，后来为官家庭院，乃至皇家苑囿所取法。园林文化也是发展人文林业的重要组成部分。

浙江的竹产业和竹文化发达。浙江的竹林经营管理水平在全国处领先地位。浙江竹产业是中国竹产业的龙头，是浙江农业产业化中的一大优势产业。浙江省的竹笋、竹材产量、竹加工产值、竹总产值均居全国第一位。全省现有竹产品加工企业 2000 多家，生产六大类 2000 多个品种，产品行销国内外。“世界竹子看中国，中国竹子看浙江”，是许多业内人士的共识。进入 21 世纪以后浙江竹子栽培的发展趋势将是无公害竹笋栽培、竹林可持续经营技术、竹子生态公益林、观赏竹林、旅游竹林。今后浙江竹产业、竹文化发展的潜力仍然十分巨大。

林业是社会文明的载体，发展现代林业是丰富浙江历史与生态文化内涵的必然选择。在浙江省建设林业现代化，充分发挥自然资源与人文资源丰富的优势，按照以人为本的科学发展观指导林业建设，弘扬森林文化，改善生态环境，推进浙江省物质文明、政治文明、精神文明和生态文明全面协调发展。可见，浙江省深厚的历史文化底蕴，将会极大地丰富林业现代化的内涵。

第六章　浙江林业现代化的指导思想、基本原则与战略目标

基于上述五章对浙江林业现代化建设背景、本底情况、内涵与特点、战略定位和发展理念等内容的研究分析，作为项目的核心成果，确立了浙江林业现代化建设的指导思想、基本原则和战略目标。

一、指导思想

树立和落实科学发展观，深入贯彻《中共中央 国务院关于加快林业发展的决定》，按照建设“和谐浙江”的总体要求，立足浙江实际，将浙江林业放在全省和谐社会和社会主义新农村建设的重要地位，长三角生态建设的关键地位，全国林业现代化建设的先导地位，建设“绿色浙江，生态家园”，发展生态林业以保障国土生态安全，发展富民林业以推动新农村建设，发展人文林业以弘扬江南森林文化，在全国率先实现林业现代化。

二、基本原则

（一）生态优先、全面发展

浙江经济社会的快速发展和人民生活水平的提高，都对加快林业发展、打造生态家园提出了更高的需求。在浙江林业现代化建设中，森林的生态效益要放到首位。浙江林业现代化建设的首要任务就是要为浙江经济社会的持续、健康、高速发展提供可靠的生态保障，因此要时刻将森林的生态效益放在首位。浙江省委明确提出要以建设“绿色浙江”为目标，以生态省建设为载体和突破口，走生产发展、生活富裕、生态良好的文明发展道路。推进生态建设，打造“绿色浙江”，已成为浙江省加快全面建设小康社会、率先基本实现现代化的重大使命。因此，要实现浙江林业现代化，首先要坚持生态优先的原则。

浙江林业现代化建设在注重生态优先的前提下，充分发挥森林的经济和社会功能，搞好林业产业和森林文化建设，以全面满足人们的物质和精神等多种需求。浙江市场经济相对成熟，以市场为引导进行浙江现代化建设相当有利。市场在浙江林业现代化建设中扮演着重要角色，发挥市场作用，促进浙江特色林业产业全面发展。

（二）政府主导、社会参与

在浙江全面建设小康社会的进程中，林业发展和生态建设具有不可替代的重要作用。一方面，林业发展和生态建设具有十分突出的正的外部性，现有的市场还不能使这种外部

性实现内部化，因此有必要通过政府主导来解决。另一方面，林业发展和生态建设周期长、见效慢、风险高，私人和企业往往不愿意进行林业投资，尤其是不愿意对公益性的林业建设进行投资，公益林建设的投资主体也应该以政府为主导。《中共中央国务院关于加快林业发展的决定》明确提出:“森林是陆地生态系统的主体,林业是一项重要的公益事业和基础产业，承担着生态建设和林产品供给的重要任务，做好林业工作意义十分重大。”无疑，浙江林业是一项重要的公益事业，政府在浙江林业发展和生态建设中必然扮演义不容辞的主导角色。

随着浙江经济社会发展水平和人们生活水平的提高，公众对林业、森林和生态环境更加关注、关心和支持。浙江林业现代化是为浙江人民和全国人民服务的，浙江林业现代化也离不开广大公众的参与。积极树立公众的生态保护意识、忧患意识、责任意识和参与意识，对确保浙江林业现代化的顺利实现，具有十分重要的作用。

（三）城乡一体、林水相依

推动城镇化进程是小康社会建设的重要内容。浙江在城镇化建设中，走在了全国的前列。发展城市森林，走生态化的城市发展道路，加快乡村林业发展，有效解决“三农”问题，是浙江林业现代化的重要任务。在浙江林业的现代化进程中，就必须坚持城乡一体的原则，统筹考虑城乡经济、社会和生态环境的协同、和谐发展。浙江省的林业发展和生态建设，必须正确处理山、水、林、城的关系，必须按照林水相依的原则，通过林网、水网的建设，为浙江经济社会的可持续发展提供生态保障。

（四）功能分区、整体协调

浙江省地形复杂，森林种类多样，各个地区经济发展水平和发展重点区别明显。不同地区森林对社会所提供的服务功能有所侧重。例如：新安江上游的森林主要是提供水源涵养功能,杭州西湖周边的森林主要是提供森林景观和游憩方面的功能。要实现浙江林业现代化，就有必要根据浙江省的立地条件、森林种类以及经济社会发展水平等因素，对浙江林业进行功能分区。

浙江林业在分区过程中,必须坚持整体协调。要从浙江土地稀缺出发,强调经济林应用，如庭院林、防护林等，尽量采用经济树种，以提高林业的综合效益。由于森林的生态环境效益具有明显的外部性，尤其是上游森林对下游地区的外部性影响更为明显。在实现浙江林业现代化过程中，一定要坚持整体协调的原则。也就是说，要把浙江省的林业作为一个整体进行研究、统一布局，最大限度地发挥森林在浙江省生态环境和经济发展中的作用。

（五）科教兴林、依法治林

林业现代化发展，要靠政策、靠投入、靠机制，最根本的还是要靠科学技术。胡锦涛总书记强调指出：“科技创新能力是一个国家科技事业发展的决定性因素，是国家竞争力的核心，是强国富民的重要基础，是国家安全的重要保证”。浙江林业现代化以浙江林业人才队伍的建设为基础，尤其要加强浙江林业的自主创新能力，走科教兴林的战略。要实现这一战略目标，浙江应依靠现有的高校和科研院所，建立林业科技人才教育体系和林业科技创新体系。同时，用现代理念和制度管理林业。依法治林，强化营造与管护并重的意识，加强和改进森林资源保护与管理工作，巩固林业建设成果;实施标准化，进一步完善行业标准，使浙江林业产业在有序的环境下广泛地参与国内外竞争。

（六）以人为本、天人合一

以人为本是科学发展观的核心。林业现代化建设要体现以人为本的原则，有效发挥森林在改善生态环境、提高人居环境质量中的重要作用，充分满足人们对森林的多种需求。在发挥人的主观能动性的同时，要遵循自然规律办事，充分考虑自然生态系统的平衡，注意保护生物多样性，使自然界保持健康的生产能力和协同进化的功能，为人类社会提供可持续发展的基础，进而实现“天人合一”，即促进人与自然和谐发展。这也正是体现“绿色浙江，生态家园”的林业现代化建设理念。

三、战略目标

浙江现代林业建设的总体目标是：经过不懈努力，到2020年，在全省建成资源丰富、布局合理、功能完备、优质高效、管理先进、文化繁荣的现代林业体系，实现增强森林生态功能，提升林业经济实力，提高林业管理水平，繁荣森林文化氛围的总体目标，实现林业现代化，基本满足浙江建设山川秀美、人与自然和谐、经济社会可持续发展的生态省的需求。

这一总体目标包含以下4个方面的内容：

（一）建设完备的森林生态体系

通过加强林分改造，优化林种、树种结构等措施提高森林资源质量；加强野生动植物及湿地自然保护区建设，保护生物多样性；重点加强城市地区绿化建设，山地丘陵岗地退耕还林、生态林建设，积极退耕还林；完善平原地区江、河、湖、海的水系以及道路绿色通道建设和农田林网建设，加强和积极推进商品林基地的建设规模，构筑点、片、网、群、带相结合的森林生态网络，建成资源丰富、布局合理、功能完备、结构稳定、优质高效的现代林业生态体系。

通过加强林分改造，优化林种、树种结构等措施提高森林资源质量。充分挖掘利用光、热、水、土优越的自然生态资源和丰富的乡土树种、物种资源，进行有效的林分结构优化改造，结合森林病虫害防治，修建防火带等，在生态公益林界定区范围内大力营造阔叶林和混交林，促进森林生态系统结构的根本改善，提高森林生态系统的生产力，增加森林生态系统单位面积生物量。

重点加强城市地区绿化建设，加快高标准绿化进度，由单一绿化型向生态绿化型转变。抓好城郊结合部和村庄绿化，建设“绿化示范村”，大力推进森林进城和园林下乡，促进城乡绿化向纵深发展。改善沿路、沿江、沿海等重点“窗口”地段的绿化形象，完善生态公益林管理制度，切实加强管理。

加强野生动植物及湿地自然保护区建设，保护生物多样性。坚持“强化资源保护，积极繁育发展，合理开发利用”的方针，以野生动物栖息地，野生植物原生地保护为基础，以自然保护区建设为突破口，以保护拯濒危物种为重点，形成重点突出，布局合理，功能齐全的保护体系。

进一步完善平原地区江、河、湖、海水系、道路绿色通道建设和农田林网、道路林网、水系林网建设，与城区森林、新城村镇片林、经果林、用材林、森林公园等结合形成平原区复合防护林体系；并加强和积极推进商品林基地的建设规模，高起点、高标准、高质量的构筑点、片、网、群、带相结合的森林生态网络，建成资源丰富、布局合理、功能完备、结构稳定、优质高效的现代林业生态体系。

到 2010 年，全省森林覆盖率要达到 62%，建成重点生态公益林 3000 万亩，活立木蓄积量达到 1.65 亿立方米，林分郁闭度达到 0.60，阔叶林和混交林占林分比重达到 30%；城市绿地率达到 32%，铁路、公路和主要水系河道、堤坝的宜林地段全部实现绿化，平原地区全部达到高标准绿化水平。到 2020 年，森林覆盖率稳定在 62% 以上，建成生态公益林 5000 万亩，活立木蓄积量达到 1.8 亿立方米以上，城市绿地率到达 35%，城市人均占有公共绿地 15 平方米以上，森林质量有较大提高，建成比较完备的森林生态体系。

（二）建设发达的林业产业体系

进一步加强林业第一产业的基础地位。加快优质树种用材林、优势经济果木林和花卉林木种苗基地建设，满足区域绿化建设需要。大力发展森林产品精深加工，延伸产业链条，提高综合利用水平，优化产品结构，强化产业素质，提高产品竞争力；提升产业效益。积极发展森林旅游为主的服务业，努力培育新的林业经济增长点。

在已有基础上，建立发达的现代林业产业体系，提升林业经济实力，率先实现林业现代化。顺应当今市场形势，坚决落实和牢固树立科学的发展观，统筹协调产业发展与生态建设，以产业基地培育为基础，以产品的安全、优质为着力点，以市场的开拓为牵引点，把林业产业做大做强，力争为引领中国林业产业发展打下坚实基础。

进一步巩固提高林业第一产业的基础地位，提升林业基地建设质量，促进资源的增长，突出发展林业特色基地。以加强生态安全和食品安全建设为着力点，按照产业化发展和市场化的要求，高标准地建设优质树种用材林、特色经济林和花卉林木种苗基地。促进林业种植业结构的调整和优化，集约经营水平的提高，区域主导产业的培育壮大，推进林业标准化生产，提高基地建设的效益水平，为龙头企业提供优质的原料，提高农民的收入，扎实推进林业产业的健康发展。

培育壮大林业第二产业，大力发展森林产品精深加工，延伸产业链条。将对符合产业化政策扶持方向的林产品加工企业，加强管理，优化产品结构，强化产业素质，充分发挥龙头企业带动基地农户的能力；进一步扩大企业经营规模，提升企业档次，提高综合利用水平，形成一批具有区域特色的产业带；提高技术装备水平和创新能力，提升产业效益；增强市场竞争力，增强出口创汇能力；充分利用各种宣传手段和媒介，进一步树立浙江林业产业的形象，切实做好优质林产品的品牌维护工作，以品牌带动企业的发展壮大。

积极发展以森林旅游为主的服务业，努力培育新的林业经济增长点。近几年来，浙江省森林旅游事业得到了迅猛的发展，森林旅游区的数量和规模不断扩大，森林旅游的产业形象日趋鲜明，渐成新的林业经济增长点。

强化林业科技支撑，切实改善产业基地的生存环境，实现可持续发展。围绕主导产业发展，以企业为依托，建立林业科技示范园区，把示范园区建设成为基础设施一流、科技应用一流、经营效益一流的现代高效林业基地，充分发挥示范辐射带动作用。加大林产企业的技术改造力度，提高林产企业的技术装备水平，以提高竹制品市场竞争力，加快"以竹代木"的进程。继续强化林业科技服务。积极推进林业科技进村入户，科技成果快速转化的长效机制。重点抓好生态经济双赢示范村、林业科技示范户建设。加强产学研结合。企业要积极与科研院所联合，开发新产品，挖掘潜在的消费者，拓展新领域，提高资源的附加值。

抓好协会和专业经济合作组织建设，进一步提高产业发展的组织化程度。政府部门要支持帮助协会的发展。注重引导和扶持林业专业经济合作组织的发展，探索"协会＋龙头企业＋专业经济合作组织＋农户"新型林业产业化经营组织形式。加快专业合作组织建设，将基地、企业、农户和销售联系起来，使技术、资金、信息等资源发挥更大的作用，扶持和培育林业专业合作社，使其成为农户与龙头企业联系的有效中介。整合行业营销资源，构建快捷、高效、低成本的现代物流配送体系。

（三）建设高效的林业管理体系

加强林政执法、森林防火、病虫害防治装备和基础设施建设；加强森林资源林政管理，实施依法治林，保障森林资源有序利用，杜绝乱砍滥伐；建立和完善森林火险预测预报系统、林火信息管理系统、森林防火技术标准体系，依法治火，科学防火；认真贯彻"预防为主、综合治理"的方针，不断提高森林病虫害的监测和防治水平，积极推进生物防治，严防危险性病虫害入侵，保障森林与生态安全。

加强森林资源林政管理，实施依法治林，保障森林资源有序利用，杜绝乱砍滥伐；加大林政管理信息化建设力度，建立林木采伐及采伐限额管理、林地林权管理、木材运输和木材经营（加工）管理、林业行政执法、林政案件稽查等在内的森林资源林政信息管理系统，对森林资源保护管理实行全面监控。逐步实现森林资源林政管理的监管网络化、政务信息化、手段现代化、程序规范化，基本遏制住森林资源超限额采伐、林木非法流通和林地逆转的趋势。

建立和完善森林火险预测预报系统、林火信息管理系统、森林防火技术标准体系，依法治火，科学防火；建立和完善全省森林火险预测预报系统、林火信息管理系统、森林防火技术标准体系，建设重点森林防火单位林火远程电视监控系统。加强森林防火机构和队伍建设。消除森林火灾隐患，建设森林防火纪念林。完成省际生物防火隔离林带建设。

认真贯彻"预防为主、综合治理"的方针，不断提高森林病虫害的监测和防治水平，积极推进生物防治，严防危险性病虫害入侵，保障森林与生态安全。建设森林有害生物监测预警体系。建设危险性森林有害生物鉴定与风险评估、监测预报中心，实现对森林有害生物的实时监测预警。开展对全省森林有害生物的检疫、测报和防治业务的技术培训，提高森林有害生物防治工作者的业务素质。建设森林有害生物检疫御灾体系。以重大危险性森林有害生物发生市、县（区）以及自然文化遗产、著名风景区等为重点，建设检疫除害处理设施。建立森林有害生物控制减灾体系。建立全省森林有害生物控制技术服务和行业技术培训系统。

用现代管理手段提高管理服务水平，夯实林业发展基础，努力构建以下五大体系。

（1）建立森林资源动态监测体系，是及时掌握生态建设动态、科学监测林业建设质量、客观评价建设成效、合理调整规划和制定政策的需要。针对当前监测内容单一、监测时效性差、监测手段落后等问题，要加快森林资源动态监测体系建设，从而拓宽监测范围，健全监测指标体系和多资源、多功能、多效益综合评价体系，增强监测的时效性，提高监测的科学水平。

（2）加快林业信息化服务体系建设，按照“数字浙江”建设的总体要求，研究制定林业信息化建设规划。加快推进电子政务建设，实现林业政务网上发布、网上公示。同时，结合资源清查，认真做好森林资源动态监测的基础性工作。

（3）建立林业行政执法监管体系，是要把政策制定职能与监督管理职能相对分开，监督管理职能与技术检验职能相对分开。建立健全林业行政执法监督机制，加强对行政执法的检查监督，促进依法行政，真正实现依法治林。

（4）加快林业质量标准体系建设，就是建立标准的应用推广体系，加强检验检测体系建设，建立起以省级检验检测机构为中心，区域检验检测站（点）相配套的林业检验检测体系。

（5）建立和完善多元化的推广服务队伍，进一步加强省市县三级林业科技推广服务机构，健全服务网络，增强服务功能。要逐步改变传统的行政推广、无偿服务的推广模式，按照市场化运作、产业化经营的原则，实行有偿服务。鼓励林技推广机构内部采用股份制、股份合作制等形式创办、领办科技示范基地（企业），鼓励林技人员通过技术入股、技术承包、技术转让等多种形式，参与林技推广，开展有偿服务。

（四）建设丰富的森林文化体系

打造森林生态休闲旅游基地。以森林公园的开发建设为重点，整合丰富的森林景观资源，开发精品旅游产品和线路，提高森林公园的档次和品位，建立起森林旅游营销网络，组建培育森林旅游开发的龙头企业，使浙江成为人们回归自然、亲近绿色、休闲度假的胜地。加快森林公园建设，推进森林生态旅游；加大古树名木、珍稀濒危物种种质资源和林区人文资源保护力度，保护森林文化遗产；大力发展城市森林，改善城市人居生态环境，走生态化城市发展道路。开展全民义务植树，鼓励营建各类纪念林。大力发展林业科技、教育，提升林业科技水平，培养林业建设人才。加大宣传力度，普及现代林业生态知识，提高公众生态意识，提高生态伦理道德水平，弘扬绿色文明，繁荣森林文化，充分发挥浙江特有的自然景观和人文历史优势，建设人与自然和谐共处的生态文明社会。

大力发展城市森林，改善城市人居生态环境，走生态化城市发展道路。一是加快高标准平原绿化进度，提高绿化档次；二是指导城市绿化由单一绿化型向生态绿化型转变，抓好城郊结合部和村庄绿化，建设1000个“绿化示范村”，对10000个行政村进行配套绿化；三是根据环杭州湾产业带建设规划和城市群空间发展战略规划，按照政府主导、部门负责，统一规划、分步实施，市场运作、公众参与的方式，建设环杭州湾森林生态圈工程。

开展全民义务植树，鼓励营建各类纪念林。加强全民义务植树的组织工作，不断丰富和完善全民义务植树的实现形式，开创全社会办林业，全民搞绿化的新局面。

大力发展林业科技、教育，提升林业科技水平，培养林业建设人才。加强林业发展关键性技术问题的研究，重点突破困难立地造林、重大病虫害防治、林农复合经营、林木良种繁育、林火管理和控制、林产品加工转化、林业信息化管理等技术问题，并加速科技成果的推广应用。加强重点林业工程的科技支撑，制订切实可行的科技实施方案，提高工程建设的质量和管理水平。采取有效措施，保持各级林业技术推广服务体系的相对稳定。

加大宣传力度，普及现代林业生态知识，提高公众生态意识，提高生态伦理道德水平，弘扬绿色文明，繁荣森林文化。加强宣传教育，动员全社会的力量参与“浙江林业现代化”建设。

专题二 浙江林业现代化发展指标

浙江林业现代化发展指标，是以可持续发展战略、经济发展理论和现代林业理论为依据，全面考察分析林业现代化发展各构成要素的内在关系及各要素对当地经济社会的影响，系统分析和评价区域林业现代化发展水平，对比分析并找出目前在林业发展过程中存在的问题和不足，为浙江林业现代化发展提供依据。

一、指标体系构建

（一）指标体系构建原则

林业现代化评价指标涉及经济、社会、环境、管理等多方面，是一个巨大的复杂系统，在设计指标体系过程中，须有明确的原则作为构建该体系的依据。选择指标的一般原则：

（1）系统层次性。浙江省林业现代化是复杂的巨系统，依据关联性的程度将其分门别类，划分层次，以便于分析研究。层次越往上，指标越综合，层次越往下指标越具体。

（2）时空可比性。量化指标元素口径一致，提供相互可比的量化信息；不同地域的发展水平或者同一地域不同时间的发展进程之间的可比。

（3）可操作性。即指标的易得性和简明性相结合。可以获得连续的官方统计数据，避免随机波动，要求指标体系可操作、可测，便于把握，力求简洁易行。

（4）指标开放性。指标体系需反映浙江林业现代化的典型特征，同时，随着林业现代化的发展，新的特征会出现，对于新的变化，指标是可调节的。

（5）数量适度性。指标数量不宜过多或过少。指标过多，评价难度大。指标过少，评价不稳定。

（二）林业现代化发展指标体系

考虑到林业现代化发展进程的动态性，采用相关分析、主成分分析及GM（1，N）模型，在专家讨论确定的50个候选指标中，筛选出23个核心指标，分属13个指数。运用层次分析法、专家咨询法和客观赋权方法确定权重。此外，浙江林业现代化必须走具有浙江特色的发展之路，增加了特色指标，作为评价林业现代化的区域特色。

1. 总体指标体系

浙江林业现代化评价指标体系由“两大板块、不同尺度”构成：

（1）两大板块。评价体系由“核心指标”（表2-1-1）和“特色指标”（表2-1-2）两大板块组成（核心指标的含义见附件一）。“核心指标”得分是评判林业现代化发展水平的依据，满分100分；“特色指标”得分作为参考分以评判林业现代化的区域特色，满分20分。另外，由于城市林业的特殊性，单独建立了一个城市林业现代化评价指标体系，以评判城市林业现代化发展水平。

表 2-1-1 浙江林业现代化核心指标

指标	代码	权重	单位	尺度			
				省级和地级	山区县	平原县和嘉兴市	沿海、海岛县和舟山市
综合指数		1.0000					
一、林业资源优丰度	A	0.3510					
1. 资源丰富指数	A_1	0.2755					
（1）有林地与林业用地面积比例	A_{11}	0.50	%	0~98	0~98	0~98	0~98
（2）单位国土面积的绿量	A_{12}	0.50	%	1~7	1~7	1~5	1~6
2. 资源优质指数	A_2	0.3909					
（1）森林碳密度	A_{21}	0.6	吨 / 公顷	0~300	0~300	0~350	0~250
（2）单位森林面积蓄积量	A_{22}	0.4	立方米 / 公顷	0~120	0~120	0~120	0~80
3. 城市林业发展指数	A_3	0.3333					
（1）城镇人均公共绿地面积	A_{31}	0.40	立方米 / 人	15	15	15	15
（2）城市绿地率	A_{32}	0.30	%	38	38	38	38
（3）城市绿化覆盖率	A_{33}	0.30	%	42	42	42	42
二、生态安全度	B	0.2548					
4. 生态建设指数	B_1	0.5212					
（1）生态公益林建成率	B_{11}	1.00	%	0~95	0~95	0~95	0~95
（2）沿海防护林建成率 *	B_{12}	—	%	0~95	0~95	0~95	0~95
5. 国土安全指数	B_2	0.3689					
（1）森林成灾率	B_{21}	0.58	%	0.1~5	0.1~5	0.1~5	0.1~5
（2）水土流失率	B_{22}	0.42	%	5~30	5~30	2~10	5~30
6. 生态保护指数	B_3	0.110					
（1）保护区占国土面积比例	B_{31}	0.50	%	8	8	8	8
（2）公园（含湿地）占国土面积比例	B_{32}	0.50	%	6	6	6	6
三、产业经济高效度	C	0.2304					
7. 集约经营指数	C_1	0.4327					
单位商品林面积林产品产值	C_{11}	1.00	元 / 公顷	0~6000	0~6000	0~6000	0~6000
8. 产业结构指数	C_2	0.3307					

* 沿海防护林建成率已包含在生态公益林建成率中，本文不作为核心指标评价；待浙江全省全面规划建设沿海防护林后，本指标将单列成为核心指标进行评价。

（续）

指标	代码	权重	单位	尺度			
				省级和地级	山区县	平原县和嘉兴市	沿海、海岛县和舟山市
二、三产业占林业总产值比重	C_{21}	1.00	%	0~80	0~80	0~80	0~80
9. 产业效率指数	C_3	0.2366					
工业全员劳动生产率	C_{31}	1.00	万元 / 人	0~16	0~16	0~16	0~16
四、社会保障力度	D	0.1638					
10. 科技保障指数	D_1	0.3889					
林业科技贡献率	D_{11}	1.00	%	0~80	0~80	0~80	0~80
11. 生态建设投入指数	D_2	0.2741					
（1）林业生态建设投入占财政支出中的比例	D_{21}	0.55	%	0~1.0	0~1.0	0~1.0	0~1.0
（2）单位面积生态建设水平投入	D_{22}	0.45	元 / 公顷	0~900	0~900	0~900	0~900
12. 科学管理指数	D_3	0.1838					
（1）资源管理信息化程度	D_{31}	0.60	%	100	100	100	100
（2）管理人员知识化水平	D_{32}	0.40	%	0~80	0~80	0~80	0~80
13. 社会公平指数	D_4	0.1532					
（1）林业职工收入与社会职工收入比率	D_{41}	0.40	%	0~100	0~100	0~100	0~100
（2）农民收入与城市居民的收入差距	D_{42}	0.60	%	0~100	0~100	0~100	0~100

表 2-1-2 浙江林业现代化特色指数指标构成 *

指标	代码	权重	单位	尺度		
				省级	地级	县级
1. 特色产业比重	E_1	0.2	%	0~50	0~60	0~70
2. 林产品专业市场交易率	E_2	0.2	%	0~30	0~40	0~50
3. 林特产业合作社比重	E_3	0.2	%	0~50	0~60	0~70
4. 林源生物产业比重	E_4	0.2	%	0~30	0~40	0~50
5. 林业投入的非公资金比重	E_5	0.2	%	0~50	0~60	0~70

（2）不同尺度。对不同行政设置（省级、地级、县级）测评的内容基本相同，但部分指标测评尺度不同；针对不同区域（山区、平原、沿海），在“核心指标”中设计了一些符合其自身特点的选择指标，即“调节指标”。这样，既不违背林业现代化的统一标准要求，又兼顾了不同区域的差异。

2. 城市林业指标体系

城市林业现代化评价指标数据无量纲化和核心指标确定的方法与林业现代化相同。根据城市林业的特点及其功能，确定了以下指标为核心指标（图 2-1-1），其含义见附件一。

---

* 由于未能获得“特色指标”历史数据，“特色指标”在本文中未进行评价，将用于下一阶段浙江林业现代化发展水平的评价。

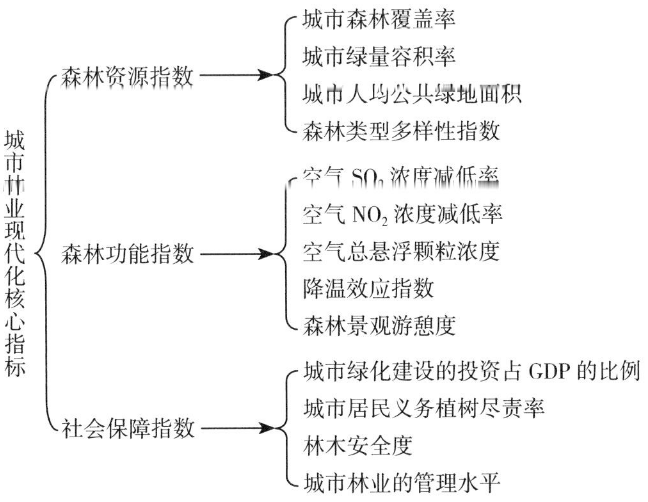

图 2-1-1　城市林业核心指标

3. 林业现代化发展阶段划分

根据林业发展特点，将浙江省林业现代化发展进程划分为准备阶段、起步阶段、初步实现阶段、基本实现阶段及发达阶段，用综合评价指数进行分类（表 2-1-3）：

表 2-1-3　浙江省林业现代化建设各阶段核心指标得分

阶段	得分
准备阶段	30 分以下
起步阶段	30~60
初步实现阶段	60~75
基本实现阶段	75~90
发达阶段	90 分以上

同时,将基本实现林业现代化中的“基本”二字加以数量上的严格定义。所谓的“基本”实现，必须同时满足以下三个条件：

（1）实现林业现代化目标的地域空间，必须超出整个实施区域范围的 85%。

（2）在实现林业现代化指标体系中所包括的全部基础要素，按权重标准化后的要素达标比例不小于 85%。

（3）在 0~1 之间的规范尺度中，实施林业现代化的区域与当时世界中等发达国家的相对差距，应平均小于 0.15。

二、林业现代化评价

（一）浙江林业现代化综合发展指数

自从改革开放以来，浙江省林业现代化总体水平稳步上升，1979 年得分仅为 22.28，1999 年上升至 48.34，到 2004 年浙江林业现代化综合指数已经得到 53.88 分，但各主体指标发展水平是不均衡的（表 2-1-4 和图 2-1-2）。浙江林业现代化建设就不同区域而言其发展是不平衡的，少数地区已开始或已经进入林业现代化初步实现阶段，大部分地区还处于起步阶段（图 2-1-3、图 2-1-4）。

表 2-1-4　不同时期浙江林业现代化发展实现程度　　单位：%

年份	1979	1986	1989	1994	1999	2004
综合指数	22.28	25.18	28.98	32.52	43.67	53.88
一、林业资源优丰度	31.01	33.07	35.74	41.31	48.34	56.92
二、生态安全度	22.64	21.73	30.97	32.23	45.79	56.57
三、产业经济高效度	10.78	16.44	16.17	20.82	39.89	50.61
四、社会保障度	19.17	25.94	29.44	30.59	35.66	47.81

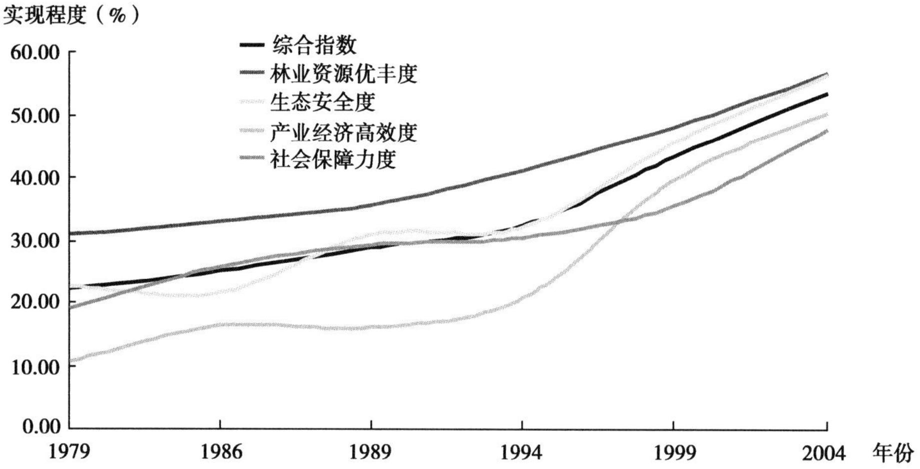

图 2-1-2　浙江林业现代化发展进程

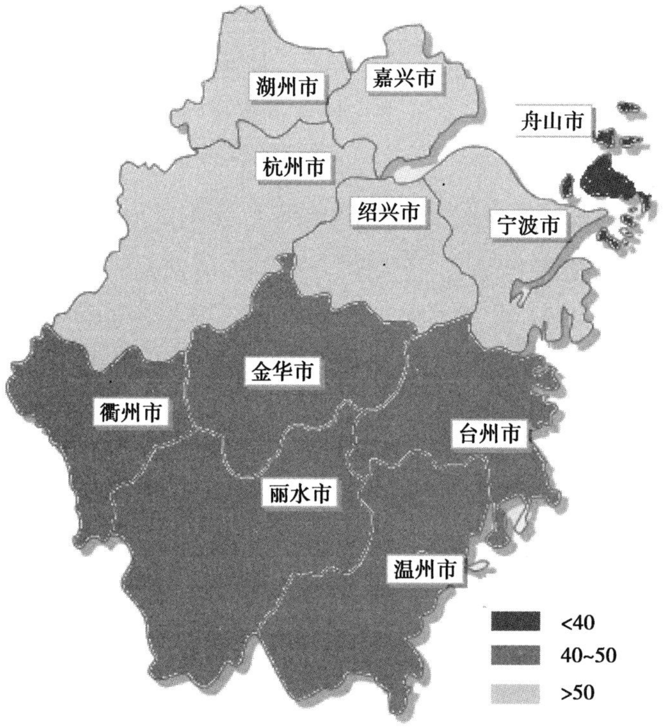

图 2-1-3　2004 年浙江省不同地区林业现代化综合水平发展示意图

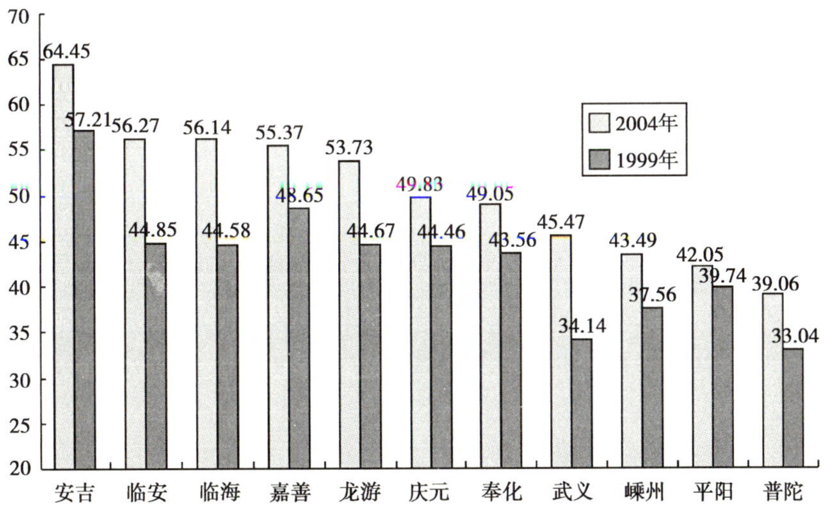

图 2-1-4　1999 年和 2004 年浙江省部分县林业现代化综合水平发展指数

（二）杭州城市林业发展水平综合指数

杭州城市林业现代化发展水平研究结果见表 2-1-5。2004 年杭州城市林业现代化综合指数为 61.20 分，刚刚进入城市林业现代化的初步实现阶段。

表 2-1-5　杭州城市林业现代化的核心指标测定值

指标	2004 实现程度
综合指数	61.20
一、城市森林资源优丰度指标	62.96
二、城市森林功能指标	56.74
三、社会保障指标	73.59

（三）与国内外部分指标的比较

1. 与一些发达国家的部分指标差距

浙江林业现代化发展的差距主要表现在以下几个指标：

（1）单位面积蓄积量。据联合国粮农组织（FAO）1999 年报道，世界上单位面积蓄积量 114 立方米 / 公顷，美国约 116 立方米 / 公顷，俄罗斯约 105 立方米 / 公顷，日本为 160.83 立方米 / 公顷，德国为 270 立方米 / 公顷，中国平均为 96 立方米 / 公顷。目前，浙江省平均每公顷蓄积量仅为 43.76 立方米。

（2）森林碳密度。俄罗斯土壤层碳密度为 244.1 吨 / 公顷，世界平均水平为 189 吨 / 公顷。我国森林土壤平均碳密度是 193.55 吨 / 公顷，森林生态系统平均碳密度 258.83 吨 / 公顷，而浙江分别为 109 吨 / 公顷和 124 吨 / 公顷。

（3）人均公共绿地与城市绿化覆盖率。美国人均绿地指标 40 平方米（包括自然公园、高尔夫球场、野营地等），人均公园面积 12 平方米；英国规定人均公共绿地 28 平方米，澳大利亚 1965 年采用人均公共绿地 19.2 平方米的标准。浙江省 2004 年的城镇人均公共绿地面积 8.5 平方米。国外发达国家的城市绿化覆盖率，如东京为 40% 左右，柏林 45%，罗马

70% 以上，而浙江城市绿化覆盖率为 31%。

（4）林业科技贡献率。我国林业科技进步对林业经济增长的贡献率只有 27.3%，林业科技成果转化率只有 34%。美国科技进步对经济增长的贡献率为 33.8%；20 世纪 80 年代以来，其科技贡献率高达 80%；发达国家的林业贡献率普遍在 60% 以上。目前，浙江省林业科技贡献率为 45%。

（5）资源管理信息化程度。日本约 1/3 的都、道、府、县引进了 GIS 资源管理系统；加拿大、美国等国家于 20 世纪 90 年代起通过卫星遥感和地理信息相结合监测可持续森林经营管理。浙江省目前才开始着手建设实时灾害监控、基础数据（森林资源、林地等）等的信息化管理系统。

（6）林业建设生态投入占财政支出中的比例。根据发达国家的经验，如加拿大、德国等对林业的投入占政府财政管理预算总额的 1%~3% 之间。浙江财政对林业投入比重很低，2000~2004 年平均仅为 0.52%，难以满足实际需求。因此，林业支出占财政支出的比例至少达到 1%~3%。其中对生态的投入应在 0.5% 以上，浙江省作为林业现代化试点省份，应率先达到此标准。

2. 与其他省份的比较

2004 年浙江林业现代化发展水平要明显高于广西、安徽、江西三省，也略高于江苏、福建和广东（图 2-1-5），为 2020 年浙江在全国率先基本实现林业现代化打下了良好的基础。

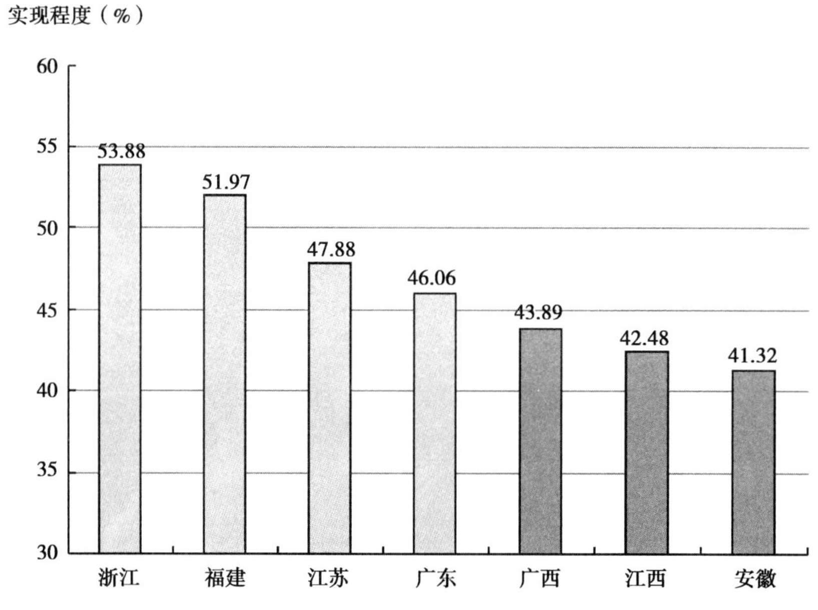

图 2-1-5 浙江与部分省份林业现代化发展水平比较

通过浙江林业现代化的综合评价分析表明，2004 年，浙江省林业现代化实现程度为 53.88%，处于起步阶段，离初步实现林业现代化还有不少距离。经预测，保持目前的发展速度，部分指标近期可达到初步实现林业现代化甚至基本实现林业现代化的要求，如林业资源丰富指数、国土安全指数和林业产业结构指数实现程度均已超过 60%。但林业资源优质指数、生态投入指数、科学管理指数等实现程度只有 30% 略强，离实现林业现代化的目标值还有相当大的距离。因此，林业生态投入水平、森林资源质量、林业管理手段等是当前主导浙江省实现林业现代化的关键问题。

三、林业现代化阶段性发展指标

在推进浙江省林业现代化战略进程中，为了确保浙江省2020年基本实现林业现代化的战略目标，必须对战略目标加以量化，进行有效的监测评估，并定期公布评估结果，以了解战略实施进程，发现其中存在的问题，从而有利于浙江林业现代化战略的顺利实现。

（一）林业现代化发展水平预测

通过GM（1，N）模型对浙江林业现代化实现程度发展趋势进行预测，其结果见表2-1-6和图2-1-6，2010年左右浙江省林业现代化就可进入初步实现阶段，2020年前达到基本实现林业现代化。

表2-1-6　浙江林业现代化实现程度发展趋势　　单位：%

年份	2005	2010	2015	2020
综合指数	50.4	59.3	69.8	82.1
一、林业资源优丰度	55.8	65.6	77.1	89.6
二、生态安全度	57.2	65.8	75.7	87.0
三、产业经济高效度	58.6	69.0	81.3	94.7
四、社会保障力度	53.0	64.3	78.1	94.8

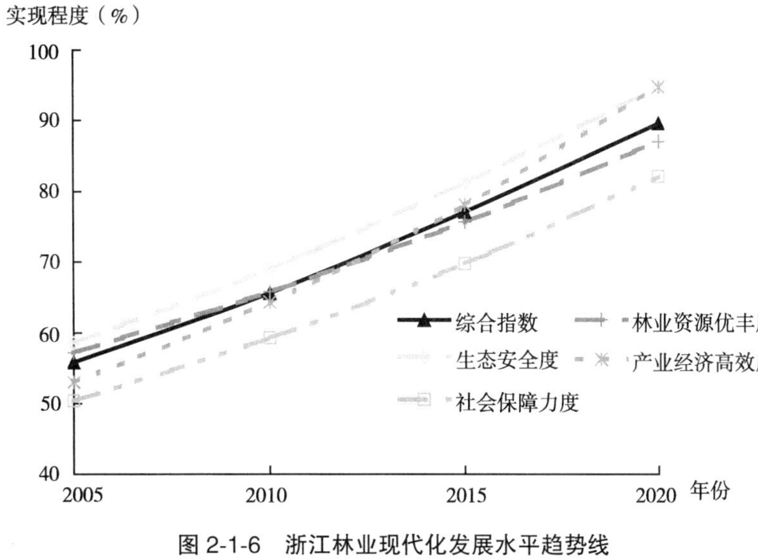

图2-1-6　浙江林业现代化发展水平趋势线

（二）阶段性发展指标

1. 阶段性发展指标

针对林业现代化发展进程要求和林业发展中存在的薄弱环节及社会主义新农村建设要求，浙江林业现代化阶段性发展总体目标为“基数稳定，增量补差；质量提升，效益翻番”；浙江省基本实现林业现代化的必备条件为：林业生态投入占财政支出中的比例达到0.5%，建立覆盖全省的森林资源、林地等信息化管理、实时灾害监控系统，建成重点生态公益林

200 万公顷，单位国土面积绿量比达到 6，森林总碳贮量 10.8 亿立方米以上，林业行业产值达到 3000 亿元。具体发展指标如表 2-1-7，其重要性及目标值确定依据见附件一。

表 2-1-7 浙江省林业现代化阶段性发展指标

发展指标	单位	2004 年	2010 年	2020 年
森林覆盖率	%	60.52	>60	>60
森林总绿量	万公顷	5160	5500	6100
活立木总蓄积	亿立方米	1.94	2.5	3.20
城市建成区绿化覆盖率	%	31.05	35.5	39
村庄绿化覆盖率	%	21%	25%	30%
自然保护区、小区，湿地和森林公园占国土面积	%	4.7	6	8
建成一、二类林重点生态公益林比例	%	55	70	90
森林碳贮量	亿吨	6.80	9.1	10.8
森林生态价值	亿元	15487	20000	25000
林业行业社会总产值	亿元	979	1500	3000
资源管理信息化程度	%	—	50	100
林业生态投入占财政支出中的比例	%	0.2	0.3	>0.5
山区农民年收入净增额（林业收益）	元	—	800	2500

2. 阶段性区（县）域实现目标

浙江省林业现代化的发展的阶段性和空间分布不均衡性，决定了不同区域林业现代化实现的程度不同步。根据浙江省林业现代化发展趋势和正态分布规则，结合不同县域经济社会条件、自然和林业发展基础，提出不同阶段县域林业现代化实现计划，分别到 2010 年浙江 20% 的县（市、区）、2020 年 85% 以上的县（市、区）基本实现林业现代化。

专题三　浙江林业现代化发展规划研究

第一章　浙江省林业发展的区块特征

浙江自然环境、经济社会发展的区域特征明显，已经形成了具有不同区块特色的发展模式。林业现代化建设必须立足于区域的自然环境、经济社会及林业现状，确定林业发展优势和方向，科学合理地进行林业发展的总体布局。因此，林业区块特征分析是浙江林业现代化战略规划的重要依据。

一、区块环境问题

区域林业建设、林业发展必须考虑区域的生态功能，并遵循生态功能所反映的生态规律，才能够使林业最终促进区域经济社会与人口、资源、环境协调发展。因此，生态功能与自然区划是进行浙江林业发展战略与规划所必须首先面对和应该解决的问题。

《浙江省林业区划》（1991）将林业区划划分为浙北平原区、浙西北中低山区、浙中丘陵盆地区、浙南中山区和浙东南沿海区五个区。《浙江生态省建设规划（2005~2020）》则将浙江全省划为浙东北水网平原生态区、浙西北山地丘陵生态区、浙中丘陵盆地生态区、浙西南山地生态区、浙东沿海及近岸生态区、浙东近海及岛屿生态区等六个生态区 15 个生态亚区。六个生态区边界以区域地貌界线为准，基本未考虑各市的区、县界线，从自然角度分析比较合理。2004 年完成的《浙江省林业生态环境建设规划》也将林业发展划分为六个区。两种划分方案的差别在于东部沿海区，“六区”方案把本区进一步划分成浙东沿海及近岸生态区和浙东近海及岛屿生态区，从浙江沿海地区发展趋势和生态环境建设的需求来看，突出这种林业建设的差异是必要的。因此，本规划采用“六区”的划分方案，同时为了保证行政单元的完整性，便于实际操作，采用县、乡两级行政边界进行了调整，在此基础上进行自然、经济、社会等方面的统计分析。

（一）六大区块的划分

1. 浙北平原城市林业及防护林区

本区位于浙江东北部、太湖以南的杭州湾两岸，包括嘉兴地区的所有区、县，杭州的上城、下城、西湖、江干、拱墅、滨江，宁波的海曙、江东、江北、镇海、慈溪等共计 19 个完整县（市、区），长兴、德清、湖州本级、余杭、萧山、绍兴、上虞、余姚、鄞州、奉化 10 个部分县（市、区）。土地面积 127.1 万公顷，占浙江省土地总面积的 12.5%，其中林业用地 28.26 万公顷，占分区总面积的 22.2%。

2. 浙西北山地森林生态保护水源涵养区

本区位于浙江西部山区，主要包括杭州市的建德、富阳、临安、桐庐、淳安，湖州市的安吉，衢州市的开化 7 个县（市）。全区土地总面积 174.7 万公顷，占全省土地总面积的 17.2%，其中林业用地 140.74 万公顷，占分区总面积的 80.5%。

3. 浙中丘陵盆地森林生态治理区

本区位于浙江中部、中东部腹地，包括金华、衢州两个市所有的共计 15 个区、县、市。全区土地总面积为 197.71 万公顷，占全省土地总面积的 19.4%，其中林业用地 134.52 万公顷，占分区总面积的 68.0%。

4. 浙东低山丘陵森林生态建设区

本区范围包括诸暨、新昌、嵊县三个完整县，绍兴、上虞、余姚、鄞州、奉化、宁海、杭州萧山区 7 个部分县区。土地总面积 94.07 万公顷，占全省 9.2%，其中林业用地 63.42 万公顷，占分区总面积的 67.4%。

5. 浙南山地森林生态保护恢复区

本区位于浙江省南部，包括龙泉、遂昌、景宁、松阳、云和、丽水、青田、缙云、天台、仙居、泰顺、文成 12 个完整县，临海、黄岩、永嘉、瓯海、瑞安、平阳、苍南 7 个部分县（市、区）。土地总面积 281.01 万公顷，占全省 27.6%，其中林业用地 225.65 万公顷，占分区总面积的 80.3%。

6. 浙东南沿海防护林体系建设区

本区地处浙江东南部沿海地区，主要包括岱山、嵊泗、定海、普陀、象山、北仑、三门、椒江、温岭、玉环、乐清、洞头、鹿城、龙湾 14 个完整县区，鄞州、奉化、宁海、临海、黄岩、永嘉、瓯海、瑞安、平阳、苍南 10 个部分县（市、区），土地总面积 143.38 万公顷，占全省 14.1%，其中林业用地 75.39 万公顷，占分区总面积的 52.6%。

以上六大区块的划分及面积统计资料，在参考浙江省林业厅区划办公室编得《浙江省林业区划》（中国林业出版社，1991）的基础上，结合浙江省林业局所编的《浙江林业自然资源》（中国农业科技出版社，2002），充分考虑浙江全省的地质、地形、地貌和行政区划，进行划分和统计。林业区划以各市的区、县（市）界线为主体框架，再细分到乡镇界线。这样，一方面有利于社会经济统计数据的利用和分析，另一方面有利于行政管理。

（二）六大区块的差异

1. 自然地理特征

（1）地质地貌。浙江地质，以江山——绍兴深断裂带为界分为东、西两大片，两片的地史发展过程、地质构造与地貌均有明显的差异。西片为江南古陆的钱塘江凹陷带，古生界沉积岩发育，前震旦纪变质岩（片岩、千枚岩等）、古生界地层较齐全，印支——燕山运动使其强烈褶皱，形成有规律的北东——南西向排列的褶皱；东片属华夏隆起，几乎整个地表为流纹岩、凝灰质砾岩和花岗岩等火山岩系所覆盖，局部地带有白垩纪——第三纪红色地层及片岩、片麻岩等出露。

① 浙北平原城市林业及防护林区：地质上属构造稳定的下沉区，地面低平，全为深厚的第四纪河湖相及海相松散沉积物所覆盖，仅在西部及南部边缘的丘陵、残丘，有古生界沉积岩及零星花岗岩出露。

地貌上，浙北平原位于太湖以南、杭州湾两岸，由杭嘉湖平原和宁绍平原组成，平原地貌占该区面积的80%，坦荡辽阔，地势低洼，海拔一般在7米以下，河网密布，湖荡众多，具典型的江南水乡风貌，每平方公里河道长度在4公里左右。海拔200米以下的孤残丘集中分布于本区西、南部边缘。

② 浙西北山地森林生态保护水源涵养区：地质上属江南古陆的钱塘江凹陷带，古生界地层广布，砂页岩、石灰岩发育，北东——南西走向的褶皱贯穿全区，控制了山岭、谷地的平行走向。此外，下寒武纪底部的石煤层，为地球化学异常富集带，对生物圈的影响值得研究。

地貌上，西、北、南部为山地、丘陵，东部为平原。整个地势自西向东倾降。地貌类型，以山地为主，占54%（其中低山占36%），丘陵占28%，平原仅占18%。山脉主要有二支，北支天目山脉，山高岭峻，是钱塘江和太湖水系的分水岭，主峰清凉峰，海拔1787米，南支为千里岗——龙门山脉。水系发达，河流主要有钱塘江和苕溪。本区是钱塘江许多支流及苕溪的发源地。

③ 浙中丘陵盆地森林生态治理区：地质上，江山——绍兴深断裂带通过本区，白垩——第三纪红色盆地极为发育，它们控制了本区各种大小盆地地貌的发育，如金衢红盆地。

地貌上，本区主要由金衢、浦江、永康、南马、常山等大小盆地所组成，其中金衢盆地是浙江省最大的盆地，东西长220公里，南北宽15~30公里，面积5152.5平方公里，盆地南北为仙霞与千里岗山脉所夹峙，盆底是宽广的河谷平原，间以起伏30~50米的残丘。钱塘江的众多支流（衢江、江山港、兰江、乌溪江和金华江等）穿越其间，多为山溪河流。地貌类型有丘陵岗地、平原和山地，其面积比例为5∶3∶2。

④ 浙东低山丘陵森林生态建设区：地质上主要受绍兴至江山大断裂和上虞至丽水隆起带的深刻影响，造成了本区以山地丘陵为主的地貌特征。

地貌上，本区以低山丘陵为主，盆地相间分布，山地坡陡，台地平缓，地势南高北低。境内有会稽山、四明山、天台山和龙门山4大山脉，分踞中、东、南、西，形成“山”字形主脉骨架，其间有诸暨、新嵊和章镇——三界3大盆地。会稽山主峰东太白山，海拔1194米，为本区第一峰。本区主要河流有曹娥江、浦阳江、余姚江和始丰溪、大溪、凫溪，分别注入杭州湾和东海。地貌类型有平原、台地、丘陵和低山，其面积比重分别为2∶0.5∶4∶3.5。

⑤ 浙南山地森林生态保护恢复区：地质上，上侏罗世火山沉积岩，花岗岩均较发育。

地貌上，中山广布，众多峡谷和狭长的山间盆地为其特色。洞宫山脉和仙霞岭分别雄踞在东南和西北，整个地势自西南向东北倾斜，境内重峦叠嶂，山高坡陡，1500米以上山峰240座，洞宫山主峰黄茅尖海拔1929米，为浙江群峰之首。百山祖居次，海拔1856.7米。

全区山地占 88%（其中中山占 69%），丘陵、河谷平原分别为 8% 和 4%。本区河流主要有瓯江水系，其次是钱塘江的支流，还有闽江、福安江、飞云江，本区为众多河流的源头区域。

⑥ 浙东南沿海防护林体系建设区：地质上，山丘为火山岩分布区，平原为第四纪河、海相疏松沉积层所覆盖。地貌上，可分二个亚区：

浙东沿海近岸平原丘陵区：本区依山面海，海岸线漫长而曲折，港湾众多，著名的有象山港、三门湾、台州湾、乐清湾和温州湾，海涂资源十分丰富，土地开发潜力大。大陆平原与丘陵相间，整个地势西高东低，呈阶梯状下降，丘岗平缓；海湾及主要河流两侧，广布着大小不等的滨海平原，其中温（岭）黄（岩）平原和温（州）瑞（安）平原是省内较大的平原之一。全区地貌以平原、丘陵为主，其中平原占 47%、丘陵岗地占 40%，山地仅占 13%。

浙东岛屿区：岛屿的陆地部分，平原和丘陵相间，天台、括苍和雁荡山脉由西向东延伸入海，形成星罗棋布的 1902 个海岛，构成内陆的天然屏障。

地质与大陆大同小异，由流纹岩、凝灰岩、花岗岩构成。桃花岛上的对峙山，海拔 540 米，为岛屿最高峰，其余多为 500 米以下的丘陵，一般顶圆坡缓，其间嵌有小盆地和滨海小平原，为耕作业和建设用地。

（2）气候。浙江省地处亚热带季风湿润气候区。冬夏季风交替显著；热量较优，日照充足，雨量丰富；雨热同季，干湿分明。但由于浙江省境，南北跨纬度 4 度，地形复杂，海拔高差大，气候类型多样，六大区块之间差异明显（表 3-1-1）。

表 3-1-1　浙江省六大区块间气候指标

	浙北区	浙西北区	浙中区	浙东区	浙南区	沿海及岛屿区
平均气温（℃）	15.6~16.6	15.3~17.0	16.4~17.7	16.2~16.5	16.9~17.6	15.7~17.9
1 月均温（℃）	3.1~5.2	2.7~5.0	4.2~5.4	3.9~4.4	5.8~6.7	4.5~8.0
7 月均温（℃）	27.7~28.9	27.4~28.9	28.3~29.8	27~29	27.0~27.8	25.1~28.2
极端低温（℃）	−15.2	−17.4	−12.3	−13.4	−9.7	−11.1
极端高温（℃）	40.5		41.7	40.7	40.7	39.7
≥10℃年积温（℃）	4958.2~5247.7	4811.2~5409.9	5197.0~5650.5	5136.5~5107.4	5300.9~5582.8	4733.8~5652.7
无霜期（天）	227~260	226~265	240~264	240	248~263	330~350
年日照时数（小时）	1774~2125	1786~2006	1805~2119	1963.2~1998	1838~1851	1790~2303
年降水量（毫米）	1038.2~1403	1334.0~1762.1	1316.7~1739.2	1244.6~1316.2	1494.7~1740.5	899.5~1650.0
年蒸发量（毫米）	1225.0~1604.6	1148.8~1388.1	1246.5~1692.6	1260.7~1451.7	1291.1~1447.4	1195.2~2030.3
相对湿度（%）	78~83	76~81	76~80	77~82	79~80	78~85

① 浙北平原城市林业及防护林区：本区属中亚热带和北亚热带过渡地区，太阳总辐射为全省高值区。北部平原降水相对不多，部分地区蒸发量大于降水量。但过境水多，弥补了降水不足。大风天气较多，特别是杭州湾两岸滨海县，常年风速在 3~5.5 米 / 秒以上。

② 浙西北山地森林生态保护水源涵养区：极端低温全省最低，除寿昌盆地、新安江水库、富春江水库外热量和日照为全省最低值区。山地气候的垂直差异十分明显，一般海拔每升高 100 米，气温平均递减 0.46℃，降水量平均增 60 毫米，湿度也随之增加。总之，气候不但具有明显的地带性季风气候等特点，而且有明显局部地形水气候优势，为生物多样性创造了有利条件。

③ 浙中丘陵盆地森林生态治理区：本区光热资源丰富，加上日较差大，对经济林木果实的营养积累十分有利。但蒸发量是全省高值区，降水时空分布不均，主要集中在春末夏初，仲夏炎热少雨。金衢盆地是朝东北开口的走廊式盆地，冬春寒潮常造成喜暖经济果木和幼苗冻窒。

④ 浙东低山丘陵森林生态建设区：本区气候温和，平原光照充足，山地湿润多雨，灾害性气候主要是台风暴雨和寒潮所造成的风、洪涝和低温危害。随着山地海拔变化，气温与降水均发生变化，本区的四明山和天台山是全省的暴雨中心之一。

⑤ 浙南山地森林生态保护恢复区：本区相对高差大，气候的垂直差异十分显著，河谷平原气温近似中亚热带南部，而中山顶部却似暖温带。山体每升高 100 米，一般气温下降 0.5℃左右，≥10℃的年积温减少 185~200℃，年降水量增加 50 多毫米。山地气候垂直差异明显，为林业多层次多树种布局（即生物多样性）创造了有利条件。

⑥ 浙东南沿海防护林体系建设区：本区明显冬暖夏凉，年日较差小，无霜期长，也是省内热量最丰富日照数最多的区域。这对低温十分敏感的南亚热带喜暖植物的越冬和生长十分有利。

（3）土壤。浙江省土壤在《中国土壤》分区中属江南红壤、黄壤、水稻土大区。此外，在丘陵、山地的陡坡地带为粗骨土，灰岩等风化体为石灰土、红色地层风化体为紫色土，水系河口和沿海线狭长地带形成滨海盐土。

① 浙北平原城市林业及防护林区：水稻土为主，占 60%，潮土次之，占 20%，由于母质为河海相松散沉积层，一般深厚肥沃。山地红壤占 8%；滨海盐土占 5%。

② 浙西北山地森林生态保护水源涵养区：土壤以红壤为主，占 62%，分布在 600~700 米以下低山丘陵；次为黄壤 13%，水稻土 10%，石灰土 8%。土壤肥力在全省比较好。

③ 浙中丘陵盆地森林生态治理区：本区土壤以红壤为主，面积约占一半，其次为水稻土和紫色土，分别占 28% 与 10%；黄壤占 5%，此外还有粗骨土、石灰土和潮土。

红壤分布在海拔 700 米以下的丘陵、低山，本区有黄红壤和红壤两个亚类，黄红壤主要分布在海拔 400~600 米的山地（面积占红壤的 3/4），土层厚 30~80 厘米，肥力中等。利用上以杉、松、竹、茶为主。

紫红土主要分布在红色盆地中部和盆缘的缓坡岗地上，母岩为紫红色砂页岩和砂砾岩，土层厚 30~50 厘米，多用于种植经济作物。

④ 浙东低山丘陵森林生态建设区：本区土壤以红壤为主，其次为水稻土、粗骨土、黄壤以及紫色土、潮土和石灰性土等。红壤占 55%，分布在 600 米以下的低山丘陵；黄壤占 6%，有机质含量较高；粗骨土占 12%，为非地带性土壤；紫色土占 4%，多分布在盆地，易风化，

土壤肥力差；水稻土和潮土分别占 20% 与 1%，肥力多较好。

⑤ 浙南山地森林生态保护恢复区：成土母岩以侏罗纪的酸性流纹岩、熔凝灰岩为主，其次为片岩、片麻岩和花岗岩。山地土壤以红壤和黄壤为主，其次为粗骨土。由于山地植被较好，一般土壤深厚，有机质含量高，肥力优于其他各区。红壤分布在 700~800 米以下的低山丘陵，占山地土壤的 44%；黄壤海拔分布较红壤高，占山地面积的 40%，自然肥力优于红壤。粗骨土多零星分布于岗脊、陡坡或盆地边缘，面积占山地土壤的 15%。此外，石灰土和山地草甸土面积都很小。

⑥ 浙东南沿海防护林体系建设区：土壤以红壤和水稻土为主，其次为滨海盐土与粗骨土，红壤分布于丘陵，水稻土分布于平原和江河两侧，土壤深厚肥沃。

（4）森林植被。由于历史原因及地区社会经济发展的不平衡等因素，森林资源在各自然区域的分布存在极不均衡现象。森林资源区域分布的总趋势是，山地丘陵森林资源丰富，平原地区较贫乏，由东北向西南逐步增加和从东向西逐步增加的趋势（表 3-1-2）。

表 3-1-2 浙江省六大区块森林资源主要指标

	浙北区	浙西北区	浙中区	浙东区	浙南区	沿海及岛屿区	全省
林业用地面积（万公顷）	28.26	140.74	134.52	63.42	225.65	75.39	667.97
占全省比例（%）	4.2	21.1	20.1	9.5	33.8	11.3	
有林地面积（万公顷）	12.45	105.09	96.69	50.74	180.13	53.37	498.47
占全省比例（%）	2.5	21.1	19.4	10.2	36.1	10.7	
森林覆盖率（国家）（%）	19.2	67.9	61.6	62.1	70.7	43.6	57.4
活立木总蓄积量（万立方米）	657.93	4137.44	4144.96	1459.34	8102.11	1671.76	20173.54
占全省比例（%）	3.3	20.5	20.5	7.2	40.2	8.3	

① 浙北平原城市林业及防护林区：本区是浙江省经济最发达的地区，区内地貌以平原为主，具典型的江南水乡风貌，但森林资源较少。本区土地总面积占浙江省土地总面积 12.5%，但林业用地面积仅占全省的 4.2%，在六大区块中最低。

有林地面积是各林种森林资源总称，有林地面积占林业用地面积比例大小可以说明林业用地的利用程度，是一个地区林业发展水平的标志。本区有林地面积仅为 12.45 万公顷，占全省有林地总面积的 2.5%，均为最低。森林覆盖率 19.2%、活立木总蓄积量为 657.93 万立方米，仅占全省的 3.3%，在全省五大区块中均为最低数。

② 浙西北山地森林生态保护水源涵养区：本区为浙江省竹木重点产区，山地广阔，人口密度较低。全区林业用地面积 140.74 万公顷，占全省林业用地面积的 21.1%，低于浙南区，与浙中丘陵盆地区相近。

全区有林地面积 105.09 万公顷，占全省有林地总面积的 21.1%，次于浙南区。森林覆盖率 67.9%，活立木总蓄积量 4137.44 万立方米，占全省的 20.5%，与浙中区相当，仅次于浙南区。

③ 浙中丘陵盆地森林生态治理区：本区是浙江主要商品粮基地和多种经营内容较多的农业经济综合区。全区林业用地面积 134.52 万公顷，占全省林业用地总面积 20.1%；有林地

面积 96.69 万公顷，占全省有林地总面积的 19.4%；森林覆盖率 61.6%；活立木总蓄积量为 4144.96 万立方米，占全省的 20.5%。

④ 浙东低山丘陵森林生态建设区：本区森林植被属浙东低山丘陵岛屿木荷林分区。由于长期受人为活动影响，原生植被罕见，次生常绿阔叶林保存也较少，山地植被的逆向演替形成大面积的针叶林以及针阔混交林，其中以马尾松林分布最广。全区林业用地面积 63.42 万公顷，占全省林业用地总面积 9.5%；有林地面积 50.74 万公顷，占全省有林地总面积的 10.2%；森林覆盖率 62.1%；活立木总蓄积量为 1459.34 万立方米，占全省的 7.2%。

⑤ 浙南山地森林生态保护恢复区：本区是浙江森林资源最多和商品木材生产最大的林区，区内地貌以中低山为主，山地广阔，交通不甚方便。全区林业用地 225.65 万公顷，占全省林业用地面积的 33.8%；有林地面积 180.13 万公顷，占全省有林地面积 36.1%；森林覆盖率 70.7%。活立木蓄积 8102.11 万公顷，占全省活立木蓄积量的 40.2%。总之，林业用地面积、有林地面积、森林覆盖率、活立木蓄积量等在六大区块中均占首位。

⑥ 浙东南沿海防护林体系建设区：本区是浙江省沿海经济发达地区，依山面海，海岸线长而曲折，港湾和岛屿众多。全区林业用地面积 75.39 万公顷，占全省林业用地面积 11.3%；有林地面积 53.37 万公顷，占全小有林地面积的 10.7%；森林覆盖率 43.6%；活立木总蓄积 1671.76 万立方米，占全省活立木总蓄积 8.3%。林业用地面积、有林地面积、森林覆盖率及活立木总蓄积量等项指标，与浙东区大致相当。

2. 社会经济特征

（1）人口 *。

① 总人口（表 3-1-3）：浙江全省总人口为 4560.29 万人（2003 年）。其中，浙北平原城市林业及防护林区人口最多，为 1140.71 万人，占全省总人口的 25.01%。浙西北和浙南山区，人口最少，分别占全省人口的 7.2% 和 11.4%。

表 3-1-3　浙江省六大区块总人口及人口密度

项目		浙北区	浙西北区	浙中区	浙东区	浙南区	沿海及岛屿区	全省
土地面积（平方公里）		12710	17473	19771	9407	28101	14338	101800
总人口	人口数（万人）	1140.71	482.47	703.37	563.83	684.9	985.01	4560.29
	占全省比例（%）	25.01	10.58	15.42	12.36	15.02	21.6	
人口密度（人 / 平方公里）		897	276	356	599	244	687	448

从人口密度来看，浙北平原城市林业及防护林区和浙东南沿海防护林体系建设区，人口密度最大，平均为 897 人 / 平方公里、687 人 / 平方公里；浙东低山丘陵森林生态建设区，平均为 599 人 / 平方公里；浙西北山地森林生态保护水源涵养区和浙南山地森林生态保护恢

* 总人口为 2003 年浙江省统计年鉴数据，其他如人口年龄结构、人口教育水平、农业与非农业人口、外出人口均用第五次人口普查资料。

复区人口密度最稀，平均为 276 和 244 人 / 平方公里。

② 人口年龄结构（表 3-1-4）：全浙江，0~14 岁少儿人口占 18.1%，15~64 岁劳动人口占 73%，65 岁以上的老龄人口占 8.9%。人口老龄化问题是当今世界上普遍关注的社会问题。据联合国的划分标准，一个国家或地区的总人口中，65 岁及以上人口占总人口的比重超过 7%，即属于进入老年龄型人口的国家或地区。以 2003 年统计数据看，全省所有五大区块的老龄人口均超过 7% 的比重，说明浙江全省均属于进入老年型人口的省份，全省老龄人口平均值已超过联合国 7% 标准 1.9 个百分点，全省分区老龄化程度从大到小依次为浙南区 > 浙西北区 > 浙中区 > 浙北区 > 浙东区 > 沿海及岛屿区。

表 3-1-4 浙江省六大区块人口的年龄结构

单位：%

项目	0~14 岁	15~64 岁	≥65 岁	合计
浙北区	16.6	74.3	9.1	100
浙西北区	18.8	72.0	9.3	100
浙中区	19.2	71.6	9.2	100
浙东区	17.6	73.5	8.9	100
浙南区	20.0	70.6	9.4	100
沿海及岛屿区	17.9	73.8	8.3	100
全省	18.1	73.0	8.9	100

③ 人口教育水平（表 3-1-5）：在 10 万人口中，浙江平均受小学以上的人数为 70902 人，受高中教育的平均为 9725 人，受大专以上教育的为 2986 人。

表 3-1-5 浙江省六大区块每十万人小学以上受教育程度的人数

项目	浙北区	浙西北区	浙中区	浙东区	浙南区	沿海及岛屿区	全省平均
合计	64032	87755	76948	41255	89017	66409	70902
小学	26338	38664	33545	17448	42031	28552	31096
初中	24721	31407	30707	16374	34139	25230	27096
高中（含中专）	9114	15490	10612	5458	10147	7534	9725
大专及以上	3860	2194	2084	1977	2703	5101	2986

从六大区块分析，受大专以上教育最多的是浙东南沿海防护林体系建设区，5101 人；其次是浙北平原城市林业及防护林区为 3860 人；浙南山地森林生态保护恢复区居中，2703 人；受教育水平最差的还是浙东低山丘陵森林生态建设区和浙西南中山区，分别为 2084 人和 1977 人。

④ 农业与非农业人口（表 3-1-6）：非农业人口在总人口中所占的比例的高低，从一个侧面反映该地经济水平和城市化程度。一般而言，经济愈发达，城市化程度愈高，则非农业人口在总人口中的比重必须提高。

浙江全省的人口中，非农人口占 21.3%，农业人口占 78.7%，总体上城市化程度不算高。全省六大区块在这方面的差距亦较明显：

表 3-1-6　浙江省六大区块农业、非农业人口　　单位：万人、%

项目		浙北区	浙西北区	浙中区	浙东区	浙南区	沿海及岛屿区	全省
合计	总人口	1181.44	469.39	664.08	570.72	605.99	1052.96	4544.58
农业	人数	829.67	364.39	560.21	443.97	519.02	860.59	3577.85
	百分比	70.23	77.63	84.36	77.79	85.65	81.73	78.73
非农业	人数	351.76	105.01	103.88	126.75	86.97	192.37	966.74
	百分比	29.77	22.37	15.64	22.21	14.35	18.27	21.27

浙北平原城市林业及防护林区，经济发达，城市化程度相对较高，其非农人口在人口中的比重为 29.77%；浙西北山地森林生态保护水源涵养区和浙东低山丘陵森林生态建设区居次，分别为 22.37% 和 22.21%；浙中丘陵盆地森林生态治理区居中 15.64%；而浙南山地森林生态保护恢复区最小，仅为 14.35%。

⑤ 外出人口（表 3-1-7）：随着经济发展，开放度增加，必然会出现本区户籍人口的向外流动。流动类型包括以下三种：一是在市域范围内的流动，简称“市内流动”；二是离开本市但不出省的人口流动，简称“省内流动”；三是离开本省的省际间流动，简称“省外流动”。

表 3-1-7　浙江省六大区块外出人口　　单位：万人，%

项目		浙北区	浙西北区	浙中区	浙东区	浙南区	沿海及岛屿区	全省
市内	人数	30.43	56.9	45.54	44.48	156.01	249.15	582.51
	百分比	42.25	39.13	32.44	39.15	44.14	44.35	42.01
省内	人数	26.24	52.13	48.95	36.87	88.71	161.18	414.08
	百分比	36.43	35.85	34.87	32.45	25.1	28.69	29.86
省外	人数	15.35	36.37	45.89	32.26	108.7	151.45	390.02
	百分比	21.31	25.01	32.69	28.4	30.76	26.96	28.13
小计		72.02	145.4	140.38	113.61	353.42	561.78	1386.61

全省户籍人口的各类流动人口为 1386.61 万人，其中市内流动 582.51 万人，占 42%；省内流动 414.08 万人，占 29.86%；省外流动 390.02 万人，占 28.13%。显然，以市内流动为主，省内流动居次，省外流动最小，但与省内流动人口接近。

浙江省六大区块的外出人口差异十分明显。无论是人口流动总数，还是省外、省内及市内流动人口，浙东南沿海防护林体系建设区均占首位；浙南山地森林生态保护恢复区，在流动人口总量、省外流动、省内流动这三项指标都名列第二；浙西北山地森林生态保护水源涵养区和浙东低山丘陵森林生态建设区流动最少。

（2）经济（表 3-1-8）。

表 3-1-8　浙江省六大区块主要经济指标（2003 年）

项目	浙北区	浙西北区	浙中区	浙东区	浙南区	沿海及岛屿区	合计
土地面积（平方公里）	12710	17473	19771	9407	28101	14338	101800
总人口（万人）	1140.71	482.47	703.37	563.83	684.9	985.01	4560.29
生产总值（亿元）	3671.78	1147.52	1084.42	1322.64	811.5	1994.53	10032.39

（续）

项目		浙北区	浙西北区	浙中区	浙东区	浙南区	沿海及岛屿区	合计
第一产业	数量	209.16	102.81	106.26	93.36	91.98	160.64	764.21
	百分比	5.7	8.96	9.8	7.06	11.33	8.05	7.62
第二产业	数量	2032.01	634.57	602.67	734.68	425.38	1110.23	5539.54
	百分比	55.34	55.3	55.58	55.55	52.42	55.66	55.22
第三产业	数量	1430.62	410.14	375.49	494.6	294.14	723.65	3728.64
	百分比	38.96	35.74	34.63	37.39	36.25	36.28	37.17
人均产值（万元）		3.22	2.38	1.54	2.35	1.18	2.02	2.2
地均产值（万元）		2890	660	550	1410	290	1390	990

① 生产总值：浙江全省国民生产总值为10032.39亿元（2003年）。其中，浙北平原城市林业及防护林区为3671.8亿元，占36.6%，居首位；浙东南沿海防护林体系建设区为1994.53亿元，占19.88%，居第二位；浙南山地森林生态保护恢复区最小为811.5亿元，仅占8.09%，位列榜尾。

② 产业结构：浙江全省一产总量为764.21亿元，占生产总值的7.6%；二产总量为5539.54亿元，占55.22%；三产总量为3728.64亿元，占37.2%。产业总产值的排序为：二产、三产、一产。六个区块的产业结构排序一致。

③ 人均产值：浙江全省的人均产值为2.2万元/人。浙北平原城市林业及防护林区最高，为3.22万元/人，位居首位；浙西北和浙东为2.38和2.35万元/人，位居第二；浙南山地森林生态保护恢复区1.18万元/人，位居末尾。

④ 地均值：浙江全省的地均产值为990万元/平方公里。浙北平原城市林业及防护林区最高，为2890万元/平方公里，位居首位；浙东南沿海防护林体系建设区，为1390万元/平方公里，位居第二；浙南山地森林生态保护恢复区最低，为290万元/平方公里，位居末尾。

总之，生产总值、人均产值的排序不变：浙北平原城市林业及防护林区——浙东南沿海防护林体系建设区——浙东低山丘陵森林生态建设区——浙西北山地森林生态保护水源涵养区——浙中丘陵盆地森林生态治理区——浙南山地森林生态保护恢复区。

3. 生态环境特征

浙北平原城市林业及防护林区生态环境特征表现为：工业废水、生活污水、航运污染和化肥、农药等农业面源污染导致应当环境严重污染，地下水超量开采使地面沉降加剧；地表水总体水质较差，除钱塘江干流为Ⅲ类水之外，主要为Ⅳ类和Ⅴ类水，钱塘江以北流域为劣Ⅴ类水；水利工程设施年久失修，海塘及江河堤防建设标准低，行洪、调洪能力弱，洪涝和渍害严重。总体空气质量达到国家二级标准，主要城市空气质量评价等级100%达到国家二级标准。

浙西北山地森林生态保护水源涵养区生态环境特征表现为：山溪性河流落差大、蓄水能力差，加上雨量时空分布不均，容易发生干旱和洪涝灾害。局部地区的过度砍伐、毁林开荒、陡坡开垦，造成水土流失，河床抬高，滑坡、岩溶塌陷地质灾害易发。地表水总体水质良好，主要为Ⅱ类水，少数流域为Ⅳ类水；总体空气质量良好，主要城市空气质量评价等级有 50% 达到国家一级标准，50% 达到国家二级标准。

浙中丘陵盆地森林生态治理区生态环境特征表现为：水土流失严重，全区水土流失面积达到 4773.78 平方公里，其中中度侵蚀以上占 37.43%，滑坡、矿山塌陷地质灾害。“五小”企业较多，工业“三废”排放量大面广，特别是东阳江、浦阳江、曹娥江下游污染较重。地表水总体水质较差，以Ⅳ类和Ⅴ类水为主；总体空气质量较好，主要城市空气质量评价等级有 72% 达到国家一级标准，28% 达到国家二级标准。

浙东低山丘陵森林生态建设区生态环境特征表现为：区域水土流失较为严重，土壤土层较薄，多呈现“酸、黏、瘦”的性状。地表水总体水质较差，丘陵区以Ⅱ类和Ⅲ类水为主；总体空气质量较好，主要城市空气质量评价等级基本达到国家一级标准。

浙南山地森林生态保护恢复区生态环境特征表现为：山高源短流急，自然蓄水能力差，水利工程不足，山体滑坡、泥石流频发，损失严重；地表水总体水质优良，以Ⅰ类和Ⅱ类水为主，少数流域为Ⅲ类水。食用菌的过度发展，破坏了阔叶林资源，森林的生态功能减弱。耕地紧缺造成坡地特别是陡坡地过度开发，水土流失较为严重。总体空气质量较好，主要城市空气质量评价等级有 67% 达到国家一级标准，33% 达到国家二级标准。

浙东南沿海防护林体系建设区生态环境特征表现为：工业“三废”、化肥、农药、生活污水严重污染水环境；丘陵坡地过度开发，森林质量低，使水土流失、滑坡、地面沉降较为严重；台风、风暴潮和赤潮频繁；地表水总体水质较差，除瓯江和飞云江等流域水质达到Ⅱ类和Ⅲ类水之外，其他流域水质一半都为Ⅳ类和Ⅴ类水，部分流域为劣Ⅴ类水。总体空气质量良好，主要城市空气质量评价等级有 73% 达到国家一级标准，27% 达到国家二级标准。

（三）森林景观格局分析

1. 森林生态系统结构特点

通过浙江省卫星遥感影像的分析，发现浙江省森林景观格局呈“佛手”状。佛掌即仙霞山—洞宫山—雁荡山—括苍山，佛指即拇指——千里岗山—天目山、食指——龙门山、中指——会稽山片、无名指——四明山—天台山、小指——沿海岗丘。浙南山地森林生态保护恢复区与浙西北山地森林生态保护水源涵养区森林覆盖率相当，在 70% 左右；浙中丘陵盆地森林生态治理区与浙东低山丘陵森林生态建设区森林覆盖率相当，大约为 60%；浙东南沿海防护林体系建设区森林覆盖率约为 45%；浙北平原城市林业及防护林区森林覆盖率最低，一般在 30% 以下。

浙江省天然林面积 316.98 万公顷，占全省森林面积的 54.24%，主要分布在浙南区、浙西北区和浙中区；浙江全省现有人工林面积 267.44 万公顷，占全省森林面积的 45.76%。

浙江省现有松木资源面积 158.65 万公顷，以浙东南沿海与岛屿区分布最广，其次为浙南山地区、浙中丘陵盆地区、浙东低山丘陵区和浙西北山地丘陵区，浙北平原区最低；现有杉木资源面积 125.22 万公顷，以浙西北山地丘陵区和浙南山地区分布最广，浙中丘陵盆地区、浙东低山丘陵区和浙东南沿海区次之，浙北平原区最低；现有阔叶林资源面积 109.74 万公顷，以浙南山地区和浙西北山地丘陵区分布最广，其次为浙中丘陵盆地区、浙东低山丘陵区和浙东南沿海和岛屿区，浙北平原区最低；现有毛竹资源面积 65.35 万公顷，主要分布在浙西北山地丘陵区和浙西南山地区，其次以宁绍丘陵区分布较广，毛竹分布区域与浙江酸雨重点分布范围基本一致；板栗和茶叶等主要分布在浙西新安江流域，其他区域呈零星状分布。

2. 景观生态破碎化因子

景观破碎化即景观由单一、均质和连续的整体趋向于复杂、异质和不连续的斑块镶嵌体或嵌块。景观破碎化主要表现为嵌块数量增加而面积缩小，嵌块形状趋于不规则，内部生境面积缩小，廊道被截断以及嵌块彼此隔离。造成景观破碎的原因是多方面并且复杂的，但不外乎人为因素、非人为因素以及两者的共同作用。人为因素即人类进行的各种各样的干扰活动，如农业耕作、森林砍伐、矿山开采、道路建设、林业结构改变等；非人为因素包括自然火、外来种入侵和气候变化等等；其中人为因素是近年来破碎化数量和频率上升的主要原因。

浙江的城市化率平均每年提高 1.08 个百分点；城镇人口平均每年增长 5.53%，大大快于同期总人口年均 0.81% 的增长速度。特别是近几年，城市化速率更快。1998 年浙江省县以上城市建成面积为 977.85 平方公里，到 2001 年，这一数字达到了 1499.06 平方公里，扩大了 521.21 平方公里，城市化水平已从 1998 年的 36% 提高到 2001 年底的 42%。

浙江城市化发展道路具有显著特点：一是随着乡镇企业的异军突起、农村工业化步伐的加快，小城镇迅猛发展，成为浙江城市化的一大突破口；二是工业、商贸、城镇三位一体，与区域块状特色经济的形成与发展相互依存、相互促进；三是浙江城镇主要集中在东部平原地区和交通干线，初步形成了沪杭甬铁路、高等级公路城市连绵区的雏形，温台沿海城市发展带，浙赣铁路沿线城市发展轴。快速城市化导致区域土地整理规划设计工作过于仓促，缺乏周密的调查和科学的论证，森林为城市化让路的情况不在少数，大小城镇连片分布，造成了对于区域森林景观多样性的破坏和森林景观功能的切割。

2003~2020 年浙江省高速公路主骨架规划建设为“两纵、两横、十二连、三绕、两通道”，加上 6 条国道和 68 条省道，使整个浙江森林生态系统犹如覆盖了一张蜘蛛网。山区高速公路和隧道的布局，有利于区域“景观桥”的构架，平原区对生态景观影响较大。由于交通尾气对区域植被的影响较大，因此在道路交通规划的同时，要以区域地带性且耐污染性的植被为主要绿化树种，布局道路绿化带，以弥补道路交通对区域森林景观多样性的破坏和森林景观功能的切割。

根据浙江省 1994~1999 年五年间隔期中的森林资源调查，浙江省林业用地面积净增加了 15.13 万公顷。由非林业用地转入林业用地的 23.89 万公顷面积中，主要地类分别为经济林、林分、竹林，各占 49.6%、17.1% 和 17.0%；由林业用地逆转为非林业用地的 8.76 万公顷中，主要地类为经济林和林分，各占 41.6% 和 24.7%。主要是由于经济林和竹林受市场需求影响较大，经济林和竹林的稳定性差，在用地性质变化的过程中对森林景观破坏大，直接导致了森林景观的破碎化。

在上述间隔期内，林分资源有所变动。从林种资源变化趋势分析，防护林和特用林资源增加，用材林和薪炭林资源减少；从林龄资源变化趋势分析，幼林龄和成过熟林资源减少，中林龄和近熟林资源增加；从树种结构变化趋势分析，松木资源呈下降趋势，而杉木资源和阔叶树资源略呈增长势头。但是，从维护生态平衡，充分发挥森林生态效益角度看，浙江省的阔叶树资源所占林分比重不足20%，并且受到木材市场杉木滞销、松阔俏销的行情影响，松木和阔叶树消耗量上升，对维护森林生态景观的稳定性不利。

由于景观破碎化原因的多样性，其影响也是多方面的。按照研究角度的不同，景观破碎化的影响可归纳为以下几个方面：①景观破碎化导致嵌块局部小气候发生变化。例如，木材收获导致上层林冠水平的变化和景观水平的破碎化，从而改变森林的光照、风速和湿度。在这个意义上，小气候对结构变化的敏感性提供了监测生态系统和多个空间尺度上景观变化的巨大潜力。②景观破碎后产生边缘效应。边缘效应通过引起生物和非生物条件的变化，影响嵌块中的有机体。如边缘入射光加强使草本植物生长繁茂，会引来食草昆虫，进而吸引鸟类造巢，捕鸟者和巢寄生动物也随之增多；在保持群落聚合体规模的前提下，密林区的边缘有正效应。③破碎化造成动植物栖息地被破坏，导致生物多样性下降。④景观破碎化损害生态系统的健康和完整性，导致生态系统服务功能发生变化。如使局部的水文循环、营养循环、碳截留能力和物种组成受到影响，造成生态系统服务功能退化。⑤景观破碎化为病原体入侵提供机会。如修路和采伐导致林木受伤给病原体提供了感染的场地。⑥景观破碎化影响动植物种群动态从而改变群落组成。

森林生态系统所具有的脆弱性，反映了森林本身对外在干扰的敏感性和潜在的退化危险性，表明系统本身抗外界干扰能力的抵抗性和韧性较弱，系统变异性较强，稳定性较差，外来干扰体极易驱动系统的退化。人类大规模违反生态规律的经营活动如森林超载砍伐、陡坡开垦等长期超过系统自身脆弱性所决定的抗性限度，使退化的潜在威胁转化成了退化的现实。因此，森林生态系统的退化是森林自身的脆弱和不稳定性与外在的人为干扰综合作用的结果。森林生态系统本身的脆弱和不稳定性是退化的内因，人为干扰则是其退化发生的驱动力。

通过分析浙江省卫星遥感影像，发现浙江省森林景观破碎化区域空间差异显著，整体呈现为浙西北山地丘陵区森林景观较完整，浙南山地区和浙东沿海及岛屿区森林景观相对均一，浙中丘陵盆地区森林景观破碎化较大，浙东北水网平原区多为农田水网平原区，景观较为均一。

3. 生物多样性分析

浙江省生态系统主要包括森林、农田、海洋和湿地生态系统。森林生态系统多样性相当丰富，可分为针叶林、针阔叶混交林、常绿阔叶林、落叶阔叶林、常绿落叶阔叶混交林、山地矮林、硬叶常绿阔叶林、竹林、其他经济林、灌丛和灌草丛等生态系统。农田生态系统的主要粮食作物为水稻，其次是小麦、大麦以及豆类、甘薯、玉米，此外尚栽植有粟、荞麦、高粱等，但数量甚少。水稻播种面积占粮食作物总播种面积的1/4。海洋生态系统多样性是浙江省的一大特色，在整个东海海洋生态系统中占有相当重要的地位，包含有丰富的海洋微生物、浮游动物、底栖生物等生态系统。湿地生态系统共有近海与海岸湿地、河流湿地、湖泊湿地、沼泽和沼泽化草甸湿地、库塘湿地等。

浙江全省已建立了各种类型、不同级别的自然保护区 30 个，面积达 13.54 万公顷，约占国土面积的 1.3%。其中国家级自然保护区 8 个，面积 9.44 万公顷；省级自然保护区 8 个，面积 1.29 万公顷；县级自然保护区 14 个，面积 2.81 万公顷。自然保护区的建设是生物多样性保护最重要的措施，也是生态环境建设的重要组成部分，在保护自然资源和生态环境以及珍稀濒危物种方面发挥了重要作用。通过实施物种多样性保护工程和就地保护、迁地保护等措施，国家重点保护动植物物种得到拯救和恢复。与此同时，积极开展国家重点保护物种的科学研究工作，在物种的迁地保护、人工繁育等方面取得了一大批成果，为物种的有效保护提供了科技支持。

凤眼莲、松材线虫和沿海的互花米草是浙江省主要入侵的外来物种，外来物种入侵不仅改变物种组成，破坏生物多样性，影响了生态系统的结构和功能，同时也带来了巨大的经济损失。生物多样性降低，部分物种濒临灭绝，破坏了自然生态系统的稳定，进一步削弱了工农业生产的原材料供给能力。因此保护森林生态系统的生物多样性是保持生态系统安全稳定的关键，是实施林业可持续发展的重要基础。

整体而言，浙江省森林生物多样性区域空间差异显著，生物多样性整体表现为浙南山地区 > 浙西北山地丘陵区 > 浙中丘陵盆地区 > 浙东沿海及岛屿区 > 浙东北水网平原区。

（四）区域性大环境分析

1. 酸雨问题

酸雨问题是浙江省第一大区域环境问题，全省各地都已被酸雨区覆盖，强度大，发生频率高。2004 年浙江全省酸雨污染仍较严重（图 3-1-1），省控站位降水 pH 值年平均为 4.41，

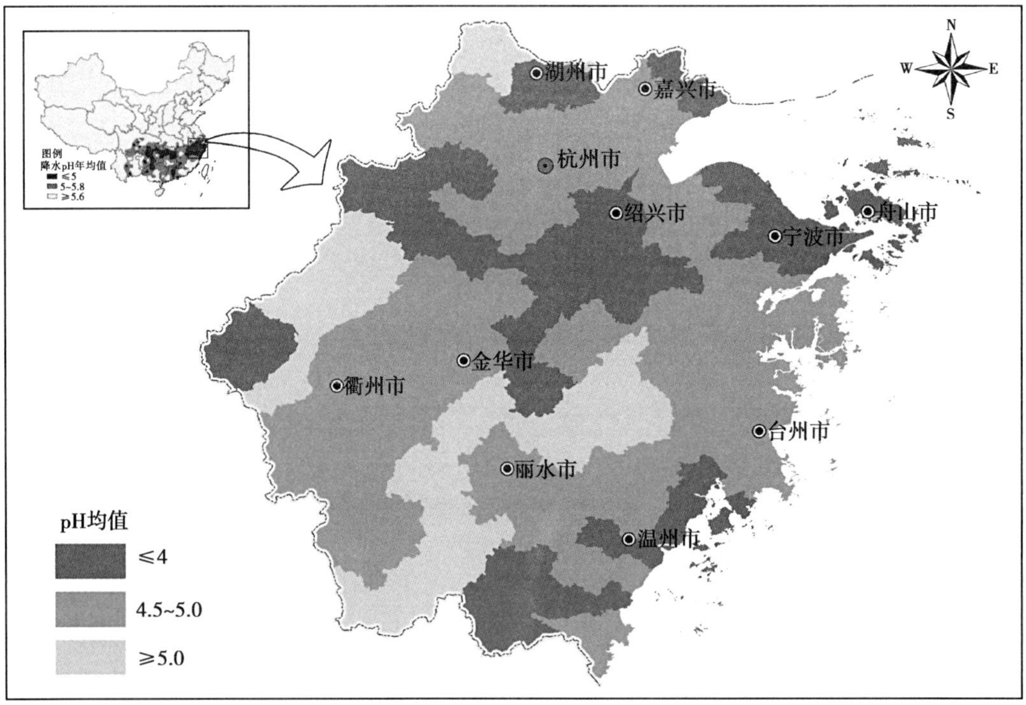

图 3-1-1 浙江省 2004 年酸雨分布图

酸雨率平均为 89.5%。所有省控监测站位降水 pH 年均值都在 5.60 以下，均为酸雨区，其中绍兴、临安、海宁、永康、嵊州、乐清、象山、温州、义乌、宁波、舟山、嵊泗、杭州、丽水、余姚、苍南、湖州、建德、普陀、台州降水 pH 年均值均小于 4.50，为重酸雨区，其余均为中酸雨区。2004 年全省 pH 最低值达 3.28，发生在三季度的温岭，最严重的酸雨出现在北部的绍兴，降水 pH 年均值为 4.16，为全省最低，酸雨率达到 93.5%。全省酸雨率最高的城市为丽水、开化、安吉、乐清，年酸雨率均为 100%。

2004 年各城市降水 pH 年均值大部分在 4.21~4.60 之间，其中主要在 4.21~4.40 之间，其比率为 41%，处于酸度高的城市百分比较去年有所增高，2003 年各城市降水 pH 年均值主要在 4.41~4.60 之间；其次为在 4.41~4.60 之间，占 28%；pH 值范围在 4.01~4.20 之间的城市占 9%，比上年有显著增加。酸雨污染程度表现为秋、冬季大于春、夏季。

2004 年浙江全省降水离子组分中 SO_4^{2-} 和 NO_3^- 离子平均当量浓度比为 2.44：1，属燃煤、燃油过度型酸雨。与 2003 年及“十五”期间相比可以发现，降水中 SO_4^{2-} 和 NO_3^- 离子的当量浓度比有所减少，这表明氮氧化物对降水酸化的影响正在逐步扩大，其主要原因是城市汽车大幅增加致使汽车尾气的污染在加重。

2. 城市粉尘问题

浙江省城市空气环境质量总体较好，但在工业集中的城市和地区污染仍有所发展，大气污染在交通繁忙的城市已开始由单纯的煤烟型向煤烟型和汽车尾气污染混合型发展，粉尘类污染物对城市空气质量的影响最大，其次是氮氧化物和二氧化硫。2004 年度浙江全省 32 个省控城市中，有 27 个城市达到国家二级标准，占省控城市的 84.4%，其中一级占 3.1%；有 5 个城市空气质量为三级，占 15.6%。全省城市空气综合污染指数为 1.42。

2004 年，全省二氧化硫年日均值为 0.020 毫克 / 立方米，二氧化氮为 0.033 毫克 / 立方米，TSP 为 0.131 毫克 / 立方米，32 个省控城市二氧化硫、二氧化氮年日均浓度均达到国家空气质量二级标准，其中二氧化硫、二氧化氮分别有 56.2% 和 65.6% 的城市达到一级标准。除义乌、金华、丽水、台州、杭州外，其余 27 个省控城市 TSP（PM10）年日均浓度均达到国家空气质量二级标准，其中舟山普陀区达到一级标准。

2004 年，在影响城市空气环境质量的三项主要污染物（二氧化硫、二氧化氮和 TSP）中 TSP 所占的污染负荷最大，其污染物负荷系数占 46.6%。比较而言二、三季度好于一、四季度。

总结浙江省城市空气粉尘污染的主要原因，包括四个方面：首先是城市化带来的工业化产生的大量工业粉尘污染；其次是城市化带来的交通飞速发展产生的大量汽车尾气污染；再次是城市化带动建筑业的发展所产生的建筑扬尘，物流业发展形成的大型港口、码头和堆场所产生的扬尘都直接贡献于城市粉尘污染；最后在秋冬季节出现的“逆温”天气会阻碍城市空气污染物的扩散，从而进一步加剧城市空气污染。城市空气粉尘在大雾天很容易引起人们呼吸道系统的疾病，对人们的身体健康极为不利。

3. 水土环境问题

2004 年，浙江省八大水系、运河和湖库按年均值统计，水质类别为Ⅰ~ 劣Ⅴ类，其中

Ⅰ~Ⅲ水断面类占52.1%，Ⅳ类占16.6%，Ⅴ和劣Ⅴ类占31.3%；46.7%的断面满足水域功能要求。这些河段处于经济、社会活动密集区，水体的污染特征为有机污染型，主要污染指标为高锰酸盐指数、生化需氧量、氨氮、挥发酚和石油类。八大水系和运河主要污染河段：钱塘江水系的金华江、东阳江、南江、武义江、江山港和兰江，曹娥江水系的新昌江，椒江水系的永宁江、鳌江干流及运河等。

废水排放远超过水体的净化能力，运河和平原河网地带的水质目前污染仍很严重，大部分都无法满足水域功能的要求；鳌江水质继续恶化的趋势还未得到有效遏制；湖泊富营养化问题依然突出，大部分湖泊还不能满足功能区的要求。近年来，通过大量的污染控制措施，浙江全省地表水环境质量基本稳定，水环境质量不断恶化的趋势初步遏制，部分水系和河段的水质有了一定的改善。

浙江省人口稠密，国土狭小，全省人均土地0.24公顷，是全国人均土地的1/4，世界的1/13。据调查，1985年到1995年的10年间，全省土地利用结构发生了较大的变化，耕地和未利用土地减少5%，园地和居住工矿用地大幅增加。全省土地利用率高，土地利用的地域性强，差异性大。已有93.38%的土地得到不同程度的开发利用，平原区土地利用以耕地为主，耕地占土地总面积的44.8%，而丘陵山区山多岭高，土地利用则以林为主。

目前，浙江全省水土流失面积占总土地面积的15.9%，与1987年相比，水土流失总量下降12.5%，面积下降36.93%。水土流失状况自1997年开始总体有所好转，但形势依然十分严峻。

全省耕地面积锐减，分布不均，总体质量趋降。1978年以来，全省耕地面积一直呈递减趋势，随着人口的增加，人口与耕地的矛盾更加突出，全省人均占有耕地从1978年的0.049公顷减少到0.036公顷，为全国人均耕地的1/2，世界人均耕地的1/7。

近年来，随着浙江省城市化范围迅速扩大，工业迅猛发展，固体废物不断向土壤表面堆放和倾倒，有害废水不断向土壤中渗透，大气中的有害气体及飘尘也不断随雨水降落在土壤中，导致了土壤污染。特别是20世纪八九十年代浙江个体工业的蓬勃发展和农业生产中大量使用化肥、农药等农用化学品、采用大水漫灌的灌溉方式，使得全省的土壤受到不同程度的污染。污染程度依次为冲刷地区大于农村，平原地区大于山区。浙江省的土壤污染大致可以分为：重金属污染、农药和有机物污染两大类。土壤污染导致严重的直接经济损失、导致生物品质不断下降、危害人体健康以及导致其他环境问题等危害。

4. 海洋、沿海环境与自然灾害问题

来自长江和省内6大水系所携带的大量工农业废水和生活污水排入海中，加之不合理的海水养殖，使87%的近岸海域受到污染，海水水质以Ⅳ类和超Ⅳ类为主，富营养化程度日趋严重，河口海水中无机氮和活性磷酸盐严重超标，局部海域铅、汞等重金属有超标现象；近岸海底沉积物中氮、磷超标严重，成为海水二次污染的潜在源。个别海域（如杭州湾和舟山海域）船舶排污及碰撞漏油，海上石油开采溢油等加剧了近岸海域的污染。随着海洋开发活动的增多，海洋生态环境遭受破坏，使生物多样性衰减，群落结构趋于单纯化，生物量及栖息密度逐年下降，一些生物种类已近绝迹，海洋食物链已经遭到严重破坏。近海水域富营养化进程加速，导致赤潮发生的频率、规模和危害大增，尤以象山港的赤潮最为严重。

在海域环境质量劣变的同时，沿海滩及近岸浅海沉积物环境质量喜忧参半。受来此陆域河流污染物的影响，河口环境及中近岸浅海沉积物中的砷、铜、铅、镍、锌等重金属元素呈增高的趋势，在空间分布上与沿海的工业产业分布具有对应性，浙东沿海部分地区海底沉积物中已检出有多联苯的残留。

20 世纪 60 年代以来，浙江全省自然灾害呈增长趋势，以热带风暴（台风）、风暴潮灾害的影响最为严重，梅汛期洪涝次之，再依次为农林病虫害、赤潮、冰雹及龙卷风、地质和地震灾害。各种灾害给灾区人民生活和经济建设造成了很大的影响，并已成为影响国民经济和社会发展的制约因素。

浙江省是洪涝、台风和干旱频繁发生的省份。新中国成立以来，全省发生较严重的洪涝台旱灾害 120 余次。1991 年至今，全省共发生突发性地质灾害点 1300 余处，造成的损失十分严重。浙江省沿海的海洋灾害主要有风暴潮、风暴浪和赤潮三种。近年来由于近岸海域受有机污染，海水的富营养化程度逐年加重，赤潮发生的频率逐年增加，赤潮的面积也越来越大，新的赤潮潮种不断出现，对沿海经济的危害程度日益增加。

陆域污染物的大量排海，不合理的海洋养殖，导致近岸海域的无机氮、无机磷等营养盐大量增加；过度捕捞，使得多种鱼类的产量锐减，生物多样性结构发生变化。这种双重作用导致了海洋环境中氮、磷等营养物质迁移转化规律的变化，破坏了原有的平衡，使浮游生物大量繁殖，赤潮频发，渔业资源衰退。

5. 生态系统健康问题

生态系统健康是指生态系统有能力进行资源更新，在生物和非生物因素如病虫害、环境污染等作用下，从一系列的胁迫因素中自主恢复并能够保持其生态恢复力，而且能够满足现在和将来人类对于生态系统的价值、使用、产品和生态服务等不同层次的需要。

浙江省的危害程度大的入侵生物种主要有：水葫芦、加拿大一枝黄花、假高粱、豚草、毒麦等等。它们拥有极其强大的繁殖能力，甚至能以有性和无性两种方式繁衍后代，而在入侵的早期，无性生殖更是主要的，危害极大。

水葫芦被列入世界十大害草之一，在浙江各地都有分布，尤其在湖州等地分布更加广泛，因为在我国没有天敌制约，却在生长过程中消耗大量水中的溶解氧，导致其他水生植物减少甚至消亡。浙江各地的河流、湖泊和水塘都有分布，成为“河道杀手”。2004 年湖州、富阳一带水葫芦泛滥成灾，不仅造成河道堵塞，也影响其他生物成长。现在为整治水面，有些市县每年要花上千万元请人打捞。在水流浅少、静风、高温和富营养的水面，极易引发大面积的水华现象，这对水域生态系统的影响是毁灭性的。

根据浙江省植保总站 2004 年对浙江全省加拿大一枝黄花的普查汇总统计：浙江省 11 个市都有加拿大一枝黄花发生，全省发生面积 167865 亩，其中最严重的地区嘉兴有 69000 多亩，宁波 39000 多亩，舟山 37000 多亩。主要分布在荒地、河滩、路边铁路两边的荒地，城市住宅区附近，绿化带上面。调查还发现部分农田已经被一枝黄花入侵，舟山 5000 多亩果园，700 多亩农田，嘉兴市 118 亩农田受害。

20 世纪 90 年代以来，松材线虫、稻水象甲、美洲斑潜蝇、蔗扁蛾、烟粉虱、灰豆象等外来病虫害不断入侵，对浙江的农业和林业生产带来了严重影响；近年来常发性病虫的发生和危害程度居高不下，发生的频率增加；新的检疫性病虫的传入，并扩大蔓延；森林病虫灾害发生面积较大，危害程度高。松材线虫、竹子病虫、日本松干蚧、马尾松毛虫、板栗病虫是浙江的主要森林成灾病虫。

作为"森林癌症"的松材线虫病目前在浙江已经泛滥。1991 年 9 月在象山县首次发现扩散以来，尽管浙江林业部门长期进行了艰苦的控制工作，其发病面积还是达到了 45.49 万亩，病死松树 165.84 万株以上，总计枯死松树 3500 多万株，直接经济损失 12 亿多元，其危害范围仍然不断扩大。据了解，宁波市每年为了控制松材线虫的蔓延就要花掉 400 万元。浙江全省每年为防治松材线虫病的投入至少在 1000 万元以上。

远离天敌是外来入侵生物得以生存蔓延的主要原因之一；另外许多入侵种会采取与土著近缘种"联姻"的方式来实现入侵。入侵种占据了原先土著种的领地，并且入侵种与土著种的杂交后代也具备了两个祖先的全部遗传信息，可以在日后不断的繁殖过程中，挑选合适自己的基因型，产生新的表型变异，大大增强它的入侵能力。入侵种的生根发芽使得原有的生物链被破坏，其所产生的生态危害将难以估计。

二、城市林业与乡村绿化

从某种意义上说，城市化水平的高低是衡量一个国家或地区社会经济进步状况的一个重要标志。一个国家或区域的可持续发展离不开城市化。城市化与工业化、现代化是密切相关的，基本上是同步发展的。因此，城市化已经成为中国经济增长的一个重要推动因素。浙江省的经济的快速发展是与其不断加速的城市化进程密切相关的。

长期以来，农村发展的重点一直集中在脱贫致富，对以村容村貌整治为核心的农村生态环境建设没有引起足够重视，政府投入更是严重不足。特别是近年来随着浙江民营、乡镇企业的蓬勃发展，污染问题日益突出，"垃圾靠风刮，污水靠蒸发"，已成为制约农村经济社会可持续发展的重要因素之一。改善农村人居环境，创建绿色和谐生态家园，促进城乡生态建设一体化，是建设社会主义新农村的重要内容和必然要求。

（一）城市化发展过程

浙江省真正意义上的城市化开始于 20 世纪 70 年代末。1978 年浙江省设市城市只有 3 个地级市，建制镇为 167 个；2000 年设市城市达到了 35 个，建制镇发展到 987 个，城镇人口也有 1978 年的 527 万人发展到 2277 万人。城市化水平也由 1949 年的 11.8% 提高到了 48.68%（表 3-1-9）。根据资料，1996 年时，浙江全省建制镇建成区占地面积为 1435.7 平方公里。2000 年全省城市建成区面积达到了 964.03 平方公里，比 1990 年的 506.9 平方公里扩大了 90.2%。

表 3-1-9　浙江城市化发展状况　　单位：万人、%

年份	市镇人口	城市化率	年份	市镇人口	城市化率
1949	246.02	11.8	1980	516.28	13.5
1952	281.70	12.7	1985	797.16	19.8
1957	358.46	14.3	1990	1291.75	31.2
1962	480.03	17.7	1995	1408.00	32.6
1965	422.62	14.3	1996	1424.50	32.8
1970	429.79	13.0	1997	1574.43	35.5
1975	494.02	13.7	1998	1636.76	36.7
1978	527.00	14.5	2000	2277.00	48.7

迅速发展的城市化进程，极大地推动了浙江的经济发展。有关研究表明，2000 年，浙江省建制镇以上的城市地区对全省国民经济的贡献份额达到了 75%，对财政收入和利税的贡献份额分别达到了 85% 和 90%。杭州、宁波、温州 3 个核心城市的面积与人口虽然只占全省的 4% 和 10%，但其国内生产总值却占到了全省的 22%，人均 GDP 是全省平均水平的 2.6 倍，财政收入占到了全省的 36% 左右。

目前，浙江全省已经形成了以杭州为中心、紧密融入长三角城市群的杭州湾城市群，以及温台城市群和金衢丽城市群。各城市群（带）的土地利用现状见表 3-1-10。从表中可以看出，城市规模以杭州湾城市群最大，温台城市群次之，金衢丽城市群规模最小。

表 3-1-10　土地利用现状（1996 年）　　单位：万公顷

	耕地	菜地	园地	林地	城市	建制镇	交通用地	水域	未利用土地
杭州湾城市群	111.56	1.04	31.57	197.94	2.04	3.08	6.40	53.03	25.9
温台城市群	46.73	0.26	10.58	106.37	0.48	1.65	1.82	25.31	21.78
金衢丽城市群	54.24	0.15	18.60	249.31	0.73	0.97	2.25	12.56	22.10

（二）城乡生态环境问题

1. 城市生态环境问题

城市化的发展在带来巨大经济发展的同时，也不可避免地引发了大量的环境问题，严重影响到了城市的可持续发展。

（1）城市大气污染。城市化用人工地表面代替了自然地面，导致大气的物理状况受到影响，城市的气温显著高于周围郊区，形成城市“热岛”。城市排出的大量的各种气体和颗粒物，使城市大气中的二氧化碳、二氧化氮、TSP 等含量增高，引起酸雨等环境危害。在浙江省，影响城市空气质量的三项主要污染物（二氧化碳、二氧化氮、TSP）中，以 TSP 所占的污染负荷最大，其污染物负荷系数达 51%。2003 年，杭州、宁波、台州三市空气质量相对较好，天气优良的天数所占比例均在 90% 以上。我国城市的大气污染是典型的烟煤型污染，以烟尘和酸雨的污染危害最大，总悬浮颗粒物、二氧化硫、氮氧化物是主要的污染物。随着城市交通的发展，以机动车尾气污染为主要来源的空气污染的上升速度也逐渐加快，目前浙江省空气污染已经由过去的纯煤烟型向煤烟 - 机动车废气复合型发展，尘类污染物对城市空气质量状况的影响最大，其次为二氧化氮和二氧化硫。

（2）城市水体污染。城市化增加了不透水面积，使地下水得不到足够的补给，破坏了自然界的水循环。城市化还会带来耗水量增加，导致水源枯竭，供水紧张。随着城市的扩大，人口的增多，生活污水和工业废水对水质的污染也日益严重。从表 3-1-11 可以看出，浙江省工业废水排放达标率基本维持在 65%~85%。除了工业废水外，生活污水也是影响城市水环境质量的重要因素。2003 年全省生活污水排放量为 102174 万吨，较 2000 年的 76883 万吨增加了 25291 万吨，增加率达 32.9%。

表 3-1-11　废水排放及处理情况　　单位：万吨

	工业废水总排放量	达标排放情况		处理情况	
		达标量	达标率（%）	处理量	处理率（%）
1996	85481.00	60312.00	70.6	45066.00	52.7
1997	124813.00	65830.00	52.7	77241.00	61.9
1998	113018.00	76288.00	67.5	78574.00	69.5
1999	117132.00	94128.00	86.7	95437.00	81.5
2000	166557.55	142595.74	85.6	147781.70	88.7
合计	607001.55	439153.74	72.3	444099.70	73.2

全省 11 个地级市中，污水排放量最大的是杭州市，2000 年其排放量占到了全省总排放量的 33.01%，其次为温州和衢州，其分别占全省废水排放总量的 11.18% 和 9.94%。

由于废水的排放量远远超过了水体的自净能力，浙江运河和平原河网地区的水质污染并非常严重，大部分都无法满足水域功能的要求。

（3）城市固体废弃物污染。固体废弃物的排放是由于资源没有充分利用而产生的，具有二重性，不加处理排放会对环境产生不良影响。城市化的加快和人口的增长，会使工业固体废物和城市生活垃圾总量上涨。影响城市环境的整洁美观，而且许多有毒废弃物会造成大气、水体和土壤的污染。从表 3-1-12 可以看出，随着城市化与工业化进程的加快，城市中固体废弃物也呈现出逐年增加的趋势，2003 年与 1990 年相比，固体废弃物排放量增加了 1128 万吨，增加率达到了 133%。城市生活垃圾无害化处理率为 83.8%。固体废弃物已经严重影响了城市周边的农田土壤，对于局部的大气环境、地表水和地下水都造成了越来越严重的污染，且成为传染病流行的根源之一。

表 3-1-12　工业固体废弃物排放量及处理利用情况　　单位：万吨

	1990	1995	2000	2001	2002	2003
工业固体废弃物生产量	848	1018	1386	1603	1778	1976
工业固体废物排放量	58	12	6	5	5	4
工业固体废弃物综合利用量	354	711	1099	1390	1506	1722
工业固体废弃物储存总量	3599	6811	142	130	132	34

（4）城市噪声污染。城市中人口集中，工业生产、建筑施工、商业活动、交通运输等会产生各种噪声，妨碍人的休息和工作，甚至影响到居民的身体健康。根据浙江省2003年环境质量监测资料，全省城市总体声环境质量保持在2002年的水平，城市区域环境噪声基本控制在58分贝内，交通噪声基本控制在70分贝控制值内，城市噪声控制取得了一定成效，但交通干线道路两侧区域夜间噪声超标现象仍较为严重（图3-1-2）。生活噪声源和交通噪声源仍是主要噪声源，前者影响范围广，后者干扰强度大。在影响城市声环境的各类噪声源中，工业噪声源占8.2%，建筑施工噪声源占4.4%，交通噪声源占26.4%，社会生活噪声源占50.6%，其他噪声源占10.4%。

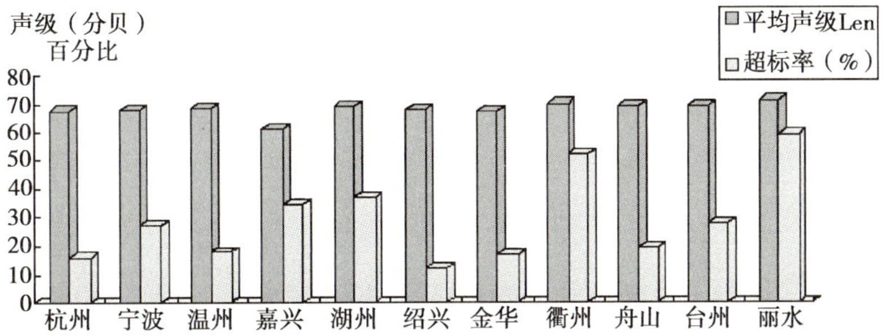

图3-1-2　2003年全省城市道路交通噪声平均等效声级和超标率比较图

（5）城市城区及周边土壤重金属污染较严重。根据2005年完成的《浙江省农业地质环境调查》成果资料，杭州、宁波、绍兴、温州、台州等城市周边地区中污染的土壤面积达817平方公里、重污染土壤面积166平方公里。这些污染具有范围大、强度高、成分复杂、围绕工矿企业的特点，主要是汞、镉、铜、砷、铬、铅等，城郊传统的蔬菜基地、基本农田都受到了不同程度的影响。

2. 乡村生态环境问题

（1）生活污水和生活垃圾污染。2003年浙江省农村人口为3712.12万人（不包括外来和外出打工的人口），年排放生活污水量约6亿多吨。现阶段，浙江省95%以上的乡镇没有集中污水处理设施，只有极少数乡镇新建的住宅区建造了生活污水净化沼气池，污水经净化处理后能达标排放。还有少部分乡镇住宅的生活污水仅采用三格式化粪池囤积后排出，根本不能达标排放，绝大部分乡村生活污水都是直排入河，使河道成了露天化粪池。同时，菜叶、果皮、包装纸、玻璃瓶、饮料罐、薄膜塑料袋也随地可见，农房道路旁边垃圾堆积、蚊蝇孳生、臭气冲天的景观在浙江省85%的农村都存在。

（2）乡村工业污染。浙江民营、乡镇企业发达，“三废”没有得到良好的治理，存在超标及无序排放现象，严重影响和破坏农村的生态环境。目前，浙江省绝大部分乡镇工业的耗能结构以煤为主，年排放废气总量达100多亿立方米，主要集中在砖瓦、陶瓷、水泥和石灰等建材行业，废气处理率仅30%左右。废气中的烟尘、二氧化碳、二氧化硫、氧化氮等有害气体的大量排放不仅对环境产生严重污染，也给农业生产造成损失。

据不完全统计，2000年浙江省乡镇工业排放的污水量约为4亿多吨，主要集中在造纸、皮革、纺织印染和食品等行业，废水处理率仅为35%左右，其中化学耗氧物质（COD）、重金属（铅、汞、镉和六价铬）、氰化物的排放量超过浙江省县及县以上工业企业排放总量。

据环保部门对地面水环境质量检测，引起河网污染加剧的污染源主要来自广大农村，农牧业污染占的比重很大，其中化肥污染占40%，禽畜粪便占35%，其余为生活、工业和乡镇工业污染。

（3）养殖业污染。浙江规模化的养鸡场、养猪场、养牛场迅速发展起来，但几乎都没有建设相应的废弃物处理设施，畜禽粪便随地堆放，污水横流，污染农田、江河，严重恶化了农村生态环境。目前，浙江省现有禽畜规模养殖场400余个，建场时大都没有同步建造配套的粪便处理设施。除了国营大型养殖场外，浙江省还有乡、村、个体办的中小规模养殖场达几千家，每年产生大量的畜禽粪便及污水。据2003年统计，浙江省畜禽饲养量为36450.6万只、其中猪2924.4万头、牛48.5万头、羊463.1万头、兔子1216.4万只、家禽31798.2万只。年排放的禽畜粪便及冲洗污水量超过5000万吨，除一部分作为肥料供养殖场自用或出售外，其余的一般都就近排入沟渠河道，对周围环境特别是对水体造成了严重的污染。

此外，淡水养殖也是造成农村水质污染的重要因素之一。淡水养殖一般采用施肥养殖方法。投有机肥和化肥为饲料，每年投8~10次，人工投饵和鱼类排泄的污染物将通过鱼塘换水、清塘等途径而污染周围水体，其中以网箱养殖的污染最为严重。2003年浙江省淡水水产品养殖量76.82万吨，污染物全部流失进入附近水体。

（三）城市林业与乡村绿化现状

随着城市化、城镇化进程的加快，环境污染、热岛效应、雨岛效应等负面效应与其他非经济性的负面因素也在急剧增长。这一切都与城乡居民渴望回到优美的森林环境之中，呼吸新鲜空气，回归大自然的需求相去甚远。森林不仅对光、热、气、水、土等生态因子具有重要的调节作用，同时也是城乡文化品位与精神素养的标志。

1. 城市林业与乡村绿化的意义

城市森林具有显著的生态功能，对保持水土、调节气候、净化空气、防风固沙、养护物种，保障和改善城市的生态环境具有不可替代的作用。

调节气候：城市绿地能够调节气温、增加空气湿度、减低风速，增进人体健康。城市林带和绿地可以吸收太阳辐射，因此在绿地内夏季气温比广场处低10℃以上；这种温差可产生每秒1米的对流风速，使空气得以对流、扩散；另一方面，植物通过蒸腾作用，可使绿化地区的空气湿度要比空旷地高20%左右。

固碳制氧：城市中通过人的呼吸、排泄物的氧化、燃料的燃烧、微生物的繁衍等消耗大量的氧气，因此新鲜空气环境的维持已经成为了城市居民最新的生活需求。绿色植物是二氧化碳的消耗者，也是氧气的天然制造厂。城市森林的固氮制氧作用是通过吸收人呼出的二氧化碳并还原为糖和有机物，排除人所需要的氧气来进行的。通常1公顷阔叶林在生长季节1天可以消耗1吨二氧化碳，放出0.73吨氧气。如果以成年人每日呼吸需要消耗氧气为0.75公斤，排出二氧化碳为0.9公斤计算，则每人有10平方米的森林面积就可以消耗掉每人因呼吸排出的二氧化碳，并供给需要的氧气。

净化空气：由于植物的气体交换，使一定数量的空气污染物质进入植物体内，其结果是：去除了空气中的污染物质，限制了它的扩散，减低了它的浓度。城市中的树木与草坪对二氧化硫、氟化氢、氮氧化物、臭氧、铅等重金属的浮尘、浮游微生物等都有阻拦作用。据研究，每公顷城市林地每年可吸收二氧化硫 30~64 公斤，二氧化硫在通过高宽分别为 15 米的林带后，其浓度可降低 25%~75%。而氟化物在通过 40 米宽的刺槐林带后，其浓度比通过同距离的空旷地降低 50%，林带愈宽愈密，氟化物浓度降低愈明显。

过滤尘埃：许多城市由于高密度的人流与物流活动，可产生高达 1000 吨 / 平方公里的降尘量，降尘中主要含有汞、铅、铬、镍等重金属，硅、铝、钙、钠、钾等氧化物，以及盐类、有机物，对人体健康有很大的影响。植物叶片具有阻挡灰尘的作用。据研究，当含尘空气通过数行乔木树种组成的林带后，大颗粒降尘的阻滞率为 23%~52%，小颗粒飘尘的阻滞率为 37%~60%。1 公顷的山毛榉树林，1 年之内吸附的粉尘就有 68 吨之多。

杀菌作用：城市地区人口多、车辆多、树木少，空气中细菌种类多密度大，常见的细菌就有：杆菌、球菌、霉菌等 100 多种，这些细菌都是借助于空气中的灰尘等漂浮物进行传播的。植物有阻尘、吸尘作用，因而也就阻挡了细菌的活动性，从而减少了空气中细菌的含量。同时有些植物能分泌强大的抗生素，如松属、橙、柠檬、圆柏、黑核桃、法国梧桐等植物，都有较强的杀菌力。

减少噪声：严重的噪音，使人烦恼，听力受损，工作效率降低。树木、草坪具有很大的隔声和吸声作用，而公园绿地则能够将噪声源地间隔开来，从而减轻噪声的危害程度。据测定，70 分贝的噪音通过 40 米宽的林带一般降低 10~15 分贝；4 米宽的绿篱可减弱噪音 6 分贝，绿化的街道比未绿化街道可降低噪音 8~10 分贝；20 米宽的草坪，一般减少噪音 2 分贝。

2. 浙江城市林业与乡村绿化现状

（1）城市林业现状。目前，浙江省城市的人均公共绿地面积为 7.5 平方米，已较 1985 年的 2 平方米翻了 3 倍多（表 3-1-13），可以说以园林绿化为中心的城市森林建设成就是巨大的。

表 3-1-13　浙江省城市园林绿地基本情况

	单位	1985	1990	1995	1997	1998	2000	2001	2002	2003
园林绿地面积	公顷	1513	4656	23422	21926	23473	26394	30268	36206	42846
公共绿地面积	公顷	520	1415	3552	3510	3922	4723	6250	8213	9836
人均公共绿地	平方米	2	3	6	6	7	8	5	6.5	7.5
公园个数	个	51	165	332	278	300	360	400	459	525
公园面积	公顷	306	912		1844	2009	2343	2763	3351	4113

国外许多学者的研究都认为，建设既有高度物质文明又有自然气息、生态健全的现代化城市，应采取高绿地指标（绿化覆盖率在 50% 以上）。近年来，我国的环保、林业与园林科技人员所做的多项专题研究也表明，从维持城市空气中的碳氧平衡，从维持城市空气中

的碳氧平衡，吸收有害气体、缓解“热岛效应”等生态功能要求出发，对于人均用地指标在75~105平方米的大城市地区，绿化覆盖率应争取达到40%~50%，城市生态环境质量才能较佳。在我国实行的园林城市标准中规定，秦岭淮河以南地区的绿化覆盖率在大城市、中等城市和小城市应分别达到35%、37%和39%；而我国的生态城市评价标准中则要求建成区绿化覆盖率和人均公共绿地面积应该分别大于50%和20平方米/人。与此标准相比较，从表3-1-14中可以看出，除绍兴市建成区绿化覆盖率为46%之外，其余城市的绿化覆盖率均低于40%。因此，要实现真正意义上的生态优先的和谐人居社会，浙江省的城市林业建设还有很多工作要做。

表3-1-14 浙江省各市园林绿地与人口状况（2000）

	人均园林绿地面积（平方米/人）	建成区绿化覆盖率（%）	建成区面积（平方公里）	市区人口密度（人/平方公里）
杭州	32.58	33.5	171	2566
舟山	33.27	32	49	666
绍兴	29.80	46	26	3319
衢州	21.42	26.9	23	1113
金华	16.36	21.2	32	1153
宁波	14.44	31.4	66	1181
温州	13.00	17.4	79	1082
嘉兴	9.49	20.7	40	810
湖州	9.24	24.7	46	680
台州	5.50	11.3	63	925

（2）乡村绿化现状。长期以来，农村聚居点的环境一直是环境监管和污染治理体系的死角，农村聚居点的环境基本处于“自治”状态。同时，与人口集中不相适应的是，污染治理设施等与人居环境有关的公共服务却远未跟上，导致农村聚居点的环境状况显著劣于城市。浙江省2003年有乡镇政府1334个，村民委员会38322个，有超过95%的农村人口在500人以上的聚居点居住。浙江按照“以城带乡,以乡促城,城乡联动,整体推进”的要求，以城镇、平原、通道和村庄为重点，大力开展城乡绿化一体化建设，推动城市和乡村同步绿化美化，展开省级、市级、县（区）级绿化示范村、绿色村庄、园林式村庄创建活动。目前，全省已建和在建的“绿化示范村”有613个,“绿化整治村”有2218个,已投入绿化资金3.2亿元，完成绿化建设934.4万平方米。47个村庄成为首批“省级绿化示范村”。

三、块状经济与林业产业发展

所谓“块状经济”是指介于市场和层级之间的空间组织形式，有人也称其为“集聚综合体”、“柔性生产体”、“企业群落”、“区域生产综合体”等等。改革开放以来，浙江省从培育市场起步,促进专业市场、特色产业和中小城镇联动发展,市场越做越大,产业越做越强，形成了特色鲜明的区域“块状经济”，在市场竞争中显示了较强大的优势。

“块状经济”主要有7个的基本特征：地域的集中性；要素的根植性；起源的自发性；企业的关联性；生产的专业性；产品的差异性；发展的阶段性。

“块状经济”的优势主要包括：基础设施建设与利用的规模经济优势；市场拓展的规模经济优势；促进民营企业之间的专业分工与协作；机械设备和原料的集中供应与配套服务优势；强化地方专业形象，有助形成新的地方文化；降低转产的沉淀成本和市场退出壁垒，极大地减轻了集群内企业的退出成本；进一步增强群落内各企业的学习能力和竞争能力，形成技术管理和创新的规模经济优势。

浙江省的林业产业发展与块状经济密切相关，正是由于块状经济的优势促进了浙江省林业产业的规模发展，特别是竹产业、木材加工及制品产业和干果为主的经济林产业的迅速发展。

（一）浙江林业产业经济概述

浙江是全国最具经济发展活力的省份之一，浙江的林业产业也一样。浙江省国土面积10.18万平方公里，是一个“七山一水二分田”的省份。林业用地面积667.97万公顷，占全国总量的比例不到2.5%，森林总蓄积只占全国总量的1.2%，但就是这样一个森林资源小省，2003年林业社会总产值却一举突破了800亿元，2004年更上一台阶，达到979.3亿元。形成了区域化布局、专业化生产、产品特色明显的林业主导产业和一批优势企业、优势产品。涌现出了一批林业经济强市、强县，39个县（市）林业产值超过5亿元，21个县（市）超过10亿，德清、安吉林业产值超30亿元。林业产业已成为浙江省农业农村经济的支柱产业，林业产业的发展有力地推动了区域经济的发展，为浙江省农民增收和农业增效作出了重要贡献。

目前，浙江省木材加工经营企业已发展到2万多家，年加工木材1000多万立方米，年创产值420多亿元；有各类竹笋加工企业3000多家，年加工毛竹1.5亿多根，产值115亿元，产品有3000多个品种。林产品加工业的发展，有力地促进了资源培育和农民收入的增加。笋竹、木材等原材料价格大幅度上涨，林农从中得到实惠，营林积极性高涨。到目前为止，浙江省竹林面积达78.29万公顷，比15年前增长了近30万公顷，加工企业兴建原料林基地10多万公顷。林产品加工业的发展，形成了一批具有区域特色的产业带，如嘉兴、湖州的人造板、实木地板产业带，湖州、衢州、丽水的竹产业带，台州、云和的木制工艺品产业带，温州、玉环的木制家具产业带等。嘉善人造板产量约占全国的1/3。南浔是全国最大的实木地板生产基地，年产实木地板4000万平方米，约占全国产量的1/4。东阳是全国最大的木线生产基地，约占全国40%、华东地区80%的市场份额。云和是全国最大的木制玩具生产基地。龙泉是全国最大的木制太阳伞生产基地。丽水是中纤板生产中心，年产40多万立方米。温州、玉环是木制家具生产中心，年产值30多亿元。

木材加工、竹业加工、花卉苗木、经济林已成为浙江省林业的四大主导产业。2004年，全省竹木加工产值达420亿元，花卉产值近60亿元，山区、丘陵县的经济林产值近80亿元。

森林旅游业也蒸蒸日上。目前，全省森林公园已有70多处，经营面积32.7万公顷，其中国家级森林公园24处，年接待游客1200多万人次，年产值超过37亿元。野生动物驯养繁殖作为新兴的林业产业之一，近几年进展顺利。省林业厅已累计审批野生动物驯养繁殖企业450家，省野生动植物进出口年贸易额达到20多亿元。

（二）竹产业区块

浙江是竹产业大省，全省共有竹林面积78.29万公顷。其中，毛竹65.35万公顷，16.6亿支。全省年产竹材1.04亿支，年加工竹材1.48亿支。素有世界竹子看中国、中国竹子看浙江之称。浙江省竹产业以竹材的加工利用和竹笋的鲜销、加工为主，有加工企业2600多家，年产值达到114.63多亿元，其中一、二、三产业产值分别为36.83、68.05、9.75亿元，出口创汇2.7亿美元，是仅次于木制品产业的林业第二大产业，主要产品有竹胶板、竹地板、竹制工艺品日用品、竹炭、竹笋、竹化工产品等十类约3000多个品种。年产竹胶板30多万立方米，竹地板250多万平方米，竹笋140多万吨，竹炭1.02万吨。

（1）竹胶板。从浙江省目前竹材资源消耗量和产值看，竹胶板是浙江省竹产业中的主要行业，约有110多家加工企业，年消耗毛竹1000多万支，生产竹胶板30多万立方米，年产值8亿多元。产品以建筑模板和车厢底板为主。德清莫干山竹胶板厂是全国最大的竹胶板生产企业，年生产竹胶板近3万立方米，年产值1.39亿元。

（2）竹地板。全省有竹地板加工企业70多家，年产竹地板250多万平方米，产值3亿多元。规模较大的有杭州大庄地板有限公司和新昌福大公司等，大庄地板有限公司年产竹地板70多万平方米，产值1亿多元。竹地板主要用于出口，年创汇达3500万美元。

（3）竹制日用品、工艺品。全省有1500多家竹子日用品、工艺品企业，年产值19亿元，出口创汇6600多万美元。主要产品有竹凉席、竹筷、竹窗帘、竹编等。有一定规模和知名度的企业有生产竹凉席的文成冰洋实业公司，生产竹筷企业有庆元的双枪、奉化的士林、泰顺的司前竹子品餐具厂等。除竹窗帘主要集中在安吉县，竹编主要在嵊州、东阳以外，其他企业分布比较分散。

（4）竹炭。全省有45家大小竹炭生产企业，年产竹炭2万余吨，产值近2亿元。产品以出口日本为主，竹炭的加工开发也开始起步，有竹炭床垫、坐垫、竹炭布等。

（5）竹笋。浙江省的竹笋有毛笋、早园笋（雷笋）、马蹄笋等。毛笋主要加工成水煮笋罐头出口，全省有笋加工企业400多家，年产量24万多吨，产值15亿元，创汇5800万美元。

（三）木材加工及制品产业区块

浙江省木材资源缺乏，全省森林蓄积量只有1.94亿立方米，是资源小省。但是，浙江省以木材为原料的加工企业比较发达，全省年需消耗木材1000多万立方米，除自己生产的以外，每年需从国外、省外进口木材500多万立方米。目前，全省木材加工经营企业已发展到2万多家，年加工木材1000多万立方米，木材加工及其制品的产值，居整个林业产业第一位，年创产值420多亿元。浙江省林业产业的主要产品有人造板、本地板、家具、木制玩具和木制工艺品等几大类。

（1）人造板。主要包括胶合板、刨花板和中密度纤维板、细木工板等几个品种。胶合板生产主要集中在嘉善、南浔、德清、临海等地。全省年生产胶合板近300万立方米，约占全国胶合板产量的1/4。丽水绿源集团和丽人集团是全国规模最大的中密度板生产企业之一。

细木工板生产企业比较分散，主要分布在木材资源相对较丰富的地区，企业规模都不是很大。

（2）木地板。浙江省的木地板生产企业主要集中在湖州、丽水等地。湖州南浔是全国最大的实木地板产销基地，有生产企业300多家，年产实木地板4000多万立方米，约占全国实木地板产量的1/4。

（3）家具。浙江省的家具业发展很快，主要集中在温州、台州的玉环等地，年销售额在30亿元以上，出口940万件，近1亿美元。温州是全国仅次于广东顺德的第二大家具生产基地，有家具生产企业170多家，从业人员4.5万人，年产值20亿元。玉环县也是浙江省家具的集中产地，有大小生产企业200多家，产值3.8亿元。

（4）木制玩具、工艺品。浙江省的木制玩具和木制工艺品生产居全国领先水平，是全国最大的木制玩具生产基地。木制玩具主要集中在丽水市的云和县，有玩具生产企业和加工点近500家，年产值6亿多元，产品90%出口，年创汇6000多万美元。木制工艺品主要集中在台州市的黄岩、仙居、临海、天台等县市，资产总额在500万元以上的加工企业有28家，年销售收入8亿多元。

（5）木线。浙江省东阳市是全国最大的木线生产基地，有大小木线加工企业1000多家，年销售木线近20万立方米，销售额15亿元。东阳木线占全国40%以上的份额，占华东地区市场份额的80%。

（四）花卉苗木产业区块

花卉苗木产业是浙江省种植业中最有发展前景的产业之一。近年来，全省花卉种苗产业快速发展，形成了萧山、金华、绍兴、奉化、北仑、嵊州、海宁等特色花卉优势产区，造就了森禾种业、虹越花卉、传化大地、义金农庄和蓝天园林等全国花卉知名品牌，成为浙江省十大农业支柱产业之一。花卉业的发展为浙江省农业增效、农民增收作出了重要贡献。一是花卉产业规模大，2003年全省花卉生产面积达到117万亩，圃地产值近60亿元，占全省种植业总产值的10%左右，成为仅次于蔬菜、粮食的第三大农产品。二是产业特色明显、产品丰富，浙江省花卉业以城市绿化观赏苗木产销为主，鲜切花、盆花和花卉配套资材协调发展。全省花卉栽培品种达2000多个。培育的观赏绿化苗木南北兼容性强，许多品种适合全国大多数地区应用，2003年全省绿化苗木总产苗量27.9亿株。三是绿化苗木市场占有率高，浙江花卉产品销售几乎覆盖了全国所有省（自治区、直辖市），绿化观赏苗木在全国的市场占有率超过20%。四是产业发展的社会化、市场化程度高，社会资本纷纷投入花卉产业，全省种苗花卉企业5230多家，民营企业和个体户占95%以上，从业人员7万多户、33.7万人。

（五）经济林产业区块

全省现有经济林面积112.52万公顷，经济林年产值超110亿元，面积和产值均处于山东省之后，列全国第二位。全省经济林具有品种多、特色明显、经济效益高的特点。首先，香榧、山核桃等干果是全国唯一集约化人工栽培的省份，经济效益明显。目前，全省拥有香榧面积0.67万公顷，年产量1700多吨，年产值2.5亿元；已有山核桃基地2.8万公顷，年产量5000多吨，年产值6亿多元，盛产期丰产基地年亩产值可达2000多元。另外，还有板栗8万多公顷。其次，柑橘、杨梅、枇杷等山地水果在全国具有较高的知名度，特别是杨梅近年来经济效益十分显著，发展也很迅速，面积已达5.3万公顷，年产值达到10亿元，已成为仅次于柑橘的第二大水果。三是木本油料，浙江省有油茶面积达13.3万公顷。近年来，随着油茶深加工的开展，附加值提高，发展势头迅猛，开发前景十分广阔。

目前，全省有山核桃3万多公顷，主要分布在临安、淳安等县市。其中临安2万公顷，年产值1.5亿元左右，产量约4500吨；淳安1万公顷，年产值8000万元左右，产量约2300吨。香榧面积4000公顷，主要分布在诸暨、嵊州、绍兴、东阳和磐安等地，其中绍兴市的诸暨、嵊州、绍兴三个县市面积达3000公顷，年产量1380多吨，产值8550万元；银杏面积3333公顷，主要集中在长兴、临安，其中长兴2800公顷，年产果500吨左右，产值1000多万元，产品主要出口日本、美国和港澳台地区；杨梅除了慈溪、余姚、萧山等老产区外，黄岩、仙居、舟山、温州等都有很大发展，全省面积约4.67万公顷，年产值10亿元左右。

（六）森林旅游业区块

近几年来，浙江省的森林旅游事业得到了迅猛发展，森林旅游区域的数量和规模不断扩大，森林旅游的产业形象日趋鲜明。以千岛湖为龙头的森林公园和以天目山为代表的自然保护区构筑的浙西钱江溯源游、浙东海天佛国游、浙南奇山秀水游、浙北竹乡风情游四条旅游线路各具特色，森林旅游网络初成体系。到目前为止，全省已建立省级以上森林公园73处，其中国家级24个，省级49个，经营总面积为32.7万公顷，占全省土地总面积的3.21%；此外，还有国家级自然保护区6个，省级自然保护区2个，总面积7.8万公顷。2003年全省森林公园共接待国内外旅客1200多万人次，年产值超过37亿元。

（七）浙江林业产业化的发展重点

浙江林业产业化的发展重点，应该选择优势明显，且制约因素和存在问题相对较少的行业和产品。具体来说，今后一段时间浙江林业产业化应把以下行业和产品作为发展重点：

第一，木制行业中的人造板、木制玩具、木制工艺品和家具。浙江省这些产品在国际市场上具有一定优势，很有希望成为世界人造板、木制玩具、木制工艺品制造业基地。要真正成为世界制造业基地，一是要努力提高装备水平；二是坚持实施“走出去”战略，大力拓展国际市场；三是加大原材料基地建设。随着木竹加工产业的快速发展，资源矛盾越来越突出，木材资源小省与木制品加工大省的矛盾将更加尖锐。要抓住国家实施速生丰产林工程建设的有利时机，加工企业积极参与基地建设，政府要制定相应的扶持政策。

第二，竹子产业，包括竹胶板、竹地板、竹制日用品和工艺品、竹炭、竹笋等，都应作为今后林业产业化发展的重点。根据各个产品目前的发展现状，有针对性地确定主攻方向。除此之外，加强浙江省毛竹低产林的改造力度，结合国家速丰林工程建设和生态公益林建设工程，增加毛竹林的立竹量，提高加工竹材的自给率。

第三，花卉苗木产业，以高档次、优质的景观绿化容器苗木为主，品种应选择浙江省传统优势明显的，如桂花、茶花、杜鹃、玉兰、兰花、水仙等，并按国际惯例和标准来生产；同时选择一些适宜浙江栽培盆花品种进行设施栽培，再根据市场需要适量发展一些鲜切花。

第四，具有浙江特色的干鲜果经济林。特别是香榧、山核桃等干果是全国唯一集约化人工栽培的省份，其次，柑橘、杨梅、枇杷等山地水果在全国具有较高的知名度。

四、不同区块森林数量增长与功能提升

根据《浙江省林业生态环境建设规划》和浙江省生态环境特点，浙江省划分为6个生态区。分区编号和名称如下：

Ⅰ. 浙北平原城市林业及防护林区

Ⅱ. 浙西北山地森林生态保护水源涵养区

Ⅲ. 浙中丘陵盆地森林生态治理区

Ⅳ. 浙东低山丘陵森林生态建设区

Ⅴ. 浙南山地森林生态保护恢复区

Ⅵ. 浙东南沿海防护林体系建设区

现分别就上述类型，分析不同区块森林资源特点，围绕生态与产业结合，就森林数量增长与功能提升问题，分述如下。

（一）浙北平原城市林业及防护林区

本区位于太湖以南的杭州湾两岸，包括嘉兴市的所有区、县，杭州市的上城、下城、西湖、江干、拱墅、滨江，宁波市的海曙、江东、江北、镇海、慈溪等共计19个完整县（市、区），长兴、德清、湖州本级、余杭、萧山、绍兴、上虞、余姚、鄞州、奉化10个部分县（市、区）。本区是浙江省最大的平原区，土地总面积127.1万公顷，占全省土地总面积的12.49%。本区平原地势低平，海拔多在10米以下，分布有少量海拔在200米以下的孤丘和丘陵，区内湖泊众多，水网密布，有“水乡泽国”之称，是本省农业产品的主要生产基地。其主导生态功能为城镇密集的生态经济区，同时兼有泄水排涝和湿地的功能。

本区林业用地28.26万公顷，占全省林业用地面积的4.23%；有林地面积1.25万公顷，占全省有林地面积的2.50%；森林覆盖率19.97%。活立木蓄积657.94万立方米，占全省活立木蓄积的3.26%；有林地蓄积426.93万立方米，占全省有林地蓄积的2.38%。从森林覆盖率、活立木蓄积和森林蓄积来看，是6个区块中森林资源最少的区块，但经过多年的努力，森林覆盖率已从1989年的10.8%提高到2004年的19.97%，增长潜力已充分发挥，提高其森林生态功能，需要从提高生态工程质量等方面下工夫。

目前，存在的主要生态问题是：工业废水、生活污水和农业面源污染导致水环境破坏；地下水超量开采导致地面沉降；洪涝、渍害和酸雨比较严重。治理和发展的方向主要是：调整优化工业结构和布局，积极发展高新技术产业和现代服务业，大力推进城市化和农业、农村现代化；保护古文化遗址和湿地资源；大力发展生态农业和生态旅游业，建设绿色食品和有机食品基地。充分利用河流、道路、沟渠、堤塘，因地制宜发展农田防护林、护路护岸林。加快村镇绿化，提高森林覆盖率。重点建设高标准平原绿化工程、沿海防护林体系建设工程和森林公园建设工程。

（二）浙西北山地森林生态保护水源涵养区

本区位于浙江西北山区，范围包括安吉、临安、富阳、桐庐、建德、淳安6个完整县市，

长兴、德清、湖州本级、余杭4个部分县区。全区土地总面积176.51万公顷，占全省土地总面积的17.16%。天目山脉和千里岗山脉展布全区，中山环绕，山高坡陡，河谷深切。天目山国家级自然保护区被纳入联合国“人与生物圈”计划。主要水系有钱塘江水系的富春江、新安江、分水江和太湖水系的东、西苕溪。本区是杭嘉湖地区水源供给地和浙北地区重要的生态屏障，也是浙江省生态环境较好的地区和“黄金旅游”之地。

本区林业用地140.74万公顷，占全省林业用地面积的21.07%；有林地面积105.09万公顷，占全省有林地面积的21.08%；森林覆盖率73.98%。活立木蓄积4137.44万立方米，占全省活立木蓄积的20.51%；有林地蓄积3723.17万立方米，占全省有林地蓄积的20.80%。从活立木蓄积和森林蓄积来看，森林覆盖率仅次于第5区块，森林资源与第3区块相近，由于森林资源已培育良好，森林覆盖率从1989年的55.5%提高到2004年的73.98%，增长幅度低于全省的平均水平（全省森林覆盖率1989年为42.6%、2004年为60.5%，增长17.9%），提高其森林生态功能，主要经营生态公益林和退耕还林生态治理工程。

本区的主导生态功能为保持和提高源头径流能力与水源涵养能力，保护生物多样性和保持水土。目前存在的主要生态问题是：山溪性河流落差大、蓄水能力差，易使下游发生洪涝灾害；局部地区水土流失较重，滑坡灾害多发。保护和发展方向主要是：搞好退耕还林、封山育林，建设水源涵养林；开展小流域综合治理，保护千岛湖水质，加强重要生态功能区保护与建设；鼓励下山脱贫和外迁内聚，积极发展生态工业、生态农业，倡导生态旅游。同时要改善林分质量、增加森林水土保持水源涵养的作用，加强自然保护区的建设管理。重点建设太湖流域防护林体系建设工程、高标准平原绿化工程、退耕还林工程、自然保护区和森林公园建设工程、重点生态保护区建设工程。

（三）浙中丘陵盆地森林生态治理区

本区位于浙江中西部腹地，范围包括金华、衢州两个市所有的共计15个县（市、区），是浙江省最大的丘陵、盆地集中分布区。土地总面积197.71万公顷，占全省土地总面积的19.42%。区内有钱塘江水系的衢江、金华江、浦阳江等，丘陵起伏平缓，底部开阔，由河谷中部向南北两侧呈阶梯状分布。本区是浙江省农业、林果业和畜牧业商品基地。

本区林业用地134.52万公顷，占全省林业用地面积的20.14%；有林地面积96.69万公顷，占全省有林地面积的19.40%；森林覆盖率64.29%。活立木蓄积4144.96万立方米，占全省活立木蓄积的20.55%；有林地蓄积3764.84万立方米，占全省有林地蓄积的21.03%。从森林覆盖率、活立木蓄积和森林蓄积来看，森林覆盖率在6个区块排列第三，森林资源在6个区块排列第二，森林覆盖率从1989年的39.3%提高到2004年的64.29%，增长幅度高于全省的平均水平，提高其森林生态功能，主要经营生态公益林和水土保持林建设，提高森林水土保持、水源涵养能力。

本区的主导生态功能是保持水土，涵养水源，保护生物多样性、发展特种经济林产品种植。目前存在的主要生态问题是：水土流失严重，东阳江、浦阳江下游污染较重。保护和发展方向主要是：提高森林覆盖率和水源涵养能力，建立水系源头等重要生态功能保护区，加强小流域综合治理和水土流失治理；搞好水库配套工程、农田灌溉设施和标准防洪堤建设，增强防洪抗旱能力；实施“沃土工程”，合理开发后备土地资源，建设以农林牧复合经营为重点的生态农业；积极发展生态工业，大力推进城市化。同时加强森林植被的保护和增加混交林的比重，改善林分结构。重点建设治沙工程、高标准平原绿化工程、自然保护区和森林公园建设工程、退耕还林工程、重点生态保护区建设工程以及富硒经济林产品开发建设等。

（四）浙东低山丘陵森林生态建设区

本区位于浙江东部略偏北，范围包括诸暨、新昌、嵊县三个完整县，绍兴、上虞、余姚、鄞州、奉化、宁海、萧山 7 个部分县（区），地势低平，海拔多在 300 米以下。土地总面积 94.07 万公顷，占全省土地总面积的 9.24%。区内有甬江、浦阳江、余姚江和始丰溪、大溪、凫溪等分别注入杭州湾和东海，是本省多种经营内容较多的农业经济综合区。

本区林业用地 63.42 万公顷，占全省林业用地面积的 9.49%；有林地面积 50.74 万公顷，占全省有林地面积的 10.18%；森林覆盖率 64.11%。活立木蓄积 1459.34 万立方米，占全省活立木蓄积的 7.23%；有林地蓄积 1252.16 万立方米，占全省有林地蓄积的 6.99%。从森林覆盖率、活立木蓄积和森林蓄积来看，森林资源在 6 个区块排列第五，提高其森林生态功能，主要经营生态公益林和水土保持林建设，提高森林水土保持、水源涵养能力。

本区的主导生态功能为保护生物多样性，维护河口生态环境和发展生态经济。目前存在的主要生态问题是：水环境污染较重，生物多样性指数下降，丘陵坡地过度开发使水土流失较为严重。保护和发展方向主要是：调整优化工业结构和布局，加快工业园区生态化改造，加强污染的综合治理，大力削减二氧化硫和污水排放总量；控制农业面源污染，建设城镇公共绿地。把增加森林的蓄水保土功能提高林分质量作为重点，建设多林种、多树种、多功能、多效益的综合防护林体系工程。重点建设沿海防护林体系工程、退耕还林工程、森林公园建设工程、高标准平原绿化工程、重点生态保护区建设工程。

（五）浙南山地森林生态保护恢复区

本区位于浙江南部，范围包括本区位于浙江省南部，包括龙泉、遂昌、景宁、松阳、云和、丽水、青田、缙云、天台、仙居、泰顺、文成 12 个完整县，临海、黄岩、永嘉、瓯海、瑞安、平阳、苍南 7 个部分县（市、区），是浙江省山地面积最大、海拔最高的一个山区，为瓯江、飞云江、鳌江等水系的发源地，也是钱塘江支流乌溪江、江山港、武义江的发源地。土地总面积 281.01 万公顷，占全省的 27.60%。该区是浙江省的主要林业基地，也是我国最大的食用菌生产基地，并拥有为数众多的名贵动植物资源。

本区林业用地 225.65 万公顷，占全省林业用地面积的 33.78%；有林地面积 180.13 万公顷，占全省有林地面积的 36.13%；森林覆盖率 73.99%。活立木蓄积 8102.11 万立方米，占全省活立木蓄积的 40.16%；有林地蓄积 7266.18 万立方米，占全省有林地蓄积的 40.59%。从森林覆盖率、活立木蓄积和森林蓄积来看，森林资源在 6 个区块排列第一，其中活立木蓄积和森林蓄积占全省的 40%。由于森林资源已培育良好，增长幅度低于全省的平均水平森林覆盖率，提高其森林生态功能，主要经营生态公益林和水土保持林建设，提高森林水土保持、水源涵养能力。

本区的主导生态功能为保护生物多样性，保持和提高源头径流能力和水源涵养能力，保持水土。目前存在的主要生态问题是：山高源短流急，自然蓄水能力较差，洪涝、干旱和山体滑坡等突发性灾害频发；一些地方食用菌的不当发展，破坏了阔叶林资源，森林生态功能减弱；坡地、陡坡地过度开发，水土流失较为严重。保护和发展方向主要是：提高针阔混交和常绿阔叶林比重，建设生态公益林，加强水系源头水源涵养和生物多样性保护；加快速生菇木林的营造，调整农林牧业生产结构；建设一批骨干水利工程，搞好流域综合治理，提高抗灾能力；大力发展生态旅游和生态农业，合理开发山区水电资源。同时加强现有森林资源的保护，有计划逐步降低木材产量，禁止采伐自然林，特别是天然阔叶林。实施封山育林、退耕还林的措施，恢复森林植被。重点建设退耕还林工程、重点生态保护区建设工程、自然保护区和森林公园建设工程。

（六）浙东南沿海防护林体系建设区

本区位于浙东海滨，北起舟山群岛，南到苍南星仔岛，范围包括岱山、嵊泗、定海、普陀、象山、北仑、三门、椒江、温岭、玉环、乐清、洞头、鹿城、龙湾14个完整县区，鄞州、奉化、宁海、临海、黄岩、永嘉、瓯海、瑞安、平阳、苍南10个部分县（市、区）。土地总面积143.38万公顷，占全省的14.08%。所在海域处于亚热带季风气候，多台风、干旱等灾害性天气。区内海岛礁石众多，形成我国最大的舟山渔场。南麂列岛国家级海洋自然保护区被纳入联合国“人与生物圈”计划。全区港口航道资源得天独厚，海洋渔业和海洋旅游资源丰富。

本区林业用地75.39万公顷，占全省林业用地面积的11.29%；有林地面积53.37万公顷，占全省有林地面积的10.71%；森林覆盖率45.91%。活立木蓄积1671.76万立方米，占全省活立木蓄积的8.29%；有林地蓄积1469.48万立方米，占全省有林地蓄积的8.21%。从森林覆盖率、活立木蓄积和森林蓄积来看，森林覆盖率在6个区块中排列第五，森林资源在6个区块中排列第四，经过多年的努力，森林覆盖率已从1989年的31.9%提高到2004年的45.91%，增长幅度高于全省的平均水平，提高其森林生态功能，主要经营沿海综合防护林体系建设工程，提高森林防风固土能力。

本区主导生态功能是保护生物多样性和发展海洋生态经济。目前存在的主要生态问题是：近岸海域污染加重，赤潮频繁发生；海洋生物资源特别是经济鱼类资源严重衰退；淡水资源短缺；台风、暴潮灾害时有发生。保护和发展方向主要是：加大入海污染物的控制和治理力度，建设标准海塘和海岸防护林体系；加强海域的合理开发利用与保护，发展港口航运、船舶修造业、生态渔业、生态旅游和新兴海洋产业；积极推进重点海岛的基础设施建设，不断改善海洋经济发展环境。重点建设沿海防护林体系建设工程、高标准平原绿化工程、城市绿化工程。

五、海岛、沿海林业建设与生态安全

（一）自然环境状况概述

浙江海域广阔，岛屿星罗棋布，海岸线总长6141公里，居全国首位，其中大陆海岸线长 1840 公里，有面积 500 平方米以上岛屿 3061 个，合计面积 12729 公顷，是全国岛屿最多的省份。浙江的海岸线根据类型可划分为两种类型，一种是岩质海岸，另一种为泥质海岸。

浙江省的岩质海岸分布在镇海角以南。岩质海岸较长，为 748 公里（不含岛屿），占全省大陆海岸线的 42%；岩质岬角处海蚀地貌相当发育，海蚀平台宽度大小不一。岩质海岸的主要特点从平面上看，岸线曲折且曲率大，岬角（突入海中的尖形陆地）与海湾相间分布；岬角向海突出，海湾深入陆地。海湾奇形怪状，数量多，但通常狭小。一般岬角处以侵蚀为主，海湾内以堆积为主。由于波浪和海流的作用，岬角处侵蚀下来的物质和海底坡上的物质被带到海湾内来堆积。岩质海岸的主要特点从垂向上看，由于陆地的山地丘陵的被海侵入，使岸边的山峦起伏，奇峰林立，怪石峥嵘，海水直逼崖岸。由于受沿海地区特殊的气候条件和岩质海岸特有的地形地貌及土壤条件的影响，该岩段水土流失严重，水源涵养较差，严重影响沿海各业生产的发展，制约着沿海经济的发展与腾飞。

浙江省泥质海岸线长 989.4 公里，占大陆海岸线长的 56.64%。泥质滩地面积约 700 平方公里，主要分布钱塘江湾海岸线上及椒江以南的沿海地区，分布集中连片，涂面宽阔，坡度平缓，其开发潜力较大，是本省土地的重要后备资源。淤泥质滨海围涂，地势平坦开阔，缺乏淡水源，排灌条件差，但全土体均深达数米以上。土壤归属于滨海盐土亚类的咸泥土属和灰潮土亚类的淡涂泥、江涂泥、滨海砂土 3 个属，黏性重、土壤含盐量高（一般为 0.1%~0.6%），新围垦含盐量可达 0.7% 以上，土层深厚，质地黏重，土壤养分含量低，耕层土壤有机质含量 0.5% 左右，土壤保水保肥性能差，毛管作用强烈，洗盐和返盐速度较快，土体淹水时板结，失水后又较松散，土壤冲刷严重。以种植棉花、糖蔗、柑橘、果粮等为主，但台风、暴雨等自然灾害的侵袭，极易危害堤岸和粮棉生产，甚至人民的生命安全，如 1985 年和 1994 年的 6 号、17 号台风最大风速达 47.5 米 / 秒和 54.3 米 / 秒。浙江省泥质海岸也属强海潮区，常出现坡堤决口，海水倒灌现象。另外，春季低温多寒，干旱和“返盐”是主要危害因子。因此，泥质海岸生态脆弱，气候干旱，土壤盐渍化严重，决定了沿海泥质海岸防护林体系建设的艰巨性、复杂性、长期性，而泥质滩地生态治理的主要问题是现有树种单纯（如北有杨树、南有木麻黄），森林覆盖率低，不足于支持现代农业生态系统的健康发展。

（二）沿海不同区块林业建设与生态安全

根据浙江省沿海不同区域的地貌特征、气候条件和土壤类型等自然地理条件，结合浙江省林业区划，将浙江省沿海划为三个亚区块：浙北泥质海岸亚区块、浙东南岩质海岸亚区块和舟山群岛岩质海岸亚区块，并以此明确各亚区块林业建设任务，因地制宜制定有针对性的经营措施，以利于生态功能的合理布局、林种树种结合的优化。

1. 浙北泥质海岸亚区块

位于太湖以南的杭州湾两岸，范围包括甬江以北的钱塘江三角洲地区和宁绍平原，属泥质海岸，其特点是山地面积甚少，除杭州市区及镇海有连片的少量低海拔山丘丘陵外，以滨海平原为主。

（1）基本条件。地貌属沿海平原类型，主要由杭嘉湖平原和萧绍宁平原所组成。平原面积要占土地总面积的 80%，而水、山面积约占 2 成。海拔一般在 7 米以下，其间河网密布，湖荡众多，具有典型的江南水乡风貌。据调查，大陆岸线 190 公里，潮间带海涂面积约 494 万公顷。杭州湾南岸海涂开发潜力较大，是本省土地的重要后备资源。

本区大风天气较多，特别是杭州湾两岸的滨海县，常年平均风速在 3.0~5.5 米 / 秒以上。灾害性天气主要是冬春的寒潮和夏秋的台风暴雨，常易形成低温与风涝危害。

滨海盐土分布在杭州湾沿岸，面积约占 5%，由潮间带到岸，土壤分布规律，由滩涂→涂泥土→咸泥土→灰潮土的淡涂泥，含盐量则由高而低，质地由沙壤逐步向中壤或重壤过渡。

（2）主要生态问题。森林质量较差、林分结构不合理；为滑坡、台风、暴雨等自然危害的高发区；土壤盐渍化，制约了区域植被恢复；部分丘陵坡地过度开发使水土流失较为严重。

（3）林业建设模式。建设方向：从规模上完善海岸基干林带，增加沿海及近岸森林物种多样性，丰富林种、树种，建设结构稳定、物种多样的复层基干林生态系统。

建设模式：运用生态工程的技术方法，在涂区建立以林为框架，农、林、渔、草等有机结合的复合农林体系，能有效地减轻自然灾害带来的损失，合理利用涂区较为丰富的水热资源。按照“因地制宜、因害设防、讲究实效”原则，采用“窄林带、小网格”防护林典型设计，充分利用围涂的堤、河、路等隙地，运用生物和工程措施相结合的营林技术，达到宜农则农、宜网则网的设计要求。通过围垦海涂的开发，结合现有堤岸、路、河流等隙地，选择抗逆性强的树种，研究生物与工程措施相结合改良盐渍化土壤的造林综合配套技术，建立起林网和农田为主体，带、网、片为配套的多林种、多树种结构，建立起以高效林业生产和防风为重点，具有防御各种自然灾害能力的生态经济型海防林模式。

配套工程：为更好的建设本区，完善本区的生态功能，结合本功能区的实际情况，拟在本区内实施滨海及海岛生物防护体系建设工程。

2. 浙东南岩质海岸亚区块

（1）基本条件。范围包括甬江以南的沿海岩质海岸地区及附近岛屿。其特点是海岸线曲折蜿蜒，多港口。为沿海丘陵山地，地表波状起伏明显，相对高度一般在 400 米左右，大部由流纹岩构成。东部海岸线曲折，为沉降性，形成了港湾曲折，三面环水的陆连半岛及众多的岛屿，受潮汐波浪侵蚀冲击形成峻峭岩岸。

主要的灾害性天气有台风和干旱等，平均每年 6 次，最多达 11 次，风力最大可达 52 米 / 秒，30 年来，直接登陆的有 15 次，台风的直接登陆造成树倒竹折、山洪暴发，乃到房毁人亡，亦易造成经济林木的落花落果和农作物的倒伏甚至涝害。因此，如何建立以海防林为主的综合防护林体系，改善和美化生态环境，减轻风害，保障农业和经济果木稳产高产是本区林业建设的一大重要任务。

山区及岛屿主要是红壤，成土母质为白垩纪火山岩的风化壳；沿海平原为水稻土及盐土，成土母质为近代冲积层和浅海沉积物。

（2）主要生态问题。淡水资源缺乏，台风、暴潮危害十分严重。水土流失较为严重，中度侵蚀以上的土地面积占土地总面积的 11.64%。近海海域污染日益严重，赤潮频繁发生，海洋生物资源特别是经济鱼类资源严重衰退。

（3）林业建设模式。建设方向：人工促进植被更新，增加森林数量，尤其是海防林数量；建设复层森林景观，形成物种多样、抗干扰能力强的森林生态系统。

建设模式：沿海岩质海岸防护林建设应根据实际情况，因地制宜，因害设防。在大陆海岸沿线和海岛上，选择抗盐风、耐干旱瘠薄，及防护效能和经济价值均较高的造林树种，建设林分结构优化、空间配置高效的以抗御台风为中心的防风林带及以掩蔽军事设施为目的的国防林，重点绿化开垦荒山、荒地，改造疏林，在水土流失严重的山地营造水土保持林，水库与溪流的汇水面积内侧营建水源涵养林。

配套工程：为更好的建设本区，完善本区的生态功能，结合本功能区的实际情况，拟在本区内重点实施滨海及海岛生物防护体系建设工程、湿地恢复保护工程等。

3. 舟山群岛岩质海岸亚区块

（1）自然条件。范围包括整个舟山群岛，全由海岛组成。地处东海北部洋面的长江、钱塘江、甬江的汇合处，树种以黑松、马尾松为主，还有木麻黄、杉木等，近期发展有湿地松；另有少量柏木、香樟等树种分布。

淡水资源紧缺，供需矛盾突出，大风、台风、寒潮、暴雨和干旱等灾害性天气频发。年均6级以上大风日数达145天，年均台风次数4.4次，大暴雨3次，干旱两年一遇。

土壤以红壤、滨海盐土、水稻土、潮土、粗骨土为主，复盐基红黏土面积十几万亩。

（2）主要生态问题。淡水资源缺乏，台风、暴潮危害十分严重。水土流失较为严重，受大风大浪的影响明显，林木的高生长普遍受到抑制，植株低矮。森林树种较为单一，大面积成林的树种主要是人工林，森林资源质量较差，水土保持、水源涵养能力弱。近海海域污染日益严重，赤潮频繁发生，海洋生物资源特别是经济鱼类资源严重衰退。

（3）林业建设模式。建设方向：人工促进植被更新，增加森林数量，尤其是海防林数量；建设复层森林景观，形成物种多样、抗干扰能力强的森林生态系统。

建设模式：对水土流失严重地段、急坡、险坡及公路、水渠两侧山坡，必须设置水土保持林、防风林、防浪林、护堤林和涵养水源林，通过封山育林、疏林改造和人工造林等方式尽快绿化。对坡度在15°~25°的丘陵山坡，根据立地条件建立用材林、经济林和竹林基地，改造杉木低产林，发展带有地方特色的金塘李、皋泄杨梅、枇杷等果木林。结合当地总体发展规划，对风景旅游点营建风景林；主要港口、航道、水道、码头等靠近航道两侧的岛屿，要营建防护林，以形成屏蔽和避风条件的良好自然环境；依山傍海的滨海小平原，营建海堤、公路、河道等基干林带和农田林网；利用堤内荒滩、闲涂营造小片林，组合成农田防护林，果园营建护园林网以减少灾害性天气影响。

配套工程：为更好的建设本区，完善本区的生态功能，结合本功能区的实际情况，拟在本区内重点实施滨海及海岛生物防护体系建设工程、湿地恢复保护工程等。

六、典型发展模式案例分析

浙江林业的现代化发展宜从战略高度进行规划研究。林业建设是一个国家和地区引领生态发展、保持生态安全、建设生态文明的重要组成部分，森林生态系统不但在陆地自然生态系统中处于首要地位，是维持国家和地区生态安全的有力保障因子，而且在新型工业化、生态产业链和生态文化的发展建设中举足轻重。浙江作为我国东南沿海经济发达地区，林业的现代化发展是实现"生态浙江"宏伟战略目标的迫切需要和重要途径。

首先把林业发展对社会经济影响较大的安吉县作为案例，并与自然经济条件不同的区域典型作对比分析。

（一）浙西北山区安吉模式

安吉县位于浙江省西北部，是长江三角洲经济区迅速崛起的一个对外开放景区，南靠天目山，面向沪宁杭。全县辖16个乡镇（开发区），人口45万，面积1886平方公里，建县于东汉中平二年，至今已有1800多年历史，汉灵帝赐名"安吉"取之《诗经》"安且吉兮"。

安吉经济发展迅速，竹制品、转椅、茶叶、笋制品、农用机动车、建材等产品都有上规模生产，形成轻纺、造纸机械、食品、化工、矿产资源开发等门类齐全的，上规模的基础工业，出口产品多种，涌现多种省优、部优产品和国优产品。

安吉物产丰富,品质优良。毛竹蓄积量和商品竹均名列全国第一,是著名的"中国竹乡"。特产有白茶、冬笋干、板栗、山核桃等。安吉又被誉为全国闻名的"白茶之乡"，安吉白茶在2000年中国国际茶博览会上被评为国际名茶金奖。安吉矿产资源丰富，被誉为"金砂"的黄砂、石英石、花岗岩、膨润土等资源储量大，质地好，开发前景广阔。安吉境内群峦叠嶂,山清水秀。景色宜人,秀竹连绵,是新崛起的生态旅游县。位于灵峰山麓的竹子博览园，占地600余亩，各类竹种300余种，集旅游、娱乐、休闲、科研为一体，被誉为"世界一流的竹种园"。龙王山海拔1587.4米，是黄浦江的源头，奇峰怪石，古木异草，保存有1200亩的原始森林，为浙北第一峰，属省级自然保护区，有许多稀有动植物，被称为天然的物种园和基因库。世界级特大型电力企业——华东天荒坪抽水蓄能电站位于本县天荒坪大溪山巅，电站总装机容量180万千瓦，规模为亚洲最大，世界第二。电站与奇峰翠竹浑然一体，煞是壮观。附近有藏龙百瀑、九龙峡、龙庆园等景点。

安吉历史悠久，人文景观独特，古迹较多。是近代艺术大师吴昌硕的故乡，被誉为昌硕文化之乡。县内有其故居，衣冠冢和十年耕读的"芜园"，县城建有吴昌硕纪念馆和昌硕公园。灵峰山脚的灵峰山公园古木参天,始建于五代的灵峰寺是千年古刹,香火鼎盛。独松关、灵芝塔、运鸿塔、奉宪禁碑、安城古城墙、古城遗址等古迹均有源远历史。

安吉属林业大县，是我国生态保护较好的地区之一。国家环保总局局长解振华视察浙江时，对安吉县的生态环境质量给予了高度评价。安吉林业发展建设走在了浙江前列，为此将其作为浙江省林业典型发展模式进行案例分析。

1. 水、热、土生态效应及投资环境的关联

安吉是一个山、丘、岗、平原等多种地貌并存的地区，不同高程的土地利用类型的差异显著（表3-1-15），成为水、热、土生态效应的空间分布基础。

表 3-1-15　安吉县不同农用地在不同海拔高度的分布比重（%）

高程	耕地（%）	林地（%）	园地（%）	高程	耕地（%）	林地（%）	园地（%）
>800 米	3.1	7.4	0.8	200~300 米	7.1	17.4	5.3
500~800 米	1.0	10.6	1.7	100~200 米	16.3	26.5	23.7
300~500 米	3.5	18.4	3.9	<100 米	69.0	19.7	64.5

由表 3-1-15 可知，占土地总面积三分之二的林地，一半以上分布在 200 米标高以上的山地和丘陵区；四分之一以上的林地和接近四分之一的园地分布在 100~200 米标高的低丘陵区；约五分之一分布在 <100 米标高的平原和岗地上。而三分之二以上的耕地和接近三分之二的园地分布在 <100 米标高。高于 800 米的土地中，有一成是反季节菜地。总之，海拔 200 米以下的平岗、缓丘是农、林、园地集中分布区，不同地貌单元（不同海拔高程）上的林相分布规律也十分清晰，详见表 3-1-16、图 3-1-3 和图 3-1-4。

表 3-1-16　安吉县不同海拔高度的林相分布比重（%）

高程	<100 米	100~200 米	200~300 米	300~500 米	500~800 米	>800 米	总计
竹林 %	15.9	49.7	75.5	72.8	54.0	35.1	50.1
针叶林 %	57.7	31.3	8.1	9.1	10.4	2.4	25.2
灌木林 %	4.2	6.8	5.2	8.7	25.7	46.3	10.9
阔叶林 %	3.4	6.4	6.3	6.6	7.6	14.5	6.4
经济林 %	16.1	4.7	3.6	2.2	1.6	0.7	6.0
混交林 %	0.1	0.4	1.1	0.5	0.4	0.8	0.5
其他林地	1.4	0.1	0.04	0.04		0.2	0.3
未成造 %	0.9	0.3	0.02	0.04	0.2		0.3
疏林地 %	0.1	0.1	0.1				0.1
宜林荒地	0.2	0.2	0.0	0.1			0.1
合计	100.0	100.0	100.0	100.0	100.0	100.0	100.0

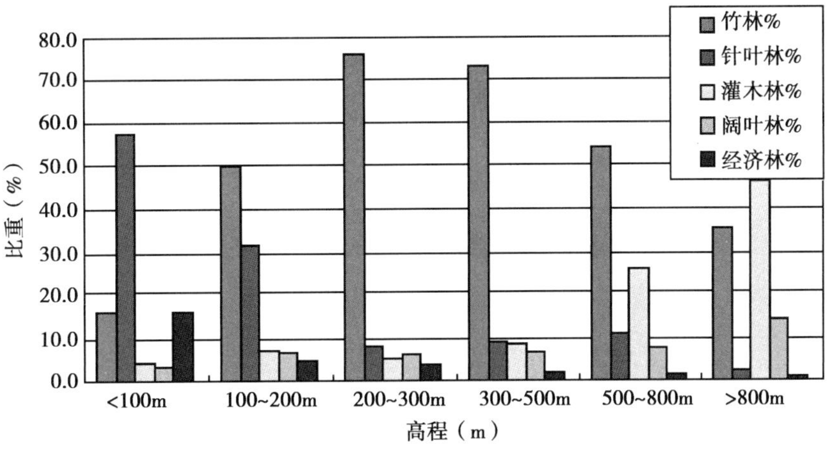

图 3-1-3　不同高程主要林相比重图 1

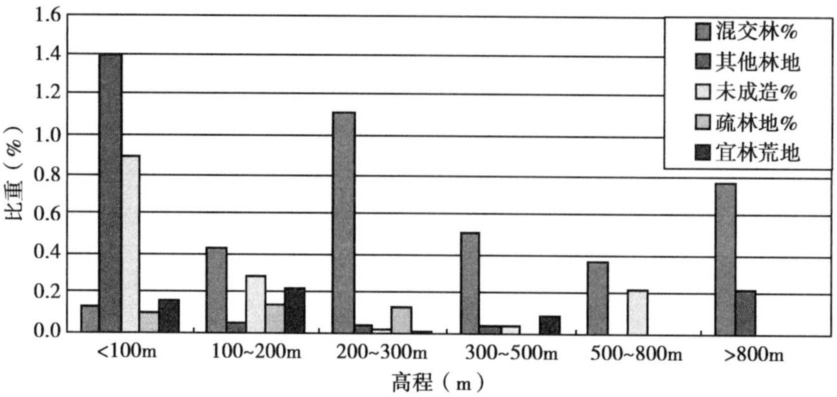

图 3-1-4 不同高程主要林相比重图 2

根据表 3-1-16、图 3-1-3 和图 3-1-4，发现海拔 100 米以下的森林类型中，针叶林占绝对优势，达到 57.7%，其次为经济林和竹林，各约为 16%；海拔 100~200 米之间，竹林占一半，其次为针叶林（占三分之一）；海拔 200~300 米之间，竹林占绝对优势，达到 75.5%；海拔 300~500 米之间，竹林还是占绝对优势（72.8%）；海拔 500~800 米之间，竹林占一半以上，其次为灌木林（占四分之一）；海拔 800 米以上，灌木林占 46.3%，其次为竹林，占三分之一，阔叶林约占 15%。

竹林主要集中分布在海拔 100~500 米的丘陵区域，约占竹林总面积的 77%；针叶林主要分布在海拔 100~200 米岗地低丘区域，约占针叶林总面积的 83%；灌木林主要分布在 500 米以上山地，约占灌木林面积的 53%；阔叶林主要分布在 100~500 米，约占阔叶林面积的 61%；经济林主要分布在海拔 200 米以下的低丘岗地，约占经济林面积的 80%；混交林主要分布在海拔 100~500 米丘陵，约占混交林面积的 76%。

区域的水、土、热生态效应通过热力景观表征。首先，热辐射场是地表下垫面热力特征的综合反映，它可直接通过卫星遥感手段获取，不受人为因素影响，除了气候和过顶条件，它可以近似客观的反映某一地区的生态环境状况；其次，生态环境诸影响因子中，下垫面热辐射场与地势高程、坡向、水面率、森林覆盖率和植被指数呈负相关关系，和地形坡度、雨量变化等呈正相关关系；再次，NDVI 指数和热辐射场具有明显的线性相关，它和土地利用中农田中植被生长情况和森林植被覆盖率呈正相关关系，而和水面率、红壤分布呈负相关关系。其中，有效森林覆盖的组成也有一定的相关性。多年雨量变化率与高程具有显著正相关。

根据回归计算，森林覆盖质量的提高，可能使下垫面热辐射亮温下降三摄氏度，NDVI 指数提高 0.1，可以降低雨量变化率三个百分点，从而显著提高水资源的保证率。

上述宏观层面的分析可以微观层面的空气负离子浓度和标志性生物群落（苔藓类）进行实地检验。

为了生态立县，营造优越的生态环境和良好的水热土生态效应，安吉必须放弃很多资源消耗型发展模式。事实上，安吉有十分丰富的地下矿产资源，有华东地区尚未开发的最大的石英石矿。但是，面对华东市场日渐紧俏的矿产资源，安吉县却出台两项硬规定：矿产开发项目不作为扶贫项目和招商引资项目。在1999年太湖零点行动中，安吉县下决心关闭了污染箬溪的竹浆造纸，使西箬溪水质从Ⅴ类转回Ⅲ类。同时发展了竹叶黄酮，并进军竹化学开发前沿领域，建设国内首个竹叶抗氧物生产基地。

从竹浆造纸到竹叶黄酮，从竹席竹编到竹纤维制衣，安吉上下一致，官民同心，积极营造优越的投资环境，促进地方经济可持续发展。2002年，安吉新批外资项目78项，协议利用外资13165万美元，同比增长12倍；实到外资5248万美元，增长9.45倍。利用外资实绩列全市之首，居全省88个县（区）第5。引进内资项目123个，实到资金9.21亿元。台湾旺旺集团、顶新集团等一批境内外知名企业落户安吉。“浙大力夫·安吉圣氏”和“谈竹庄”等林业高科技企业不断发展壮大，为安吉经济发展的靶向。

2. 构建竹木产业链

1989年至1996年，随着“苏南模式”的兴起和“温州模式”的成功，安吉的资源利用走上经济化阶段，竹制品加工企业达1000余家，竹类资源的开发也带动了转椅、造纸、化工、印染等行业的发展，经济发展出现了第一次高潮，安吉因此甩掉了贫困帽拿到了小康牌。然而这近乎掠夺性的资源利用给环境造成了严重的影响，尤其是造纸、化工、印染业的兴起，西苕溪水质下降、水土流失加剧，被国务院确定为太湖水污染治理重点地区，企业缺乏可持续发展能力，抗市场风险能力不强，在传统工业经济的竞争中安吉没有找到自己应有的位置，反而扩大了与周边县市差距。经历了如此挫折，安吉人不得不进行了深刻的反思，审视着45万人与1886平方公里山水的和谐统一，“经济生态化”的理念浮出水面，上下一致，官民同心，坚持“生态立县、生态经济强县”的发展战略，在正反两方面的对比的基础上逐步找到了一条符合安吉特色的发展之路。促使安吉“生态立县”，竹产业开始走精深化和规模化发展道路。

“林业生态建设产业化，林业产业发展生态化”，是安吉构建竹木产业链的指导思想。安吉正在积极探索林地流转机制、竹木资源的合理流转机制和生态公益林及补偿机制，稳步推进竹木产业链的构建。具体来说，就是要发挥比较优势，利用安吉的竹木资源优势，依靠高科技和实用技术的有力支撑，加大竹木资源的开发和利用，使之形成特色产业。把林业生态建设作为产业来发展，不仅是为了保护生态环境，实质上是要把林业产业发展融入林业生态建设中。这既可以保护和恢复森林生态环境，也可以增加人民的收入，使安吉的生态经济得到发展。

传统的经济增长是一种单向流动的线性模式，“资源→产品→消费→废物”，其特征是“高开采、低利用、高排放”。循环经济是对物质环状流动型经济的简称，其增长模式是“资源→产品→消费→废物→再生资源”，其特征是“低开采、高利用、低排放”。构建竹木产业链，走的就是循环经济的发展道路。竹子全身是“宝”：竹笋加工成笋制品，竹根做根雕，竹枝编花篮，竹竿制地板，还能加工成竹纤维制衣，竹叶提取竹叶黄酮，竹屑和边角料还可以加工成竹炭。综合开发、深度利用、拉长竹木产业链，是安吉林业产业生态发展成功的主要原因。

（1）全县累计发展经济林15.5万亩，省级认定的绿色林产品十二个，无公害农产品基地十二个、森林食品一个、森林食品基地五个，基地面积达79350亩，毛竹低产林改造二十五万亩，培育毛竹高效林十五万亩，预计林业全年可为农民增加收入2.16亿元，农民人均林业收入达1410元，占农林家庭收入的31.7%左右。

（2）生态公益林进行区划界定，确定了国家级生态公益林和省级重点生态公益林，面积已达103万亩。

（3）全县新增绿化苗圃面积5100余亩，总面积达3.5万亩，品种120余种。

（4）毛竹现代科技园建设，2004年主要完成笋用林核心区建设，面积达10300亩，完成4.8公里林道绿化，修建三个二百立方米的蓄水池，埋设管道二千余米。

（5）万亩毛竹丰产示范基地被省林业厅评为“省级林业特色精品基地”、龙山林场林木良种繁育基地被国家林业局评为“全国质量信得过种苗基地”，安吉万亩竹子良种基地被评为“全国特色种苗基地”。

（6）山川乡高家堂村和孝丰镇统溪村，荣获首批“省绿化示范林”称号，天荒坪大溪村被命名为“浙江省重点公益林示范区”的称号。

3. 竹产业的精深化、规模化发展

安吉竹产业发展过程中面临三个难题：安吉毛竹资源有限，加工原料不足；林业产业周期长，见效慢，建设资金不足；周边省、市（县）对竹产业开发力度不断增强，如何继续保持全国领先地位？通过把高新技术注入粗放工业，促进产业集约化，提升传统产业等级和品牌水平，把安吉的传统工业推进到一个新的高度。

安吉的林业产业正发生“裂变”：一棵长在深山的白茶王，经过无性繁殖，如今“裂变”成种植面积3万亩、年产值近2亿元的白茶产业；曾是满山竹叶飘，安吉人收集起这些垃圾，提炼出比银杏黄酮更健康的竹叶黄酮，预计年产值高达6亿元。安吉县有着100万亩竹林、年产商品毛竹2000万株，但每年从江西、福建等地购进了2000多万株毛竹来搞竹制品加工。“裂变”的秘诀在于发展林业生态生产力，不断加深对森林资源的认识和利用，实现增值。

1979年，安吉县罐头食品厂首次试制水煮笋成功并顺利出口日本，展示出以竹笋加工为主的食品加工业的广阔前景。通过20多年的发展，目前安吉全县竹笋加工厂达50余家，年产水煮笋制品2.5万吨，其中1万余吨销往东南亚及欧美等地，年创汇达1000余万美元。

立足国内看国外，思路一变天地宽。竹笋能深加工，竹子也就能精加工。如今，全县涌现了1600家竹制品加工企业，年加工原竹能力超过4000多万株，并成功开发出五大系列700多个品种。短短10年间，安吉人种一株毛竹的产出已提高了几十倍，竹产业已成为安吉的第一产业。杭垓镇坚安公司的竹地板年生产能力已达20万平方米，产品销往美国。坐落在昆铜乡的省级农业龙头企业春晖竹木业有限公司，利用当地杂竹品种多、面积大的优势，生产的寿司卷、铁炮串、茶杯垫等80多个竹工艺产品在国际市场十分走俏。鄣吴镇利用书画大师吴昌硕故里的优势，发展竹工艺扇厂30余家，年产各类工艺扇30万把。杭垓镇姚村村年产值达数千万元的竹鞭工艺品，均是外贸抢手货。

在安吉健康（医药）产业园内，有一家名为浙大力夫·安吉圣氏的公司，这就是国内首个竹叶抗氧物生产基地。据介绍，竹叶抗氧物是浙江大学专家继 1998 年从竹叶中成功提取竹叶黄酮后，新开发的食品添加剂。2004 年该企业的销售额达到 4500 万元。2004 年，安吉谈竹庄公司在全国率先研制出系列竹纤维新产品。一项以竹代棉的系列竹纤维新产品开始问世，并且该类产品通过了国家权威质检部门的认证，竹纤维产品将引领安吉传统竹产业的新变革。谈竹庄的纺织品为 100% 的竹纤维，完全采用纯物理办法提取，属重大科技突破，这是继棉、麻、毛、丝四大天然纤维之后的第五大天然元素，且不含任何化学添加剂。竹纤维小样进入日本后，科研人员还在无意中惊喜地发现，竹纤维的杀菌作用达到 75% 左右，增加了这一成果的附加值。

一竿翠竹出国门，万顷竹海闪金光。靠竹致富的安吉人，学会了合理开发和科学种植，促进了当地竹产业的可持续发展。全县每年计划采伐 2000 万株，指标分解到农户，超额重罚，从源头上避免了过度砍伐现象的发生。同时，加大科技培育力度，狠抓竹子科技推广，在全县办起了 10 多个科技兴林示范村。该县天荒坪镇东坞里村还建起了全国首个毛竹生产现代园区，园区面积 5 万亩，年亩产值高达 4000 元。

4. 竹产业发展下的森林生态环境状况

竹乡特色与品牌：安吉在竹产业的驱动下，竹乡旅游产业迅速发展。具有竹乡特色的森林风景区、竹乡农家乐、休闲度假、极限运动等都是具有竹乡特色的旅游项目；五大系列 700 多个品种的竹制品，包括竹材、竹工艺品、竹保健品和竹纤维等，创出了竹乡的特色和品牌。竹子资源的有计划开发，有利于安吉森林生态系统的维护。

竹子快生长效应与酸雨环境的适应性：竹子的成材期只需 3~5 年，而树木则要几十年，甚至上百年。竹子砍伐后、老根自然生出新竹，如果竹子长时间不采伐，会造成整片竹林的死亡。因此，合理采伐竹子，反而有利于竹资源再生。竹子是喜酸性土壤的植物，它的分布与酸雨中心分布基本一致，这就解决了酸雨对其他森林植被生长的影响问题，同时有利于竹子的快速生长；竹材的利用在很大程度上缓解了木材压力，有利于森林生态环境的保护。

安吉现有林业用地 198 万亩，有林地 165 万亩，竹林 100 万亩。立木蓄积量 128 万立方米，毛竹蓄积量 1.31 亿支，森林覆盖率达到 69%，生态公益林约 100 万亩。竹子生长性质的特殊性——喜酸性和速生性，在很大程度上保护了安吉的树木资源；但是竹子也有其霸道性，常常侵占和破坏森林生境，因此要加强管理。

5. 林业在地方经济社会全面协调可持续发展中的作用

林业与环境教育产业：安吉县本身就是一本鲜活的环境教育教材。安吉利用资源与环境优势，发展了具有竹乡特色的环境教育产业。①安吉白茶。溪龙横杜村，以花卉苗木与白茶种植作为主要经济来源，农民人均纯收入 7000 多元。2003 年由单纯的种植业拓展成加工业、商贸业、旅游业、观光农业相融合白茶产业链。在适宜的季节里，各地大中学生的不仅能够参与到白茶的种植、菜摘、炒制、包装等趣味活动，还能为安吉白茶向绿色食品发展出谋划策。②马家弄毛竹。山川乡马家弄村的毛竹极有代表性，通过提高竹农的科技素质，改变粗放经营的传统习惯，建立一年四季可产笋的笋竹高效林。在竹林内放养竹林鸡，林内养鸡肉瘦味美，价格高于困养鸡1倍以上，鸡粪便的肥力又能满足笋竹生长的需要。竹林环境的综合利用可以获得较好的经济效益，是大中小学生进行环境教育的好基地。③统溪花木。孝丰镇统溪村花卉苗木种植面积1300余亩，95%以上农户从事花卉苗木产业，2003年度人均收入超万元，其中花卉苗木收入占总收入的60%。2001年至2003年间，统溪村先后投资140余万元，对中心村和各自然村进行整治，安吉县是第一批生态建设示范村。可以为学生提供的环境教育实践内容有：农村垃圾处理、中水回用，产品废料的综合利用，生态绿篱、农业观光旅游等项目的建设等，还可以通过参与花木种植栽培，了解花木习性特点，达到增进知识和技能，寓乐于游、寓知于游的目的。

安吉县林业发展在地方经济发展中起主导和支柱作用。安吉坚持以发展林业为先，坚定不移地走生态立县之路，实现了环境保护与经济发展的双赢。为把安吉丰富的竹子资源和良好的森林生态优势转化为发展优势，安吉将林业赋予支柱地位，围绕竹子做文章，追求森林效益多元化，走出了一条以科技为动力、以市场为导向、充满活力的创业路子。2005年初,安吉县又提出了“以林业二次创业为突破口,加快推进现代化生态县建设”的工作思路，确立了林业二次创业的主要目标定位：建设全国竹子高新技术研发培训中心、全国最大的竹子加工制造中心、全国最大的竹制品物流中心和全国竹制品标准认定中心。围绕这一目标定位，安吉当前主要任务：一是加大基地建设力度，规划并启动建设10万亩的毛竹现代科技园、15万亩的竹子速丰林基地和万亩竹子良种基地，二是加快林业企业技术改造和科技创新，三是进一步加快向第三产业的转移。以林业为主导的安吉生态经济，破解了安吉经济发展过程中的障碍与困难，为推进安吉经济可持续发展，协调社会经济和生态环境的关系，营造和谐社会将起到决定性作用。

安吉林业在地方经济社会全面协调可持续发展中的作用，概括起来有三点：

（1）安吉地处长三角经济区，是三角洲上林业资源最丰富的县（市）之一，近70%的森林覆盖率是安吉“生态立县”的自然基础，是安吉制定生态优先政策的依据；

（2）安吉有近100万亩竹林资源，以“中国竹乡”定位是安吉社会经济的特征标志，是其与一般县（市）不同的特色所在；

（3）基于县域内外、国内国际两种资源和市场渠道并举的林业发展思路，是安吉林业带动区域生态产业发展的希望。

（二）浙西南山区庆元——景宁模式

1. 食用菌产业与森林生态休闲旅游

（1）食用菌产业。本区食用菌种植源远流长，庆元是世界人工栽培香菇的发祥地，具有800多年历史，素有“中国香菇城”之称。另外，景宁茯苓、黑木耳等食用菌也颇具特色。以香菇为主的食用菌产业化发展从80年代后期的起步阶段，经90年代前期的发展阶段（数量扩张阶段）到90年代后期的稳定阶段（数量相对稳定，质量普遍提高），至今食用菌生产值已占农业总产值的1/3。香菇市场拓展到兄弟省及国际上几十个国家和地区。

食用菌产业在取得巨大发展同时，面临三个亟待解决的问题：①森林资源消长平衡的问题：产业化程度不高，集约化和专业化程度低下，粗放型经营，造成对有限林木资源过快过重的消耗，使得阔叶林木消耗居高不下，影响了香菇产业的可持续发展。②我国加入 WTO 后，产品质量和绿色壁垒问题：由于分散生产和加工，难以实施生产化标准，各地片面追求香菇生产规模和数量，产品质量尤其是内在品质不能适应国际市场的要求，产品品质和档次较低，缺乏国际市场竞争力。③生产效益低下的问题：生产成本的提高和栽培效益低下，直接影响食用菌产业发展。虽然已成功地开发了食用菌多糖系列，但有效成分的提取还没达到国际上较高的要求。另外，产品附加值低，在产品精深加工领域的研究与开发力量极其薄弱。

面对上述发展问题，主要采取如下应对措施。①调整食用菌产业结构，促进食用菌生产健康发展。一方面在充分利用森林资源的基础上限制食用菌生产总产量，另一方面调整菌业结构，扩大珍稀草腐菌类生产面积。区域食用菌种类繁多，具有一定地域优势的草腐菌类达数十种。这些菌类的发展对生态环境的改善具有显著而积极的作用，对稳定和发展食用菌产业也非常重要。因此，应积极扩大珍稀菌类生产面积，提高草腐菌类的生产比重，珍稀菌类生产可作为全区食用菌产业新的增长点。②加快速丰林基地建设，今后 10 年采用市场方式、企业投入为主、政策扶持的方法，在全区建立数百万亩速生丰产工业原料林基地。③实施工厂化生产，达到要素集聚与规模化生产。④实行标准化生产，在工厂化生产的前提下，按不同客户的要求，采用国际和国内业已广泛认可的标准（如有机、绿色、无公害等）实行。

（2）森林生态休闲旅游。本区山清水秀，风光秀丽，风景名胜和文物古迹甚多，旅游资源非常丰富，生态环境优良，是沿海发达地区的一块“净土”。有以山地峰岩景观著称的国家级风景名胜区缙云仙都，省级风景名胜区丽水南明山——东西岩、青田石门洞，市、县（市）级风景名胜区遂昌南尖岩、松阳双童积雪和景宁大溪祭等。风景区内不仅广布奇峰、异洞、幽谷、流泉，还有众多的摩崖石刻、古建筑群、宗教寺观等人文景观。以高山动植物生态景观为特色的有国家级自然保护区龙泉凤阳山——庆元百山祖、省级自然保护区遂昌九龙山（占浙江省 10 个自然保护区 5.40 万公顷森林的 51.8%），县级自然保护区松阳箬寮岘，以及莲都白云山、大山峰，云和仙宫湖，遂昌白马山，遂昌湖山，青田石门洞，龙泉龙渊，景宁草鱼塘，松阳卯山，缙云大洋山，庆元巾子峰等 11 个省级森林公园。

本区旅游产业处在开发阶段，主要以自然景观吸引旅客，由于交通不太方便，人气不旺。游客大多集中在景类级别比较高的游历胜地，总体上不“热”。有待拓新思路，迎来“春天”。

2. 生态品牌构建与山区产业驱动力分析

庆元、景宁两县在十几年食用菌开拓发展的基础上，充分发挥生态优势，培育有机绿色食品，赢得“信洲”牌香菇荣获国际和国家有机食品证书；“您信”牌香菇荣获绿色食品称号；“山山”牌香菇、黑木耳双双荣获 1995 年全国第二、三届农业博览会金奖。

品牌的建立为食用菌占领国内及国际市场，赢得信誉，打开了通道。使得食用菌产业迅速发展，也带动了相关企业的开发和发展，加快区域经济发展的进程。国家质量监督检验检疫总局通过对庆元香菇原产地域保护申请的审查，批准自 2002 年 6 月 12 日起，对庆元香菇实施原产地域产品保护。庆元香菇原产地域范围以丽水市人民政府《关于明确“庆元香菇”原产地地域的批复》的地域范围为庆元县、景宁畲族自治县、龙泉市所辖行政区域，奠定了本区食用菌新一轮发展的基础，这是品牌效应带来的实惠。

食用菌产业的崛起首先带动了与香菇生产直接相关的行业，诸如制种业，原辅材料供销业，食用菌机械制选业，塑料加工工业，脱水烘干业等，形成一个围绕香菇体的产业群。同时，香菇购销业的繁荣兴旺也带动了交通、运输、邮电、广电、饮食服务、城镇建设等方面快速发展。庆元全县有60%以上的农户从事香菇生产，还有10%的人参与香菇经营。因此，注重食用菌的质量安全和品牌建设，增强优势林产品的市场竞争力；完善食用菌的社会服务功能，提高优势林产品发展的支撑能力，以生态品牌稳步加快食用菌新一轮发展的步伐，以此全面推进山区奔小康的进程。

3. 森林生态产业发展下的森林生态环境状况

以食用菌为主导的森林生态产业的迅速发展，对区域森林生态环境产生了正、负两方面的影响：

正面影响表现为：①杂木用于薪炭的现象的逐步消失。由于香菇生产改善了农民经济条件，加上杂木用于香菇后的大幅度增值，山民视杂木如宝，保护和科学利用杂木资源的意识明显增强，减少了空气污染，改善了大气质量。②促进木材进口，提高林木资源的利用率。边角料及锯木屑刨花等残料有20%~30%用于香菇生产，提高了林木资源的利用率。出现了主要菇区在香菇产业化形成过程中，杂木蓄积、面积呈正增长趋势。③其他菌类生产对农业生态的影响：茯苓是以松木为培基材料的菌类，所伐松木常为土壤条件较好的松阔混交林带。因此间伐松木后利于阔叶林生产，在一定程度上起到改造森林植被的作用，使森林植被走向良性的进展演替；与林木共生的寄生菌类，如牛肝菌，它与松木根系有着互惠互利的共生关系，寄生牛肝菌后的松木扩大了根系吸收营养面积，起到促进生长作用，提高了松木（苗）的抗病力，有利于造林困难地带的造林成活率；草腐性菌类，采用农作物秸秆和畜禽粪便为培养基质，生产的菌蕈能利用任何种类的农作物秸秆，通过分解利用后的培养料还是上好的有机肥料，因此，它们在对减少环境污染方面起到积极作用。

负面影响表现为：①使用杂木屑为生产主要原料，引起杂木林蓄积量的减少。根据目前香菇培养料配方，每生产1万袋香菇，需杂木屑8吨，因此按目前的5亿袋生产规模，年耗用杂木屑为40万吨，扣除木屑替代物用量，年实际耗用杂木约40万立方米。袋料香菇产业化开发15年共耗用杂木340万立方米，相当于其间六年的自然生长量。②引起林木种类结构改变，由于针叶林没有很好地利用，加上人工造林时常改低产的阔叶林为高产的针叶林，使保阔叶林面积和蓄积不断减少，而针叶林却不断扩张，引起了林木种类结构的改变，林相遭到破坏。③次熟阔叶林被大量砍伐，使许多乔木林地灌木化。香菇用材多采伐次熟林和幼龄林木，树种常采伐再生能力强的阔叶树种，因而使被砍伐的林木、林地灌木化。④促进森林植被的逆向演替进程。受上述三个因素影响，加上人工营造针叶林等其他因素，使阔叶林、针阔混交林向疏林灌丛的逆向演替趋势更加明显，进程加快。

为改善以食用菌为主导的森林生态产业发展对森林生态系统负面影响，宜采取如下措施:①限制食用菌生产总量，促进食用菌生产可持续发展。以香菇为主的食用菌产业的发展，是建立在利用森林资源的基础上的，必定对森林生态造成负面影响。因此，保持香菇生产适度规模，巩固传统菌类生产，减少其对森林生态系统负面影响。②调整菌业结构，扩大珍稀草腐菌类生产面积，提高草腐菌类的生产比重，把发展珍稀菌类生产作为食用菌产业新的增长点。③科学决策、严防对森林生态系统具有潜在威胁的项目和技术的盲目引进。④建立阔叶林采种基地，大力发展食用菌产业所需用材。

4. 林业在地方经济社会全面协调可持续发展中的作用

本区土地总面积 2088.2 万亩，山地 1826.0 万亩，林地面积 1773.5 万亩，后者占土地总面积的 84.91%。有林地 1352.7 万亩，森林覆盖率 69.3%。森林资源极其丰富，奠定了林业在本区经济社会全面协调可持续发展中的基础、支撑作用。林业的发展对本区经济社会全面协调可持续发展还起到经济驱动和生态保驾护航作用。

（1）竹木制品产业、食用菌产业是庆元国民经济的主导产业林业资源的数量及保有量是这些产业生存、发展的先决条件，因此，林业就成为这类产业的基础，支撑着它们生存、发展。

（2）特色中药材，如厚朴、茯苓、牛肝菌等，它们的药用价值决定了市场需求，驱动着本区产业创新。本区现已对它们进行开发，并且规划建立种植基地，要逐渐形成药材——中成药——医疗保健为一体的关联产业。

（3）森林是优良的生态资源，不仅净化、优化空气，而且涵养水源，保持水土，为区域经济社会全面协调可持续发展创造着优良的可持续发展外部环境，起着生态保驾护航作用。

（4）本区森林资源丰富，种类齐全，以森林旅游和食用菌生产作为国民经济发展的重点，提高了农民的收入，改善了农民的生活水平。为保障地区的安定团结发挥了积极作用。

（三）浙北平原嘉善模式

1. 木业发展的“零资源现象”

没有一座山，没有一片林，嘉善县却成了“胶合板王国”。自 1987 年嘉善诞生第一家木业企业以来，如今已有近 400 家胶合板企业落户嘉善，年产值达 80 亿元，占全国市场的三分之一，形成了从原木加工到胶合板、各类装饰木线、地板和家具、木工机械等相关产业，成为闻名全国的木业大县。随着嘉善胶合板产品质量的提高，产品知名度的扩大，产品的销售范围已由仅局限于江浙沪地区，延伸至全国各地，甚至外销国外市场，嘉善胶合板已具有较高的市场声誉。随着国际知名木业巨头逐渐落户嘉善，使嘉善的木制品行业开始实现由胶合板生产向家具、高档家具生产的延伸发展。嘉善的国际家具制造基地正在开发建设，嘉善的木制品行业正朝着产品高档化、市场国际化的方向发展。

嘉善木业的原材料和产品销售市场“两头在外”，经济学家将嘉善木业的发展称为“零资源现象”，其成功的原因在于信息流通，嘉善的林业产业模式走的是“信息林业模式”，即林业资源信息 + 产品市场信息。跳出有形市场的框框，建立无形市场，减少买卖中间环节、实行信息直通，促使厂家走出去，把市场办到全国各地。

嘉善凭借地处甬杭沪宁的中心区域的良好区位和便利交通。一两百公里内水陆两便：水路有上海港、张家港、乍浦港等大港口，京杭大运河穿境而过；陆路有沪杭铁路、沪杭高速公路和乍嘉苏高速公路。当前国内住宅建设正热，市场对胶合板需求猛增；"金融风暴"使传统胶合板生产大国印尼、马来西亚等生产能力锐减70%；胶合板主产区台湾劳动力成本过高，产业正向内地梯度转移等等林业信息资源成就了嘉善木业。

2. 高标准平原林网化水网化建设

嘉善水网纵横，素有"水乡泽国"之称。虽然林业水平先天不足，但是嘉善人民为改善改善生态环境和投资环境，努力实施"千顷绿化"工程和建设高标准平原绿化工程。2003年，嘉善全县生态林、速丰林、花卉苗木面积均有一定程度的增加，"千顷绿化"实事工程建设任务超额完成。全县森林覆盖率达到10.08%，公路、铁路等骨干道路绿化率98.2%，农田林网控制率91.5%，村庄绿化率43.9%，城镇绿化率29.6%。红旗塘、太浦河和大运河等主干河道水网绿化全线合龙，形成了一条具有水乡特色的美丽风景线。

今后五年，嘉善县提出了林业发展的新思路和绿化建设新任务。以生态优先和可持续发展为指针，实现平原绿化的生态、经济、社会三大效益的有机统一；以建百里绿色通道，创亿元林业产值，造嘉善秀美家园为目标，以营造交通干线两侧及村镇绿化形象工程和发展效益林业为重点，合理调整林种、树种结构，提高林业产业化经营程度，推进经济林、速丰林和花卉苗木产业工程，进一步巩固、完善平原农田林网化建设，全面提高嘉善林业生态和林业产业两大体系建设水平。从2003年开始，用五年时间实施林业"33152"工程，森林覆盖率由10%提高到15%左右，主要干线绿色通道绿化率达到95%以上，总体造林4.3万亩，花卉苗木1万亩以上。

3. 与高科技市场接轨的果桑渔牧兼用基地建设

"科技扶林、市场兴林"，狠抓林业科技应用和市场开拓，是嘉善实现林业发展、农民增收的重要因素。林业标准化生产技术的推广和林产品品牌化经营，保证了嘉善林业创收。

制定特色花卉苗木和优质水果生产标准，实施标准化生产，建立花卉苗木和优质水果标准化基地，实现农民增收；推广普及省力化养蚕技术，实现产量提高；引进了果桑兼用优特桑品种，建立果桑基地，实现蚕农增收；渔业新品种、新技术、新模式的引进和推广，增加了养殖户的收入；在养殖模式上，继续扩大专养、混养、搭养、轮养、双茬养殖，提高了单位面积经济效益；渔业标准化体系的初步形成、水产品牌建设的初见成效、水产专业合作社发展迅速、五大省级无公害水产基地建成，为推动全县特色水产品的产业化经营打下了坚实的基础。嘉善蛋鸭被确立为浙江省特色优势农产品生产基地，"嘉善县养猪生态园区"建设等都为嘉善畜牧业的规模化和特色化发展奠定了基础。

与高科技和市场接轨的果桑渔牧兼用基地建设，为嘉善林业发展开拓了新局面，创出了新模式。

4. 木业发展的"零资源现象"与森林生态环境状况

嘉善是典型的江南水乡，境内并无森林资源，但就是在这样一个没有森林的地方崛起了一个木业大县，被经济学界誉为一大"奇迹"。嘉善木业的原材料和产品销售市场"两头在外”，这种“零资源现象”的木业发展模式对嘉善的森林生态环境保护作用积极。

木业作为嘉善的支柱产业，为地方经济发展作出了巨大贡献。政府在经济发展的同时，加大区域森林建设，既改善了区域生态环境，又改善了区域投资环境，可谓是经济和环境效益的双赢。随着嘉善高标准平原林网化水网化建设的不断推进，2003 年全县森林覆盖率从原来的不到 5% 上升到 10%，道路绿化、水网绿化、农田林网建设、村庄绿化建设、城镇绿化建设都取得了长足发展。

5. 林业在地方经济社会全面协调可持续发展中的作用

（1）嘉善木业经过十多年的发展，已成为嘉善的一大特色行业和重要的支柱产业，截止 2002 年底，全行业产值占到全县产值的 28%，全行业从业人员达 3 万人，为促进地方经济发展和解决农村剩余劳动力就业发挥了重要作用。

（2）特色花卉苗木基地、优质水果标准化基地和果桑基地的建立，从新品种、新技术、新模式和新市场多方面联动推进，标准化生产、协会化组织、品牌化销售，实现农民的增收，加快区域小康社会建设步伐。

（3）高标准平原林网化水网化建设，改善了区域生态环境和区域投资环境，为营造和谐的生态人居环境和促进地方经济发展起到了积极作用。

（4）资源、市场“两头在外”的林业发展模式，即积极利用国内、外市场和国内、外资源来发展经济，为地方其他产业发展提供了借鉴。

（四）浙东海岛舟山模式

1. 佛文化与森林生态文化

舟山素有“海天佛国”的美誉，佛教圣地普陀山已有一千多年的历史，其独特的观音文化和寺庙林文化，是舟山传统文化的精髓。“寺因木而古，木因寺而神”是佛文化与森林生态文化的形象写照。舟山的禅宗庙宇无不珍护名木古树，据舟山市绿化办 2002 年的调查统计，全市共计古树名木 1686 株，其中寺庙林占 80% 以上。主要树种有朴树、蚊母树、樟树、黄连木、罗汉松、红楠、枫香、红山茶、铁冬青、普陀樟、柏木、全缘冬青、金桂等。

寺因木而古。佛教修行方法之一的“安静而止息杂虑”的禅定，需要修行者以静坐敛心专注一境，从而达到身心“轻安”，观照“明净”的状态，修行的环境自然要安静。植物不仅能远隔尘世，过滤噪音，产生静谧幽深的森林环境，而且还会给人提供一种神性的启迪、精神的慰藉和陶冶于广袤自然的乐趣。因而“禅林”既是丛林，更是禅机。因而名刹古寺皆翠色耸天，绿荫匝地。全国最早发现的一株“鹅耳枥树”生长在普陀岛佛顶山慧济寺旁。1930 年由植物学家钟观光最早发现，1932 年由林学家郑万钧鉴定为新树种。据说当年这种树全世界仅有两株，另一株生长在缅甸，可谓是佛文化与森林生态文化的奇异写照。

木因寺而神。树木虽寿长千年，但由于人类的活动而屡遭破坏。庄子在寓言中描述“散木”因无用而保天年，高大悠古。现实中能保存至今的名木古树多与寺庙有关。由于人们对宗教的信仰，使得寺庙周围的树木神化而免遭破坏，历代相传，蔚为壮观。在舟山当地居民的传统文化里，对佛的崇拜无处不在，寺庙林已经成为一种森林生态文化。寺庙林和岛上的参天古木往往成为佛的象征而得到崇拜和保护，这种文化传统即为佛教森林文化传统。这是一种朴素的生态伦理观，体现一种敬畏生命的生态伦理学，有着深刻的自然保护意义。佛教森林文化的生态学内涵及生态学意义文化，是人类对环境的一种社会生态适应。

2. 海上花园城市建设

近期由舟山市政府和中国社会科学院可持续发展研究中心共同编制的《舟山生态市建设规划》已经通过了舟山市四届人大常委会第十七次会议审议。规划目标是在2020年，实现社会经济和环境资源支撑相协调，把舟山建成具有比较发达的生态经济、优美的生态环境、和谐的生态家园、繁荣的生态文化、最适宜人类居住的海上花园城市。

舟山地处海岛，受海洋季风气候调节，大气自净能力强；四季光照充足，温和湿润，具有独特的海岛生态系统。现有国家级风景名胜区2个（普陀山、嵊泗列岛）；省级风景名胜区2个（桃花景区、岱山岛）。省级鸟类自然保护区1个（舟山五峙山列岛），面积5平方公里。饮用水源一级保护区面积3.99平方公里。全市已建成生态示范点5个：曙光农场、蚂蚁岛乡、定海区富强村、岱山县摇星浦村、嵊泗县基湖村。有近1300个无人居住的岛屿基本保持原始状态，全市植被面积占陆地总面积74.3%。优美的海岛风光，将成为吸引人才和投资的强大动力，也为进一步发展旅游业提供了广阔的前景。2003年，市区大气环境状况、声环境状况良好，各项考核指标均位于全省前列。

为在2020年实现建成海岛花园城市的目标，规划建设舟山岛屿山地森林与自然景观生态功能区，包括饮水水源地保护区，25度以上的山地及森林，五峙山鸟类自然保护区，普陀山、嵊泗列岛、岱山岛、桃花岛风景名胜区和普陀山森林公园、官山、秀山湿地，以及舟山本岛南部的自然景观小岛组成。加强中心城区周边大环境的绿化建设，利用山体、水库周边、河海沿岸等地，扩大和开辟林地、果园及防护林带等，形成城市绿色大背景。通过河道绿化及道路绿化将城区周边的绿色引入城市，形成舟山特有的山、水、田、林有机组成的城市绿地系统。在环岛公路、新329国道及主要河道两侧各设置宽度20米左右的防护绿带，老城区河道两岸改建、新建建筑物时必须保证每侧宽度不小于6米的绿化带，新城区河道两岸绿化带宽度每侧不小于20米；在高压线走廊沿线设置相应宽度的隔离绿带；临城新区沿海建设宽度约为100米的公共绿地。2020年城市绿化覆盖率不少于40%，绿地率不少于35%；绿地达到691.8公顷，占城市建设总用地的13.9%，人均绿地13.84平方米，其中公共绿地621.9公顷，人均公共绿地12.44平方米。

3. 海岛旅游与森林生态环境状况

旅游界对舟山有这样一个评价：海天佛国，渔都港城，上帝造舟山就是为了让世人品味“海上花园”胜景的。舟山旅游得景独秀，其旅游资源有三大优势：以普陀山为依托的佛教文化、以海洋海岛风光为依托的滨海休闲文化、以海鲜美食为依托的饮食文化，构建起以临城港口旅游新城为中心，以普陀“金三角”综合旅游区为南翼，以嵊泗列岛蓝色海岸休闲区为北翼的舟山海洋旅游黄金海湾岸带的“海上花园城市”。

舟山是一个人多地少的海岛旅游城市，随着海岛旅游业的快速发展，由于海岛的环境容量有限，势必会带来一系列的环境问题。游客数量的剧增，需要建设大量的宾馆、饭店和休闲娱乐设施等，对于本来就平地资源稀缺的海岛而言，只能通过占用山林土地进行建设，导致森林植被受到破坏，最终导致水土流失和水源涵养能力退化；过多的游客将消耗大量的淡水资源，对于“水贵如油”的海岛而言无疑是雪上加霜，导致地表水资源减少和地下水位降低，从而造成咸水倒灌和岛上植被生存危机等后果；大量的游客出入海岛会导致岛屿森林植被受到一定程度的破坏，还有增加森林病虫害携带入岛的可能性，降低了海岛生态安全。

因此结合岛屿生态环境敏感性、用地的可利用性和森林生态环境现状，将舟山本岛及周边岛屿地区的开发建设划分为四类地区进行空间管制。第一类，禁止建设区域：包括主要山体、饮用水一级保护区、古文化遗址、需保留的农用地、普陀山—朱家尖国家级风景名胜区以及各区域之间的绿色隔离带。第二类，有严格限制的地区：包括保护区周围过渡的地区，其限制主要为了生态环境保护、景观资源保护。如水库集水区及其水库周围1000米半径、河流取水点上游1000米至下游100米范围内地区，禁止新建扩建与供水设施和保护水源无关的建设项目；朱家尖岛和其他南部小岛限制房地产业的开发总量和建设密度，限制除旅游文体娱乐以及高档居住以外的其他功能的进入。第三类，有较严格限制的地区：包括本岛北部区域、金塘岛南部地区。第四类，有较少限制地区，包括现状城区、老塘山临港和金塘岛中北部等地区，只要满足国家、省、市的相关城市规划和环保、文保等要求即可。

4. 林业在地方经济社会全面协调可持续发展中的作用

舟山林业在地方经济社会全面协调可持续发展中的作用表现为：

（1）具有本地特色又有市场前景的特色林果产业，即“两朵花”——普陀水仙和舟山金桂，“两种树”——舟山新木姜子和香樟，“两片叶”——舟山柃木和普陀佛茶，“两只果”——晚稻杨梅和皋泄香柚，产业化经营，利用品牌效应，扩大海内外市场，服务舟山经济社会发展。

（2）以寺庙林为特色的佛文化与森林生态文化效应，以寺庙林营造更强烈的佛文化氛围，吸引海内外更多的信徒前来膜拜，以佛文化拉动旅游产业发展，提高旅游产业在国民经济中的比重。

（3）舟山群岛处于我国东部沿海中部，为南北植物引种的定居和过渡点，也是西进植物的中转站，丰富的植物资源非常适合浙江省及长三角沿海地区的土壤气候条件，成为该地区的园林绿化和生态环境建设适宜树种的资源库。

（4）海上花园城市的建设，一方面将积极改善海岛的人居环境，为岛上居民提供优良的生存环境；另一方面将有力吸引国内外游客，为游客创造宜人的旅游度假环境，实现人居、经济和社会的协调发展。

舟山群岛的森林建设，是整个杭州湾生态建设、沿海防护工程的重要组成部分，也是杭州湾大港口群的生态基础设施。

搞好以生态公益林、风景旅游区建设为主要内容的生态环境保护工程；推进以绿色长廊、农田林带林网、水库河流生态网络、花卉苗木为主要内容的林业生态工程以及实施以海岛特色产业、退耕还林、旅游休闲农业为主要内容的林业产业结构调整的转换工程，有利于舟山生态林业、生态旅游和生态城市的建设，确保生态经济良性循环，林业特色产业可持续发展。

第二章　浙江省林业发展总体规划与布局

浙江林业发展总体规划是要在宏观上勾画出未来林业发展的蓝图，是林业战略研究与规划的核心，也是工程规划的指导思想。在前面区块特征分析的基础上，确定规划依据、目标及原则，并针对林业发展重点要解决的问题，结合社会对林业的多种需求提出布局依据，从而提出了由生态林、产业林、人文林构成的“三林体系”结构布局，“一掌五指三带多点”构成的“佛手护珠”林业发展空间布局和建设重点。

一、规划依据

《中华人民共和国森林法》

《中华人民共和国土地管理法》

《中华人民共和国环境保护法》

《中华人民共和国城市规划法》

《中华人民共和国野生动物保护法》

《全国生态环境建设规划》

《中共中央 国务院关于加快林业发展的决定》（2003 年 6 月）

《浙江生态省建设规划（2005~2020）》

《环杭州湾地区城市群空间发展战略规划》

《浙江省水资源保护和开发利用总体规划（2004）》

《浙江省城镇体系规划（1~12 卷）》

《浙江省土地利用总体规划（1997~2010）》

《浙江省金衢丽地区城市群空间发展战略规划》

《浙江省公路水路交通建设规划纲要（2003~2010）》

《关于全面推进林业现代化建设的意见》

浙江省政府批复建设的有关生态、林业、水利等相关方面的规划

二、规划目标

重点加强山地森林资源保育，提高森林资源质量，加快城市与乡村人居森林、沿海防护林的建设，增强生态敏感地区的森林防护能力。到 2020 年，使浙江的森林覆盖率稳定在 60% 以上，建成功能完备的山地、河流、海岛、城市、乡村一体的绿色生态屏障，形成

山地茂林修竹、江湖水秀鱼跃、海岛鸟语花香、城市林荫气爽、田园果硕粮丰的生态景观，实现强化森林系统功能，建设一流林业产业，丰富森林文化内涵的目标，为建设山川秀美、人与自然和谐、经济社会可持续发展的生态浙江奠定基础。

规划建设的近期重点是：围绕“五项”内容，实施“十大”工程。

（1）“五项”内容：保育山地森林，打造产业基地，建设人居森林，构筑海防林带，培植科普载体。

（2）“十大”工程：四大森林生态工程，四大林业富民工程，二大森林文化工程。

三、规划原则

（一）服务社会发展需求，促进人与自然和谐

浙江经过多年的改革开放发展，实现了经济上的全面腾飞，林业建设不仅成为全省国土生态安全的重要保障，也发展成为创造巨大财富的绿色产业。因此，浙江省的林业建设要结合浙江新的发展形势，特别是三大城市群发展和融入长江三角洲的一体化发展趋势，在战略定位上要突出服务型林业的特点，为全省的生态环境建设服务，为经济发展服务，为旅游产业服务，为山区农民脱贫致富服务，为全省发展再上新台阶服务。以环杭州湾（杭嘉湖地区及宁波）、温（州）台（州）、金（华）衢（州）丽（水）三大城市群为重点，协调 11 个市 58 个县（市）和 791 个建制镇对全省林业进行整体规划，充分发挥森林在改善区域生态环境中的重要作用，为浙江的人居环境改善和生态化城市建设服务，促进人与自然和谐发展。

（二）立足浙江省域范围，兼顾长三角生态圈

浙江省既是我国东部沿海经济比较发达的省份，又是长三角生态一体化建设中的重要一翼，已经打下了比较雄厚的发展基础。按照科学发展观和建立和谐社会的要求，必须实现生态建设与经济社会的同步发展。作为经济发达、各项事业走在全国前头的浙江，有责任、有义务在以林业为主体的生态建设中先行一步，在全国率先实现林业现代化。因此，林业规划必须着眼整个长江三角洲地区的生态、经济、社会协调发展，着眼本地区的生态安全，针对浙江省域对林业的多种需求，突破行政区边界，按照区域生态功能区划和环境建设需求进行总体布局，并分区实施。从而与周边省市的林业生态建设规划相互衔接，达到互相补充、互相促进，实现区域生态建设的一体化发展，提高浙江省乃至整个长江三角洲地区的整体综合竞争力。

（三）统筹山海城乡规划，健全森林生态网络

按照浙江省自然地貌和土地利用类型来看，大体呈现山地、城市、乡村、海洋的空间格局，从面积比重、生态建设重要性以及今后发展的潜在空间来看，浙江作为多山省份和海洋大省，山地的森林保育和配合海洋经济发展的沿海地区防护林建设显得更为重要，城市和乡村森林建设也将日益成为一个关注的热点。因此，要贯彻全省生态建设一体化的理念，运用景观生态学原理，以山丘岗地森林、城市地带片林、森林公园，以及现有的森林、湿地等自然保护区为主体依托，使之成为浙江完备森林生态体系的核心生态斑块，成为保护生物多样性的基础;结合钱江、椒江、瓯江等主干水系以及高速公路等主干道路绿化,构筑林水结合、林路结合的贯通性主干林带,使之成为地域内生物交流、水系连通、城市通风送氧降温的主体生态廊道;完善道路、水系、农田、沿海防护林网,把众多的森林绿岛、水体连接起来,并与上述林水主体斑块、主干廊道相连,使之成为遍布整个省域的生态脉络,从而建设“山海城乡,林水相连,生态一体”的森林(湿地)生态安全格局,为浙江生态环境的改善与维持提供长期而稳定的保障。

(四)结合区块经济特色,发展富民林业产业

林业产业是实现林业富民的根本途径,也是生态林得以保护和维持的重要保障。除了经济发达平原、河谷城市地带以外,对于山地面积占70%以上的浙江省来说,要全面建设小康社会和社会主义新农村,实现城乡共同富裕、区域经济协调发展,大力发展高效林业产业具有重要意义。目前,浙江林业产业发展已经形成了各具特色的区块发展格局,杭州的森林旅游、南浔的地板产业、安吉的竹业、东阳的木线、萧山的苗木等,林业已经不仅仅是一项重要的公益事业,更是能够富民的绿色产业。从主导功能来看,产业林地以发挥生产功能为主,其生态功能是主体生态林的补充;从发展规模和方向来说,要根据浙江的地域特点、现有林业产业的发展状况,按照不同地区的比较优势及市场需求变化确定合理的产业林基地发展方向和规模,达到“产业保生态,产业促生态,产业促发展”的目标。

(五)营造森林文化氛围,培养环境保护意识

浙江的经济社会发展已经步入了新的发展阶段,在富起来的同时,要建设和谐社会,一个重要的任务就是全面提高人们的整体素质,特别是提升人们的文化水平和生态意识。在园林文化方面,以杭州为代表的江南园林体现了中国古典园林师法自然、天人合一的建设精髓,诗词歌赋蕴含在园林造景之中,也是独具特色的人类文化遗产;浙江省域有许多名胜古迹,古树名木众多,是浙江悠久历史的直接写照。除了高雅的园林文化以外,现实最需要的还是引导人们的生态观。要大力弘扬爱护自然、保护环境的生态文化,在高度人工化的城市建设中,把生态学原理应用于具体的工程建设当中,尽可能保留自然景观,营造低维护、高效益的近自然林。因此,浙江林业发展必须与浙江古老的园林文化相结合,与文化古迹保护相结合,与传播生态意识相结合,加强古树名木和各类名胜区森林的保护,同时顺应现代城市居民生态文化需求,大力发展以各类纪念林为代表的文化林,丰富森林文化内涵,弘扬绿色文明,把浙江建设成为生产发展、生活富裕、生态良好的和谐社会。

四、布局依据

(一)生态环境现状分析

1. 浙江省生态环境特点

(1)山多丘陵多。山地丘陵多是浙江地形结构的最基本特征。山地面积51801.83平方公里,占全省土地总面积的49.15%,主要分布在浙西和浙东地面。其中中山面积28577.47平方公里,占全省土地总面积的27.12%,占山地面积的55.17%;低山山地8011.11平方公里,占全省土地总面积的 15.45%。这些山体主要由火成岩构成，一般坡度均在 25° 上，是浙江省林业资源最集中的分布地区。

除大面积的山地外，丘陵多是浙江地貌的又一大特征。全省有丘陵 18844.85 平方公里，占全省土地总面积的 17.88%。其中高丘 12801.6 平方公里，占全省土地面积的 12.15%；低丘 6043.25 平方公里，占全省土地面积的 5.73%。

台（岗）地分布面积 3956.37 平方公里，仅占全省土地面积的 3.75%。盆（谷）地面积 10158.89 平方公里，约占土地总面积的 9.64%。平原面积 20692.01 平方公里，占全省土地总面积的 19.58%。

由于山地丘陵面积大，故浙江素有“七山一水两分田”之说。

（2）海岛多。根据李长江等利用要高技术手段所作的研究结果，在浙江省沿海及近海，在大潮平均高潮位以上，全省面积大于 500 平方米的岛屿共计有 2591 个，约占全国岛屿总数的三分之一。其中舟山群岛是我国的第一大岛，它由舟山、长白等 121 个大小岛屿组成，岛屿总面积 564.66 平方公里。

（3）海岸带长、滩涂资源多。浙江省是我国陆域面积最小的省份之一，陆域面积仅 10.18 万平方公里，但浙江省海岸线长，全省 11 个地市中有 7 个濒临海洋，海岸线长达 6966.78 公里，其中大陆海岸线长 1988.95 公里，岛屿岸线长 4977.83 公里，拥有海域面积 26 万平方公里。是名副其实的“陆域小省、海洋大省”。广阔的海域与绵长的海岸线，一方面提供了丰富的渔业资源，另一方面也提供了大量的沿海滩涂。

丰富的滩涂资源，为湿地的发育创造了绝佳的环境。根据浙江省森林资源监测中心所作的全省湿地调查资料，浙江省面积在百公顷以上的天然湿地总面积为 68.8 万公顷，主要分布在沿海地区和平原地区，其中以海岸湿地面积比重最大，达到了 57.4 万公顷，占到了全省天然湿地面积的 83.43%。

（4）森林面积比重大。根据 2009 年浙江省森林资源连续清查结果，浙江省林地面积 667.97 万公顷，占全省土地总面积的 65.52%，其中：森林面积 584.42 万公顷，疏林地面积 3.83 万公顷，其他灌木林面积 31.36 万公顷，未成林地面积 12.93 万公顷，苗圃地面积 3.35 万公顷，无立木林地面积 14.84 万公顷，宜林地面积 17.24 万公顷（图 3-2-1）。活立木总蓄积 1.94 亿立方米，森林蓄积 1.72 亿立方米。森林覆盖率（含灌木林）60.5%，森林覆盖率居全国前列。

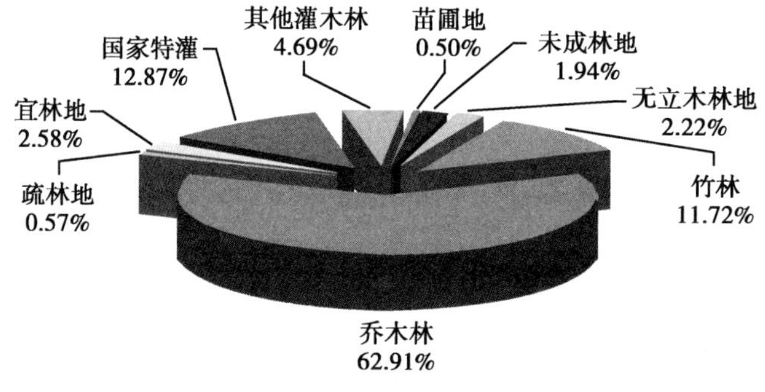

图 3-2-1 浙江省林地各地类面积比例

2. 浙江省生态环境主要问题

（1）水资源短缺与水污染。浙江省水资源人均占有量为2004立方米，低于全国的2400立方米的平均水平，而且时空分布不均。80%的水资源分布在山区，而经济发达、人口集中的平原与滨海地区不到20%。全省有36个市县严重缺水，21个市县动态缺水。全省无灌溉条件的旱地13万公顷，严重缺水的低产田有34万公顷，仅有简陋水利设施的后备耕地资源有13万公顷，水资源短缺已经成为了困扰浙江农业经济发展的主要问题之一。

在面临水资源短缺的同时，日益严重的水污染问题更加重了水资源短缺问题的严重性。2004年浙江省八大水系、运河和湖库按年均值统计，水质类别为Ⅰ—劣Ⅴ类，其中Ⅰ—Ⅲ水断面类占52.1%，Ⅳ类占16.6%，Ⅴ—劣Ⅴ类占31.3%；46.7%的断面满足水域功能要求（图3-2-2）。

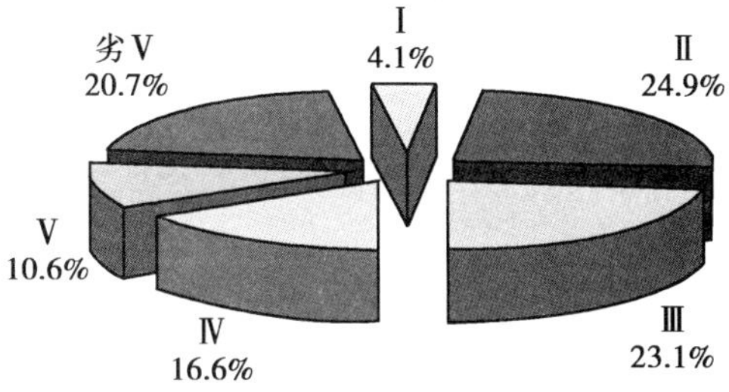

图3-2-2　2004年浙江省地表水水质类别比例图

2004年浙江省八大水系和运河满足功能断面数由大到小排列依次为瓯江、飞云江、苕溪、甬江、曹娥江、钱塘江、椒江、运河和鳌江，鳌江所有河段均不满足功能要求（图3-2-3）。

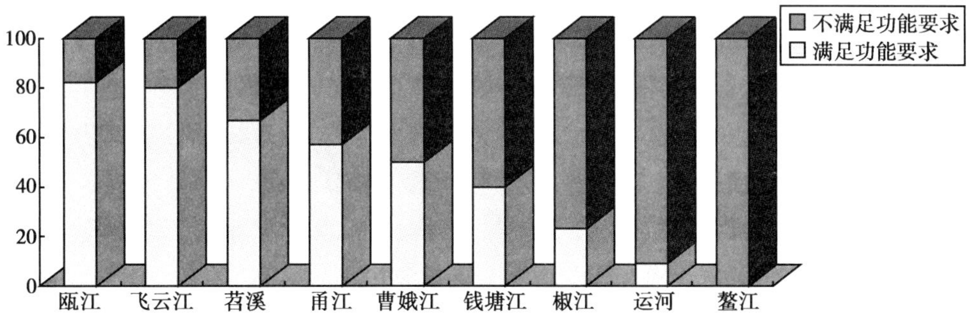

图3-2-3　浙江省江河水系满足功能要求情况示意图

与2003年相比，2004年浙江省江河湖库水质下降明显。其中Ⅰ—Ⅲ类水断面减少了10.5个百分点，Ⅳ类增加了2.6个百分点，Ⅴ类和劣Ⅴ类增加了7.9个百分点；满足功能的断面减少了7.7个百分点（图3-2-4）。

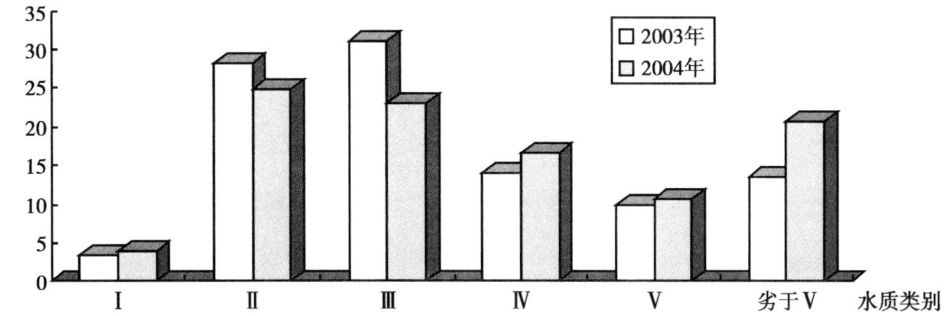

图3-2-4　2004年与2003年浙江省水质类别比较图

浙江是海洋大省，海洋环境的好坏对其海洋经济的发展至关重要，根据 2003 年的监测结果，近岸海域（领海基线外延 12 海里以西海域）环境水质污染仍然严重，绝大部分环境功能区未能达到水质保护目标要求，污染程度位于全国沿海省份的第二位。海水中活性磷酸盐、无机氮超标严重。受其影响，浙江省近岸海域海水水质四类和劣四类的占 70.7%。重金属，尤其是铅、锌超标较普遍，局部海域汞、铜和溶解氧有超标现象；部分海域（特别是杭州湾海域）化学需氧量超标率较高。浙江省重要港湾（杭州湾、象山港、三门湾、乐清湾等）因长江冲淡水、沿海河流和港口污水及养殖业废弃物的影响，海水普遍受到无机氮、活性磷酸盐的超标影响，已无一、二类水质（图 3-2-5）。

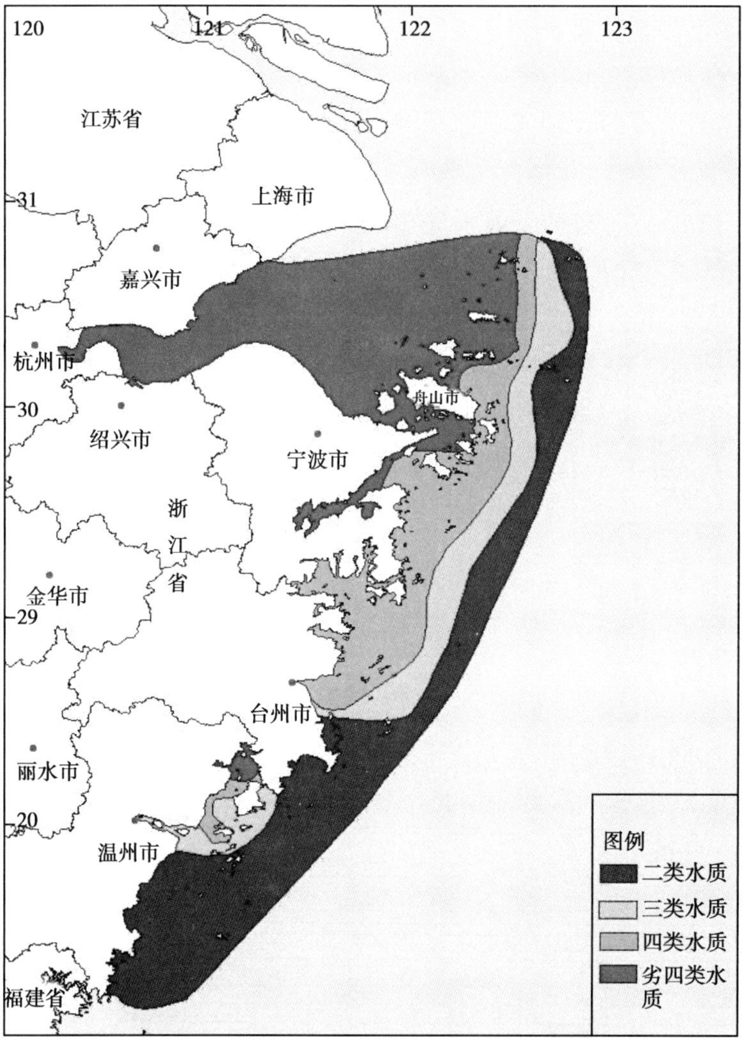

图 3-2-5　2003 年浙江省近岸海域水质分布状况

（2）地质灾害。浙江省地质环境复杂，受自然与人为活动的影响，地质灾害频频发生，并有不断增多的变化趋势。截至 2002 年 3 月，全省共发生有记载的突发性地质灾害 2918 处。仅 1996~2002 年间，滑坡、泥石流、崩塌灾害就造成了 234 人死亡，毁坏了大批房屋、农田和交通设施，直接经济损失达 6.6 亿元之巨。对人民的生命财产和经济建设造成了严重危害，直接影响了经济的发展和社会的稳定。浙江省最主要的环境地质灾害为：滑坡、崩塌、泥石流和因地下水超采而造成的城市地面沉降。

滑坡：滑坡是浙江省主要的地质灾害类型。全省发生滑坡规模以小型为主，类型以土质滑坡为主、岩质滑坡次之。土质滑坡较集中地分布在浙江南部、东南部火山碎屑岩分布区；岩质滑坡主要分布在浙江西北部沉积岩分布区和新昌、宁海等县市的玄武岩台地区。人为作用和汛期强降水是滑坡形成的主要原因。

崩塌：崩塌主要发生在公路、铁路沿线的陡坡、矿山边坡和自然斜坡的陡崖，以岩体崩塌为主。由于其突发性强，所以危害较大、难以预防。全省共发生崩塌 162 处。

泥石流：泥石流主要发生在火山碎屑岩分布的深切峡谷、坡降较大的山区。全省共发生泥石流 82 处，基本上属于中小型泥石流。强降雨或暴雨使泥石流的多发时段。

地面沉降：地面沉降是由于平原区过量抽取深层孔隙承压水后引起的最主要地质灾害。主要发生在杭嘉湖平原、宁奉平原、温黄平原和温瑞平原。地面沉降导致了防洪排涝和城市排水工程排放能力的降低，已经造成了数十亿元的经济损失。

（3）耕地质量下降，化肥、农药使用量增加。根据全省耕地土壤有机质、全氮、速效磷和速效钾 2600 多个动态监测点的资料，全省土壤有机质和全氮含量略有增加，土壤速效磷含量有增有减，大多基本持平，土壤速效钾含量下降 10 毫克 / 公斤，且平均以每年 1% 左右的速度递减。耕地总体质量呈下降趋势，全省低于当地常年平均产量 20%~30% 的低产田达 53.18 万公顷，其中低产水田为 43.4 万公顷，低产旱地为 7.77 万公顷。

为了维持土地的稳定产出，在有机肥投入呈不断下降的趋势下，广大农村均加大了化肥与农药的使用量（图 3-2-6）。2003 年全省耕地化肥施用量平均为每公顷 443 公斤，相当于 1955 年的 50 倍，远远超过了发达国家为防止化肥污染而设置的每公顷 225 公斤的安全上限。若以该值为标准，以全省 2002 年 81 个县（市、区）平均化肥施用量资料进行分析，全省超过化肥用量安全上限 1~6 倍的县（市、区）占 56%；超过 7~15 倍的占 42%。长期施用化肥已经造成了全省土壤中矿物质、有机质、水分和土壤微生物的破坏，引起了土壤的酸化、板结和地力下降，土壤质量退化。

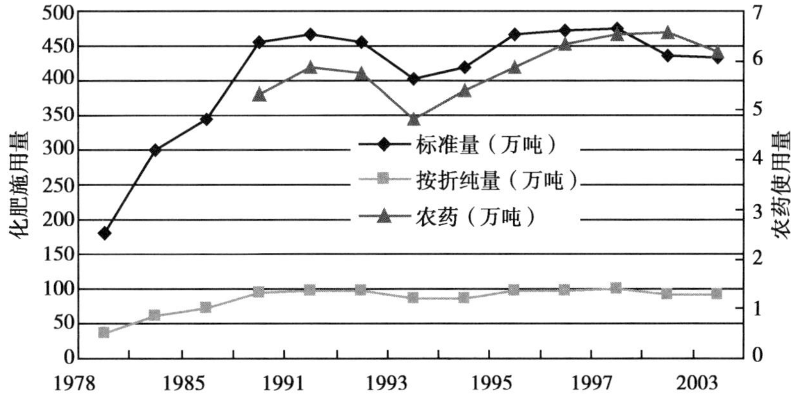

图 3-2-6　浙江省化肥、农药使用情况

（4）土壤侵蚀。从全省分布看，温州市的水土流失面积最大，达 3474.9 平方公里，其余依次为：丽水市 2998.48 平方公里，杭州市 2936.15 平方公里，金华市 2195.63 平方公里，衢州市 1834.86 平方公里，绍兴市 1792.12 平方公里，台州市 1414.69 平方公里，宁波市 1311.38 平方公里，湖州市 569.16 平方公里，舟山市 438.82 平方公里，嘉兴市 32.06 平方公里。

从水土流失面积占总土地面积的比重看，温州市为最高，达 28.4%，其余依次为绍兴市 21.6%，衢州市 20.8%，金华市 20.1%，杭州市 17.4%，丽水市 17.3%，台州市 14%，舟山市 14%，宁波市 12.8%，湖州市 9.8%，嘉兴市 0.6%。全省 89 个县、市、区（含湖州市区）中，水土流失面积比重在 30% 以上的有 8 个，20%~30% 的有 25 个，15%~20% 的有 12 个，10%~15% 的有 14 个，10% 以下的有 30 个。

从流域来看（表 3-2-1），水土流失面积比重最大的是鳌江流域，达 34.9%，它是浙东南独流入海河流之一，主流长 82 公里；其次为飞云江；它也是浙东南部独流入海的河流，干流流经云和、泰顺、文成、瑞安，水土流失占流域面积的 28.2%；钱塘江流域水土流失面积最大，比重居第四，其中尤以曹娥江支流水土流失最为严重，它发源于东阳，自南而北流经新昌、嵊县，河水含沙量在全省河流中最高，据历史记载，曹娥江是浙江省水患最严重的河流之一，虽经多年治理，但仍未根本好转；此外，瓯江流域的水土流失治理亦迫在眉睫。

表 3-2-1 水土流失在各流域的分布情况

流域名称	钱塘江	甬江	椒江	飞云江	太湖	鳌江	瓯江
水土流失面积（平方公里）	8509.18	1801.60	1540.36	1315.33	872.19	806.10	4153.48
占流域的百分比（%）	17.7	16.5	14.5	28.2	7.1	34.9	19.8

全省水土流失最严重的地区位于浙南和浙中的中西部。水土流失的原因有自然因素和人为活动两个方面。自然因素提供了水土流失的可能性，而人为的不合理土地利用则直接使可能性转变为了现实性。

自然因素概括起来包括降水、地貌形态、地形坡度、地面组成物质等因子。浙江省地处中亚热带，降水多、降雨强度也大。全年降水量为 1200~2200 毫米，在季节分配上，大部分地区呈春、秋两季多雨的双峰型，一般 3~6 月为第一雨季，常年降水量达 460~1000 毫米，占全年总降水量的 38%~61%，8~9 月因受台风影响，降水再次增多，成为第二雨季，常年降水量为 200~300 毫米，占年降水量的 12%~28%。一次台风的过程降水量一般可达 200 毫米左右，四明山和天目山区则可出现 600~800 毫米的过程雨量，靠近沿海的南、北雁荡山及象山港周围的丘陵山区更是浙江省最大的暴雨中心，过程雨量可达 800 毫米。高的雨量与强的降水过程，增加了雨水对地表的冲刷强度，使得河川径流量及河流输沙量也相应增大。在地形上，浙江全省以丘陵山地为主，其面积占全省陆域面积的 70.4%。丘陵山地切割强烈，地形破碎，地面坡度大，其中坡度在 3 度以上的占总土地面积的 63%，25° 以上的陡坡地则占五分之一。加上境内广泛分布的易引起侵蚀的发育于花岗岩、石灰岩和紫色砂页岩上的红壤和石质土，保水保土性能差，因此，易发生水土流失。

在人为因素方面，对土地实行重用轻养，掠夺经营，加上毁林开荒，陡坡垦植等大大减弱土地抗蚀能力的人为活动是主因。从目前的水土流失现状来看，坡耕地是水土流失的主要地类，也是河流泥沙的重要来源。全省现有坡耕地的水土流失面积为 2081.56 平方公里，占全省水土流失面积的 11%，其中坡度在 25° 以上的坡耕地面积为 414.29 平方公里，占坡耕地面积的 19.9%。同时人为活动对原始森林的破坏殆尽，也是造成目前水土流失的重要原因。虽然目前全省已经达到了全面绿化的目标，但现有林中人工林多，而人工林中多为针叶林，具有显著保水保土作用的阔叶林的面积不到 2%，这也在一定程度上限制了植被在水土保持方面作用的充分发挥。

（5）气候灾害。浙江省是洪涝、台风和干旱频发的省份，新中国成立以来至 2000 年，全省发生较严重的洪涝台风灾害 98 次，损失超过 1183.6 亿元，其中洪涝、台风灾害损失 1143.7 亿元，干旱损失 39.9 亿元。根据短期天气预报研究，20 世纪 90 年代，洪涝、台风和干旱的直接经济损失分别为 458.3 亿、424.0 亿和 33.6 亿元，潜在损失是直接经济损失的 1.46 倍，直接和潜在损失总值高达 2253 亿元。从严重影响浙江的台风和旱涝灾害次数来看，20 世纪 60 年代为 5 次，70 年代为 6 次，80 年代为 10 次，到了 90 年代则高达 17 次。

台风：浙江地处沿海，极易遭受台风危害，从 5~11 月均有可能遭受台风影响，其中直接在沿海登陆或过程雨量达 200 毫米以上、产生大面积洪涝灾害的台风，平均每年至少一次，最多年可高达 3 次以上。台风影响的持续日数平均为 3 天，最长可达 7~8 天。

台风影响时的风力分布以东部和东南沿海为最大，都在 12 级以上；浙北地区次之，在 10~12 级；内陆地区因山岭的屏障作用，一般迅速减低至 8~10 级。

全省以温州和台州两市受台风影响最为严重，直接再次登陆的台风占台风总数的 60% 以上，过程雨量达 200 毫米以上的台风频率在 40% 以上；舟山市与宁波市的东南部、台州西北部与丽水的东南部次之，在此登陆的台风约占总数的 30% 左右，过程雨量达 200 毫米的台风频率为 20%~40%；嘉兴、湖州、杭州、绍兴等市地和宁波的西北部东南沿海为轻，直接再次登陆的台风极少，过程雨量达 200 毫米以上的台风频率为 10%~20%。

洪涝：洪涝也是对浙江省影响很大的自然灾害之一。据农业部门统计，平均每年因洪涝使作物减产三成的耕地约占全省耕地总面积的十分之一，个别严重年份可达三分之一以上，不仅造成农业歉收，也对人民的生命财产与经济建设带来了一定的危害。

浙江省的洪涝主要发生在每年 5~6 月份的梅汛期和 7~9 月份的台风期。全省洪涝面积达 20 万公顷以上，中洪涝年平均三年一次。其中梅汛期洪涝译者西南、浙西两丘陵山地区最多，平均两年一遇，自西南往东北渐次减少。而台风期洪涝则以台州、温州两地市最多，平均两年一遇，从东南沿海向西部内陆减少。

干旱：按照干旱发生的时间，浙江省的干旱共包括伏旱、秋旱和冬旱三类。伏旱是随着梅雨期的结束与盛夏季节的开始而开始的，伏旱期以东南部最短，仅 20 天左右，最长的是金衢盆地及其周边地区，可达 90 天左右，其他地区多在 30 天左右。秋旱的发生时间基本上在 10 月下旬至 11 月上旬，寒气平均 20 天，缺雨量多在 5~15 毫米。冬旱的发生区域比较局限，仅发生于东南沿海之滨的狭窄地带，发生时间在 11 月下旬至 12 月中旬，历时 30 天左右，缺雨量为 10~20 毫米。

上述 3 类干旱，以伏旱的危害程度最深，它不但危害时间长、发生的区域范围也广。而且其发生时间刚好又是双季稻生长的关键时期，因此对农业生产的影响最大；秋旱由于其历时短、程度轻，往往还对全省的秋收秋种工作有利；冬旱因其发生地区窄狭、程度轻微，故对全省农业生产影响不大，而且对冬作物生长发育有利。

（二）林业综合区划

1. 浙江省林业综合区划

林业综合区划是根据林业经营的生态环境、自然、经济规律、技术条件和国家政治经济任务、社会需求的异同，所进行的地域划分。其目的是因地制宜进行合理布局，制定针对性的措施，实行分类指导，使林业经营有计划地朝着生态化、区域化、专业化、商品化、现代化的方向发展，以便扬长避短，合理利用和开发森林资源，最大限度发挥森林的生态效益、经济效益和社会效益，促进经济社会和谐发展。

迈入新世纪，浙江进入了加快工业化、城市化、信息化、市场化和国际化，全面建设小康社会，提前基本实现现代化的新阶段。走生产发展、生活富裕、生态良好的文明发展道路，是经济社会发展的迫切要求。浙江省委、省政府明确提出，积极实施可持续发展战略，以建设“绿色浙江”为目标，以建设生态省为主要载体，以营造绿色环境、发展绿色经济为主要内容，全面建设小康社会，提前基本实现现代化，这是立足省情，把握规律，走新型工业化道路，实施可持续发展战略的重大举措。然而，浙江实施生态省的建设中，存在一些制约因素，主要表现在：

浙江省自然灾害频发，局部区域污染继续加剧。水土流失仍比较严重，山体滑坡、崩塌、泥石流、台风暴潮和洪涝、干旱等自然灾害频发，经济损失呈上升趋势。地下水过量开采，导致部分城市出现较为严重的地面沉降。平原河网污染和农业面源污染比较严重，全省流域性水环境问题仍然突出。酸雨污染频率和强度未有大的消减。近岸海域和部分港湾海水污染加大，有些海域已成为赤潮多发区。

粗放型增长方式尚未根本改变，资源、环境矛盾比较突出。浙江人口密度是全国的 3.35 倍，人均水资源占有量低于全国人均水平，人均耕地不及全国的一半，且后备资源有限。传统工业化导致经济结构不合理、经济增长以量的扩张为主，经济快速增长与资源保障、生态环境保护之间的矛盾普遍存在。

人口规模过大，老龄化问题日益显现。相对于狭小的陆域面积，人口规模仍然偏大，人口素质不高，65 岁以上老年人口占总人口 9% 左右，就业压力逐步增加，高素质人才比较缺乏。社会保障和社会福利设施建设滞后，基本医疗服务和预防保健水平不协调，难以满足全面建设小康和老龄化社会的需要。

持续发展能力建设有待进一步加强。资源与生态环境评价指标和标准体系尚不完善，监测网络和预警系统建设滞后。地方配套性政策法规还不健全，一些地方执法不够有力，部门、地区之间的统一协调有待加强。

为实践“三个代表”，提高综合实力和国际竞争力，促进经济社会可持续发展，全面建设小康社会，提前基本实现现代化，浙江提出生态省的建设。新时期，林业的任务已发生根本性变化，《中共中央 国务院关于加快林业发展的决定》明确指出："森林是陆地生态系统的主体，林业是一项重要的公益事业和基础产业，承担着生态建设和林产品供给的重要任务"，做出了"在贯彻可持续发展战略中，要赋予林业以重要地位；在生态建设中，要赋予林业以首要地位；在西部大开发中，要赋予林业以基础地位"的重大决策，在赋予林业在全面建设小康社会进程中的重要地位的同时，更赋予了林业改善生态环境的历史使命。林业综合区划是林业建设的重要基础工作，是林业实现生态化、区域化、专业化、商品化、现代化的方向的重要保证。

林业综合区划遵循以下原则：

（1）林业的自然条件、生态环境和社会经济、技术条件，区内相似，区间有明显的差异性。

（2）林业生产的基本特征、森林资源现状与生产力。

（3）林业生产的发展方向及所要采取的主要措施。

（4）纵横区划的协调和保持乡镇区域完整性并使地域连片。

根据上述原则要求，全省划分为5个林业综合发展区。

Ⅰ. 浙北平原水网防护林区

包括太湖以南的杭州湾两岸，杭州市、嘉兴市、宁波市的19个完整县（市、区）及10个部分县；5个国有林场。土地总面积为17777.3万亩，占全省11.6%，其中林业用地232.8万亩，占分区总面积的13.1%，森林覆盖率为19.97%。该区以平原为主，山地面积为8%，区内湖泊众多，水网密布，有"水乡泽国"之称。该区田多地少，人口稠密，经济发达，是浙江省粮、棉、麻、畜等农副生产的重点基地。

目前存在的主要问题是：森林资源偏少，且分布不均；城市集中，人口众多；工业废水、生活污水和农业面源污染导致水环境破坏；地下水超量开采导致地面沉降；洪涝、渍害和酸雨比较严重。

该区森林主要分为农田防护林、城市森林、水网林、森林食品经济林等类型。

林业发展方向是：以农田林网为中心的平原绿化和海防林建设，保证农业的稳产、高产；大力发展城市森林，改善城市生态环境，维护城市生态安全，为居民提供良好的生产、生活环境；净化水质，改善水环境；大力发展森林食品基地，提供优质的绿色食品。

Ⅱ. 浙西北山地水源、用材林区

包括安吉、临安、富阳、桐庐、建德、淳安6个完整县市，长兴、德清、湖州本级、余杭4个部分县区；22个国有林场和4个自然保护区。土地总面积2983.7万亩，占全省19.5%，其中林业用地面积为2267.3万亩，占全省76.0%，森林覆盖率为73.98%。区内有天目山脉和千里岗山脉分布全区，中山环绕，山高坡陡，河谷深切。主要水系有钱塘江水系的富春江、新安江、分水江和太湖水系的东、西苕溪。该区是杭嘉湖地区水源供给地和浙北地区重要的生态屏障，也是浙江省生态环境较好的地区和"黄金旅游"之地。

目前存在的主要问题是：局部地区水土流失较重，山体滑坡灾害较多；山溪性河流落差大、蓄水能力差，易使下游发生洪涝灾害。

该区森林主要分为水源涵养林、城市森林、水网林、用材林、经济林等类型。

林业发展方向主要是:以退耕还林、封山育林为主要措施，进行水源涵养林建设和保护，保持和提高水源径流能力与水源涵养能力，保护水质，保护生物多样性和保持水土，发展森林旅游；大力发展珍贵用材林、竹林和经济林，服务城市和周边地区的发展。

Ⅲ. 浙中丘陵盆地水土保持林、经济林区

包括本区包括金华、衢州两个市所有的共计 15 个县（市、区）；11 个国有林场。总面积 1972.9 万亩，占全省 12.9%，其中林业用地面积为 1100.9 万亩，占分区总面积 55.8%，森林覆盖率为 64.29%。该区是全省最大的丘陵、盆地集中分布区，区内有钱塘江水系、椒江水系、甬江水系的河流。该区是浙江省农业、林果业和畜牧业商品基地。

目前存在的主要问题是：水土流失严重，东阳江、浦阳江和曹娥江下游污染较重；城市分布较为集中，工业废水、生活污水对水环境污染较为严重。

该区森林主要分为：水土保持林、水网林、用材林、经济林和城市森林等类型。

林业发展的方向主要是：提高森林质量，调整树种结构，增加森林水源涵养能力、保持水土功能，保护生物多样性；加强经济林和用材林基地建设；大力推进城市森林建设，改善城市生态环境。

Ⅳ. 浙东低山丘陵防护林、用材林区

包括诸暨、新昌、嵊县 3 个完整县和绍兴、上虞、余姚、鄞县、奉化、宁海、萧山 7 个部分县，10 个国有林场。土地面积为 1456.1 万亩，占全省总面积的 9.5%，其中林业用地面积为 918.2 万亩，占分区面积 63.1%，森林覆盖率为 64.11%。该区地貌以低山丘陵为主，盆地相间分布，是浙江省农业经济综合区。

目前存在的主要问题是：植被破坏较普遍，局部水土侵蚀和流失严重；河流洪、涝灾害频繁。

该区森林主要分为：水土保持林、用材林、经济林和城市森林等类型。

林业发展的方向主要是：增加阔叶树比重，恢复阔叶林地带性植被，提高森林质量，增强森林水源涵养能力、保持水土功能，保护生物多样性；加强用材林和经济林基地建设，发展林业经济。

Ⅴ. 浙南山地用材林区

包括本区位于浙江省南部，包括龙泉、遂昌、景宁、松阳、云和、丽水、青田、缙云、天台、仙居、泰顺、文成 12 个完整县，临海、黄岩、永嘉、瓯海、瑞安、平阳、苍南 7 个部分县（市、区）。40 个国有林场，4 个自然保护区。土地总面积为 4924.6 万亩，占全省 32.3%，其中林业用地 3846.4% 万亩，占分区总面积的 78.1%，森林覆盖率为 73.99%。该区地貌以中主，人烟稀少；区内有瓯江、飞云江、椒江三大水系。该区是浙江省主要林业基地，森林资源丰富，覆盖率高，但林分质量参差不齐。同时还是我国最大的食用菌生产基地，并拥有为数众多的名贵动植物资源。

目前存在的主要问题是：山高源短流急，自然蓄水能力较差，洪涝、干旱和山体滑坡等突发性灾害频发；一些地方食用菌的不当发展，破坏了阔叶林资源，森林生态功能减弱；坡地、陡坡地过度开发，水土流失较为严重。

该区森林主要分为：用材林、经济林和水土保持林等类型。

林业发展的方向主要是：调整树种结构，增加阔叶树比重，建设生态公益林，加强水系源头水源涵养和生物多样性保护；大力发展森林旅游，该区的主导生态功能为保护生物多样性，保持和提高源头径流能力和水源涵养能力，保持水土。

Ⅵ. 浙东南沿海防护林、经济林区

包括温州市、台州市和宁波市的近 14 个完整县和 10 个部分县在内的所有海域和岛屿，13 个国有林场，土地总面积为 2155.4 万亩，占全省 14.1%，其中，林业用地 1017.6 万亩，占分区总面积的 47.2%；森林覆盖率为 45.91%。区内有温瑞平原和温黄平原，有甬江、椒江、瓯江、飞云江和鳌江等五大入海河流的河口和象山港、三门湾、乐清湾；滩涂资源比较丰富，港口航道资源得天独厚，海洋渔业和海洋旅游资源丰富。该区是我国红树林分布产最北点，北部杭州湾两岸的湿地是大量候鸟迁徙的中途栖息地，是浙江省加工制造业和农林、水产等的重点产区。

目前存在的主要问题是：森林覆盖率低，林分质量差，柑橘类经济林分布广；水环境污染较重，湿地减少，生物多样性指数下降，丘陵坡地过度开发使水土流失较为严重，入海陆源污染物增加；近岸海域污染加重，赤潮频繁发生；台风、暴潮灾害时有发生。

该区森林主要分为：沿海防护林、经济林和游憩林等类型。

林业发展的方向主要是：建设沿海平原与岛屿建设以海防林为主的综合防护林体系，增强抗御台风危害的能力，改善农业生态环境；利用海涂围垦、四旁地和丘岗地大力发展经济林；结合风景名胜区、城镇绿化美化和海防需要，建设森林公园，发展森林旅游。

2. 森林空间分布与生态安全

（1）森林植被与森林火灾。森林火灾的发生除与气象条件和火源管理有关外，与森林植被的种类关系密切。根据 1988~2002 年统计资料表明，针叶林发生森林火灾的次数、受害面积最多，其次是针阔混交林，阔叶林与竹林最少（图 3-2-7）。全省针叶林和针阔混交林占有林地的 64.8%，但森林火灾的次数占总次数的 87.6%，受害面积占总受害面积的 90.9%。阔叶林、经济林与竹林占有林地面积的 35.2%。针叶林和针阔混交林发生森林火灾次数和受害面积的比例远远大于针叶林和针阔混交林占有林地的比例。从森林防火机理，发生森林火灾频率最高的是松木林，主要是针叶树比阔叶树易燃，且油脂含量多的比油脂含量少的易燃；而亚热带的地带性植被 —— 常绿阔叶林和落叶阔叶混交林不易燃，因此，阔叶林几乎很少发生，即使其边缘受点影响，恢复也相当快，成为阻隔火灾进一步蔓延的自然隔离带。

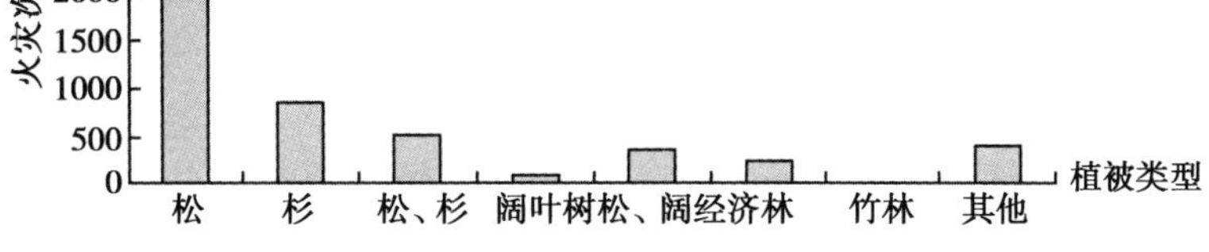

图 3-2-7　不同森林植被火灾次数

当前，浙江省以针叶树为主的森林面积集中，林下凋落物多，可燃物载量大，一旦发生森林火灾，扑救就非常困难。因此，在森林生态体系和林业产业体系建设中，应大力营造阔叶林和经济型生态公益林，加快对针叶林的改造，增加阔叶林、针阔混交林、经济林和竹林的比例。积极开展各种营林措施，减少林内的可燃物载量，降低森林的可燃程度，提高森林自身的防火效能。同时应利用植物自身的防火功能，合理布局森林，积极开展生物防火林带的建设，充分发挥生物防火林带在森林防火中的作用。

（2）森林植被与病虫害。森林病虫害是林业三大灾害之一，往往会给森林带来了毁灭性灾难。因此，森林病虫害被称为“不冒烟的森林火灾”。当前，浙江林业的主要病虫害有：松毛虫、天牛、柳杉毛虫、柳杉叶蜂、竹蝗、竹螟、竹叶蜂、金龟子、白蚁、松叶蜂、枫杨毒蛾、松赤枯病、油茶煤病、板栗疫病、毛竹枯梢病、松针褐斑病、炭疽病、松落针病、油茶炭疽病、油茶软腐病、泡桐丛枝病等，有的连年发生为害，有的在局部地方爆发成灾，或几年爆发一次。尤为严重的是，近来的松材线虫病等检疫对象正威胁着浙江省森林资源的安全，已给松树资源造成巨大的损失，甚至是毁灭性打击。

森林病虫害的频繁发生，客观上是由于气候、森防力量不足、森防技术措施等原因造成，但其根源在于长期以来，是由于为了片面追求木材生产力，大面积营造纯林，尤其是针叶纯林比例过大，即林分结构不合理，阔叶树比例不足所致。人类、林木、有害生物、环境和天敌等之间存在着相当复杂关系，其中任何一个因子的变化都会直接或间接影响整个森林生态系统。因此，生态学观点认为，在管理上要创造不利于病虫害发生条件，减少或不用化学农药，保护天敌，提高森林自控能力，保持森林生态的稳定。森林类型的变化，尤其大面积人工纯林的产生，使生态系统中的食物链变短或断链，病虫害天敌失去制衡，天敌越来越少，导致部分病虫害数量急剧增加，爆发成灾。

浙江省为地带性顶级群落为亚热带常绿阔叶林，只有恢复和发展其地带性植被，才能有效改善生态环境，保护生态系统的多样性，维护生态平衡，抑制大面积病虫害的发生。

（3）森林植被与水土保持。浙江省属于水力侵蚀为主的类型区——南方丘陵红壤区。全省水土流失的类型主要是水力侵蚀，在浙西、浙南山区还存在着滑坡、崩塌、泥石流等重力侵蚀，舟山群岛和杭州湾两岸也存在着一定的风力侵蚀。由于本省丘陵、山区土层浅薄，水力侵蚀的表现形式主要是坡面面蚀，一些丘陵地区也有浅沟侵蚀及小切沟侵蚀。全省共有水土流失面积 18998.3 平方公里，占全省总土地面积 10.98 万平方公里（包括钱塘江河口水面）的 17.3%，占坡度在三度以上的丘陵山地面积的 30.7%。在水土流失面积中，轻度侵蚀面积 10033.6 平方公里，占总土地面积的 9.1%，占水土流失面积的 52.8%；中度侵蚀面积 6769.7 平方公里，占总土地面积的 6.2%，占水土流失面积的 35.6%；强度侵蚀面积 1441.7 平方公里，占总土地面积的 1.3%，占水土流失面积的 7.6%；极强度侵蚀面积 665.6 平方公里，占总土地面积的 0.6%，占水土流失面积的 3.5%；剧烈侵蚀面积 87.7 平方公里，占总土地面积的 0.1%，占水土流失面积的 0.5%。

森林是陆地生态系统的主体，素有“绿色水库”之称。它通过林冠层、枯枝落叶层和土壤层等三个水文作用层对降雨的截留、吸持，削弱了降雨侵蚀力；通过枯枝落叶和根系作用，改善土壤结构，提高了土壤的抗冲、抗蚀性能，增加土壤渗透率，延长径流形成时间，减少地表径流量；削减洪峰流量，增加枯水期流量，起到良好的水源涵养和水土保持作用。森林对降水再分配机制为：第1层是冠层截留，约占降水量的5%~10%，这部分水从叶面蒸发到大气，不能为森林贮存；第2层为枯枝落叶层截持，约占降水量的8%~10%，枯枝落叶层吸水能力很强，持水率一般为自身重量的3倍以上；第3层为林地土壤蓄水，贮存降雨量的70%~80%。林地土壤含水量为无林地土壤含水量的5~10倍，每公顷林地一般可蓄水200~400吨。

森林涵养水源能力取决于林分面积、结构以及林地结构特征，而不同的森林类型，水土保持能力不同，总体上呈现天然阔叶林＞人工阔叶林＞针叶林＞经济林。因此，要提高区域森林的水土保持能力，应培育森林地被层发育较为良好稳定、持水能力强的亚热带森林类型，充分发挥森林的水源涵养、保持水土的功能。

（三）现有森林分布格局

1. 森林资源现状

（1）林地面积。浙江省土地总面积1018.00万公顷。其中：林地面积667.97万公顷，占土地总面积的65.6%；非林地面积350.03万公顷，占34.4%（图3-2-8）。

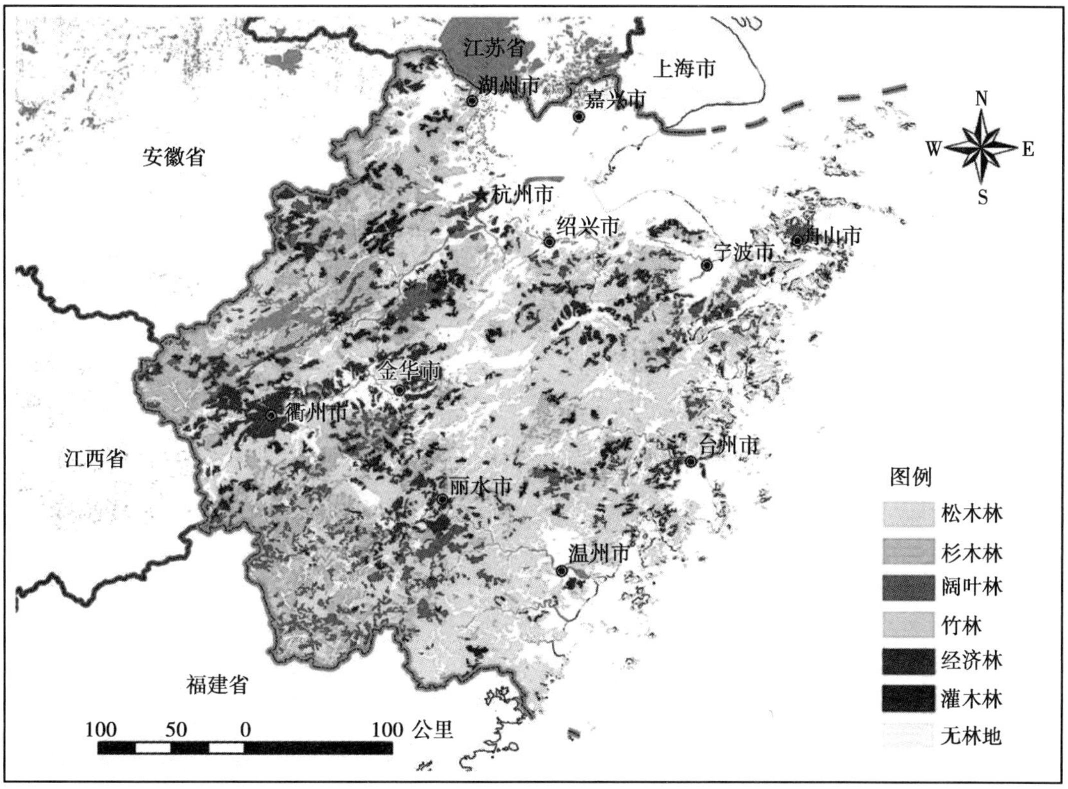

图3-2-8　浙江省森林资源分布图

林地面积中：森林面积584.42万公顷，疏林地面积3.83万公顷，其他灌木林面积31.36万公顷，未成林地面积12.93万公顷，苗圃地面积3.35万公顷，无立木林地面积14.84万公顷，宜林地面积 17.24 万公顷。

森林面积中，乔木林面积 420.18 万公顷，竹林面积 78.29 万公顷，国家特别规定灌木林面积 85.95 万公顷。

（2）森林覆盖率。浙江省森林覆盖率（森林、其他灌木林面积之和占土地总面积的百分数）为 60.5%。

（3）林木蓄积。活立木总蓄积 19382.93 万立方米。

按立木类型分：森林蓄积 17223.14 万立方米，疏林蓄积 29.35 万立方米，散生木蓄积 1445.40 万立方米，四旁树蓄积 685.04 万立方米。

按组成树种划分：松木类蓄积 7464.71 万立方米，杉木类蓄积 6437.99 万立方米，阔叶树类 4941.17 万立方米，灌木树种类 539.06 万立方米。

（4）经济林资源。全省经济林面积 112.52 万公顷。其中：果树林 56.73 万公顷，食用原料林 37.35 万公顷，药用林 1.44 万公顷，其他经济林 17.00 万公顷。

（5）竹林资源。全省竹林面积 78.29 万公顷，其中：毛竹林 65.35 万公顷，占 83.47%；杂竹林 12.94 万公顷，占 16.53%。毛竹总株数 166089 万株。

（6）森林资源质量。全省乔木林中针叶林、阔叶林、针阔混交林的面积比为 61∶29∶10。乔木林（不包括乔木经济林）单位面积蓄积量为 43.76 立方米 / 公顷，其中天然乔木林 40.77 立方米 / 公顷，人工乔木林 50.69 立方米 / 公顷。乔木林单位面积年均生长量为 4.16 立方米 / 公顷，平均郁闭度 0.53，单位面积平均株数 1266 株 / 公顷，平均胸径 10.4 厘米。

2. 森林资源消长动态

（1）林地面积动态。1999~2004 年间隔期内，浙江省林地面积继续保持稳步增长的态势，由前期的 654.79 万公顷增加到本期的 667.97 万公顷，净增 13.18 万公顷，年均净增 2.64 万公顷。

间隔期内，森林覆盖率（前后期均不包括灌木林地）净增 3 个百分点，年均增加 0.6 个百分点。若同时包括灌木林地，则间隔期森林覆盖率增加 1.1 个百分点。

间隔期内，乔木林（含乔木经济林）面积同比净增 38.53 万公顷，年均增加 7.71 万公顷。

（2）林木蓄积量动态。间隔期内，活立木总蓄积由前期的 13846.75 万立方米增加至本期的 19382.93 万立方米，五年净增 5536.18 万立方米，年均净增 1107.23 万立方米。

（3）森林资源质量动态。全省乔木林平均每公顷蓄积量由前期的 31.91 立方米，增加到本期的 43.76 立方米，净增 11.85 立方米；平均郁闭度由前期的 0.48 上升为本期的 0.53；乔木林平均每公顷株数由前期的 918 株增加到本期的 1266 株，增加了 348 株。

3. 存在问题

（1）森林资源总量不足。浙江省国土资源面积仅占全国的 1% 左右，但人口密度大，因此，从人均占有量的方面来看，资源明显不足。全省人均占有森林面积 0.128 公顷，仅为世界水平的 21.3%；人均森林蓄积量仅 3.78 立方米，仅为全国水平的 40.1% 及世界水平的 5.8%。

（2）森林质量不高。从蓄积量来看，乔木林（不包括乔木经济林）单位面积蓄积量为 43.76 立方米 / 公顷，与全国平均水平 78.06 立方米 / 公顷和全世界平均水平 114 立方米 / 公顷相比，分别只有其 41% 和 28%，差距显著。针叶林在乔木林中所占的比重依然较大。

在用材林近成过熟林资源的径级分布上，株数以小径阶为主，蓄积中径阶占优势，大径阶以上林木资源所占比例很小。

（3）林龄结构不合理，资源利用面临危机。乔木林资源中，中、幼龄占的比例较大，占面积的 82.22%，成、过熟林只占了林分面积的 5.18%。幼、中龄林蓄积占林分蓄积的 71.35%。从林业可持续的角度看，后续资源接续问题突出。

（4）人工林比例大，但树种结构单一。全省人工林面积 267.44 万公顷，占森林面积的 45.76%。人工林面积按优势树种统计，人工杉木林面积最大，占全省人工林面积的 31.32%；其他较多的依次是：毛竹林 13.88%、马尾松林 11.52%，上述三类占了人工林面积的 56.72%，人工林中的树种结构较为单一。

（5）森林资源地域分布不均。全省森林资源主要集中在浙南和浙西北地区，这一区域的资源总量占到了全省的 80% 以上，而沿海和浙北平原地区则相对较少（表 3-2-2）。

表 3-2-2　浙江省森林资源的区域分布　　单位：%

	全区土地总面积占全省土地总面积比例	林业用地面积占全省林业用地面积比例	有林地面积占全省有林地面积比例	森林覆盖率	活立木总蓄积占全省活立木总蓄积比例
浙北平原区	16.6	7.8	8.3	31.8	8.2
浙西北中低山区域	17.2	21.1	19.5	71.7	21.4
浙中丘陵盆地区	20.9	21.3	21.7	62.4	16.8
浙南中山区	27.0	33.9	34.6	76.7	39.9
浙东南沿海区	18.3	15.8	16.0	53.4	13.6

（6）森林灾害频繁。森林火灾是造成森林资源破坏的主要原因之一。据 1990~1997 年和 2000~2003 年统计，全省共发生森林火灾 9945 起，受灾面积达 78000 公顷（表 3-2-3）。

表 3-2-3　浙江省主要森林灾害统计　　单位：千公顷

年份	火灾次（次）	火灾受害面积	森林病害发生面积	森林虫害发生面积
1990	564.0	13.9	17.3	449.0
1991	734.0	22.8	30.5	342.2
1992	1896.0	8.5	6.7	102.6
1993	1306.0	7.2	19.8	69.7
1994	554.0	2.8	11.1	69.0
1995	929.0	4.5	24.3	80.0
1996	960.0	4.9	24.3	80.0
1997	368.0	1.8	33.1	41.7
2000	760.0	5.3	103.1	49.1
2001	369	1.5	36	71
2002	639	2.5	35.2	74
2003	866	5.3	27.7	49.4

除森林火灾外，森林病虫害也是影响森林资源健康的重大不利因素。浙江历史上病虫害发生较少，但近代由于山区开发加快，以常绿阔叶林为代表的次生原始森林植被被大量采伐，代之以大面积的人工针叶纯林，使森林生态环境恶化，导致森林病虫害日趋严重。据 1990~1997 年和 2000~2003 年 12 年的统计，全省累计病虫害发生面积 184.68 万公顷（表 3-2-3），其中以松毛虫和松材线虫病危害最大，造成的损失也最严重。

（四）综合需求分析

1. 生态需求是社会对浙江林业的第一需求

迈入新世纪，浙江进入了加快工业化、城市化、信息化、市场化和国际化，全面建设小康社会，提前基本实现现代化的新阶段。走生产发展、生活富裕、生态良好的文明发展道路，是浙江经济社会发展的迫切要求，生态需求已成为新时期人们对浙江林业的第一需求。

生态环境建设是构筑和谐社会的必然要求。改革开放以来，浙江经济保持持续快速发展，人民生活水平显著提高。人们已不再满足于温饱状态，社会消费层次也由过去的生存消费为主，向生存消费、发展消费、享受消费并存状态转变，精神性生态需求已成为一种基本的社会需求，良好的生态环境成为人们提高生活质量和健康素质、追求优美的生产生活环境的基础。1999 年《中国市民森林生态意识专项调查报告》已经印证了这一点：市民真正的理想生活标志是“清新空气”“清澈水流”“青草绿地”，而不是汽车、电视、高楼大厦。这些要素成为人们理想中最不可缺少的东西,标志着公民的生态需求正日趋高涨。因此，只有不断加强生态环境建设，才能促进人与自然的和谐，推动整个社会走上生产发展、生活富裕、生态良好的文明发展道路，构筑和谐发展的社会。

生态环境建设是浙江综合竞争力的重要组成部分。出口贸易正越来越多地面临主要来自发达国家“绿色壁垒”的挑战，许多国家和地区都高度关注生态安全，把它作为国家安全的基本战略之一。浙江要保持经济大省、出口大省的地位，吸引更多的外商来投资落户，就必须更加注重生态保护和环境建设，努力在更高层次和水平上谋求有力的环境支撑，以区域可持续发展的有利条件，全面参与长江三角洲地区的一体化进程，进一步提升浙江的综合竞争力。

生态环境建设是浙江生态环境的内在要求。《浙江省环境质量报告书》指出，虽然浙江省近几年在环境治理方面取得巨大的成就，但仍存在一定的问题。突出表现在：浙江地面水体已受到不同程度的污染，平原河网地区污染严重，局部水域水污染性质恶化，多数城镇的饮用水水源已受到不同程度的污染；近岸海域已无一类海水，四类和超四类的占 70% 以上；酸雨还在发展，全省已基本被酸雨覆盖，酸雨频率已达 84.3%，大部分城市在 80%~100%。自然生态环境脆弱，全省水土流失面积 1.9 万平方公里，占全省陆地面积的 18.7%；林分结构和质量恶化，有林地涵养水源、保护水土、调节径流、减少洪涝灾害等生态功能弱化。

浙江高速发展的经济，要求加强生态环境的建设。到 2020 年全省经济总量将比 2000 年翻两番，随着浙江经济的进一步发展，对资源的需求量越来越大，耕地、能源、淡水等资源短缺的矛盾更加突出，对环境的压力会越来越大；城市化进程加快与城市基础设施落后的矛盾在近期内难以解决，生活污染负荷会增加；随着人民生活水平的提高，环境意识的增强，对生活环境的标准和要求也会越来越高，环境问题日益成为公众普遍关注的热点，成为影响社会稳定的隐患。加强生态建设，有利于增强经济发展后劲，使经济社会发展与人口、资源、环境相协调，提高绿色 GDP。

森林是陆地生态系统的主体，林业是一项重要的公益事业和基础产业，全社会对生态需求渐高，生态需求成为社会对林业的第一需求，林业在生态建设中的主体地位和在可持续发展中的重要地位受到空前关注，《中共中央 国务院关于加快林业发展的决定》指出："林业不仅要满足社会对木材等林产品的多样化需求，更要满足改善生态状况、保障国土生态安全的需要，生态需求已成为社会对林业的第一需求。"因此，只有加速浙江林业的发展，公民的生态需求才会得到更大程度的满足。

2. 林业产业是浙江经济发展的重要增长点

林业是国民经济的重要基础产业，在山区综合开发、巩固农村集体经济，引导农民脱贫致富奔小康等方面具有重要作用，同时，没有产业的林业，是没有后劲和活力的林业。浙江林业的产业发展已经走在全国的前列，它的实践为全国林业的发展提供了难得的、值得借鉴的经验，特别是以人造板、竹加工、花卉生产为龙头的林业产业化格局，以森林旅游为增长点的林业产业发展势头良好，并呈现出快速发展的态势。浙江林业为浙江、全国乃至世界提供了丰富的森林产品，同时，为浙江省经济的发展做出重要的贡献，并将成为重要的增长点。

林产品加工业是浙江林业的支柱产业，在促进浙江区域经济增长中具有重要作用。浙江竹木制品是具有特色的产业，如木竹人造板、地板、家具、竹木工艺品、日用品的生产，已形成一批在国内外市场有影响的知名品牌和具有国际竞争力的企业。同时，森林可向社会提供丰富的林副产品，其中不少是不可替代的，特别是森林食品，顺应绿色消费的潮流，市场需求市场潜力巨大，已成为浙江林业一批特色产业。

浙江竹子是我国的特色产业，其加工和利用水平在全国乃至世界处于领先地位。虽然浙江竹林面积在全国位居第四，但竹材、竹笋产量和产值均居全国第一，竹业制品加工已在浙江形成了块状经济。浙江竹种资源丰富，全省现有竹种约有200个，许多竹种经济特性优良，材用竹种、笋用和观赏竹种资源丰富，为竹子开发利用创造了良好的条件。浙江省的竹子加工除传统产品外，现代加工业有了较大的发展，主要包括竹笋罐头食品、竹质人造板、竹炭、竹浆造纸、机制竹席、竹编工艺、竹生化产品等。当前，竹产品不断进入国际市场，成为一个创汇行业，同时也成为浙江林业的支柱产业之一。

浙江的花木产业是发展最为迅速的产业，5 年间增长了 13.56 倍，具有重要的经济效益和社会效益。花木产业主要包括绿化观赏苗木、盆景、鲜切花和盆花四大类。浙江省花木生产进入快速发展的轨道，已经成为全国的著名产区，是浙江省农业十大支柱产业之一，在全省的农业经济中占有十分重要的地位。随着我国经济的发展，生活水平的提高，人们为改变了城镇生态环境，美化家庭生活环境，花木需求增长快速，花木产业也相应成为具有物质文明和精神文明双重象征的产业。浙江花木已形成优势产区，在杭州市的萧山、宁波市的奉化等重点产区，已出现较大规模的产业化发展，对增加农民收入发挥着重要作用，同时，花木产业的发展也使一批面临困境的国营、集体林场、农场出现了生机，增加了就业机会。另外，花木产业的兴起和发展、产业经济的壮大也带动了园林机械设备、喷灌设备以及花盆、遮阳网等相关企业经济的发展。随着生活环境建设进程的加速，花木需求将会进一步扩大。

旅游业作为当今世界的朝阳产业，其发展水平已经成为衡量一个国家和地区经济发展、社会进步、人民生活质量的重要标志之一。森林使人们回归自然、亲近绿色、休闲度假，具有独特的保健、景观、文化价值，森林旅游已成为旅游业新的经济增长点，成为发展迅猛的新兴绿色产业。浙江省是个“诗画江南，山水浙江”的旅游大省，森林旅游资源得天独厚，地理位置优越，人文古迹荟萃，在长三角地区拥有非常明显的比较优势，发展森林旅游具有巨大的潜力和突出的优势。浙江许多的名山大川、森林公园以及自然保护区内分布着宗教名胜、始祖遗迹、风物掌故、民俗习俗等优秀的文化遗产以及具有鲜明个性的旅游资源，是对森林公园和自然保护区的重要点缀，吸收国内外大量的游客，为浙江经济的发展和扩大影响起到重要的作用。

浙江各产业都有不同程度的增长，其中，花卉产业是增长最快的产业，其次为果茶批零业、木材及其产品批零业和森林食品等制造业；从产业结构看，第三产业增长最为迅速，第一产业由于花卉业增长较快而居于第二，增长较慢的为第二产业（表 3-2-4）。

表 3-2-4　浙江省 1999~2003 年林业产值　　单位：万元

产业结构	种类	年度					2003 年与 1999 年的比值
		1999	2000	2001	2002	2003	
第一产业	花卉	136100	211682	279358	1491711	1844931	13.56
	茶桑果	741877	803243	803249	414403	588697	0.79
	人造林木	77319	84239	11158	122260	216554	2.80
	林产品	411923	474140	471728	184114	211306	0.51
	林产品采集	154423	149908	157750	577212	493600	3.20
	小计	1521642	1723212	1723243	2789700	3355088	2.20
第二产业	森林食品、饮料、医药制造	100410	158531	177409	288277	419674	4.18
	木材及木、竹藤、棕草加工	1359623	1500568	1871671	2086788	2437842	1.79
	木质、竹藤家具、玩具、工艺品制造	589498	742325	865572	1068692	1191144	2.02
	纸浆及纸制品	108907	425344	427045	390765	432830	3.97
	林产化工品	24294	22287	67132	68391	38105	1.57
	其他林产品			12414	66344	86765	
	小计	2082322	2690524	3243834	3680980	4186686	2.01

（续）

产业结构	种类	年度					2003年与1999年的比值
		1999	2000	2001	2002	2003	
第三产业	森林旅游	71948	75473	195731	225290	254010	3.53
	木材及其产品批零	93386	281283	323735	444804	488092	5.23
	果茶批零	43757	193015	387761	343101	341252	7.80
	林产品批零	64013	78463	53541	129422	133711	2.09
	小计	273104	628234	960768	1142617	1217065	4.46
补充	山区县茶、桑果产值	402389	477523	586831	558120	729151	1.81
	丘陵县茶、桑果产值	174983	120924	150955	239736	193154	1.10
	总计	4454440	5640417	6665631	8411153	9681144	2.17

3. 森林文化是生态文明社会建设的重要内容

生态文明，已成为人类现代文明的基本内涵和重要标志。弘扬生态文明，丰富和发展精神文明，对于不断丰富和满足21世纪人们向往自然、回归自然的物质文化需求，促进资源环境与经济社会可持续发展具有重要的现实意义。森林作为建立新型的人与自然和谐统一关系的重要文化载体，代表先进文化前进的方向，对推动新时期具有中国特色的社会主义文化具有重要作用。浙江作为南方经济发达的省份，具有丰富的森林文化，突出表现在人文森林文化、古寺森林文化和家园森林文化。

浙江历史悠久，人杰地灵，文化灿烂，人文古迹不胜枚举，并有着悠久的森林旅游传统。山水文学鼻祖谢灵运、书圣王羲之、诗圣李白、白居易、苏轼、陆游等历代文人墨客都在浙江留下了他们的旅游足迹和许多脍炙人口的佳作；浩如烟海的历代文书、典籍、方志、游记也都富含意蕴深厚的人文森林文化。

浙江的许多的名刹古寺都与森林连为一体，蕴含着丰富的古寺森林文化。普陀山的普济寺、法雨寺，佛教天台宗发祥地的国清寺，号称“东南佛国”的天童寺，明代“天下禅宗十刹”之一的雪窦寺，金华黄大仙祖宫、天日山掸源寺、淳安密山禅寺、丽水福林寺、临海云峰寺、安吉灵峰寺等，都坐落在风景优美的森林中，有着悠久的历史和许多神奇的传说。这些地方大部分都已建成森林公园或自然保护，让人们游览观光，陶冶情操。在这些景区中的各种游览活动，严格地说，已经不是单纯的森林旅游了，而是在有森林的环境中进行的文化和生态旅游。

森林生态系统为人类提供各种物质生活必需品的同时，又为人们提供优美的景观、清新的空气，同时它陶冶人的情操、增进人们的美好感受和体验，具有发展人的体力和智力、促进人的全面自由发展的精神产品的功能。我国江南生活的劳动人民，充分的把森林的这些功能应用于生活中，保护村庄周围的森林，把其视为风水林；栽种花草树木于房前屋后和院落中，美化和改善人居环境，陶冶情操；把大自然的景色浓缩于园林中，并充分发挥想象力，寓意于景中，建成具有江南特色的园林。这些都把森林作为载体，客观而朴实无瑕地展现森林文化，产生由感性认识到理性认识的升华，形成具有江南特色的家园森林文化。

经过几千年文明的熏染，浙江的森林已与社会、人文和生活紧密地积淀融为一体，谁也无法将它们与文化分开。千姿百态的自然风光与内涵丰富的人文景观交相辉映，凝聚着吴越文化、南末文化和淳朴的民俗风情，形成了特色鲜明的浙江森林文化。

五、总体布局

（一）结构布局

1. 布局依据

浙江林业现代化发展是以“绿色浙江、生态家园”为核心理念，即发展生态林业以保障生态安全，发展富民林业以满足多种需求，发展人文林业以弘扬绿色文明。因此，基于这种理念，根据主导功能的不同对森林进行相对的划分。

在林业发展的结构布局上，要首先满足保障浙江省生态安全的需要，在森林资源空间布局方面，以生态公益林为骨架构建覆盖全省的比较完备的生态林体系，在森林营造、培育、管理的各个环节都要把提高现有林的生态功能放在首位，在这个森林生态安全体系的框架之下，根据现实状况和市场需求发展产业林体系，并加强与浙江历史文化、环境科普教育等结合起来，建设以森林为载体的人文林体系。

2. 布局框架——三林体系

根据上述浙江林业现代化发展理念和总体规划的基本原则，提出如下的浙江林业现代化发展的总体结构布局：

——建立以山地森林、平原防护林、城区林地、沿海防护林为主，片、带、网相连接的生态林体系，为浙江生态环境的改善提供长期稳定的保障，满足浙江经济社会可持续发展的需要。

——形成以竹产业、绿色森林食品、森林旅游、花卉等优势产业为主，林农、林禽、林药等多种模式相配套的产业林体系，拓宽林业富民渠道，稳固生态林体系，促进浙江包括林业在内的绿色产业发展。

——建设以城市古典园林、村庄绿化、森林公园、名胜古迹林等为主，重点加快城市各类纪念林、森林生态环境教育基地建设，人文与森林景观相结合的人文林体系，增强人们的环境保护意识，传承浙江的历史文化，实现人与自然协调发展，为和谐社会建设作贡献。

核心是：生态林体系，产业林体系，人文林体系。

“三林”体系是根据森林具有生态、经济、社会“三大效益”和国家林业发展战略提出的“三生态”思想，结合浙江林业的现状和发展趋势，按照森林的主导功能进行定位划分的，是一种相对的划分，它们共同构成浙江森林资源的整体。生态林体系是基础，体现了现代社会对林业“生态优先”的主导需求，是产业林体系和人文林体系实现持续、健康发展的保障；而产业林体系和人文林体系是对生态林体系生态功能的有效补充，有利于实现林业富民，满足人们的生态文化需求，避免或减缓生态林体系可能面临的破坏压力，发展绿色产业和弘扬绿色文明，为浙江林业的发展带来了巨大的活力。具体内涵是：

（1）生态体系林：形成合理布局，保障生态安全。生态体系是指以生态公益林为主，包括各类自然保护区在内的森林、湿地资源，其主体应该是以地带性森林植被为主的生态公益林，发挥生态功能是第一位的。它对全省的生态环境起着主要控制作用，是长期稳定的。主要以原有的山地森林资源为主，并针对城市周边地区、平原区、沿海等地的防灾需要，以及生态敏感区维护、人居环境需要等设置，具有保护生物多样性，减轻水土流失，降低台风危害，净化河流水质，阻隔病虫害传播等多种生态功能。在这些生态公益林营造、改造过程中，要向近自然林的方向引导，并适当增加长寿命、高价值的珍贵树种。

（2）产业林体系：提供林副产品，促进产业发展。产业林体系主要是指省域范围内以提供木（竹）材、绿色森林食品、苗木花卉、林副产品为主的用材林、经济果木林、竹林、能源林、苗圃等，在生态功能上是对生态林体系的补充，可减轻对其人为采伐利用的压力，对改善全省的生态环境起着增强作用。产业林更主要受产业发展的经济效益左右，在一定的时期内是随市场波动的，但这部分森林资源用地面积、林种结构等方面的波动不会对全省的生态环境产生大的影响。因此，产业林体系建设要结合浙江林业产业发展的区块特色，以服务浙江林业产业发展为导向，满足本省乃至其他地区对浙江林副产品消费需求，发挥比较优势，发展以竹产业、绿色森林食品、森林旅游为主、多种产业复合发展、具有浙江特色的高效产业林体系。

（3）人文林体系：承继历史文化，传播生态文明。人文林是具有丰富文化内涵的森林，是森林文化体系的重要组成部分，是浙江林业的一大特色，也是浙江经济社会发展到现实水平后向建设和谐社会目标迈进过程中，要继续加强的一项重要工作。林业现代化的一个重要前提是人的观念现代化，特别是人的生态意识的提高，人人培养爱护环境的意识，是实现人与自然和谐的关键。人文林体系是弘扬生态文明的重要载体。针对浙江的特点，主要包括森林公园、名胜古迹林、风水林和各类纪念林，在发挥改善环境功能的同时，更主要的是对历史文化的反映，具有传承历史文化的功能。从现实情况来看，浙江在人文林保护和建设方面做了很多工作，积累了丰富的经验，而对如何提高人们的保护环境意识，把科普宣传体现在具体的建设、活动当中则做法不多。因此，发展人文林，加强环境保护意识的培养，有助于增强人们的生态意识，丰富森林文化内涵，促进浙江的和谐社会建设。

因此，浙江林业发展的结构布局可以概括为：通过构筑布局合理、长期稳定的生态林体系，为浙江生态环境的改善提供保障，满足浙江经济社会可持续发展和改善人居环境的需要；通过发展经济效益好、具有市场弹性的产业林体系，稳固生态林体系，促进浙江林业产业发展；通过加强古典园林、古树名木、名胜古迹林的保护，大力发展各类纪念林，实现人文与森林景观的完美结合，传承浙江古都的历史文化，并注重森林旅游、生态教育基地等项目中的科普功能建设；从而建立以生态公益林为主的、完备的生态林体系，以及依附于生态林体系之上的发达的产业林体系和丰富的人文林体系，为建设生态浙江做贡献。

（二）空间布局

从浙江省的自然环境条件、环境质量状况、生态敏感区的分布、城市化进程、城市群发育程度、林业产业发展状况与趋势、社会文化需求等方面考虑，对浙江省不同生态功能区的林业发展进行功能定位，提出布局的依据和建议。

1．布局依据

（1）自然地形地貌与地质地球化学特点。浙江省地处我国东南沿海、长江三角洲南翼。陆域面积 10.18 万平方公里，其中丘陵山地占 70.4%，平原占 23.2%，河流湖泊占 6.4%；省内地势西南部高，东北部低，主要山脉呈西南—东北走向，地理环境相对独立。西南部多为千米以上的山岭，1500 米以上的山峰大多集中在此；中部为海拔 500 米左右的丘陵，大小盆地错落其间；东北部主要为海拔低于 10 米的冲积平原，地势平坦，土层深厚，河网密布（图 3-2-9）。钱塘江、苕溪、运河、甬江、椒江、瓯江、飞云江和鳌江等八大水系基本发源于省内。森林资源 80% 以上分布在浙南和浙北地区，沿海地区及杭嘉湖平原比重相对较小。因此，山地森林对于山区的水土保持与水源涵养具有极其重要的意义，也是从源头维护这诸多水系“清水长流”的、保障全省生态安全的最根本保证。

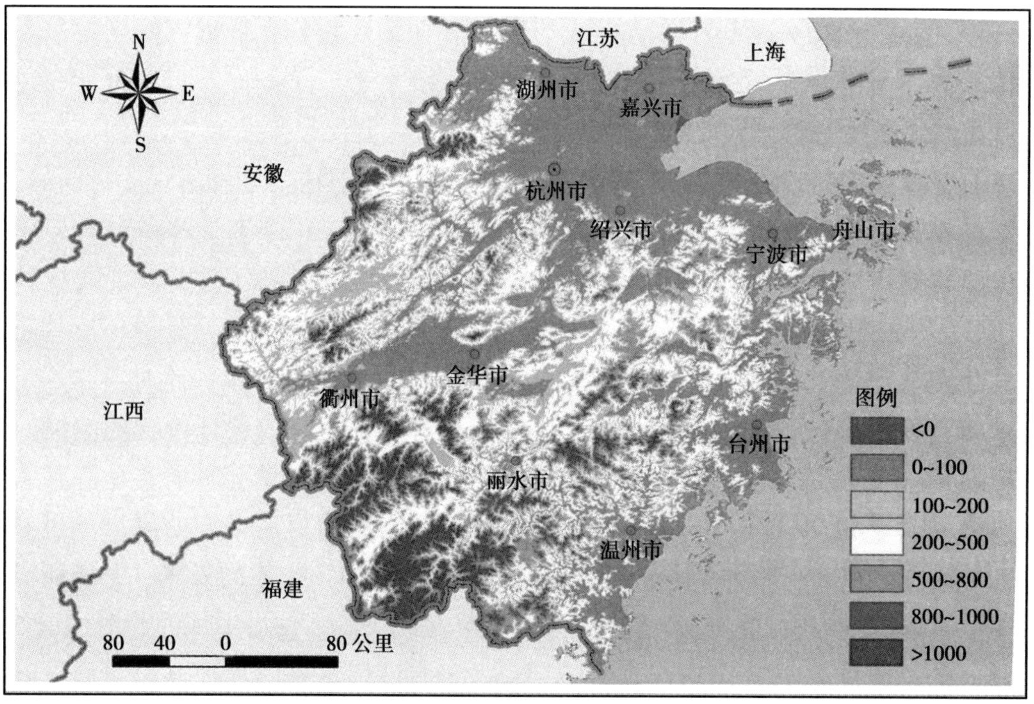

图 3-2-9　浙江省地势图

海域面积连同专属经济区及大陆架达 26 万平方公里，有 3000 多个岛屿，海洋资源丰富，但台风等气象灾害比较频繁。21 世纪被认为是“海洋经济”时代，海岛、沿海地带无疑将是海洋经济的最主要平台基地，平台基地的生态环境建设将为保障海洋经济的健康安全发展担负着极其重要的责任。因此，浙江的海岛、海岸林业建设也是将来浙江林业建设的重要方面。

优良的地质环境与地球化学循环，对于提高林产品品质、发展特种经济林具有非常重要的意义。根据 2005 年完成的《浙江省农业地质环境调查》成果资料，在浙江三个主要的农业经济区内共圈出乐 9 处约 7654 平方公里的富硒土壤区。其中最具备开发富硒农产品地球化学条件的较高富集区 5 处，面积 2166 平方公里，占富硒土壤总面积的 28.3%；中等富集区 15 处，面积 3344 平方公里，占富硒土壤总面积的 43.7%；一般富集区 9 处，面积 2144 平方公里，占富硒土壤总面积的 28%。富硒土壤主要分布在低缓丘陵及河谷平原区，这些地区也是浙江省主要的经济林分布区。目前对这些地区农产品的检测验证表明，这些地区的海宁、诸暨、金华、衢州、开化、慈溪、龙游、瑞安、天目山等地的蔬菜、果品、茶叶、水稻等林农产品，在不添加外源硒的情况下，硒含量已经达到了标注富硒农产品标准。这一优良的地球化学环境，对于今后立足该独特立地条件，开发特色优势经济林布局具有非常重要的现实意义。

（2）现有森林资源分布格局。根据浙江自然地理特征，全省分为浙北平原、浙西北中低山、浙中丘陵盆地、浙南中山、浙东南沿海五个自然地理区域，由于历史原因及地区社会经济发展的不平衡因素，森林资源的各自然地理区域分布存在极不均衡现象。浙江自然地理区域森林资源总的趋势是西南部山区的林区县（市）森林资源多，北部平原和东南沿海地区的非林区县（市）森林资源少（图 3-2-10）。

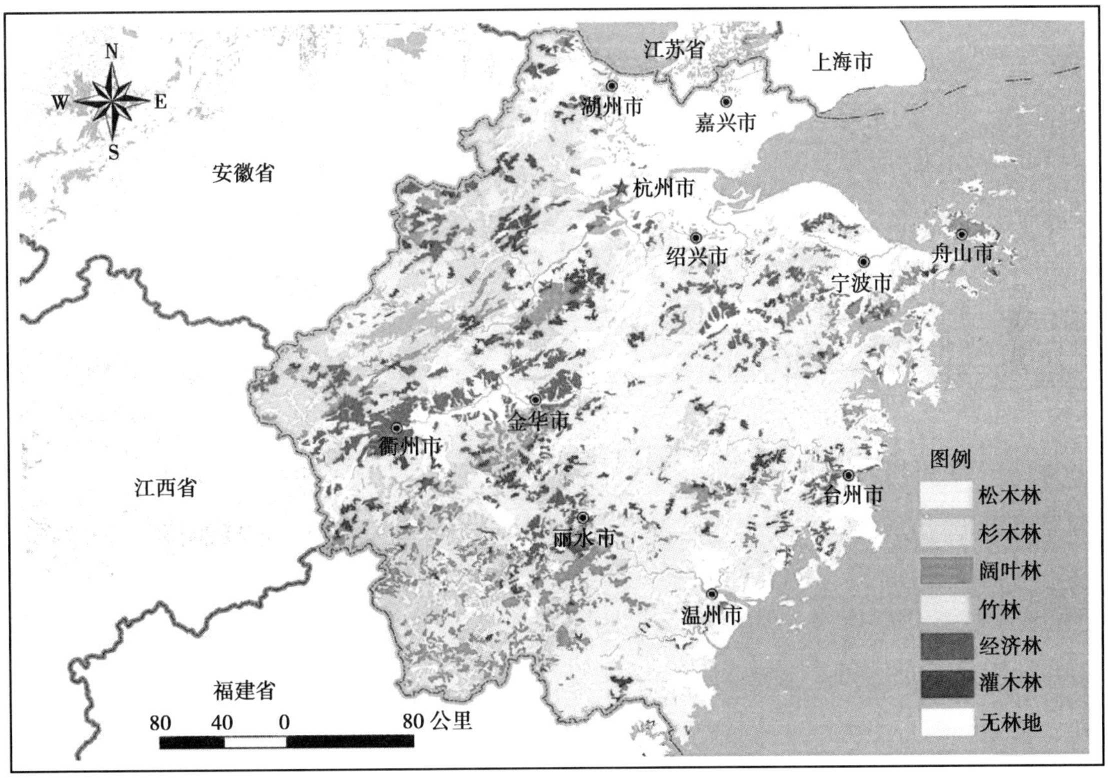

图 3-2-10 浙江省森林资源分布图

• 浙北平原区：本区位于浙江东北部，太湖以南的杭州湾两岸，主要包括嘉兴市的 7 个县（市、区），湖州市的本级、德清、长兴，杭州市的城区、拱墅、西湖、江干、滨江、萧山、余杭，绍兴市的越城、上虞、绍兴，宁波市的城区、江北、北仑、镇海、余姚、慈溪等 28

个县（市、区）。土地总面积 171.48 万公顷，占全省土地总面积 16.6%；林业用地面积 51.46 万公顷，占全省林业用地面积的 7.8%；有林地面积 47.87 万公顷，占全省有林地面积 8.3%；森林覆盖率为 31.8%。活立木总蓄积 1101.56 万立方米，占全省活立木总蓄积的 8.2%。这一地区应该在水网化的基础上，走"水网化"与"林网化"的林业发展道路，大力建设以农田防护林和杭州湾海防林为主的林业体系，以保障平原区的农业生态系统的生态安全。同时，应该结合杭州湾城市群的发展，从保障城市生态安全角度，大力发展城市林业。

• 浙西北中低山区：本区位于浙江西部山区，主要包括杭州市的建德、富阳、临安、桐庐、淳安、湖州市的安吉，衢州市的开化等 7 个县（市）。全区土地总面积为 176.92 万公顷，占全省土地总面积 17.2%；林业用地面积 138.35 万公顷，占全省林业用地面积 21.1%；有林地面积 112.87 万公顷，占全省有林地面积 19.5%；森林覆盖率 71.7%。活立木总蓄积 2881.65 万立方米，占全省活立木蓄积 21.4%。这一区域大中型水库众多，而且是钱塘江许多支流和苕溪的发源地，在该区域林业产业化发展已经形成了以竹产业为主的、初具规模的产业生产、加工、贸易体系，因此，今后的林业发展除了继续加大山区以水源涵养功能维护为主的林业建设和林分改造力度外，还应该继续加大以竹产业为主产业林体系建设。

• 浙中丘陵盆地区：本区位于浙江中部、中东部腹地，主要包括绍兴市的诸暨、嵊州、新昌，金华市的婺城、兰溪、东阳、义乌、永康、金华、浦江，衢州市的柯城、江山、衢县、常山、龙游，台州市的天台等 16 个县（市、区）。全区土地总面积为 215.46 万公顷，占全省土地总面积 20.9%；林业用地面积 139.37 万公顷，占全省林业用地面积的 21.3%；有林地面积 125.50 万公顷，占全省有林地面积 21.7%；森林覆盖率 62.4%。活立木总蓄积 2262.40 万立方米，占全省活立木总蓄积 16.8%。这一地区既是全省第二城市群的发展地区，也是浙江省仅次于杭嘉湖平原的第二大农业生产区，同时也是浙江省茶叶、板栗、柑橘等经济林的集中产区。今后的林业建设重点除了做好山区以公益林为主、以水土保持为目标功能的林业建设外，做好与林农致富相结合的经济林也是今后的重点工作。

• 浙南中山区：本区地处浙江省南部，主要包括温州市的永嘉、文成、泰顺，金华市的武义、磐安，丽水市的莲都、龙泉、青田、庆元、缙云、遂昌、松阳、云和、景宁，台州市的仙居等 15 个县（市）。全区土地总面积 278.67 万公顷，占全省土地总面积 27.0%；林业用地面积 222.15 万公顷，占全省林业用地面积 33.9%；有林地面积 199.90 万公顷，占全省有林地面积 34.6%；森林覆盖率 76.7%。活立木蓄积 5366.21 万立方米，占全省活立木总蓄积 39.9%。该区域是浙江省森林资源分布面积最大的区域，也是浙江省生态公益林分布最为集中的区域。

• 浙东南沿海区：本区地处浙江东南部沿海地区，主要包括宁波市的奉化、象山、宁海、鄞县，温州市的鹿城、龙湾、瓯海、瑞安、乐清、洞头、平阳、苍南，舟山市的定海、普陀、岱山、嵊泗，台州市的椒江、黄岩、路桥、临海、温岭、三门、玉环等 23 个县（市、区）。全区土地总面积为 188.52 万公顷，占全省土地总面积的 18.3%；林业用地面积 103.58 万公顷，占全省林业用地面积 15.8%；有林地面积 92.39 万公顷，占全省有林地面积的 16.0%；森林覆盖率 53.4%。活立木总蓄积 1824.23 万立方米，占全省活立木总蓄积 13.6%。这一区域背山面海，以遭受台风暴雨的危害。该区域也是浙江省柑橘、枇杷等水果的主要产区，因此，林业工作的重点应该是搞好以沿海防护林带为主的防护林和经济林建设。

（3）城市群环境问题和发展趋势。浙江是我国经济发展速度很快的地区，也是城市化发展迅速的地区之一，目前，已经基本形成了以杭州湾城市群为龙头的三大城市地带：杭州湾城市群、温台沿海城市群和金衢丽山间河谷城市群。就其城市规模与经济实力而言，以杭州城市群最大，温台沿海城市群次之，金衢丽城市群规模相对最小。城市化的快速发展与经济的高速增长，也带来了严重的城市环境问题，其中以水污染、酸雨危害、城市垃圾污染的形势最为严峻（图 3-2-11，图 3-2-12）。根据省环境质量监测结果，全省 16 个省控城市空气质量均呈下降趋势，空气中二氧化硫和二氧化氮浓度呈上升势态，总悬浮颗粒物浓度呈下降势态，但空气综合污染指数呈上升势态。

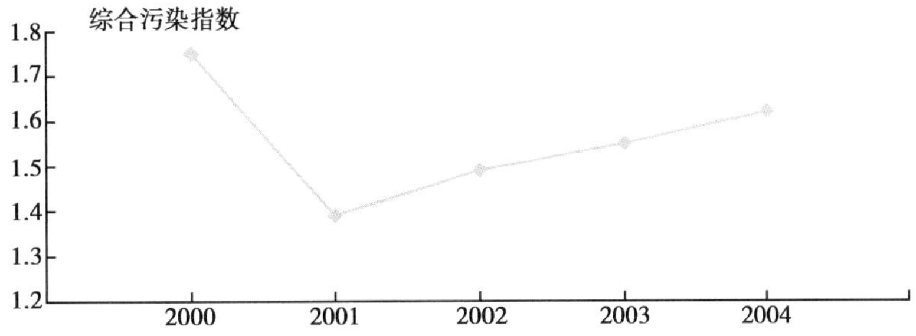

图 3-2-11　2000~2004 年浙江省城市空气污染物年日均值比较图

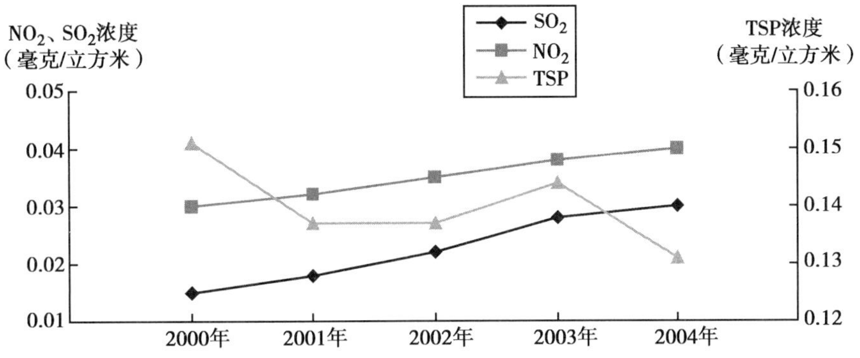

图 3-2-12　2000~2004 年浙江省城市空气综合污染指数年度比较图

2004 年全省各城市酸雨率均较高，省控城市的酸雨率在 63%~100% 之间，下限值较去年有所上升，其中大部分城市的酸雨率在 80%~100% 之间，占省控城市数的 84%，较 2003 年上升 15 个百分点；其次为酸雨率在 60%~80% 之间的城市，占 16%（图 3-2-13）。

从 2004 年全省地表水水质污染分布状况中可以看出（图 3-2-14），全省地表水主要的污染区域有 5 个：运河及杭嘉湖平原河网区污染区、东阳江—南江—金华江—兰江污染区、椒江—金清河网污染区、鳌江污染区、新昌江污染区。这五个主要区域也是上述三大城市群中城市分布最为集中的地区。

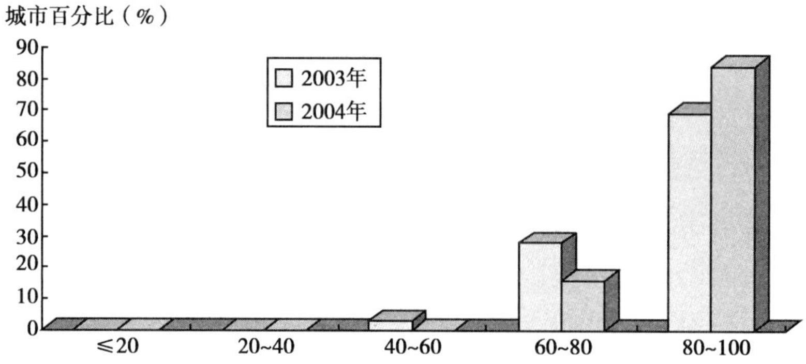

图 3-2-13 全省城市酸雨率分布比较图

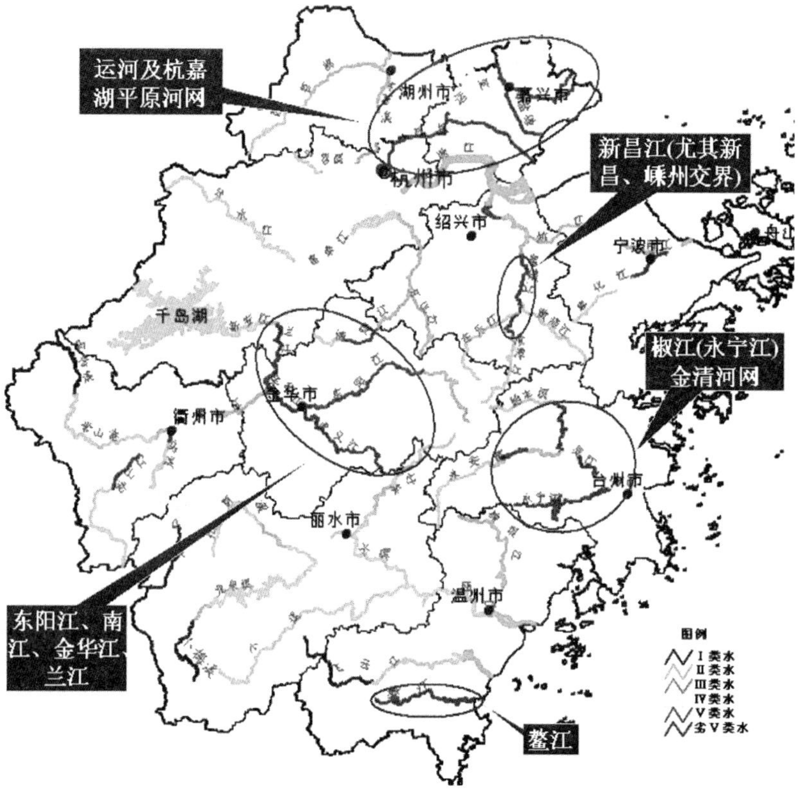

图 3-2-14 浙江省 2004 年地表水水质污染分布状况

根据“浙江省城市化发展纲要”中的规划目标，除杭州、宁波、温州三个人口超过 100 万的特大城市外，形成人口规模 50 万 ~100 万的大城市 5 个左右，20 万 ~50 万的中等城市 20 个以上，10 万 ~20 万的小城市 20 个左右。因此，浙江省未来城市环境的形势将会更加严峻。根据城市生态学、景观生态学等原理，新城内部、城市周边地带以及城市之间应该预留充足的生态建设空间。在城市环境问题的诸多解决方案中，城市林业是最有效也是目前被研究人员和政府决策者普遍认可的手段。目前全省城市和县城园林绿地面积 4.18 万公顷，人均占有公共绿地面积为 6.32 平方米，因此，以上述三大城市群为核心，以众多的次一级城镇为基础，开展城市林业建设在浙江具有极其重要的现实意义，应该是今后林业发展与林业建设布局的重要内容之一。

（4）人口分布：根据有关资料，1949 年浙江全省人口为 2081 万人，1953 年第一次人口普查数为 2241.58 万人，1964 年第二次人口普查数为 2831.86 万人，1982 年第三次人口普查数据为 3888.46 万人，1990 年第四次人口普查为 4144.60 万人，2000 年第五次人口普查为 4676.98 万人。从以上数据来看，浙江省人口增加很快，仅 1990~2000 年的 10 年间，平均每年增加 51.52 万人，年平均增长率为 1.18%。

浙江省是我国人口密度最高的省份之一，但地区分布很不平衡（图 3-2-15）。浙北地区和东南沿海平原以及岛屿地区人口分布相对稠密，其中人口最稠密的地区分别为杭州市市区、宁波市区、舟山市市区、台州市温岭县，其人口密度均在 1000 人 / 平方公里；而人口密度小于 200 人 / 平方公里的地区主要是西部山地与西南部山地地区。

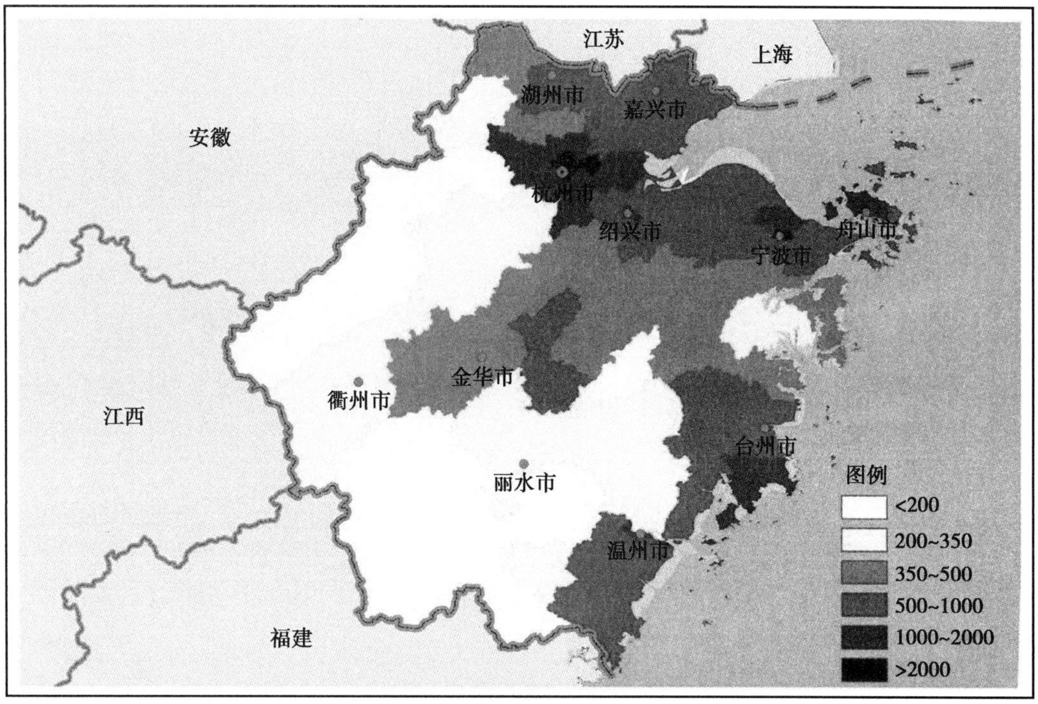

图 3-2-15　浙江省 2003 年人口密度图（人 / 平方公里）

2. 布局框架

浙江省林业发展布局规划，要以中国森林生态网络体系点、线、面布局理念为指导，山、海、城、乡统筹，林水结合，区域生态一体规划，以服务城市群生态环境需求、促进特色林业产业发展为目标，全面整合山地森林、平原与沿海防护林、城区绿地、城镇村庄绿化等多种模式，实现森林资源空间布局上的均衡、合理配置。

从浙江的地形地貌、森林资源分布格局、未来林业建设重点与趋势来看，西南部山地森林应该成为浙江省生态公益林建设的核心，而与浙江省环杭州湾、金衢丽、温台州三个城市群交错分布的北部、东北部的丘陵岗地森林是这些地区生态安全的保护屏障，也是支撑林业产业发展的重要基地，传播森林生态文化的重要载体。根据这种自然格局和建设构想，山丘岗地林业分布呈现“一掌五指”的自然格局，形似手掌，而且其中以佛教文化享誉长三角乃至世界的“中国四大佛教名山”之一的普陀山，犹如左手握状，故称“佛手”；环杭州湾、金衢丽、温台州三个城市群是浙江最具活力的发展地带是目前城市林业发展的核心地带，也是林业现代化建设中需要大力拓展的重点领域；发展乡村林业，繁荣生态文化是建设“乡风文明、村容整洁”新农村的重要内容，浙江作为我国东部经济发达省，在新时期社会主义新农村建设中要走在全国前列。因此,城市和村镇称得上是浙江省林业“佛手”之上的“掌上明珠”。这只林业建设布局的“佛手”，托着杭州湾城市群，握着金衢丽城市群，护着温台州城市群，撑着广大新农村，形成“一掌五指三群多点”为一体的“佛手护珠”森林建设空间格局。“一掌五指三群多点”各版块的亚区划分与特征见图 3-2-16 和表 3-2-5。

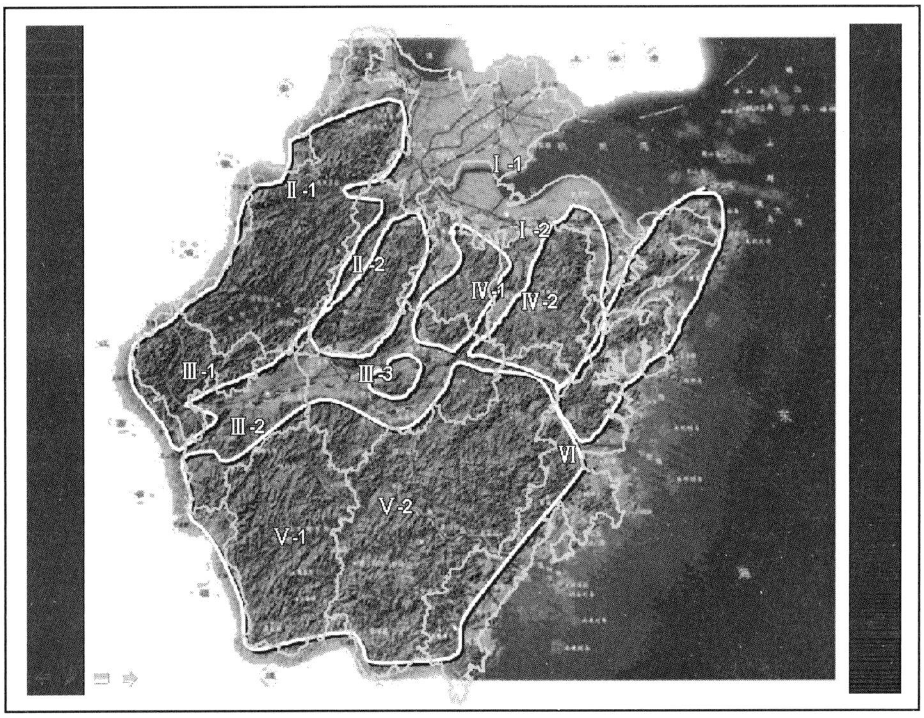

图 3-2-16 浙江省林业区划（亚区）与“佛手护珠”格局对比

表 3-2-5 亚区综合特征

布局		亚区号	亚区名称	地质土壤特征	森林覆盖率(%)	针叶林/阔叶林	公益林/经济林
三群	环杭州湾	Ⅰ-1	杭嘉湖平原水网区	第四系，灰岩 - 水稻土	3.6	9.1 : 1	0.8 : 1
		Ⅰ-2	甬绍平原丘陵区	下寒武系，灰岩 - 水稻土、滨海盐土	13.3	4.6 : 1	1.4 : 1
	金衢丽	Ⅲ-3	金华岗地盆地区	火山岩 - 黄壤、粗骨土	39.1	11.8 : 1	13.5 : 1
		Ⅲ-2	衢州丘陵盆地区	灰岩伴下寒武系，花岗岩 - 水稻土、黄壤	48.8	3.4 : 1	4.7 : 1
	温台	Ⅵ-2	浙东南沿海丘陵平原区	火山岩 / 灰岩，花岗岩 - 水稻土、灰潮土	37.2	27.9 : 1	8.7 : 1

（续）

布局		亚区号	亚区名称	地质土壤特征	森林覆盖率（%）	针叶林 / 阔叶林	公益林 / 经济林
五指	拇指	Ⅱ-1	天目山地丘陵区	灰岩，下寒武系 - 石灰岩土（火山岩）	73.7	8.2：1	11.5：1
		Ⅱ-3	千里岗水源涵养区	火山碎屑岩，灰岩 - 石灰岩土、紫色土	70.7	7.6：1	22.6：1
		Ⅲ-1	浙中西部山地丘陵区	灰岩，花岗岩 - 黄壤、石灰岩土	77.8	8.1：1	7.6：1
	食指	Ⅱ-2	龙门山地河谷区	火山岩 - 黄壤	71.6	8.4：1	44.5：1
	中指	Ⅳ-1	会稽山山地河谷区	花岗岩 - 黄壤、红壤	50.0	28.7：1	4.0：1
	无名指	Ⅳ-2	四明天台山地丘陵区	灰岩 - 粗骨土	54.7	8.9：1	5.6：1
	小指	Ⅵ-1	浙东沿海丘陵岛屿区	灰岩 / 花岗岩 - 黄红壤、粗骨土	30.9	12.7：1	8.1：1
一掌	掌东	Ⅴ-2	括苍雁荡山地森林区	灰岩，火山岩 - 黄红壤、粗骨土	68.1	7.1：1	11.0：1
	掌西	Ⅴ-1	浙西南山地森林区	火山岩 / 灰岩 - 黄壤、粗骨土	83.1	3.4：1	7.5：1
多点	村镇		全省范围				

“一掌五指三群多点”的布局框架示意图见图 3-2-17，具体内涵是：

（1）一掌。“一掌”是指浙江西南部与福建相邻的广大山地，主要由仙霞山、洞宫山、雁荡山和括苍山等四大山地森林构成，是浙江森林生态环境的主体依托，为全省的制高点。以火山岩—粗骨土为特点，其中，浙西南山地多黄壤，森林覆盖率高达 80% 以上，针阔比全省最低（仅 3.4：1），竹林约占 7%。浙东南多灰岩—黄红壤，森林覆盖率不足 70%，针阔比 7：1，竹林少于 3%，公益林与经济林之比 11：1，较西南部高。

该区是浙江省八大水系源头地区，生态区位重要，同时是浙江省重点林区和经济欠发达山区。该区域目前存在的主要问题是：①作为重点林区，对林业一产的依存度过大、二产技术含量过低、三产则刚刚起步。②作为重点速丰林生产基地，基础设施老化、机制不活、机械化程度低。③作为浙江省的“绿谷”，优质、生态、健康的林产品和森林景观亟待开发。④大面积低效生态公益林、低产竹林、低产经济林和中幼林急待改造和抚育。

根据不同山地的生境特点和森林资源建设目标，重点是通过生态公益林建设，构建浙西南森林生态屏障体系和浙江绿谷；通过低产低效林改造，促进资源培育；通过技术引进，发展森林食品和木竹加工业，促进林业产业升级。

（2）五指。“五指”是指位于浙江北部、东北部的千里岗山—天目山（拇指）、龙门山（食指）、会稽山（中指）、四明山—天台山（无名指）、沿海丘岗（小指）等五个呈西南—东北走向的丘岗山体，这些丘陵岗地森林也是浙江林业活力所在，五指的山丘岗地上部以生态公益林为主，外围是浙江经济林分布最为集中的地带，重点与当地林业产业发展相结合发展特色经济林，并服务城市生态需求加快生态风景林建设。

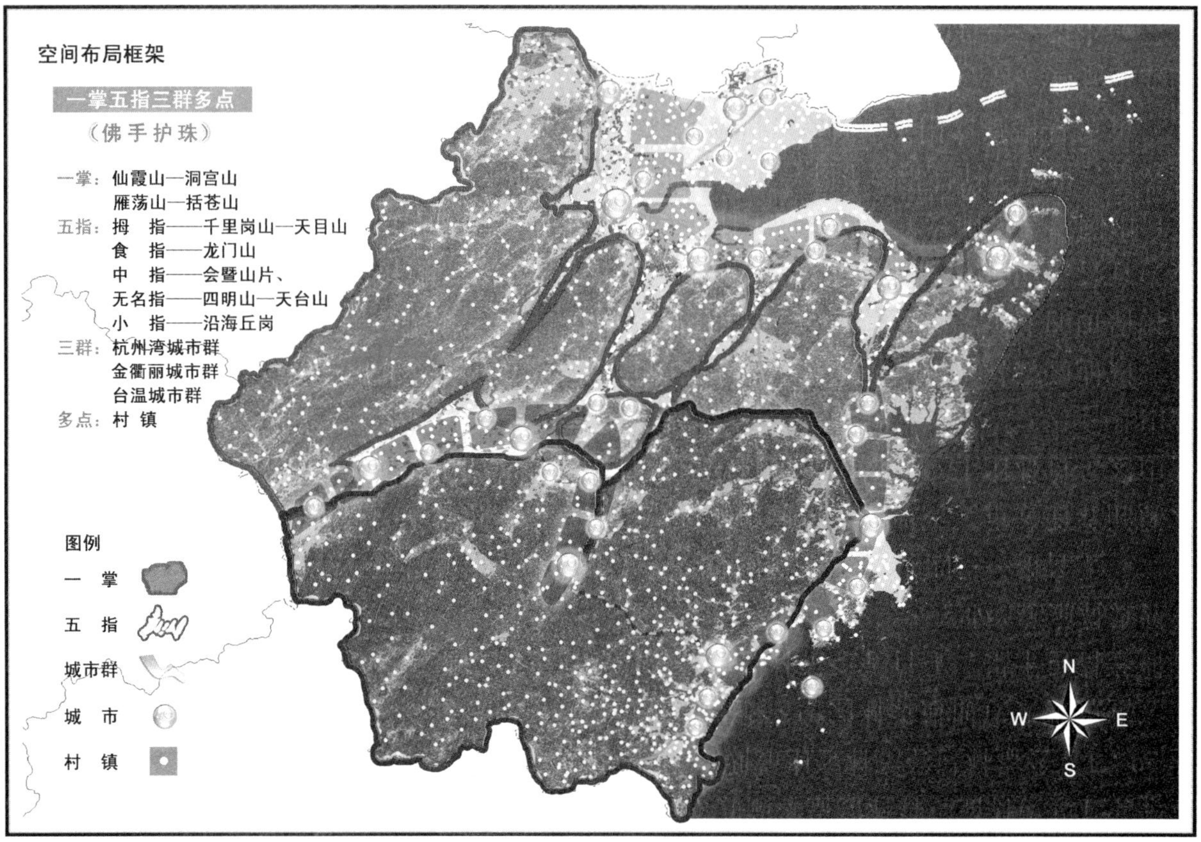

图 3-2-17 浙江“佛手护珠”林业建设空间格局

• 拇指——千里岗山—天目山：区内有天目山脉和千里岗山脉分布全区，中山环绕，山高坡陡，河谷深切。主要水系有钱塘江水系的富春江、新安江、分水江和太湖水系的东、西苕溪。该区是杭嘉湖地区水源供给地和浙北地区重要的生态屏障，也是浙江省生态环境较好的地区和“黄金旅游”之地，本区以下寒武系碳硅质岩系、石灰岩为背景的石灰岩土为特征。山地发育火山岩系。森林覆盖率高于 70%，天目山区竹林比例居全省之冠，占林地两成以上。针阔比 8∶1，公益林与经济林之比超过 10∶1。

该区森林主要分为水源涵养林、生态风景林、用材林、经济林等类型。现有森林与野生生物类型国家级自然保护区 3 个、省级 1 个，生物多样性丰富，所在的浙皖低山丘陵地区是我国生物多样性保护的热点地区。该区是浙江第一大河钱塘江的主要源头区，区内有杭州的水源地、浙江第一大水库——新安江水库，以及富春江等近 20 个大中型水库，森林发挥着重要的水源涵养作用。同时该地区是浙江省分竹林分布最集中、面积最大的地区，也是全国的竹子分布中心，竹产业十分发达，如安吉是毛竹的中心产区，临安的雷竹和德清的早园竹等食用竹也十分有名。森林旅游资源十分丰富，现有国家森林公园 5 个，省级 10 个，由于离上海、杭州近，森林旅游业发展潜力很大。区域内的建德、淳安、开化、临安等地用材林资源也非常丰富，是浙江省重要的用材林基地。目前存在的主要问题是：局部地区水土流失较重，山体滑坡灾害较多；山溪性河流落差大、蓄水能力差，易使下游发生洪涝灾害。

重点是以封山育林为主要措施，加强野生植物保护和自然保护区建设；大力发展珍贵用材林、竹林和以山核桃为主的特色经济林；服务城市和周边地区的旅游需求，发展森林旅游。

• 食指——龙门山：富春江（钱塘江）西侧的龙门山脉，是杭嘉湖平原通往浙赣的生态门户。该区位于平原（杭嘉湖平原、宁绍平原）、中山（浙西中山）、盆地（金衢盆地）的交汇处，夹于富春江、浦阳江两江之间（富春江为钱塘江的中游，浦阳江为钱塘的支流），以中低山地貌为主，以火山岩—黄壤为特征，森林覆盖率与天目山相似，均在 70% 以上。竹林占林地比例约 10%，针阔叶林比亦在 8∶1 左右，唯公益林与经济林之比高达 40∶1 以上。

重点是进行水源涵养林建设和保护，提高森林涵养水源、保持水土的能力。桐庐、建德等地相应发展用材林、毛竹林。依托 2 个国家级和 3 个省级森林公园，发展森林旅游产业。

• 中指——会稽山：该区为富春江东，甬绍平原南侧之会稽山丘陵河谷区。以花岗岩—黄壤、红壤为特征。森林覆盖率偏低（50% 左右），竹林比龙门山略高（12%），针阔比最高达 29∶1，公益林与经济林之比最低（4∶1）。

重点是大力加强森林保护，提高森林生态功能，充分发挥保持水土功能。同时，发展香榧等特色干果、毛竹等经济林。此外，应结合会稽山系越历史文化的保护和挖掘，大力发展森林旅游产业。

• 无名指——四明山—天台山：四明—天台山地处宁波以南，是宁波的主要饮用水源地，水源涵养任务重。该地区为中低山丘陵区，以灰岩—粗骨土为特征，森林覆盖率略高于会稽山区，竹林比 17%，仅次于天目山区，针阔比与龙门山相似。公益林比偏低，略高于会稽山。

该地区森林旅游资源十分丰富。天台山、大盘山的野生植物资源丰富，是浙江省野生植物保护的七个关键区域之一。在经济林方面，上虞、余姚、慈溪的杨梅，奉化的水蜜桃较为有名，应重点发展山地小水果。四明山区的毛竹林资源也十分丰富。同时，四明山雪窦寺、天台山国清寺是佛教圣地，是文化林建设的重点地区。目前存在的主要生态问题：水环境污染较重，生物多样性指数下降，丘陵坡地过度开发使水土流失较为严重。

重点是提高饮用水源地森林的水源涵养能力，建立水系源头等重要生态功能保护区，加强小流域综合治理和水土流失治理；发展具有特色文化内涵的森林旅游。

• 小指——舟山、岱山、嵊泗等沿海丘岗、海岛：浙东北沿海低山丘陵，以灰岩 / 花岗岩—黄红壤、粗骨土为特征。森林覆盖率为山区次低，仅 39%，竹林比仅占 6%，针阔比 13∶1，公益林与经济林之比为 8∶1。

该区淡水资源缺乏，台风、暴潮危害十分严重。30 年来，直接登陆的有 15 次，台风的直接登陆造成树倒竹折、山洪暴发，乃到房毁人亡，亦易造成经济林木的落花落果和农作物的倒伏甚至涝害，因此，如何建立以海防林为主的综合防护林体系，改善和美化生态环境，减轻风害，保障农业和经济果木稳产高产是本区林业建设的一大重要任务。

以普陀山为中心的舟山群岛也是浙江省野生植物保护的关键区域，生物多样性丰富，分布许多海岛特有植物，是浙江省发展海洋经济的重点地区，林业应为海洋经济的发挥提供重要的生态支撑。该区的林业有害生物（松材线虫病）危害十分严重，如舟山、象山等地，健康森林建设的任务很重。重点是沿海防护林体系建设，提高森林的保安功能。在大陆海岸沿线和海岛上，应选择耐盐抗风、耐干旱瘠薄，及防护效能和经济价值均较高的造林树种，建设林分结构优化、空间配置高效的以抗御台风为中心的防风林带及以掩蔽军事设施为目的的国防林，重点绿化开垦荒山、荒地，改造疏林，在水土流失严重的山地营造水土保持林，水库与溪流的汇水区内侧营建水源涵养林。同时，海岛的森林旅游资源也比较丰富，可以结合相关产业发展进行开发。

（3）三群。“三群”是指浙江经济最为发达、城市化水平最高、人口最为密集的环杭州湾城市群、金衢丽城市群和温台州城市群。重点是加强城市林业建设，这既是改善城市生态环境，提高人居质量的重要途径，也是最能够体现现代林业特色，提高三大城市群地区综合实力和国际竞争力的有效举措。这些地带的林业建设要突出服务城市发展、改善人居环境等综合需求的城市林业特色，重点依据林网化、水网化原则促进平原扩绿;通过信息化、工业化促进林业产业升级。构建多层次、点线面结合的生态效益与景观效益、经济效益相协调的生态圈，营造城乡一体化绿化，构建最佳人居环境和先进制造业生产环境，实现竹木加工业的升级和森林旅游的发展。

• 环杭州湾城市群：环杭州湾区域是浙江省经济最发达的城市群地区，也是先进制造业基地和信息产业化基地，其独特的地理条件和优越的区位优势，决定了在浙江省林业现代建设过程中发挥重要作用。该区为长江三角洲冲积平原区，以第四系和边缘灰岩、水稻土为特征。南北为杭嘉湖、绍甬两大城市地带。北部的杭嘉湖为老冲积平原，较多火山岩残山，森林覆盖率不足 5%，公益林与经济林之比 0.8：1，为全省最低。南部的绍甬为新冲积平原，主要是水稻土和潮土，其中潮土主要分布于围垦区，森林覆盖率较北部高约 3 倍。

该区域目前存在的主要问题是：①平原地带森林覆盖率过低。②城市之间缺少大片森林的分隔。③作为江南水乡，有“绿肾”之称的大块湿地太少。④作为浙江省重要的竹木加工基地，产品和工艺急待升级。⑤作为浙江省重要的森林休闲旅游基地，森林景观缺乏统筹规划、整体效益有待发挥。

该区建设重点：①沿海、沿江、沿湖、沿路的通道绿化和大规模扩绿，重点实施杭州湾跨海大桥两岸防护林、舟山群岛国防林。②把森林引入城市，在城市周边大面积构建森林防护景观林。③根据水网化的地理特点，重点实施水乡和滩涂的湿地保护及生态修复。④通过技术创新，加快嘉兴、湖州等的竹木加工产业升级。⑤整合森林旅游资源，提升千岛湖、黄浦江源等森林休闲旅游效益。⑥发挥区域优势，加大外向型特色林产品产业带的建设和加工龙头企业的扶植。

• 金衢丽城市群：金衢丽城市群地处浙中丘陵盆地，中西部为灰岩伴下寒武系、花岗岩—水稻土、黄壤为特点，森林覆盖率近 50%，竹林占一成半。针阔比亦最低，公益林与经济林之比不足 1：10，为经济林发达区。东部火山岩—黄壤、粗骨土为主，森林覆盖率低于 40%，针阔比近 12：1，公益林与经济林之比超过 13：1。

该区域目前存在的主要问题是:①丘陵岗地过度开垦,造成土壤裸露,“红化”形势严峻。②城市周边地区风景林建设相对滞后。③作为浙江省重要的森林休闲旅游基地，森林旅游产业发展需要进一步升级。

该城市群中，重点是加强城市周边地区生态风景林建设，突出地域特色发展森林食品、花卉苗木等林业产业。丽水市及其下辖的城市中往往有自然山体入城，城市森林建设应与自然山体结合。在衢州市的周边有大面积的柑橘，而金华市周边的绿化苗木业以及其他经济林也相当发达。因此，衢州、金华两市及其下辖的城市森林建设应与生产绿地建设结合起来。

- 温台州城市群：温台州城市群地处长三角南缘近海岸丘陵平原、岛屿带收敛部位，以火山岩、灰岩、花岗岩分带及灰潮土为特征。森林覆盖率不足40%，针阔比高达28：1，竹林较少。温台沿海区域是浙江省民营经济发达地区，块状特色产业优势明显，机制灵活。该区域不仅是浙江省沿海第一线生态防护屏障地带，也是林业产业发达地区。因此，城市森林建设应与沿海防护林体系结合起来，通过以红树林为核心的沿海基干林带建设和困难立地造林，发挥山海资源优势，大力开发林业产业，实施山区富民工程，实现“山海并利”。

该区域的自然灾害多为台风、暴雨，是浙江省沿海防护林体系建设的重点区域之一，目前林业建设存在的主要问题是：①以海岸基干林带为重点的沿海防护林体系仍相当脆弱。②海岛、坡耕地、坟山、迹地等敏感地带急需治理，困难地造林任务较重。

建设重点为：①以海岸基干林带、岩质海岸防护林为重点沿海防护林体系建设。②山区敏感地、困难地带绿化和整治。③欠发达山区林业产业发展和富民工程的实施。④实施椒江源头水源涵养林，乌岩岭等生物多样性保护工程。⑤建设“两具一果”（木制家具、玩具和山地水果）为重点的林业特色产业带。

（4）多点。“多点”主要是指全省村镇的林业生态建设。重点结合1334个乡镇和38322个行政村的环境整治，加强村镇绿化建设。森林不仅具有良好的生态功能，在改善生态状况、美化人居环境方面作用突出；而且也是人类文化的重要源泉，是传承和弘扬生态文化的重要载体，生态文化的繁荣对农村的文明进步具有巨大的推动作用。因此，着眼于乡风文明、村容整治，必须加大生态建设力度，切实保护好农村自然生态，按照“千村示范、万村整治”的总体部署，继续深入开展“绿化示范村”创建活动，推进村庄绿化，改善农村人居环境；加强生态文化建设，促进生态文明发展，尽快形成节约森林资源的增长方式、健康文明的生活方式和保护生态的价值概念，实现人与自然和谐相处，为建设社会主义新农村提供精神动力。

从“佛手护珠”格局建设方向来看，“一掌”“五指”是林业生态建设的主体依托，指掌之上公益林为主，指掌之间经济林为主，“三群”和“多点”建设围绕“改善生态状况、美化人居环境、传播生态文化”目标，加快城市林业、乡村林业发展。因此，“佛手护珠”格局中的“一掌”“五指”是生态基础和产业基地，“三群”和“多点”是服务对象。

从“佛手护珠”格局建设意义来看，这只“佛手”有生态的主体，有产业的基地，有服务的对象，有文化的内涵。它是浙江林业工作的抓“手”，是全省生态安全的护“手”，是区域协调发展的助“手”，是现代和谐社会的推“手”。

（三）建设重点

在浙江林业现代化发展实现森林生态网络中点、线、面合理布局的基础上，重点是加强“体”（即提高森林质量）的建设。近期重点是：围绕“五项”内容，实施“十大”工程。

1.“五项”内容

（1）保育山地森林。浙江的山地森林重点是保护资源，提高质量。近期是保生态，长远还要富民。主要应该采取封山育林为主，辅之以人工措施。在林分改造过程中，提倡按照地带性森林植物群落结构发展近自然林。在树种选择过程中，借鉴欧洲恒用林的经营理念，适当增加长寿命、高经济价值珍贵树种，使山地森林成为浙江省森林生态系统健康稳定的基础，成为生物多样性保护的基地。

（2）打造产业基地。浙江作为林业资源潜力大省，也是产业大省。多年来的不断发展，各个地区林业产业已经形成了特色明显、优势突出的主导产业。很多林业产业关系的是农村经济、农民致富，因此，林业产业不仅仅是林业行业本身的问题，更主要的是“三农”问题。在推进林业产业结构优化、提质增效的过程中，一项重要工作就是要打造产业基地，使林业为地方经济发展作贡献，为解决“三农”问题作贡献。

（3）建设人居森林。人居森林建设的目的主要是为了提高人居环境质量、增进人民身体健康、满足人们日益增长的生态文化需求。人居森林建设要以人为本，注重发挥森林的生态和社会效益。建设内容包括城市与乡村两部分。城市森林建设的重点要突出林网化与水网化，在观念上从过去比较注重视觉效果转移到既注重视觉效果又注重人的身心健康轨道上来，注重提高绿地空间使用效率，提倡增加高大乔木树种，建设森林类型的绿地。在城市周围、城乡结合部建设以近自然林为主的生态风景林、休闲观光林。乡村林业结合新农村建设、农村产业结构调整，大力发展庭院林、围庄林、生态经济林、人居防护林、风水林等。

（4）构筑海防林带。沿海地区的防护林建设是保障沿海生态安全的重要屏障，对于经济比较发达的沿海地带来说意义十分重大。在千里海疆构建起一道绿色“长城”，减轻海岸带极易遭受台风、盐碱等现实自然灾害危害以及可能的海啸等威胁。重点建设海岸带国家基干林带和海岛生态风景林，构筑起区域性防护效果显著的绿色屏障。

（5）培植科普载体。浙江林业现代化，很重要的一个方面是人的观念现代化，也就是生态意识的增强。重点是规划建设生态纪念林，打造森林、湿地等多个生态教育基地，通过这些具有文化内涵的科普载体，传播生态文化。

2.“十大”工程

围绕浙江现代林业的三大体系建设，全面推进“十大”林业工程，即：

（1）森林生态体系建设：重点实施四大工程，包括城市森林工程、山地森林保育工程、沿海防护林体系建设工程、野生动植物与湿地保护工程。

（2）林业产业体系建设：重点实施四大工程，包括森林食品工程、竹木业工程、森林生态旅游工程和林业高科技产业工程。

（3）森林文化体系建设：重点实施二大工程，包括新农村绿色家园建设工程和生态文化传承工程。

第三章 浙江省林业重点工程建设规划

根据浙江林业发展总体布局和建设重点内容，围绕浙江现代林业的“三林”体系建设，重点建设城市森林、山地森林保育、沿海防护林体系建设、野生动植物与湿地保护等四大森林生态工程；森林食品、竹木业、森林生态旅游和林业高科技产业等四大林业产业工程；新农村绿色家园建设和生态文化传承等二大森林文化工程。

一、四大森林生态工程

（一）城市森林工程

城市森林，作为城市生态系统中具有自净功能的部分，在保护人体健康、调节生态平衡、改善环境质量、美化城市景观等方面具有其他城市基础设施所无法替代的作用。建设城市森林，对于改善城市生态和景观环境，提高人民群众生活质量，提升城市承载力和综合素质，促进城市经济社会的可持续发展都具有重要的现实意义。

浙江的城市化发展十分迅速，2003 年，城市化水平已达到 53.0%，城市对经济的拉动作用十分明显，杭州、宁波和温州三大中心城市的城区面积约占全省国土面积的 5.5%，人口约占 13.8%，而 GDP 占了全省的 34.4%。目前全省共有城市 33 个，建制镇 824 个，初步形成以杭州、宁波、温州为中心，大中小城市、中心镇和一般镇五个层次的城镇体系架构。目前，浙江省环杭州湾“V”型、温台沿海“I”型和金衢丽谷地“Y”型三大城市群雏形初现，浙西北山地、浙南山地、浙东丘陵和沿海岛屿四个城镇点状发展区的城市发展也相当迅速。

城市森林工程建设的目的是在城市、城镇建立相对稳定而多样化的城市森林生态系统，有效控制和改善城市的大气污染、热岛效应、粉尘污染，全面提高城市环境质量。

1. 现状

浙江省的城市从其所在地的地形地貌情况，大致可分为平原城市、山区城市和滨海城市三大类。平原城市大都依水而建设，地势相对平坦，城市内水网稠密，主要位于杭嘉湖平原、宁绍平原、温台平原等冲积平原以及浙中的河谷平原。山区城市位于低山丘陵区，建成区往往地势起伏，平坦地较少。滨海型城市均位于沿海，处于海洋与内陆的交接地带，往往是海岸、小平原和山地呈缀块交错，临海是其共同特点。

浙江省历来重视城市绿化工作，全省各地把加强城市绿化和生态环境建设作为提高城市品位、改善投资环境、促进城市化进程的重要举措，并取得了显著成绩。全省城市和县城绿化覆盖面积59639公顷，各类公园704个，全省设市城市建成区面积1250平方公里，绿化覆盖率31.1%，绿地率27.7%，人均公共绿地面积7.49平方米。

虽然浙江省的城市绿化取得了一定成绩，但城市的大气污染、水体污染、噪声污染、土壤污染、热岛效应等环境问题依然严重。而且，现行的城市绿化中也存在着以下问题：大面积引种国外的树种、花卉和草种，本土化、乡土化的物种保护和利用不够；城市绿地建设片面追求养护成本高的大草坪、灌木大色块，对绿量大、生态效益好、养护容易的乡土乔木的使用不够；绿化植物种类运用贫乏，景观单调，生态结构单一，生物多样性不丰富，群落稳定性差；绿地之间缺乏连接的生态通道。总体而言，城市绿地的生态功能不强。

2. 范围

该工程的建设范围为：全省所有市及县级城镇，以各城市（城镇）建成区为核心，涵盖城区行政区域内的近郊。包括杭州、宁波、温州3个特大城市，嘉兴、湖州、绍兴、金华、衢州、舟山、台州、丽水8个大城市，义乌等22个县级市城区和长兴等36个县城城区。重点是环杭州湾地区。

3. 目标

至2020年，全省80%以上城市（县级城镇）的林木覆盖率达到30.0%，城市规划建成区绿地率达到35%，基本建成以林木为主体，总量适宜、分布合理、植物多样、景观优美、生态功能较强的城市森林生态体系。在全省形成“三带、多点”的城市森林格局。“三带”即环杭州湾、温台沿海、金衢丽谷地三大城市森林连绵带，“多点”即除“三带”以外市、县级的城市森林。

4. 主要内容

（1）根据城市地貌特征采取不同的城市森林建设模式。地势平坦、水网发达是平原型城市的突出特点。浙江有12660平方公里地势低平的河网地区，河网密度在1.5~3.9公里/平方公里之间。对平原型城市的城市森林建设，要贯彻“林网化、水网化”的理念。该类型的城市森林建设，主要在三个层次上体现“林网化、水网化”：第一层次是各种类型的核心林地建设，核心林地必须是以林木为主体、具有复层结构和较高物种多样性的林地；第二层次是林水结合的贯通性主干森林廊道建设，主要起生态连接和通道作用；第三个层次是林带、林网、绿化点建设，重点完善道路林网、水系林网和农田林网。平原型城市中或其周围往往有大量的自然——人工复合湿地，“林网化、水网化”也是城市湿地生态保护与湿地景观重建的基本原则之一。

山区型城市的城市森林建设，要充分利用自然地形。浙江的山区城市往往有自然山体入城，且多傍水而建。因此，山区型城市的城市森林建设，以形成多层次的、立体化、依山傍水的城市森林生态系统为目标。自然山体是城市的基本地貌格局和生态屏障，应将自然山体的森林作为城市森林的基本骨架和核心林地。同时，要加强水系的整治和水系两侧的绿化。在此基础上，道路林网、城市公园、居住区绿化、单位绿化等城市森林建设单元也要充分利用自然地势进行布置。

浙江的滨海型城市由于处于海陆交替的气候剧变带，台风、暴雨等自然灾害较多，而且滨海型城市的周边往往有丘陵、山地，且这些丘陵、山地大多森林植被质量不佳。因此，滨海型城市的城市森林建设要针对特殊的自然环境，把城市森林与沿海防护林体系建设有机结合起来。沿海防护林体系涵盖城市中的各种绿地类型，从形态上可分为点、线、面三种类型，即以公园、植物园、广场绿地、居民区绿地为点，以海岸、河岸、道路的防护林为线，以山体水源涵养林、水土保护林和风景林为面，构成立体、多层、点线面结合的复合城市森林生态网络。

（2）城市中不同森林类型的建设思路。由于各种城市森林类型的主体功能和所在位置不同，因此，建设的要求各不相同。但建设的目标是一致的，即各个城市森林景观建设单元均应增加绿量和森林比重，建设以乔木为主、复层结构的森林绿地，发挥森林绿地的生理保健功能、心理美学效能和森林景观效益。

① 核心林地（片林）：根据不同城市的特点，建设不同景观模式的城市片林。植物园、公园、城区森林公园、风景林地等均可作为核心林地。有自然山体入城的城市，山体上的自然植被应是其核心林地。在核心林地建设中，要十分重视体现森林文化，着力提高城市森林的文化功能。

② 道路林网：在满足道路交通功能基本要求的基础上，充分发挥道路林网的隔离防护、生态维持以及环境美化的功能。

③ 水系林网：河渠堤岸林带是城市森林廊道建设的主体，沿水系布局林网是实现“林水相依、林水相连、依水建林、以林涵水”的主要举措。水系林网建设要与防洪工程、河道整治相结合，把河道绿化作为河流生态恢复的主要生物措施，因此在水系林网建设时，应防护与绿化、美化效益一并考虑。

④ 隔离防护林带：主要是针对目前具有污染性的企业聚集区以及未来具有污染性的产业聚集区，建立污染隔离防护林，防止污染物扩散，同时兼有吸收污染物的作用。根据不同的工业污染源的污染物种类和污染程度，选择抗污耐污吸污的植物进行群落配置。

⑤ 城市立体绿化：在尽可能挖掘城市林地资源的前提下，通过高架垂直绿化、屋顶绿化、墙面垂直绿化、窗台绿化、檐口绿化等占地少或不占地而效果显著的立体绿化形式，构筑具有江南特色的立体绿色生态系统，提高绿量，最大限度地发挥植物的生态效益。

（二）山地森林保育工程

浙江省境内多山地丘陵，山地面积占全省的70%以上，俗称“七山一水两分田”，山地构成了浙江地貌的主体。山地森林是全省陆地生态系统的主体，山地森林的质量直接影响着浙江省的生态环境质量。山地森林保育工程建设不但对改善浙江省生态质量，实现浙江林业现代化有重要的意义，而且作为“长三角”乃至华东地区的生态屏障，对该地区的生态建设都具有重要意义。该工程是“一掌五指”的主要建设内容之一。

1. 现状

浙江省的森林资源已连续实现森林面积、蓄积和覆盖率的“三增长”。根据2004年全省森林资源连续清查第五次复查，全省林地面积667.97万公顷，占土地总面积的65.6%，森林面积584.42万公顷，活立木蓄积1.94亿立方米，森林覆盖率（含灌木林）达60.5%，森林覆盖率位居全国前列。

但客观地讲，森林资源质量仍不容乐观。林分的平均郁闭度为0.53，与全国0.54的平均水平基本持平；单位面积蓄积为43.76立方米/公顷，仅为全国平均水平的一半；生态功能相对较弱的针叶林面积占60%以上，比全国高13个百分点；幼中龄林面积比例占了82.0%，近成过熟林仅占18.0%。由于山地森林的生态功能不强，抵御灾害能力较弱，近年来浙江省的森林病虫害和森林火灾频繁发生。同时，浙江省林业用地中，山体坡度36°以上的面积共有163.67万公顷，占全省林业用地面积的25.0%，这些地段山高坡陡、土层瘠薄、岩石裸露严重，极易发生水土流失。据水利部门2004年的调查表明，全省水土流失总面积为162.12万公顷，占丘陵山地面积的22.1%，占全省国土面积的13.0%，其中中度流失面积46.70万公顷，强度、较强和剧烈水土流失面积10.00万公顷。此外，全省目前还有12.45万公顷迹地尚未更新。

从上述情况可以看出，浙江省山地森林质量不高，生态功能不强的基本特征尚未根本改变，山地森林保护、培育的任务仍十分繁重。

2. 范围

山地森林保育工程的建设范围包括:全省除纯平原县以外的所有县,涉及79个县(市、区)。

3. 目标

至2020年，全省有林地中阔叶林和针阔混交林的比例达到50.0%以上，全省山地森林资源结构和树种结构进一步优化，水源涵养、水土保持能力显著进一步增强，抵御病虫害和森林火灾的能力明显提高，形成较为完善的山地森林生态体系。

4. 主要内容

（1）山地重点生态公益林建设。重点生态公益林建设是山地森林保育工程的主要途径。2004年全省界定的200万公顷重点生态公益林中有97.6%位于山地（6°及6°以上）。从布局上看，山地生态公益主要有树状、带状和块状三种类型。树状布局以钱塘江、瓯江、苕溪、甬江、飞云江、椒江、鳌江七大河流为主干，众多一、二级支流为分支，树状布局的公益林主要以水源涵养林、水土保持林为主，面积约占60%左右；带状布局以纵横交错的铁路、高速公路、省道以及海岸线为构架，主要是山区中上述各“带”两侧的山体，该布局的生态公益林以水土保持林和护路林为主，面积占13%左右；块状布局主要是湖泊、水库周围以及自然保护区、自然与人文遗产地、森林公园、风景名胜区、国防军事禁区、城市周围，主要为水源涵养林、自然保护区林、风景林、名胜古迹林、环境保护林、国防林，面积约占全省生态公益林的25%。“树、带、块”三种公益林布局结构将全省山地置于一个巨大的保护网中，保护了浙江山地中大部分生态重要区和生态脆弱区。

山地的重点生态公益林建设，要严格按照《浙江省生态公益林管理办法（试行）》和浙江省生态公益林建设系列标准进行。首先应做好面积落实把生态公益林落实到小班，实行小班经营管理，并设立永久性标志。其次，要建设生态公益林的长效管理制建设工作，一是划分管护区，层层签订管护合同，落实管护责任；二是严格采伐更新管理，对重点生态公益林进行全面或定期的封禁。除少量、有限度的更新伐、卫生伐、抚育伐外，禁止其他采伐和人为活动，对林分过密、衰老、生态功能衰退的重点生态公益林进行的更新伐、抚育伐和卫生伐的采伐蓄积强度不得超不定期 15%，且伐后郁闭度不得低于 0.7。竹类重点生态公益林的采伐强度的采伐量不得超过当年新竹量，且伐后郁闭度不得低于 0.7；三是要加强森林防火和森林病虫害工作，营造生物防火带，开设林火阻隔道，完善森林病虫害防治体系。

（2）阔叶林发展。阔叶林由于其林分结构复杂、覆盖度高、根系发达、植物种类丰富，因而在涵养水源、保持水土、提高肥力、保护生物多样性、防止和减轻森林病虫害与森林火灾、丰富森林景观方面均优于针叶林。针对浙江省山地森林中阔叶林和针阔混交林比例低的实际情况，采用"封育、新造、补植、改造"等综合措施培育阔叶林和针阔混交林，重点实施六项子工程。2006~2010 年间，全省共发展阔叶林 35 万公顷，其中人工造林 6 万公顷，封育（抚育）改造 29 万公顷。

① 通道生态景观林子工程：该工程范围的建设范围是现有和 2010 年规划建成的 14 条主要高速公路两侧第一道山脊线可视范围内的山体。主要选择水土保护能力强、又具有较好景观效果的阔叶树种。对通道两侧的坡耕地、迹地和荒山荒地要采用造林的方式发展混交阔叶林，对林下阔叶目的树种较丰富的针叶林分，可通过抚育改造的手段，培育针阔混交林；对立地条件较的林地适当营造经济效益高、生态功能强的生态经济型阔叶树种。营造阔叶林 7.8 万公顷，其中人工造林 0.8 万公顷，封育（抚育）改造 7 万公顷。

② 城镇绿屏子工程：周边具有山体的城市（市区、县城、城区）。建设范围是城市发展规划中划定的 2010 年规划区内山体和规划区周边山体，后者以第一道山脊线为界，重点区域是集中商住区、工业区周边山体，主要入城口通道两侧及第一道山脊线可视范围内的山体。该工程实施的目的是改善森林景观效果，主要目标是发展风景林，并兼顾防护、降污、吸尘等功能。营造阔叶林 3.6 万公顷，其中人工造林 0.6 万公顷，封育（抚育）改造 3 万公顷。

③ 休闲景观林子工程：交通区位优势明显、开发潜力大，但森林景观现状差的省级以上森林公园、风景名胜区。建设范围是主要景区范围内的山体，进入景区的外围连接通道两侧及山体第一面坡。该工程的主要措施是调整林相、补植改造各具特色的观赏阔叶树种，以提高景区品位和档次。营造阔叶林 5.3 万公顷，其中人工造林 0.3 万公顷，封育（抚育）改造 5 万公顷

④ 森林防灾减灾子工程。

重点火险区生物防火林带建设：近年来森林火灾频发的 30 个县（市、区）。建设范围是针叶纯林连片面积 33.33 公顷（500 亩）以上的重点火险区域。选择耐火力强、不易燃烧、蔓延的阔叶树种，营造多树种、多层次复结构的生物防火林带。

林业有害生物（病虫害）生态预防：被国家林业局列为松材线虫病疫区的 20 个县（市、区）和被浙江省林业厅列为发病区的 8 个县（市、区）。建设范围是疫区边缘直线距离 5 公里以内所及的松林；选择病虫害抵抗能力强的适生乡土树种，建立一定宽度的阔叶林阻隔带，

以阻隔或延缓松材线虫病等毁灭性病虫害向外蔓的速度。

森林防灾减灾工程营造阔叶林 5.6 万公顷，其中人工造林 3.1 万公顷，封育（抚育）改造 2.5 万公顷。

⑤ 城镇饮用水源涵养林子工程：建设地位于城镇现有的和 2010 年规划饮用的水源区。建设范围是饮用水源区周围第一层山脊以内的山体和宜林库岸滩地。这一工程以增强森林水源涵养能力为主要目标，应选择树体和冠幅大、深根系、根量多和根域广、生长稳定的阔叶乡土树种。营造阔叶林 10.4 万公顷，其中人工造林 0.7 万公顷，封育（抚育）改造 9.7 万公顷。

⑥ 沿海岛屿国土保安林子工程：具有岩质海岸的沿海防护林体系建设县（市、区）。建设范围是大陆岩质海岸面海山坡和乡级以上政府驻地岛山体。该工程以提高海岛生态功能为目标，主要是加快沿海和岛屿病虫害危害迹地松林、干热和土壤瘠薄区的阔叶林改造与建设。营造阔叶林 2.3 万公顷，其中抚育改造 1.8 万公顷，人工造林 0.5 万公顷。

（3）迹地更新。重点做好现有火烧迹地、采伐迹地的更新，规划在三年内完成全省现有迹地的更新任务。今后,每年新形成的迹地限期在两年内完成更新。迹地更新以人工造林、补植为主，对确有条件进行封山育林更新的，可采取天然更新方式。在迹地更新时，要与阔叶林发展工程相结合，尽可能发展阔叶林和针阔混交林。

（三）沿海防护林体系建设工程

浙江地处东南沿海，大陆岸线长 2253 公里，约占全国 12.5%。沿海地区是浙江经济最发达、人口最密集的区域，沿海地区在全省经济社会发展中占据重要地位。据统计，沿海防护林工程涉及的 37 个县（市、区）总面积占全省总面积的 30.6%，而 GDP 占全省的 50.6%，人口密度是全省的近 2 倍。与此同时，该地区又是受台风危害最严重的地区。

沿海防护林是全省森林生态网络体系的重要组成部分，沿海防护林的建设和完善对于抵御自然灾害、改善区域生态环境、保障经济社会可持续发展都具有重要的意义。

1. 现状

浙江省早在 1991 年就已经启动了沿海防护林体系一期工程建设，至今已取得了巨大成就：累计造林面积达 500 多万亩，超额完成了一期规划任务；沿海基干林带已基本合拢；区域的森林覆盖面积大幅增长，森林覆盖率净增了 11.3 个百分点；沿海地区生态环境恶化趋势得到初步遏制。

但由于工程建设片面追求速度，加上建设资金严重不足，使保存林分质量不尽如人意，加上遭受自然灾害和人为破坏严重，整个防护林体系还不够完善，与经济发展水平相比，生态环境基础比较脆弱，生态环境建设相对滞后，生态环境质量远不能适应国民经济和社会可持续发展的需要。且沿海地区退耕还林和遗留荒山、滩地、海涂的绿化造林任务繁重，难度更大。

2. 范围

浙江省沿海防护林建设区位于本省的东部，建设范围包括嘉兴、湖州、杭州、绍兴、宁波、台州、温州、舟山、丽水等 9 个市的 56 个县（市、区）（表 3-3-1）。

表 3-3-1 浙江沿海防护林体系工程建设范围

市	市区、县（市）	个数
杭州	余杭、萧山、江干、滨江、下沙（西湖）、富阳	6
宁波	余姚、慈溪、镇海、北仑、鄞州、奉化、宁海、象山、江北	9
温州	乐清、洞头、瓯海、瑞安、平阳、苍南、永嘉、龙湾、鹿城、文成、泰顺	11
嘉兴	平湖、海盐、海宁、桐乡、南湖、秀洲、嘉善	7
湖州	德清、吴兴、南浔	3
绍兴	绍兴、越城、上虞、新昌、嵊州、诸暨	6
舟山	定海、普陀、岱山、嵊泗	4
台州	三门、临海、黄岩、椒江、温岭、玉环、路桥、仙居、天台	9
丽水	青田	1

3. 目标

扩大沿海防护林建设范围，拓宽基干林带，充实建设内容，形成由沿海基干林带、平原农区与城镇防护林网、山地丘陵防护林三个防护层次构成的综合防护林体系，至 2020 年，建成多树种、多层次、多功能、高效益、科学配置的生态防护林体系。

4. 主要内容

（1）沿海基干林带改造。采用人工造林、封山育林等方式，拓宽 4489 公里基干林带宽度，实现基干林带完全合拢，使其防护功能进一步提高。重点加强沿海围垦区的防护林建设。规划新营造沿海基干林带 12.5 万公顷，在泥质海岸和沙质海岸进行人工造林，面积 2.9 万公顷，在岩质海岸采用封山育林方式，面积 9.6 万公顷。

（2）沿海农田防护林网完善。在沿海防护林体系建设范围内的平原县加大农田林网建设力度，总体要求是农田林网控制率达 80% 以上，路、河、沟、渠、堤宜林地段绿化率 95% 以上。规划新建农田林网 1.3 万公里，面积 0.7 万公顷。

（3）红树林保护和发展。重点保护奉化市缸爿山、象山、松兰山海滨木槿和乐清市西门岛秋茄林。在沿海发展红树林（秋茄）和半红树林（海滨木槿、苦槛蓝），其中秋茄主要发展于椒江以南淤泥质缓风海湾、海滩、感潮河口江滩；半红树林适宜地类为围涂和河口江滩最高潮水线附近的陆地边缘，其中海滨木槿适宜于沿海各地，苦槛蓝限定在象山港以南。规划发展红树林和半红林 0.3 万公顷，其中秋茄 0.2 万公顷，海滨木槿和苦槛蓝 0.1 万公顷。在苍南县建立秋茄红树林引种与利用示范区。

（4）城乡绿化一体化。在工程建设范围内开展城乡一体化绿化，主要包括绿色通道建设和村庄绿化。其中绿色通道的建设标准为国省道两侧各 5 米，其他道路两侧各 3 米。绿色通道工程量为 0.5 万公顷，村庄绿化 2.1 万公顷。

（5）低效林改造和森林抚育。采用疏伐和改造两种方式对工程区范围的基干林带和生态公益林中的残次林、小老树林、低效林、病残林进行重点改造，改造面积 15.3 万公顷。

在工程区开展森林抚育，对象是：密度过大而出现挤压现象、林带结构不符合防护要求和遭受病虫害、火灾及雪压、风折等自然灾害的基干林带，以及郁闭度 0.8 以上、林下立木或植被受光困难和遭受病虫害、火灾、雪压、风折等自然灾害，病腐木已达 10% 的生态公益林。主要抚育方式为透光伐、生态疏伐和卫生伐，总面积 15.0 万公顷。

（四）野生动植物与湿地保护工程

野生动植物与湿地保护是林业生态体系建设的核心，是经济社会可持续发展的基础。该工程的实施将大大提高浙江省野生动植物及其栖息地的保护能力，从而有效保护浙江省绝大部分珍稀、濒危野生动植物及其遗传多样性，促进生态平衡。大大加强浙江省湿地生态系统的有效保护，加速退化湿地生态系统的恢复和重建，充分发挥湿地所具有的抵御洪水、调节径流、控制污染、调节气候、促淤造陆的功能。

1. 现状

目前全省共有生态系统和野生动植物类型的自然保护区 20 个，总面积 10.03 万公顷，按管理级别分，国家级 7 个，省级 3 个，县级 9 个；按保护对象分，湿地生态系统类型的自然保护区 5 个，森林生态系统与陆生野生动植物的保护区 15 个。自然保护小区 353 个，总面积 6.8 万公顷。自然保护区与自然保护小区合计相当于全省国土面积的 1.7%。自然保护区和保护小区拥有浙江省的大部分野生动植物，在生物多样性保护方面发挥着主导作用。同时，浙江已建立植物园 10 个，大型动物园 3 个，成为野生动植物迁地保护的主要基地。通过多年不懈的努力，浙江省的一些濒危物种得到拯救和恢复，诸如扬子鳄、白颈长尾雉、黄腹角雉、鬣羚、百山祖冷杉、羊角槭、天目铁木、普陀鹅耳枥等珍稀野生动植物种群得到了较好地保护和恢复。

浙江湿地资源丰富，类型多样，特别是山地河源湿地（即位于相对高山的沼泽湿地）、平原自然—人工复合型湿地、沿海湿地特色鲜明。浙江省的庵东沼泽区、灵昆岛东滩湿地、南麂列岛自然保护区湿地、千岛湖湿地已列入国家重要湿地名录。湿地保护区 5 个，国家级湿地公园 1 个，面积 3923 公顷。

从野生动植物和湿地的保护现状看，野生植物的保护情况相对较好，而陆生野生动物和湿地生态系统的保护还有待加强。浙江省受国家重点保护（《浙江省国家重点保护野生植物名录（第一批）》）的野生植物种类绝大多数已在保护区内得到保护。浙江省已建国家级、省级自然保护区内，分布有国家一级重点保护野生动物 11 种、国家二级重点保护野生动物 52 种、省级重点保护动物 57 种，尚有 43.7% 的国家重点保护野生动物和 23.0% 省级重点保护野生动物未纳入保护区范围进行保护。湿地生态系统保护方面，浙江省百公顷以上的自然湿地面积达 68.8 万公顷，而目前仅有湿地自然保护区 3923 公顷，许多有浙江特色的湿地生态系统均未得到保护。

2. 范围

该工程的范围面向全省，重点在现有自然保护区、保护小区，以及尚未建设保护区或保护小区但具有保护价值的区域。

3. 目标

建立和完善野生动植物、湿地保护体系，新建和扩建一批自然保护区、自然保护小区，加强野生动植物栖息地、原生地和湿地生态系统保护，抢救和保护国家、省重点野生动植物种群及其栖息环境，加强现有自然保护区的能力建设，初步实现现有自然保护区建设的标准化、管理规范化、信息数字化。

至2020年，在全省范围内形成一个以自然保护区为主体，以保护小区为补充，以珍稀濒危野生动植物保护为重点，布局合理、类型齐全、设施先进、管理高效、具有国内外重要影响的自然保护网络，实现野生动植物资源和自然湿地生态系统的有效保护。

4. 主要内容

（1）森林生态系统与野生动植物保护。

——加强天目山、清凉峰、乌岩岭、凤阳山—百山祖、大盘山、古田山、九龙山7个国家级自然保护区建设，充分发挥上述保护区在生物多样性保护和科研、生态道德宣传教育等方面的示范作用。

——加强省级、市级、县级自然保护区建设。对现有的安吉龙王山、诸暨东白山、仙居俞坑、松阳箬寮岘、绍兴兰亭、常山太公山、武义牛头山、瑞安大洋坑等自然保护区，要加强机构和基础设施建设。

——新建一批自然保护区与保护小区。规划在衢县水门尖、缙云大洋山、江山双溪口、桐庐芦茨等地建设保护区或保护小区，主要保护内容是森林生态系统和野生动植物。

——实施野生动物繁育工程。开展扬子鳄、华南虎、朱鹮、梅花鹿、黑麂、野生雉类、云豹、藏酋猴、河麂的保护拯救，恢复和扩大种群。

——实施珍稀野生植物繁育工程。建立兰科植物繁育中心和春兰品种园，建立石斛人工培育基地。

（2）湿地保护。重点对山地河源湿地、平原自然—人工复合型湿地、沿海湿地进行保护。对山地河源湿地应建设保护区或保护小区；对平原自然—人工复合型湿地，应以实现湿地保护和利用平衡为目标，建立湿地公园；对沿海湿地，应在生物多样性丰富的区域划建保护区。

根据上述思路，湿地保护的主要建设内容为：

——争取新建乐清湾三眼陡湿地保护区（暂名）、杭州湾湿地自然保护区（暂名）、象山港海岸湿地自然保护区（暂名）、镇海棘螈自然保护区等四处保护区。

——新建湿地公园5处以上，其中国家级湿地公园1处，重点保护平原河网地区的自然—人工复合型湿地生态系统。

——实施温州湾黑嘴鸥栖息保护工程，主要内容是控制和规范围垦、治理污染，保护黑嘴鸥的栖息地。

——在山地水系源头区建立一批湿地自然保护小区，保护山地河源湿地。

二、四大林业富民工程

（一）森林食品工程

森林食品是一个特定的质量证明标志，是指来自森林的，符合人类生态、环保、清洁生产技术要求，生态、优质、营养的食用林产品。发展森林食品，是顺应食品潮流，保障人们生态健康，应对技术壁垒，增强国际竞争力的需要，对于发挥森林优势、促进林业可持续发展，提高林产品质量、实现林业增效和林农增收都有重要意义。浙江是全国率先开展与国际森林认证接轨的森林食品基地建设和产品认定试点工作的省份。

1. 现状

2002 年开始，浙江省开展了以森林食品基地建设和产品认定工作为重点的森林食品认定（证）试点工作,先后制定了《浙江省森林食品基地认定办法》《森林食品标志管理办法》,制定并实施了《森林食品系列标准》。这一系列措施的实施促进了浙江省森林食品基地建设和森林食品生产。目前，浙江省已认定森林食品 49 个，森林食品生产基地 102 个、面积 5.9 万公顷。

2. 目标

建成 20 万公顷（300 万亩）森林食品基地,在现有基础上增加认定（证）森林食品 100 个，森林食品的销售收入比基地建设前提高 20.0% 以上；建立和完善省级“森林食品”检验检测机构，建立省、市、县、生产区互相配套的检验体系，使全省林特产品的质量得以全面提高，市场竞争力明显增强，成为全国林特产品质量安全管理的典范。

3. 主要内容

（1）基地建设。通过以下三条途径加强森林食品基地建设：对照国际相关的森林产品认证系列，根据《森林食品系列标准》和《浙江省森林食品基地认定办法》中的界定原则，通过对传统的林产品生产基地的改造，使其符合森林食品基地标准并通过认定，实现基地面积增长 5.3 万公顷（80 万亩）；结合全省林业特色基地建设，采用“森林食品基地”标准进行规范化建设，实现面积增长 5.3 万公顷（80 万亩）；通过已经认定的森林食品生产基地自身的扩大再生产,实现面积增长 4 万公顷（60 万亩）。重点发展蔬菜（竹笋、森林蔬菜等）、干果（香榧、山核桃、银杏、优质板栗等）、山地水果（杨梅、青梅、梨、优质柑橘、柿等）、饮料（苦丁茶、高山茶叶等）、食用油料等五大类森林食品。

（2）配套体系建设。建立健全与基地建设相配套的体系。主要包括以下几个方面：不断完善《森林食品系列标准》，充分发挥“标准”在基地建设中的规范与指导作用；大力开展科技攻关和科技下乡，为森林食品建设提供科技支撑；建立“森林食品”检验检测网络，强化森林食品基地认定和产品认定工作，实行严格的产地环境和产品质量检测和跟踪制度；加强宣传与政策扶持，创建良好的外部环境，确保“森林食品”的持续健康发展。

（二）竹木业工程

竹产业是浙江最具特色、最具发展前景的林业优势产业之一。竹子生长快、生产周期短，既具有广泛用途，又有利于环境，发展潜力巨大。浙江竹子栽培加工利用历史悠久，经营水平全国领先。业内有“世界竹子看中国，中国竹子看浙江”的美誉。

1. 现状

全省现有竹林面积 78.29 万公顷，占林用地面积的 11.7%。全省 85 个县（市、区）有竹林分布，其中 1 万公顷以上的有 25 个，并形成了浙西北产区、四明山产区、浙西南产区、浙南产区等四大优势区。全省年产竹笋70万吨，竹材1.2亿株（200万吨），竹加工年产值78亿元，年竹业总产值100亿元，占浙江林业生产总值的10.0%。全省现有竹产品加工企业2000多家，生产六大类2000多个品种。

浙江虽是林木资源小省，但是，以木材为原料的加工业比较发达，全省年需消耗木材1000多万立方米，木材加工及其制品的产值，在整个林业产业中居第一位，已成为名副其实的人造板生产大省、竹木制品生产大省，主要有人造板、木地板、家具、木制玩具和木制工艺品等几大类。

浙江的竹木业发展还存在着以下问题：一是竹木加工原料供应跟不上。浙江每年消耗的1000多万立方米材中，从国外和省进口的占80%以上；二是竹木生产企业规模小，技术装备水平低，新工艺、新技术引进、开发和应用滞后。导致资源加工利用率不高，产品结构单一，创新能力弱，市场应变能力差，新产品、名牌产品少；三是产业组织化程度低，加工企业的低水平重复，竹木产品雷同，竞相压价、无序竞争的现象较为严重。上述问题均需在发展中加以解决。

2. 目标

建设竹林基地60万公顷，木材加工原料林基地（速生丰产林基地）33万公顷，实现竹木加工业产值1000亿元，竹木及制品出口30亿美元。

3. 主要内容

（1）竹林基地建设。重点建设材用竹林基地、笋竹两用竹林基地、笋用竹林、特用竹林四大竹林基地。建设竹林基地60万公顷。

① 材用竹林基地：建设一批竹子工业原料林定向培育基地，为浙江省竹加工企业提供足够数量和质量的竹材原料，满足竹装饰板、竹纤维、竹制建筑模板、竹炭加工等的需要。材用竹林的主要竹种为毛竹、红竹、苦竹，以毛竹为主。竹装饰板用大径竹、竹制建筑模板原料林基地主要建设于浙西北产区的杭州、湖州和浙东产区的宁波、绍兴；竹纤维用原料林基地主要建设于浙西产区的龙游和景宁、遂昌、缙云；竹炭加工原料基地主要建设于浙西产区的衢江、江山、龙游和景宁、遂昌、缙云等县市。建设20个面积1000亩的现代示范园区。

② 笋竹两用竹林基地：建设浙西南、浙东两大笋竹两用林基地。浙西南竹笋竹炭原料基地建设于衢江、江山、龙游、龙泉、庆元、景宁、遂昌等县市，主要为竹笋加工和新兴的竹炭加工提供原料。浙东笋竹两用林基地建设于余姚、奉化、宁海、鄞州、象山、绍兴、嵊州、诸暨等县市。建设20个面积为1000亩的现代示范园区。

③ 笋用竹林基地：建设浙南绿竹笋用林基地、浙西北无公害散生笋用竹基地和浙东无公害散生笋用竹基地。浙南绿竹笋用林基地主要建设在平阳、瑞安、苍南3个县。浙西北无公害笋用竹基地主要建设于临安、德清、余杭、富阳、安吉，浙东无公害散生笋用竹基地建在奉化、余姚、鄞州。

④ 特用竹林基地：重点建设观赏竹及笋用竹种基地，重点放在安吉、湖州、萧山，以安吉县竹种园、浙江省林科院竹类植物园为科技依托，建设10个面积为1000亩的现代

苗圃。

（2）木材加工原料林基地建设。选择杉木、国外松、杨树、桉树和乡土速生阔叶树，发展原料林基地。建设以丽水市为中心的浙南片，以杭州市、衢州市为中心的浙西北片，以天台、仙居、临海、磐安、东阳为中心的浙东浙中片三大片速生丰产林基地。木材加工原料林基地33万公顷。

① 浙南片：包括丽水市的莲都、缙云、青田、松阳、景宁、云和、龙泉、庆元和温州市永嘉、乐清、瑞安、平阳、苍南、泰顺等县（市、区）。重点培育大径级用材和人造板材。

② 浙西北片：包括杭州市的临安、富阳、桐庐、建德、淳安，湖州市的吴兴、南浔、长兴、德清、安吉，衢州市的衢江、柯城、龙游、常山、江山、开化等县（市、区）。重点培养人造板原料材。

③ 浙中浙东片：包括杭州市的萧山、余杭，宁波市的鄞州、余姚、慈溪、奉化、宁海、象山，绍兴市，金华市，台州市的黄岩、临海、天台、仙居、温岭等县（市、区）。重点培育浆纸原料材。

（3）引导产业集聚，培育具有区域特色的竹木加工产业带。重点培育嘉兴、湖州的人造板实木地板产业带，湖州、衢州、丽水、浙东的竹产业带，台州、云和、泰顺、文成的木制工艺品产业带，温州、玉环、绍兴的木制家具产业带四大产竹木加工产业带，强化产业带对企业、资金、技术的集聚功能。

加大对具有竞争优势的竹木产品加工企业的技改投入，积极支持重点加工企业引进和开发先进加工技术、工艺、设备，拓展精深加工，提高加工转化能力和产品技术含量，培育一批具有行业和区域带动作用的骨干企业。维持现有人造板生产能力，控制生产规模，原则上不再发展新的人造板生产企业。

（三）森林生态旅游工程

随着现代文明的发展和生态意识的提高，崇尚生态、回归自然的热潮正在兴起，走进森林、休闲旅游正成为人们追求的新时尚。浙江生态环境优越，森林景观绮丽，动植物资源丰富，人文古迹荟萃，不但在长三角地区拥有非常明显的比较优势，而且就全国而言，也独具特色，发展森林旅游具有非常广阔的前景。森林旅游是生态林业和商品林业的统一体。加强以森林公园为主体的森林生态休闲旅游基地建设，不但是林业产业发展的需要，同时对林业生态建设也有巨大的促进作用。

1. 现状

自1982年8月建立第一家森林公园——宁波天童森林公园以来，浙江省森林旅游事业不断发展壮大，森林旅游网络已基本形成。截至2004年，全省已建有森林公园78个，其中国家级26个、省级52个，总经营面积60余万公顷，占全省土地总面积的5.0%以上，2004年森林旅游人数近千万人次，年经营收入13.5亿元。森林公园已成为展示浙江林业建设成效的重要窗口，成为林业产业新的经济增长点。

但从总体上看，浙江森林旅游资源的利用还很不够，森林公园旅游产品雷同，缺乏地方特色鲜明的森林旅游产品，大部分森林公园的知名度还比较低，森林公园的基础设施和旅游服务设施比较落后。

2. 目标

森林公园总数达到120处以上，总经营面积60万公顷。在现有基础上，再建成20处在国内外享有较大影响的重点森林公园，推出独具浙江特色的生态旅游热线10条。争取年接待森林旅游人数达到3000万人次，森林旅游经营收入达到150亿元。形成以森林公园为主体，以湿地公园、自然保护区为补充，布局合理、管理科学、功能完备、效益良好的森林生态旅游网络，为社会提供优质的生态旅游服务。

3. 主要内容

（1）浙东森林旅游区：本区包括绍兴、宁波、舟山、台州四市，主要地貌为平原、丘陵和海岛，文化和海岛森林景观是本区的特色。重点发展文化旅游，以舟山普陀山、宁波天童寺两大国家级森林公园为依托，开展宗教旅游；挖掘绍兴兰亭森林公园书法圣地、印山越国王陵的文化内涵，开展怀古旅游。利用台州大鹿岛、大陈岛森林公园的海岛风光，开展海岛风情游；以“上三线”为纽带，打造“杭州→绍兴→嵊（州）新（昌）→天（台）临（海）→台州沿海”森林旅游线路，充分挖掘“浙东唐诗之路”中的森林生态旅游内涵，重点在“浙东唐诗之路”沿线的嵊州、新昌、天台、临海新建森林公园，争取使本区的森林公园总数达到40个。开发杭州湾、三门湾、象山湾、舟山群岛的湿地旅游资源，发展湿地旅游。

（2）浙西森林旅游区：本区包括杭州、金华、衢州三市，主要为钱塘江流域范围。以钱塘江为中轴，以钱江源、千岛湖、白沙、富春江、大奇山、黄公望等森林公园为依托，打造沿江森林旅游带，突出山、林、水旅游资源的组合提升，挖掘新安江、富春江的人文旅游资源，重点开展水域观光、度假休闲、林水风情、水上体育康娱、文化旅游、野生动植物科普等旅游项目。金华、衢州等地的三衢、紫微山、六洞山等森林公园要充分利用岩溶、溶洞的地貌特点，重点开展地貌考察、洞府游览等旅游项目。杭州午潮山、临安青山湖、萧山杨静坞、义乌苏溪等城郊森林公园要充分利用区位优势，发展动态参与型森林旅游项目，吸引节假日的城市游客。适度开发天目山、清凉峰、古田山等自然保护区的生物旅游资源，依法开展生态旅游。本区可开发森林旅游资源十分丰富，争取新建森林公园20个以上。

（3）浙南森林旅游区：本区包括丽水、温州两市。本区森林覆盖率高，素有“浙南林海”之称，山雄、峰奇、石怪、林郁、水清、物种丰富是本区森林旅游资源的特色。加强山、林、水和人文景观资源的开发，完善基础设施、旅游设施和服务设施建设。雁荡山、玉苍山、铜铃山、仙宫湖、南雁等观光旅游资源丰富的森林公园要重点发展观光型旅游项目。以气候凉爽见长的遂昌、大山峰、大洋山等森林公园要大力开展避暑度假、会议旅游等项目。充分利用本区野生动植物资源丰富的特点，开展生物观赏、科普修学等旅游项目，适度在凤阳山—百山祖、乌岩岭、九龙山等自然保护区开展生态旅游。

（4）浙北森林旅游区：本区包括湖州、嘉兴两市，除湖州西部为山区之外，湖州东部、嘉兴等均为平原，森林旅游资源类型相对不如其他三区丰富。本区森林旅游资源的最大特色是莽莽竹海，同时又靠近上海、杭州、苏州、无锡等旅游大市。充分利用区位优势、交通优势、客源市场优势，开发休闲度假娱乐类旅游产品。以安吉竹乡、德清莫干山等森林公园为依托，充分发挥竹海的旅游优势，开发各类与竹有关的旅游项目，打造竹乡风情游旅游精品。平湖九龙山森林公园要发挥山海并利的优势，打响杭州湾北岸绿色明珠、休闲港湾品牌。适度在“黄浦之源”龙王山自然保护区开展生态旅游。利用“江南水乡”水网密集的独特优势，开展湿地生态旅游。

（四）林业高技术产业工程

森林资源具有可再生性、生物多样性、对环境的友好性和对人类的亲和性。利用森林资源生产生物材料、生物质能源、生物制剂，发展林业生物产业，顺应了国际贸易和经济技术发展的潮流。大力发展林业生物产业是贯彻落实科学发展观，发展循环经济，走生产发展、生活富裕、生态良好的可持续发展道路的必然选择。

1. 目标

根据浙江林业产业的发展现状与趋势，针对未来国内外林产品供需结构和特点，大力发展林业高技术产业，大幅度提高林业高技术产业份额，至 2020 年高技术林业产业占林业产业总产值达到 25%~30%；形成具有浙江特色的林业高技术产业群（带）；产业核心竞争力和综合实力明显提升。基本建立一个布局合理、结构优化、装备先进、特色明显、规模适度、效益显著的林业高技术产业体系。

2. 主要内容

重点发展林木（花卉）种质创新和新品种培育、生物质新材料、生物质能源、林业生物制剂。

（1）林木（花卉）种质创新与新品种培育。种苗培育是浙江的优势产业，在全国有重要影响。未来我国生态建设和商品林培育对多抗优质种苗有巨大需求，为此，应充分发挥浙江的区域优势，利用分子育种、细胞工程和基因工程技术，重点培育乡土、优质、抗逆、珍贵造林树种新品种，并建立与之配套的快速繁殖和栽培技术体系，发展以生物高技术为依托的新兴种苗产业，培育若干个集育种、繁殖、造林、管护一体化的重点产业基地，为全国生态林和商品林建设提供支撑。

（2）生物质新材料。利用生物质资源开发新材料是材料工业发展的重要方向。要充分发挥浙江在竹木加工方面的良好基础，拓展产业领域，延伸产业链，提高附加值。通过竹木生物质材料的改性、重组和复合，重点发展新型木基（木塑）复合材料、陶瓷化木材、竹木纤维新材料以及林业绿色化学品，加快我国人工林木材增值利用的产业化步伐；加快提高产业的装备水平和研发能力，培育竹基新材料高附加值深加工产业群和人造板等木材深加工产业集群，开展生物质可降解高分子新材料产业化示范打造一批品牌产品。

（3）生物质能源工业。结合浙江的资源特点，重点发展林业生物质的气化、液化、成型固化及气热电联产技术；开发生产生物基酒精、生物基柴油以及生物基化工产品；建立起浙江特色的生物质能利用体系。

（4）森林生物制药和生物制剂。重点开发高性能植物生长调节剂、复合菌根菌肥、专用缓 / 控释肥料以及多功能生物肥料；利用资源优势发展生物制药以及环保型生物农药；利用生物反应器技术生产高附加值植物提取物。

三、两大森林文化工程

（一）新农村绿色家园建设工程

新农村绿色家园建设主要通过村庄绿化来实现。村庄绿化既是改善农村人居环境的需要，也是培育农民生态意识的需要，是构筑新型农村文化的重要载体。

绿色家园建设不仅是绿化美化的过程，也是一个城乡生态理念相互融合的过程，更是一个保护乡村原生态、弘扬生态文化的过程。村庄绿化，是园林下乡的一种实践。园林下乡，也是一种文化下乡。村庄绿化、美化的实践过程也是构成文化的重要内容，体现不同时代背景下的文化理念和人文特征，尤其是历史文化悠久的村庄中，绿化对文化的烘托、点睛作用更加明显。

1. 现状

浙江省有近 4 万个村庄，目前很多村庄的生态环境较差，绿化十分滞后，已成为统筹城乡发展，推进农业和农村现代化建设的重要障碍。

2003 年 6 月，浙江省委、省政府提出在全省实施“千村示范、万村整治”工程（浙委办［2003］26 号），村庄绿化是其中的主要内容。为配合这一工程，浙江省林业厅提出开展“绿化示范村”创建活动，并于 2004 年命名了首批 47 个“绿化示范村”。

2. 目标

通过村庄道路、河道、庭院、宅旁绿化、公共绿地和围村林的建设，完善村庄绿化布局，构筑多树种、多层次、多功能的村庄植被生态系统，实现村庄绿化美化，发挥绿化的文化功能，改善农村居民的生产、生活环境，建设新农村绿色家园。

具体目标：建成 100 个绿化达标镇，1000 个绿化示范村，绿化美化 10000 个村庄。

3. 主要内容

（1）根据分类指导的原则，对不同类型的村庄采用不同的绿化布局和绿化重点。山区村要充分利用原有山地森林这一背景，重点进行庭院绿地、道路绿化；平原村要与广阔的田野这一基本地形特征结合起来，绿化类型选择要多样化，不但要建设公共绿地，而且对庭院、道路、河渠堤、农田等进行绿化；海岛村要以山造绿、以海为景。布局上，要将村庄绿化置于整个沿海防护林体系之中，绿地类型选择主要着重于庭园绿化、道路绿化和林带林网；古建筑村的绿化要做到景观与古建筑相协调，人文与自然相统一，绿化布局要体现锦上添花、相得益彰的理念。

（2）推广村庄片林和围村林建设。根据政府引导、群众自愿的原则，在绿化示范村中推广建设村庄片林或围村林，将其建设成为村庄绿地系统中的核心林地。争取在 50.0% 的绿化示范村建设村庄片林，一村一片，有条件的要建成围村林，形成“村在林中”的美景。村庄片林和围村林要多应用乡土树种，采用混交、多层的树种配置模式，形成复杂多样、生态功能与景观效果俱佳的村庄植被生态系统。传承传统风水林中强调人与自然和谐共存的发展观，用人居生态学、景观生态学理论指导村庄片林和围村林保护与建设。

（3）深入挖掘村庄绿化的文化内涵，实现绿化与文化的协调统一。对历史悠久、文化内涵丰富的村庄或古村落，要优先进行绿化，充分体现村庄绿化对弘扬先进文化的促进作用。

（二）生态文化传承工程

生态文化是先进文化和生态文明的重要内容，它倡导人与自然、人与人、人与社会的和谐相处，倡导可持续发展的生产方式和科学、健康、合理的生活方式，倡导实践生态文明的道德观，维护人类的共同家园。生态文化代表了人类社会先进文化的发展方向，大力弘扬和发展生态文化，对于满足人们向往自然、回归自然的精神文化需求，构建社会主义和谐社会都具有重要的现实意义。生态文化传承工程是弘扬江南森林文化的重要载体。

1. 现状

森林文化是生态文化的重要内容，浙江森林文化源远流长、内容丰富，竹文化、茶文化、江南园林文化、森林旅游文化等构成了森林文化完整而丰富的架构体系。浙江省拥有数量众多的自然保护区、自然保护小区、森林公园、动物园、植物园、湿地公园，这些都是开展生态道德教育的良好场所。浙江共有古树名木 21.4 万株，绝大部分古树名木具有丰富的文化内涵，被誉为“活教材”“活档案”“活文物”，在生态、科研、人文、地理、旅游诸方面具有特殊的价值，是历史文化延续的标志和生态文化传承的重要载体。

浙江的生态文化宣传、教育工作已逐步开展，但总体上看还不系统。

2. 目标

以“保护、继承、发展”为基本方针，弘扬生态文化，开展古树名木保护、生态道德教育基地建设和森林博览城建设等工程，完善古树名木的保护体系和文化传承体系，逐步建立生态道德教育体系，以传承森林生态文化，宣传和普及生态文化知识，使公众生态意识明显提高。

3. 主要内容

（1）古树名木保护。充分挖掘古树名木的文化内涵，采用多种方式收集整理古树名木所涵的名人轶事、诗词典故和相关史料。在文化内涵丰富的古树名木密集区，建立古树名木文化长廊、文化区等森林文化景观展示基地，开展多种形式的森林文化旅游。开展古树名木复壮保护工作。建设古树名木信息管理系统和网上宣传展示系统，加强古树名木管理，充分宣传古树名木的生态文化价值。重视树龄较大、但未到百年的“准古树”资源的培育与保护管理。

（2）生态道德教育基地建设。选择生态教育内容丰富、基础设施较好的自然保护区、森林公园、动物园、植物园、湿地公园，开展生态道德教育基地命名工作，加强基地的生态文化展示、宣传设施建设。在宁波市东钱湖旅游度假区建设森林博览城，将其建成为森林与生态科学普及、先进森林文化传播、爱国主义教育、林业科研试验基地，发挥文化保存、宣传展示、科普教育、科研试验、观光旅游、休闲度假等多种功能，完善安吉竹博园、天目山自然博物馆等现有博物设施。在各城市周围划定地块，开辟专门的纪念林、纪念树营造基地，引导群众营植“三八林”“共青林”“新婚纪念林”等特殊意义的纪念林、纪念树。开展林木的认养、认领工作。

第四章 科技平台与基础设施建设

科技平台与基础设施建设是浙江林业现代化实现的重要硬件保障。根据对现状、发展趋势和需求的分析，规划提出科技平台发展的具体目标和建设内容，针对森林防火、病虫害防治、林业信息化管理等重点领域的基础设施建设，提出未来发展的总体思路和建设重点，通过加强林业科技平台和基础设施建设，提升林业科技自主创新能力，提高林业综合发展实力，为实现浙江林业可持续发展提供科技支撑。

一、科技平台建设

（一）创新平台建设

1. 目标

适应浙江林业现代化建设的需求，整合、优化科技资源，构筑好源头创新平台，提高浙江林业科技创新能力，为实现浙江林业可持续发展提供科技支撑。

2. 重点建设内容

重点建设竹子、森林生态、林木种苗、森林食品、森林灾害防控等技术研究中心。

（1）竹子工程技术研究中心。重点开展竹资源培育、可持续经营、竹材高效加工利用自动控制、新型竹木复合多功能新材料开发、竹化学加工利用等方面技术研究。

（2）森林生态技术研究中心。重点对生态脆弱区生态系统恢复与重建、森林资源和生态效益监测与效益评价、常绿阔叶林的恢复与可持续经营、城市森林生态圈构建规划与效益评价、湿地保护与生态修复、复合农林业高效可持续经营等领域的研究。

（3）林木种苗技术研究中心。重点开展木本植物优质、抗逆、抗病虫的基因工程，浙江省特色树种种质资源的收集、保存与创新利用，生态公益林高抗性和多用途动植物材料选育，珍稀干果、山地水果、木本药材等特色经济林良种选育，珍稀濒危树种种质材料的快速繁育等领域的研究。

（4）森林食品技术研究中心。重点开展森林食品标准制（修）订、环境和质量监测、标志论证等；森林食品安全生产的全程监控技术体系；主要经济林、竹林的重大病虫害的监测及综合控制技术；生物农药、生物肥料研制等关键、共性技术研究。

（5）森林灾害防控技术研究中心。重点开展应用“3S”技术进行森林火灾探测，森林火灾地形、地貌和植被类型对林火蔓延的影响及扑灭，适宜南方丘陵山地森林火灾扑救的轻便型器械，松材线虫病等重大森林病虫害的监测、应急防治和综合控制，基于营林措施的灾害控制自然力加成，森林生态系统基于生物灾害生态控制原则的构建和重建以及恢复，健康森林生态系统的保健技术等方面的技术研究。

这些技术研究中心的建设，主要依托于浙江省林科院、浙江林学院、中国林业科学研究院亚林所及其他相关的科研院所及高等院校，整合科技资源，优化创新环境，提升林业科技的创新能力和水平。

（二）成果转化平台建设

1. 目标

为加快林业科技成果的转化与应用，加速高技术成果产业化步伐，促进林业产业的集聚与示范，根据浙江块状经济和林业区域化布局的特点，在区域科技创新服务平台建设方面，拟建立三大森林生态建设科技试验示范区、六大林业特色产业科技推广带、构建四大区域科技转化平台。

2. 重点建设内容

（1）建立三大森林生态建设科技试验示范区。重点围绕浙西南生态公益林、环杭州湾组团式城市森林、浙东沿海防护林等建设，建立三大森林生态建设科技试验示范区。

浙西南森林生态屏障体系主要以全面实施3000万亩生态公益林建设工程为载体，重点开展森林生态体系构建及效益监测关键技术研究与示范；环杭州湾组团式城市森林生态体系主要通过通道绿化、城镇绿化和花卉苗木基地建设等，构建多层次、点线面结合的生态效益与景观效益、经济效益相协调的生态圈，重点开展城市森林树种选择、配置模式、管护技术、生态风景林营建等方面的研究与示范；在宁波、台州、温州等市围绕浙东沿海防护林体系的构建，重点以海岸基干林带和岩质海岸防护林为主开展防护林树种选择与培植模式的研究与示范。

（2）形成六大林业特色产业科技推广带。充分发挥浙江省林业产业的比较优势，实施扶优扶强发展战略，以调整优化生产布局和产业结构为主线，应用高新技术提升传统产业，重点建成以浙北、浙西南和浙东区域为重点的竹产业带；以会稽山脉、天目山脉为中心的珍稀干果产业带；以环杭州湾区域为主的花卉苗木产业带；浙东南、浙东北的山地水果产业带；浙中、浙西南的木本粮油产业带和木本药材产业带等六大林业特色产业科技推广带，形成区域优势，促进区域经济发展。

（3）构建四大区域科技转化平台。根据浙江省林业资源区域布局特点，构建四大区域科技转化平台，即以安吉、德清、临安、余杭为核心区，构建竹产业化技术研发实验区，开展竹林可持续经营技术、竹材深加工、竹化学利用技术研究及数控竹木加工机械研发；以凤阳山、百山祖等自然保护区为资源库，以龙泉市、庆元为重点，构建森林多功能利用实验区，开展生物多样性及野生动植物资源的保护与利用、乡土阔叶树种的发掘利用、特色经济林树种资源开发等项目的研究与示范；以慈溪、余姚为重点区域，构建沿海防护林体系建设实验区，开展高抗性防护林树种的引进与选育、结构配置与营造技术、综合示范与效益评价等研究与评价；以永康、丽水为辐射区域，构建林业机械研发实验区，以轻便型森林火灾扑救、营造林和森林病虫害防治器械研发为突破口，开发各类林业机械。

二、基础设施建设

（一）林业信息化建设

林业信息化是广泛使用信息技术、提高林业综合发展实力的过程，林业信息化是林业发展的必然趋势，是林业现代化的一个重要标志。

浙江林业信息化建设是在“数字浙江”和国家“数字林业”大框架的指导下，应用计算机技术、遥感技术、地理信息系统技术、全球定位系统技术、数字化技术、网络技术、智能分析技术和可视化技术，实现林业资源的数字化采集、存储、管理、传输、共享与应用，促进林业资源的可持续发展与利用，为林业生产和管理提供强有力的基础信息支撑和决策支持，促进林业生产和管理水平的跨越式发展。

1. 现状

经过近几年的发展，浙江省的林业信息化建设已取得了一些成绩，主要表现在：

（1）基础设施建设已有一定基础。省厅及其主要直属单位等大都建立了局域网络，实现了内外部的部分数据交换，建立了相关网站。许多基层林业部门也建立相应的网站。计算机的应用已经普及。

（2）信息技术正逐步应用于各个领域。从20世纪80年代开始，计算机应用于森林资源调查规划，此后陆续引进了数据库、遥感、地理信息系统、全球定位系统、图形图像处理、管理信息系统、决策支持系统、网络等技术，目前已在森林资源监测与管理、森林火灾管理、森林病虫害管理、办公事务管理、科研、教学等领域得到应用。

（3）应用系统建设正在迅速发展。省林业厅直属单位和杭州市、温州市、宁波市、绍兴市等地已研建了一些实用的森林资源管理信息系统、办公自动化系统、防火系统、森林病虫害管理系统。

虽然林业系统信息化建设取得了一定成就，但是不仅与世界发达国家林业信息化水平差距十分明显，而且与国内相似行业也有较大的距离。林业信息化存在着缺乏统筹规划和协调、应用水平还比较低、信息化的标准规范和管理制度不健全、信息化人才短缺、资金投入严重不足等问题，林业信息化服务总体状况较为分散、薄弱、滞后，信息资源的发掘、采集，信息的承载、接收、处理、传输和利用尚较低水平。

2. 目标

全省林业信息化建设的目标是：加强基础设施建设，完善网络基础平台、公共数据平台建设，在行政、业务、生产、科教部门推广应用各类林业应用系统、公众服务系统和自动化、智能化生产控制系统等建设，初步建成结构合理、体系健全、安全可靠、初具规模的全省林业信息化服务体系。具体目标包括以下五个方面：

——基本建成覆盖全省林业系统的林业信息网络硬件平台。

——开发林业公共基础数据管理系统，完善林业公众服务信息网，基本建成各层次的林业公共服务数据平台。

——基本建成电子政务框架体系，使各级林业主管部门的管理能力、决策能力、应急处理能力、公共服务能力得到较大改善和加强。

——基本建成以森林资源信息管理为核心的各类林业信息管理应用系统。

——建立与健全信息化管理体制，初步形成法规、标准、规范和安全体系框架。

——普及信息技术知识，建设一支素质较高的技术队伍，培养一批既懂信息技术和信息管理，又熟悉林业政务的复合型人才。

至2020年，进一步完善林业信息化服务体系建设，实现林业管理的数字化，使林业信息资源的开发更加深入，信息服务的范围不断扩大，信息服务的质量明显提高，满足林业发展的需要。

3. 重点建设内容

（1）以网络为核心的信息化基础硬软件平台建设。以网络为核心的信息化基础硬软件平台，是以共享资源（硬件、软件和数据等）为目的，在统一的协议控制下，由多台计算机系统、终端设备、数据传输设备等组成的系统集合。它的建设是实现信息网络的互联互通、资源共享的保障，建立林业信息化服务体系的重要基础，是实现信息共享的最有效途径和信息管理技术平台。

充分利用政府网、公共数据网等社会资源，进行全省计算机通信内外网和有线无线通信网络建设，到2008年建成省、市（地）、县三级计算机网络系统，省、地（市）、县、基层单位的有线无线通信网络系统，两个系统相互连接，建成信息化网络平台。到2010年完成全部计算机网络系统建设，覆盖所有林区的所有管理、生产部门和环节，并在重点林区建成数据采集、传递、处理等环节的自动化、网络化系统。

（2）公共基本数据平台建设。数据是进行信息加工处理的基础。林业数据来源广、变化大、类型多，在林业管理和生产活动中，需要多种多样的数据。有的公共需要，有的专门需要。为了有效管理和使用数据，需要建立公共基本数据平台。

在林业厅和各级林业部门协调下，组织所属单位，并和社会相关部门协作，采用共建共享等方式，进行多时相、多媒体的社会、经济、自然等环境数据，森林资源、林业生产、经营、管理活动空间与非空间数据，林业常用模型、方法、知识数据等公共基本数据平台建设。与网络平台建设同步，省、地、县、林业基层单位基本建成空间与非空间数据平台，并重点建设模型库、方法库、知识库系统，并利用数据挖掘技术，与公共数据平台相配合，整合外部和各单位的专用数据，提供资源共享服务。

（3）林业政务信息化建设。电子政务是政府机构运用现代计算机技术和网络技术，实现政府组织结构和工作流程的重组优化，超越时间、空间和部门分隔的制约，向全社会提供高效优质、规范透明和全方位的管理与服务。

林业政务信息化建设要遵照《关于我省电子政务建设指导意见》及有关电子政务建设要求执行，充分利用公用政务平台，推进内部办公自动化、公文交换无纸化、管理决策网络化、公共服务电子化，同时组织开发林业专门需要的林业应用系统，实现全省林业系统的全面政务信息化。

（4）重点业务应用系统（生产、管理）建设。开发综合的应用系统，是林业信息化重要任务。运用系统集成的思想，进行人员、组织、数据、方法、技术、手段等集成，建立管理领域的森林资源综合集成管理信息系统、森林资源保护综合集成管理信息系统、综合生产管理信息系统、综合分析评价决策支持系统等四个综合集成系统和生产领域的苗木培育专家系统、重要树种森林培育专家系统、林产品加工自动化系统等综合集成系统。

该工程的实施方式是：在厅信息化领导小组统协调下，由各业务和生产单位主持，依托有关生产、管理、科研、教学、规划设计部门，进行林业主要管理和生产的系统研建。

根据优先级，确定综合集成管理信息系统中的森林资源及其环境信息管理、森林资源保护综合集成管理信息系统中的防火系统、综合生产管理信息系统中的公益林信息管理系统等为首先启动项目。

（5）信息化规范与标准建设。在国家、省、行业信息化法规、规范和标准体系及全球信息化法规、规范和标准化的框架内，结合浙江省林业的特点，补充具有本行业自身特点的信息化法规、规范和标准体系，据此形成指导浙江省林业信息化建设的标准化指导性文件，作为林业信息化建设与开发的标准化依据。

（6）林业信息化的运行、管理机制建设。信息化建设是复杂的系统工程，必须有相应的机制保证，包括健全的组织机构、全面协调的规划、科学的实施方案、完整的监督和评价体系，必须着手建立有下列机制：

组织机构建设：为适应林业信息化建设需要，省、地（市）、县林业行政单位和各级林业业务管理、生产、经营单位，要建立相应的领导和管理机构，包括信息化建设领导小组，下设信息化领导小组办公室、信息中心（各单位的下属部门设信息主管或者信息员），根据需要建立固定或临时的技术服务组和专家咨询组。

信息化规划制订：在省信息化领导小组指导下，各地（市）、县（市）林业行政管理部门，和所属林业业务、生产、经营单位，统一标准、统一时间、分期分批开展本地区或本单位的信息化建设规划。规划采取学习型方式，制订指南、开展培训、组织规划、协调内容、评估验收、审议批准等步骤进行。

重点建设项目方案设计：各项重点工程特别是纵向性强的项目相互关系紧密，上下纵横交错，应在省信息化领导小组统一部署和协调下，在相关职能或业务主管部门主持下，根据不同情况采取自行设计，或者与应用、开发单位合作设计等两种方式开展信息化工程建设。

重点建设项目实施：在设计或计划的基础上，分别由各单位、部门负责，贯彻以电子政务为龙头，标准、网络、公共数据平台为基础，以森林资源信息管理为核心，进行林业信息化工程。

项目管理决策监控机制：林业信息化建设由各级林业信息化建设领导小组负责，具体由其办公室处理日常工作，按项目管理的办法进行管理，凡是涉及省全局性的建设由省统一协调，地区性的建设由各地负责。所有项目的启动必须通过决策分析、多方案比较、决策、组织实施、监督控制、审计验收。为了便于检查，建立分析评价考核制度，评价结果纳入各部门和有关人员的政绩之中。

项目实施监督机制：为考核全省各地的林业信息化建设水平，省厅将进行专题研究后，提出可操作性的评价考核指标与标准。

（7）信息化人才培养工程。全面提高林业系统所有人员综合应用信息技术的素质，是有效建设和使用所有林业应用信息管理系统、推动林业信息化建设的关键。因此，在省林业厅（局）人教部门协调下，以林业教学单位为依托，启动信息技术应用人才培养工程，采取学历教育和在职学习两个途径，为林业信息化培养信息技术应用型人才。对在职人员，分别决策、管理人员和信息技术开发、维护、一般用户（行政管理、业务管理、一般职工和农民），进行有关培训，实施全员终身针对性教育，增强全员信息化意识，掌握与本职工作相关的知识和技能。以信息或数据中心为依托，组成信息化建设的技术骨干队伍，带动应用和推广。

（二）森林防火能力建设

浙江省森林防火能力建设要以科学发展观为指导，围绕保护森林资源安全、改善生活环境质量的总体要求，贯彻“预防为主、积极消灭”的森林防火方针，结合浙江省实际，科学合理地规划现代森林防火体系，不断提高预防和扑救森林火灾的综合能力，逐步实现森林火灾“早预防、早发现、早扑救”和“打早、打小、打了”目标，率先基本实现森林防火现代化。

1. 现状

浙南、浙西和杭州地区实施了森林重点火险区综合治理和“百乡千村万人专业森林消防队伍”建设，启动了森林灾害远程视频预警监控系统建设试点。已经建立了森林防火地理信息指挥系统，采用 GIS 和网络数据库等技术，实现了基本地理信息、林业基础信息和森林防火专题信息的有机结合，具有快速、准确、高效的火点定位、信息查询等功能，使全省的森林防火能力得到了显著提升。

2. 目标

全省森林防火能力建设的目标是：以宣传、通讯、交通、扑火设备建设为基础，以远程视频监控系统、生物防火林带、专业护林员队伍、专业森林消防队伍建设和重点森林火险区综合治理工程为重点，以森林防火指挥中心建设为保障，以现代科技为支撑，全面推进“四网二化”建设，建成比较完备的现代森林防火体系，不断降低森林火灾发生率和受害率，率先实现森林防火现代化。

3. 主要内容

实施森林重点火险区综合治理工程，加强林火监测系统建设，加强生物防火林带工程建设，加强专业护林员队伍建设，加强专业队扑火综合作战能力，加强扑火物资和装备建设，逐步完善林火信息指挥通讯系统，加强防扑火应用技术开发和林火基础理论研究以及防火教育培训工作，积极推广先进技术和成果，切实提高森林防火的科学化水平。

（1）重点火险区综合治理及防火林带建设。重点建设治理 5 个森林重点火险区；在 40 个森林火灾多发县（市、区）的坟墓周边、田林交界、库区景区保护区等重点地段，新建以生态经济型树种为主的生物防火林带12000公里,林带平均宽度20米,面积约24000公顷。

（2）森林火灾远程视频监控系统建设。在已建成的1个市级监控中心和19个县级监控中心的基础上，规划建设1个省级监控中心、9个市级监控中心和35个县级监控中心共75个建设单位组成的森林火灾远程视频监控系统。构成覆盖率达95%以上的浙江省森林火灾远程视频监控系统。

（3）森林防火物资储备建设。建设浙江省森林防火物资储备总库，包括1个省级分库、10个市级分库和17个县级分库。

（4）人工增雨灭火和飞机灭火。开展浙江省森林火灾人工增雨灭火、森林火灾飞机灭火。

（5）综合建设。利用“3S”技术，建立全省林火地理信息系统和指挥决策辅助系统：建立林火卫星地面接收终端，对全省林火热点实行快速监测定位；建立全省森林防火护林员队伍，继续实施“百县千支万人森林消防队伍建设工程”。制定重大森林火灾应急预案。

（三）森林生物灾害防控能力建设

森林生物灾害防控能力建设的重点和方向是对危险性外来林业有害生物的入侵机理、疫情监控、综合治理、风险评估等方面进行全面而深入的研究，注重科技体制和机制创新，采取生产、科研、推广三者紧密结合的方式，不断提高浙江省林业有害生物防治科技含量，为浙江省森防检疫事业的快速发展提供坚实的科技支撑。

1. 现状

“十五”期间，浙江省森防检疫系统紧紧围绕保护森林资源，优化生态环境和率先实现林业现代化的总体目标，不断加大科技攻关和成果转化推广的力度，取得了十分显著的成效。开展了松材线虫病等主要森林病虫害治理和外来有害生物入侵的检疫监管工作，全省森林病虫害成灾率控制在千分之五以下。同时通过林分改造、科学合理选择培植造林树种，提高森林生态系统的生物多样性，提高了森林生态系统的免疫力和自我调控功能。但与新世纪经济社会发展速度相比，在森林有害生物防治方面的各项投入相对不足，技术支撑能力还有待进一步提高。

2. 目标

认真贯彻落实“科学防控”的防治方针，加强科学研究，大力推行无公害、生物防治等先进适用技术，加快科技成果的转化，建立和健全比较完善的林业有害生物防治科研机制和科技推广网络体系，全面提高林业有害生物防治科技水平。全省林业有害生物防治的科技贡献率达60%，成果转化率达70%，全省森防检疫系统劳动者素质、科技含量和科学防控能力显著提高，使浙江省林业有害生物防治科技走在全国前列。

3. 主要内容

危险性林业有害生物危害已对浙江省森林资源保护、生态安全造成了严重损失，“十一五”期间，浙江省森林生物灾害防控能力建设发展重点：加强对松材线虫病等危险性林业有害生物动态监控和预警技术、控制生物灾害的综合治理技术研究；外来林业有害生物入侵的疫情监控和风险评估；基于营林措施的灾害控制自然力集成技术、森林生态系统基于生物灾害生态控制原则的构建、重建以及恢复技术和健康森林生态系统的保健技术等方面的研究。要在松材线虫病综合控制技术，竹林、特色经济林林业有害生物无公害、生物防治技术，林业有害生物远程监控技术，森林生态系统保健技术，无公害防治技术标准研究和建立无公害防治效果评价体系，以及探索将无公害防治指标纳入森林认证体系等方面争取有较大的突破。

（1）松材线虫病可持续控制能力建设。松材线虫病监测预警技术研究包括："3S" 技术在监测工作中的应用研究；松材线虫病预防体系、预防机制的调研和建设；松材线虫入侵对生态系统的影响及植被恢复对策研究等；检疫封锁体系：松材线虫病快速检测技术；检疫管理信息系统的开发和应用；应急救灾体系：发生区松材线虫病除治技术研究；传播媒介昆虫防治技术研究；媒介昆虫引诱剂的开发与利用等。

（2）境外引进林木繁殖材料和观赏植物的疫情监控及风险评价。主要建设内容包括：引进林木繁殖材料和观赏植物疫情数据库的建立和完善；引进后现场检疫抽样技术和方法；对引进的植物繁殖材料进行隔离种植和监控；对引进的植物繁殖材料所传带的有害生物作出鉴定；建立引种风险综合评估体系。建立引进林木繁殖材料和观赏植物的疫情数据库；探索出一整套有效的疫情监控技术、除害处理技术；建立引种风险综合评估体系。

（3）浙江省林业有害生物监控系统建立。主要建设内容包括：对浙江省重大林业有害生物发生、发展的生态机理、发生范围、危害程度、生态环境背景等方面进行系统地预警区划；林业有害生物远程监控系统依托森林防火设备，结合林业有害生物发生的特点和规律，建立适合病虫害的远程监控平台，进行灾害点（区）的直观显示与定位；建立多尺度林业有害生物图像数据库，构建病虫危害症状的自动识别模型，实现灾情自动监测建立林业有害生物监测预警区域中心，综合处理和分析相关数据，及时发布和上报灾情监测数据。形成地面监测与远程监测相结合，技术手段与工作机制相适应，检疫、预测、预报、预警、应急、控制机制相配套的全省林业有害生物监控系统。

（4）森林生态系统的保健技术体系建立。主要建设内容包括：从生态系统健康、经营手段健康和功能目标健康三个方面入手，培育多功能、多目标、生物多样性丰富的健康森林，研究有效的森林管理方法来降低森林对病虫害的易感性；掌握酸雨沉降的发生规律及其对柳杉生境的影响，进行酸雨模拟试验，并评价其对柳杉生长的影响；研究环境可接受的农药并有利于保护森林价值和达到资源管理的目标，筛选适合保护区施用的高效低毒的病虫害药剂，研究衰退、濒危物种恢复到可持续生长的条件，研究古柳杉复壮技术；研究影响天目山生态系统的干扰因素之一——柳杉瘤病的发生发展规律。

（5）竹林无公害和生物防治关键技术建设。主要建设内容包括：修订浙江省主要竹子病虫害测报技术规程；查清竹子病虫害发生规律并建立预测预报模型；探索无公害防治、生物防治的关键技术，整合竹林无公害防治、生物防治的综合配套技术，制定竹林无公害防治、生物防治技术标准。

（6）浙江省突发性重大森林病虫害应急处置体系建设。组建浙江省突发性重大森林病虫害应急协调小组，省厅协调小组对全省突发性重大森林病虫害防治工作的领导，协调相关市、县（市、区）开展应急防治工作。市、县林业部门建立以当地森防检疫部门为主的相应的工作协调小组，负责组织突发性重大森林病虫害具体的调查、控制和防治工作。县、镇（乡）一级林业部门要在原有森防队伍和林技队伍的基础上组建相应的灾害救治队伍，承担在突发性病虫害发生时的紧急防治工作。及时制定与灾（疫）性事件相关病虫害防治的一系列技术方案，建立省、市、县三级物资储备制度，并建立相应的奖惩制度。制定重大森林病虫害应急预案、野生动物突发事件应急预案。

第五章 投资估算与效益分析

为了推动浙江经济社会的健康、快速发展，保障林业现代化发展目标的实现。本章对浙江林业现代化建设投资进行了科学估算，提出了政府与社会融资比例的具体建议，并在借鉴国内外相关研究成果的基础上，基于浙江省的基本数据分析了林业现代化建设将产生的生态、社会、经济效益，为政府推进浙江林业现代化建设提供决策依据。

一、投资估算

（一）投资估算

浙江省林业现代化建设的投资概算，主要包括“十大”战略工程建设的投资，以及在这个期间需要强化的基础设施和能力建设所需要的资金概算，浙江林业现代化重点工程与基础设施建设总投资 439.5 亿元。其中四个森林生态工程投资 195.4 亿元，四个林业富民工程投资 144.7 亿元，二个森林文化工程投资 78 亿元，科技创新平台与成果转化基地、数字林业、防火、生物灾害防控等基础设施与能力建设投资 21.4 亿元。

具体为：城市森林工程 63 亿元，山地森林保育工程 89.7 亿元，沿海防护林体系建设工程 29.9 亿元，野生动植物与湿地保护工程 12.8 亿元，森林食品工程 9 亿元，竹木业工程 43.2 亿元，森林生态旅游工程 77.5 亿元，林业高新技术产业工程 15 亿元，新农村绿色家园建设工程 38 亿元，生态文化传承工程 40 亿元。科技创新平台与成果转化基地建设 6.45 亿元，林业信息化能力建设 1.1 亿元，森林防火能力建设 10.85 亿元，森林生物灾害防控能力建设 3 亿元（表 3-5-1）。

表 3-5-1 重点工程投资估算表　　单位：亿元

序号	工程名称	合计	2006~2010 年	2011~2020 年	估算依据
		439.5	194.12	245.38	
四大森林生态工程		195.4	75	120.4	
1	城市森林工程	63.0	21.0	42.0	每年 4.2 亿元
2	山地森林保育工程	89.7	29.7	60.0	1. 全省重点生态公益林面积 200 万公顷，2006~2010 年以 120 元 / 年 · 公顷估算，2011~2020 年以 300 元 / 年 · 公顷 2. 发展阔叶林 35 万公顷，其中人工造林 6 万公顷，封育（抚育）改造 29 万公顷。人工造林 15000 元 / 公顷，封育（抚育）改造 3000 元 / 公顷

（续）

序号	工程名称	合计	2006~2010 年	2011~2020 年	估算依据
3	沿海防护林体系建设工程	29.9	17.9	12.0	1. 新建沿海基干林带 12.5 万公顷，其中人工造林 2.9 万公顷（按 2.4 万公顷计算资金），封育 9.6 万公顷（按 7.8 万公顷计算资金）。人工造林 37500 元 / 公顷，封育（抚育）改造 6000 元 / 公顷 2. 新建农田林网 0.7 万公顷，单价 15000 元 / 公顷 3. 新造红树林 0.3 万公顷，单价 24000 元 / 公顷 4. 城乡绿化一体化，绿色通道 0.5 万公顷，单价 15000 元 / 公顷。村庄绿化造林面积 2.1 万公顷，单价 15000 元 / 每公顷 5. 低效林改造面积 15.3 万公顷，单价 6000 元 / 公顷。森林抚育面积 15.0 万公顷，单价 900 元 / 公顷
4	野生动植物与湿地保护工程	12.8	6.4	6.4	根据《浙江省自然保护区体系规划》（2005 年）
四大林业富民工程		144.7	63.9	80.8	
5	森林食品工程	9	4	5	2006~2010 年每年投入 8000 万元，2011~2020 年每年投入 5000 万元
6	竹木业工程	43.2	32.4	10.8	1. 营造竹林基地 60 万公顷，其中新造林 11 万公顷，改造 49 万公顷，新造林单价 10500 元 / 公顷，改造 2250 元 / 公顷 2. 木材加工原料林建设 33 万公顷，其中新造林 17 万公顷，改造培育 16 万公顷，新造林单价 7500 元 / 公顷，改造 3000 元 / 公顷 3. 每年投入 2000 万重点扶持竹木加工企业
7	森林生态旅游工程	77.5	22.5	55.0	每个森林公园每年投入 500 万元，2006~2010 年以 90 个森林公园计，2011~2020 年以 110 个森林公园计
8	林业高新技术产业工程	15	5	10	每年投入 1 亿元
两大森林文化工程		78	42.8	35.2	
9	新农村绿色家园建设工程	38.0	22.8	15.2	绿化示范村建设每村 80 万元，绿化美化村庄每村 30 万元
10	生态文化传承工程	40	20	20	森林博览城建设需投资 10 亿元，其他文化传承每年投入 2 亿元
基础设施与能力建设		21.4	12.42	8.98	
11	科技创新平台与成果转化基地	6.45	3.25	3.20	1. 对 5 个科技创新平台每个投入 3000 万基础建设资金，每年每个投入研发经费 500 万。合计 5.25 亿元 2. 对 12 个成果转化基地，每个投入 1000 万元，合计 1.2 亿元

（续）

序号	工程名称	合计	2006~2010 年	2011~2020 年	估算依据
12	林业信息化能力建设	1.1	0.50	0.60	1. 软件购买：85 个用户单位，每套 50 万元合计 0.425 亿元 2. 平台开发费用 4350 万元（含监测、电子政务、电子商务等） 3. 效益监测平台建设 2000 万元;运行费用每年，400 个点，每点 1 万元，合计 400 万元
13	森林防火能力建设	10.85	7.67	3.18	1. 对 85 个县每个县基础设施投入 300 万元，合计 2.55 亿元 2. 每县每年投入运行经费 50 万元，合计 6.3 亿元 3. 万里生物防火林带建设，每公里 2 万元，合计 2 亿元
14	森林生物灾害防控能力建设	3.0	1.0	2.0	每年每公顷林地投入 2 元，按现有林地 600 万公顷计，每年投入 1200 万元

（二）资金筹措

工程投资的资金来源包括财政投资、货款扶持、社会融资、企业自筹、居民投工投劳等方面。其中，中央和省级财政投入主要用于生态工程、森林文化工程建设；产业工程建设中的森林食品工程、竹木业工程中的竹木基地建设、森林旅游工程中的基础设施建设等政府作必要资金扶持，其他主要由民营投资解决。在林业现代化建设总投资 439.5 亿元中，需要政府投资 287.45 亿元，占 65%（表 3-5-2）。

表 3-5-2 重点工程投资筹措渠道 单位：亿元

序号	工程名称	投资总额	政府投资比例	政府投资额
	合计	439.5	65%	287.45
	四大森林生态工程	198.3	88%	175.33
1	城市森林工程	63	80%	50.40
2	山地森林保育工程	89.7	95%	85.22
3	沿海防护林体系建设工程	29.9	90%	26.91
4	野生动植物与湿地保护工程	12.8	100%	12.80
	四大林业富民工程	144.7	30%	43.06
5	森林食品工程	9	10%	0.90
6	竹木业工程	43.2	5%	2.16
7	森林生态旅游工程	77.5	40%	31.00
8	林业高新技术产业工程	15	60%	9.00
	两大森林文化工程	78	62%	48.30
9	新农村绿色家园建设工程	38	85%	32.30
10	生态文化传承工程	40	40%	16.00
	基础设施与能力建设	21.4	97%	20.76
11	科技创新平台与成果转化基地	6.45	90%	5.81
12	林业信息化能力建设	1.1	100%	1.10
13	森林防火能力建设	10.85	100%	10.85
14	森林生物灾害防控能力建设	3	100%	3.00

二、效益分析

（一）生态效益分析

1. 抗御自然灾害效益

浙江沿海地区台风及台风经过造成的狂风、暴雨洪涝灾害等自然灾害频繁。1949~2000年，台风在浙江引起明显灾害的有38年，77例，年均1.48例，共造成直接经济损失700亿元，死亡万余人，近年来影响浙江的台风次数和损失呈上升趋势。此外，浙江省的森林病虫害、干旱等灾害也十分严重。林业现代化建设的重点工程实施后，将能将有效缓解或减轻上述自然灾害。如沿海防护林体系建成后，台风、暴雨等灾害的危害将得以减轻。山地森林保护育工程实施后，将使山地森林的健康程度增加，从而减少有害生物、森林防火的发生。森林面积增加、质量提高后，将使干旱的危害得以减少。

2. 控制水土流失效益

据研究，无林地土壤侵蚀模数平均为3000吨/平方公里·年，而有林地的保土率平均在95%以上，据此计算森林防止水土流失量为28.5吨/公顷·年。重点工程实施后，在不考虑其他使森林面积下降的因素，仅山地森林保育工程和沿海防护林体系建设工程两项就可使森林覆盖面积增加51.82万公顷，则保土能力增加1477万吨/年。通过重点工程实施，200万公顷的生态公益林得到有效保护，林分质量总体上得到提高，也将有助于减轻水土流失。

3. 涵养水源效益

森林具有涵养水源的功能。与无林地相比,有林地平均可多蓄水322.5立方米/公顷·年。项目建成后，仅森林面积增加一项可使区域森林增加水源涵养能力1.672亿立方米/年。阔叶林和常绿阔叶林的水源涵养能力较针叶林为高，山地保育工程实施后，将大大提高浙江森林中的阔叶林和针阔混交林比例，森林的水源涵养能力将大为提高。与此同时，生态公益林保护、低效林分改造和森林经营，也将促使森林调节地表径流、保持水土的能力提高，区域内水土流失面积必将减少，程度减轻，从而使区域内现有大中型水库、河道得到有效保护，进而提高水资源的有效利用率。

4. 制造氧气、净化空气的效益

据有关研究，森林在生长过程中释放氧气、吸收二氧化碳，从而净化空气。据研究，中亚热带中东部地区主要森林类型年固定二氧化碳量在14.8~54.2吨/公顷，其中天然阔叶林37.5吨/公顷，马尾松林29.3吨/公顷，毛竹林29.3吨/公顷，灌丛148吨/公顷，则仅山地森林保育工程和沿海防护林体系建设工程两项中增加的森林就可增加固定温室气体二氧化碳量约为1858.3万吨/年(在新增的森林面积中,按80%为阔叶林,20%为针叶林计算)。

5. 生物多样性保护效益

通过重点工程建设，区域重点湿地、阔叶林资源和动植物资源得到保护，地带性植被得到较好的恢复和发展。阔叶林的比例得到显著提高，林分结构更趋复杂，为各种动物、微生物、珍稀植物提供良好的生存、栖息环境，从而有效地保护生物物种及其遗传多样性。

与此同时，森林生态系统中各种生物之间、生物与非生物之间的物质循环、能量流动和信息传递将保持相对稳定的平衡状态，从而有效地保护生态系统多样性，维护生态平衡。

6. 农业增产效益

平原地区建设完备的农田林网后，将为农业高产稳产提供有力保障。例如，沿海防护林体系工程实施后，沿海防护林体系建设范围内 134.8 万公顷耕地基本可得到有效保护。据有关测定，农田防护林网对农业的增产效益在正常年景为 4%~10%，气候异常年份为 10%~15%，粮食生产的增产效益可达到 8%~12%。仅海防林工程一项，每年可望增产粮食 44 万吨。

7. 净化环境效益

森林具有吸收污物、阻滞粉尘、杀除细菌、降低噪声及释放负氧离子和核烯物质的机能。这一机能对浙江这样一个人口密集、工业发达的省份有重要意义，森林在环境保护、健康卫生和生产生活等方面有十分重要的作用。根据《中国生物多样性经济价值评估》，森林对二氧化硫的吸收能力：针叶林为 215.6 公斤 / 公顷·年，阔叶树为 88.65 公斤 / 公顷·年，则仅山地森林保育工程和沿海防护林体系建设工程两项中增加的森林就可增加二氧化硫的吸收能力为 5.9 万吨 / 年（在新增的森林面积中，按 80% 为阔叶林，20% 为针叶林计算）。在滞尘方面，根据有关研究，针叶林的滞尘能力为 33.2 公斤 / 公顷·年，阔叶林为 10.11 公斤 / 公顷·年，则两项工程的新增森林面积可增加滞尘能力 7600 吨 / 年。

（二）社会效益分析

重点工程的实施社会效益至少体现在以下几个方面：

1. 为社会提供就业机会

十大重点工程的实施可以为当地居民提供许多直接和间接就业机会，如人工造林、林分改造、竹木业加工等。据初步估计，仅十大工程中的人工造林、林分改造、抚育等工作，就需投工约 6821 万个工，可安排近 9.66 万人工作 10 年，这在一定程度上可以缓解农村劳动力出路问题。此外，项目开展后将直接带动种苗、交通等的发展，从而带来间接的就业机会。

2. 有利于改善投资环境

重点工程完成后将形成优越的环境，改善浙江全境的生态状况，有效地进善浙江的投资硬件，提升浙江知名度，从而有利于扩大对外开放，促进国际国内的经济、技术合作，为更多更好地引进资金、人才、技术服务。

3. 带动其他经济部门的发展

重点工程实施时需要大量的苗木，首先将使种苗花卉业被带动起来。其次，森林质量的全面提高必将促进旅游业的发展，从而带动许多经济部门和行业的发展，如交通运输业、邮电通信业、建筑业、工商业、餐饮娱乐业以及文化教育、财政金融业等。总之，投资如此之大的林业工程必将带动浙江经济的发展，增加地方税收，带动和促进地方经济的全面发展。

4. 改善人居环境

森林、湿地景观和环境的改善，为人们的生产、生活提供了更好的场所，从而提高人们的生活质量，促进人类健康。与此同时，沿海防护林体系的建成，将有效地抵御自然灾害，减少台风暴雨、风暴潮、泥石流、干旱、森林火灾、森林病虫害等自然灾害对人民生命财产的威胁，维护人民群众正常的生产、生活秩序和安定团结的社会局面，为构建和谐社会作出贡献。

5. 提高干部群众的生态意识，提升林业的社会地位

重点工程中的森林文化工程作为生态文明建设的重要载体，对促进森林文化的传播有重要意义。重点工程实施的过程也是一个宣传教育的过程，通过项目建设，不仅有效地提高项目区广大干部群众的生态建设意识、环境保护观念，同时也培养和锻炼了一大批林业专业技术人员，提高了他们的专业技术水平，而且通过项目招投标、施工监理等一系列先进管理手段、先进管理经验的引入，从根本上改变区域林业生产和管理的综合水平，同时也使林业的社会地位得到提高。

（三）经济效益分析

重点工程的经济效益体现在以下两个方面：

1. 直接经济效益

首先，重点工程中的四大林业富民工程主要以产生经济效益为主，如森林旅游工程实施后将使旅游经营收入从目前的年 13.5 亿增加到 150 亿，净增 136.5 亿，竹木业加工工程实施后，将使加工业产值增加至 1000 亿元。至项目期末，将使浙江省的森林食品基地面积增加至 20 万公顷，以每公顷 30000 元计，则年经济效益为 60 亿元。林业高新技术产业工程的实施也将产生巨大的经济效益。

其次，森林生态工程中的低产林改造，森林抚育等工作中通过间伐抚育、更新采伐也可以产生一定经济效益。森林文化工程中的生态教育基地建设等通过收取门票，也可获得一定经济效益。

2. 间接经济效益

间接经济效益包括水土保持效益、林木储备效益、水储备效益、防护功能效益、保护生物多样性效益、风景旅游效益、控制生物灾害的效益，目前尚难货币化。

（四）效益总体评价

重点工程的实施将为建成比较完备的林业生态、产业、文化三大体系和在全国率先基本实现林业现代化奠定基础，为建设空气清新、环境优美、生态良好、人与自然和谐、经济社会全面协调可持续发展的浙江奠定基础。工程将产生巨大的生态、社会、经济效益，推动整个浙江经济社会的快速发展，从而为浙江提前基本实现现代化作出行业示范。

专题四 浙江林业现代化发展关键技术研究

第一章 浙江林业现代化建设技术需求分析

一、主要成就与存在问题

（一）主要成就

浙江省现有林业科研单位17家。其中省属1家，即浙江省林业科学研究院；市属6家，湖州、舟山、衢州、丽水、宁波、台州等市林业科学研究所；县（市）属10家，安吉、临安、建德、开化、常山、兰溪、永康、松阳、龙泉、诸暨等县（市）林科所。中国林业科学研究院亚热带林业研究所、竹子研究中心等2家部属林业科研单位和浙江林学院省属高校均在浙江。这些科研单位为浙江林业两大体系建设提供了强有力的科技支撑。同时全省还有较健全的林业科技推广网络体系，省级有林业科技推广中心，各市都有林业技术推广站，绝大多数县市有林业技术推广站。全省的林业科技推广体系是林业科技成果转化的重要平台。

近年来浙江省林业科学研究不断取得新的进展，“十五”期间，全省立项的林业科技项目1000多项，总经费达14300余万元。获得省级以上科技进步奖85项，厅局级科技进步奖210多项。成果转化和技术推广产生经济效益110亿元。目前，全省科技发展对林业经济增长的贡献率约为49%，科技成果转化率约为50%，林业科技总体处于全国先进水平。

1. 林业技术研发取得了新突破

在林业生态建设、种苗花卉培育、竹木产业化技术、林（特）产品综合利用、林产品安全生产与标准化、野生动植物保护与利用、林业有害生物防控、数字林业等方面的研究有了新的突破和进展。

林业生态建设技术。先后开展野生动植物、湿地、红树林资源调查和古树名木资源普查，全面系统地掌握了这些资源的现状和保护状况，在森林群落结构理论、林业生态工程快速构建、新材料新技术应用、退化生态系统恢复、沿海防护林、湿地生态系统、城镇林业、生态效益监测等技术领域中取得显著进展和突破。其中，在沿海岩质海岸防护林体系综合配套技术研究及示范项目中，营造实验示范林1650亩，造林成活率90%以上，所选出的 10 个抗盐风耐干旱及多用途多功能适生树种，在浙江、江苏两省和青岛市等岩质海岸地区累计推广 40.32 万亩，年效益增值达 10 亿元以上。该成果达国际先进水平，获国家科技进步二等奖。

竹资源培育与加工技术。浙江省现有竹林面积 1200 万亩，年产竹笋 140 万吨，毛竹 1.57 亿支，杂竹 77 万吨，竹产业年总产值 167.8 亿元，竹材、竹笋产量和竹业产值均居全国第一位，竹子生产、研究开发总体水平居国际领先地位。研发了毛竹“一竹三笋”丰产技术、优质笋用竹早出覆盖技术、竹笋无公害栽培技术、雷竹可持续经营技术、毛竹笋用林高效益经营技术等一批先进适用技术。其中，遂昌县 1.61 万亩的 3 个毛竹冬笋定向培育试验示范点，冬笋亩产量达到 357.3 公斤，单产处于国际最高水平。

研究开发了烟熏干燥和炭化连用的连续式竹材干馏炭化设备、竹材外热式干馏炭化设备。并综合运用等离子发射光谱仪等现代仪器对竹炭晶体结构、微观构造等基础性能开展了深入研究。开发了重组竹材胶合板、重组竹地板、竹材装饰板、竹木复合板、刨切微薄竹等一批新型竹材人造板，除臭剂、鞋垫、床垫、肥皂、化妆品、农药、肥料、杀菌剂、水处理剂、化妆品等竹炭竹醋液制品，竹叶黄酮、竹汁啤酒、竹汁饮料等系列保健品，天然的竹纤维纺织系列产品及连续式炭化炉、数控竹材激光雕刻机、数控竹笋剥壳机、竹席编织机、竹帘编织机等一批高效竹工机械。

木材资源培育与加工技术。“十五”期间重点以速生优质阔叶树种的良种选育为切入点，以工业原料林培育为目标，从优良阔叶树种的种质资源收集与研究、种源 / 家系试验与筛选、杂交育种和无性系选育、良种繁育和种苗规模化生产技术以及短周期工业原料林栽培技术和经营模式为主要内容，开展了系列项目的研究。建立了各树种的种质资源库以及杂交马褂木种子园、采穗圃等良种繁育基地。同时利用天然林改建母树林，建立了 3 个优良速生树种采种母树林，为浙江省速丰林建设提供造林良种。

紧密结合浙江省木材资源的现状和竹类资源等非木本植物资源丰富的特点，围绕速生林木和竹类资源精深加工、高效利用和环保安全进行了低醛化脲醛树脂及其在胶合板中的应用、柔性纸质防火层压板、杉木积成材、绿色中纤板、利用微生物降低脲醛树脂甲醛散发量，无机胶粘剂人造板，木材表面化学处理及改性、木材染色防腐、适合木质材料（人造板）表面涂饰用的低温快速固化新型粉末涂料，竹木质无损伤整形以及密实化、炭基复合材料、无损检测、木材干燥应用技术，竹材胶合板、竹材层压板、竹木复合板、工程结构集成材，以及竹木材液化等方面的研究。

种苗花卉培育技术。围绕林业两大体系建设，重点建成了 12 个林木良种繁育中心、10 个地市级中心苗圃和 1 个省级苗圃、10 个林木采种基地，每年生产良种 10 万余公斤；发掘利用优良乡土阔叶树种 60 余个，收集保存了上万份优良林木种质资源；研制出阔叶树容器育苗的专用复配制剂，开发出适合不同阔叶树种的修根型容器系列，突破了主要阔叶树容器育苗周年工厂化生产技术关键，制定了木荷和香樟等重要阔叶树种的容器育苗技术规范；选育推出百余个优良种源、家系和无性系，解决了这些优良树种规模无性扩繁的技术难关，阔叶树育种和容器育苗居全国领先地位。

“十五”期间引种驯化和选育出200多个名优花卉和绿化新品种。一批名优花卉及以红叶石楠为代表的彩色花灌木，通过技术引进、消化吸收和创新，突破并获得了拥有自主知识产权的繁育核心技术，实现了产业化开发，解决了严重依赖进口的局面。浙江省的茶花杂交育种、桂花新品种选育、杜鹃引种和驯化等都取得了重大突破。已取得了10余项重大技术成果，并形成了科研院校、企业和民营研发组织多层次、多种所有制协调发展，相互促进的种苗花卉研发体系。

特色干鲜果优质栽培技术。全省特色果业产值超100亿元，杨梅、香榧、山核桃等干鲜果的生产数量和质量均位居全国前列。围绕产业化经营，果业专业合作经济组织快速发展，达190多家。科技方面，开展种质资源收集与鉴定、遗传改良与良种选育和标准化栽培技术研究。研建良种采穗圃和苗木快速繁育技术体系，提高良种的繁殖系数和供应能力。研发香榧、山核桃的规模化造林配套技术，使当年造林成活率达95%以上。

食用菌安全生产及高效利用技术。开展三大菇类有毒有害物质残留及全程质量安全控制技术研究、HACCP在食用菌栽培与加工上的应用研究，开展了环保型花菇保水剂开发研究，研制成功了安全型矿物质养料“糖微石膏”和“菇耳精料”，增强了浙江省食用菌产品在国际市场上的竞争力。

根据浙江省的气候特点，摸索出了我国在自然气候条件下大规模香菇周年栽培的新技术，研究总结出了猴头菇（金针菇）—秀珍菇高效周年栽培模式，科学地解决了高温、干旱季节栽培秀珍菇的技术难题，通过培育容器改太空包式为菌棒式和微喷设施的应用及栽培季节科学安排等技术革新，使代料黑木耳栽培技术获得了初步成功，杏鲍菇、姬松茸等一批珍稀食用菌品种引进栽培成功，均对促进食用菌产业结构的调整起到了积极的作用。

在菌种选育和标准化繁育技术上，采用系统选育方法育成了适合夏季高温栽培的双环蘑菇新品种，研究成功了适合中国国情的胶囊菌种工厂化繁育工艺和胶囊菌种质量检测方法，在我国建成了首条食用菌胶囊菌种工厂化繁育生产线，填补了国内空白。在食用菌精深加工技术研究上，开展了食用菌多糖分离纯化与质量控制关键技术研究和食用菌多糖化学修饰关键技术研究，为提高食用菌附加值和精深加工技术水平打下了良好的技术基础。

在香菇栽培基质资源开发利用研究中，筛选出11个适于短轮伐期的优良菇木树种，研究总结出一整套经营技术；揭示出了香菇栽培基质生物降解规律，促使香菇节木栽培，使阔叶树木屑用量降低了50%以上，为保持森林生态平衡和香菇的可持续生产提供了技术支撑。

木本中药资源培育与利用。对厚朴、山茱萸等主要木本中药材，进行了种质资源调查和收集，利用现代植物育种手段，通过药物化学分析与测定，全面合理地评价各种药材的质量，培育和筛选出药效成分含量高的优良品系。先后收集了厚朴、红豆杉等的种质资源100多个；收集山茱萸品种、优株资源400~500个，选育了12个优良的山茱萸无性系，使山茱萸种子的发芽率达80%以上，嫁接成活率提高到85%以上，并制定了国内第一个省级无公害山茱萸标准；在七叶树的种源药用成分研究上，筛选出皂苷含量较高的种源，突破了七叶树种子贮藏和优质苗木大面积繁育的技术难关；收集保存了南方红豆杉和三尖杉全分布区50多个种源，揭示了主要经济性状的种源变异，初选出一批药用优良种质；率先解决了利用瞬间高温和低温引发处理分别解除南方红豆杉和三尖杉种子休眠的重大技术难题；提出了短周期高产经营的配套设施栽培技术。

林业有害生物控制。成功筛选出阿维菌素、“森得保”等7种高效低毒的香榧病虫害防治药剂，建立了综合控制技术体系。形成了一整套治理松材线虫病的技术方案，制定并颁布了全国第一个松材线虫病综合防治技术省级地方标准。在国内首次系统建立了林木繁殖材料和观赏植物引种审批的管理信息系统，不仅建立了较为详尽的境外林木繁殖材料和观赏植物有害生物疫情数据库，而且包含了314个国家和地区的1363种寄主植物，434种危险性病虫的资料。具有自主知识产权的松褐天牛引诱剂在全国15个省份推广应用，引诱剂年销售量达12吨。

数字林业。在森林资源调查与监测上，采用3S技术，对遥感图像、GPS数据和调查数据等多种数据源进行融合与挖掘，取得了在技术层与数据层更加综合、更加有效的利用。制定了森林资源调查与管理的数据标准与规范以及县级数字林业平台及其应用系统数据标准。在相关县市森林资源调查和省、地、县市系统建设中得到了应用，实现了信息的分级控制与利用,为数据交流与共享奠定了良好的基础。完成了多级林业基础数字化公共平台（省级、市级、县级）建设的基础技术研究，解决了不同系统的基础数据构建问题和基础数据管理问题；开发了县级数字林业平台及10多个应用系统。“数字林业”建设中若干关键技术有所突破。

2. 科技成果推广取得了新进展

积极参与实施省委、省政府提出的“百乡扶贫攻坚”计划，组织科技下乡和举办各类培训班、研讨会、现场会、讲座等共1176期，受训人数21.3万人次，发放资料达35.5万份。创立了“林业科技周”，2004~2005年，分别以“科技与林业现代化”和“科技与林业产业”为主题，举办了两届“林业科技周”活动，设一个主会场，全省11市联动。结合林业重点工程建设，积极组织实施科技推广与示范工作，共实施省级以上推广项目77项，投入经费1778万元，推广面积133万亩，建立示范点205个。全省12个省级林业科技示范园区，与省林业厅厅长科技兴林示范点紧密结合，在科技、管理、机制等诸方面都有不同程度的创新，林业科技示范辐射能力进一步增强，也成为厅领导身体力行、指导全省林业科技工作的重要基地。

3. 林产品安全生产与标准化工作跃上新台阶

在林产品安全生产与标准化方面，制（修）订省级地方林业标准34个，率先在全国初步建立起无公害林产品的省级地方标准体系。共组织制定了19项省级无公害食用林产品标准，基本覆盖了浙江省主要食用林产品种类。开展了森林食品基地建设和森林食品产品认定（证）试点工作，召开“国际森林认证最新进展与未来战略研讨会”。共认定森林食品49个、森林食品基地170个，涉及19个大类的产品，认定面积122.2万亩，辐射示范面积362.1万亩。省林产品质检站分别通过了省级计量扩项认证（CMA）和国家实验室认可（CNAL），使浙江省林产品检测技术跃居国内先进水平。实施了31个农业标准化推广示范项目，共建立标准化示范基地52万亩，辐射面积达88万亩，带动农户19万户，创产值13亿元，增加产值4亿元，为保障食品安全发挥了重要作用。

（二）存在问题

尽管浙江林业科技发展在国内处于领先地位，但与发达国家和国内其他行业相比较仍有较大差距。技术储备相对不足，技术集成创新缺乏，科技支撑能力薄弱，科技技术创新平台尚不完善，科技成果转化率有待进一步提高，林业科技体制不顺、机制不活、创新不足、结合不紧的问题仍然突出。

1. 注重单项技术研究，技术集成创新不够

长期以来，林业科技计划比较注重单项技术，从科技与经济结合的内在要求来看，单项技术的研究开发缺乏与其他相关技术的衔接，很难形成有市场竞争力的产品或新兴产业，往往鉴定之日也就是这项技术活动的终结之时。如环杭州湾森林生态圈建设工程中，树种选择与引进、海涂造林、海涂农用林培育、生态效益等单项技术，在20世纪90年代，已做了较深入地研究，但缺乏对环杭州湾森林生态圈构建技术的集成与示范，在实际生态建设工程中，仍难以应用。事实上，核心竞争力的形成不仅是一个创新过程，更是一个技术集成过程。使各种单项和分散的相关技术成果得到集成，其创新性以及由此确立企业竞争优势和国家科技创新能力的意义远远超过单项技术的突破。所以，我们更应当注重技术的集成创新，注重以产品和产业为中心实现各种技术集成。从注重单项创新转变到更加强调各种技术的集成，强调在集成基础上形成有竞争力的产品和产业。在重视开发单项先进技术的同时，更加重视深加工产品先进技术的系统集成。对一个或多个深加工产品的每一个环节，从原料的选择、加工的每一个环节，到最终产品，针对用户和下游工业发展的要求，选择优化的先进技术系统地组合。

2. 技术储备相对不足，支撑能力有待提高

一是科技成果总量不足。“九五”以来，随着林业重大工程的迅速推进，林业产业大省发展对专利、成果的需求加大，虽然原有的科技储备进行了相对集中的释放，但现有科技成果仍难以满足林业建设的迫切需要，科技成果产出速度更赶不上林业建设任务的增加速度。

二是科技成果结构性短缺。随着我国林业由以木材生产为主转变为以生态建设为主，科技需求目标相应发生重大变化，服务于生态建设的技术严重不足，例如高抗、困难立地造林树种选育技术尚未突破，不能为生态建设提供技术保障。带动林业产业发展的关键技术和产业化技术尤为缺乏，例如，板栗保鲜、加工技术，竹活性炭、竹醋液等精深加工技术。

三是林业重大基础理论研究薄弱，原始创新能力不足。林业重大基础研究起步晚，科研投入少，从事基础理论研究的人员比例不足科技人员总数的5%，长期、连续、稳定的研究平台尚不健全，影响原始创新能力的提高，导致林业科研水平低，原创性成果少。

浙江林业科技对生态建设与林业产业支撑程度不高，主要表现在：设施林业比重低，不足5%；花卉、种苗和果品等生产领域高新技术应用程度低，高新技术产品产值所占比重仅为6%左右；森林生态系统恢复技术短缺；林业产品加工转化率低，初级产品多；杨梅、板栗、竹笋等森林食品保鲜及加工等技术尚未取得重大突破；科技与生产相互衔接的林业科技创新体系尚未建立，科技对林业经济增长贡献率低，约为49%；林业科研推广经费严重短缺，科研成果未能得到很好的转化应用。

3. 资源利用率不高，产品深加工技术有待提升

浙江是一个木材资源小省，人均森林蓄积量仅2.96立方米，低于全国水平，更低于世界水平，但又是木材利用大省，全省每年需要1000万立方米的木材，实际只能自给400万立方米左右，缺口很大，木材结构性供需矛盾十分突出，木材加工原料日趋紧缺。据对部分企业调查表明，木材加工企业的木材有效利用率不到60%，且大部分企业对木材资源未采取分级利用，没有做到大材大用、小材小用、次材精用，不仅浪费资源而且大大提高了产品成本，影响了企业经济效益。总体上讲，林产加工企业规模较小，精深加工水平和加工程度低下，环境污染比较严重，有待于通过技术进步优化产业结构，提高资源利用水平。

4. 技术创新平台不完善，科技成果转化率低

科技成果的产业化程度低。尽管浙江每年都有一批具有相当水平的科技成果，但科技成果的开发推广水平却相当低，真正能够大面积、大范围内推广的，还不足十分之一，具体表现是：林业科技成果的推广率低，林业科技成果在适宜地区覆盖率低，科技进步因素在林业增长中贡献率低。林业技术市场发育很差，远远不能适应市场经济的要求。

技术创新平台不够完善。目前，浙江省内有中国林业科学研究院亚林所、国家林业局竹子中心、浙江省林科院、浙江林学院等主要林业科研院所，加上各地市县林业研究所，技术人员多而分散，科技资源简单重复投资建设，不能联合互补，资源共享机制尚未建立，造成科技资源的浪费。

林业科技推广工作重视不够。在前两年的乡镇机构改革中，平原、丘陵区的大部分乡镇林业站被并入农业综合服务站（中心），从事林业工作的人员太少，且多被乡镇政府统一安排包村包点，大部分时间从事其他工作，没有精力开展林业科技推广工作。不少推广服务网络只停留在形式上，满足于有牌子、有章子、有编制，也有的在机构改革中对林业推广部门完全搞市场化，致使推广队伍不够稳定。

科技链与产业链没有很好的结合。从研发体系来看，存在研发主导力量与生产脱节、与市场脱节，先进科技系统集成能力薄弱，基础研究、原始创新、系统创新、自主创新能力不足，科技开发的激励机制、用人机制、分配机制以及科技型企业的现代企业制度建设和法人治理结构的完善尚处于一个探索阶段，应用科技研究和开发尚未完成向瞄准市场的转变，人才、财力、物力、信息等资源的配置依然主要依赖政府的直接管理，尚未建立一个克服制度性不足的体制。成果转化的中间环节多、适应性差、周期长、转化率低。

由于上述问题的存在，致使浙江省林业科技进步贡献率与林业科技成果转化率处于较低水平。目前，浙江省林业科技进步贡献率为49%，科技成果转化率为50%，而世界发达国家则分别为80%和90%以上。当前，浙江林业科技总体上仍处在以初级技术、实用技术为主的低度化状态，远不能适应林业自身特点和规律，不适应林业重点工程建设的要求，不适应林农对科技的渴望，更不能适应林业跨越式发展的需要。

二、发展思路与需求分析

（一）发展思路

围绕浙江林业现代化建设总体目标和规划建设的重点工程，按照“自主创新、重点跨越、支撑发展、引领未来”的科技工作方针，在对现有技术进行综合集成的基础上，重点突破制约浙江林业现代化建设中的瓶颈技术。

（1）坚持自主创新与引进相结合的原则。一方面重视自主创新，通过切实加强基础研究和战略高技术研究，力争在一些重大关键性领域获得科学发现和技术发明，形成自主知识产权，提高核心竞争力与自主创新能力，掌握林业科技发展的主动权；另一方面积极跟踪世界林业科技发展步伐，针对浙江实际有选择地引进国内外先进技术和成果，做好消化吸收和在消化吸收基础上的创新，满足林业建设的需求。

（2）坚持全面推进与重点突破相结合的原则。紧密结合当前林业生产建设特别是生态工程建设对科技的迫切需求和林业科技发展现状，按照“有所为，有所不为”的原则，在全面推进各个学科、各个领域加快发展的同时，重点选择十个领域进行突破，促进林业发展速度的提升和林业发展阶段的跨越。

（3）坚持科技支撑与工程建设紧密结合的原则。切实加强科技成果在生产中的组装配套和推广应用，真正发挥科学技术在林业生产，特别是重点工程建设中的支撑作用，确保工程建设的质量和效益。

（二）需求分析

根据浙江林业现代化建设关键技术总体思路，为确保森林生态战略工程（包括城市森林工程、山地森林保育工程、沿海防护林体系建设工程、野生动植物与湿地保护工程）、林业富民战略工程（包括森林食品工程、竹木业工程、森林生态旅游工程、林业高技术产业工程）、森林文化战略工程（包括乡村绿色家园建设工程、生态文化传承工程）三大战略工程目标的顺利实现，需要在城市林业、沿海防护林、山地森林保育、湿地保护与恢复、林木良种培育、森林灾害预警及防控、森林食品与野生动植物、竹木加工、林源生物质资源利用、林业信息化等十大关键技术领域实现突破。

1. 城市森林

随着经济社会的快速发展和城市化水平的提高，城市面临一系列生态环境问题，如高层建筑林立，人口密集，热岛效应明显，水、土、气受到不同程度的污染。种种生态危机使人们认识到，城市环境问题是城市可持续发展的最大制约因素。国内外的实践表明，发展城市林业是解决城市环境问题的有效途径之一。城市森林是指城市范围内与城市关系密切的，以树木为主体，包括花草、野生动物、微生物组成的生物群落及其中的建筑设施包含公园、街头和单位绿地、垂直绿化、行道树、疏林草坪、片林、林带、花圃、苗圃、果园、菜地、农田、草地、水域等绿地。改革开放以来，浙江经济发展迅速，城市森林也得到快速发展，到2000年年底，浙江省城市绿地率达到27.2%，人均公共绿地面积7平方米，对改善城市生态，美化城市环境，起到重要作用。但是，与人们对城市森林的需求相比，还存在着功能树种少、林木绿化率低，绿量不足、生态功能不强、经营水平不高等问题。在这一进程中，城市林业发展任重道远。在城市森林建设中要突出生态功能，同时强调游憩观光作用。在不同类型的城市，需要研究城市森林的生态功能，选择与当地自然条件相适应的树种。

2. 沿海防护林

沿海防护林体系建设工程，是林业“东扩”战略布局中的重要内容，是新时期实现林业跨越式发展的骨干工程，是带动沿海地区率先实现林业现代化的重要载体。加强沿海防护林建设，对缓解沿海地区生态环境恶化，弥补海岸带生态脆弱性，提高抗御风暴、大潮、风沙、盐蚀等自然灾害能力，改善沿海地区人民生活环境，保障农业可持续发展具有重要意义。浙江省是我国 11 个沿海省份之一，大陆海岸线长 1800 多公里，岛屿海岸线长 4300 多公里，不同地区的自然气候、地理条件差异明显。今后，沿海防护林体系建设，必须加强生态经济型防护树种选择，提高防护林的综合效益，增加农民群众经济收入。重点解决生态经济型防护林树种配置技术、造林配套技术等研究，提升现有防护林营建技术，充分发挥林带防护功能，加快浙东沿海防护林和长江中下游防护林体系建设。

3. 山地森林保育

虽然浙江省已完成生态公益林规划实施阶段，生态公益林面积已达 200 万公顷，占有一定的规模，但天然林所占比重低，阔叶林所占的比重也不高。浙江省全部天然林林分面积和蓄积分别仅占林分总面积和总蓄积的 1.78% 和 0.74%，阔叶林林分面积和蓄积分别仅占林分总面积和总蓄积的 40.58% 和 43.84%，森林的生态供给远不能满足现代社会的生态需求。因此，通过山地森林保育工程提升森林生态功能是林业现代化建设的根本要求。森林生态功能的提升要以实现浙江省林业现代化分阶段目标为宗旨，以扩大与提升森林生态产出的数量与质量为目的。

4. 湿地保护与恢复

湿地与森林、海洋并称为全球三大生态系统，具有保护水源、净化水质、蓄洪防旱、调节气候和维护生物多样性等重要生态功能。健康的湿地生态系统，是国家生态安全体系的重要组成部分和经济社会可持续发展的重要基础。浙江是我国湿地资源丰富的省份之一，100 公顷以上的湿地就有 80.07 万公顷，涉及近海与海岸湿地、河流湿地、湖泊湿地、沼泽和沼泽化草甸湿地、库塘等 5 大类、13 个类型，类型比较齐全。湿地恢复是指通过生态技术或生态工程对退化或消失的湿地进行修复或重建，再现干扰前的结构和功能，使其发挥应有的作用。今后，必须加强湿地保护，开展湿地分布和演变规律、湿地生态系统结构和功能、退化湿地的恢复和重建、湿地水旱灾害、污染等方面的研究，为湿地的科学管理、保护与利用、功能恢复提供科学依据。

5. 林木良种培育

浙江省发展绿化苗木业具有十分突出的比较优势，然而，浙江省绿化苗木业还存在不少深层次的矛盾和问题：一是规模扩张过快、重复建设不少，一拥而上、盲目跟风现象较突出；二是产业化程度不高，生产方式落后，“大而全”和”小而全”的组织形式较为普遍；三是科研投入不多、技术创新能力较弱，特别是乡土树种开发力度不足；四是标准化程度不高、出口创汇能力较弱，档次较低、质量较差等。可以说，林业科技支撑，将在当前浙江省绿化苗木业处于加快发展的重要机遇期和由数量扩张向质量提高的关键转型期起到重要作用。

6. 重大森林灾害预警及防控

以国土生态环境恶化为诱导因素的森林灾害近年来频繁发生，森林的寄主主导性生物灾害发生普遍，全球气候变化导致森林生态系统的生物灾害流行。就浙江省而言，林业有害生物、森林火灾已成为影响全省生态安全、森林资源保护的重要隐患。高效的森林灾害监测和预警技术是我国森林灾害减灾防灾的重要基础，以生态、预防和综合为主体的森林灾害控制新技术体系亟待形成。

7. 森林食品与野生动植物

森林食品是以森林可持续经营为原则，以良好的森林生态环境为前提，借鉴国际标准和国外先进标准，按照特定的生产标准生产生态、优质、健康、营养的食用林产品及加工产品，经专门机构认定，使用“森林食品”标志的产品。森林食品主要包括干鲜果、笋用竹、食用油料、饮料、药材、食用菌、森林蔬菜等。浙江药用植物资源非常丰富，素有“药用宝库”之美称，开发药用植物，具有很高的经济效益和社会效益。野生动植物资源的有效保护与合理利用关系着人类社会的生存与发展，目前，世界各国均离不开对野生动植物及其产品的利用，而单纯的保护乃至绝对的保护都是乏效或无效的。积极而有效的保护离不开适度利用以及为此而进行饲养繁育和产品开发。遵循“积极保护，合理利用”的原则，以科技为依托，以确保野生动植物合理利用为宗旨，对全省野生动植物利用业进行全面规划，合理布局，为建立起比较完备和发达的野生动植物产业体系奠定基础。

8. 竹木加工

浙江省竹木加工业发达。全省现有木材加工企业 2 万多家，年加工木材 1000 多万立方米，创产值 420 多亿元，产值居全省林业产业第一。全省现有竹林面积 78 万公顷，其中毛竹 60 万公顷，年加工竹材 1.7 亿支，创产值 115 亿元，产值居全省林业产业第二。竹木产业已成为浙江林业第一大产业，总产值达 535 亿元。浙江是资源小省，竹木加工大省。通过科技支撑，提升竹木加工业的新产品开发水平、提高竹木材的利用率、开发低毒或无毒胶粘剂、提高竹木加工机械的现代化水平，实现集约化、规模化、品牌化、标准化，是保持竹木加工业大省地位，提升竹木加工业水平和提高市场竞争力的必然需求。

9. 林源生物质资源利用

林业生物产业是以森林生物资源为基础，建立在生命科学和生物技术创新与突破基础上的新兴产业和高技术产业，在推进国家未来经济发展和社会进步中具有重大作用。以提高自主创新能力为基础，加快发展林业生物产业是落实科学发展观，发展循环经济，走生产发展、生活富裕、生态良好的可持续发展道路的必然选择。浙江林业在国内处于领先水平，应当在林业生物质产业中占有一席之地。针对浙江林业生物产业存在资源利用率较低、高技术产品较少、制约生物质产业发展关键技术问题尚未突破等问题，迫切需要在生物质清洁高效转化技术，生物质能源化技术、植物资源高效提取分离技术、生物质新材料制备技术等林业生物质资源利用技术方面取得突破。

10. 林业信息化

林业信息化是广泛使用信息技术、提高林业综合发展实力的过程，林业信息化是林业发展的必然趋势，是林业现代化的一个重要标志。近年来，浙江省依托高等院校与林业科研单位，广泛开展了高新技术的林业应用研究，取得了一定进展。但这些成果基本还是处于研究层面或示范应用阶段，没有开展规模化开发与应用，所以浙江林业的信息化建设仍处于起步阶段。浙江林业信息化建设应在国家“数字林业”和“数字浙江”大框架的指导下，应用计算机技术、遥感技术、地理信息系统技术、全球定位系统技术、网络技术、数据库技术、智能分析技术和可视化等技术，实现林业资源的数字化采集、存储、管理、传输、共享与应用，促进林业资源的可持续发展与利用，为林业生产和管理提供强有力的基础信息支撑和决策支持，促进林业生产和管理水平的跨越式发展。

第二章 城市森林与村镇人居生态环境建设技术

随着社会、经济的快速发展和城市化水平的提高，城市面临一系列生态环境问题，如高层建筑林立，人口密集，热岛效应明显，水、土、气受到不同程度的污染。种种生态危机使人们认识到，城市环境问题是城市可持续发展的最大制约因素。进入21世纪，“让森林走进城市、让城市拥抱森林”已成为提升城市形象和竞争力、推动区域经济持续健康发展的新理念。

我国城市森林建设起步于20世纪80年代末期，在各级政府和有关部门的积极推动下，城市森林理论研究与实践都取得了积极的进展和显著的成效。一是把城市森林建设纳入了中国森林生态网络体系建设。城市森林建设并不仅仅是单纯意义上的城市建成区绿化建设，要从保障整个国土生态安全的角度，把城市森林建设纳入中国森林生态网络体系建设，强调由过去注重视觉效果转变到注重生态效益和人类的身心健康上来，突出了以林为主、乔灌草结合、林水结合、以人为本的城市森林建设基本原则。二是完善了中国城市森林建设的理论，提出了林网化与水网化的现代城市森林建设理念。三是推动了典型区域的城市森林建设规划与实践。在城市森林的研究中，在哈尔滨、合肥、厦门等城市开展了城市森林生态功能、保健功能、评价指标等方面的基础研究，在各个示范城市进行了配套工程建设；并以林网化与水网化的现代城市森林建设理念为指导，在上海、安徽怀宁重点进行了城市森林建设的规划研究，将对我国正在兴起的城市森林建设发挥重要的指导和示范辐射作用。

为贯彻落实党的十六大精神，浙江省委、省政府提出了“积极实施可持续发展战略，以建设绿色浙江为目标，以建设生态省为主要载体，努力保持人口、资源、环境与经济社会的协调发展”和“以营造绿色环境、发展绿色经济为主要内容，加强生态省建设为主要载体，全面建设绿色浙江”的号召，并出台了《浙江生态省建设规划纲要》。为此，各级党委、政府领导高度重视林业工作，始终把植树造林、加强生态建设作为建设浙江生态省、打造绿色浙江和绿色杭州湾的大事，摆上重要的位置。

目前，浙江全省共设有城市35个，建制镇965个，城市化水平已上升到50.1%。到2000年年底，浙江省城市绿地率达到27.20%，人均公共绿地面积7.00平方米，对改善城市生态，美化城市环境，起到重要作用。在城市森林研究与建设方面，初步提出了一些科学可行的配套技术体系。

一、现有关键技术

（一）城市森林道路林网建设与树种配置技术

道路林网是构成城市森林网络的重要组成部分，道路林网的模式设计首先必须满足道路交通功能的基本要求，在此基础上，充分发挥道路林带的隔离防护、生态维持以及环境美化的功能。

（1）主要道路景观生态型林带模式。以高大乔木形成背景，以中小乔木形成中景，以观花观叶等灌木构成前景，乔灌木采用常绿落叶、针阔叶混交的方式，在植物选择上可根据道路特色的需要选择观叶观花等景观树种，形成一定的景观序列。每侧宽度为24~32米。

（2）主要道路生态防护型林带模式。以具有防护功能和生态效益高的植物构成异龄复层混交林群落，群落内部以斑块混交或株间混交的模式，构成多样化的群落空间，突出群落的自然、野趣和生态价值。植物选择突出其隔离防护功能、生态防护功能和生物多样性的特点。每侧宽度为24~32米。

（二）城市森林水系林网建设与树种配置技术

像环杭州湾水网发达的城市，水系密集，水系进城、水系绕城、水系画城是该区域城市景观的一大特色，也是城市景观建设的一大优势。沿水系布局林网是实现“林水相依、林水相连、以水建林、以林涵水”的主要举措，也是体现城市森林特色的重要方面。

（1）市级河道景观生态林模式。在城郊景观节点或与景观要素相连接的河道沿岸的林带设计，将其生态功能与景观功能相结合，植物配置中除了考虑群落的防护功能外，还应选择具有适应能力的观赏性较强的或具有一定文化内涵的植物，以形成一定的景观效果。如适当点缀红枫、青枫、火棘等植被。每侧宽度为24~32米，根据各地实际情况，宜宽则宽，局部地区尽可能宽度，建设沿河休闲广场。

（2）区县级河道生态景观林模式。沿水系设置生态景观林带，以复层群落配置方法营造混交林，形成异龄复层多种植物混交的林带结构，充分发挥河道林带的生态功能。同时，根据河道两岸不同的景观特色，进行不同的植物配置，营造不同的景观风格。河道宽度一般控制在12~24米，根据河道两岸实际情况，林带宜宽则宽，宜窄则窄。

（三）城市森林隔离防护林带配置模式

主要是针对目前具有污染性的企业聚集区以及未来具有污染性的产业聚集区，建立污染隔离防护林，防止污染物扩散，同时兼有吸收污染物的作用。根据不同的工业污染源的污染物种类和污染程度，选择抗污耐污吸污的植物进行群落配置，主要模式群落有：

（1）香樟、珊瑚朴—夹竹桃、大叶黄杨—凤尾兰群落；

（2）水杉、女贞—海桐、八角金盘群落；

（3）棕榈—小棕榈、凤尾兰群落；

（4）臭椿、苦楝、龙柏—椤木石楠、珊瑚树群落；

（5）龙柏、无患子—构骨、海桐群落。

（四）城市森林核心林地（片林）构建技术

（1）风景观赏型森林景观模式。该模式以满足人们感官上的需求为目的，以森林观光的形式，为人们提供丰富多彩的森林景观空间。通过观赏树种的组合，构建色彩多样、树型丰富、层次变幻的森林景观。

模式群落有：枫香、香樟—红枫、石楠—石蒜、鸢尾群落；白玉兰、广玉兰—杜鹃、南天竺、火棘群落；银杏—山茶、锦带花—黄馨群落；木荷、乐昌含笑—垂丝海棠、含笑—八仙花群落。

（2）休憩游乐型森林景观模式。该模式以满足人们休憩娱乐为目的，通过营造大量保健树种，并合理调整林相，建设供人们休闲娱乐的场所。主要满足人们森林保健、健身或休闲野营等要求。

模式群落有：湿地松—十大功劳—龙柏球群落；香樟、银杏—含笑、栀子群落；香榧、罗汉松—栀子群落；猴樟、榉树—八角金盘、八仙花—结缕草群落；雪松—五角枫、海棠—麦冬群落；青桐、红楠—石榴、梨树群落、竹类群落等。

（3）文化展示型森林景观模式。环杭州湾人文荟萃，文化底蕴深厚。该模式将一些和历史、传说、宗教、习俗、社会名人、人类发展相关的具有人文色彩的植物组合在一起，形成文化展示林，提高生态休闲的文化内涵，提升城市品位。该模式选择的树种主要有：松、竹、梅、玉（白玉兰）、棠（海棠）、富（牡丹）、桂（桂花）、蜡梅、桂花、榉树、朴树、月桂、桑树等。

（五）城市广场、居住区及立体绿化技术

1. 广场绿化树种选择与配置技术

广场是市民活动较为频繁的一个公共空间，目前在城市广场建设的热潮中，普遍存在着水泥砖石的堆砌以及草坪花灌的铺装，缺林少乔现象十分严重，广场绿地是当今最值得引起我们高度重视的一个城市森林建设空间。

具有森林功能的林分面积最少 4 公顷，广场森林的面积最好应在此以上。

上层选择乔木：雪松、银杏、香樟、榉树、栾树、女贞、乐昌含笑、广玉兰、白玉兰、合欢、鹅掌楸、枫香、桂花、重阳木、乌桕、冬青、棕榈、石楠、樱花等（附件二）。

下层选择灌木或草本为：红枫、海棠、紫薇、夹竹桃、蜡梅、紫叶李、木槿、金叶女贞、小叶黄杨、铺地柏、洒金柏、红花檵木、丁香、海桐、蜀桧、丝兰、凤尾兰、小叶女贞、鸡爪槭、丰花月季、紫叶小檗、火棘、杜鹃、洒金桃叶珊瑚、狭叶十大功劳、金丝桃、南天竹、葱兰、红花酢浆草、麦冬、沿阶草、白三叶、马蹄金等。

通过选择较多的高大乔木，适当配置灌木或草本，形成开闭相宜、疏透适中的城市广场森林。

2. 居住区与单位庭院绿化技术

居住区与单位是人们生活、工作于其中时间最长的场所，与城市居民的生活工作质量密切相关，居住区与单位绿地系统是城市森林的重要组成成分。

根据居住区以及单位的大小、性质、周围环境等具体情况，确定具体的数量指标。

居住区及单位绿化在总体风格协调统一的前提下，其中：

a. 公共绿地：是人们休闲、保健、游玩、娱乐的重要场所，森林系统的建设强调生态、保健、景观的有机结合。选择雪松、银杏、乳源木莲、鹅掌楸、乌桕、银杏、香樟、女贞、枫香、五角枫、三角枫、合欢、七叶树、白蜡树、重阳木、榉树、栾树、白玉兰、紫玉兰、广玉兰、桂花、海棠、紫叶李、石楠、棕榈、油茶、紫薇、紫槿、木槿、海桐、樱花、鸡爪槭、杜鹃、八仙花、金叶女贞、大叶黄杨、石榴、枇杷、栀子、金丝桃、南天竹、紫叶小檗、孝顺竹、刚竹、淡竹、菲黄竹、菲白竹等植物（附件二），构建以乔木为主的立体森林群落。

b. 专用绿地：是指居住区里公共建筑和公用设施用地内的专用绿地，绿化布置应结合周围环境要求布置，考虑景观、遮阴、分隔、防护的要求，建立物种相对较少、疏透度适宜的乔灌草配置。

c. 道路绿地：应考虑行人遮阴、美化、防尘、吸污等要求，具体参考次要道路，选择不同层次植物，构建合理模式。

d. 宅旁绿地：应结合住宅建筑的间距大小、平面关系、层数高低等因素进行配置，根据浙江城市地区光热的季节性变换特点，近宅处定植高大落叶阔叶树种，如银杏、鹅掌楸、重阳木等，下层配置红叶李、桃、柿、梅、樱花、枫、竹、海棠、小叶女贞、栀子、紫薇、山茶、海桐、八角金盘、南天竹、火棘、金叶女贞、小叶黄杨等，在远处适当栽植常绿植物桂花、女贞、香樟、棕榈等。另外可采用紫藤、凌霄、爬山虎、常春藤、木香、金银木、络石等藤本植物对各类墙体等适当进行垂直绿化。

当然，针对不同使用者的要求，模式的配置有所侧重。例如幼儿园等儿童活动场所周围，应选用色彩鲜艳活泼，无毒、无刺的植物，景观应较为开敞，视线通透；而老年人活动区域附近则需营造一个清静、雅致的环境，注重休憩、遮阴要求，空间相对较为封闭；医院区域内，重点选择具有杀菌功能的松柏类植物；而工厂重点污染区，则应根据污染类型有针对性地选择适宜的抗污染植物（具体植物参见前面的树种选择部分），建立合理的植被群落。

3. 城市立体绿化模式

随着社会经济的不断发展，在日新月异的城区内林地矛盾日益突出，要大规模地在平地上增加绿地面积，有较大的难度。因此，在尽可能挖掘城市林地资源的前提下，可通过高架垂直绿化、屋顶绿化、墙面栏杆垂直绿化、窗台绿化、檐口绿化等占地少或不占地而效果显著的立体绿化形式，构筑具有江南特色的立体绿色生态系统，提高绿视率，最大限度地发挥植物的生态效益。如在高架两侧，通过高架垂直绿化结合高架两侧的屋顶绿化，就可以大大增加绿视率。同时利用都市人生活、办公的自然建筑空间，布置室内绿色植物，将绿色引进室内，拉近人与自然的关系。通过上述的特色绿化形式，选择适宜的植物品种，辅以现代科技手段如灯光、喷淋，改善人们居住和生活的环境，提高绿化的效率和效益，增加工作、生活空间的自然气息。

（六）村镇多功能绿化模式

为统筹城乡经济社会协调发展，推进农业农村现代化进程，浙江省实行了“千村示范、万村整治”工程。村庄绿化是该工程对环境整治提出的“六化”标准之一。为配合“村庄绿化”要求，浙江省林业厅制定了“以城带乡，以乡促城，城乡一体，整体推进”的城乡绿化一体化思路，省级、市级、县（区）级绿化示范村、绿色村庄、园林式村庄创建活动在蓬勃展开，并取得了阶段性的成效。

村镇绿化总体布局：①构框架——由公路干线绿化构成平原绿化的基本框架，通过对其两侧500米范围内的干线、支线、村庄、农田林网等进行全方位的绿化，使得框架内容得以充实、丰富。②建支点——以城市绿化为中心，小城镇绿化为依托，以平原农区及通道两侧的护村护宅林和小果园、小竹园、小花园等村庄绿化为辐射点，构成城镇村庄绿化体系。③配网络——以基本框架为基础，结合其他干线、机耕路、沟、渠、小河岸等旁林带及片林为网络，构成自然网络为主的农田防护林体系。

树种的配置与群落的结构：以乡土树种为主，引进树种为辅，选择落叶与常绿树种，针叶与阔叶树种，进行村镇多功能绿化配置。①生态景观模式：乳源木莲 + 马褂木、杜英 + 无患子 + 海洞 + 火棘等；②观光果园模式：柿树林、杨梅林等；③防风护堤模式：水杉 + 香樟 + 夹竹桃、桤木 + 女贞 + 紫薇 + 黄馨、果桑 + 柿树等；④庭院绿化模式：桂花 + 杜鹃 + 茶花 + 紫藤 + 兰花等；⑤村镇道路绿化模式：珊瑚朴 + 桂花 + 黄杨、广玉兰 + 马褂木等。村镇绿地以乔木为骨架、木本植物为主体的乔、灌、藤、草复合群落，并充分考虑群落的发展和动态演替规律，促使村庄绿地群落与潜在植被特征相接近，形成接近自然植物群落的结构。

二、重点攻关技术

浙江省城市绿化建设发展较快，绿化工作取得了很大的成绩，城市生态环境得到明显的改善。但是，城市绿化无论在规模、数量、结构及生态环境作用上与其得天独厚的自然条件和社会经济发展还有一定差距。尤其是对城市森林的功能定位、生态效益、功能树种的选育、优化模式构建、村镇人居环境建设等方面尚需要进一步研究。研究应符合浙江城市人文景观要求的林木景观空间格局配置；突出城市绿化的防护林局部区段个性化，特殊区段的功能性，以研究建设生态城市、开展节水型城市绿化工程为特色；以通过研究树种混交的空间结构来实现城市绿化的最佳景观配置为特色。研究不同特点通道、城郊区域的林木景观优化配置、功能优化配置。体现浙江特色、四季美观、文化休憩和生态多功能。如，聚居区周边的防风滤尘减噪绿化配置；高速通道两边的隔音滤尘绿化配置；典型通道的标志性林木景观配置；城郊厂区周边（特别是垃圾处理区）的绿化隔离配置等等。在城市森林与村镇人居环境建设中，主要有以下几个方面需要进行重点研究：

（一）城市森林生态功能研究

选择典型的城市森林区域类型，如风景林、片林、湿地林、防护林、固堤护岸林等，建立长期的生态定位观察点。从树木个体及群体两个层次，研究城市森林生态功能，包括城市森林的降温增湿、缓减热岛效应、调节小气候、净化空气、减噪效应、净化土壤、维护生物多样性等效应。

（二）城市森林多功能树种选择

引进、筛选、培育城市观赏绿化树种、色彩绿化树种及耐火绿化树种，研究城市森林不同功能区优化模式构建技术；以抗污性为育种目标，选育高抗污、吸污树种，尤其是对

SO_2、氟化物、Cl_2 等有害气体抗性高、吸收强的绿化树种，包括植物种类、优良种源、优良单株，研究污染厂区抗污型绿地配置技术。

（三）城市生态绿地可持续经营技术

针对城市人居环境特点，开展生态绿地的不同功能区科学规划，包括生态功能、防护功能、休闲 / 游憩功能、保健功能、文化功能等；从绿地系统的植物种类、组成与结构、物种多样性、规模生态效益、群落稳定性等方面，研究城市生态绿地可持续经营技术，强调乡土植物特别是建群种和优势种的应用，突出近自然植被群落模式的特点。

（四）城市群绿化优化模式的研究

浙江省社会经济发展迅速，城市化水平越来越高，城市群的形成已是势在必行。根据各自的自然条件、地理位置、区域特点，不同城市群选择独具特色的绿化优化模式，建设多树种、多层次、多景观的城市森林，建设集绿色通道、休闲度假和科学普及教育等为一体的绿色城市绿岛，形成人文与自然交融的秀丽景色，力求景观优美、气势浑厚，设计方案突出个性化，注重植物的空间立体配置、季相配置、色彩配置。

（五）城郊与村镇人居林构建技术集成

根据城郊与村镇社会经济发展趋势、特点和自然气候地理条件，对不同地域城郊、小城镇、村庄绿地系统作出总体规划和功能性布局；运用现代生态学、经济学、景观学原理，对城郊、小城镇、村庄绿地系统的树种、种群结构、规模生态效益等进行科学配置；强调人居环境，体现以人为本、人与自然相互协调，研究适合浙江山地、丘陵、平原、沿海等不同区域环境条件下的城郊与村镇绿化模式和综合集成技术，建立具有区域特色的多功能城郊与村镇人居环境绿化综合工程集成示范区。

第三章 沿海防护林营建技术

沿海防护林是沿海生态安全体系建设的重要组成部分，加快沿海防护林体系建设，提升现有防护林营建技术，充分发挥林带防护功能，对于抵御自然灾害、改善区域生态环境、保障经济社会可持续发展都具有重要的意义。

一、现有关键技术

沿海防护林建设综合配套技术包括防护林立地类型划分与评价、适宜树种选择、优化模式配置、造林配套等技术。

（一）防护林立地类型划分与评价

根据地质、地貌、土壤和林木生长等因素，在大量的外业调查资料和内业分析测算数据的基础上，运用综合生态分类方法、多用途立地评价技术，确定了基岩海岸防护林体系建设中适地适树的主要限制因子，筛选出影响树种生长的主导因子，建立了符合基岩海岸实际的立地分类系统，进行了多用途立地质量评价，并根据立地类型的数量、面积和质量，提出了与立地类型相适应的造林营林技术措施。为沿海基岩海岸防护林体系建设工程提供“适地适树”的理论依据，将大大提高工程质量和投资效益，充分发挥土地生产潜力，并可创造出更高的经济和社会效益。

（二）防护林树种选择技术

（1）造林树种选择的原则。造林树种的选择必须依据两条基本原则：第一，要求造林树种的各项性状（以经济性状及效益性状为主）必须定向地符合既定的育林目标的要求，可简称为定向的原则；第二，要求造林树种的生态习性必须与造林地的立地条件相适应，可简称为适地适树的原则。这两条原则是相辅相成、缺一不可的，定向要求的森林效益是目的，适地适树是手段。无目的的适地适树是没有意义的；而如果没有适地适树，则任何树种的效益性状（指潜能）也无法变为现实，还是达不到既定目的。造林树种选择的正确与否既要用适地适树的程度来检验，也要用定向目标的满足程度来检验，人工林的生产力水平应是检验树种选择的主要指标，同时也要考虑其他经济效益、生态效益和社会效益的综合满足程度。

（2）沿海防护林造林树种。三门试验基地研究表明，4 年生的杜英保存率 88.9%、树高 3.32 米、胸径 4.35 厘米，湿地松保存率 92.4%、树高 2.97 米、胸径 5.47 厘米，枫香保存率 92.6%、树高 2.15 米、胸径 2.45 厘米，杨梅保存率 92.3%、树高 2.14 米、冠幅 1.62 米 ×1.63 米，二次结实板栗保存率 95.1%、树高 1.92 米、冠幅 1.46 米 ×1.40 米。宁海试验基地研究表明，9 年生的火炬松、湿地松、木荷、日本扁柏、实生板栗树高分别达 6.20 米、5.75 米、3.73 米、3.48 米、3.26 米，胸径分别为 11.59 厘米、10.77 厘米、4.15 厘米、3.77 厘米、3.30 厘米。通过现有林分调查表明，杨梅、玉环长柿、柑橘、化香、毛竹等树种均比较适宜岩质海岸地区生长。因此，浙江沿海防护林体系建设工程，今后可重点发展杜英、木荷、枫香、杨梅、板栗、毛竹、火炬树、日本扁柏、柏木、湿地松、火炬松等抗盐风、耐干旱及多用途多功能树种，以解决岩质海岸防护林体系经济效益低、树种单一的问题。

采用饱和 NaCl 溶液模拟盐雾胁迫对杜英、湿地松、枫香和杨梅等 11 个主要防护林树种在离体和盆栽条件下的叶片和芽进行处理，通过对其盐害症状及其时间极限的观察，结合叶片叶绿素含量、游离脯氨酸含量、SOD（超氧化物歧化酶）活性、MDA（丙二醛）含量等生理指标的测定，综合以上生理指标测定、树种对比试验和生产力评价等结果，表明杜英、湿地松、枫香、杨梅和二次结实板栗这 5 种主要防护林树种，具有较强的抗盐雾能力，可作为岩质海岸临海一面坡宜林地生长的优良防护林树种。

（三）优化模式配置及造林技术

（1）树种配置原则：

① 适地适树原则。不同森林植物有其固有的生态特性和特点，要根据具体的气候、土壤和水分条件，选择和营造与其相适应的树种，使造林树种与造林立地条件相适应，以充分发挥立地生产潜力，保证防护效益最大，同时获得较高的经济效益。

② 因害设防、综合治理原则。针对各地块采取层层设防措施，源头发展水源涵养林，坡面配置水土保持林，坡脚设置护坡护岸林，形成一个综合防治体系，并按立地类型条件、评价以及林种的要求设计造林类型。

③ 生态、经济兼顾原则。由于岩质海岸防护林体系建设是一项综合的系统工程，因此在考虑生态效益的同时，必须考虑经济效益，才能调动农民的积极性，维护其持续地发挥生态效益。考虑到岩质海岸的自然社会经济特点，实行以防护林为主，多树种、多林种结合，乔灌草结合，一林多用，一林多效，最大限度发挥森林多功能效益：立地条件好、经济投入允许地区，实行以经济效益为主的生态经济型造林设计；在水土流失严重的局部地区，可采取一定的工程治理措施与植树造林相结合，以达到保持水土的长期效果。

④ 植物的功能性和共生性原则。森林植物种类多样，在涵养水源、保持水土以及调节气候和美化环境等方面的功能各不相同，要按照具体要求选择适宜的造林树种；同时不同森林植物间生长习性不同，在设计混交林时必须考虑植物的共生性。

⑤ 考虑现实生产条件，生产实用和因地制宜灵活性原则。岩质海岸地区地形复杂，社会经济条件、造林技术、经验各地不一，指标要求较高的造林很难各地适用，因此，在一定范围内，可根据现实条件灵活掌握。如阔叶林蓄水保土功能强，但许多地区缺乏种源、技术、经验，很难实施造林，因此可灵活处理，选用防护功能相应的、有造林成熟经验的乡土树种。

⑥ 景观动态性原则。森林植物不仅一年四季花开花落，有季相变化，而且也有林龄从小到大的过程，在用量时要充分考虑森林植物生长过程中可能产生的近期效果和远期效果。

（2）优化模式设计：针对浙江省沿海防护林体系工程建设以黑松、马尾松、湿地松等为主，且当前浙江省松树正遭受毁灭性的松材线虫病和松干蚧危害及现有纯林（如杉木）连栽地力衰退的现状，特在树种选择方面，以阔叶树为主，包括三方面层次：先锋树种、抗盐风耐干旱树种及多用途多功能树种，即：湿地松、火炬松、晚松、枫香、木荷、杜英、南酸枣、香椿、化香、胡枝子、杨梅、玉环长柿、二次结实板栗、胡柚、桃形李等 15 个树种及草本植物黑麦草。

a. 高效防护林树种配置设计：遵循生态经济型防护林体系的多林种、多树种、多层次、多效益的原则，我们根据树种特性、立地质量、自然条件、经营情况和所设计树种在当地的表现，以及水土保持、水源涵养的效果，山上部设计为多功能生态林，山下部（坡度较为平缓地段）设计为生态经济林。造林密度控制总的原则为山坡上部宜密，山坡下部可稀些；多功能生态林密度宜大，生态经济林密度宜小；土层厚宜稀，反之则密；考虑到水土保持效果，适当加大造林初植密度，以提早郁闭成林。

山上部配置方式有 3 种：①纯林方式，主要树种是湿地松、日本扁柏；②混交林方式，采用湿地松 + 木荷混交林（常绿针阔叶混交林）、湿地松 + 枫香混交林（常绿落叶针阔叶混交林）等几种形式，混交比例是目的树种占 80%~85%，混交树种占 15%~20%，混交方式为隔双行、再隔一株混交；③乔灌草复合方式，乔木林行间直播胡枝子，并留养当地好的草种。

山下部配置主要有 3 种：①混交方式，采用常绿、落叶大小乔木树种混交，不等株距，计划密植设计，有桃形李 + 杨梅、胡柚 + 玉环长柿、胡柚 + 板栗等混交形式；②纯林方式，采用宽行窄株距，矮化密植，树种有胡柚、桃形李、甜柿，毛竹亦采用纯林方式造林；③乔灌草复合方式，首先在水平带面按设计株距定植经济林，其次在水平带面套种草本绿肥，利用夏季刈草覆盖树盘、秋季集中埋青的作业方式，第三在梯壁上种植胡枝子（灌木绿肥）等，从第二年起，每年刈青 1~2 次，作绿肥或薪材。

b. 低效防护林改造设计：对原有的湿地松、马尾松等低效防护林进行人工混交阔叶树，改造优化低效防护林。在林分结构配置上，以混交林为主，并实行乔灌草合理配置，针阔叶、常绿和落叶、深根和浅根等结合，充分发挥改良土壤、固土及涵养水源等方面的综合优势；其混交比例为 5∶1 和 7∶1，密度为 2 米 ×2 米。同时配置生态经济型树种，使得防护功能和其他效益结合，建立单纯林和混交林结合的多树种、多层次、多功能、高效益防护林体系。

c. 临海一面坡空间配置：根据自然条件、立地类型、树种生物生态学特性，对三门县试验基地临海一面坡岩质海岸防护林体系的营造，进行了如下的防护林树种、林种配置规划设计：山顶布设湿地松、晚松等抗干旱耐瘠薄的先锋树种；主山脊布设木荷等生物防火树种；山腰布设枫香、木荷、杜英、南酸枣等兼具用材和风景等多用途防护树种；山凹避风处及部分立地条件较好的山中部非迎风面坡段布设二次结实板栗、杨梅、玉环长柿、胡柚等名特优经济林树种，同时在林下套种黑麦草；山脚所在的海岸线前沿布设化香等灌木植物，后缘则布设湿地松、香椿、火炬松等较耐盐树种，形成多树种多林种对位配置、多层次点线面合理布局的岩质海岸防护林体系空间配置格局。

今后，可推广的防护林树种配置模式有：生态经济型防护林模式——湿地松 + 杨梅、枫

香 + 杨梅等，特点是充分利用现有防护林地，通过引入经济价值高，水土保持效果好的树种，改善林分层次结构，提高防护林的综合效益，增加农民群众的造林积极性和经济收入；常绿针阔叶混交模式——湿地松 + 杜英、湿地松 + 木荷等，常绿落叶针阔混交模式——湿地松 + 枫香、湿地松 + 南酸枣等，特点是通过引入水土保持效果好的阔叶树种，改善以往的水土保持、水源涵养效益差的针叶纯林林分层次结构，提高防护林的综合效益。

（3）造林配套技术：鉴于岩质海岸，特别是临海一面坡立地条件的特殊性及造林成活率普遍较低的现状，应采用综合造林配套技术，阔叶树（如南酸枣等）种植穴以 60 厘米 ×60 厘米为好，针叶树（如湿地松）种植穴以 30 厘米 ×30 厘米为好，落叶阔叶树大苗的截干造林、ABT 生根粉蘸根，针叶树的集团造林、磷肥蘸根、靠穴边植树、容器苗造林等是提高沿海地区困难立地造林成活率的技术关键，大面积造林保存率可达 90% 以上。

（4）林分生态效能分析：

a. 落叶持水与回归效应。杨梅枝叶茂盛，每年有大量的凋落物回归林地，既能增加林地持水能力，又能提高土壤肥力。据 1994 年在宁海港湾岩质海岸实验示范林的测定结果，3 年生杨梅幼树平均每株落叶量为 321.8 克，落叶的饱和吸水率为 67.6%。按 834 株 / 公顷（株行距 3 米 ×4 米）计算，落叶量为 268.4 公斤 / 公顷，可吸水 449.8 公斤。7 年生杨梅林的凋落物可达 1288 公斤 / 公顷，相当于 20 年生红松林的凋落物量。其叶片 N、P、K 的含量也较高据分析，杨梅叶含 N 1.450%，P_2O_5 0.7%、K_2O 1.337%，按 834 株 / 公顷（株行距 3 米 ×4 米）计算，可提供尿素 8.46 公斤 / 公顷，钙镁磷肥 299 公斤 / 公顷、氯化钾 6.52 公斤 / 公顷。

b. 水土保持效益。杨梅生长快，树冠浓密，定植 5~7 年后，覆盖率可达 85% 以上。在岩质海岸，4 年生杨梅平均株高 2.4 米、冠幅 2.98 米，长势优于其他树种。宁海试验区的地表径流测定结果：杨梅 + 桃形李混交林的地表径流量比荒草坡（CK）削减 11.17%，泥沙流失量减少 43.7%；两试验区的土壤含水率分别为 25.40% 和 25.79%，比荒草坡（CK）分别增加 6.01% 和 19.95%。杨梅的幼林就已表现出较好的水土保持和水源涵养功能。

二、重点攻关技术

沿海防护林体系工程是我国 20 世纪末确定的六大生态工程之一，是缓解沿海地区生态环境恶化，弥补海岸带生态脆弱性，提高抗御风暴、大潮、风沙、盐蚀等自然灾害能力，改善沿海地区人民生活环境，保障农业可持续发展的重大举措。浙江省是我国 11 个沿海省份之一，大陆海岸线长 1800 多公里，岛屿海岸线长 4300 多公里。因此，浙江省海防林体系的建设是全国海防林建设工程的重要组成部分，也是浙江生态省建设和林业发展的重要内容。

沿海防护林体系建设是我国林业“东扩”的重要组成部分，关系到“东扩”的广度和深度，决定着东部率先实现林业现代化的进程。为了进一步加强沿海防护林体系建设，促进经济社会可持续发展，增强防御海啸和风暴潮等自然灾害的能力，国家林业局提出了下一步沿海防护林体系建设总的思路。以增强抵御海啸和风暴潮等自然灾害能力为核心，以基干林带建设、红树林发展、滨海湿地保护、城乡绿化为重点，扩大规模，拓展内涵，提高质量，完善功能，全面推进沿海防护林体系快速健康发展，努力构筑结构稳定、功能完善的海疆绿色屏障。今后，浙江省沿海防护林体系建设，必须加强生态经济型防护树种选择，提高防护林的综合效益，增加农民群众经济收入。重点加强生态经济型防护林树种配置技术、造林配套技术等研究，提升现有防护林营建技术，充分发挥林带防护功能，加快浙东沿海防护林和长江中下游防护林体系建设。

今后重点攻关的技术包括：

（一）生态经济型沿海防护林树种选择

根据沿海防护林体系建设“东扩”要求，需在浙江沿海的南部、中部、北部地区，不同土壤质地（岩质、泥质、砂质）建设沿海防护林。对此，筛选、引进防护生态功能强、经济效益好的生态经济型沿海防护林树种，重点培育出耐盐类、干水果类、药用类、珍贵用材等优良品种，丰富沿海防护林建设造林树种，增加农民经济收入。

（二）高效沿海防护林模式优化配置技术

针对沿海防护林的不同功能类型和自然条件，采用乔灌草的时空配置，研究高效同（异）龄复层混交型沿海防护林，包括树种优化配置、混交比例、密度控制、经营模式等技术，以达到建设种群配比合理、结构稳定、生态功能高效的绿色防护屏障之目的。

（三）困难地造林及低效沿海防护林定向改造技术

针对沿海防护林造林困难地特点，开展困难地树种筛选和引进树种适应性实验，采用菌根剂、保水剂、自养型容器大苗培育等手段提高困难地造林成活率；采用树种更替、抚育间伐、人工促进天然更新、阔叶化改造等综合配套技术，对低效沿海防护林定向改造，提高森林的生产力水平、防风减灾、水土保持等功能。

（四）沿海防护林生态工程关键技术集成与示范

基于生态经济型树种选择、困难地造林、树种配置等单项技术，在不同生态工程建设区域，通过沿海防护林建设关键技术的集成与应用，重点攻关沿海防护林景观生态建设、低效沿海防护林更新改造、海岸带乔灌草复合生态系统构建等技术。

第四章　山地森林保育技术

加强生态建设，维护生态安全，是21世纪人类面临的共同主题。森林是人类赖以生存的重要自然资源，是地球上功能最完善、结构最复杂、生物产量最大的生物库、基因库、碳贮库和绿色水库，是维护生态平衡的重要调节器。林业生态环境建设是生态环境保护和国土整治的根本出路和首要任务，是实现农业高产稳产、水利设施长期发挥功效、减轻自然灾害的重要保障和途径。发达的林业是国家富足、民族繁荣和社会文明的重要标志之一。山地森林对确保浙江生态安全和促进社会经济的可持续发展至关重要。山地森林保育技术可以有效维护山地森林健康，增强森林生态系统功能，减轻自然灾害。

一、现有关键技术

（一）山地造林树种选择技术

生态公益林是指以保护和改善人类生存环境，保护生态平衡，保存物种资源，科学实验，森林旅游，国土保安等为主要经营目的的森林和林木。全省200万公顷重点生态公益林建设必须以提高生态公益林资源质量和改善生态环境为重点，遵循森林自然演替规律，依靠科技进步，采取保护、造林、封育、补植、抚育相结合的措施，以天然更新为主，辅以人工和人工促进天然更新，把生态公益林建设成多林种、多树种、多层次，结构合理、功能健全，生态效益、社会效益、经济效益长期稳定的森林生态体系。根据自然条件和目标功能，生态公益林可采取不同的经营措施，如可以确定特殊保护、重点保护、一般保护等三个等级的经营管理制度，合理安排管护活动，优化森林结构，促进生态系统的稳定发展。生态公益林树种一般具备各种功能特征：①涵养水源、保持水土；②防风固沙、保护农田；③吸烟滞尘、净化空气；④调节气候、改善生态小环境；⑤减少噪声、杀菌抗病；⑥固土保肥；⑦抗洪防灾；⑧保护野生动植物和生物多样性；⑨游憩观光、保健休闲等。因此，不同生态公益林，应根据其主要功能特点，选择不同的树种。

乡土阔叶林是优质的森林资源，起着涵养水源、保持水土、保护环境及维持陆地生态平衡的重大作用。乡土阔叶树种是生态公益林造林的最佳选择。目前浙江生态公益林树种结构简单，纯林、针叶林多，混交林、阔叶林少。而且有相当部分林分质量较差，生态功能等级较低。生态公益林中的针叶纯林林分已面临着病虫危害严重、火险等级高、自肥能力低、保持水土效能低等危机，树种结构亟待调整。利用优良乡土阔叶树种特别是珍贵树种对全省生态公益林进行改造套种，是进一步提高林分质量、生态功能等级和增加优质森林资源的最直接最有效的途径。

浙江省为北亚热带典型常绿阔叶林分布区，生态公益林组成树种应以壳斗科为优势树种，樟科、金缕梅科、山茶科、木兰科等构成乔木层中的重要组分。主要建群树种可选择青冈、甜槠、苦槠、米槠、石栎、香樟、华东楠、浙江楠、枫香、木荷、油茶、浙江红花油茶、檫木、马褂木、乳源木莲、山乌桕、香椿、杨梅、苦楝、南酸枣、光皮桦、拟赤杨、山杜英等，伴生树种可选择冬青、女贞、杨桐、柃木等（附件二）。在荒山荒地、迹地更新造林中，每个山地小班可采用 5 种建群种和 3 种伴生种搭配随机自然混交的方式，营造混交林，使林分景观自然简朴，减少种间竞争，增强依存关系。在针叶纯林中，可选择壳斗科的栲属、栎属、青冈属等为主的树种补植套种。

（二）生态公益林高效空间配置技术

根据生态公益林的不同功能类型和自然条件，通过树种优化配置、混交比例和密度控制，建立生态服务功能高效、结构稳定的复合系统。

水土保持林、水源涵养林、防风固沙林应采用多树种混交配置模式。可选择常绿树种与落叶树种混交，如，深山含笑（香樟、乳源木莲）+ 马褂木（光皮桦、拟赤杨、南酸枣、桤木）、苦槠（青冈、甜槠、石栎、米槠、木荷）+ 枫香（细柄阿丁枫、锥栗、麻栎、浙江柿）等；阴性树种与阳性树种混交，如，乳源木莲（山杜英）+ 浙江柿（油茶、巨紫荆）；深根系树种与浅根系树种混交，如华东楠（桢楠、浙江樟、花梨木、翅荚香槐、多脉榆）+ 杨梅（小果冬青、香椿）；乔木与灌木混交，如金钱松 + 杨桐、马尾松 + 杨桐、湿地松 + 柃木、马尾松 + 胡枝子等；针叶林下栽植阔叶树，如马尾松（杉木、金钱松、湿地松）+ 杜英（乳源木莲、木荷、杨桐、柃木）。水土保持林混交比在 30% 以上，立地条件越差，能改良土壤或护土力强的树种比例应越大。水源涵养林以营造混交且垂直郁闭好的复层群落结构模式为主，并根据具体情况尽可能增加阔叶树的比例。防风固沙林应选择能抗风、抗寒、耐沙压、耐瘠薄的树种，营建乔灌草复层林。

（三）低效能生态林改造技术

通过对低效能生态公益林密度与结构进行合理调整，采用树种更替、不同配置方式、抚育间伐、封山育林等综合配套技术，促进低效能生态公益林天然更新，提高植被的水土保持、水源涵养的生态效益。

低效能生态公益林，一般为立地条件较差的马尾松林，应选择耐干旱、瘠薄的木荷、枫香等阔叶树进行补植，其树种配置模式同上。对于立地条件中等的低效能生态公益林，可采用封山育林、抚育改造措施。抚育改造措施归结为三个字："抚""间""补"。"抚"就是抚育，在次生阔叶林或针阔混交林采伐后，经 2~3 年时间，待萌条、幼苗等大量产生，形成灌丛即到达所谓萌灌阶段，即可开始抚育改造。将树木周围的杂草、藤本砍除，使之通风透光。"间"即间苗，在抚育的同时，砍除部分过密的幼苗、萌芽条、淘汰树种，达到合理的密度。砍除灌木、杂草均匀铺设于林地，同时清理出规定宽度的小班线、林班线和防火线。"补"就是补植，对密度过稀的林分或林中空地、林缘荒地，适当补植生长快、幼年耐阴的树种，如杜英、红楠、乐东拟单性木兰等。

（四）速生丰产林营建技术

（1）大径级杨树用材林培育模式：大径级用材林培育更多的是追求大径材比率，与一般人工林相比具有更明确的培育目标——高质量和大径级，如胶合板材的2米段的小头直径至少达到26厘米。因此，在培育措施上也必然区别于其他用材林，其中树种（品种）、造林密度和立地条件是决定能否成功培育大径级用材林的关键因子。培育大径级杨树用材林主要采用大株行距片林模式和边行配置模式。

大株行距片林模式：一般可采用株行距4米×5米、4米×6米、6米×6米或6米×8米，设计采伐年龄11~13年，集约经营，预期收获大径材90~120立方米/公顷，中小径材80~120立方米/公顷。

边行配置模式：采用边行生长优势原理营造杨树人工林，促进林木生长，达到速生丰产的目的。充分利用正边缘效应，采用单行非均匀配置，株距3.0~5.0米，行距7~12.0米，密度控制在238~278株/公顷之间；双行非均匀配置，株距3.0~5.0米，一、二行行距3.0~5.0米，二、三行行距10.0~24.0米，以下依次类推，密度亦控制在238~278株/公顷之间。或造林密度为476~556株/公顷，株距1.5~2米，一、二行行距2~3米，二、三行行距为6~12米，第4年间伐50%，保留优良木238~278株/公顷。林带走向应以南北向为主，充分发挥东、西方位的边行生长优势，提高生物生产力。在配置上，如为单行杨树株距为2.5~4.0米，如为双行可用行距4.0~6.5米，三角形配置。

适合培育大径级杨树用材林的优良品种有：35/66杨、102/74杨、S371杨、T120杨、黑杨1388号、黑杨367号、黑杨366号。造林用苗要选用1~2年生扦插大苗，1年生扦插苗规格为苗高3米以上、胸径1.2厘米以上根系好、主干无损伤、无断梢、无病虫害的粗壮苗。

杨树适宜在土层深厚、透水性好、肥力中等以上的砂壤土栽植。可选择江河两岸的冲积滩地或水网平原作为造林地，也可选择海涂地造林，但要根据不同的含盐量选择不同的品种，大径级杨树用材林的地位指数应在16以上。

（2）湿地松短轮伐期纸浆原料林培育模式：纸浆原料林是以特定用途——生产木浆原料为培育目标的林业经营方式，在木材质量能达到制浆工艺标准前提下，追求速生丰产，一般采用短轮伐期经营模式。

湿地松短轮伐期纸浆原料林可采用高密度纯林模式。该模式以缩短培育周期、提高主干生物产量为目的，采用高密度纯林经营方式，初植密度在2500株/公顷以上，一般可采用2米×1.5米或2米×2米等造林配置，设计采伐年限10~15年，中间不进行间伐作业，预期收获纸浆材70~105立方米/公顷；或设计采伐年限15~20年，第10年左右时间伐1次，预期收获纸浆材105~140立方米/公顷。

（3）人造板原料林培育模式：纯林模式主要是树种选择与密度配置，适用树种有杉木、湿地松、杨树、苏柳、四川桤木、毛红椿、南酸枣、鹅掌楸、枫香、桉树等速生树种。

混交模式是由多树种组成的，利用树种互生互补是配置混交模式的关键。在适地适树前提下，可采用在中低山区，土壤深厚肥沃，气候湿润地段以鹅掌楸、毛红椿、光皮桦、南酸枣为主，配置枫香、乳源木莲、木荷等树种，以带行状，小块状混交为佳，混交树种不宜过多，比例应控制在 30%~40% 以下；在低山丘陵地带，土壤浅薄又较干燥的地段则以湿地松为主，配置枫香、乳源木莲、香樟、山杜英等树种，混交比例为 2∶1 左右较为适宜，但密度不宜过大。

（4）容器苗造林关键技术

容器苗与裸根苗相比，具有成活率高，移栽季节长，移栽后苗期生长快、林分相对均匀、个体差异小等优点，是提高造林质量的重要手段之一。造林容器苗不宜过大，要保持根球、枝叶完整，避免受损。一般情况下容器苗移栽可不受季节限制，但应尽可能避开在高温且长期干旱季节进行移栽。最佳移栽季节为常规造林季节、雨季和 9 月。容器苗造林必须抓住以下几个技术环节：

苗木运输与贮藏：容器苗在圃地经分级、起苗后，采用特制的包装箱、架、框等进行装运，在装运过程中要叠放平稳，切忌倒置或倾斜，以免损伤苗木；在运输过程中要避免日光曝晒。在运到目的地后，若不能马上栽植时，应将苗木放置于阴凉处，放置时间较长时应适当浇水。

苗器分离：为提高苗器分离速度和苗木质量，应在苗木脱离容器前 12~24 小时内进行浇水，直至容器内基质全部湿润。苗器分离时，应将苗株及容器内基质全部脱离容器。

整地、挖穴：整地挖穴因用途不同而不同，如用于圃地育苗时，先将圃地深翻 25 厘米左右，根据树种和培育目标，确定株行距和苗床规格。定植穴不宜过大，可在减少地表蒸发的同时，通过穴周围的植被起到自然遮阴效果，定植穴规格一般比苗木根球略大即可。

定植：当苗株脱离容器后，应立即栽植，以免失水，苗器脱离时应做到基质保持完整，枝叶无损伤。栽植时，将苗木垂直放入定植穴中，做到根系舒展，栽植深度以基质低于地表 2 厘米为宜，然后回表土，踩实，使苗木根系与土壤紧密接触。在旱地或山地栽植时，如果土壤干燥且无浇灌和遮阴设施时，应尽可能避开高温干旱期，或选择阴雨天或雨前栽植，或定植后浇定根水 1 次，以提高根系与土壤的黏着度。

栽后管理：用于在圃地培育大苗时，根据各树种特性，进行除草、松土和肥水管理等常规管理即可。如红楠、华东楠等幼期喜阴树种，在夏季移栽时，最好有遮阴条件。用于直接造林时，除常规管抚外，由于初植穴较小，应随着林木生长的加快进行扩穴，以减少杂灌的竞争力。

（五）阔叶林发展技术

针叶林阔叶化改造工程主要在生态公益林和松材线虫病危害区，生态公益林主要分布于钱塘江、瓯江、曹娥江等八大水系及库区，沿海一面坡，公路、铁路等通道两侧，城镇周边等生态重要区域；松材线虫病危害区主要分布于浙东沿海岛屿及内陆富阳等少数地区。阔叶林发展应重点选择优良乡土阔叶树种，适当考虑引种成功的适宜外来树种，并优先发展适应性强、生长强盛、根系发达、树体高大的树种。由于阔叶林发展工程涉及面广，不同区域的发展目的、改造手段、生态功能需求等也不同，导致工程建设特点各有区别，因此在树种选择上要根据工程建设目的选择适应性强、效益好的树种。

（1）新造林地阔叶林发展技术。新造林地中荒山荒地普遍立地条件较差，土层薄、肥力差，发展阔叶林的目的通常以减少水土流失、提高涵养水源能力或景观效果为主，可选用青冈、苦槠、甜槠、枫香、黄连木、山乌桕等生态树种。

（2）采伐、火烧及松材线虫病危害迹地阔叶林发展技术。采伐迹地、火烧迹地及松材线虫病危害迹地则相对条件较好，满足生态需求条件下，还可兼顾经济、用材等功能，如在立地较好的地方可选用马褂木、细柄阿丁枫、红楠、刨花楠、乳源木莲、毛红椿、南酸枣、深山含笑、光皮桦、花梨木、毛竹等生态用材树种或杨梅、香榧、杜仲、厚朴、枇杷、银杏、小竹等生态经济型树种。

（3）针叶林阔叶化改造技术。补植改造时，树种选择要在适地适树基础上，充分考虑原有针叶树种的林分结构（郁闭度、林分高度、枝冠结构等），选择前期有一定的耐阴能力、后期喜光的速生树种，如木兰科的深山含笑、乳源木莲等，樟科的楠木类树种。对高速公路等通道和城镇周边等特殊立地，除考虑树种适应性、经济价值等因素外，还要充分考虑树种的景观效果，可选用色相类和花果类树种，如浙江柿、冬青类、杨梅、银杏、黄连木、乌桕、重阳木等树种。

二、重点攻关技术

近年来，浙江省委、省政府在取得“五年消灭荒山、十年绿化浙江”成就的基础上，提出了“建万里绿色通道、创千亿林业产值、造浙江秀美山川”的奋斗目标，实施了生态公益林、万里绿色通道、平原城镇绿化等林业生态工程。到2010年，建成3000万亩的重点生态公益林，2000万亩一般生态公益林。生态公益林体系建设，必将进一步优化生态环境、推进生态安全、改善投资环境、促进经济社会的可持续发展。尽管浙江的林业建设取得了长足的发展，但还存在不少问题。低山、丘陵以马尾松、杉木等针叶树种为主，形成了一个与区域地带性常绿阔叶林植被很不一致的针叶林型。3000万亩生态公益林普遍存在着树种单一、地力衰退、林分结构简单、病虫危害严重、生态功能脆弱等问题。同时，山地森林保育工程涉及面广，类型多，大部分立地质量较差，面临着许多急需解决的技术瓶颈。因此，必须加强以阔叶林、针阔混交林、生态型经济林、乔灌结合等多种结构的生态公益林，松杉采伐、火烧迹地更新，针叶林阔叶化改造、退化人工林系统生态功能恢复、生态公益林效益计量评价标准及核算方法等研究，提升现有山地森林保育技术，有利于减少水土流失，维护土壤肥力，增强山地森林的生态功效。

今后重点攻关的技术：

（一）山地森林生态系统恢复与重建技术

针对浙江八大源头地区林业生态系统退化，效益降低和工业生产发展造成新的生态系统破坏问题，研究林业生态系统恢复与重建的系列配套工程技术体系。重点攻关低效生态公益林定向改造和功能恢复技术，包括低效水土保持林、八大源头水源涵养林、防风固沙林等定向改造和功能恢复技术。

（二）困难立地植被恢复技术

针对目前林业生态工程建设人工造林与植被恢复中急需要解决的困难立地类型，提出与工矿废弃地、干瘠石质山地、盐碱地、退化山地、海岸风口和河口等不同困难立地类型相适应的造林树种，研究提出与此相配套的，以工程与生物措施相结合改善林木生长发育基本环境条件的节水、蓄水整地、土壤改良与培肥以及植被管理系列技术体系，使不良立地的局部环境与林木的生态特性相适应，提高困难立地人工造林与植被恢复的三大效益。

（三）破坏山体坡面生态修复技术

针对废弃石矿及公路、铁路等形成破坏山体特殊的立地类型，试验研究快速绿化与生态系统恢复等技术体系，包括工矿废弃土地先锋植被的选择和配套技术的研究，土地复垦生物生态系统结构和功能的研究，涉及绿化面工程的整治技术，工程构造与斜坡稳定技术，绿化材料筛选，绿化方法如喷涂、植生袋、混合土、种子、苗木等施工方法的试验。

（四）山地景观生态公益林构建技术

针对城镇周围、森林公园、风景旅游区等山地森林，研究提出生态与景观相结合的山地森林空间配置结构设计与调控技术，松杉采伐、火烧及松材线虫病危害迹地针叶林阔叶化改造技术等。

（五）生态经济型树种选择与可持续经营技术

通过生态经济型树种选择与可持续栽培模式、低效生态公益林改造技术、生态公益林林下栽种木本经济植物配套技术、退耕坡地植被恢复技术与经济开发等研究，解决生态公益林建设中普遍存在的持水保土能力差、经济效益低、防火抗害能力弱等问题。

第五章 湿地保护与恢复技术

湿地与森林、海洋并称为全球三大生态系统。湿地具有保持水源、净化水质、蓄洪防旱、调节气候和维护生物多样性等重要生态功能，健康的湿地生态系统，是国家生态安全体系的重要组成部分和经济社会可持续发展的重要基础。保护湿地，对于维护生态平衡，改善生态状况，实现人与自然和谐，促进经济社会可持续发展，具有十分重要的意义。浙江省是我国湿地资源丰富的省份之一，100 公顷以上的湿地就有 80.07 万公顷，涉及近海与海岸湿地、河流湿地、湖泊湿地、沼泽和沼泽化草甸湿地、库塘等 5 大类、13 个类型，类型比较齐全，特别是山地河源湿地（即位于相对高山的沼泽湿地）、平原自然 - 人工复合型湿地、沿海湿地。

一、现有关键技术

（一）湿地保护

由于湿地处于水陆交互作用的区域，生物种类十分丰富，仅占地球表面积 6% 的湿地，却为世界上 20% 的生物提供了生境，特别是为濒危珍稀鸟类提供生息繁殖的基地，是众多珍稀濒危水禽完成生命周期的必经之地。因此，湿地的保护需要从水资源保护和生物多样性保护着手，通过湿地资源清查，建立湿地资源数据库和湿地自然保护区。

（1）湿地资源调查。浙江省十分重视湿地调查、科学研究和合理利用方面的工作。1994~2000 年年底，浙江省林业厅组织成立了浙江省湿地资源调查研究课题组，开展了浙江省历史上首次全面、系统的湿地资源调查研究，初步查清了浙江湿地资源状况，建立湿地资源数据库，综合评价湿地资源及其利用现状，找出威胁湿地的主要因子，并在调查的基础上建立湿地资源监测网络。

浙江省采用《湿地公约》中关于湿地的定义，结合本省的具体情况，将浙江省天然湿地划分为 4 大类、16 种类型。根据研究，浙江天然湿地的分布具有以下规律和特点：①面积比重较大，其中 100 公顷以上的湿地总面积约 68.8 万公顷，相当于全省土地总面积的 6.7%。②类型比较齐全，既有海岸湿地，又有河流、湖泊、沼泽湿地。③海岸湿地面积较大，分布集中，地位显著；其他湿地面积较小，分布广而零散。④天然湿地主要分布在沿海地区与平原地区，土地面积大的山区分布较少。此外，还对沼泽、湖泊、红树林等生态系统进行了长期深入的研究；对一些珍稀水鸟的地理分布、种群数量、生态习性、饲养繁殖、致危因素等进行了大量研究。

（2）建立湿地自然保护区。我国湿地处于需要抢救性保护阶段，努力扩大湿地保护面积是当前湿地保护管理工作的首要任务。建立湿地自然保护区是保护湿地的有效措施。要从抢救性保护的要求出发，按照有关法规法律，采取积极措施在适宜地区抓紧建立一批各种级别的湿地自然保护区，特别是对那些生态地位重要或受到严重破坏的自然湿地，更要果断地划定保护区域，实行严格有效的保护。浙江省已建立湿地及与湿地有关的自然保护区 6 个和国家级湿地公园 1 个。其中，国家级 1 个，南麂列岛国家级海洋自然保护区；省级 2 个，定海五峙山鸟类栖息和繁殖保护区、泰顺雅阳承天含氡硅氟复合型热矿泉地质遗迹保护区；县（区）级 3 个，长兴扬子鳄自然保护区、顾渚山自然保护区、秀山岛官山岛自然保护区；杭州的西溪湿地为国家级湿地公园；并提出拟建杭州湾河口海岸湿地生态系统自然保护区等 8 个湿地保护区。

（3）湿地保护。一个系统的面积越大,该系统内物种的多样性和系统的稳定性越有保证。因此，增加湿地的面积是有效恢复湿地生态系统平衡的基础。严禁围地造田，对湿地周围影响和破坏湿地生境的农田要退耕还湿，恢复湿地生境，增加湿地面积。湿地入水量减少是造成湿地萎缩不可忽视的原因，水文条件成为湿地健康发展的制约因素，需要通过相关水利工程加以改善。增加湖泊的深度和广度以扩大湖容，增加鱼的产量，增强调蓄功能；积极进行各湿地引水通道建设，以获得高质量的补充水源；加强水利工程设施的建设和维护，加固堤防，搞好上游的水土保持工作，减少泥沙淤积；恢复泛滥平原的结构和功能以利于蓄纳洪水，提供野生生物栖息地以及人们户外娱乐区。

湿地保护是一项重要的生态公益事业，做好湿地保护管理工作是政府的职能。各级政府应高度重视湿地保护管理工作，在重要湿地分布区，要把湿地保护列入政府的重要议事日程，作为重要工作纳入责任范围，从法规制度、政策措施、资金投入、管理体系等方面采取有力措施，加强湿地保护管理工作。

（二）湿地生态恢复技术

湿地恢复是指通过生态技术或生态工程对退化或消失的湿地进行修复或重建，再现干扰前的结构和功能，以及相关的物理、化学和生物学特性，使其发挥应有的作用。根据湿地的构成和生态系统特征，湿地的生态恢复可概括为：湿地生境恢复、湿地生物恢复和湿地生态系统结构与功能恢复 3 个部分。

（1）湿地生境恢复技术。湿地生境恢复的目标是通过采取各类技术措施，提高生境的异质性和稳定性。湿地生境恢复包括湿地基底恢复、湿地水状况恢复和湿地土壤恢复等。湿地的基底恢复是通过采取工程措施，维护基底的稳定性，稳定湿地面积，并对湿地的地形、地貌进行改造。基底恢复技术包括湿地基底改造技术、湿地及上游水土流失控制技术、清淤技术等。湿地水状况恢复包括湿地水文条件的恢复和湿地水环境质量的改善。水文条件的恢复通常是通过筑坝（抬高水位）、修建引水渠等水利工程措施来实现；湿地水环境质量改善技术包括污水处理技术、水体富营养化控制技术等。由于水文过程的连续性，必须严格控制水源河流的水质，加强河流上游的生态建设。土壤恢复技术包括土壤污染控制技术、土壤肥力恢复技术等。

（2）湿地生物恢复（修复）技术。主要包括物种选育和培植技术、物种引入技术、物种保护技术、种群动态调控技术、种群行为控制技术、群落结构优化配置与组建技术、群落演替控制与恢复技术等。

（3）生态系统结构与功能恢复技术。主要包括生态系统总体设计技术、生态系统构建与集成技术等。湿地生态恢复技术的研究既是湿地生态恢复研究中的重点，又是难点。

退化湿地生态系统恢复，在很大程度上，需依靠各级政府和相关部门重视，切实加强对湿地保护管理工作的组织领导，强化湿地污染源的综合整治与管理，通过部门间的联合，加大执法力度。要严格控制湿地氮肥、磷肥、农药的施用量，控制畜禽养殖场废水对湿地的污染影响，大型畜禽养殖场废水要严格按有关污染物排放标准的要求达标排放，有条件的地区应推广养殖废水土地处理。

植物是人工湿地生态工程中最主要的生物净化材料，它能直接吸收利用污水中的营养物质，对水质的净化有一定作用。目前，在人工湿地植物种类应用方面，国内外均是以水生植物类型为主，尤其是挺水植物。由于不同植物种类在营养吸收能力、根系深度、氧气释放量、生物量和抗逆性等方面存在差异，所以它们在人工湿地中的净化作用并不相同。在选择净化植物时既要考虑地带性、地域性种类，还要选择经济价值高、用途广以及与湿地园林化建设相结合的种类，尽可能地做到一项投入多处收益。研究认为，用于人工湿地系统的植物种类应具备以下特征：①生态接受性，例如，不能对周围的自然生态系统的生态和遗传整体性产生显著的杂草威胁和疾病灾害；②对当地的气候和病虫害具有耐受性；③对污染物和高度富营养化水具有耐受性；④在湿地环境，能够繁殖、建群、扩展和生长；⑤较高的污染物去除能力，直接吸收和贮存，或者通过促进微生物的转化作用发挥间接作用。

植物除了对污物直接吸收外，还有重要的间接作用，输送氧气，提供碳源，从而为各种微生物的活动创造有利的场所，提高了工程对污水的净化作用。如果净化工程用于饲养场，冬季需处理的污水也很多，则可以将人工湿地生态工程建于大棚中，以提高温度，加快植物生长及微生物作用，提高植物的贡献及工程总体净化效果。如利用黑麦草处理富营养水体有许多优势，可以在冬天延续人工湿地对污水的处理，同时可用作饲料，具有较高的营养价值；还有绿化、美化环境的效用。

（三）红树林恢复技术

红树林的用途十分广泛，但它的实际利用价值远非基质本身，而是御风消浪、护堤护岸、护滩促淤、消除污染、滋养鱼段、美化海岸（滨）、保护农田村庄、创造良好的近海环境等具有生态意义的功能。特别是御风消浪、护堤护岸、变侵蚀型海岸为稳定型海岸或淤涨型海岸方面，更是工程措施所无法取代。所以，建设红树林海岸，无论是对港口航道资源保护、水产资源开发、土地资源利用、滩涂资源围垦、改善旅游环境、提高环境素质，乃至国土保安、国防建设、矿产采掘，都具有特殊作用，它可渗透到社会环境与自然环境的诸多领域，获得极好的生态效果。

红树林有“海上森林”之美誉，属于热带和亚热带海岸一种特有的植被类型，是生长在热带和亚热带沿海潮间带的木本植物群落，其宏观纬度分布主要受温度控制，包括气温、海水温度、霜冻频率等。中国自然分布的真红树植物有 26 种，分布于海南、广西、广东、福建、台湾、浙江等省区，自然分布北界福建省福鼎市（27°20′N），人工引种北界浙江省温州市乐清湾（28°25′N），系 20 世纪 50 年代引进的抗低温广布种——秋茄。在浙江省，除了在温州市瑞安、苍南、平阳等县市红树林有零星分布外，唯一有点规模的成片分布区就位于温州市乐清湾西门岛。

选择适宜的造林地有利于红树林的恢复。在海岸湿地进行植被恢复时，应尽量选择浅滩地、中滩地营造红树林。造林地应选择在海岸潮间带，遵循“从易到难”的原则，先栽植于风浪较平静的地带，再逐步发展到海水略深、风浪稍大的地带，尽量选择盐度在 5‰~20‰的区域种植红树林。

掌握合理的营造方法是生态重建的技术保证。采用天然苗移植或容器苗造林、不同栽植方式和密度，对造林的幼林成活率、保存率及生物量有一定的影响，而通过营造红树混交林，可改善林分结构和景观功能，减少病虫害。植被恢复后应加强红树幼林的抚育管理，主要包括管护、补植，防治有害植物、污损动物及病虫害，为幼林创造良好的生长环境。浙江沿岸地区人口稠密，各种海事活动频繁，群众对红树林净化环境及防浪护堤的作用尚未得到普遍认识，破坏红树林的现象时有发生，林地管护任务艰巨。滩涂养殖等人为活动造成对红树林的破坏，围垦建设和滩涂养殖业的发展导致滩地无序开发，使得红树林面积日渐减少，面临灭绝危险。开垦蛏埕，致使湿地极不平整，垄岸与埕床产生落差，造成埕床积水，垄岸干涸板结，埕床长期积水使红树林根部难以透气，影响了根系发展，不利于红树植物生长，甚至萎缩死亡；而干涸陆化的地域，红树林幼苗难以存活，成年红树林即使能够存活，也会退化，最终消失。

二、重点攻关技术

湿地由于具有丰富的资源、独特的生态结构和功能，其保护和开发利用已引起世界各国的普遍重视。浙江湿地资源丰富，面积大、类型多、分布广，但由于自然干扰和人类活动的强烈干预等原因，湿地资源受到了较为严重的破坏和污染，许多湿地都面临着退化和消失的威胁。特别是城市边缘湿地，几乎消失殆尽，保护湿地、保护环境就是保护人类的未来，我国重视和恢复湿地的时代正在到来。如何对退化的湿地进行恢复，使湿地资源能在有效保护的前提下支撑社会经济的健康、稳定和持续发展，已成为摆在我们面前的一项艰巨课题。

今后要树立科学的发展观，加强湿地保护，恢复湿地功能，制定出湿地保护规划。运用环境学、生态学多学科理论和“3S”等先进技术，在查清湿地资源的基础上，建立湿地资源信息数据管理系统和湿地监测系统，及时跟踪和掌握湿地变化动态，开展湿地分布和演变规律、湿地生态系统结构和功能、退化湿地的恢复和重建、湿地水旱灾害、污染等方面的研究，为湿地的科学管理和保护、利用提供科学依据。

重点攻关的技术包括：

（一）湿地退化机理与生态恢复机制

借鉴国外成功经验，建立一套适合我国国情的湿地生态恢复研究方法和技术。加强湿地生态系统结构、功能及生态系统内在的生态学过程与相互作用机制研究，湿地生态系统生产力、恢复力、演替规律、可持续性研究，湿地的环境功能及人类活动对湿地资源与环境的影响研究，不同干扰条件下湿地生态系统的受损过程及其响应机制研究，湿地生态系统退化的景观诊断及其评价指标体系研究，湿地生态系统退化过程的动态监测、模拟及预报研究等。

（二）退化湿地生态系统恢复技术

湿地被誉为“地球之肾”。健康的湿地生态系统，是国家生态安全体系的重要组成部分，对经济社会发展发挥着越来越大的作用。针对不同类型的退化湿地生态系统，开展湿地生态系统恢复关键技术，湿地生态系统结构与功能的优化配置与重构及其调控技术，物种与生物多样的恢复与维持技术、湿地治污生态修复技术等研究；选取各种类型退化湿地的典型代表，进行生态恢复示范研究。

（三）湿地生物多样性保护与合理利用（湿地利用技术、城市湿地公园）

湿地的生物多样性占有非常重要的地位。依赖湿地生存、繁衍的野生动植物极为丰富，其中有许多是珍稀特有的物种，是生物多样性丰富的重要地区和濒危鸟类、迁徙候鸟以及其他野生动物的栖息繁殖地。在 40 多种国家一级保护的鸟类中，约有 1/2 生活在湿地中。中国许多湿地是具有国际意义的珍稀水禽、鱼类的栖息地。湿地是重要的遗传基因库，对维持野生物种种群的存续，物种的筛选和改良，均具有重要意义。根据全省湿地保护需要，从抢救性保护的要求出发，抓紧建立一批各种级别的湿地自然保护区、湿地森林公园，开展湿地资源保护规划、湿地生物多样性保护，湿地景观多样性设计及城市湿地公园建设。

（四）红树林保护与发展关键技术

为提高沿海防护林的总体功能，使林业在解决国家生态环境危机，提高自然环境品质，保障经济建设，维护社会稳定的深层次矛盾中发挥更大作用，国家林业局启动了红树林保护工程。这是继湿地生态系统保护工程以后,我国生态环境建设事业的又一重大的拟行举措，也是海岸带林业建设新亮点。今后，需积极开展红树植物引种扩种技术、红树林植被恢复技术，沿海防护林建设中半红树植物营造技术，监测外来引进种对红树林湿地生态影响与生态安全等研究；在红树林湿地生态系统恢复过程中，加强红树植物对潮汐水位适应能力的研究，确定各树种（尤其幼苗）的淹水临界时间；开展红树人工林生态恢复过程中的综合定位研究，建立人工促进红树林演替的长期定位观察等。

第六章　林木种苗花卉良种培育技术

林木种苗花卉良种培育工作是林业生产中一项全局性、超前性、战略性的基础工作。选育和应用林木种苗花卉良种是改变我国林业现状，提高林业生产和生态效益的根本途径之一。开展林木种苗花卉良种培育技术的研究和开发，不仅可为林业生态工程建设提供主要树种种苗生产的技术支持，而且对调整林业产业结构、增加农民收入都具有重要的现实意义。现有林木种苗花卉良种培育关键技术包括林木种苗花卉良种引种驯化技术、良种选育技术和良种繁育技术等。

一、现有关键技术

（一）林木种苗花卉良种引种驯化技术

林木引种是指引进驯化外来树种,选择优良者加以繁殖推广。树木引种驯化是人类利用、改造和保存树木资源的重要手段。从国外、省外引种树木,不仅可以丰富本地区的树种资源,改善自然景观，而且可以不断选育出优质适生的新品种，为本地区的绿化林业建设服务。

引种应坚持先试验后推广的原则，充分利用引种树种种内产地间与个体间的遗传差异选择优良种源和个体。充分利用引入地区多样的气候、地理条件和优良的小气候环境，进行多种立地试种。根据引种树种的生物学特性采取不同的驯化措施，包括某些特殊的栽培措施，研究配套的栽培技术。防止外来树种可能产生的不良生态后果。

在引种程序上，应按照选择引种树种—初选试验—区域性试验—生产性试验—推广的程序进行。首先根据引入的地理位置、气候、土壤、植被与地形地貌等主要生境条件和引种目的、引种来源区内各个树种的经济性状表现及其生态习性差异，从相宜的引种来源区内选择引种树种。然后初步了解引种树种在引入地区的适应性，总结种子处理、育苗及造林技术，淘汰不适于引入地区环境条件的树种和表现差的树种，初步选出有希望引种成功的树种并有选择地收集、保存外来树种基因资源。对经初选的树种进行扩大试种，包括区域性试种与同一地区不同立地类型的试种，进一步了解各引进树种（种源）的遗传变异及其与引入地区环境条件的交互作用，比较、分析其在新环境条件下的适应能力，研究主要病虫害及其防治与栽培技术，评选具有发展前途的生产性试验树种（种源），初步确定推广范围与适生条件。然后按照常规造林条件，采用生产上允许的技术措施，通过一定面积的生产试种，验证区域性试验入选树种的生产力，确定其大面积推广范围。对已达到引种目标的树种提请鉴定推广。考察所引树种适应性、物候期、生长情况和产量，以外来树种表现的适应性、效益和繁殖能力作为评定引种树种成功与否的主要指标，最后调查登记表格、原始记录、试验方案、图表、照片、分析整理的资料、技术管理文件以及引种试验总结等及时整理、归档，建立技术档案。

林木引种驯化是一项长期性工作，不能急于求成，盲目引进和推广，要克服凭主观意志办事，提倡科学性。林木引种必须坚持先试验后推广的原则，科学选择引种树种，根据引种树种的生物学特性采取不同的驯化措施，包括某些特殊的栽培措施，研究配套的栽培技术，在取得成功后方可扩大和推广。同时在造林尤其是生态林建设时必须坚持乡土树种优先的原则。引入树种比例过大，而区域性乡土树种比例过小，不利于维护区域森林的生态稳定性，森林（生态林）难以向稳定的顶级群落演替，而且引种不慎可能还会造成生物入侵等严重的生态后果。

浙江省自有引种记录以来，已经有大量的树种经驯化成为造林树种。从中华人民共和国成立以后到 1984 年为止，已从省外和国外引种了 600 多个树种。通过试种已有湿地松、火炬松、雪松、水杉、池杉、白榆、杜仲、悬铃木、刺槐、大叶桉等 80 多个优良树种（含 10 多个竹种）在适宜的地方推广，有 270 多个树种已在局部地区引种成功，还有 300 多个树种由于自然和人为条件的影响，引种未获成功。20 世纪 80 年代末至今，各地又从国内外引进了一批树种，现大部分处于试种阶段。引种后在全省较大规模造林的树种主要有国外松（黑松、湿地松、火炬松等）、桉树（赤桉、野桉、巨桉、柳桉等）、高山树种（日本扁柏、日本花柏、大叶香柏、北美香柏、日本冷杉等）三大类。所有这些引进驯化的优良种质资源，极大地丰富了浙江林木资源，很多树种在全省的林业生产和绿化中发挥了巨大的作用。而从国外引进的仙客来、石斛兰、红叶石楠、马醉木等优良盆花新品种，驯化的樟科、木兰科、壳斗科、山茶科等野生乡土观赏花木也正在产业化或逐步走向市场。

（二）林木种苗花卉良种选育技术

林木种苗花卉良种选育技术涉及的领域有：树木种内变异类型、良种选育、杂交育种、抗性育种、组织培养等等，其中种内选择改良、遗传测定和优良种源、家系和无性系选择工作占主导地位，在研究基础上发展了技术方法，基本掌握了马尾松等主要造林树种的地理变异规律，划分了相应的母树区，基本查清了全省 12 个主要用材树种（杉木、柳杉、柏木、短叶松、泡桐、檫树、桉树、木麻黄、水杉、榉树和黑松）和 8 个经济树种（油茶、三年桐、千年桐、乌桕、板栗、香榧、薄壳山核桃和黑荆树）的良种资源，选出优树 1300 多株，优良林分 52 块。浙江省开化林场经过多年的努力，杉木无性繁殖和无性系育种取得了重大成果，解决了杉木无性系育种中选优、促萌、建圃、繁殖等关键技术问题，随后全省在杉木、马尾松等树种中评选了优良种源区和种源，选出了大批的优良家系、无性系和品种，促进了森林培育的良种化进程。杉木、马尾松等树种传统的种间杂交结合优良杂种无性系选育工作，仍然是它们改良的最有效的技术途径。组织培养技术已成功地在杉木、红叶石楠、金线莲、泡桐、油茶、月季等几十个用材、经济树种及花卉中应用。在良种培育目标上已在传统的速生丰产性改良基础上，针对树种的特殊问题，开展了杉木、马尾松、湿地松等树种的材性遗传变异规律及优良家系的评估与选择和湿地松、火炬松等建筑、纸浆材良种选育，马尾松造纸材定向选育，以及耐寒、耐旱、耐盐碱等其他经济和生态目的的改良，良种培育和科技研究手段上也跟踪国际研究方向，开展了应用RAPD等分子标记技术研究乐昌含笑、七叶树、桤木、马褂木等树种的遗传多样性、重要性状基因的克隆等方面的研究，并取得了一定进展，提高了研究工作的科技水平，使浙江林木生物技术研究有了较好的开端。

浙江选育并审定（或认定）通过166个林木优良品种。一大批杉木、马尾松、湿地松、黄山松、火炬松、桉树、杨树、杂交马褂木、乳源木莲、南酸枣、桤木、光皮桦、毛红椿、枫香等用材林和油茶、乌桕、油桐、板栗、锥栗、枣、柿、银杏、薄壳山核桃、香榧、山茱萸、厚朴、杜仲、杨梅、柚、猕猴桃等经济林良种，今后在全省均可推广应用。而选育、改良了浙江特色的茶花、杜鹃、桂花、梅花、佛手等五大名贵花卉，培育的花灌木、彩色观叶和观果植物、盆花类、宿根花卉类及观赏乔木等优良苗木也正在逐步走向产业化。

（三）林木种苗花卉良种繁育技术

目前良种繁育形式主要有母树林、采穗圃和种子园。为了保护母树，浙江已对湿地松、火炬松、桉树、大叶香柏、油茶、柳杉、木麻黄、实生毛竹、大叶香椿等18个树种建立了母树林。采穗圃建立主要目的是为良种的无性繁殖提供穗条，其主要研究内容是采穗母树的选择、幼化、整形修剪，以及无性繁殖技术。浙江杉木的采穗圃和良种无性系繁殖技术体系研究已经比较成熟，为优良无性系的大量繁殖推广提供了有力的技术支持，在促进树种的无性系林业发展方面发挥了重要作用，对针叶树的良种无性系化有突出的贡献。此外，湿地松、火炬松、马尾松的大量无性繁殖技术也有了突破性进展，为目前良种的有性创造、无性繁殖的发展方向提供了一定的技术保障。在种子园良种繁育体系中，浙江除部分杉木种子园为1.5代和2代以及跳跃1代直接建设1.5代的火炬松种子园外，其余均为1代种子园，即仍以初级无性系种子园为主要形式，部分改建成去劣疏伐种子园。而初级种子园建设无性系的配置方法、确定合理的花粉隔离范围、土壤管理、辅助授粉技术、无性系的开花结实特性、种实害虫的防治、促进开花结实技术、无性系结实能力和经济性状育种值评价、去劣疏伐技术、整形修剪和树体控制等技术问题，都已基本解决。

在林木育苗的方法上，除了传统的实生、扦插和嫁接外，浙江近年还开展了组织培养及工厂化快繁和林木容器苗工厂化生产技术研究。林木花卉组织培养是根据植物细胞具有全能性的理论，利用植物体离体的器官、组织或细胞，在无菌和适宜的人工培养基及光照、温度等条件下，能诱导出愈伤组织、不定芽、不定根，最后形成与母体遗传性相同的完整植株。浙江从20世纪70年代中后期就开展了泡桐、月季、油桐、油茶的组织培养研究，解决了杉木幼苗茎尖、成年优树茎部萌芽和茎段诱导芽的发生、根的诱导以及小苗移栽技术。1992年浙江省林业种苗管理总站承担了林业部科技推广项目“杉木组织培育苗造林技术试验示范”，培育了24个杉木优良无性系组培苗30万株，在建德市营造杉木组培苗示范林1150亩，现在全省已经建立盆栽非洲菊、切花非洲菊、红掌、百合、垂吊矮牵牛、大花蕙兰、石斛兰、蝴蝶兰、凤梨、金边麦冬、麦冬、彩色马蹄莲、观赏蕨类、观赏竹、竹子、紫竹、仙人掌、仙人球、芦荟、美丽十二卷、玉露、红叶石楠、金线莲、苦丁茶、贡菊、菊芋、铁皮石斛、贝母、浙贝母等一大批观花植物、观叶植物、多肉植物、林木、药用植物的组织培养技术体系，有些组培苗产品，如朱蕉、合果芋、芭蕉、竹芋等现已出口荷兰、英国、澳大利亚、新西兰等国家。

容器育苗是当代世界林业的一项较先进技术，它采用各种容器装入配制好的营养土进行育苗。与普通裸根苗相比，容器苗具有育苗期短、造林季节长、苗木规格和质量易于控制、节约种子、起苗过程中根系不易损伤、苗木失水少、造林成活率高、无缓苗期、便于育苗机械化等优点，很适合气候干旱、土壤瘠薄地区造林。因此，培育容器苗得到了国内外广泛的重视与应用。国外容器育苗始于20世纪50年代中期，70年代前半期为高速发展期，在生产上最先推广应用的国家是瑞典、芬兰、挪威等，目前已发展到在50多个林业先进国家中应用，并作为规范化育苗的必要手段。90年代，全省各地大力推广容器育苗。在轻基质容器苗的培育和工厂化周年生产关键技术等方面，省林科院与省林业种苗管理总站、中国林业科学研究院亚林所等单位历经4年联合攻关，系统地提出了生态造林、观赏园林、经济果木和速生用材等四类树种的容器育苗模式，研制开发了多种组合型轻基质、阔叶树小苗专用管形容器、修根型育苗容器、林苗生长复配制剂等容器育苗新材料、新技术，攻克了主要阔叶树周年工厂化容器育苗基质配置、容器选择、光温肥水管理和生长调控等关键技术，提出了多指标综合评价阔叶树容器苗质量评价体系，同时根据亚热带造林绿化特点，研究不同容器苗抗性造林、大苗造林模式，并开展综合效益评价，目前已建立推广基地11个，累计育苗8000余万株，造林110万亩，发挥了巨大的经济社会效益。所有这些技术的突破为进一步实现浙江林业种苗生产工厂化具有极其重大的意义。

二、重点攻关技术

加强林业建设，加快森林资源保育、提高森林质量是解决当前浙江林业主要矛盾，缓解森林供需矛盾，加强生态保护最重要、最基本、最急迫和最有效的措施。我国和世界林业科学和林业生产发展的实践证明，林木良种选择始终是最基础、最关键的因素，是林木生长发育的物质基础，在林业生产中起主导作用，而当前林木良种少、良种化程度低已经成为制约浙江林业发展的技术瓶颈。开展林木良种培育技术研究，不仅为解决浙江森林整体质量不高、品种单一、生态功能不强的问题提供了重要途径，为林业生态工程建设提供主要树种种苗生产的技术支持，而且对保证生态环境建设的顺利进行和农业产业结构的调整、增加农民收入具有十分重要的现实和长远意义。今后要优先开展以下几个方面研究：

（一）特色树种、珍稀濒危树种种质资源的收集、保存与创新利用

在林木种质资源的收集、保存与科学利用方面，建立林木种质资源库，加强浙江省乡土树种、珍稀濒危树种、名特优经济林、竹林及花卉品种的收集、保存、创新与利用的研究力度，为浙江林业可持续发展和生物多样性提供物质保障。

（二）珍稀干果、山地水果、木本药材等新名优特经济林良种选育

在珍稀干果、山地水果、木本药材等新名优特经济林良种选育与快繁方面，采取引、选、繁、测、用相结合，不断选育出优良新品种，建立无性系采穗圃和高级采穗圃，研究组培与扦插或嫁接相结合的快繁技术、高产技术，低产经济林的改造及更新复壮技术，探讨遗

传品质和环境因子及相配套的栽培技术和经济性状的遗传特点等。

（三）用材林特定用途、生态公益林高抗性、防火林耐火树种定向育种

在工业用材林特定功能用途、生态公益林高抗性及生物防火林耐火树种的定向育种方面，根据人造板材、木地板、木质工艺材、纸浆材等特定功能用途，重点开展用材树种杂交育种及子代测定、无性系测定，不断选育出高产、优质的繁殖材料，采用有性育种、无性繁殖等办法，使良种尽快形成生产力；优先引进、选育和培育一批具有抗旱、耐盐碱、抗病虫害、耐瘠薄、抗风耐水等高抗性的生态公益林树种；针对浙江森林火灾特点、分布规律及生物防火林树种配置与林带结构要求，选育耐干旱瘠薄、耐火性强、生长较快、病虫害少的生物防火林带树种。逐步引入生物技术和遗传工程，开拓林木育种新途径，把树木改良工作引向高科技领域，加快育种进程。

（四）竹子种质资源保护及优质高产抗逆育种

加强竹子种质资源保存新技术研究，竹子遗传育种的基础理论研究，以寻求种质创新的新突破，开展优良高产抗逆（耐盐碱、水湿、干旱、寒冷等）竹种的定向筛选、培育并进行相关机理的研究。

（五）良种繁育基地建设配套技术

以提高良种生产水平为目标，针对树种特性和现有研究基础，从各类试验林中选育出一批优良种植材料，包括优良的种源、家系和无性系，建立良种繁育基地；研究林木优良家系和无性系的配置技术，种子园早期开花结实和高产稳产措施，强化育种园的建立、经营管理和更新技术等。

第七章　重大森林灾害预警及控制技术

以国土生态环境恶化为诱导因素的森林灾害近年来频繁发生，森林的寄主主导性生物灾害发生普遍，全球气候变化导致森林生态系统的生物灾害流行。就浙江省而言，林业有害生物、森林火灾已成为影响浙江生态安全、森林资源保护的重要隐患。高效的森林灾害监测和预警技术是我国森林灾害减灾防灾的重要基础，以生态、预防和综合为主体的森林灾害控制新技术体系亟待形成。

一、现有关键技术

（一）森林病虫害预防与控制技术

森林病虫害预防与控制技术，包括森林重大病虫害综合控制技术、营林配套技术、预测预报技术及检疫检验技术等。

森林重大病虫害综合控制技术遵循“预防为主，综合治理”的策略，运用昆虫信息素、天敌培养和释放、植物和微生物农药防治等生物防治技术为主要防治手段，配合应用物理防治和低毒化学农药防治技术，针对不同的病虫害加以配套应用。主要综合控制技术有：松材线虫病综合控制技术、杨树天牛综合控制技术、杨树食叶害虫综合控制技术、松毛虫综合控制技术、松干蚧综合控制技术、板栗产前病虫害综合控制技术、竹卵圆蝽、竹螟等毛竹病虫害综合控制技术。这些重大森林病虫害综合控制技术的应用可以有效地减少重大病虫害侵染源的数量，减少和防止重大病虫害对浙江主要造林树种松树、杨树、板栗、毛竹等的毁灭性破坏，保护森林资源的健康增长。但是，松材线虫病还缺少有效的控制手段，危害面积依然很大。

调整林种和树种结构，结合现代的经营管理制度等营林配套技术提高森林生态系统的免疫能力和自我调控功能。通过不同树种和品种配置、组成和结构调整、密度控制等技术对马尾松、杉木、杨树、毛竹等纯林进行改造，营造针阔及阔叶混交林，增加现有纯林森林生态系统的生物多样性，提高抵抗病虫害的能力。结合重点林业生态建设项目的实施，营造多树种、多格局、多层次的块状或景观混交林。通过栽种乡土树种和引进优良抗性品种，做到因地制宜，适地适树，创造有利于林木生长、不利于病虫害大发生的环境条件。利用卫生伐、间伐等森林抚育措施，结合低效林改造，开展封山育林，调整林分结构，改善林分环境条件，构建有利于自我保健的生态环境，充分发挥森林植物对病虫害的自然控制作用。

预测预报技术是森林病虫害生态预防工程的重要手段和前提。以省、市、县三级测报网络为基础，利用常年监测与定期普查，地面监测与遥感监测相结合方法进行森林病虫害预测预报。根据已制定的各种重大病虫害的预测预报方法，通过信息的采集、传递、处理和决策反馈，及时掌握森林病虫害的发生趋势和动态，为森林病虫害防治决策提供科学依据。已建立的由森林病虫害分布与基础信息库系统，重大森林病虫害监测预报软件、中心处理系统和决策支持系统等组成的森林病虫害防治检疫信息系统，为促进森林病虫害预测预报的信息化、网络化、现代化提供重要支撑。

检疫检验技术是森林病虫害生态预防的重要保障。完善的检疫队伍和监测网络、严格的检疫措施和制度，先进快捷的检验手段，有效地防止了重大危险性病虫害进一步传播和蔓延。重点开展利用分子生物学手段对松材线虫病等重要病虫害的快速检测技术研究，松材线虫病等重要病虫害的有效、快速除害处理技术研究，是有效防治重要病虫害危害森林资源的重要保障。

（二）外来林业有害生物预防与控制技术

外来林业有害生物预防与控制技术，主要包括外来有害生物预警技术，林业外来有害生物检疫和管理技术。

应建立有效的外来生物风险评估机制和方法，但目前植物引种工作急功近利，在评价引种植物时，仅评价其生长和繁殖性能，但其引入后对生态环境的影响、寄主植物上原有危害不严重的有害生物在引入后会不会发生不利的变化、本土的有害生物对引种植物有何影响等方面均缺乏科学的评估。但森林植物是多年生植物，一旦引入到森林生态环境中，它对环境的影响将会持续几十年甚至上百年。

有害生物快速检验鉴定技术是预防林业外来有害生物入侵的重要手段，完善的检疫队伍和监测网络、严格的检疫措施和制度，先进快捷的检验手段，有效地防止了重大有害林业生物进一步传播和蔓延。应重点开展利用分子生物学手段对外来有害生物的快速检测技术研究和有效、快速除害处理技术研究。

有效的林业外来有害生物管理技术。对于外来林业有害生物，目前管理上采取较多的技术是从原产地引入天敌的方法，但我国林业上还没有十分成功的例子，仍需要进行研究。同时，如何控制已定殖的外来有害生物在浙江的传播也是非常关键的，但目前缺乏有效的检疫和管理技术。

（三）森林火灾预防与扑救技术

（1）森林火险等级预报。根据传统的森林燃烧环理论，森林火灾的发生必须同时具备火源、可燃物和火环境条件，三者缺一不可。在这三个因素中，森林可燃物类型和火源条件相对稳定，而天气条件的变化较为频繁。所以，在短时间内，天气条件起着重要作用。天气条件主要影响森林可燃物的含水量，尤其是林中细小枯死可燃物的含水量变化决定了林火能否成灾，也就决定于天气条件。选择最高气温、最小相对湿度、降雨后的连旱日数、最大风力、物候季节等五项因子，作为森林火险性天气预报因子，可使森林火险预报准确率达 90% 以上。

（2）卫星监测林火。卫星监测林火是利用极轨气象卫星的遥感器接收地面火信息源的功能，对森林火灾进行监测的一种科学实用的技术。1998 年浙江省开始应用卫星监测林火，由国家林业局森林防火预警监测信息中心代替进行卫星监测林火，从 2002 年下半年开始，浙江省森林防火指挥部办公室与浙江省气候中心合作，利用 NOAA 系列卫星、风云一号 C 星等极轨气象卫星对林火进行卫星监测。由国家林业局森林防火预警监测信息中心和浙江省气候中心通过卫星监测到热点，合成卫星实时监测图像和数据后，传送到省防火办，省防火办把热点位置的经纬度输入到浙江省森林防火地理信息指挥系统，通过森林防火地理信息指挥系统把热点确定到乡镇后，再通知有关县防火办，并要求县防火办了解核实后及时反馈。通过应用卫星监测林火和森林防火地理信息指挥系统（GIS）等高科技手段，浙江省的森林火灾次数、受害森林面积、林木蓄积损失等有了明显的下降，其效益和作用是显著的。

（3）远程监测。远程监测森林火灾技术是现场视频图像传输方法，需要建立望塔万象云台（瞭望塔的密度足以覆盖整个林区），同时云台装有高倍摄像镜头，直接进行现场视频图像采集，然后利用光缆将视频图像信息传到指挥中心，指挥中心根据现场情况指挥森林火灾的扑救与决策。这种方式既可以进行森林火灾的预测预报，又可以对火灾进行监控并指挥扑救，是较为理想的模式。目前浙江已经建立远程监控系统，森林火灾次数、受害森林面积等有了明显的下降，效果显著。

（4）森林火灾综合治理。1997~1999 年，浙江省开展了全面实施森林火灾综合治理工程，取得了显著的成绩。据统计，文成、苍南、永嘉、瑞安、瓯海、乐清、泰顺、平阳、临海、青田、景宁等 11 个重点整治县的森林火灾发生次数和受害面积占全省的比例已分别从 68.2% 和 78.1% 下降到了 21.9% 和 37.4%，杜绝了重、特大森林火灾，初步遏制了森林火灾多发的被动局面，初步建立了森林防火工作的长效机制。在“软件”建设方面，各重点整治县按照《浙江省森林火灾综合治理工程实施意见》的要求，健全组织机构，完善了县、乡、村三级森林防火指挥网；明确责任意识，坚持了森林防火行政领导负责制：强化宣传教育，营造了浓烈的森林防火氛围；制定规章制度，采取了规范的目标管理措施；加强值班报告，确保了上下信息传达畅通；坚持依法治火，严查了火案责任人和火灾肇事者。在“硬件”建设方面，各重点整治县按照《浙江省森林重点火险区综合整治工程建设县建设标准》的要求，积极筹措资金，加大防火投入，建立消防队伍，增加科技含量，努力使重点火险区的森林防火基础设施达到“四网二化”要求，即预测预报网、瞭望观测网、林火阻隔网、通讯指挥网和扑火机具化、队伍专业化，防范措施更趋完善，森林火灾综合控制能力得到了提高。

（四）生物防火林带营建技术

防火树种不但应该抗火性（指不易燃烧和阻止林火蔓延的能力）和耐火性（指树木遭火烧后的再生能力）皆具，而且还应该适应当地生长。具体要求为：①枝叶茂密，含水率高，粗枝大叶，皮厚叶硬，枝下高低，枯落物易于分解，自然整枝差；②不含挥发油树脂，抗火性强（根深、皮厚、含水率高），不易燃烧；③常绿，生长迅速，郁闭快；④适应性强，耐干旱瘠薄，萌芽力、抗病虫害能力强；⑤经济价值较高，深受林农欢迎。根据当前对防火林带的研究成果，推荐采用的防火树种：一级防火树种有木荷、油茶、马蹄荷、火力楠、珊瑚、旱冬瓜等6个树种；二级防火树种有杨梅、细柄阿丁枫、楠木、阿丁枫、椤木石楠、棕榈、甜槠、毛竹、灰木莲、交让木、米老排等。在全省推广后建设了许多生物防火林带，实践证明防火效果良好。防火监控视频系统建设利用远程遥感探头，无线传输到监控中心，可以对重点区域的林火实施有效的监控，在温州、永康等地应用效果良好。二号防火工具的研制和应用成为简单、经济而有效的扑火工具。

防火林带配置模式：包括新建型模式和改建型模式。新建型生物防火阻隔带实行全面砍灌，穴状或带状整地。在高山区营造油茶、茶叶等树种为主的生物防火阻隔带，在低山丘陵营造以木荷、毛竹等为主的生物防火阻隔带，研究相应造林和营林配套技术。改建型模式通过对于分布在山脊、林缘、山脚的一些常绿阔叶林和常绿灌丛，只要稍加管理和培育、改造，可获事半功倍之效。对林相比较整齐的林分实行连续3年砍除杂灌和少量松树，适当进行补植木荷、油茶；对天然未成林地，通过保留常绿目的树种，辅以补植防火树种，使之成为改建型防火林带。通过研究总结出防火阻隔能力强、成林速度快的防火林带配置模式。

防火林带网格构建：设计防火林带应根据林分、道路、河流、山脉、地形等自然条件，因地制宜，结合改造，合理布局，使防火林带与防火线以及天然屏障连接成网，把林地分隔成阻隔封闭区，才能发挥防火线的阻隔作用。热带、亚热带地区防火林带一般建在山脊、山冲，多以水相隔。无河流地域山冲林地潮湿肥沃，自然分布常绿阔叶林，只需略加改造，即可形成较为规范的防火林带。对于重山叠岭，在主山脊营造防火主林带，在小山脊、山坡及林道处营建副林带。在林地和农田交界处设置田边防火林带，防止农事用火引起的火灾；在居民区和场界也要设置林带。

二、重点攻关技术

目前浙江危害严重的森林病虫害主要有松材线虫病、古柳杉蝇瘤病等，还缺乏有效的防治技术，林业抗病虫育种尚未开展。森林病虫害预警及防控体系建设应紧紧围绕浙江林业跨越式发展战略目标，树立森林健康理念，突出营林措施和生物防治措施，以提高防灾减灾能力为中心，全面加强监测预警、检疫御灾和防治减灾三个体系建设，全力推进防治责任、防治体制、投入机制和管理机制四项改革，进一步强化防治工程全过程管理，坚决扼制森林病虫害扩散蔓延势头，全面开创森防工作新局面。加强森林病虫害生态预防工作必须首先树立以生态、预防和综合为主体的森林保健意识，并逐步用森林保健的思想来指导我们的林业建设和病虫害防治工作。森林病虫害生态预防工程包括森林重大病虫害综合控制技术、抗性良种选育、营林配套技术、预测预报技术及检疫检验技术等。

（一）森林重大病虫害综合控制技术

针对生态环境整体恶化为诱因的松材线虫病等重大林业病虫害正威胁着浙江森林安全问题，重点开展松材线虫病等重大林业有害生物的监测、发生机理以及综合控制技术；树种布局、营林技术等以提高森林自我调控能力为目标的生物灾害生态控制技术等。

森林有害生物生态控制的理论及技术。生态控制技术是人工林生态系统在有害生物自我控制和高质高产（或）高生态效益（多）双目标制约下的管理技术，其本质是以改善人工林生态系统为目标的造林、营林技术。今后应从人工林森林生态系统的组成即多样性入手，研究其结构，研究其各种结构中物质、能量、信息流动对于有害生物持续控制和系统稳定性指标的关系，阐明相应的优化结构调控有害生物动态和制约系统稳定性的基础理论，研究人工林相应的造林、营林技术。

森林有害生物基因控制的理论及技术。基因控制技术是造林树种在持续抗性和高质、高产双目标制约下的林木遗传育种技术。拟从有价值的抗性基因的分离、鉴定和克隆入手，研究其表达结构和转化体系，选育抗性树种，并根据其抗性衰退、丧失的速度，或有害生物对抗性树种适应性进化的速度和周期，持续地选育适应立地生态环境的抗性树种。

（二）外来林业有害生物预防与控制技术

外来林业有害生物预防与控制需要重点攻关的技术主要包括建立有害生物信息系统与网络，外来有害生物快速检验、鉴定技术，外来生物风险评估，外来有害生物检疫和管理。

建立有害生物信息系统与网络，包括有害生物的调查及调查方法；有害生物信息的采集、采集方法及技术；有害生物信息数据库的建立、维护与更新；有害生物信息数据库的管理和应用；信息网络的建立与国际、国内信息交流。

外来有害生物快速检验、鉴定技术，包括生物化学和分子生物学快速检验鉴定技术研究；远程电子鉴定与诊断技术的研究及其应用。

外来生物风险评估，包括外来有害生物风险评估方法及标准；生态系统中外来生物的风险预评估和风险后评估：风险预评估是指外来生物进入生态系统前的风险评估，包括寄主植物上原有危害不严重的有害生物在引入后会不会发生不利的变化、本土的有害生物对引种植物有何影响等或天敌昆虫（或微生物）引入生态系统后对生态环境的影响；风险后评估是指植物或天敌引入生态系统后的跟踪评估。

外来有害生物检疫和管理，外来有害生物控制和管理技术：监控区、缓冲区和核心区的划分方法及标准化；监测技术的研究；原产地天敌昆虫的引入及原产地生态系统模拟等。外来有害生物检疫技术和方法：疫木处理技术；疫区管理技术等。外来有害生物损失和影响评估：经济损失、生态效益影响评价、社会影响评价。

（三）森林火灾预防与综合控制技术

森林火险预报系统的建立需要解决的关键技术：一是森林火险预报方法，森林火险预报所需要的地理要素等静态数据、可燃物变化等动态数据和天气变化等实时数据的获取方法；二是运行系统的构建与集成，林火预测预报系统包括森林火险等级预报系统、林火发生预报系统和林火行为预报系统。火险等级预测结果是合理开展森林火灾预防措施的基础。准确的林火行为预报可为森林火灾扑救决策提供重要参考。建立林火预测预报系统需要开展大量基础性研究工作，如划分森林可燃物类型、不同可燃物类型的火增长模型研究等。

森林可燃物管理是森林火灾预防工作的重要内容，也是林火扑救工作的基础。首先，要搞清浙江省现有森林可燃物状况，掌握未来动态变化趋势；建立可燃物类型的划分标准，根据可燃物动态变化模型，预测可燃物变化。其次，要积极探索可燃物处理方法，开展可燃物清理工作，降低森林火险等级，提高森林健康水平。计划火烧、机械清理和一些营林技术是常用的可燃物管理措施。

卫星监测森林火灾技术，由于受卫星监测条件的限制，如卫星分辨率的高低、卫星的偏轨现象、天空云层的厚度以及卫星对同一地区每天只能接收 2 次当地的观测资料而不能全天候全时段监控地面的热点等,影响到卫星监测热点的数量和精度。应加强监测设备更新，如星下点分辨率 1.1 公里改为 250 米，完善监测手段，“3S”（RS、GIS、GPS）技术的综合应用，提高卫星监测林火的效果。

在重点林区（或县）建立森林火灾远程监控系统，构筑起全天时、全天候的火情监测网络。即设立分布合理的远程监测点（群），安装电子探头，采用大变焦镜头，对监测区域进行连续观测，并通过微波将图像传送到县、地、省的各级指挥中心进行处理，以便及时发现火情，制订扑救方案，科学指挥扑救。

根据浙江省森林火灾特点和防火工作现状，森林火灾的扑救还将以地面扑救为主，要更加注重初始火的扑救，提高扑火队伍的机械化程度，并尽可能的开展航空灭火。开发地面高效扑火工具，开展环保型高效阻火剂和泡沫灭火技术研究，开展扑火队员的资格和安全扑火技术培训，减少森林火灾扑救中的事故。

（四）生物防火综合集成技术应用与示范

针对浙江森林火灾特点和分布规律，开展森林火灾与植被类型的关系调查，揭示林下植物种类、数量及林内可燃物积累量对火灾发生的影响；研究火灾高险发生林地的生物防火技术与营林防护措施，减少林内的可燃物载量，降低森林的可燃程度，提高森林自身的防火效能。同时利用植物自身的防火功能，加强生物防火林带工程建设关键技术研究。通过生物防火林带树种选择，提出一批阻燃性、耐火性良好、经济价值较高的生物防火树种；研究生物防火林树种配置与林带结构，选出抗火能力强的林带结构模式；在全省森林火灾频发县（区），积极开展生物防火综合集成技术应用与示范。

第八章　森林食品与特种经济动植物开发利用技术

随着经济的发展和生活水平的提高，食品安全问题日益成为人们关心的问题。我国加入世贸组织后，越来越多的绿色技术壁垒阻碍了我国农产品打入国际市场。森林是全球重要的生态系统，不但起着重要的生态作用，而且蕴藏着丰富的资源，尤其是名、特、优经济果木。打造森林食品基地，是顺应绿色消费市场需求，是接轨国际标准和国外先进标准，应对国外“绿色技术贸易壁垒”的重要途径，有利于形成一批以市场为导向、以品牌为载体的规模化产业带，提高浙江省林产品的国际市场竞争力。野生动物是自然生态系统的重要组成部分，是人类赖以生存和发展的重要自然资源，在切实保护好现有资源，拯救珍贵濒危物种的同时，大力开展科学养殖，扩大资源，既能满足人们的物质和文化生活需要，又能培育新的林业经济增长点。

一、现有关键技术

（一）森林食品基地建设技术

森林食品是指遵循森林可持续经营原则，以良好的森林生态环境为前提，采用国际标准和国内外先进标准，按照特定的生产标准组织生产，经专门机构认定，允许使用“森林食品”标志，来自于森林，生态、优质、营养的食用林产品及加工产品。打造森林食品生产基地，是以提高林产品市场竞争力为目标，以加强质量安全管理为手段，通过建立森林食品的标准体系、认证体系、检测体系和监管体系，真正从生产源头上严把质量安全关，全面提高森林食品的质量安全水平。森林食品包括干鲜果、食用油料、饮料、药材、食用菌、竹笋、森林蔬菜等。

现有可食林产品安全生产技术包括香榧、山核桃、银杏、杨梅、猕猴桃、油茶、茶叶、苦丁茶、竹笋、森林野菜等种类的无公害栽培、绿色食品栽培及其可持续经营技术，香榧、山核桃、银杏、茶叶等有机栽培技术。2003 年浙江省林业厅开展了森林食品认定（证）试点工作。先后制定了《森林食品系列标准》，初步建成了森林食品标准体系。2003~2004 年，共认定了森林食品 49 个，森林食品基地 102 个，认定总面积 87 万亩，示范面积 251.6 万亩。

香榧、山核桃、杨梅为浙江特有珍稀干水果。近几年在良种选育、壮苗培育、丰产栽培、经营模式等研究取得较大进展。香榧一般在 2 月上旬至 3 月中旬造林，挖穴 80~100 厘米，深 80 厘米，每穴施 25~50 公斤腐熟厩肥。一般每亩栽 19~33 株，并配栽 3%~5% 雄树。

针对香榧产区的老榧林，普遍存在过度的落花落果现象，可以喷施植物生长调节剂“万果宝”、“爱多收”为主的保果增产技术，采用全树喷雾的方法。对于周围缺少雄树，可在旁边适当配植雄榧树，或在雌榧树的顶上嫁接2~3个雄花枝，2~3年后可解决自身授粉问题。近几年可通过人工辅助授粉的方法解决，当雄花蕾颜色由青绿转为淡黄色，即可采带小枝花蕾，放入在室内白纸或报纸上收花粉，花粉收集好后即可授粉。香榧雌花一般在4月上旬开放，当胚珠露出传粉滴后的第2天起5~7天为香榧的最适授粉期。选择晴天露水干后用撒粉法或喷雾法授粉。

山核桃一般有2~3年生苗造林，栽植密度为5米×3米。定植穴直径60~80厘米，深40~50厘米，每穴施25公斤栏肥。山核桃与可其他经济树种混交，形层的立体经营模式，主要有山核桃+小竹、山核桃+棕榈，山核桃+茶叶，山核桃+山茱萸等立体经营类型。

浙江杨梅优良品种有临海早大梅、早荠蜜梅、荸荠种、东魁、早色、丁岙梅、大叶细蒂、乌梅、大炭梅、深红种、水晶杨梅、晚稻杨梅、晚荠蜜梅等。杨梅建园采用纯林，也可采用杨梅-茶叶复合模式。在茶园基地上，混栽杨梅，株行距6米×6米，形成杨梅与茶叶的复层营经模式。杨梅植株较小，占用空间也少，对茶叶产量影响不大。通过茶园混栽杨梅，可减少杨梅新造林地水土流失，增加林地生物多样性。同时，由于在茶园复合杨梅，形成的乔灌复合结构，丰富了景观。

（二）厚朴、山茱萸等中药材培育技术

厚朴、山茱萸是我国特有的珍贵中药材，浙江无论在科研上，还是在生产上，均在全国占有重要地位，地域优势明显。厚朴药理作用广泛，具有抗菌、抗溃疡、抗痉挛、抗过敏、松弛肌肉等作用，毒副作用小，因而临床应用的范围越来越广。目前全国制药工业中，利用厚朴配方的中成药达200多种，其中藿香正气胶丸、鞭朴冲剂等中成药广泛地应用于临床。厚朴生产技术主要有品种类型选择、苗木培育、栽培密度、混交配置、抚育间伐、立木环剥再生等技术。根据厚朴树叶特征和分布的地理位置，可分为小凸尖型、中间型、凹叶型3个类型，小凸尖型厚朴质量明显优于其他类型。厚朴采用2年生播种苗造林，也可用压条繁殖和扦插繁殖育苗造林。厚朴造林密度为2200~2505株/公顷，造林后15年，首次进行抚育间伐，及时调整种间关系，强度为25%，保留密度1505株/公顷。以后再进行一次抚育间伐措施，剥皮利用时间20年左右，主伐年龄28年。

山茱萸为传统用作补益肝肾的良药。随着近代植物化学和药理学研究的深入，发现山茱萸的药用成分和营养成分十分丰富，临床试验证明有抗癌、治疗心血管系统疾病、补益肝肾，补血和免疫等多种功效。山茱萸的经济效益在经济林中是较高的树种之一。据调查进入盛果期的正常林子，亩产鲜果300~800公斤，折干子萸肉40~110公斤，亩产值900~2200元。山茱萸优良无性系选育技术，选育出先锋、太平、童玉等11个优良无性系，并通过浙江省林木良种审定委员会审定。山茱萸嫁接方法一般采用贴枝接、花苞接和长块削芽接，成活率达90%以上。山茱萸栽培主要有保花保果、丰产稳产、立体经营、病虫害防治等技术。山茱萸性喜阴，多分布于阴坡、半阳坡及阳坡的山谷、山麓，在阳坡的中上坡位生长结果较差。在产区山茱萸常生长于山核桃林下，只要山核桃林郁闭度在0.6以下，山茱萸生长结果良好。

由于山茱萸耐阴，很适宜立体经营，在低山丘陵地区可以和板栗、银杏、枣、柿等混栽复合经营，上层的经济树种为山茱萸提供了适宜的光照条件，促进其生长结果。

（三）特种经济动物驯养技术、加工利用

随着人口的增加和工业的发展，自然界中的野生动物资源已不能满足人们的需要。近几年来，随着社会经济的不断进步，野生动物养殖业也得到较快发展。在一些经济社会条件较为落后的地区，发展以野生动物养殖业为主的特种养殖业正成为农村脱贫致富的一条重要途径。浙江山多林多，野生动物资源相当丰富，为开展野生动物养殖提供了有利条件。

（1）野生动物驯养技术

野生动物驯养繁殖作为新兴的林业产业之一，新的经济增长点正在浙江兴起。近十年来，全省野生动物养殖业迅速发展，人工驯养繁殖野生动物无论从数量上还是从种类上都出现了空前的繁荣景象，而且每隔 2~3 年都会有新的种类出现。从饲养的种类上看，浙江人工驯养繁殖的野生动物共有 70 多种，其中主要养殖的野生动物有梅花鹿、河麂、猕猴、黑熊、狐类、野猪、蓝孔雀、鸵鸟、绿头鸭、七彩山鸡、杂交天鹅、红腹锦鸡、水豚等 20 余种。环颈雉、七彩山鸡、绿头鸭、孔雀类、野猪、鸵鸟、猕猴、梅花鹿、华南兔等养殖数量也较多。

全省以生产经营为主要目的养殖场规模普遍不大，但数量较多。截至 2003 年年底，全省有驯养繁殖场近 1000 家，经营利用单位 2000 余家，从业人员达 1 万余人，其中梅花鹿养殖场 95 家、鸵鸟养殖场 16 家。近年来，浙江梅花鹿养殖业发展势头很猛，效益也十分显著。据统计，至 2003 年年底全省梅花鹿存栏数为 6084 只，鸵鸟存栏数为 2113 只，仅这两项产值即可达 1.5 亿元。

以观赏、科普宣传为主要目的的饲养场，全省有近 30 家。动物园主要以杭州、宁波、温州 3 个城市动物园为主体，另有部分市、县建立了小型的或品种较单一的动物园（如百鸟园），或在风景区建立单一种类或多种类的野生动物观赏景点（如千岛湖蛇岛、猴岛）。杭州野生动物世界于 2002 年建成，饲养了 200 多种近万只野生动物，其中包括大熊猫、金丝猴、朱鹮、白犀牛、河马等珍稀野生动物。宁波城市动物园新园址按野生动物园的要求规划实施，于 2003 年 4 月 28 日正式开园。除上述饲养场外，全省还有以寄养、繁殖、销售为主要目的的梅花鹿、野猪、野鸭、山鸡、蛇类经营户 660 家。主要经营的蛇类有五步蛇、眼镜蛇、黑眉锦蛇、王锦蛇、乌梢蛇、赤链蛇、蝮蛇等。

（2）加工利用

浙江省皮毛加工业近年来飞速发展，已成为全省经济增长的一个新亮点。据统计，2003 年全省行业总出口额有 3 亿多元（由于存在虚报、瞒报行为，该数据偏小）。在部分地区，皮毛加工已成为经济发展的支柱产业之一，并带动了当地养殖业的兴旺发展，为解决农村剩余劳力，引导农民致富提供了良好途径。

20 世纪 90 年代中期，随着国际皮毛市场升温，全省的皮毛加工业得到迅猛发展，许多皮毛作坊一跃成为产销一体化的规模企业。到目前为止，全省已有皮毛加工企业 1000 多家，其中年产值超千万有 100 多家，零星加工户则不计其数，产品也有原来单一的围巾、帽条，扩大到皮张、服装、衣着附件、提包、装饰品、家居用品等，经营的野生动物种类涉及兰狐、银狐、水貂、貉子、草兔、獭兔、滩羊、湖羊、海狸鼠、灰鼠等。以桐乡市为例，主要经营的动物皮毛种类共计40余种，包括兔皮、狐皮、貂皮、貉子皮等。目前，该市已有皮毛加工企业200多家，家庭加工户6000多户，其中有桐乡雄鹰皮草有限公司、桐乡中辉皮草有限公司等4家企业拥有自营进出口权，年产值上亿元。全市毛皮出口额在1000万元以上的企业就有6家。2001年，在桐乡市政府的支持下，桐乡崇福镇建成了占地260亩的专业皮毛交易市场，年销售兔皮3000多万张、兰狐皮30万张、貉子皮10万张，成为全省规模最大的皮毛加工、生产、交易集散地。2003年，桐乡市皮毛加工行业出口2亿多元，成为当地经济发展的支柱产业。

二、重点攻关技术

生产安全优质的食品是当今世界农业产业化发展所追求的目标和总趋势。农林产品的安全性已成为社会普遍关注的热点，它不仅涉及人民健康和生活质量，而且随着我国社会经济发展，群众生活水平的提高和加入WTO后的新形势，林产品市场竞争加剧，提高林产品质量安全和市场竞争力，已成为林业行政管理部门和科研单位所关注的重要工作。“森林食品”根据林业行业特点和林产品特性应运而生，具有很强的市场竞争力和发展前景。

林业标准化工作是林业科技工作的重要组成部分。林业标准化是以林业生产科技和实践经验为基础，按照简化、统一、协调、选优的原则，把先进科技成果转为标准，并加以监测、实施，使林产品生产、加工、管理实现标准化、规范化、程序化的活动。实现林业标准化生产，既可提高科技成果的转化率，推动林业增长方式的转变，又可促进产品优质化，增强我国林产品的国际竞争力。

目前，由于许多野生动物人工养殖技术尚未得到解决，浙江野生动物驯养与加工资源，以利用野生资源为主，人工繁育资源所占比重很小。野生动物综合利用水平较低，资源消耗和浪费较严重。野生动物产品绝大多数为初级原料、半成品，缺乏精深加工的高附加值产品。一些有着广泛市场需求的动物产品的中成药也多是来源于国家重点保护动物。多数动物产品即使是成品，也存在着质量低、成本高等问题。人工驯养野生动物，开发精、深加工的野生动物产品，对保护野生动物资源，满足人民生活需求，发展山区野生动物养殖经济有着重大意义。今后重点攻关技术如下：

（一）林业标准制（修）订

林业标准化是以林业生产科技和实践经验为基础，按照简化、统一、协调、选优的原则，把先进科技成果转为标准，并加以监测、实施，使林产品生产、加工、管理实现标准化、规范化、程序化的活动。为加快实现林业标准化生产，应重点开展“森林食品”标准制（修）订、环境和质量监测、标志论证等，“森林食品”安全生产的全程监控技术体系，生态建设、商品林生产、花卉苗木等标准制（修）订。

（二）森林食品安全生产关键技术

打造森林食品基地，打响森林食品品牌，是顺应绿色消费市场需求，是接轨国际标准和国外先进标准,应对国外“绿色技术贸易壁垒”的重要途径。针对浙江香榧、山核桃、银杏、板栗等干果，杨梅、猕猴桃等山地水果，竹笋、树参等森林野菜，苦丁茶、茶叶、油茶、厚朴、山茱萸等，研究森林食品安全生产关键技术，重点攻关主要经济林、竹林的重大有害生物的监测及综合控制技术，中药材 GAP 栽培技术，生物农药、生物肥料研制与应用技术。

（三）森林食用菌保鲜与精深加工技术

近年来，我国食用菌生产发展迅速，已成为当今世界食用菌的生产和出口大国。食用菌不仅鲜美味香，营养丰富，而且能调节新陈代谢，增强体质，被人们誉为“卫生食品”、“现代保健食品”，目前正在发展成为继植物性、动物性食品之外的第三类食品——菌物性食品。为了减少损失，调节、丰富食用菌的市场供应，满足国内外市场的需要，提高食用菌产业的效益，大力推行实用型的食用菌保鲜贮藏和加工技术已成为食用菌生产发展的一个重要课题。结合浙江食用菌生产，拟重点攻关食用菌保鲜与精深加工综合利用关键技术，大型食药用真菌高附加值生物活性成分提取纯化、结构修饰及药用与保健制品产业化深加工技术。

（四）特种经济动物驯养繁殖与深加工技术

就目前而言，浙江野生动物养殖技术落后，未形成规模化产业化经营体系，综合利用和深度开发水平较低，资源利用效率不高。应积极开展实验性动物、药用动物、野生水禽、野生水禽与家禽的杂交种、兽类的偶蹄动物等方面研究，提高野生动物养殖过程的科技含量。重点解决特种动物种质资源经济收集及创新利用技术、珍贵经济动物的驯养繁殖技术、野生动物检疫技术、饲养动物疾病防治、产品精（深）加工技术等。

第九章 竹林生态化经营与竹木深加工技术

竹木业是浙江林业最具特色、最具优势、最具发展潜力的支柱产业之一，经济、生态、社会三大效益显著，尤其适合在山区发展。优先发展竹木产业，对浙江农村全面推进建设小康社会具有重要的意义。不论政府对产业的推进，还是企业与农户的选择，都对竹产业发展前景看好。

一、现有关键技术

我国是个少林国家，木材将长期供不应求，现在缺口量已达6000万立方米。浙江省森林资源相对也比较贫乏，但竹类资源相对丰富，是我国竹产业的龙头。浙江省现有竹林面积1121万亩，占林地总面积的13.5%，年产毛竹材1亿株，竹笋70万吨，竹产业年总产值达130亿元，出口创汇2亿美元，全省竹材、竹笋产量和产业产值均居全国第一位。全省现有竹子加工企业2000多家，已形成8大系列2000多个品种的竹子系列产品。“世界竹子看中国，中国竹子看浙江”成了人们的共识。

（一）竹林资源培育技术

浙江是竹笋生产大省，主要产品有毛竹笋（春笋、鞭笋和冬笋）、雷竹笋等。因此要建设好毛竹“一竹三笋”基地、雷竹笋早出丰产基地建设。

1. 毛竹“一竹三笋”丰产技术

毛竹“一竹三笋”基地建设首先要做好竹鞭的更新和复壮，改造好竹林地下鞭根系统。施肥是毛竹笋用林高产的重要措施之一，在毛竹笋用林施肥中，有机肥料是维持土壤肥力最好的肥料。毛竹林施肥一年分多次施入为好，一般早春（2月）施称长笋肥，初夏（5月）施发鞭肥，秋季（9~10月）施发芽肥，冬季（11~12月）施发笋肥。培土是笋用竹林经营的一大特点，每年一次性培土一般约5厘米。培土可结合施肥进行，尤其是施用有机肥后，培土覆盖，能促进肥料分解和防止肥料的流失。毛竹笋用林培育还要进行削山，即用锄头削除杂草、灌木，疏松土壤，挖除灌木根、树桩、老竹蔸，以改善土壤条件。有条件的地方为了增加冬笋产量，可在秋季干旱时进行竹林灌溉。

2. 雷竹早出丰产技术

雷竹笋早出丰产基地现在主要采用地面覆盖技术，一般采用双层覆盖方法，即下层为发热层，上层为保温层，下层采用杂草、稻草、新鲜猪牛栏肥等发热增温材料，上层采用木屑、谷壳等保温材料，上下二层的覆盖厚度以各15厘米为宜。覆盖的最佳时间为12月上旬至中旬，因为这段时间覆盖的竹林的出笋时间刚好在春节前后，经济效益好。雷竹笋早出丰产施肥一般 1 年分 4 次施入，第 1 次施肥在 5 月底 6 月初，每公顷施尿素 750 公斤，厩肥 15000 公斤；第 2 次施肥在 8 月底 9 月初，每公顷以复合肥 1500 公斤，冲水 75000 公斤浇施；第 3 次施肥在 10 月底 11 月初，每公顷施厩肥 60000 公斤；第 4 次施肥在 12 月中旬覆盖保温时进行，每公顷施尿素 900 公斤。

（二）竹木加工技术

林产品加工利用的快速发展使浙江成为产业大省。胶合板、地板等使浙江成为竹木业加工大省。要借助高附加值竹木生产技术，充分利用现有竹木资源，对满足社会需要和实现林业可持续发展有着重要意义。强化竹材、重组竹材、装饰用竹单板、竹木复合集装箱板、仿真木都取得重要成果，将形成高附加值产品链。木质家具、木制玩具、竹制品加工成为区域支柱产业。年产千吨的机械化连续式竹炭生产线已经产业化，竹炭、竹醋液精深加工产品种类丰富。

现有高附加值竹木加工技术主要有竹地板、竹建筑模板、重组竹、装饰用竹刨切单板、竹炭、木材胶合板、木地板、木制家具和仿真木等几大产业。

1. 竹地板的主要工艺流程

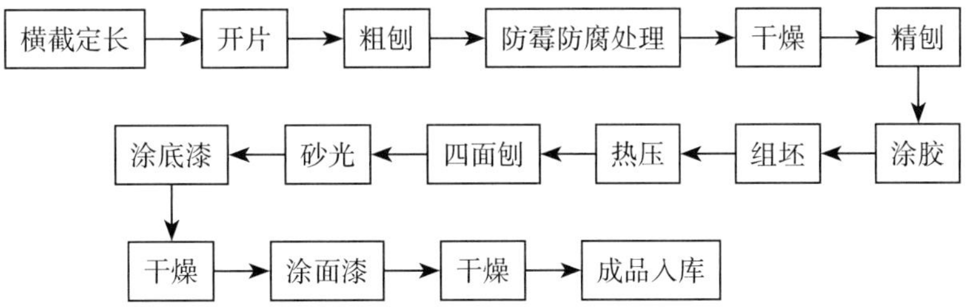

其中的关键技术为防霉，防腐处理和组坯热压成型。竹材的防霉处理方法主要是蒸煮法，通过蒸煮使部分有机物被抽提，从而达到一定的防霉效果。蒸煮时加入适量的碳酸钠效果将更好。竹片的组坯有对称组坯和将竹片侧立拼接成一层结构板两种形式。竹地板的质量与热压的温度、压力和时间有很大关系，因此要掌握热压时的温度、主压力、侧压和时间。

2. 竹建筑模板生产工艺

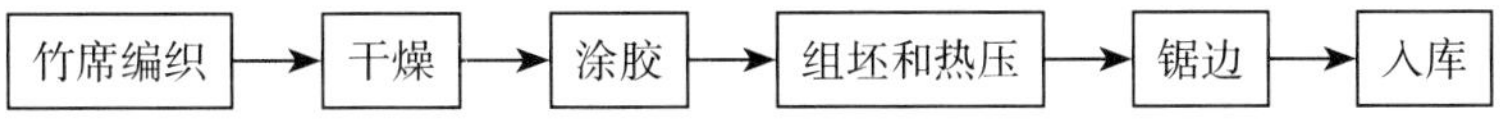

其中的关键技术是热压，竹编胶合板的热压采用“多段加压法”或“曲线加压法”，两种热压工艺均可。但要控制好温度、热压时间、压力及时排气时间。

3. 重组竹材胶合板

重组竹材胶合板是近年来的一个新产品，是以 3 年生以上的毛竹为原料，经辗压设备加工为横向不断裂、纵向松散而交错相连的竹束，然后经干燥、施胶、组坯、热压而成的一种新型竹材人造板。其优点为竹材利用率高、物理力学性能优良、加工性能好、工艺简单、成本低廉，是良好的工程结构材料。与现有的木材胶合板和竹材胶合板相比，具有强度高、成本低的比较优势。重组竹材胶合板可广泛用作建筑模板、车厢底板、装饰材料、包装材料、家具用材、地板等，市场应用前景良好。

4. 装饰用竹刨切单板

装饰用竹刨切单板是将竹材横截、纵锯、粗刨、蒸煮和干燥等工序加工成矩形断面的竹条；再经精刨、砂光、涂胶和侧拼制成侧拼单层竹片胶合板块；之后注入软化剂、竹块叠层湿胶合制得竹方。将竹方升温软化处理，在刨切机上刨切获得 0.2~1.5 毫米，柔韧性良好且厚度均匀的刨切薄竹片，为竹材精深加工和高效利用开辟了工业化利用新途径。刨切薄竹片可代替广泛使用的珍贵薄木用于装饰材料的贴面和家具表面装饰。

5. 木材胶合板生产工艺

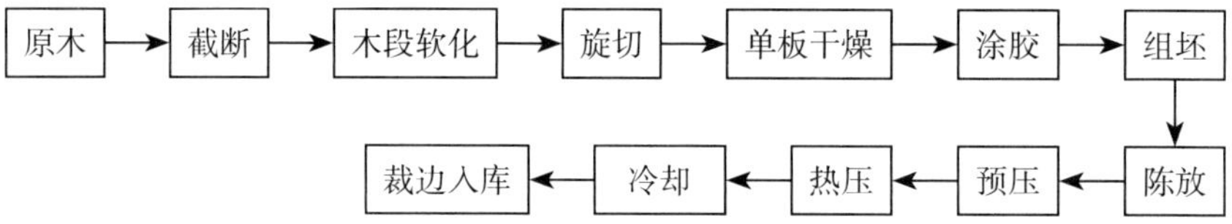

胶合板关键技术在单板旋切和单板干燥。旋切主要有旋切、刨切和锯切三种，常用的方法为旋切。旋切时，木段作定轴回转运动，旋刀作直线进给运动，二者运动之间必须存在严格的运动学关系，才能旋出合格的单板。单板干燥时要防止单板干缩、变形、色变和含水率分布等，单板含水率一般在 5%~10% 范围内，可以满足生产需要。单板的干燥因树种、单板厚度、干燥方式不同而不同。

6. 木地板生产工艺

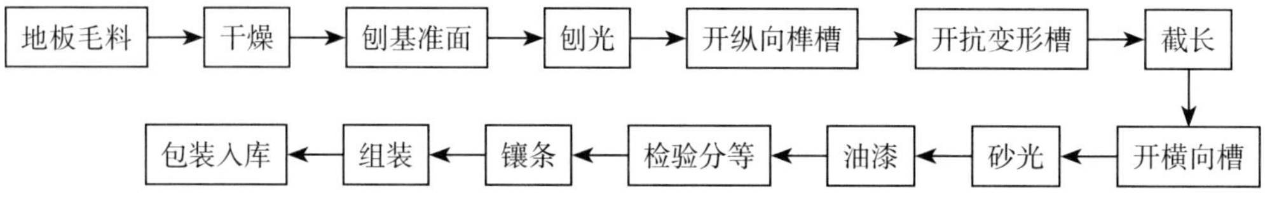

木地板种类繁多，总的来说主要有实木地板、强化复合地板、实木复合地板、竹木复合地板等。木地板因种类和原料不同使得生产工艺有所不同，下面以镶条实木地板生产为例。

关键技术是地板毛料的干燥和后处理技术。含水率是否干燥至合理范围，将会直接影响到实木地板的质量。国家标准规定符合地板使用条件的含水率应在 8%~13%。由于地板使用场合的不同，对其质量的要求也有所不同，也就是地板额后处理技术有所不同，如体育场馆篮球馆用地板要求耐磨、防滑、平整，游泳场馆要求不变形、防水、防霉等。

7. 木制家具

木制家具主要有实木家具和板式家具两大类，目前主体为板式家具，主要将人造板材裁成相应规格尺寸，进行封边钻孔油漆等处理，结合金属部件，进行组装而成，最流行的是 32 毫米系统加工技术。板式家具称作可拆卸式家具，其部件正向着规范化、标准化、统一化发展。

8. 仿真木

仿真木是天然珍贵树种优质材的替代产品，是木质装饰材料的发展方向。以木材的材色和花纹仿真技术研究为基础，针对人工林杨树木材的特性，解决木材染色的计算机配色技术和模仿珍贵木材的仿真加工关键技术，开发出具有优良的装饰性能和绿色环保的木基复合装饰、以单板态木材组合仿真加工的装饰板方材和薄木产品，开拓该类装饰材料应用领域，为解决我国天然林珍贵木材的贫乏、开辟人工林木材高效利用新途径，产品主要用于建筑装饰和家具生产，具有高技术含量和高附加值的特点。

（三）竹炭、竹醋液精深加工技术

1. 竹炭烧制技术

竹炭烧制工艺包括备料、热解、存放、加工和包装等工序，其中的关键技术是热解。可结合窑体的实际情况，准确控制窑温，尤其是精炼温度，它是竹炭品质的重要指标，如有条件可给窑体添加温度监测仪表。竹材热解一般经过干燥、预炭化、炭化和锻炼 4 个阶段。因此可根据不同的用途采用不同的烧制工艺。烧制竹炭的方法主要有两种，干馏热解法和土窑直接烧制法。①干馏热解法：其设备从目前看主要是外热式立式干馏釜，这种干馏釜在烧制竹炭时，既可使用预干至含水率为 20%~25% 的竹材，也可使用未经预干的竹材，但以使用经预干的竹材为佳。由于在烧制过程中基本不存在的竹炭氧化问题,因此竹炭得率较高，一般为 25% 左右，高者可达 35%，烧制周期一般在 48~72 小时。但精炼温度提不高，影响竹炭密度;干馏釜容积小,竹炭产量低。②土窑烧制法:它是采用燃料（木材）直接加热方式，即窑口由燃料燃烧产生的热量上升到窑顶后，向窑内扩散，其中大部分热气流流动在上层，有小部分热量向四周辐射，由上往下缓慢干燥并达到预炭化；燃烧窑内部分竹材使窑内温度继续升高，除去挥发性物质，此时窑内烟气循环流动，各点热量和温度基本均匀，完成炭化和精炼阶段,得到结构致密的竹炭。从装窑到出炭一般要 25~30 天,竹炭得率一般为 20% 左右。工艺合理，后期氧化燃烧的量少则得率超过 20%，否则会低于 20%，甚至更低（因空气漏入或空气量进入过大）。土窑造价便宜，精炼温度高，竹炭密度大，但质量稳定性差，得率不高。

2. 竹醋液精深加工技术

竹醋液由于其中含有许多化合物，其中有的容易氧化，有的容易聚合，有的容易变色，因此性质很不稳定。竹醋液的成分在氧化聚合前，由于混入了油性的木焦油组分，他们在竹醋液中处于浮游或沉淀状态，因而需要精制。竹醋精制方法主要包括下列几种：①静置法，将粗竹醋液倒入容器，静置几个星期至几年。静置法是精制竹醋液方法中最简单的方法，精制效果也好，缺点是需要很长时间。②蒸馏法：利用溶液中成分沸点之间的差别来分离混合物的一种方法，分为常压蒸馏和减压蒸馏两种。常压蒸馏，由于竹醋液中含有大量的酸性成分，因此需要使用耐腐蚀的金属或陶瓷装置。在蒸馏过程中，首先将比醋酸沸点低的组分和以醋酸为主要成分的组分分别与大量的水一同蒸馏出，而后蒸馏出的是含酚类的高沸点部分。再反复蒸馏已蒸馏出的馏分，以便除去较多的不稳定化合物和溶解焦油，馏分中所含的化合物种类也减少许多。减压蒸馏，减压时组分蒸汽压下降，因此可在比常压时温度低的条件下蒸馏，从而能将对热不稳定的化合物加以分离、精制。减压蒸馏与常压蒸馏不同，可通过调节减压的程度、加热浴的温度来促进目的成分的馏出。使用各种填料或卷压板精馏塔可以进一步提高混合物的分离效果。对含大量水分的竹醋液可用一般的常压法，但为了得到所需要的具有活性的竹醋液馏分，用减压蒸馏较好。③过滤法：为了除去沉淀物及悬浮物，可使用滤纸或过滤器进行单纯的过滤。常用的吸附剂为竹木炭或活性炭，应根据竹醋液的活性情况决定其用量。④分配法：利用竹醋液含有酸性成分、中性成分、碱性成分等性质，通过改变竹醋液的液性，把由多种成分组成的竹醋液所含成分分成几组的方法，改变所使用的药品种类、浓度等条件。这是一种简单而经常使用的方法。

二、重点关键技术

随着全球环保意识增强、木材资源短缺和竹材加工利用技术的提高，对竹产品的需求量将进一步增加。为加快林业科技成果的转化与应用，促进林业产业的集聚与示范，根据浙江竹材木材林业区域化布局的特点，创建竹木技术研究中心，重点开展竹材速生林高效加工利用自动控制技术、新型竹木复合多功能新材料开发、竹化学加工利用技术等竹产业关键、共性技术研究。因此今后重点攻关的技术：

（一）竹林可持续经营技术

重点研究高效生态经济型竹林培育技术、竹笋有机栽培及可持续经营技术等。包括培育技术对竹林水源涵养功能、鞭根系统固土功能、大气净化能力和经济生产力的分析、评价和模拟；开发和筛选生态经济型联合固氮菌肥等高效微生物肥，长效有机平衡复合肥，以及相应的施肥技术，小生境技术；测定土壤肥力变化和竹林经济产量，找出最佳的施肥方法、肥料种类和施肥量；散生竹纯林和混交林以及不同栽培措施的竹林的土壤酶活性、土壤肥力，林下植被和经济产量的关系等。

（二）竹木新型胶合板及复合材料加工技术

重点研究低毒无毒胶粘剂、重组竹材胶合板、竹木集成材、竹木复合材料、新型木基建筑工程材料和功能型材料等竹木材加工技术。包括竹木地板（胶合板）用无毒胶粘剂、无毒阻燃剂，新型室内装饰重组竹木材，竹木材改良改性，竹木塑复合板生产技术，仿真木及仿真薄木加工，竹木材解纤技术，小径竹木材及加工下脚料加工，竹木防腐防色变，竹木材加工关键设备等技术。

（三）高附加值竹木加工技术

竹炭、竹活性炭制造及精深加工利用、竹醋液制备工艺与产品精深加工、竹纺织纤维产业化生产技术、竹黄酮和竹食用纤维等竹化学利用技术。在现有研究基地上，对竹醋液精深加工工艺进行试验，依据不同工艺与竹醋液组成及其品质影响的相关性，提出相应较优化工艺条件；竹醋液精制的设备的设计、选型及中间工业试验；精制竹醋液物理化学性质分析、稳定性研究及其实际应用试验；开展竹炭、竹醋液精深加工及产品研究，研制建立新产品生产线；对竹醋液进行应用研究，确定竹醋液中有效成分的理化性质，并进行应用前景分析研究；在上述研究的基础上，开展竹醋液有效成分的分离和提纯设备和工艺的研究；竹纺织纤维产业化生产关键设备研制。

（四）新型数控竹木加工机械研发技术

运用信息技术，研发新型数控竹木加工机械，提高加工精度、功效、资源利用率。重点开展数控激光竹木材三维雕刻机研制，数控竹窗帘、竹地毯编织机的研制，数控技术在竹木地板加工上的应用，贴面板染色数控技术应用等研究。

（五）竹木资源循环利用与木材改性技术

运用循环经济原理，研究提高竹木资源的循环利用水平的新产品。重点攻关新型仿真木及仿真薄木、木材密实化、竹木塑复合材料生产工艺、纳米技术在竹木材上的应用、废弃竹木材料制造人造板循环利用等关键技术。

第十章　林业生物质资源利用技术

林业生物质产业是一项惠及人民健康、生态安全以及经济社会可持续发展的世纪工程，也是“确立以生态建设为主的林业可持续发展道路，建立以森林植被为主体的国土生态安全体系，建设山川秀美的生态文明社会”的“三生态”林业战略思想的具体体现。加快林业生物产业的发展，在推动林业生物技术领域自主创新，促进林业产业结构调整，增强林业产业核心竞争力方面具有引领作用。林业生物质产业发展关键技术包括生物质能源化关键技术、生物质材料制备关键技术、生物质化学品绿色化技术等。

一、现有关键技术

（一）林业生物质能源化技术

在生物质能源化技术方面，生物质富氧催化气化、生物质催化气化集中供气系统、中小型生物质气化发电、天然油脂制备生物柴油、生物质原料的高压蒸汽爆破预处理、纤维素酶制备、大规模酶降解、戊糖己糖同步酒精发酵、微生物细胞固定化、在线杂菌防治以及副产品木质素的深度加工利用等技术已取得一定进展，培育出了速生能源林（枫香、麻栎、南酸枣、银荆、杨树、桉树）、木本燃料油植物（麻风树、黄连木、油茶、油桐、乌桕、绿玉树）等新品种。

（1）生物质催化气化技术。生物质气化技术是生物质能源转化技术的重要方面。国外的生物质能技术和装置多已达到商业化应用程度，实现了规模化产业经营。欧洲和美国的研究与开发方面处于领先水平，生物质直接燃烧发电占可再生能源发电量的 70%。各种形式的生物质能占美国消耗总能源的 4% 和美国可再生能源的 45%。据报道，美国有 350 多座生物质发电站，主要分布在纸浆、纸产品加工厂和其他林产品加工厂，这些工厂大都位于郊区。美国生物质发电装机容量已达 1050 万千瓦，预计到 2015 年装机容量将达 1630 万千瓦，单机容量达 10~25 兆瓦；提供了大约 66000 个工作岗位，根据有关科学家预测，到 2010 年，生物质发电将达到 13000 兆瓦装机容量，届时有 40 万英亩的能源农作物和生物质剩余物作为气化发电的原料，同时可安排 170000 个以上的就业人员。加利福尼亚州的生物质能发电功率已大于 1200 兆瓦。美国国家科学院在《1985~2010 年的能源转变》报告中明确指出，到 2010 年，大规模生物质转化所获得的能量将是 1985 年能源总需求的 20 倍，目前加州电力的 40% 就来自生物质发电，生物质动力工业在美国是仅次于水电的第二大可再生能源工业。而美国现在有大约 4% 的能源用生物质提供，到 2020 年这一比例估计将达到 17%。生物质气化联合循环发电（BIGCC）效率可达 40%，是生物质能转化的主导技术之一。

我国生物质气化技术的研究开发主要集中在气化装置、发电、民用炊事和燃气锅炉等方面，一些技术先进、有良好前景的大型气化装置，如生物质压力气化装置、发生炉煤气甲烷化等正处于试验研究阶段。已推广应用了 400 多套小型气化供气系统和 20 多套兆瓦级气化发电系统。在浙江，以林业加工剩余物为原料，已有生物质气化供热技术得到应用。

生物质催化气化技术对稻草、麦草等软秸秆物料粉碎后，或者直接使用木屑等细粉状原料，进行了热解气化和催化气化的工程化应用试验研究。研究结果表明：气化反应在600~820℃的一个较宽温度范围内，均能稳定连续运行。麦草原料气化所产生的煤气热值比稻草和稻壳都高，其热值可达 7716 千焦 / 立方米。木屑气化所产生煤气热值最高则达 9064 千焦 / 立方米，远远高于一般生物质气化煤气。对流化床气化来讲，即使在非催化气化条件下，其气化产生的煤气热值比采用下吸式气化炉产生的煤气热值提高 40% 左右，并且汽化温度较固定床（上吸式、下吸式）气化炉低。同时进行的催化气化试验发现，催化剂 CaO 能明显提高煤气热值、降低 CO 组分，Na_2CO_3 催化气化能提高气体 H_2 的含量。在 800℃试验时，添加催化剂能明显提高气体的热值。

（2）生物柴油制备技术。生物柴油是清洁的可再生能源，它是以大豆和油菜籽等油料作物、油棕和黄连木等油料林木果实、工程微藻等油料水生植物以及动物油脂、废餐饮油等为原料制成的液体燃料，是优质的石油柴油代用品。生物柴油是典型“绿色能源”，大力发展生物柴油对经济可持续发展，推进能源替代，减轻环境压力，控制城市大气污染具有重要的战略意义。

欧盟国家 2004 年生物柴油产量已达到 225 万吨，计划在 2020 年使市场占有率达到 12%；其主要生物柴油品牌有：意大利的 Noveamont 和 Ballestra、法国的 IFP、德国的 Henkel 和 ATT。美国、加拿大、巴西、日本、澳大利亚、印度等国都在积极发展这项产业；美国能源署则要求，到 2010 年止，美国的生物柴油产量从现有的 100 万吨提高到 1200 万吨；欧盟国家主要以油菜为原料，2001 年生物柴油产量已超过 100 万吨。按照京都议定书，欧盟 2008~2012 年间要减少排放 8%。就燃料对整个大气 CO_2 影响的生命循环分析看，生物柴油排放的 CO_2 比矿物柴油要少约 50%。为此，欧盟最近发布了两项新的指令以推进生物燃料在汽车燃料市场上的应用，这将进一步推动欧洲生物柴油工业的发展。德国在推广力度上居先进地位，目前已应用于奔驰、宝马、大众、奥迪的轿车上；德国现有 900 多家生物柴油加油站，并规定在主要交通要道只准销售生物柴油（如在跨国高速公路设置的加油站）。其零售价为每公升 0.85 欧元（折合人民币 7.06 元）。美国生物柴油的售价约为石化柴油的 2 倍。欧洲和北美利用过剩的菜籽油和豆油为原料生产生物柴油获得推广应用。

在技术路线上目前国内外已经建立的生产装置均采用间歇式酯交换法化学生产工艺制备生物柴油，存在能耗高、反应过程中使用过量的甲醇、油脂原料里的游离脂肪酸和水严重影响生物柴油品质和得率等问题。生产装置的大型化、生产工艺的连续化、产品及“三废”处理绿色化是生物柴油生产技术的发展方向。德国的 SKET 公司开发了生物柴油塔式分离连续性生产线和新的酯交换离心机分离连续生产线，为生物柴油连续化生产积累了宝贵的技术资料。

生物柴油的制备技术研究，在20世纪90年代末得到人们的重视。目前国内对生物柴油的研究还处于起步阶段。对植物油理化特性、酯化工艺、柴油添加剂和柴油机燃烧性能以及生物柴油和高附加值的化工产品综合制备技术等方面进行了初步试验研究。仅仅有少数企业开始了建立生物柴油的生产，其中海南正和生物能源公司建立了年产1万吨生物柴油间歇式生产装置；四川古杉油脂化学公司以植物下脚料为原料生产生物柴油，产品性能与$0^{\#}$柴油相当；福建省龙岩市新能源发展有限公司，利用城市垃圾油生产生物柴油，已经实现了工业化生产；中国林业科学研究院林产化学工业研究所，建立了年产500吨生物柴油与化工产品综合生产示范生产线，并首次提出利用生物柴油内部结构来提高生物柴油综合生产线的经济效益，该生产路线已申请国家发明专利。中国农科院油料作物研究所的黄庆德等人利用碱为催化剂对油脂合成生物柴油的生产工艺进行了较为详细的论述；江苏大学汽车学院的扬军峰等人研究了双低菜籽油在催化剂氢氧化钠的作用下与乙醇发生转酯化反应生成生物柴油；北京化工大学生物工程系谭天伟和邓利等人采用酯化和酯交换两条工艺路线研究了生物法合成生物柴油工艺。此外，采用酯化、酯交换法、生物酶法制备生物柴油已见专利报道。另外，一些企业 / 研究单位也在开发超临界体系生产生物柴油技术。另外国内也进行了林业资源油脂制备生物柴油的研究。麻风树籽粒含油率50%以上，可直接用于生产生物柴油，西南地区已有十几万亩种植，计划2010年发展到1000万亩。

（3）能源植物培育技术。森林是最重要的生物质资源，而速生林木、木本燃料油植物和沙生灌木是森林资源的重要组成部分，也是开发生物能源的重要基础原料。目前开发生物质能的资源种类主要有：以制酒精为目的木材加工剩余物等；以生产燃料油为目的树种资源3000多万亩，百万吨油料资源，如麻风树、油桐、乌桕、绿玉树等；有可用于加工成型燃料“木质煤”的林木资源8亿~10亿吨（除木材以外的木质资源）。

目前，世界上许多国家都在开展能源植物及其栽培技术的研究，通过引种栽培，建立新的能源基地，如“石油植物园”“能源农场”。美国已筛选了200多种专门的能源作物——快速生长的草本植物和树木；法国、瑞典等国家利用优良树种无性系营造短轮伐期能源林，并且提出“能源林业”的新概念，把1/6现有林用作能源林。最有发展前途的能源作物是短期轮作能源矮林和禾本科类植物。

我国在能源林树种选育和栽培方面的研究已有初步基础。中国林业科学研究院进行了“优良薪材树种引种、选种、薪炭林栽培经营技术”的研究，在全国不同自然类型区对120多个乡土树种和外来树种的能源潜力进行了分析，在燃料油植物方面已筛选出油楠、麻风树、岩桂、四合木等植物。目前栽培或试种的油料植物有：大豆、油菜、花生、油茶、芝麻、油桐、乌桕、蓖麻、棕榈、椰子、核桃、腰果、可可、小葵子、油莎草、油橄榄、红花等，其中有些种类最初仅限于南方或北方栽培，现已推广到全国各地，为燃料油植物的引种驯化和大面积栽培提供了极大的方便。

能源植物培育技术包括能源植物品种的遗传改良，以常规育种与分子育种技术相结合，提升传统育种水平，加快培育高产、高能含量、生长快、优质、抗逆性强的高生物量、高油料含量的且能在低质地生长的能源专用树种，提高低质地上专用植物栽培技术。

（二）生物质化学品深加工技术

在生物质化学品深加工技术方面，包括水性化技术、中（碱）性乳液造纸施胶剂、环保型农药增效剂、绿色金属缓蚀剂制备技术，利用淀粉和高半纤维素含量的生物质原料生产乙醇、糠醛、乙酰丙酸等化工原料的绿色生产技术。

（1）生物质化学品绿色化设计技术。绿色化学希望化合物的来源应该是绿色的，即源于那些可以再生的资源；它们的生产过程应该是绿色的，即生产工艺应该环境友好、尽可能地不污染或少污染环境；化合物本身也应该是绿色的，即化合物在使用过程中也不会产生新的污染。林业生物质资源具有获得新型绿色平台化合物的各方面优势，可以作为典型的绿色替代原材料用于合成各种化学品,其中十分有希望成为绿色新型平台化合物的有:葡萄糖（乳酸，乙醇）、糠醛（羟甲基糠醛）和乙酰丙酸等。生物质化学品绿色化设计的内容是以生物质为绿色原材料,通过绿色化学的转化过程以制备环境友好的化学品,包括绿色替代原材料、替代溶剂及反应试剂、绿色的合成路线、化学反应的原子经济性及整体化工过程的绿色化集成等。浙江大学以林业生物质资源为原料，采用生物技术制备出乙酰丙酸及其衍生物胺基乙酰丙酸。

（2）林业生物质分泌物精深加工技术。分泌物是由植物原料直接分泌出来的由中、小分子化合物组成的混合物质，大多是我国特有的植物生物质资源，属于绿色化学品，在浙江也占有一定份额。如松脂，在代替化石资源石油进行利用方面具有十分广阔的前景。目前围绕大宗和重要的生物质分泌物质的化学组成、化学结构分析、化学成分改性及精深加工利用等一系列关键问题进行基础研究和应用基础研究，创新改造了分子结构，集成和应用创新技术，研制创新产品，提高整体利用比例和附加值。

（3）林业生物质提取物。主要以浙江种类繁多的森林植物资源为研究对象，采用植物化学和生物化工中的高新技术，提取、分离和纯化植物资源中的功能成分，形成高附加值产品，从而实现浙江森林资源的高效利用，促进浙江林业的可持续发展。在银杏、竹叶等黄酮、内酯、聚戊烯醇提取以及天然保健品、生物农药制剂复配方面取得了一定进展。

（4）生物质精细与功能化学品。对林业生物质化学品原料进行精细和功能化改造，合成表面活性剂、环氧固化剂、活性稀释剂、合成树脂、合成橡胶助剂、药物、维生素类、昆虫激素、香料等各种精细化学品和功能化学品。比如，松脂经过绿色化工艺设计加工，可以作为各种树脂材料的原料，如增粘剂树脂、油墨树脂、涂料树脂、环氧树脂、合成橡胶、合成农用塑料薄膜等；以纤维素、木质素等生物质大分子为原料进行改性及利用制备表面活性剂、吸附剂、石油产品添加剂以及水处理化学品等。目前这些树脂大部分是从石油产品加工得到的。

（三）生物质材料制备技术

在生物质材料制备技术方面已有乙烯基单体与各种纤维素材料的接枝共聚技术，利用纤维素质原料粉碎冲击成型而制造一次性可降解餐具技术，利用木粉的液化产物制备环保型的酚醛胶粘剂技术，通过将各种植物纤维与合成纤维、高分子塑料材料等复合形成具有压延、模压及装饰功能的生物质基复合材料制造技术，利用各种农业剩余物生产高性能农业秸秆复合材料板材制造技术、麦秸中密度纤维板制造技术、稻草均质板制造技术等。

（1）生物质材料物理、化学改性活化技术。由于天然高分子生物质材料具有较稳定的结构，相对反应活性较低，通过物理与化学的改性可赋予它特定的反应活性。通过高压蒸汽爆破处理，使纤维—纤维连接度减小，提高纤维的解离，同时提高活性基团。纤维素、木质素材料表面功能化修饰改性技术，提高与其他聚合物材料的相容性。可反应性纤维素衍生物表面活性剂制备技术；以纤维素、木质素、松香为原料的反应性单体的制备技术。

（2）生物质材料复合、聚合、树脂化技术。将纤维素、松香、木质素等生物质材料通过表面修饰、纳米级反应器复合技术、超声乳化、纳米复合、无皂聚合、原位聚合、接枝等将化学改性和聚合制备结构性能多元化的复合高分子新材料。主要有基于纤维素及其衍生物的高分子乳液制备技术；以松香为原料的高分子复合新材料的制备技术；强韧性、绿色环保型水性化环氧树脂—聚氨酯高分子新材料以及环氧树脂固化剂制备技术；木质素高分子乳液制备技术；生物质复合材料界面和粘接理论及新型胶粘剂的研究；生物质基制备无甲醛释放高性能胶粘剂；木质素和纤维素改性制备新型塑料和胶粘剂；采用化学接枝、生物化学接枝、电化学接枝改性木质素制备土壤调节剂、助凝剂、增稠剂、石油钻井液、表面活性剂。

（3）生物质功能高分子材料开发技术。开发出新型生物质结构材料、功能材料，充分发挥生物质材料的环境友好性；制备兼有合成高分子的优良加工和力学性能及天然高分子的无毒、可降解、对环境友好的特点的新型特殊功能生物质新材料。主要有纤维素可降解高分子材料；特种环氧树脂功能高分子材料；高分子吸附材料；高效防止土地沙漠化新型低成本高效保水材料；生物质材料微胶囊制备技术；生物质材料纳米复合技术；生物质无机新材料制备技术；活性炭与纳米催化剂复合技术及其应用技术，活性炭与纳米有机膜包埋技术，活性炭液相与气相应用技术。

二、重点攻关技术

资源与环境已经成为我国经济和社会发展亟待破解的难题，开发和寻求能够替代化石资源的新型资源已成为人类社会在新世纪必须加以解决的重大课题。林业生物质资源是极其丰富的清洁可再生资源，以其可再生性、永续性、多样性、对环境友好性和对人类的亲和性等重要特点而备受人们青睐。结合林业生物质资源特点大力发展循环经济，提高林业资源的利用效率，加快可再生资源的利用，实现资源环境与经济社会全面协调与可持续发展。根据林业生物质资源的可持续供给条件，以及原料结构特性、化学特性和生物特性，依靠现代技术的高效与合理加工，拓展此类可再生资源的附加值和应用范围。随着生物技术、新材料技术、新能源技术、纳米技术等高新技术的飞速发展，林业生物产业正朝着以绿色化学资源化利用技术为特征的精深加工、高效、高附加值、综合利用、定向转化、功能化、环境友好化、标准化等方向发展。在林业生物质利用的工艺、设备和产业化等方面，都还处于起步阶段，与发达国家相比差距甚大，还有许多需要研究解决的重大技术问题。

今后重点攻关的技术：

（一）植物生物活性成分高效提取分离技术

针对多种林产植物生物活性成分的不同特性，应用现代化提取分离技术如超临界流体萃取、超声波提取、树脂分离、膜分离、分子蒸馏等技术，开发高有效成分含量的植物提取物及其制剂的制备技术；高附加值化工中间体提取及深加工配套技术，包括萜烯类、黄酮类、生物碱类和植物多糖等生物活性物质提取与衍生物制备技术；研究开发以药效植物提取物制备各种保健药品、食品和天然化妆品，如片剂、胶囊、冲剂等技术；植物提取物中功能成分的分离、纯化和单体的制备技术。

1. 天然抗氧化和清除人体自由基活性成分提取分离技术与产品开发

毛杨梅、松树等树皮中所含的原花色素，具有高效抗氧化和清除人体自由基功能。研究从上述植物资源中提取分离原花色素生物活性成分的技术路线和工艺方法；研究目标产物的功能特性；在此基础上进一步研究开发高效抗氧化和清除自由基功效的天然保健品。

2. 天然抗心脑血管疾病、抗病毒抗肿瘤和提高人体免疫功能活性成分提取分离技术与产品开发

银杏叶、竹叶所含黄酮类、萜内酯类化合物，能有效地改善脑血管和末梢血管血液循环；所含的聚戊烯醇，对抗病毒和抑制肿瘤和免疫调节方面具有独特功效。烟草所含茄尼醇具有较强的抗癌生物活性，是合成心血管疾病、抗癌、抗溃疡等新型药物的中间体。研究从上述植物资源中提取分离药效成分的技术路线和工艺方法；研究目标产物的功能特性；在此基础上进一步研究开发高效的天然保健品、天然药物制剂和医药中间体。

3. 林业特产资源高效加工与高附加值开发利用技术

开展林产资源有效成分的提取、分离、结构鉴定新方法、分布规律、功能机理及其加工技术研究；具有强生物活性的植物提取物功能成分超纯品或单体产品制备新技术研究；生物活性物质及生物反应器研究；天然色素提取及高效高选择性生物农药的作用机理和制备新技术研究；植物多酚化学研究；生物农药制备技术，关键解决植物农药有效成分的分子修饰机制、生物活性筛选和高选择性杀虫剂的制剂配方研究。

（二）生物质能源高效转化技术

1. 生物质生产燃料乙醇技术

主要研究内容：研究生物质制酒精的关键技术。生物质生产燃料酒精和其他高附加值产品的新工艺技术的研究；在生物质的生物转换过程新工艺技术的研究方面，重点研究生物质原料预处理技术，大规模酶降解技术、高产酶菌株选育、纤维素酶与半纤维素酶定向制备，解决不同生物质转化过程对工艺和设备的适应性问题，包括生物质反应器的形式、模拟放大、转化效率与设备的相关性等技术，以满足不同生物质制取酒精的过程和设备的要求；在生物质水解转换为酒精燃料新工艺技术的研究方面，重点研究开发新水解工艺，糖液和酸的高效经济分离工艺过程和设备及其木素利用技术。在乙醇发酵方面，重点研究戊糖己糖同步乙醇发酵的菌种选育和驯化，发酵机理和技术、微生物细胞固定化技术、在线杂菌防治技术；对生物质转化过程和生物质多层分级利用系统进行优化集成研究，开发有我国自己知识产

权的纤维素发酵酒精以及生物质水解制酒精和经济有效利用木素的技术。

2. 生物柴油制备技术

主要研究内容：木本油脂经济高效制备生物柴油技术。研究提高天然油脂酯化催化反应速度和反应产物的高效分离；根据不同天然油脂的化学结构特点，同步生产附加值高的化工产品的技术和过程，创新研究制取生物柴油经济可行的综合利用技术。重点开展生物柴油性能及其改进剂的创制与工程化技术研究，利用松香及松节油固有的特征结构，采用高温催化裂解，薄膜蒸馏，精密分馏，催化开环，均相酯化，溶剂分相，物理化学偶合等手段，使松香基生物柴油符合柴油的液态化、低黏度化及高十六烷的质量要求；松节油基十六烷值改进剂符合高效、稳定及环保等要求；从而制备出合格的松香基生物柴油及松节油基十六烷值改进剂。

3. 生物质合成气工程化及其合成燃料油技术

主要研究内容：根据生物质裂解液化的难点在于产物复杂、易氧化、精制油生产成本高的特点，研究包括催化转换、膜分离一体化精制生物质燃气的净化机理和工艺技术、净化、精制多功能催化剂的研制技术、改进所生产燃料的品质，合成优质燃料，生物质燃气利用系统优化、生物质液化燃料供给系统的集成优化、常规合成过程对生物质合成气的适用性及其反应工艺研究、生物质液体燃料的加氢改质和催化重整、生物质合成气化的优化和合成含氧添加物工艺技术等。解决生物质气化质量、碳氢比例和合成过程控制等问题。高温、高压热裂解 / 催化反应制氢、合成化工产品和生物油的转化技术（包括二甲醚）。重点开展生物质生产无焦油燃气的技术、生物质高效率气化技术、广泛适用于各种生物质的生物质合成柴油技术等方面的研究。

4. 生物质直燃高效转化发电技术

主要研究内容：研究开发以生物质为原料的循环流化床燃烧技术工艺及设备；回收蒸汽余热技术；生物质直燃高效发电技术，发电生产规模≥6 兆瓦，系统效率≥35%；建立一套 6 兆瓦发电能力的生物质直接燃烧发电机组示范装置。重点开展生物质直接燃烧发电技术工艺及设备、生物质直接燃烧高效发电生产装置等方面的研究，解决生物质碱金属的熔渣和腐蚀问题。

（三）木基复合材料和高分子新材料制造与应用技术

1. 木基复合材料

以环境材料的理论为核心，对比其他的复合材料（金属基、无机非金属基等），研究其环境特性和优势；以增加强度和刚度为核心，开拓结构性材料应用领域；以赋予材料热、电、光、声、磁等功能型应用为核心，开拓功能性材料应用新领域；以赋予材料自然木材纹理为核心，通过木质单元的最优设计和重组技术以及胶接复合技术，开拓装饰性材料应用领域。在替代来自矿物资源的材料（如有机高分子材料、金属等）方面取得实质性进展。重点开展木纤维 / 合成纤维复合工程材料制造技术，人工林木材 / 高分子塑料复合材料板材制造技术，新型木质模压装饰材料制造技术，新型结构用单板层积材生产技术，建筑用三元木塑复合材料板材制造工艺和设备关键技术，新型木基建筑材料产业化工程技术。

2. 生物质功能高分子新材料

根据目前国内外对纤维素和木质素的高效利用的研究现状和发展趋势，开展纤维素资源的高效和高附加值化学利用的研究；通过对木质素进行脱甲基化、羟甲基化等改性处理，拓展木质素资源的化学利用领域；利用木质纤维材料的液化技术实现材料的整体利用；积极探讨液化产物的利用技术。重点开展纤维素高效利用的技术，利用冲压成型工艺将纤维素质制成可生物降解材料；木质素改性技术，通过对木质素进行脱甲基化、羟甲基化等改性处理，制备改性木质素—酚醛树脂，用桂酸处理木质素制备可生物降解塑料，木质素进行乙酰化处理制备纤维和碳纤维；树脂化技术，研究利用液化产物和甲醛或异氰酸酯的反应制备液化木基酚醛胶粘剂和异氰酸酯胶粘剂，研究利用木质纤维材料在多元醇中的液化产物制备可生物降解的泡沫塑料。

第十一章 林业信息化技术

利用先进的信息技术收集林业资源数据，结合当地的自然和社会经济发展状况，开展有目标、有重点、有步骤、多尺度的森林资源管理；采用多源航天、航空遥感和地面监测相结合的技术，对森林资源及其变化进行监测，对森林资源参数进行多尺度随时间变化的记录、整理、分析、综合，为资源管理、预警与预测预报、评价工程建设的实施效果、科学的经营决策提供依据；通过信息技术的集成对森林资源的动态及其生态环境进行有效、及时、准确预测、分析和评价，建立多时空的数据库、模型库、森林资源预警、决策支持在内的计算机网络化管理信息系统，使监测、管理、评价、决策过程间相互协调；海量数据库与网络相结合，通过网络进行远程信息传递、信息查询、信息发布和网上培训等。

因此，应用信息技术不但可随时获得森林资源信息，而且还能描述森林生长、生物多样性结构和演替的动态变化过程，预测未来经营活动与措施对森林生态系统的影响，为决策者制定经营管理方案提供科学决策与评价依据。以信息技术为核心的数字林业的建立，将为全省森林资源的高效保护、管理和运营提供基于广域网的大平台，为林业建设决策和提升行业管理水平提供技术与数据保障。信息技术林业应用的若干关键技术：

一、现有关键技术

（一）林业信息化标准体系建设

主要解决包括数据空间框架构建、数据采集、数据管理、数据更新、数据维护、数据共享等的标准与规范。

（1）公共数据标准和技术规范。公共数据主要指林业各职能部门的管理、决策所需的基础数据，包括基础地理数据、森林资源数据和相应的社会、经济数据等。

目前，国家相关部门已经完成了空间框架构建、数据采集内容、数据库建立、数据管理、数据更新与维护、数据共享、元数据、数据字典、空间数据交换等标准与规范的研究，形成了相应的国家或行业标准。它们是浙江林业信息化建设的重要基础和前提。

（2）专题数据标准和规范。近年来，国家林业局各司局及相关省份，在信息化建设过程中对森林防火、林政、病虫害监测、野生动植物保护、营造林、林业生态工程管理等各种专题内容，包括空间数据、属性数据、文档数据、统计数据、元数据等的采集与管理进行了广泛实践和总结，形成了数据采集、整合、管理的成套技术规范，为浙江林业信息化与数据共享的奠定了良好的技术基础。

（二）林业基础地理信息数据库建设

从 20 世纪 80 年代中期，我国就开始了基础测绘成果的数字化及其建库，经过 20 年的建设与研究，目前已经完成了全国 1∶1000000、1∶250000、1∶50000 地形图数字化加工任务，并形成了数字高程模型、数字线划地图、数字栅格地图、数字正摄影像图的标准 4D 产品。浙江省已完成了发达地区 1∶10000 地形图的更新和数字化建库，可为林业应用提供包括地形数据、行政区划数据、河流水系数据、交通数据等基础地理信息服务。

（三）森林资源基础数据库建设技术

林业资源基础数据主要用于描述林业资源的总体状况，是一种与地理空间位置密切相关的数据。这些数据通过不同的比例尺，对林业资源进行数字化描述。具体内容主要有：①影像数据——在航空及卫星遥感影像数据的基础上，经过处理建立影像数据库，为信息共享提供数据源。卫星及航空遥感具备成像面积大，成像迅速，能随时监测等优点，在林业资源管理工作中发挥了巨大作用，是一种重要的数据资源获取手段。可以利用 GIS 将遥感图像与已有的各种专题地图进行匹配，将遥感图像与各种专题地图叠加在一起，也可以在地图上准确定位，并反映周边的资源和社会经济状况。②森林资源数据——森林资源是林业资源经营管理的基础，其数据库由资源基础信息库、变化信息库、知识库等各类表组成，是林业生产中的重要数据资料，也是生产单位林业经营管理活动和各级资源管理部门决策的重要依据。③林业基础设施数据——将各种林业基础设施进行数字化建库，以便服务于林业资源管理、森林防火、森林病虫害防治及决策支持等活动。④其他数据，包括社会经济数据、生物数据、树种数据、林业机构数据等。

（四）林业基础平台建设和数据库管理技术

（1）平台的总体设计技术。包括系统运行的网络环境设计、软件支撑环境设计、数据标准设计、数据集成设计、系统功能设计、系统开发设计等，可以建立一个运行于网络环境下的，以地理信息系统为支撑的，满足以处理海量林业信息数据，并提供稳定数据服务的实用系统。

（2）组件与集成技术。主要将整个大系统分解为若干专用的模块，分别开发相应的组件，然后对这些组件进行集成，形成最终的应用系统。这些组件的开发可以是基于商业软件的二次开发，有些则是从底层进行开发。

（3）分布式时空数据库技术。综合集成时空数据存储的研究成果，建立时空数据库，用于存储森林资源的动态变化信息，以便能够对森林资源的历年变化情况进行分析，并进行预测预报，为生产活动提供决策支持。建立基于多级存储结构的海量空间数据与属性数据一体化存储体系，以及基于数据分布技术的多库机制的海量信息存取及数据备份和管理方法，采用数据库的分区技术建立空间数据库的分区多级复合存储模型，实现全省森林资源信息的分布式存储、管理、共享与应用。

（4）林业资源信息数据整理与集成技术。实现多源、多尺度、多时态数据的科学合理数据整合流程，并按照所制定的数据分类编码标准进行数据的集成；运用数据服务标准接口技术，提供统一的数据服务，为所有林业专题应用系统的开发提供可靠的数据支持。

二、重点攻关技术

遥感、地理信息系统、全球定位系统和网络等高新技术发展迅速，许多应用研究成果更新迅速，必须加强推广应用力度。只有通过这些技术系统的不断完善与应用，才能使这些新技术与新方法真正推动社会生产力的进步；其次，林业信息化是一个庞大的系统工程，内容纷繁复杂、技术日新月异，只有不断跟踪和应用新技术，才能满足林业信息化建设的发展需求。

（一）森林资源调查与监测技术

（1）森林资源的大尺度快速监测技术。以高时间、低空间分辨率如 MODIS 遥感数据为信息源，研究森林灾害遥感监测技术方法，构建森林资源变化的宏观快速监测系统。

（2）森林资源动态变化（中尺度）的宏观监测技术。研究中等空间分辨率遥感数据（如 TM 或 SPOT1-4）用于森林资源分类的技术，建立其遥感分类系统，完善信息提取方法，提高工作精度和效率，实现省级森林资源数据的定期更新；在森林类型分类及定量遥感估计的基础上，开发专用的省级森林资源遥感监测软件模块。该模块主要集成有关对中分辨率遥感数据预处理、遥感数据建库、遥感数据分类、森林资源定量评估等方法，实现省级森林资源的遥感快速调查和监测。

（3）森林资源动态变化预测和分析技术。森林参数信息提取、反演技术。主要研究郁闭度、蓄积量、树高、胸径等测树因子，叶面积指数、生物量、光合有效辐射（APR）等参数的信息提取与反演方法，实现森林定量研究与高效管理。森林生长模型研究，主要探讨林分及立木生长的遥感监测模型；空间分析技术与方法，研究森林资源消长变化及其影响的分析技术与方法。

（4）森林资源二类调查与林相图生成技术。研究高空间分辨率遥感数据与其他新技术手段用于森林资源调查的技术方法，建立大比例尺林相图数据的遥感更新系统，提高县级森林资源调查和监测的科学化与自动化水平；集成基于高分辨率遥感数据的林地分类技术、有林地边界提取技术、林业图斑统计技术、作业小班数据更新技术，开发基于遥感与地理信息系统等高新技术的数字林相图辅助生成软件系统，服务于大比例尺林业生产专题地图的数据更新。

（5）GPS 应用技术研究。主要解决森林环境下的高精度定位技术，林区高动态快速定位与导航技术，GPS 数据处理技术等，实现与遥感、地理信息系统的高度集成。

（二）林业信息可视化技术

森林资源地域性广，层次性强，动态变化快，反映资源现状的信息量大，内容复杂，数据形式多样。随着 GIS 的发展和广泛应用及计算机软硬件技术的不断提高，使属性数据和空间数据的双向查询和同步更新得以实现，林业 GIS 应用平台应运而生。这些平台基于地理信息子系统和数据库管理子系统，可建立起林业基层部门的以资源为主线的管理信息系统，从现代森林资源管理和森林经营的需求出发，建立资源数据库、空间图形文件数据库，并进行多种数据的综合分析、科学管理，提供连续可靠的数据和图件，为林业生产管理和长远建设提供辅助决策依据。

借助于海量存储与管理技术，大量林业资源及管理信息被数字化，形成了巨型林业资源数据库，它对林业资源内部的复杂关系进行了详细的描述。为了能够充分利用这些信息，尤其是在进行决策支持活动时，就必须借助于可视化技术对这些数据的内部信息进行表示，以便能够直观地了解它们。

（1）林业专题图生成。在林业资源数据库的基础上快速制作各种林业专题地图，如林相图、树种图、林业基础设施分布图、林火图、病虫害分布图等。这些专题图通过各种线型、符号及图案来描述林业信息，形成直观的可视化效果，服务于林业资源的管理与经营活动。

（2）林业统计与分析。在纷杂的数据中，随意选取一些变量，进行数据的统计与分析，有关结果通过报表、曲线、饼图、直方图等形式提供给用户，以便详细了解林业资源的相互依存及时空变化规律。

（3）真三维显示。将三维地形信息、林业专题信息等结合起来，生成局部区域的三维显示图，以动态的方式显示森林分布及其与周围环境的关系，为林业规划等提供决策支持。

（4）虚拟现实。将各种林业模型与基础林业数据结合起来，利用模型进行资源变化趋势分析，并通过虚拟现实技术来显示有关结果。主要包括森林生长模拟、森林火灾趋势分析、森林病虫害扩散与防治模拟等。

（三）基于网络技术的林业资源信息共享服务与协同操作、处理技术

由于林业资源的数据总量非常大，因此必须采用分布式数据库管理系统来进行存储与管理，这就需要解决基于网络的信息共享与协同操作、处理技术。主要研究内容为：①元数据平台。抽取所有数据库的元数据信息，建立元数据库，并开发元数据平台软件，实现元数据的管理与发布，以便用户能迅速找到所需要的数据。②数据安全设计与用户认证。在网络共享环境下，必须对数据安全进行设计，以便合法用户能够顺利获取数据服务，并杜绝非法用户的访问。③异构数据互操作。在已有信息系统的基础上建立一个互操作平台，实现不同系统之间的互操作。这种方式既保持了已有系统中的数据和应用程序，还允许新的系统加入互操作平台中，实现计算资源的共享，为用户提供一种统一的、规范化的、跨越不同领域的、独立于数据源的互操作手段。④数据格式转换。不同的数据节点往往采用不同的数据格式，为了实现数据共享，除了要解决异构数据访问和互操作技术外，还需解决不同格式数据之间的转换。⑤数据协同更新。为系统管理员及授权用户提供数据更新接口，可以对分布式的属性数据、文本数据、图形数据、图像数据等进行更新。能够基于要素更新地形图，支持对于要素、区域和图幅的更新。⑥数据处理与分析工具的共享技术。不同林业用户所关心的林业数据在空间及时间范围上存在差异，但他们所需要的处理与分析工具往往是一致，因此必须解决分析工具共享的有关技术问题，建立模型库和工具库，将各种常用的模型和工具管理起来，供广大用户共享应用。授权用户也可以随时往这些库中添加新的模型和工具，以便不断提高数据的分析应用水平。

专题五 浙江林业现代化保障体系研究

第一章 浙江林业现代化保障体系构建的重要性和原则

一、浙江林业现代化保障体系构建的重要性

改革开放以来，浙江林业发展取得了显著的成效，鉴于浙江林业尤其是林业产业发展的巨大成绩，国家林业局将浙江省确定为中国林业现代化的唯一试点省份，专门研究沿海发达地区林业如何率先实现现代化问题，为此，浙江省出台了《关于全面推进林业现代化建设的意见》(浙委［2004］5号)，明确提出了林业现代化的建设目标。

实现林业现代化目标，需要建立健全包括政策制度、投入、科技、组织和人力资源在内的保障体系，其中，政策制度是核心，投入是基础，科技是动力，组织是保证，人力资源是根本（图5-1-1)。

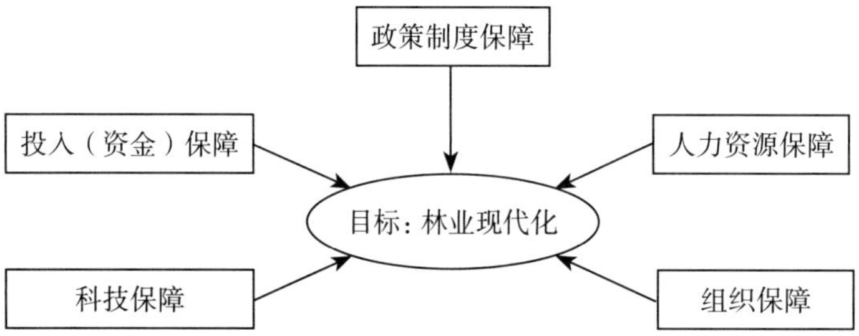

图5-1-1 林业现代化保障体系框架

从浙江林业发展现状来看，已初步形成了以林地使用权流转为特色的林业产权制度；在政府投入不断增加的同时，包括民间资本投入在内的全社会多渠道投入林业的机制正在形成；初步建立了科技源头创新体系、科技服务和推广体系、林业标准化体系；建立了较为完整的林业行政管理组织架构，以市场为导向的林业服务组织体系也初显端倪，所有这些都为浙江林业的快速发展奠定了良好的基础。

尽管如此，与林业现代化建设的高目标和新需求相比仍存在着较大的差距，保障体系仍不够完善，主要表现在：林业产权制度仍然不能适应林业快速发展的需要；林业投入有效供给不足；林业科技源头创新较弱，科技成果转化和推广机制仍不健全；林业从业人员队伍不稳定，服务能力有待提高；林业经营主体素质偏低，组织化程度较低；行政管理组织难以适应浙江社会经济对林业需求的结构性转变。

因此，为了加快推进浙江林业现代化进程，实现林业现代化的战略目标，建立和健全完备有效的保障体系显得尤其重要和紧迫。

二、浙江林业现代化保障体系构建的原则

林业现代化是一个综合的系统工程，其保障体系也必定错综复杂，因此，构建保障体系必须遵循一系列原则。

（一）完整性与重点性相结合的原则

林业现代化是一个系统工程，构建的保障体系应该满足这一系统工程的完整性要求，但同时，在现代社会经济发展的约束条件下，必须突出重点。只有将完整性与重点性结合起来，才能使林业现代化逐步向前推进，并得以实现。

（二）超前性与可行性相结合的原则

林业现代化是一个过程，因此，其保障体系的构建必须具有现实可操作性，使该过程的每一个环节都得以较好地实现；同时，林业现代化又是林业发展的一个目标，因此，保障体系的设计又必须具有超前性，应不断满足社会经济发展对林业日益增长的经济、社会、生态和文化需求。

（三）外因与内因相结合的原则

林业现代化作为林业发展的主要目标，对林业内部来说是责无旁贷的；但是，林业是一项关系全社会的基础产业和公益事业，它的发展单纯依靠林业内部是不可能完全实现的，必须动员全社会的参与，做到外因与内因的密切结合，形成“上下结合、政民协同”的局面，只有这样才能从根本上实现林业现代化的目标。

（四）市场导向和政府引导相结合的原则

林业必须融入到社会主义市场经济的框架之中，应依靠现代市场引导林业发展，故保障体系的构建必须以市场为导向；但是，林业现代化的过程也是统筹人与自然和谐发展，统筹区域均衡发展的过程，因此，更需要政府的参与和引导，否则，林业的强外部经济性和弱竞争性势必会导致林业的畸形发展。

（五）发展要素与组织机制相结合的原则

林业现代化的过程必然要在一种有利的政策法律制度环境下进行，它需要一系列发展要素的投入，离不开人力资源、资金、科技等发展要素的保障，在此基础上还需要通过一定的组织形式和机制联结才能使现代化目标得以实现。

第二章 浙江林业现代化的政策制度保障

建立完备的林业生态体系和发达的林业产业体系是浙江省林业现代化建设的主要内容，两大体系的建立需要一系列的政策制度（法律）作保障。产权制度是经济制度中最核心的制度，有效的产权安排能使人们在进行经济活动或交易时，形成稳定的预期，从而规范人们的经济行为，实现林业资源的合理配置和有效利用。林业产业的发展离不开林业产业政策的支持，森林资源过量消耗的局面得到控制归功于森林采伐限额制度的执行。新中国成立以后，浙江林业产权制度经过了历史的变迁，取得了一定的成绩，为浙江林业的发展和林业现代化建设奠定了良好的基础。自1987我国森林采伐限额制度建立以来，浙江省森林资源过量消耗的局面得到了有效控制。近些年来，林业产业扶持政策的出台，促进了浙江林业产业的快速发展。但新时期，浙江省要率先实现林业现代化，必须在林业产权、森林采伐限额等政策制度方面进行不断探索和改革。

一、以林地使用权流转为重点的集体林产权制度改革

（一）集体林产权市场化运作初见成效

浙江省属于南方集体林区，集体林面积占95%以上。浙江集体林产权的最初形态是：1953年开始经过合作化、人民公社后形成的集体所有、集体经营的形态。1981年，随着《中共中央、国务院关于保护森林发展林业若干问题的决定》（中发〔1981〕21号）的颁布，在浙江省实施了以“稳定山权林权，划定自留山和落实林业生产责任制”为主要内容的林业“三定”工作，历时4年。全省3239个乡镇，除平原乡镇330个外，其余都开展了这项工作。1986年浙江省集体林地面积为573万公顷，其中家庭经营面积（包括自留山和责任山）为437万公顷，占集体林地的76%。1986年后，有些地方将已经分包下去的集体山林又重新收回，由集体统一经营。

党的十四届三中全会确立了社会主义市场经济体制和以公有制为主体、多种所有制经济共同发展的基本经济制度。特别是1995年8月，原国家体改委和林业部联合颁布了《林业经济体制改革总体纲要》，继而修改了《中华人民共和国森林法》和《中华人民共和国森林法实施条例》，为林业产权的市场化运作提供了政策和法律依据，浙江作为一个市场经济发育相对成熟的区域，各地活立木市场和林地流转活跃起来，参与流转的主体包括出让方和受让方，出让方一般为村委会和农户；从受让方主体来看，包括本村的农户，邻村农户，县内外企业、事业单位。林地使用权流转使林地、劳动力、资金、

技术等生产要素得到合理配置，出现了利用大量的外来资金开发林地资源的局面，形成了经营形式多样化、产权主体多元化的格局，为林业现代化所要求的林业生产规模化、产业化经营创造了条件。

（二）经营主体分散问题突出制约了林业现代化进程

1. 经营主体分散

在落实林业生产责任制时，为了体现“公平”原则，按人口平均分配自留山、责任山，而且是按有林山和荒山、近山和远山搭配平分，结果造成“一山多主，一主多山”的现象，使用权高度分散化。据抽样调查显示，农户经营山林（包括自留山、责任山以及近几年承包或租赁来的山林）户均 5 块，平均每块面积仅为 0.101 公顷，人均山林面积仅为 0.141 公顷，致使无法实现林地的规模经营，成为林业发展的瓶颈。

2. 所有者与使用者之间的责、权、利关系不清

《中华人民共和国森林法实施条例》（2000 年）第十五条规定：“用材林、经济林和薪炭林的经营者，依法享有经营权、收益权和其他合法权益。”这一规定只是说明了林木经营者的权益，对于集体林产权中最重要的林地所有权和使用权之间的责、权、利关系并没有明确的规定。在落实林业生产责任制时，农户得到的是林地使用权，林地使用权与所有权发生分离，但实践中，许多地方没有签订合同，对所有权与使用权之间边界没有明确的规定，农户得到的使用权不明确，大多数农民无偿使用承包的责任山。自 20 世纪末以来，林地使用权流转，经营者通过租赁、拍卖等形式获得使用权，虽然大多数地方流转双方都签订合同，明确双方的权利和义务，但权利和义务的规定各地都不一样。同时，由于《中华人民共和国森林法》对采伐限额的规定，限制了生产经营者的采伐利用权。在部分乡村，林业“三定”时承包到户的责任山，由于婚嫁、生死导致的家庭人员的变动不定期地进行了调整，林地使用权具有不稳定性。

3. 流转制度不健全，交易中介缺位

（1）交易、评估和抵押贷款制度不健全。早在 1997 年 7 月福建省第八届人民代表大会常务委员会第三十三次会议通过了《福建省森林资源转让条例》，2004 年 9 月江西省第十届人民代表大会常务委员会第十一次会议通过了《江西省森林资源转让条例》。福建、四川、广东等省先后成立了一批资产评估机构，出台了系列森林资产评估管理办法。湖南省林业部门会同湖南省农业银行制定了《湖南省森林资源资产抵押贷款管理办法（试行）》，规定可作贷款的森林资源资产不仅包括用材林、经济林等林木资产，还包括森林景观资产和林地资源资产的使用权、经营权。从浙江省来看，尽管林地使用权交易案例出现较多，但至今还未出台相关的管理条例，没有建立相应的森林资产评估、交易和抵押贷款制度，导致交易行为不规范、交易价格不合理、交易后缺乏开发资金的现象。

（2）交易信息和交易中介缺位。目前，浙江省森林、林木、林地使用权流转市场信息服务不到位，在浙江山区，农户的居住一般较为分散，农户的信息来源渠道一般为亲戚、朋友或本村其他农户、广播。由于缺乏集中的市场交易场所，信息服务短缺，导致交易的封闭性。同时，与普通商品交换相比，森林、林木、林地使用权流转运作程序相对复杂，涉及多个产权主体的经济利益，这就需要有完善的中介服务机构为之服务。例如委托代理机构、法律咨询机构、森林资产评估机构等。但这些中介服务机构在浙江省还相当匮乏。

4. 部分山林经营主体缺位

经过了林业“三定”和林地流转过程，虽然浙江省集体林大多数已落实经营主体，这些经营主体包括农户、企事业单位。但仍然有一部分山林经营主体缺位，主要是统管山部分，大多数统管山造林、护林工作开展困难，荒山、疏林山得不到开发利用。

另外，在完善林业生产责任制的过程中，各县（市）先后开展核发林权证的工作，但目前仍存在林权证核发、承包合同的签订工作滞后等相关问题。所有这些都将最终影响到林业现代化目标的实现。

（三）健全以流转制度为核心的产权制度，促进规模化经营

1. 完善产权关系，明确经营者权利义务

（1）稳定和完善现行产权关系。在林权制度的改革过程中应十分注意保持政策的稳定性和连续性，尊重历史，取信于民。对已明确林权，并为实践证明是行之有效且大部分群众满意的经营形式，均予以维护，不打乱重来或借机无偿平调。对自留山、责任山、“谁造谁有”等政策依法落实、完善。自留山上的林木，一律归农户所有。对目前仍未造林绿化的，要采取措施限期绿化。分包到户的责任山，要保持承包关系的稳定，不得随意调整。对上一轮山林承包合同到期的，原承包做法基本合理的，可直接续包，将承包期再延长 50 年；对未到承包期的责任山，原则上一并延长承包期至 2055 年 12 月 31 日；对承包做法经依法认定明显不合理的，可在完善有关做法的基础上继续承包；对农户不愿意继续承包的，可交回集体经济组织另行处置；对已签订合同的山林，只要是符合国家法律政策，转让行为规范，合同真实有效并依法履行的，均予以维护，不得推倒重来。

（2）界定经营者的权利与义务。作为所有者的集体和使用者之间的权利与义务关系的确定应坚持利益兼顾，重在落实经营者权利的原则。利益兼顾是指要正确处理集体和个人的利益分配关系，一方面坚持把大头留给林农；另一方面落实林地的有偿使用，林地使用费既不是部门收费，也不同于国家税收，是村集体作为林地所有者依法自收自用，是用于保证村集体合法权益和基层组织正常运转的费用。林地所有者与使用者之间权利与义务关系的确定，重在落实经营者的权利，把经营权、处置权、收益权落实给经营主体。一要通过简化林政管理手续，放宽商品林采伐条件，实行木材自主经营，落实林业经营者对林木的处置权；二要通过进一步降低木竹税费，还利于民，确保林业经营者的收益权。最终实现“山有其主、主有其权、权有其责、责有其利”的目标。

对于集体统管山要在稳定的基础上明确经营主体，分类指导，积极探索有效的经营方式；对于已经转让或承包的，要按照承包权与经营权相分离的原则，继续维护合同的严肃性。同时，要按照《中华人民共和国农村土地承包法》中关于农村土地承包合同要求，结合林业的特殊性，通过制定统一的林地承包合同，做好承包合同的签订和完善工作。按照 2000 年 4 月发布的《国家林业局关于实行全国统一林权证式样的通知》的要求，做好《林权证》的登记和发证工作。

2. 建立公平、高效的林权交易市场

（1）尽快制定和出台3个条例/办法。对森林、林木、林地使用权的流转，《中华人民共和国森林法》已有原则的规定，《中华人民共和国担保法》对用林木、林地使用权作抵押、担保也有规定，但缺少具体的可操作办法。为了规范林权交易市场，促进林权交易，浙江省必须尽快制定《浙江省森林资源转让管理条例》《浙江省森林资源资产抵押贷款管理办法》。同时，要根据原林业部与国资委分别于1996年和1997年联合发布的《森林资源资产评估技术规范》和《关于加强森林资源资产评估管理若干问题的通知》，制定《浙江省森林资源资产评估管理办法》，增加森林资产评估技术规范的可操作性，对评估工作的管辖、评估项目的立项、评估结果的审批等作出规定。

（2）建立集体林产权的市场交易平台。为进一步促进林业产权的流转交易，充分发挥市场在资源配置中的基础作用，促进各类生产要素向林业生产领域集聚，必须建立林业要素市场。林业要素市场应作为林业产权管理、信息发布、交易实施、中介服务于一体的综合性服务平台。林业要素市场的主要功能包括：负责林木林地权属的登记、变更等动态管理，林权流转管理，林权抵押管理；开展森林资源资产评估服务；收集、发布林权流转交易、林权证抵押、市场交易行情等相关信息；推进林业生产要素流转、交易；提供林业法律、法规、政策的咨询服务；提供林业科技服务等。林业要素市场的建立可以为林业产权流转、林业贷款信用提供平台，借助这一平台，将林木、林地资源视为一种重要资产，可以进行流转、抵押，可以随时实现盘活、变现，可以确保交易信息的畅通，交易的公开与公平，有效保障流转双方的合法权益。林业要素市场的建立，可以先在个别县（市）进行试点。

二、以保障经营者权益为宗旨的（商品林）采伐限额制度改革

（一）森林采伐限额制度有效控制了森林资源的过量消耗

森林采伐限额是国家按照合理经营、永续利用的原则，对森林和林木实行限制采伐的最大控制指标，是《中华人民共和国森林法》明确规定的一项重要的法律制度。1987年中共中央、国务院颁布了《关于加强南方集体林区森林资源管理 坚决制止乱砍滥伐的指示》，标志着我国木材采伐限额制度的建立。并在《森林法》第六条第一款、第二十九条中予以明确并提升到了法律地位。森林采伐限额制度按照采伐量低于生长量的总原则，根据森林资源消长状况和经营管理情况，按照每5年为一个计划期进行调整。开始实行森林采伐限额管理制度以来，先后经历了“七五”“八五”“九五”和“十五”的限额执行期。

多年来，随着这项法律制度的实施，采伐限额制度得到了全社会的普遍关注和重视。各级人民政府和林业主管部门围绕森林采伐限额的管理做了大量的工作，普遍建立了领导干部任期森林资源保护管理目标责任制，层层签订责任状，把严格执行采伐限额、控制森林资源消耗摆到了各级领导的议事日程上，取得了良好的效果，有效地保证了森林资源的“双增长”。实行森林采伐限额制度，充分体现了国家对森林资源实行可持续经营、保证森林资源可持续增长的指导思想，对有效保护森林资源，合理控制森林、林木的采伐消耗，促进

各地区、各有关部门和单位在保护利用森林资源中，正确处理近期利益和长远利益、经济利益和生态利益的关系，起到了十分重要的作用。自 1987 年实行森林采伐限额制度以来，森林资源过量消耗的局面得到了有效控制。

（二）森林采伐限额制度限制了商品林的发展

随着社会主义市场经济的深入，森林采伐限额制度与林业发展之间的矛盾日益显现，面临着一系列的新问题。

1. 侵害了林业经营者的财产处置权和收益权

随着木材市场的放开，木材的价格会随着供求关系的变化而变化，国家按照每 5 年为一个计划期调整采伐限额量，林业经营者就不能按照市场的供求关系去调整采伐量，个人无法按照经济利益最大化目标对自己所有的财产进行处分，使个人的收益权受到了损失。因此，森林限额采伐是对经营主体处分权和收益权的侵犯。1981 年，浙江省落实林业生产责任制以来，一直强调“谁造谁有”，可以说林木的产权是清晰的，但是在实际中，林木的处置权和收益权并不为林木所有者所拥有。在政府没有对经营者进行补偿的前提下，林业经营主体作为其本身并没有改善我国生态状况的责任，在市场经济条件下，他们与其他市场经济主体一样，追求的目标是经济效益最大化、而不是经济效益和生态效益的最大化。虽然有许多西方国家也对森林采取限额采伐管理制度，但这些国家在实施采伐限额管理的同时，实行特殊的林业税收制度，如对那些返还于营林业投资的林业收入或免征收入税及其他税，或给予减免。

2. 限制了商品林的发展

浙江省在商品林发展过程中，以民营资本投入为主，因此，非公有制林业就成为浙江省商品林发展的主要部分，而采伐限额制度阻碍了林业经营者投资的积极性，妨碍了非公有制林业的发展，也妨碍了经营者经营商品林的积极性。《中共中央 国务院关于加快林业发展的决定》中指出：“要放手发展非公有制林业，国家鼓励各种社会主体跨所有制、跨行业、跨地区投资发展林业。凡有能力的农户、城镇居民、科技人员、私营企业主、外国投资者、企事业单位和机关团体的干部职工等，都可单独或合伙参与林业开发，从事林业建设。要进一步明确非公有制林业的法律地位，切实落实‘谁造谁有、合造共有’的政策。”这说明我国大力发展非公有制林业的策略没有变。从浙江省实际来看，许多地方正在进行林业产权改革，将国家和集体所有的商品林，通过承包、拍卖、租赁等形式转让给个人经营，以激励非公有制主体参与林业建设。但在此过程中，投资者最担心的就是自己在经营期间受采伐限额制度的制约，不能通过对林木的采伐、销售取得经营效益，这必然制约社会资金投资林业的积极性，限制非公有制林业的发展。

（三）建立保障经营者权益的商品林采伐制度

2002 年 7 月底，国家林业局局长周生贤在北戴河会议的讲话中要求，改进林木采伐管理，落实林权所有者的财产处置权。自 2002 年开始，国家颁布了一系列改革现行采伐限额制度的文件，包括《中共中央 国务院关于加快林业发展的决定》《国家林业局关于严格天然林采伐管理的意见》（林资发〔2002〕223 号）和《国家林业局关于完善人工商品林采伐管理的意见》(林资发〔2002〕224号)。这些文件体现了改革的总体思路是：在坚持限额采伐和凭证采伐的前提下，将森林资源分为公益林和商品林两大类，分别采取不同的采伐限额制度，对公益林进行禁伐、限伐措施，对商品林的采伐政策予以放宽，在法定的采伐限额内确保人工用材林、私有林的采伐要求。2004年4月，浙江省人民政府发布了《浙江省林木采伐管理办法》，该管理办法明确了加强林木采伐管理的有关规定。同时下发了关于印发《浙江省毛竹采伐计划管理暂行规定》的通知（浙林资〔2004〕74号），通知提出"取消毛竹限额采伐管理制度，改毛竹采伐限额为毛竹采伐计划，每年由县级林业主管部门根据毛竹使用量及生长量控制"。这些都表明浙江省政府非常重视采伐限额制度的改革。

为了推进浙江林业现代化建设，还必须加快森林采伐限额管理制度的改革。根据森林分类经营的要求，对公益林和商品林采取不同的采伐管理制度。对生态公益林应严格控制采伐，只允许进行抚育、更新和卫生性质的采伐。按照"从严控制"的原则，抚育、更新伐区设计必须经过县级以上林业主管部门批准，并按批准的设计任务书执行。而将森林采伐限额管理制度改革的重点放在商品林，将现行"采伐限额制"逐渐改为"采伐登记备案制"。考虑到制度的衔接性，可从短期和长期两方面进行分步实施、逐渐推进。

（1）短期内，在总量控制下进行时间和空间的调整。首先对企业投资定向培育的工业原料林、速生丰产用材林，由林木所有者自行确定其采伐年龄和采伐方式。选择部分县开展消耗结构分项限额控制、木材生产计划管理以及人工商品林年度限额调剂的改革试点。同时，各级林业主管部门要加强对林木采伐执行情况的监督检查，切实执行凭证采伐制度，提高凭证采伐率，对违反规定采伐的必须依法严肃查处。考虑到采伐需求在地区之间存在着不均衡现象，为此，应在总量控制的前提下允许采伐限额的空间调整。

（2）长期看，将采伐限额制度改为采伐登记备案制。采伐登记备案制是由林权权利人在采伐前向林业主管部门申请登记备案采伐地点、面积等，主管部门依法审查，如果合法就应该批准，在一定时间内（如两周）不予答复，就视同同意采伐，如果申请人的采伐不能被批准，主管部门应对其进行说服，劝其改变。如果坚持采伐，其后果应由申请人承担。为了国家生态安全和宏观调整的需要，可以做出采伐后必须在当年或次年更新的法律规定，做出禁止采伐生理和工艺皆不成熟的中幼林，限制进行皆伐等规定。采伐登记备案制在法律上和实际上承认经营者（林地使用权人）对自己经营的林地上造什么林、怎样造、怎样经营、何时抚育、何时采伐、采多少、卖给谁，都有决定权。能减少目前围绕贯彻采伐限额制度而实行的几项行政审批，节省大量的人员和行政管理经费，也为林业生产经营者节省大量费用。杜绝买卖和层层截留、挪用采伐证、运输证，避免少数人利用手中权力寻租、受贿。

三、以提升产业竞争力为目标的林业产业政策构建

（一）林业产业政策绩效明显

1. 林业产业政策体系逐步建立

包括第一产业、第二产业、第三产业在内的林业产业发展需要一系列政策的支持，浙

江省为了促进林业产业的发展，已经在特色林产品基地建设、林业龙头企业发展、林产品流通等方面制定了一些政策措施。

（1）林产品基地建设的资金扶持政策。为了促进特色林产品基地建设，浙江省林业厅相继印发《浙江名特优经济林基地发展规划要点》《关于评选浙江省林业特产之乡的实施意见（试行）的通知》《浙江省百万亩千元山高效林业示范工程实施意见（试行）的通知》《浙江省林业特色基地建设实施意见》《省林业厅关于切实抓好林业特色基地建设工作的通知》等。《关于切实抓好林业特色基地建设工作的通知》指出："要加大资金扶持力度。省林业厅对优选的37个省级林业特色基地进行重点扶持，补助资金主要用于示范园区基础设施建设、优良品种引进和传统名优品种改良及先进适用技术推广应用等，各市、县（市、区）也要把这些基地作为重中之重来扶持，地方配套资金不得少于1∶1。"

（2）林业龙头企业的激励政策。为了扶持林业龙头企业的发展，规范省财政农业产业化资金管理，浙江省相继颁布了《关于印发〈浙江省财政农业专项资金管理规则实施办法〉的通知》（浙财农字〔2004〕107号）和《关于印发〈省财政农业产业化以奖代补资金管理暂行办法〉的通知》（浙财农字〔2004〕113号）。在《省财政农业产业化以奖代补资金管理暂行办法》中明确了以奖代补的支持对象是省级以上农业龙头企业和浙委〔2001〕17号文件明确的欠发达市、县（市）的市级农业龙头企业。扶持政策大大加快了林业龙头企业的发展。如：被浙江省政府确立为首批30家"百龙工程"之一的常山胡柚集团公司，排名全国500家最大私营企业第231位的云和新云玩具厂，进入国家大二级企业行列的遂昌纤维板厂等，这些企业的发展都与政策扶持有关，而龙头企业在发展的同时也带动了全省林产品加工业的发展。

（3）林产品流通的促进政策。2005年2月5日浙江省人民政府办公厅下发《关于印发〈浙江省鲜活农产品运输"绿色通道"暂行管理办法〉的通知》（浙政办发〔2005〕8号），2月17日浙江省交通厅、农业厅、林业厅、海洋与渔业局下发了《关于开通鲜活农产品运输"绿色通道"有关事宜的意见》（浙交〔2005〕36号）。鲜活农产品运输"绿色通道"的开通，运输鲜活林产品（含鲜果、鲜食用菌、鲜竹笋、鲜板栗等）的车辆免交车辆通行费，这将促进鲜活林产品的流通和销售。

2. 林业产业得到快速发展

浙江省是一个森林资源小省，但是一个林业产业大省。2004年全省林业行业社会总产值达979.3亿元，其中第一产业302.9亿元，第二产业517.2亿元，第三产业159.2元。在发展林业产业的过程中主要抓好林业特色基地建设、林产品加工业和森林旅游业发展等几个方面。全省建设各类林业特色基地215个，面积达14.5万公顷，这些特色基地主要包括竹子基地、特色干鲜果基地、花卉苗木基地。有效地发挥了示范辐射作用。花卉苗木业快速发展，种植面积已达8.7万公顷，年产值超60亿元。以木竹加工为主的林产加工业稳步发展，全省木材加工经营企业已发展到2万多家，年加工木材1000多万立方米，年创产值420多亿元，全省具有一定规模的林业龙头企业发展到303家。竹木加工业的部分原料来源于省外、国外。近年来，每年从省外和国外净流入木材200多万立方米。近年来，浙江森林旅游业得到了迅速的发展，森林旅游区域的数量和规模不断扩大。全省已建立省级以上森林公园83处，年接待游客超1300万人次，经营收入达37亿元。野生动物驯养繁殖有了新进展，驯养繁殖企业发展到1000多家。林业产业组织化程度逐步提高，组建各类林业行业协会137家，林业专业合作社208家。

（二）林业产业政策体系不完备

1. 林业产业政策覆盖面窄

目前，浙江省林业产业政策主要包括扶持龙头企业发展的政策、促进省级林业特色基地建设的政策和促进林产品流通的政策。从林业产业的发展要求来看，培育和开发市场，建立完善的林产品市场体系是实现林产品价值、促进林业经济效益提高和林业产业发展的重要环节。因此，林产品营销网络的建立非常重要。同时在林产品由卖方市场转向买方市场的过程中，市场竞争日趋激烈，只有农民组织起来克服小生产与大市场之间的矛盾，只有优质名牌产品才能在日趋激烈的市场竞争中列于不败之地。各地在林业产业发展中，林业专业合作经济组织发展迅速，十分注重品牌建设，以名牌为突破口，走优质高效的道路。如常山“天子”牌胡柚、新昌“大佛”龙井茶、衢县“一品红”椪柑等，这些名牌产品已形成一定的生产规模，发挥名牌效益，在开拓市场、农民增收方面效果显著。但从浙江省来看，缺乏推动林产品营销网络建立的政策、促进林产品名牌战略实施的政策和鼓励林业专业合作经济组织发展的政策。另外，浙江森林旅游业的发展非常迅速，将成为浙江林业产业的主要组成部分，森林旅游业的健康快速发展同样需要相应的扶持政策。

2. 林业产业政策扶持方式单一

林业产业的发展需要大量的资金。需要方式多样化的扶持政策，不仅需要资金的直接扶持，更需要大量的信贷资金扶持，需要税收的优惠。浙江林业产业扶持政策只注重资金的直接扶持，即以财政资金的方式直接进行奖励和以林业基地的建设资金投入，资金的扶持方式较为单一。

（三）建立和完善促进高效生态产业发展的政策

发展高效生态产业是林业现代化的一项战略任务，按照统筹城乡经济发展、建设社会主义新农村的要求，浙江林业产业发展必须继续走在中国的前列。为促进浙江省林业产业的健康持续发展，应建立和完善促进高效生态产业发展的政策，增强林业产业核心竞争力。即针对不同的林业产业制定实施不同的产业政策，实行分类指导。一方面，要鼓励观光林业、森林旅游等新型林业产业发展；同时，要对资源利用率低、产品附加值不高的传统竹木材加工业进行必要的整合，实现规模化经营和产业结构升级，推进林业可持续发展。

1. 抓紧制订5个方面的政策

（1）推动林产品市场体系和营销网络建立的政策。在市场经济条件下，科学、合理的林产品营销网络和市场体系的建设是林业产业发展过程中的重中之重。必须建立以本地市场为核心、外地市场为补充的市场体系，以本地商贩为主体、外地商贩为补充的营销网络。

为了推动市场体系和营销网络建设，应出台相应的扶持政策，具体包括扶持农产品批发市场的建立，积极扶持农产品运销大户，鼓励有自营出口权的林产品生产企业的发展，鼓励国内外大型连锁超市来本地建立林产品配送中心，并出台加强市场管理的政策。同时，充分发挥政府林产品供求信息收集和发布等方面的服务功能，提高林业信息化程度，促进林产品销售。

（2）促进林产品名牌战略实施的政策。林产品名牌战略的实施需要省政府出台相关的政策，政策的目标主要是要鼓励实施绿色林产品行动计划。具体包括鼓励原产地域产品申报和原产地域保护，鼓励发展森林食品，实施林业生产标准化，积极支持林业龙头企业争创著名商标和驰名商标，鼓励进行绿色产品认证。同时，为推动林业产业的发展和林产品名牌战略的实施，还必须加快推进林产品生产、加工和营销标准化建设，建立林产品质量检测中心，逐步完善林产品质量监督检测体系和控制手段，力争林业主导产业实现标准化生产。

（3）鼓励林业专业合作经济组织发展的政策。为了规范林业专业合作经济组织的运行，有效发挥其作用和功能，必须健全有关的法律政策。2004 年 11 月 11 日浙江省第十届人民代表大会常务委员会第十四次会议已经通过了《浙江省农民专业合作社条例》,《条例》中规定各级人民政府应该鼓励和支持合作社发展，在资金、税收、科技、人才、用地、供水、供电、交通等方面制定具体措施予以扶持。但仍缺乏具体的实施细则，因此，应出台与林业专业合作组织相关的包括资金、税收、科技等在内的鼓励政策。

同时，针对家具等林产品在出口过程中遇到的反倾销调查，应通过制定相关政策扶持中介组织发展，发挥其行业组织、协调和管理职能，以实现同行自律的目标。

（4）加快观光林业和森林旅游业发展的政策。森林旅游业的发展主要是通过对森林景观资源的开发而实现的，而观光林业却更多地考虑到游客亲自参与和体验林业生产活动，它以林业园区建设为主，但二者都以森林资源为依托。随着人们生活水平的提高和回归自然的消费需求增加，观光林业和森林旅游业发展日趋加快。因此，必须制定优惠政策，促进其发展，政策的主要内容包括：对森林旅游开发商的优惠政策（征地、信贷等方面）;促进以观光林业为目标的林业园区建设政策（基地建设补助、基础设施建设等）等方面。

（5）制定林业生物产业发展的政策。林业生物产业是今后林业产业发展的主要方向，浙江是中国林业发达省份，应从林业种质创新与资源培育、生物质能源、生态生物治理、生物质新材料、林业生物制剂等五大领域入手，促进浙江林区经济繁荣，加快林业产业结构调整，使全省林业产业由传统的加工业向生物产业转移，由小型、分散、粗放向规模化、集约化方向转移，由单一的木材加工利用向发展生物质能源、生物质新材料和森林旅游、森林食品、森林药材、林源生物制剂、竹子花卉业和木材深度加工利用转移，充分显示林业生物产业在生物经济强省战略中的重要地位和作用。

2. 建立扶持方式多样化的林业产业政策

上述各个方面的林业产业政策都需要多样化的扶持方式，包括资金扶持、信贷支持、税收优惠、用地、用水、用电支持等。为此，必须完善现行的基地建设扶持政策、龙头企业奖励政策。

（1）完善基地建设扶持政策。首先必须明确扶持的重点，对林业特色基地建设的扶持资金，重点用于建设原料林建设（林业生物质能源等）、生态高效特色基地（森林食品、名特优新林产品基地等）、野生动物驯养繁育等。应增加资金来源渠道，鼓励金融机构加大对造林育林、林业基地建设和林业综合开发项目的支持力度，明确各级财政对林业生产建设贷款可视情况给予一定的财政贴息。同时，林产品基地建设面临着市场和自然多重风险，经营者投资后要有一定时期才能具有产出，而目前又缺乏一种风险基金制度，致使经营者投资林产品基地的积极性不高，尤其是吸引社会资金困难重重。因此，必须建立林业风险基金制度。从现有林业基金中提取一定份额，地方财政预算中安排一定数额，共同组成基地建设风险基金，以调动经营者的投资积极性。

（2）优化林业龙头企业扶持政策。首先应明确龙头企业的扶持资金，重点用于新产品新技术的研发、关键技术和先进设备的引进、对外合作交流等。其次，资金的扶持应在贷款方面给予优惠和优先解决；新办林产品加工（尤其是深加工）、流通企业，其立项开发的固定资产投资贷款，应优先给以安排；对林业龙头企业收购林产品所需流动资金和技改贷款要优先支持。同时，从税收、用电、用地等方面给予林业龙头企业以扶持。根据浙江省林业产业发展的特色和优势，对家具、板材、玩具等竹木加工行业和特色经济林保鲜、加工行业进行重点扶持。

另外，林业产业的扶持政策涉及税收、金融、土地管理、林业、电力等多个部门，在实践中往往从自身部门利益出发使扶持政策难以兑现。因此，政府应建立一个协调小组，做好各相关部门的协调工作，以保证现有政策的真正落实。

四、以森林生态体系建设为目标的制度创新

（一）森林生态体系及补偿制度逐步建立

1. 森林生态体系逐步建立

森林生态体系建设是浙江生态省建设的主要内容和基本保障，也是林业现代化目标的重要部分，而生态公益林建设则是森林生态体系建设的重点。浙江省在2001年生态公益林区划界定的基础上，又于2004年对生态公益林区划作了进一步的调整和完善。目前，全省共划定生态公益林195万公顷,其中由国家扶持的生态公益林面积为63万公顷。在此基础上，全面启动了“五大林业生态工程”，即3000万亩重点生态公益林建设工程、城乡一体化绿化工程、重点防护林建设工程、绿色通道建设工程及生物多样性保护工程。这些工程为浙江省森林生态建设和国土生态安全提供了有力保障。

全省已建县级以上森林和野生动物类型的自然保护区和自然保护小区373个，面积达16.7万公顷。建立了西溪国家湿地公园和下渚省级湿地公园。

同时，随着浙江省社会经济快速发展，人民生活水平的不断提高，人们对生活环境和生态服务需求与日俱增，广大城市居民对城市林业建设的要求越来越迫切。因此，城市林

业的建设理应成为森林生态体系建设的又一重要内容，也是林业现代化建设的一个重要目标。浙江省已经开始重视城市林业的发展，并取得了一定的成效。目前，杭州、宁波、绍兴、嘉兴、富阳等城市已达到了“园林城市”标准。

2. 生态公益林补偿（助）制度初步建立

目前，浙江省已经出台了《浙江省重点公益林管理办法》（试行）（浙政办〔2005〕3 号）、《浙江省森林生态效益补偿基金管理办法》（试行）（浙政办〔2005〕6 号）等具体管理办法，明确了补偿的范围、标准和对象，资金的使用、申拨和核算等，这些管理办法的出台标志着浙江省公益林补偿制度初步建立，为生态公益林建设提供了制度保障。

自 2004 年起，中央财政扶持资金每年达到 4675 万元，浙江省财政安排专项资金 1.085 亿元，共同用于全省重点公益林的补偿。全省重点公益林的补偿标准为每年每公顷 120 元，省补偿基金分别按照 105 元 / 公顷、75 元 / 公顷和 60 元 / 公顷的标准向森林生态功能区位不同的县（市、区）进行补助，不足部分由地方财政承担，为浙江省生态公益林建设提供了一定的经济保障。

（二）森林生态体系不够完备、缺乏经济动力

1. 城市林业发展滞后

就浙江省而言，虽然森林覆盖率比较高，但森林资源质量较差，而且分布极不均衡，80% 以上的森林资源分布在浙南和浙西北山区，而经济较为发达的城市及周边地区森林相对缺乏。从浙江社会经济发展来看，城市居民对森林生态服务需求更为迫切。同时，城市林业是浙江省森林生态体系建设的重要组成部分，城市林业发展的相对滞后，直接影响到森林生态体系建设的完备性。因为森林生态体系建设的目标是满足浙江省生态安全的需要，即使生态环境处于不受或少受破坏与威胁，能持续的满足社会经济发展的需要，社会经济发展不受或少受来自资源和生态环境的制约与威胁的一种状态。

2. 森林生态体系建设缺乏经济动力

森林生态效益具有明显的外部性，其价值大多无法直接通过市场机制得以实现，一般认为应通过政府公共财政支出来满足生态效益补偿的资金需要。从目前来看，《浙江省森林生态效益补偿基金管理办法》已经明确了补偿基金的补助范围和补偿标准，第六条规定：“公益林的补偿标准为每公顷每年 120 元，其中：补偿性支出 105 元，公共管护支出 15 元。补偿性支出中，损失性补助为 75 元，护林人员劳务费为 30 元（集体、国有林场和自然保护区专职护林人员的劳务费不低于 45 元）；公共管护支出中，森林防火、森林病虫害防治、森林资源监测支出不低于 7.5 元，管理费用支出不得高于 7.5 元。但是，该补偿标准远远难以弥补森林经营成本，更低于其生态价值，其补偿严重不足，致使经营者对森林生态建设缺乏经济动力，难以调动经营者的积极性和主动性。

（三）生态建设指标列为国民经济社会发展的重要指标

森林生态产品及服务是重要的公共产品，在市场经济体制下，要积极加强森林生态效益及成本评估和核算指标体系建设，并将其纳入国民经济核算体系（绿色 GDP）。浙江作为中国林业现代化的唯一试点省份，应率先将林业纳入绿色 GDP 核算体系，这对长江三角洲乃至全国都能起到较好的示范作用。因此，应抓紧进行森林资源价值尤其是生态价值的核算，并做好定期的动态监测工作，为全面认识森林资源价值及其纳入绿色国民账户核算体系提供基础信息，为政府决策提供依据，以便为林业现代化营造良好的外部环境。可分别制定不同区域、不同类别的生态建设指标，将其列为国民经济社会发展指标和干部政绩考核指标。

在清洁生产机制（简称CDM）潜力调查的基础上，进行造林再造林、生物质能源、林业产业节能等CDM项目的策划，实施推广全球碳汇交易机制，以获得潜在的利益和林业发展机会，并以此培育生态服务市场，推动生态效益货币化、资产化，并将其作为地区和干部生态贡献的考评依据。

（四）加强公众的生态道德和林业法制教育

加大生态文明和林业法制的宣传教育力度。应把增强国民生态文明意识列入国民素质教育的重要内容。通过加强森林公园、湿地公园、自然保护区、生态科普教育基地建设，出版科普读物，开展生动活泼、喜闻乐见的群众性宣传教育活动，向国民特别是青少年展示古今中外丰富多彩的森林文化与生态文化，扩大生态文明宣传的深度和广度，提高公众生态意识。同时，要长期坚持和落实义务植树制度，制定《浙江省全民义务植树奖惩办法》，动员群众广泛参与义务植树，以真正体现全民办林业的宗旨。另外，通过各种渠道和形式开展林业法制教育与宣传，提高公众法制意识，为实现林业法制化管理提供良好的社会氛围。

（五）探索多元化的森林生态效益补偿机制

完善生态公益林补偿政策，逐步提高补偿标准，健全森林生态效益补偿基金制度，在此基础上，建立健全以公共财政为主体建设生态公益林的投资机制。同时，按照“谁受益、谁补偿”的原则，积极探索多元化补偿机制，逐步实现森林生态效益补偿足额到位。

1. 创建上下游利益互补机制

浙江省境内分布着八大水系，从地理条件看，河流的上下游处于“同饮一江水”的地理格局，上下游在生态环境上存在着密切的关联。从生态区位来看，上游区域是下游的重要生态屏障，其资源保护状况直接关系到下游的生态安全；从经济区域特征来看，河流上游地区往往又是经济欠发达地区，而下游是经济较发达的地区，上下游经济条件有较大的差异。针对这些现实，可以建立一种“上下游利益互补机制”，把上下游地区的生存发展权、资源开发利用权和享有清洁河流的权利综合起来。这种“上下游利益互补机制”包括直接补偿和间接补偿两种形式。①直接补偿机制，由政府明确受益主体、征收对象和征收方式，由下游地区对上游地区提供经济补偿。②间接补偿机制，即为避免上游地区过度的资源开发导致生态破坏，下游地区应为上游地区异地发展提供必要的土地资源，并为其发展提供一定的优惠条件。当然，这种补偿机制的建立需要政府介入。

2. 探索森林生态服务市场化补偿机制

随着环境的不断恶化和人民生活水平的日益提高，森林生态服务作为一种稀缺性产品，通过市场机制实现其价值补偿是可能的。从国际上来看，碳汇交易是通过市场机制实现森林生态服务价值的一种重要形式，浙江省应在全国率先探索和实践碳汇交易机制。就浙江省而言，作为一个市场经济发达省份，已经出现了生态服务产品市场交易个案（如东阳与义乌的水权交易，杭州及宁波等政府购买农户山林等），这些也为森林生态服务市场化补偿机制的建立提供了经验借鉴。具体来说，包括：依据森林生态服务类型及受益主体的特征，界定可实现市场化补偿的森林类型，区分各森林类型的不同经济主体。并按照各地区经济发展的不同阶段，通过试点分批进行。

同时，自然保护区（或自然保护小区）对浙江省生物多样性保护和森林生态体系具有关键作用，因此，应在理顺自然保护区管理体制的基础上，根据自然保护区的特征和浙江省实际的要求，研究探讨生物多样性保护的生态补偿问题，构建科学有效的自然保护区共管模式和多元化的生态补偿机制。另外，对于生态区位极其重要，而经济社会发展条件又十分恶劣的地区，难以通过上述机制实现生态、经济、社会协调发展，可以通过生态移民，确保森林生态体系建设目标的实现。

（六）建立城市林业建设和管理的创新制度

城乡一体化绿化工程是浙江省林业“五大工程”之一，随着这些工程的逐渐实施，“森林进城、园林下乡”已成为浙江林业发展的必然趋势，对调整浙江林业在城市和乡村之间的空间布局提出了客观的要求，为此，必须将城市林业发展提到议事日程。

1. 城市林业建设和管理的机制

城市林业主要为城市提供生态服务，具有公共产品的性质。城市林业建设和管理的体制安排，主要是对建设和管理过程中政府与市场关系及分工作出选择。也就是说，对于城市林业的建设和管理，政府与市场应怎样各自确定功能定位，各自又以何种方式参与到何种程度。鉴于目前浙江城市林业处于兴起阶段和城市林业的公共产品性质，城市林业建设和管理体制的基本框架为“政府主导，市场运作，公众参与”。

（1）政府主导。政府在城市林业的建设和管理中扮演投资者、立法者（行政立法）、组织者、监管者的角色，承担相应的职能。①城市林业在总体上具有公共产品性质，政府应该成为主导性投资主体，以直接或间接（隐性补贴，如减免税收、税前还贷等）的方式投入资金。②政府必须组织编制科学合理的城市林业建设规划，为城市林业建设提供蓝图。③政府应扮演立法者（行政立法）角色，制定城市林业建设和管理的相应行政法规、行政规章及其他规范性文件。④政府的组织者角色主要表现为对城市林业建设和管理的实施及协调。⑤监管是政府行使行政执法权的重要内容，政府有责任依据法律法规，规范自然人和法人及行政主体在城市林业建设和管理中的各种行为。同时，根据浙江发展实际，应明确上述职能的实际承担部门。

（2）市场运作。在市场经济条件下，应树立经营城市林业的基本理念。这一理念强调政府应把建设和管理中的某些政府行为转化为市场行为，通过市场运作克服和解决诸如要素缺失、资源浪费、效率低下等难点。市场主体的介入是市场运作的基础，政府应该搭建城市林业建设和管理的市场运作平台。对于适宜由市场主体承担的城市林业建设和管理的事项，如造林、养护等工程，政府要采取反租、发包、招标等形式，以市场手段把政府行为转换为市场行为。为此，有必要在现有各级林业主管部门内设置相应的机构负责。

（3）公众参与。城市林业建设和管理必须注重社会公众的广泛参与，政府要构筑社会公众参与的平台，为社会公众投身城市林业的建设和管理提供渠道，政府在规划中可辟出一部分林地作为社区林、市民林、青年（学生）林、“三八”林等，交非盈利民间组织投资建设和养护管理,所需资金全部由社会公众承担。可通过“城市林业发展基金会”和“森林、林木、绿地的认养制度”等激发社会公众的热情。

2. 制定城市林业建设和管理的政策法规

完善的政策法规是城市林业建设和管理的重要保障。城市林业刚刚开始启动，相应的政策法规相当不健全。应在借鉴国内外有关经验的基础上，结合浙江城市林业建设实际，制定《城市林业发展条例》《城市林业建设标准和技术规程》等城市林业建设和管理相关的政策法规。对城市林业的建设用地和范围、城市林业的管理权属、资金来源、衡量标准等作出明确的规定。

五、以森林资源保护为核心的林业法制建设和资源林政管理

（一）林业法制和资源林政管理不断强化

进一步完善了林业法律法规体系，制订和修订颁布了《浙江省森林管理条例》《浙江省陆生野生动物保护条例》《浙江省林地管理办法》《浙江省松材线虫病防治办法》和《浙江省林木采伐管理办法》等一系列地方性法规和政府规章；全面清理整顿了违法征占用林地、违规挪用森林植被恢复费等行为，规范了林地资源的严格保护和合理利用；全面推行林木采伐公示制，建立向重点木材消耗企业派驻林政监督员制度，在全国率先开展木材运输巡查，促进了森林采伐和木材运输管理；开展了采伐消耗结构管理改革试点，毛竹采伐由限额管理改为计划管理；开展了县级森林资源动态监测体系建设试点工作。

（二）林业法制建设和森林资源管理任务艰巨

森林和野生动植物资源保护管理压力增大。乱砍滥伐林木、乱批滥占林地、乱捕滥猎野生动物、乱采滥挖野生植物等破坏森林资源的现象依然存在；森林火灾的高发势头和森林病虫害还没有从根本上得到遏制，对有限的森林资源构成了严重威胁。林业法制建设仍显不足，公众的林业法制意识淡薄，林业法制建设和森林资源管理任重而道远。

（三）强化林业法制建设

强化林业法制建设，把林业生态和林业产业发展的全过程纳入法制管理的轨道。率先出台适合于森林分类经营的地方性法规或政府规章，包括林木种苗、商品林采伐、林地流转、工业原料林环境管理标准，生态公益林建设、保护、管理和补偿等规范性法规。尤其是抓紧做好《浙江省森林防火条例》《浙江省湿地保护条例》《浙江省生态公益林管理办法》等法规规章的立项上报工作，为林业现代化建设提供法律保障。

加强林业执法体系建设。健全林业执法机构，充实林业执法队伍，提高林政、执法人员整体素质和依法行政能力与水平；强化执法监督，明确执法范围，规范执法行为。

（四）加强资源林政管理工作

强化资源林政管理工作的“三个地位”，即在生态建设中的核心地位、在林业产业发展中的基础地位、在林业行政执法中的主体地位。加强森林资源特别是林地资源保护及其管理，做好林地保护利用规划，有效指导林地的合理开发与利用，严格实行林地占补平衡制度；完善征占用林地审核审批管理制度，切实有效地保护有限的 林地资源，坚决查处破坏森林和野生动植物资源、乱垦滥占林地、破坏城镇绿化的违法犯罪案件。

第三章 浙江林业现代化的投入保障

资金投入是林业发展的基础，在浙江林业现代化建设中举足轻重。浙江省一直以来重视林业的发展，不断加大林业建设资金的投入力度，公共财政支出和民间资本的投入都呈现出明显的上升趋势，使林业资源和产业保持良好的发展态势，但与林业现代化的高目标相比，仍存在着投入总量不足、结构不合理、渠道单一等问题，难以满足日益增长的经济、社会、生态和文化需求。因此，根据浙江经济社会发展需求和林业定位的转变，应建立“以公共财政为主、多渠道融资”的投入机制。同时，必须改革现行的林业税费制度，并积极探索以森林资源价值核算为基础的绿色 GDP 框架，以从根本上满足林业现代化发展的要求。

一、建立以公共财政投入为主、多渠道融资为辅的投入体系

（一）林业投入总量增加，并倾斜于生态建设领域

1. 林业投入总量显著增加

从林业建设资金到位情况分析（表 5-3-1），主要包括国家预算内资金（预算内基建资金、中央财政专项资金和其他）、国内贷款、利用外资、自筹资金和其他资金。近五年来，林业建设资金实际到位呈现逐年增长的态势，其中，国家预算内资金和国内贷款增长明显，表明林业投入总量显著增加。同时浙江是民营经济相对发达的省份，民间资本充裕，为林业发展多渠道融资提供了可能。据不完全统计，全省个体工商业主、企事业单位投资林业基地 847 个，经营林地面积 7513 公顷，投资额 6.56 亿元。

表 5-3-1 林业建设资金到位情况 单位：万元

年份	2000	2001	2002	2003	2004
合计	46258	60357	71273	91008	101450
国家预算内资金	23569	31855	37729	41249	53844
国内贷款	2610	6698	13665	15965	11150
利用外资	210	11	—	1660	1628
自筹资金	8439	7849	5926	13973	16660
其他	11430	13944	13953	18161	18168

2. 倾斜于生态建设领域

随着浙江省社会经济的快速发展和人民生活水平的显著提高，对生态环境建设要求与日俱增，财政重视对生态建设领域的投入，省级财政对林业的专项补助资金逐年增加，“十五”

期间（2001~2004 年）共计已下达专项补助资金 42195.29 万元，支出结构逐渐向多元化发展，投入主要集中在森林生态效益补偿、退耕还林、阔叶林发展、平原绿化等以生态建设为主的项目上，见表 5-3-2 所示。

表 5-3-2 “十五”期间省级财政（含林业基金）已下达的专项补助资金 单位：万元

项目	2001	2002	2003	2004
合计	7680.00	8123.00	9408.60	16983.69
其中：森林生态效益补偿	3593.89	3647.42	4082.35	9823.14
退耕还林	513.00	465.83	493.05	642.10
阔叶林发展	/	/	/	300.00
高标准平原绿化	133.11	167.94	113.02	191.00

（二）林业投入难以满足发展的需求

1. 财政对林业的投入不足

“十五”期间，浙江省林业行业总产值呈快速增长态势，从 2000 年的 535.7 亿元上升到 2004 年的 979.3 亿元，年均增长率达 20.7%。林业是一项基础性的产业和公益性事业，具有明显的外部性，政府应是林业投资的主体，但从国家预算内林业资金占全省财政支出来看，比重相对较低，2000~2004 年平均仅为 0.52%，难以满足林业快速发展对资金的需求，且与林业社会公益事业的地位相悖，影响浙江林业现代化目标的实现（表 5-3-3）。

表 5-3-3 国家预算内资金占全省财政支出比重 单位：万元，%

	2000	2001	2002	2003	2004
林业总产值	535.7	653.7	769.7	876.7	979.3
全省财政支出	431.3	597.3	749.9	896.8	1063.0
国家预算内林业资金	2.4	3.2	3.8	4.1	5.6
林业资金占财政支出的比重	0.56	0.54	0.51	0.46	0.53

2. 林业资金绩效评价制度尚未建立

随着林业发展定位的转变及其林业社会公益性的增强，公共财政投入必然成为林业建设资金的主要来源。就浙江而言，目前已经开始实施包括生态公益林建设、重点防护林建设等在内的重点生态工程，建设投入资金规模不断扩大，故对建设资金的使用效率和安全监管提出了更高的要求，但目前尚未建立有效的资金安全运行和绩效评价制度，致使林业建设资金总体使用效率不高，违规使用现象时有发生。

（三）建立以公共财政为主的多渠道投资方式

1. 加大公共财政对林业的投入力度

浙江省林业发展承担着确保国土生态安全和欠发达地区奔小康的重任，随着浙江社会经济发展和“生态省”建设目标的确立，对林业发展提出了更高的要求。但由于林业自身具有很强的公益性，难以完全通过市场途径筹集林业建设资金，林业投入体系必将仍以公共财政投入为主。就浙江省而言，目前财政对林业的投入力度远远不够，与实际需求存在较大的差距。因此，应在保证公共财政对林业供给的同时，不断加大对林业的投入力度。

（1）增加财政对林业投入的相对比重。浙江财政对林业投入比重很低，2000~2004 年平均仅为 0.52%，难以满足实际需求。从发达国家看，林业得到公共财政的支持是理所当然的，根据加拿大联邦政府对环保与林业的支持比例大体为 3.4∶1，我国环保投入约占财政支出的 10% 左右，因此，我国财政对林业支持的幅度应提高到 3% 左右；德国联邦对林业的投入占政府财政管理预算总额的 1%。因此，借鉴这些国家的经验，结合实际需求和供给可能性，林业支出占财政支出的比例至少达到 3%。浙江省作为中国林业现代化试点省份，应率先达到此标准。从浙江生态省建设目标出发，尤其应大幅度增加财政在生态方面的支出比重。

（2）扩大公共财政的支出面。长期以来，林业发展过程中尚有一些领域一直游离于财政的扶持范围之外，形成"缺位"，为此，应扩大公共财政的支出面。主要包括：①建立林业管理部门全额拨款制度。应扩大人员和业务经费的范围，保证基层林业单位队伍的稳定和业务的正常开展，因为基层林业单位（林业局或乡镇林业工作站）的业务多属社会公益性事业，负责森林防火、森林资源的管理。只有依靠政府投入，加强管理，才能确保林业管理工作的顺利进行。②扩大对森林生态效益的补偿。目前虽然已经实施对森林生态效益的补偿制度，但总体来说，补偿标准较低，只是象征性的补助，难以弥补因被划入生态公益林而对经营者造成的损失；同时，标准过于单一化，没有充分考虑不同地区的差异，应逐步增加资金规模，使补偿标准至少要达到生态公益林建设的经营管理成本，并尽可能地接近于机会成本。

2. 不断拓展林业投资渠道

（1）鼓励民营资本投资发展林业。浙江省民营经济较为发达，民营资本相对充裕。随着国家产业政策导向的转变，生态型产业发展受到广泛的重视，浙江省民营资本已经开始进入林业相关领域，但是，从目前来看，民营工商资本注入林业的限制性约束过多。首先，由于森林资源采伐限额制度的存在，使工商企业无法根据市场供求情况和价格变动情况来决定是否采伐，降低了工商资本注入林业的积极性。其次，由于林木分布野外山区，管理难度大，风险高，变现难，金融部门对林地、林木资产成长性认识不足，基于资金的安全性考虑，金融机构不接受林地、林木资产做抵押。森林资源抵押贷款困难大大地限制了工商资本投资林业。因此，必须通过明晰产权、建立林地流转制度和活立木交易市场，改革采伐限额制度，建立森林资源评估和抵押贷款制度，税收优惠等政策来鼓励和吸引民营资本更多地投资林业。

（2）争取国家进行森林生态税课征和森林绿色彩票发行的试点。森林生态产品及服务是重要的公共产品，要从根本上完善森林生态效益补偿制度，解决森林生态效益的外部性问题，必须逐步建立生态税机制，实现森林生态产品及服务投入产出的良性循环。建议国家在浙江省进行森林生态税课征的试点，以便提供可借鉴的经验。同时，为拓展林业发展资金来源渠道，争取国家批准发行森林绿色彩票，通过发行绿色彩票不仅可以为林业发展筹集资金，而且还可以提高公众的生态保护意识。

（3）其他融资渠道。除了加大公共财政对林业的投入和民间资本直接进行投入以外，浙江林业的发展要解决资金瓶颈问题，还应努力拓宽各种可能的引资和融资渠道，不间断地吸引包括外资在内的各种可利用的资金，这是林业融投资的长期性任务。根据浙江经济社会发展的情况，可在如下几个方面进一步融资。

① 探索碳汇交易机制。随着全球气候变暖和环境变化，发达国家于 1997 年在日本签署《京都议定书》，提出这些国家减少温室气体排放的目标并作出了承诺，同时对于无法达到减排标准的国家允许用碳汇交易的方式来弥补，即发达国家通过在发展中国家造林或者为其提供森林资源保护补偿等方式来增加碳汇，以实现发达国家作出的承诺目标。于是，出现了发达国家与发展中国家的碳汇交易的实践活动，中国作为发展中国家应该积极参与全球碳汇交易，以获得潜在的利益和林业发展机会。浙江省是市场经济较为发达的省份，可以在全国率先探索和实践碳汇交易机制，以拓展资金来源渠道。

② 建立新型的林业发展基金。随着经济发展和人民生活水平的提高，人们的环境保护意识明显增强，因此，需要搭建一个平台，即建立新型的林业发展基金（非政府），如森林火灾扑救基金、林业科技创新基金等。以吸引社会各界对林业的投入，从而进一步拓展林业发展的资金来源渠道。林业发展基金可通过吸引企业或个人自愿捐赠，国际组织或机构资助等途径。

③ 创新义务植树机制，增加资金来源渠道。随着浙江经济的发展，生态需求已逐渐成为人们对林业的第一需求，人们生态意识逐渐增强，义务植树逐渐成为人们的自觉行动，但由于受专业技术、时间、场地等各方面限制，给公民实践法律规定的义务植树带来一定的困难，浙江各地已出现出资委托林业部门进行专业造林的实践，因此，可创新义务植树机制，根据实际需要可选择由适龄公民出资委托林业业务部门进行造林的方式，这既可完成义务植树任务，又可增加林业投入的资金来源渠道。

（四）建立健全资金安全运行和绩效评价机制

在加大政府投资、广开筹资渠道的前提下，如何提高资金使用效率显得尤为关键，因此，建立健全资金安全运行和绩效评价机制成为当务之急，只有这样，才能做到“慎用钱”、“用好钱”。

1. 建立资金安全运行机制

在解决了资金来源问题的同时，资金的安全运行就显得尤为重要，它是确保资金有效合理使用的前提，也是尽量避免资金使用的违规违纪现象产生的需要。因此，应认真构建林业资金安全运行预警机制，包括发现警情、分析警兆、寻找警源、判断警度以及采取正确的预警方法将警情排除的全过程，使决策部门对资金安全态势进行跟踪监测，为决策提供科学依据。并建立健全资金安全运行的组织体系和相关制度，以确保资金运行的安全、高效。

2. 健全资金运行的绩效评价机制

只有合理有效的使用好资金才能真正确保森林资源保护和社会经济协调发展目标的实现。应建立健全资金运行的绩效评价机制，分别不同层次确定绩效评价的主体和客体，制定评价的方法、标准和指标体系，逐渐建立起政府组织评价与非政府组织评价相结合的机制，以确保绩效评价工作的有序进行。

二、以林业全额纳入各级财政预算基础上的林业税费改革

林业税收是对从事林业生产活动的单位和个人获得的林业收入征收的一种税，属于农业税的范畴，具有强制性、固定性以及无偿性的特点。林业规费主要包括育林基金、更改资金以及地方性的各项收费，具有法定性、政策性、单一目的性以及相对有偿性的特点。

（一）林业税费逐渐下降，但仍制约着林业的发展

随着税费改革的不断深入，浙江省林业税费项目逐步减少，如农林特产税、维简费等已经取消，农民税费负担明显下降。但是，相对而言，目前浙江省林业税费负担仍然较重；育林基金、更新改造资金合计占木材及制品第一次销售价的15%（表5-3-4）。同时，由于木材价格相对较低，经济效益差，制约了林农从事林业生产的积极性。

表5-3-4　浙江省主要涉农林业收费项目一览表

项目	收费标准	收费范围	收费对象
育林基金	第一次销售价的9%	木竹及制品	涉农
更新改造资金	第一次销售价的6%	木竹及制品	涉农
森林资源补偿费	出省木材销售价5%，出省毛竹销售价3%	出省木竹及制品	涉农
林业保护建设费	木材（毛竹）5元/立方米	商品木竹及制品	涉农

（二）在林业全额纳入公共财政基础上，逐步取消林业“两金一费”

林业“两金”制度是从20世纪五六十年代开始建立并不断完善起来的。育林基金是用于恢复森林资源的主要资金来源，更改资金相当于工厂的折旧基金、大修理基金，用于生产设备的更新和生产条件的改善（主要是兴建、维修伐区公路）。“两金”对维持林业简单再生产，保护发展林业起了决定性作用。

由于部分地方财政收入比较困难，有的地方不断减少当地林业主管部门的财政拨款，甚至全部由林业部门自己负担，尤其是基层林业站，管理资金缺口更大，使得当地林业主管部门不得不用征收的育林基金支付日常行政事业费用，成为养人基金，很少返还到林业生产建设上，反而加重了农民的负担，挫伤了农民造林的积极性。

因此，首先应把林业全额纳入各级财政预算，以弥补林业部门正常运行的资金缺口；在此基础上，逐渐取消“两金一费”，以从根本上减轻农民和企业的负担。

三、率先把森林资源纳入绿色GDP核算体系

“绿色GDP”是衡量一个国家和地区扣除自然资产损失后，新创造的真实国民财富的总量核算指标。其核心在于将经济发展中的资源成本纳入到GDP中，以期通过实施绿色GDP达到保护资源与环境的作用。进行绿色GDP森林核算，揭示国民经济增长的森林生态、经济价值和生态环境成本，反映森林对社会经济增长的贡献和对可持续发展的支撑力，并全面反映社会经济发展对森林的影响，协调人与自然的关系，正确认识社会经济的发展都有

重要的意义。

科学绿色 GDP 核算，能较好地反映林业的综合效益，能较为客观的体现林业经营情况。另外，林业无论从资源的定价，还是分类都是一个较完整的独立体系，且森林资源价值核算在我国开展较早，开展绿色 GDP 森林核算有较好的基础。

近几年，国家统计局已组织开展了一系列资源环境核算的研究工作，黑龙江、重庆市、海南省分别进行了森林、水、环境保护支出等项目的核算试点。北京市、海南省等已对森林资源价值（经济、生态和社会价值）进行了核算，为构建绿色 GDP 奠定了基础。

浙江作为我国经济较为发达的省份，在长江三角洲的经济社会发展中，具有举足轻重的地位，并且浙江省森林资源在长三角中较为丰富，林业产业发达，在浙江省作为试点，率先将林业纳入绿色 GDP 核算体系，对长江三角洲和全国都能起到较好的示范作用。因此，浙江省应抓紧进行森林资源价值尤其是生态价值的核算，并做好定期的动态监测工作，为全面认识森林资源价值及其纳入绿色国民账户核算体系提供基础信息，为政府决策提供依据，以便为林业现代化目标的实现营造良好的外部环境。

第四章　浙江林业现代化的科技保障

浙江省要率先实现林业现代化建设，除了要依靠增加投入、完善政策、创新机制以外，最根本的还要依靠科学技术，只有用现代科技支撑林业，才能最终实现林业现代化。为此，必须构建以林业科技源头创新体系建设、林业科技服务和推广体系建设、林业科技分类投入体系建设、林业标准化体系建设等四大体系在内的科技保障体系。

一、以“国有为主、民间参与”为特征的科技源头创新体系建设

浙江省现有以浙江林学院、浙江省林业科学研究院和中国林业科学研究院亚热带植物研究所“两院一所”为主体的国有林业科技源头创新平台，主要承当基础性和公益性的林业科技创新研究；以民营科技组织为主体的民有林业科技源头创新平台，主要承担应用性和产业性的林业技术创新研究。两个创新平台的研究领域与方向各有侧重，不可或缺，因此，建设以“国有为主、民间参与”为特征的林业科技源头创新体系，是浙江率先实现林业现代化建设科技保障的重要基础。

（一）构建以“两院一所”为核心的国有林业科技源头创新平台

1. 组织体系初步建立，取得了一批具自主知识产权的研究成果

目前，浙江省以“两院一所”为主体的国有林业科技源头创新平台，在森林生态体系构建、种苗花卉工程、竹木产业化技术、林（特）产品综合利用、林产品安全生产与标准化、野生动植物保护与利用、林业有害生物防控、数字林业等方面取得了一批具有自主知识产权的研究成果。

（1）浙江林学院。浙江林学院创建于1958年，是浙江省省属本科院校，经过近50年的建设与发展，现已成为一所以农林学科为特色，涵盖农学、工学、理学、文学、管理学、法学、经济学、医学等八大门类的多科性大学。拥有森林培育省级重中之重学科和木材科学与技术、森林保护学、林业经济管理、园林等5个省级重点学科，1个省级重点实验室、1个省级工程技术研究中心、1个国家林业局林木良种繁育基地、1个省级林特业科技培训中心和1个省级区域科技创新中心。现有32个科研院所。近5年来，共承担各类科研项目700余项，申请和授权国家专利12项，获国家级及省部级成果奖37项，在国内外刊物上发表学术论文近2000篇，出版著作123部。浙江林学院的一批科研成果转化后取得显著的经济和社会效益，是浙江林业科技创新的重要平台之一。

（2）浙江省林业科学研究院。浙江省林业科学研究院是一所综合性省级林业科学研究

机构。主要从事生态公益林、经济林、用材林、竹林等森林资源培育、森林生态、森林保护、林产化工、森林食品、园林花卉等领域的研究和开发工作。下设生态环境研究所、林业研究所、林产工业研究所、竹类研究所、生物技术研究所、信息中心、竹子资源与加工利用中试基地等研究试验机构及浙江林业发展有限公司、试验林场等经济实体，并有省食用菌创新服务中心、省竹子创新服务中心等两个省级创新服务中心。建院四十多年来，共取得科技成果 165 项，其中国家级奖励 10 项，国家专利 6 项，国家专利金奖 1 项，部省级奖 96 项。在生态公益林建设、经济林木培育、园林花卉植物开发、森林病虫害防治、活性炭技术和竹类资源开发等方面具有特色和优势。

（3）中国林业科学研究院亚热带林业研究所。中国林业科学研究院亚热带林业研究所，系国家林业局所属中国林业科学研究院下设的独立研究机构，2002 年经浙江省编制委批准，依托本所成立浙江省现代林业研究发展中心。

中国林业科学研究院亚林所是面向我国亚热带地区，融科学研究、科技推广和人才培养为一体的综合性林业科研机构，以应用基础和应用研究为主，研究领域涵盖森林资源培育、林木遗传育种、森林生态与环境保护、城市林业与观赏园艺、林业生物工程五大学科 18 个研究方向，着重解决我国亚热带地区林业建设中综合性、关键性、基础性的科学技术问题，主攻竹林和经济林高效培育、工业用材速生丰产林定向培育、林业生态环境建设等领域的理论与实用技术。

经过近 40 年的建设与发展，亚林所科技水平显著提高，取得丰硕的研究成果。建所以来累计完成国家攻关、国家自然科学基金、“948”、省部重点、国际合作等各类纵向研究项目 200 余项，获得科研成果 176 项，其中主持成果获得国家级奖励 11 项、部省级奖励 53 项，在国内外公开发表论文 1400 余篇，出版专著 30 部。65% 以上的科研成果得到推广应用，取得了显著的生态效益、经济效益和社会效益。

2. 科研力量较为分散，源头创新能力不足

浙江省已经形成了以“两院一所”为核心的国有林业科技源头创新组织体系，“两院一所”各有优势，浙江林学院作为浙江省唯一的省属农林高等院校，学科相对齐全，多学科综合性研究能力强；省林科院作为省级林业科学研究机构，应用性研究能力强；亚林所作为中国林业科学研究院的分支机构，专业性研究能力强。但由于这些机构的科研定位不同，再加上现行科研考核制度的导向偏差，且分属不同主管部门，使得不同单位和科技人员的合作动力不足，在项目申报和研究方面难以形成跨单位、跨学科的联合攻关优势；同时，科研资源的共享机制尚未建立，致使现有科技资源不能得到有效的利用，科技源头创新能力不足，主要表现在高层次的重大项目、成果较为缺乏。

3. 构架林业科技创新体系

林业科技创新体系，是以林业公共研究机构为主体，以促进林业综合生产能力持续提高为目的，高效有序地开展林业知识创新、技术创新和科技成果转化等林业科技活动的林业科技创新网络。林业科技创新体系的建设是提高浙江省林业生态建设水平和提升林业产业发展规模、效益的需求，也是为建设社会主义新农村和解决“三农”问题提供积极支持的需要。

林业科技创新体系的构架可分成科学研究中心，科技服务中心和创新实验基地三种类型。

（1）科学研究中心。按照现代林业科学发展的要求，以基础研究和应用基础研究为核心。一方面在加强省院合作的基础上，争取国家科学中心在浙江落户；另一方面以现有省级科研机构和相关大学的科研机构（尤其是“两院一所”为核心）的优势学科和重点领域为龙头，通过加大扶持力度、整合资源、集聚人才、服务科学、创新知识，提升林业科技自主创新能力；同时，要重视和加强国外先进技术的引进与吸收。

（2）科技服务中心。基于浙江省生态、经济和社会发展对林业的需求，以现有的林业高等院校、科研院所和企业的研发机构为依托，按照区域优势建立若干科技服务中心，扩大现有区域科技创新服务中心和工程技术中心的范围，直接服务于林业生态和林业产业建设的主战场。尤其是重视在企业创建科技中心，形成产、学、研紧密结合的新的研发投入机制，减少成果转化环节和周期，使企业真正成为技术创新的主体。

（3）创新实验基地。以提供科研条件和基础性工作为目标，打造与知识创新和科技创新相适应的科学研究基地（重点实验室、野外观测台站、种质资源库等）和产业开发基地（试验林、中试基地、示范林、科技示范园区等）。

（二）构建以企业为主体的民营林业技术创新平台

全省现有民营林业科技组织 273 家，其中经有关部门批准设立的林业民营科技机构 75 家，民营林业企业内设的研发机构 92 家，有正常性科技活动的科技型民营林业企业 108 家。共实施各级、各类研发项目 354 项，其中科技、林业等部门正式立项的科技项目 212 项，占 60%；自主引进、自选开展的项目 142 项，占 40%；共获得各级科技进步成果奖、星火奖、专利、各种产品博览会奖项 298 项，推广应用各种各类新技术、新成果、新产品 640 多项。民营科技组织在应用性和产业性林业科技创新中已发挥了一定的作用，是构建浙江林业科技源头创新体系的组成部分。

1. 林业民营科技技术创新特色明显

浙江的林业民营科技组织近几年能够不断发展壮大，在林业科技创新中发挥越来越重要的作用，其中一个重要的原因是，它们有着明显的符合市场经济与林业科技发展现状的技术创新特征。

（1）注重源头创新和自主创新。民营企业是市场经济的产物，在竞争日益激烈的形势下，要在市场中取得一席之地，就必须争夺市场的“制高点”，通过源头创新和自主创新，开发新产品。如杭州大庄地板有限公司自 1998 年以来，每年投入近 100 万元开发新产品。1999 年竹二层地板获国家专利，并在美国申请专利，2001 年竹刨切板获国家专利，2002 年竹刨切板获欧洲专利。在整个新产品研发过程中，大庄人注重自主创新和开发，并且积极与国外销售企业联合研究，全方位追踪行业最新动态，紧跟市场步伐，与国际接轨，通过源头创新，抢占市场的主动权。全国首家民办的嵊州市木兰科新品种研究所，建有 1500 多亩的花木园艺场，实现试种、繁育、生产一体化。该所先后培育出八个木兰科新品种，获得国家林业局植物新品种保护权，并得到了世界植物新品种认定组织的正式认可。

（2）技术创新与市场需求结合。民营林业科技组织在确定技术攻关项目时，都是从市场需求及自身的实际情况出发，科研项目针对性强。在项目实施过程中，边生产，边科研，并在生产中不断调整提高，强调技术创新与市场需求紧密结合，从根本上解决了科研工作脱离经济建设主战场的问题，科研成果应用及转换率均达到90%以上。如缙云县浙江南方竹木制品有限公司，自主研制竹纤维及其制造方法、竹纤维高支面料生产工艺等均获国家专利，柔软竹质面料和竹纤维产品获2003年国家级新产品，填补了国内空白。

（3）重视横向合作与人才智力引进。林业民营科技组织非常重视横向科技合作，有70%民营林业科技组织和省内外高校、科研院所有合作关系，主要的合作形式有:共同研究与开发、技术咨询和人才智力引进。他们通过主动与大专院校、科研院所联姻，把院校里的许多科研成果，经过继续创新和开发，转化现实生产力，推向市场。如临安人长久公司不仅与省林科院、林学院联合开发成功手剥多味山核桃，提高了产品的附加值，还作为企业方与浙江林学院及临安市林业局三方联合就“山核桃良种繁育及标准化栽培项目”向杭州市科委投标，并一举中标。富阳中亚苗木有限责任公司在进行苗木生产和经营的同时，依托中国林业科学研究院亚林所，注重科技项目引进，专门设立了科技试验区，目前已有国家“948”和“863”等项目在公司基地进行试验，为公司在技术和新品种方面保持领先提供了保证。东阳市森太香榧研究所聘请亚林所研究员韩宁林主持开展香榧品种改良和技术改造、香榧良种选育及快繁技术研究，取得了一些新的突破。

（4）强化科技创新的市场化机制。在科技创新过程中，始终致力于强化科技创新的市场化运作，建立起一整套面向市场的科技经营机制、技术创新机制和科技投入机制。一是创立了“自筹资金、自愿组合、自主经营、自负盈亏”的新型林业科技经营机制，探索了推进林业科技组织的企业化经营和建立现代企业制度的新路子，为深化林业科技体制改革积累了丰富的经验。二是创出了以市场为导向、以产品为龙头、以效益为核心、林科教相结合的技术创新机制，推动了科技与经济的有机结合。三是打破了科技系统长期沿袭的单一国有事业机构模式，激发了多种所有制主体投资兴办林业科技组织的积极性，开拓了投资的新领域。

2. 林业民营科技组织发展后劲不足

虽然民营科技组织在推进林业科技发展中取得了很大的成绩，但也存在着一系列的问题和困难。

（1）科技力量薄弱，自主创新能力不强。由于林地主要在山区，条件比较艰苦，专业技术人才难聘难留，人员素质普遍较低。

（2）科技项目申报难。由于基层民营科研机构的技术水平有限和对项目申报途径的不了解，很难获得国家有关部门的立项。

（3）资金短缺。目前金融机构给山区林业企业的贷款额度非常有限，加上山区房地产不能抵押贷款，科技三项经费对民营科技机构支持力度又不大，造成民营科技机构资金困难，难以开展较大的科技开发活动。

（4）创业环境差。尽管目前民营科技企业发展环境有较大改善，但办事难、地位低、事实上存在的部门保护等问题不同程度地存在，不利于民营林业科技组织的发展。

3. 以企业为主体，提高民营林业技术创新能力

（1）加强资金扶持。要有计划安排贷款或补助用于民营企业的科技发展，在资金政策上给予支持。各种贴息贷款、补助要有适当比例用于民营科技机构和民营科技型企业。要帮助民营企业进一步扩大融资渠道，争取银行逐步扩大对民营科技型企业的贷款规模。在科技项目的申报和安排时，要为民营科技组织承担各类科研项目提供公平竞争的条件，同时应考虑基层民营科研机构和科技型企业的实际，在科研经费的安排上予以适当照顾。国有林业科研机构在实施科技项目时，也要把民营林业科技组织作为主要落脚点之一。

（2）建立激励机制。民营林业科技机构可以向科技行政管理部门申请成果鉴定或评审，可以参加各类科技奖的评比，对其取得的科技成果在本省林业推广应用产生重大经济效益和社会效益的，应根据其效益大小给予奖励。对以改善技术装备、提升产品档次、提高产品竞争力为目标，对创出产权、产品、名牌产品取得显著效益的企业，应给予奖励，以激励企业加大科技投入，开展技术创新。要为林业民营企业的品牌产品在广交会上争取摊位创造条件。

（3）培养人才队伍。林业高等院校要加快专业调整和课程设置，为民营科技企业培养应用型技术人才。要为高等院校和民营企业做好牵线搭桥的工作，帮助民营科技企业引入人才。要采取有效政策鼓励科技人才到民营企业从事研究开发，鼓励企业建立研发中心。要组织民营企业家外出考察和培训，开拓视野，加强业务培训，提高科技意识，加强林业民营科技机构人才培养。民营科技型企业人员专业技术职称评定工作，与全民企事业单位一视同仁，可由民营科技企业的主管部门统一组织申报。

二、以“政府为主、民间为辅”的科技服务和推广体系建设

近年来，浙江省在充分发挥政府主导优势的基础上，通过激发民间和社会力量的辅助作用，加强了林业的科技服务和推广体系建设，为浙江林业现代化建设提供了强大的科技支撑。目前，浙江省科技发展对林业经济增长的贡献率达到49%，科技成果转化率达到50%。因此，建设以“政府为主、民间为辅”的林业科技服务和推广体系，是浙江率先实现林业现代化建设科技保障的重要手段。

（一）林业科技服务和推广体系建设逐步完善

1. 建立了相对完善的制度和政策

浙江省通过编制“十五”林业科技发展计划和林业科技成果推广指南，出台了《关于加快林业科学技术进步的若干意见》《浙江省林业科技推广项目管理办法（试行）》和《浙江省林业科技推广项目招标投标管理办法（试行）》，以及省林业局局长科技兴林示范点和科技兴林考核具体操作办法等，从而从政策、制度和管理措施上确保推广工作的顺利开展。

2. 加强了林业科技推广体系的建设

林业推广体系是国家农业支持保护体系的重要组成部分，是各级实施科教兴林战略、

推广先进林业技术及提供各类公共性、公益性林业科技服务的重要组织保证和依靠力量。近几年，浙江省加强了对林业科技推广体系的建设，目前，全省共有县级以上林业科技推广机构78个，其中省级1个，市级9个，县（市、区）级68个，在岗人数781人，其中专业技术人员739人。结合林业重点工程，积极组织实施科技推广与示范工作，共实施省级以上推广项目77项，投入经费1778万元，推广面积8.87万公顷。

3. 创新了科技服务和推广的激励机制

在立项机制和成果奖励两个环节进行了改革和创新。在立项上，首先采用了项目招投标制，严格按照招投标管理办法，保证公开、公正、公平。在项目承担形式上，以基层林业部门为主，科研院校作技术支撑。2000年以来，省级推广经费共计600余万元，其中省林业厅林业科技推广项目补助资金共计444万元。在成果奖励上，由省林业厅和省林学会共同设立了“科技兴林奖”，至今已评了3届，共评出一、二、三等奖111项，在评奖中，加大了向基层和推广类成果倾斜的力度。

4. 探索了林业科技特派员制度

浙江省自2003年试行科技特派员制度以来，从在浙的中央和省属高等院校、农业、林业科研院所选派了两批共201人次的优秀科技人员，到全省欠发达的100个乡镇担任科技特派员，累计实施科技开发项目508项，培训农民10万余人次，新建农民科技示范户9587户，带动当地农民增收1.39亿元，深受农民欢迎。省林业厅积极探索了林业科技特派员制度，除了组织省林科院、林学院选拔优秀科技人员参与全省统一部署的科技特派员工作外，积极参与实施省委、省政府提出的“百乡扶贫攻坚”计划，组织科技下乡和举办各类培训班、研讨会、现场会、讲座等共1176期，受训人数21.3万人次，发放资料35.5万份。并对100个乡镇的分管领导和林技员进行林业科技免费培训，建立科技扶贫示范点。

（二）林业科技服务和推广体系建设效果明显

1. 林业科技成果的转化和产业化加速

通过新品种、新技术的引进、试验、示范和推广，使一大批林业新成果、新技术得以在全省迅速推广，产生了巨大的经济和社会效益，为浙江省的农业增效和农民增收做出了重要贡献。如雷竹覆盖早出技术在全省推广了2.33万公顷，增加产值10多亿元；毛竹低改、毛竹笋材两用林培育和毛竹笋用林丰产结构调控等技术推广了53.3万公顷，增加产值16亿多元。

2. 林业科技园区的科技辐射能力增强

浙江省重视林业科技园区建设，全省12个省级林业科技示范区，与省林业厅厅长科技兴林示范点紧密结合，在科技、管理、机制等诸方面都有不同程度的创新，“十五”期间，林业科技园区建设从单一的“点”向集成的“园”方向发展，建成了具有一定规模效益，有明显区域优势和产业化特色的林业科技园区。通过示范点的建设，带动市、县各级领导创办林业示范园区，大力推进林业科技进步，增强林业科技显示度和示范辐射力。已建立国家林业局林业科技示范区1个，示范县6个，建立各类示范点205个，示范面积5333公顷，推广、辐射面积21.6万公顷。

（三）林业科技服务和推广体系建设步履维艰

1. 推广体系不健全且经费严重不足

浙江省目前虽已初步形成了以省林业技术推广中心为龙头，市县推广机构为主体，乡镇林业站为基础的林业科技推广网络。但调查发现，虽大多市县建有推广站（中心），却往往有名无实，在编不在岗，在岗不专职。乡镇林业站在不同地区发展很不平衡，在乡镇机构改革后，有些地方取消了乡镇林业站，成立了农业办公室，削弱了林业工作；有些地方虽仍保留乡镇林业站人员编制，但又与乡镇管理人员区别对待，有些地区尤其是山区由于经济相对贫困，工资待遇等各方面得不到保证；同时，林业技术推广经费缺乏，推广手段落后，表现在缺乏必备的办公设施、实验设备、交通工具等，严重制约了技术人员的积极性、主动性和创造性，一些好的项目、新的技术、新方法都无力推广。同时，经费的不足还制约着缺乏专门用于林业站工作人员参加培训和学习的经费，制约了基层林业工作者的积极性和素质的提高，知识更新慢，不能适应新形势下的林业建设的需要，也缺乏服务、创新的本领。

2. 缺乏激励林农掌握新技术的有效机制

主要有以下四个方面的原因：一是客观上林业的特殊性决定了采用新技术效益较低、周期长，具经济理性的林农在有其他收入来源的前提下一般不愿接受；二是采用新技术相对于传统经营手段而言一般具有高投入、高产出的特点，目前还缺乏面向林农的小额贷款组织和政策，林农尤其是偏远山区经济相对落后地区的林农往往因缺乏初期投入资金而难以接受；三是现有培训咨询活动和试验示范等方面制度和政策往往集中于少数优势群体，而对弱势群体较为缺乏，致使作为新技术接受者的极大部分往往对新技术从观念上和资金、技术上都难以接受，大大地制约了林业科技的推广范围和效果。四是现有的新技术资金补助政策往往要求具一定的成片规模，这对大多数分散经营的农户来说难以做到，只有具有一定资金的人员才能通过林地流转方式得以实现。

（四）构建“政府为主、民间为辅”的新型林业科技服务与推广体系

市场经济条件下科技推广体系应该是适应市场化要求的多元化主体共同参与的立体模式，即构建以“政府为主、民间为辅”，多元化、多层次、多形式并存的林业科技服务与推广体系。根据浙江林业现代化建设的需要和市场经济发展的现状，这些多元化供给主体可以划分为两类:政府公益性推广组织，民间商品性推广组织（专业合作组织、林业龙头企业、民营研究所等）。政府主导作用主要体现在建立和完善林业科技推广网络，发挥其联结上下、协调左右、接触广、信息灵的优势，强化其在各类推广机构中的主体地位；以现有的区域性林业站为基础，逐步将其转型为区域综合型技术服务站，或依托区域经济主导产业，组建专业性服务站。民间辅助作用主要体现在，努力建成农业龙头企业、专业合作组织、专业技术协会、各类研究机构、种养大户等多形式并存的，具有地方林业专业产品特色的民间推广机构，政府应制定扶持政策（税收、信贷、项目等）鼓励民间组织从事林业商品性技术推广，积极鼓励发挥其点多、面广、专业性强的优势。

为了促进以“政府为主、民间为辅”的林业科技服务与推广体系建设，建议采取以下对策与措施。

1. 强化基层林业工作站的技术推广职能

乡镇林业工作站是对林业生产经营实施组织管理的最基层机构。鉴于林业的公益性质和林业在浙江省促进欠发达地区发展和全面建设小康社会中的首要地位，应将林业工作站作为公益性单位全额纳入公共财政管理框架，在已有的林业执法、林业行政管理和林业技术服务三大职能的基础上，进一步强化林业技术推广服务职能。加大推广资金投入，确保林业科技能及时有效地转化，以满足经营主体尤其是林农对林业技术的需求。

2. 创新林业技术推广机构的服务机制

林业技术推广工作是林业部门的一项重要工作，随着我国加入 WTO 和农业产业结构的战略性调整，为技术推广提供了新的发展空间和广阔的发展机遇。因此，要通过机制创新，充分发挥林业技术人员的积极性、主动性和创造性，引导他们积极探索服务新路，在为农民寻找出路的同时也为自己创造财富。要逐步改变传统的行政推广、无偿服务的推广模式，按照市场化运作、产业化经营的原则，实行有偿服务。要结合新技术、新品种的引进、试验、示范、推广，鼓励技术推广组织采用股份（合作）制等形式创办科技示范基地（企业）；鼓励在各类林业技术推广机构之间进行资源的优化配置和重新组合，通过技术链、资金链联结起来形成有效的产业链，从事林业技术推广，发展区域经济；鼓励技术人员通过技术入股、承包、转让等形式参与推广。改革公益性服务项目的管理方式。对一些公益性、常规性的林业生产项目如造林采伐作业设计、病虫害防治、资源调查、封山育林、承包造林等，要逐步引入招投标等公平竞争的方式，由林业技术推广机构组织承担。林业主管部门根据工作量核定工作经费，林技推广机构则通过完成工作任务和提高服务质量获取合法收入。这样既确保了公益性任务的完成，又增加了林业技术推广机构的收入。

3. 加大投入并加强对林业技术人员的培训教育

加大对基层林业技术推广机构的投入，建立多元化的林业技术推广投入体系，努力改善推广条件。建议对目前由省财政和省林业“两金”下拨的林业技术人员人头经费改为专项经费，不再用于林业技术人员的工资补助，而是用于改善林业技术推广条件和扶持林业技术推广项目。进一步加强对林业技术人员的培训教育，提高整体素质。通过建立林业技术员的继续教育制度，鼓励和支持他们参加函授、职业技术培训等多种形式的继续教育和培训，不断更新知识和扩大知识面，提高业务水平和服务能力。

4. 优化激励农民掌握新技术的政策

通过建立小额贷款等方式减少广大农民采用新技术的资金障碍；制定有关资金扶持政策鼓励小规模家庭经营的农户采用新技术。政府加强林业科技、市场行情等公共信息服务网络的建设，为林业科技服务作好基础性的工作。强化技术培训咨询等方面的工作和政策措施，通过咨询、课堂讲授、现场示范、广电宣传、举办培训班和建立示范点等多种方式来更新农民的技术观念，提高农民接受和掌握新技术的能力和水平。

5. 建立科技咨询培训和教育网络体系

林业现代化涉及政府、科技人员、林农和企业，主体是农民，相对而言，劳动者的素质较低，应从开发和利用人力资源入手，制订林业现代化的人员培训与教育计划，纳入各级政府的议程，设立专项经费支持，建立较为完善的面向林业生产者和经营者的科技咨询培训和教育网络体系，使林业生产者和经营者等相关利益群体都能分期分批地得到培训与教育。

6. 坚持和完善林业科技特派员制度

科技特派员制度是新时期解决农村“三农问题”，吸引科技人员进入农村经济建设主战场的一项创新制度。2005年，浙江在全省全面推行科技特派员制度，由省级派遣212名，11个市派遣400名，县（市、区）派遣667名。从2005年起，各级财政每年都将安排科技特派员专项资金，主要用于欠发达乡镇科技特派员的科技项目开发和有关工作经费。省林业厅要配合全省的统一部署，坚持和完善林业科技特派员制度，鼓励林业科技特派员通过技术入股、技术承包或者租赁经营等多种形式，与当地企业和农民建立利益共同体；鼓励林业科技特派员通过科技成果转化实现利益分配，实现科技特派员和农民双赢，经济与科技结合双赢。

三、以市场为导向的林业标准化体系建设

当前，世界经济形势错综复杂、竞争激烈，国内经济结构调整的任务十分艰巨。加入WTO后，我国将在更大范围内和更高层次上参与经济全球化进程，对外开放将进入新的阶段。标准化作为生产和贸易的技术基础，正受到广泛的重视。因此，以市场为导向的林业标准化体系建设，是林业在更大的范围、更宽的领域和更高的层次上融入世界经济、适应经济全球化的需要，也是浙江率先实现林业现代化建设科技保障的重要举措。

（一）以森林食品为特色的林产品标准化体系建设

1. 形成了特色明显的林产品标准化体系

近些年来，浙江省已初步建立由国家标准、林业行业标准、省地方标准和企业标准组成的，以森林食品为核心的，包括竹材、花卉和名优经济林等非木质林产品为对象的一整套质量技术标准体系。

（1）制定了森林食品系列标准。森林食品是一个特定的质量证明标志。它是指遵循森林可持续经营原则，以良好的森林生态环境为前提，采用国际标准和国外先进标准，按照特定的生产标准组织生产，经专门机构认定，允许使用“森林食品”标志，来自于森林，生态、优质、营养的食用林产品及加工产品。森林食品标准为系列标准，由产地环境质量标准、生产技术准则、产品质量标准和森林食品认定和管理四部分组成，以此构成森林食品完整的质量控制标准。两年多来，对全省的空气、土壤、水质等产地环境和可食林产品中的重金属、农药残留和细菌等进行了调查研究，先后分析了110多个产地样品，100多个产品样品，检测了17个指标，共计2500多个基础数据。经综合分析，并参照食品法典委员会（CAC）、欧盟，以及美国和日本等国的标准，确定了森林食品产地环境和产品认定的重金属、农药残留和细菌等各项指标值。

（2）开展了森林食品基地建设工作。为推广和实施《森林食品系列标准》，浙江省开展了森林食品基地建设工作。建设内容主要有：对森林食品基地的产地环境和产品进行必要的

检测监测；建设示范基地，开展标准和技术培训，以此带动整个基地的建设；以《森林食品系列标准》为纽带，建立“合作社（协会）+ 基地 + 农户”或“公司 + 基地 + 农户”等林业标准化实施模式，组织森林食品生产，以此辐射和带动全省竹林、经济林向森林食品方向发展。

（3）启动了森林食品基地认定和产品认定工作。先后制定了《关于开展森林食品基地建设和产品认定工作的通知》《浙江省森林食品基地认定办法》和《森林食品标志管理办法》等，着手开展了基地认定和产品认定工作。按照《浙江省森林食品基地认定办法》，对达到“有良好的生态环境、有科学的技术规程、有严格的质量标准、有可信的商标品牌、有适度的基地规模、有规范的管理制度”等“六有”要求的食用林产品生产基地，可由县级林业主管部门提出申请，产地经指定的质检部门检验，专家评审后，由认定委员会认定为浙江省森林食品基地。在此基础上，按照《森林食品系列标准》，注重培育和推荐企业规模大、质量管理规范、产品品牌声誉好、市场占有率大的食用林产品，进行森林食品的产品认定。目前，已有 89 个单位申报森林食品基地认定，面积 100 多万亩；65 个单位申报森林食品产品认定，涉及竹笋、干果、木本油料、山地水果、森林野菜等。

森林食品基地建设和产品认定实行严格的产地环境和产品质量检测和跟踪制度，产品质量检测由省林产品质量监督检验站或经浙江省农产品质量安全监督协调会议推荐的检测机构承担。环境质量检测由省林产品质量监督检验站或市级以上具有检测资质的环境监督机构承担。各地结合农产品质量安全监测体系建设，逐步建立起省有森林食品检测中心、主产区有检测站、企业有自我检测能力、生产加工流通等环节相衔接的监测网，对森林食品产前、产中、产后实行有效的全程控制。省林产品质量检测站经省质量技术监督局的扩项认证，具备了森林食品农药残留、重金属等检验检测资格，承担起了全省森林食品的质量安全检验检测工作。

2. 推进林产品标准化体系建设

（1）加强林业质量标准体系。制定《浙江省林业质量标准化实施管理条例》，尽快建立完善以林产品质量安全标准为核心，林业生产先进适用技术标准、检验检测方法标准和管理标准协调配套的林产品生产、加工、贮运标准体系。

进一步按照国际食品法典委员会的标准和要求，修改完善《森林食品系列标准》。并逐步建立工业原料林环境管理标准。

（2）健全林产品质量安全检测体系。根据浙江省林产品的区域特色，构建以省级检测中心为龙头，与主产区检测站（点）相衔接，企业（基地）自我检测相结合的检验检测体系，从产地环境、生产技术、产品质量和标识管理等各个环节严把质量关。

（3）加强标准化研究推广体系建设。以兴建省级示范基地为载体，开展标准的研究与制定，通过技术培训，实施应用林业标准。同时，以标准为纽带，建立“企业 / 合作社 / 协会 + 基地（农户）+ 标准”的基地建设模式，形成各方参与的标准推广体系。

同时，加强对基层林业技术推广人员、标准化技术和管理人员开展标准化教育培训，尽快培养一批既有标准化知识，又掌握专业技术的推广队伍。

（二）以森林可持续经营为目标的森林认证体系建设

森林认证作为一种市场机制于1983年发起，旨在为木材产品的消费者提供木材来自可持续经营森林的保证。目前，全球共有近50个国家、地区和全球认证体系在运作，2.98亿公顷森林通过了各种体系的认证，约占全球森林面积的8.6%。与一些林业发达国家相比，中国森林认证工作起步较晚，于2001年7月成立中国森林认证工作领导小组和森林认证处，目前已完成《中国森林可持续经营标准与指标》《中国森林认证原则与指标》的制定工作,《中国产销监管链认证标准》等正在制定中。到目前为止，全国共有6000多公顷的森林通过了FSC（森林管理委员会体系）的认证，同时已有60多家林产品加工企业通过了FSC的产销监管链（COC）认证。

森林认证的主要推动力是市场压力，大多数企业是为了保证和开拓林产品的国际市场而开始认识并重视森林认证。浙江作为我国木质林产品主要的出口基地之一，已经感受到了国际市场的压力。为了抵御国际市场对环境保护的贸易壁垒，增加外向型家具企业和木材加工企业的国际市场竞争力，必须加快以森林认证为核心的木质林产品标准化体系建设。

1. 森林论证工作率先启动

森林认证是通过对贸易的影响来影响森林经营，已成为事实上的非关税贸易壁垒。在对环境比较敏感的欧美市场，一些没有森林认证标志的木材产品不能获得市场准入，森林认证成为这些产品进入市场所必备的“绿卡”。浙江省临安市昌化镇三星家具厂生产的木制品主要通过代理商销往美国。2000年，美方代理商要求三星家具厂出口美国的产品必须使用通过森林认证的木材,产品必须通过产销监管链认证。在世界自然基金会（WWF）的推动下，该厂和为该厂生产提供木材的昌化林场，于2001年向FSC授权的森林认证机构SmartWood提出申请，对该林场干坑经营所940公顷森林进行了森林经营认证预评估，并最终于2002年2月颁发了认证证书。这是我国第一块通过森林认证的林地和第一家经过独立第三方认证的森林经营单位，它标志着我国森林经营认证有了实质性的进展。

2. 加快森林认证进程

利用浙江林业产业发达尤其是木质林产品出口企业较多的优势和林业现代化的需要，通过与国家林业局协调，不失时机地率先组建“中国森林认证研究与培训中心”，中心可采取灵活的机制运行，负责森林认证中审核员的培训、发证，负责国内企业森林认证的中介服务工作，研究森林认证对企业、林业经营单位等所带来的影响，承担相关企业、林业经营单位的应对森林认证培训咨询工作。

3. 加强对森林认证的宣传

森林认证工作在我国刚起步，广大森林经营者以及利益相关者对森林认证的概念和知识还不是很清楚，甚至完全是陌生的，因此，加强宣传，提高认识，鼓励公众参与，对浙江省加快森林认证进程，提高林产品企业的国际市场竞争力非常重要。

四、加强国际交流与合作，提升浙江林业的国际竞争力

面对经济全球化、贸易自由化的机遇与挑战，应充分利用浙江外向型经济发达的优势，

加强林业领域的国际交流与合作，加快国际接轨步伐，大力发展林业外向型经济，扩大林业发展空间。

浙江林业产业发达，以木质林产品出口企业为优势，应制定有效政策措施鼓励引进国外先进技术，提高木质林产品出口企业的科技含量，充分利用海外资源和市场。同时，适应国际木材贸易的新变化，通过宣传教育和培训，提高对森林认证的认识，研究并制定应对策略，提升浙江林业产业的整体市场竞争能力。

拓宽林业科技国际合作领域，加快技术和人才引进的步伐，利用好两种资源、两个市场，提高浙江省林业科技的国际竞争力。

第五章　林业现代化的组织保障

林业现代化是一个综合的系统工程，它不会自动实现，必须依托一定的组织来完成。政府在政策制定、资源配置、营造环境等方面具重要作用；林业社会化服务组织则是千家万户小生产与千变万化大市场之间有效对接的载体。因此，如何建立高效的林业行政管理体系和完善的林业社会化服务体系，是实现林业现代化的重要保障。

一、以机构改革为核心的林业现代化行政管理体系建设

（一）行政管理组织架构较完整，基层组织变动较大

浙江省现有的林业行政管理体制从纵向上看，已经形成了省、市、县（区）、镇（乡）四级较为完整的垂直管理体制，浙江省林业厅是全省林业最高的行政主管部门，林业局、林水局或农林局是各县市相应的林业管理和执行部门。从职能分工看，已经基本形成包括林业发展决策、政策制定与执行、森林资源监测与管理、林业技术推广与应用、林政执法等多部门协调分工、相互配合的林业管理体系。乡镇林业工作站是对林业生产经营实施组织管理的最基层机构。

但近几年来，由于受政府机构改革及林业发展战略转变影响，林业管理机构设置，尤其是基层林业管理执行机构及相应人员变动很大，一定程度上影响了林业现代化的发展。

（二）浙江林业需求发生了结构性转变，组织保障仍相对缺乏

进入 21 世纪，随着人民生活水平显著提高，社会对林业的需求结构和林业发展的宏观背景已经发生了根本性的变化。主要表现为：一是社会对林业的需求已经从木材需求为主导转向生态需求为主导，生态安全已经成为社会公众关注焦点；二是居民消费层次发生了变化，正在由生存消费向发展消费、休闲消费和享受消费并存转变，生态旅游等新兴的旅游方式开始受到了都市人的青睐，并得到了快速的发展；三是人们的发展观念发生了变化，以人为本的发展观、保护生态的道德观、人与自然和谐的价值观越来越成为人们的共识。

浙江省既是经济大省，又是资源小省，经济发展过程中资源和环境约束刚性。目前，浙江省环境污染相当严重，山体滑坡、泥石流等自然灾害频繁发生，生态安全形势不容乐观。为了解决浙江省社会经济发展过程环境和资源的约束问题，增强生态安全水平，浙江省政府不失时机地提出了建设“平安浙江”、打造“生态省”等一系列战略举措，

提出了构建以循环经济为核心的生态经济体系、可持续利用的自然资源保障体系等五大支撑体系，重点实施生态公益林建设等十大工程，以促进浙江经济社会和人口的全面、协调、可持续发展。

因此，林业必须适应社会需求的变化，即以“生态优先”发展为原则，遵循“生态建设、生态安全、生态文明”的总体要求；而从现有的林业行政管理组织体系来看，仍停留在以木材生产为中心、乡村发展为重点的传统组织体系，难以满足“三生态”的新要求。

（三）建立适应浙江需求的林业现代化行政管理体系

综上所述，浙江社会经济发展已经进入了新的阶段，对林业的需求已经发生了根本性的转变，因此，必须适时地整合和优化林业行政管理的组织体系与职能。

1. 适应森林分类经营，稳定和强化现有林业行政管理机构与职能

虽然，目前浙江已经形成较为完备的林业行政管理体制；但是一方面由于受机构改革影响，林业管理机构设置和人员变动较大；另一方面，由于林业发展重点发生了转移，推行了森林分类经营战略，现有林业管理机构与职能难以适应当前林业发展的要求。因此，应该在稳定现有林业行政管理机构和人员的基础上，根据林业分类经营的具体要求和“生态优先”发展原则，强化林业资源监测管理、林政执法、林业技术推广与应用方面的职能，以满足林业现代化发展对行政管理的要求。尤其是稳定和强化乡镇林业工作站，因为它是对林业生产经营实施组织管理的最基层机构，承担着政策宣传、资源管护、林政执法、生产组织、科技推广和社会化服务等职能。

2. 适应城市林业发展，设置和明确相应的职能行政管理机构

随着社会经济的发展和城市化进程的加快，人民对生活环境和生态服务需求不断提高，城市林业在浙江省得到了较快的发展。然而，由于城市林业发展处于刚刚起步阶段，相应的职能管理部门尚未明确，出现了林业、园林、城建等相互分割、多头管理等现象；并且园林、城建等部门在具体管理过程中，由于缺乏相应的林业专业技术力量，无法适应城市林业发展的要求，一定程度上限制了城市林业的健康发展。因此，应充分发挥绿化委员会在城市林业发展中协调、参谋作用，并由省政府出面，召集林业、园林、城建等相关部门，通过协商整合现有职能，设置相应的城市林业管理机构，明确管理职能，以促进城市林业在浙江省的健康发展。

二、以市场为导向的林业现代化服务组织体系建设

浙江省是一个“七山一水二分田”的省份，山地面积比重大，90 个县（市）中有 50 个是山区县（市），由于多方原因山区经济发展相对滞后，仍有 25 个欠发达县（市），影响着浙江省全面建设小康战略目标的实现。同时，浙江省是一个典型的集体林区，集体林面积占 95% 以上，在林业“三定”以后，这些集体林 70% 以上分山到户，经营相当分散，“小生产”与“大市场”的矛盾日益突出，抵御市场风险的能力较弱，市场竞争力不强，因此，在林业现代化过程中，必须建立以市场为导向的服务组织体系，以提高农民组织化程度，增

加农民收入。

（一）林业市场化服务组织初见端倪

随着市场经济的发展，林产品买方市场已经形成，市场竞争日趋激烈，广大林农在发展生产、走向市场的过程中，已深刻地体会到提高自身组织化程度的重要性。近几年来，随着农民对参与合作组织的热情不断高涨，政府部门重视为林业市场化服务的合作组织建设，林业专业合作经济组织获得了较大的发展。从浙江省来看，主要包括：林业行业协会和农民合作社、专业协会。

据调查，截至2004年年底，全省经登记机关核准登记的林业行业协会有137家。从总体上来看，林业行业协会起步较晚；从产业分布来看，主要集中于花卉、竹业、经济林等林业第一产业；从覆盖范围来看，多数是在县域范围内组建的地方性协会，省级协会仅有林业产业、花卉、竹产业、山核桃、香榧5家。同时，农民合作社、专业协会发展到了208家。主要集中花卉盆景、茶叶、水果、干果、竹笋等林业第一产业，约占总数88%。

（二）林业产业发展迅速，服务组织功能薄弱

近几年来，浙江省林业产业的发展比较迅速，为浙江省农民增收和林业增效作出了重要贡献。2004年全省林业行业社会总产值达979.3亿元，其中第一产业的产值为302.9亿元，第二产业的产值为517.2亿元，第三产业的产值为159.2亿元，已经初步形成了以特色干鲜果、竹木加工、种苗花卉等在内的多个林业优势主导产业。这些产业的稳定、持续发展迫切需要功能完备的服务组织提供包括产前、产中、产后等全程服务。

但是，从现有服务组织功能看，以提供低成本的信息、技术服务为主，组织功能薄弱，吸引力不强。通过调查分析，现有服务组织之所以功能薄弱，其主要原因在于：扶持政策不到位、政府的角色定位不明确，利益分享机制不稳定、不健全，内部管理机制缺乏，财务管理较为薄弱，信息化程度低等。

1. 扶持政策不到位、政府的角色定位不明确

各地政府的指导和扶持，在一定程度上促进了合作社的发展。但同时，也表现出一些问题：①各地政策不统一，稳定性较差，权威性不够。在一定地区、一定时期内领导重视就出台优惠的扶持政策，促进合作社的发展；但在另一些地区和时期可能就没有得到领导的重视，合作社发展缓慢。②政策之间的系统性较弱，工商、财税、金融等政策不配套。第一，在工商部门登记过程中视同一般工商企业进行，登记费用、年审费、税收等方面都较高，这对于以服务性质为主的合作社压力较重。第二，金融系统并未将合作社的贷款纳入其信贷计划，使经济实力欠强的合作社在其生产经营过程融资困难较大；同时，一般工商企业的高利息贷款对合作社来说无法接受。第三，财政支持柔性较大，并未形成规范的扶持机制，缺乏合作发展基金。③管理体制不明确。对于合作社的登记和主管部门，在实践中表现出多样性，欠规范，致使合作社无所适从。④政府在合作社中发挥作用的定位也不清晰。包括对合作社功能和作用的认识不到位，认为可有可无；有时直接干预任命组织的负责人或由领导在合作社兼职等。

同时，从合作组织的创建看，大部分是政府部门领办型的，这对于自身素质相对较低的现实来说，是十分必要的。但问题的关键是政府自身的角色定位存在一定偏差，许多合作组织的领导由政府官员担任，扭曲专业合作经济组织“民办、民管、民受益”原则。

参与性访谈显示，政府在专业合作社和专业协会中已经发挥了一定的作用，但与应有作用相比，仍存在着许多不协调和有待于解决的问题（表 5-5-1、表 5-5-2）。

表 5-5-1　政府在专业合作社中发挥的作用

已有作用	应有作用
已有的作用： ①政府奖励	①政府组织科技下乡 ②明确法人地位（登记机构应明确） ③税收特别优惠 ④示范

资料来源：参与式访谈

表 5-5-2　政府在专业协会中发挥的作用

已有作用	应有作用
①在政府引导下成立（政府推动）；②资金支持； ③办公的设备，用车；④指派兼职人员； ⑤不定期的资助（开会费、活动费）；⑥考察市场 ⑦政府奖励先进协会、先进个人	①专门人才培养与激励 ②行业管理职能的下放

资料来源：参与式访谈

2. 财务管理较为薄弱

合作组织财务管理较为薄弱，主要表现在以下几个方面：

（1）融资困难，资金严重不足。传统合作社以社有资金进行经营，资金来源主要是社员出资所形成的股金。这种筹集资金的方式与传统合作社小型化、专业化经营格局相适应，但是，随着合作社经营规模的扩大，大多数合作社在资金问题上越来越明显地感到困难。由于目前林业专业合作社力量较为薄弱，因此，要申请银行贷款来拓展业务十分困难，同时农村合作金融组织又不发达，限制了林业专业合作社的发展。

（2）财务制度不健全。财务制度是管理人员行使管理职能的重要依据，是督促各部门执行财务方针、不断提高经济效益的法宝，是维护财经法纪、抵制某些人弄虚作假、实现管理由“粗放型”向“集约型”转变的基本保证。但现实是，一些林业专业合作社财务无章可循、监督控制机制不健全，或有财务内部控制制度，但未形成完整的约束体系，从而导致财务管理混乱的局面。收支审批存在着较大的个人随意性，给少数干部占用、挪用资金提供了可乘之机。

（3）会计基础工作薄弱。会计基础工作薄弱，内控制度不够健全或执行不力却是合作社普遍存在的问题。内部牵制制度不规范，单位会计人员职责不清，相互推诿，会计的核算和监督职能并没有很好地发挥作用。有的合作社没有按会计制度的规定设置账簿，会计核算不全面，会计信息反映不准确，存在账账不符，账证不符，账实不符，甚至出现了原始凭证手续不完备，在林产品的收购和销售环节出现打白条及记流水账等现象，漏洞较大。此外，实物资产管理混乱，自有资产家底不清，核算手续、账务处理不规范，没有设置固定资产账目、卡片，只列支出不计资产账，账物无法核对，管理者从上到下不知道家底情况，或者表面上有账，但登记不规范、不完整，账物长期不核对，有账无物或有物无账。

（4）重行政或业务工作轻视财务管理的现象较为突出。有些合作社领导或工作人员认识不足，认为主要工作是进行行政性管理或主要业务，注重行政管理制度的建设，而忽视单位财务管理制度的建设，没有将财务管理纳入管理的有效机制中，缺乏现代财务管理观念，使财务管理失去了它在合作社管理中应有的地位和作用，致使财务管理的信息往往落后于其他行政信息，造成领导决策与会计信息脱节，会计信息的有用性、真实性、准确性很难得到充分发挥。

（5）财务人员素质低，责任心不强。正是由于合作社对财务管理的不重视，一些不了解财务、不懂财务的人员在会计岗位上工作。会计人员专业知识不足，对于财务管理的理论方法缺乏应有的认识和研究，责任心不强，存在着对不符合财经制度的开支不敢管，对职权范围以外的财务工作不想管，对职责范围内的工作不熟悉，不了解，又管不好的现象。

3. 信息化程度低

由于林业专业合作经济组织起步较晚，处于萌芽状态，管理欠规范，信息化程度很低，给社员提供的服务相对比较传统，信息化技术运用少。而从发达国家看，在各类合作组织管理中，无论是产前、产中和产后都大量使用信息技术，处处可见信息化，不但给社员提供了更便捷更优质的服务，而且还提升了竞争实力。

（三）建立适应市场需求的林业现代化服务组织体系

1. 营造服务组织发展的良好环境

虽然浙江省已经在全国率先通过了《浙江省农民专业合作社条例》（以下简称《条例》），《条例》中规定了各级人民政府应该鼓励和支持合作社发展，在资金、税收、科技、人才、用地、供水、供电、交通等方面制定具体措施予以扶持。但仍缺乏具体的实施细则，因此，应出台与林业专业合作经济组织相关的包括资金、税收、科技等在内的鼓励政策，为合作组织的发展创造宽松的外部环境。同时，政府必须对自身角色正确定位，在发展初期政府要推动但不能强迫，因为合作思想本身就需要推动；而在发展过程中更多的是需要政府的指导、扶持而不是干预或包办。

2. 构建纵横交错、功能齐全的现代化服务组织体系

根据浙江省林业发展的实际需要和国外合作组织的成功经验，专业合作经济组织体系的目标是建立纵横交错、功能齐全的多层次组织结构（图 5-5-1）。

① 横向组织结构：是指农户为了解决林业生产经营过程中所面临的共同问题和困难，在自愿参加的基础上所形成的各种不同的合作组织。包括以下两类：一是直接围绕林业生产活动服务的合作小组（或称联络会）。从事某种相同的林产品生产的一部分农户之间，在自愿的基础上形成的一种自发的联合。如：柑橘生产者联络会、杨梅生产者联络会、山核桃生产者联络会等。它对技术的普及和提高林产品质量，统一农产品规格发挥重要作用。二是

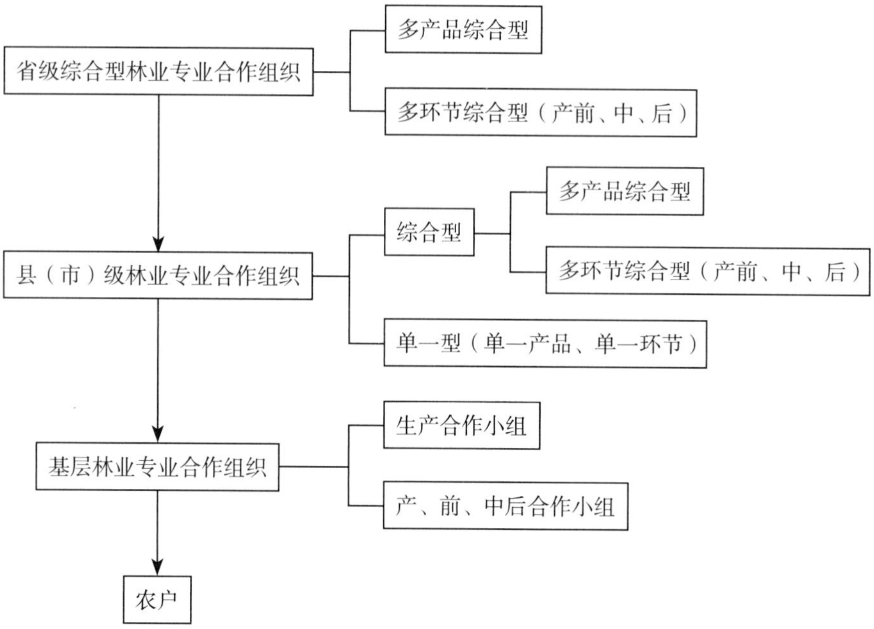

图 5-5-1　林业专业合作组织体系的总体框架

围绕产前、产后服务的合作小组。如：竹笋贩销合作小组、山核桃加工合作小组等，有利于克服一家一户小生产的盲目性，促使小生产和大市场的衔接。

② 纵向组织结构：是指在横向组织结构发展的基础上，通过林业科技人员和干部等个人自愿有效的参与而形成的，对不同类型的基层林业专业合作经济组织具有协调、指导和监督管理作用的多层次的民间合作经济组织。

3. 建立健全利益分享风险机制

如何建立合理的利益分配机制是合作经济组织健康发展的关键，同样也是林业专业合作经济组织建设的关键。

（1）利益机制的总原则。合作组织与各参与主体是在共同利益上的联合，其本质是共同的经济利益一体化，即利益共同体，基本原则是“风险共担，利益共享”。“风险共担，利益共享”原则要有一系列约束机制和保障机制来维系。从内部结构上看，利益是共同体的核心，围绕这个核心是四大保证要素，他们是：①利益的创造与分配；②合作经济组织对社员（会员）的服务；③组织保证；④制度保证（图 5-5-2）。

（2）利益创造与分配。通过建立林业专业合作经济组织，扩大生产规模、提高加工深度，节约交易成本，实现利益创造功能。同时，通过协议定价、利润返还、按股份分红等方式进行利益分配，并确定法定公积金、公益金、合作经济组织发展基金（风险基金）、社员股息等的分配比例。

（3）合作经济组织对社员（会员）的服务。林业专业合作经济组织对社员（会员）的服务主要包括资金扶持、低价或无偿服务、低价或赊销生产资料等方面。

（4）制度保障。林业专业合作经济组织与各参与主体间要成为一个利益共同体应建立包括合同产销、保护价格和风险基金等在内的保障制度。

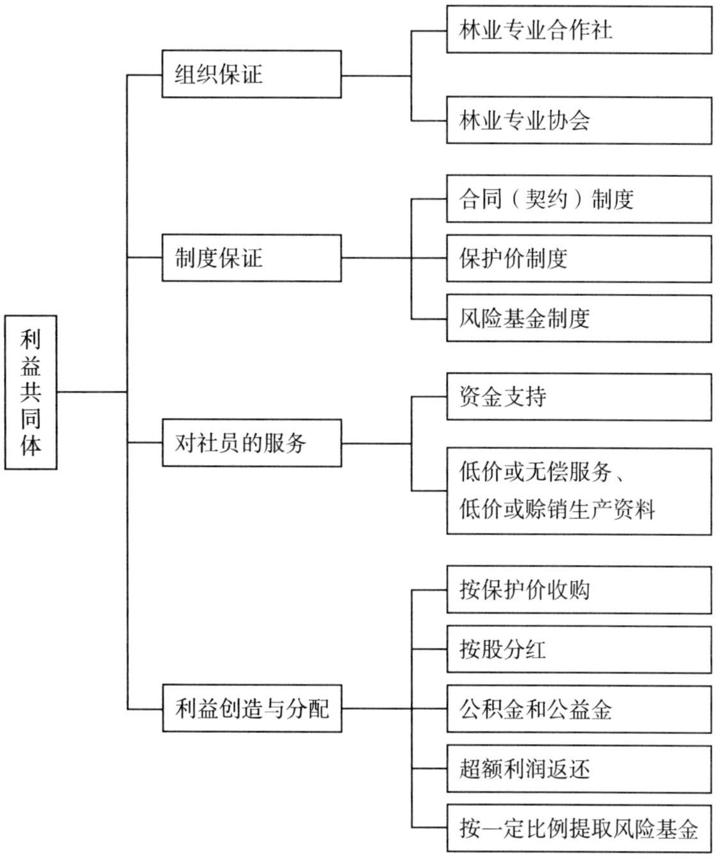

图 5-5-2 林业专业合作经济组织利益共同体的基本框架

4. 规范内部管理，提高运行效率

从规范运作管理入手，建立健全包括章程、机构设置等在内的内部管理体制和机制。做好财务的规范化管理工作，包括：开拓新的筹资渠道；建立、健全财务制度规范财务行为；加强会计基础工作，建立规范的会计工作秩序；强化单位负责人的执法意识；健全会计核算机构，提高财会人员素质。同时，为了整合内部资源，加快对市场的反应速度，为会员和顾客提供更优质、更便捷的服务，在规模不断扩大、功能较为完善的合作组织，应创造条件推进信息化工作，以提升合作组织的层次和竞争能力。信息化工作包括内部信息化和外部信息化两部分。内部信息化主要是指合作组织内部管理的信息化，包括电子商务系统、采购系统、组织员服务系统、财务管理系统、销售系统等。外部信息化主要是指通过电子商务系统实现合作组织与外界市场的全面对接。

第六章 浙江林业现代化的人力资源保障

林业人力资源是林业生产要素中最能动、最积极、最活跃的因素，是林业建设的第一资源。林业人力资源的开发关系到林业劳动者的素质提高和林业科学技术的普及与应用；关系到农村产业结构的调整和林农收入的增加；关系到全社会对美好生存环境和高度物质文明的追求；是进行林业生态建设、确保国土生态安全、建设生态文明社会的重要保障；在推进林业现代化中起着全局性、基础性、先导性的作用。

浙江省委省政府提出了建设“生态省”的战略目标；对浙江省林业发展，进而对浙江林业人力资源的开发与利用提出了更高的要求。因此，浙江林业发展必须紧紧围绕浙江省的战略目标，坚持“以人为本”的科学发展观，树立林业人力资源是林业建设第一资源的观念；通过激励机制创新和加强能力建设，稳定林业人力资源的规模，优化林业人力资源结构，提高林业人力资源的素质与能力，为实现浙江林业现代化战略目标服务。

一、林业职工队伍不稳定、结构不合理

（一）林业职工队伍不稳定

人力资源是第一资源，林业现代化建设需要一批具有崭新的经营理念和过硬的专业技能的专门人才。据统计，1999 年以来无论是在岗职工总量还是专业技术人员，都呈现出逐年下降的趋势，在岗职工由 1999 年的 26749 人下降到的 15402 人，下降幅度达 42.4%，具体见图 5-6-1。另外，自 2001 年以来，林业系统科技人员流出 340 人，流入 169 人，净减少 171 人。这些变化一方面是适应了林业职能由经济效益为主向生态效益为主转变的新趋势和新要求，但另一方面也反映出林业职工队伍的不稳定性。

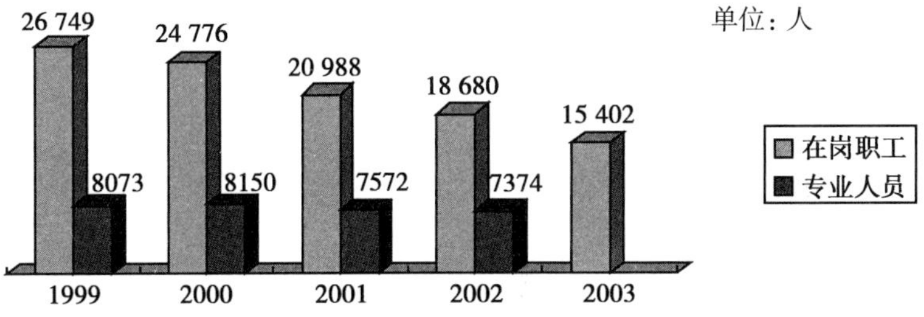

图 5-6-1 浙江省林业职工变化趋势

（二）浙江林业职工结构不合理

通过对浙江省林业在岗职工内部结构的具体分析，发现浙江林业在岗职工的学历、职

称结构不尽合理。主要表现为:高职称比例低,低职称比例高;高学历比例小,低学历比例大。整个林业科技人员队伍文化素质低,服务能力弱;难以适应林业现代化的要求。具体见图 5-6-2 和图 5-6-3。

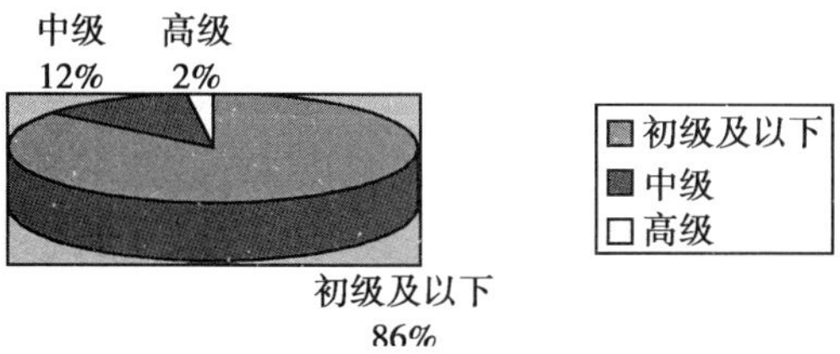

图 5-6-2　浙江林业在岗职工职称结构

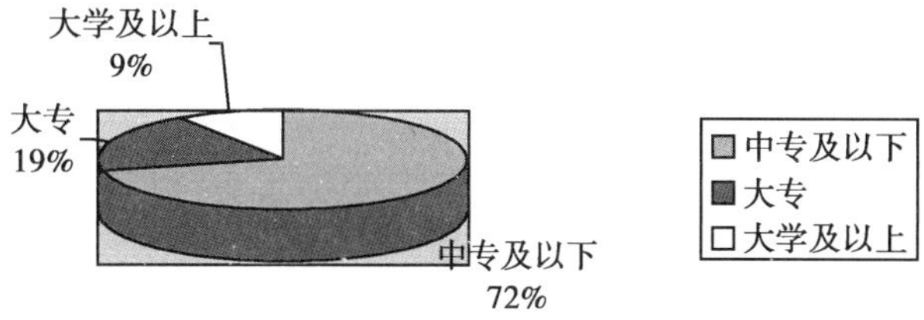

图 5-6-3　浙江林业在岗职工学历结构

二、以激励机制创新为重点，发挥林业人力资源的最大潜能

就浙江林业人力资源现状来看，目前主要存在三方面的问题，制约了林业人力资源的开发与利用。一是林业从业人员收入偏低，现有林业从业人员队伍不稳定；二是林业人才激励机制不健全，现有林业专业人才积极性得不到充分发挥；三是与世界林业发达国家的交流合作渠道不畅通，不能有效实现世界范围内林业人力资源的共享。因此，必须通过建立健全多种激励机制，实现浙江林业人力资源量的扩张和质的提高，充分调动从业人员的积极性和创造性，发挥其最大的潜能，加速人力资源向人力资本的转化。

（一）缩小林业与其他行业职工收入差距，稳定现有林业从业人员队伍

随着全球经济一体化趋势的不断加强，科技竞争、人才竞争日趋激烈，人才流动十分频繁。就林业行业而言，由于林业行业的特殊性，决定了林业职工往往身处偏远山区，自然环境恶劣，生活条件艰苦；再加上由于政策上的原因，林业职工收入水平普遍偏低，致使林业人力资源尤其是科技人员流失现象时有发生，林业从业人员队伍不稳定。

就浙江省而言，林业在岗职工与城镇单位职工平均工资相比，林业职工平均工资仅为城镇单位职工平均工资的 75%。具体见图 5-6-4。其他行业相比，林业行业显然缺乏足够的吸引力，林业人才流失在所难免。

单位：元

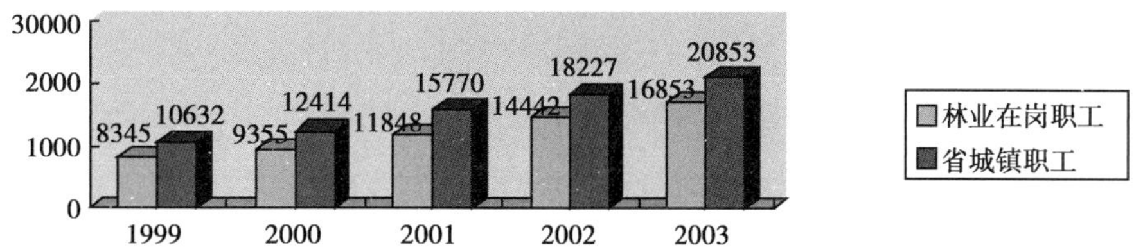

图 5-6-4　浙江省林业在岗职工与城镇单位职工平均工资比较

根据亚当斯的公平理论，人们能否受到激励，能否调动其积极性，不仅由他们得到了什么报酬和多少报酬决定，更重要的是他们看到别人或以为别人所得到的报酬与自己的报酬是否公平而定。因此，要增强林业行业对人才的吸引力，稳定林业从业人员的队伍，必须提高林业职工的收入水平，缩小林业职工与其他行业工资水平的差距，并落实林业职工

在职称晋升、医疗统筹、养老保险、子女就学等方面的基本保障，真正实现同工同酬，为林业行业从业人员队伍的稳定，创造一个良好的外部环境。

（二）创新林业人才激励机制，发挥现有林业人力资源的最大潜能

如果说，林业行业整体收入水平偏低是造成林业人才流失、队伍不稳定的外部因素的话；那么林业行业内部激励机制不健全、平均主义较严重是导致现有林业人才积极性不高，不能发挥其最大潜能的内部因素。

1. 建立“按绩取酬”分配制度，鼓励要素参与分配

目前，浙江省林业行业内部，在分配制度上存在着较为严重的平均主义，影响了林业在岗人员积极性的发挥。因此，要加快分配制度的改革，引入竞争机制，彻底打破平均主义分配方式，逐步建立“按岗定酬、按绩取酬”分配原则。首先，通过引进竞争机制，按照“公开、平等、竞争、择优”的原则，采取公开招聘、竞争上岗、双向选择等多种手段，从现有人员中择优录用，促进各类人才的合理流动和优化组合，实行目标绩效考核制度，并将其工资待遇与绩效考核结果挂钩。其次，要允许科技生产要素参与分配，鼓励林业人员发挥专长，从事林业创新技术的研究和推广。从政策上鼓励林业人员带项目、技术成果、专利技术，以技术入股方式兴办各类林业基地、科技企业和民营科研所，所在单位对他们在职称评定，奖金分配，人事安排等方面应给予同等看待或优选考虑，并对有突出贡献的林业人员实行重奖制度。

2. 实施多层次的人才培养计划，构建精神激励机制

人的需要是多种多样并且是有层序性的，由低层次的生存需求向高层次的享受和发展需求转变。因此，对林业人才的物质激励固然重要，但是精神激励也不可缺少，应结合行业特点，建立形式多样、内容丰富的多层次的激励机制，提高激励效果，全面发挥林业人才的积极性。

具体而言，要结合浙江省林业发展和建设“生态省”的总体要求，通过“财政支持、社会募集”的机制，建立“绿色浙江”林业科技人才发展基金，实施“315”林业科技人才计划和青年人才科研培养计划。

（1）启动“315”林业科技人才计划。到 2010 年，培养和吸引 30 名在省内外享有很高声誉的科技学术带头人，培养 100 名在浙江省林业产业发展和生态建设相关学科领域具有较大影响和发展潜力的中青年科技骨干，培养和稳定 500 名从事技术推广与科学普及的骨干。构建“宝塔形”的科技人才队伍，使他们成为浙江省林业科技战线的带头人和榜样。

（2）实施青年人才科研培养计划。针对浙江省林业后备人才相对不足的实际，应加快后备人才的培养和激励，吸引和促使他们快速成长。每年可资助 20 名左右从事林业科技研究与推广的年轻人才，制定一定的标准（年龄小于 35 岁，学历硕士以上等条件），通过立项申报的形式进行资助（项目资助力度根据项目性质确定为 1万~1.5 万元），目的是通过少量的启动基金使他们开始学习和掌握科研方法，为更深入的研究和申报其他大项目奠定基础，使他们成为浙江省林业科技战线的后起之秀。

3. 加强交流与合作，实现林业人力资源共享

发达国家拥有丰富的高级人才资源，以多种形式充分利用国外优秀人才资源是我国林业人力资源的一支重要补充力量。因此，根据人才流动规律，建立国际化人才市场，采取以吸引为主的政策，用良好的机制、环境和条件吸引国外人才以多种形式为我所用是十分必要的。

目前，浙江省尚未与国外林业发达国家之间建立有效的交流与合作的平台与机制；加入WTO后，林业发展的国际化趋势日益明显，林业国际合作的空间和范围不断扩大，积极参与国际合作与竞争是实现浙江林业现代化、提高浙江省林业综合竞争能力的必然选择。因此，应充分利用浙江地处东部沿海、经济发达、对外开放程度高的优势，坚持“不为所有，但求所用”的原则，通过制定一些优惠的政策措施，为引进人员提供优厚的薪酬、住房和科研经费以及必要的工作条件，鼓励他们利用业余时间，以项目合作、兼职、考察、讲学、担任业务顾问等多种形式引进智力、信息和经验，实现人力资源的共享。同时，要加强国外先进林业技术的引进与吸收，并充分利用国外资源与市场，为浙江林业现代化建设服务。

（三）以能力建设为核心，全面提高林业人力资源素质与能力

在稳定林业人才队伍、发挥林业人才积极性的基础上，通过教育和培训全面提高林业人力资源的素质与能力，是实现浙江林业现代化的关键所在。

1. 以“二院一所”为依托，培养林业科技创新人才

早在1912年，西方著名经济学家熊彼特，在其《经济发展理论》一书中提出“创新理论”。所谓“创新”就是“建立一种新的生产函数”，也就是说，把一种从来没有过的关于生产要素和生产条件的“新组合”引入生产体系，并认为“创新”是经济发展的源泉。

目前，我国林业发展正经历着从以木材生产为主向以生态建设为主的历史性转变过程，浙江省也相继提出了建设“生态省”等重要战略举措，要完成林业发展中这一创新性的转变，真正实现浙江林业现代化，必须以“二院一所”为依托，培养林业科技创新人才，以提高浙江林业科技源头创新能力。

浙江林学院和浙江林业科学研究院分别是浙江省的林业高等教育机构和林业专业研究机构，中国林业科学研究院亚林所是中国林业科学研究院在浙江的科研机构，他们拥有丰富的林业教育资源及雄厚的林业科研力量与基础，是浙江林业科技拔尖人才的培养基地和林业科技的创新基地，肩负着为浙江林业现代化提供智力和技术支撑的重任。因此，政府应加强对这些专业院所的政策和财力支持力度。学院本身应加强林业学科建设和加快林科专业调整，在保持和发挥林业学科特色的基础上，注重当前急需、新兴、实用和交叉学科与专业的建设；进一步完善教学、科研和生产相结合的机制，使之成为国内知名的林业大学。科研院所也应转换机制，深化改革，增强实力。总之，要使这些科研院所和高等学院成为浙江省林业拔尖人才的培养基地和林业科技的创新基地。在此基础上，强化林业职业教育，培养林业技能人才；同时要利用国家林业局将浙江省列为林业现代化联系省份，以及省政府与中国林业科学研究院签订全面科技合作协议为契机，加强与国家林业局、中国林业科学研究院在人才培养及科学研究等方面的合作。

2. 以林业实用技术推广网络为载体，提高林农科技运用能力

广大林农是林业生产主力军，是林业发展的基础力量。广大林农素质的高低和运用林业实用科技能力的强弱，直接关系到林业生产的经营效果，关系到林农从事林业生产的积极性。同时，通过林业实用技术的推广与应用，及时将已有的林业科技创新成果转化为林业生产力，可以为进一步的林业科技创新提供市场动力。

目前，浙江省广大林农素质仍然偏低，掌握和运用林业实用科技能力较弱是客观事实，因此，今后要以现有基层林业技术推广站点及林业信息网络为载体，加强林业实用科技的推广和应用，提高林农掌握和运用林业实用技术的能力，以及林业经营的实际效果；同时，也为林业科技的进一步创新提供市场需求动力。

（1）加强基层林业技术推广网络建设，提高为林农服务的能力。目前，全省共有县级以上林业科技推广机构 78 个，其中省级 1 个，市级 9 个，县（市、区）级 68 个，在岗人数 781 人，其中专业技术人员 739 人。

基层林业技术推广体系是林业社会化服务的主导力量，是实施科技兴林战略的重要载体，也是实现林业增效、林农增收的基础力量。然而，目前浙江省基层林业技术推广机构普遍存在服务经费短缺、服务机制不活、服务内容单一、服务能力不强、服务动力不足等问题，严重制约了浙江省林业实用技术的推广与应用。因此，今后必须加强基层林业技术推广站点的经费投入、改变服务方式、提高服务水平、增强服务动力，真正发挥基层林业技术推广站点在林业实用技术推广与应用中的作用。

（2）加强林业信息网络建立，提高林业科技推广覆盖面。随着信息和网络技术的迅速发展，网络以其迅捷、价廉、面广等优点，很快成为了广大群众获取信息的主要渠道之一。浙江作为我国东部沿海经济发达省份，随着人民生活水平的不断提高，信息网络技术得到了普遍的运用，已经开始从城市逐步向广大农村渗透。因此，应该利用信息网络技术快速发展的有利时机，加强林业信息网络的建立，将林业实用技术和市场信息通过网络载体加以及时发布，以增加林业实用技术推广的覆盖面，节约林业实用技术推广成本，增加林业实用技术推广的时效性。

3. 以岗位培训和继续教育为平台，提高林业从业人员的业务能力

随着信息技术的快速发展，知识更新的速度越来越快，终身学习、继续教育是当前国际人力资源开发的主要趋势。大力开展林业人力资源的岗位培训和继续教育，加强现有人力资源的能力建设，全面提高林业人力资源素质与能力，是林业现代化得以实现的关键所在，也是社会主义新农村建设的客观需要。针对浙江实际情况，应重点做好以下几方面的工作。

（1）加强林业科技人才、干部的岗位培训和继续教育。随着知识更新速度的加快，林业经营管理人员知识老化现象更为突出，难以适应林业现代化和国际化发展趋势的要求。因此，应及时启动制度化的林业经营管理人员的岗位培训和继续教育工程，对现有的林业经营管理人员进行大规模的、分层次的教育培训活动。除做好常规性林业经营管理人员素质和适用技术的培训以外，尤其要加强 WTO 规则、森林认证等国际热点及相关知识的培训，以提高林业科技队伍的整体素质。通过优惠政策鼓励中青年科技人才和干部的在职培训和知识更新。

（2）设立专项经费，建立林业现代化的教育与培训基地。林业现代化需要一批后备人力资源，而调查发现，林业单位都不同程度地出现专门人才的断档现象，面临着较为严重的短缺现象，因此，要及时制订林业现代化的人员培训与教育计划，纳入各级政府的议程，设立专项经费，使干部、科技人员和农民、企业职工等相关利益群体都能分期分批地得到培训与教育，使他们的素质和观念得到根本性的转变。选择若干相关的高等院校和科研院所建立培训基地；选择一批生态市（县）、乡镇和生态村、林业生态型科技企业建立林业现代化的教育基地；既作为大中专学生、中小学生生态教育的场所，也可为干部、科技人员、农民提供实地参观学习的范例。

同时，要针对公众开展生态道德和生态理念教育和宣传，不断提高公民生态意识，为林业现代化建设提供保障。

参考文献

REFERENCE

1. 中国可持续发展林业战略研究项目组．中国可持续发展林业战略研究·战略卷［M］．北京：中国林业出版社，2003.
2. 中国可持续发展林业战略研究项目组．中国可持续发展林业战略研究·总论［M］．北京：中国林业出版社，2002.
3. 江泽慧，等．中国现代林业［M］．北京：中国林业出版社．1999.
4. 彭镇华．中国城市森林［M］．北京：中国林业出版社，2003.
5. 中国科学院可持续发展战略研究组．2003年中国可持续发展战略报告［M］.
6. 中国科学院可持续发展战略研究组．2004年中国可持续发展战略报告［M］.
7. 中国科学院可持续发展战略研究组．2005年中国可持续发展战略报告［M］.
8. 中国现代化战略研究课题组，中国科学院中国现代化研究中心．2005年中国现代化研究报告［M］.
9. 国家林业局．2004中国林业发展报告［M］．北京：中国林业出版社，2004.
10. 国家林业局．2005中国森林资源报告［M］．北京：中国林业出版社，2005.
11. 国家林业局．中国林业年鉴［M］．北京：中国统计出版社，1987~2004.
12. 国家林业局．中国林业统计年鉴［M］．北京：中国林业出版社，1994~2004.
13. 国家林业局．中国林业年鉴［M］．北京：中国统计出版社，1949~1986合订本.
14. 中共中央 国务院关于加快林业发展的决定［N］．2003-6-25.
15. 周生贤．中国林业的历史性转变．北京：中国林业出版社，2002.
16. 周生贤．全面建设小康社会与中国林业跨越式发展［EB/OL］．国家林业局网，2003-5-8.
17. 周生贤．盛世兴林［M］．上册．北京：中国大地出版社，2004.
18. 董智勇．中国生态林业理论与实践［M］．北京：科学技术出版社，1994.
19. 胡鞍钢．中国大战略［M］．杭州：浙江人民出版社，2003.
20. 胡大源．处在经济发展与环境改善之间的政府政策选择［J］．国际经济评论，1998（3.4）.
21. 黄鹤羽，等．资源效用型林业研究［M］．北京：中国林业出版社，1994.
22. 李育才．面向21世纪的中国林业发展战略［M］．北京：中国林业出版社，1996.
23. 彭镇华．中国森林生态网络体系建设［M］．北京：中国林业出版社，2003.
24. 沈国舫．中国林业如何走向21世纪［M］．北京：中国林业出版社，1995.
25. 施昆山，等．当代世界林业［M］．北京：中国林业出版社，2001.
26. 王志宝．森林与环境——中国高级专家研讨会文集［C］．北京：中国林业出版社，1993.
27. 浙江省林业局．浙江林业自然资源（森林卷）［M］．北京：中国农业科学技术出版社，2002.
28. 浙江省林业局．浙江林业自然资源（湿地卷）［M］．北京：中国农业科学技术出版社，2002.

29. 浙江省林业局 . 浙江林业自然资源（野生动植物）[M] . 北京：中国农业科学技术出版社，2002.
30. 浙江省林业志 [M] . 北京：中华书局出版社，2001.
31. 浙江省统计局 . 浙江省林业年鉴 [M] . 北京：中国统计出版社，1991~2004.
32. 浙江省统计局 . 浙江省统计年鉴 [M] . 北京：中国统计出版社，1991~2004.
33. 中国城市森林论坛组委会 . 中国城市森林正在崛起——兼论城市森林建设的理论和实践 [J] . 中国城市林业，2005，3（1）：8~13.
34. 中国林学会 . 当代林业发展理论 [J] . 林业资源管理，1998.
35. 中国气象局 . 中国 21 世纪议程——中国 21 世纪人口、环境与发展白皮书 [M] . 北京：中国环境科学出版社，1994.
36. 中国科学院可持续发展战略研究组 . 中国现代化进程战略构想 [M] . 2003.
37. 中华人民共和国林业部 . 中国 21 世纪议程林业行动计划 [M] . 北京：1995.
38. 王义文 . 城市森林的兴起及其发展趋势 [J] . 世界林业研究，1992（1）：42-49.
39. 吴泽民 . 城市林业的发展及城市森林的经营管理 [J] . 安徽农业大学学报，1993.20（4）：359-362.
40. 黄庆丰 . 对发展我国城市林业的几点思考 [J] . 林业资源管理，1998（3）：47-49.
41. 刘炳路 . 伍庆禄 . 广州率先建设生态城市 [J] . 广东日报，2003-1-27.
42. 刘森茂 . 关于城市林业的几点认识 [J] . 林业经济问题，1999（5）：40-43.
43. 吕妙儿，等 . 城市绿地监测遥感应用 [J] . 中国园林，2000（5）：41-41.
44. 马忠良，等 . 中国森林的变迁 [M] . 北京：中国林业出版社，1996.
45. 王木林 . 城市林业的研究与发展 [J] . 林业科学，1995，31（5）：460-466.
46. 王磐岩，等 . 风景园林科技“十五”计划及 2015 年发展规划 [J] . 中国园林，2000（2）：39-30.
47. 王献溥 . 崔国发 . 城市绿化中的生物多样性保护问题 .// 彭镇华 . 上海现代城市森林发展[M]. 北京：中国林业出版社，2003.
48. 谢声信 . 浅谈林业的一个重要分支——城市林业 [J] . 广东林业，1996（4）：18-21.
49. 陈韩晖 . 环城绿带纳入城镇总体规划 [J] . 南方日报，2003-7-9.
50. 陈美高，等 . 建设城市林业生态初探 [J] . 林业经济问题，1994（1）：58-60.
51. 高峻，等 . 上海城市绿化景观格局的分析研究 [J] . 中国园林，2000（1）：53-56.
52. 丛日春，李吉跃 . 试论城市林业在我国城市发展中的地位[J]. 北京林业大学学报，1997，19（2）：1-10.
53. Gene W Grey.Urban Forestry [M] .New York，1986.
54. Gorden A Bradley.Urban Forestry Landscapes.University of Washington Press.Seattle and London，1995.
55. John Wiley，Sons，etc.Urban Soil in Landscape Design [M] .Inc.New York，1997.
56. Roxanne Warren.The Urban Oasis [M] .New York，1997.
57. LizAldenWily. 社区林业的发展：从满足需求到授予权力 [J] . 林业与社会，2004.
58. 鲍淳松 . 杭州夏季城市热岛特点与绿化覆盖率的关系 [J] . 杭州科技，2002（2）：32-33.
59. 鲍淳松，楼建华，曾新宇，项志松 . 杭州城市园林绿化对小气候的影响 [J] . 浙江大学学报，2001，27（4）：415-418.
60. 鲍淳松，赵可新，曾新宇，楼建华 . 杭州城市热岛的变化趋势 [J] . 浙江林业科技，2001，21（2）：62-64.
61. 陈国瑞，李天佑，愈益武，等，杭州常绿阔叶林对林内近地层温度和湿度的调节效应 [J] . 浙江林学院学报，1994，11（2）：151-158.
62. 陈久和 . 试论城市边缘湿地的可持续利用—以杭州西溪湿地为例 [J] . 浙江社会科学，2002（6）：

181-183.
63. 陈天宝，楼明林，胡茂灶．浙江义乌市生态公益林建设情况的调查与对策［J］．华东森林经理，2004，18（2）：42-47.
64. 陈征海，刘安兴，李根有，杜群，应顺东，等．浙江天然湿地类型研究［J］．浙江大学学报（农业与生命科学版），2002，28（2）：156-160.
65. 陈征海，唐正良，胡明辉，等．浙江海岛盐生植被研究Ⅱ——天然植被类型及开发利用［J］．生态学杂志，1996，15（5）：6-11.
66. 陈征海，唐正良，胡明辉，等．浙江海岛野生观赏植物资源［J］．浙江林业科技，1996，16（4）：59-66.
67. 陈征海，唐正良，孙海平，等．浙江海岛乡土树种资源调查研究［J］．浙江林业科技，1995，15（6）：1-7.
68. 邓文莉．绿色消费引领消费新时代［J］．企业家天地，2004，12：40.
69. 范世香，蒋德明，阿拉木萨，等．论森林在水源涵养中的作用［J］．辽宁林业科技，2001，5：22-25.
70. 桂来庭．从我国的城市化看我国城市森林的发展［J］．中南林业调查规划，1995（4）：24-31.
71. 郭占恒．浙江省土地征用与工业化、城市化、非农化进程［J］．经济研究参考，2002（42）：41-48.
72. 国家林业局赴浙江调查组．率先实现林业现代化的探索——浙江省调查报告［J］．绿色中国，2003，2：27-30.
73. 杭州大学地理系．浙江省农业区划图集［M］．北京：测绘出版社，1989.
74. 郝燕湘．中国林业产业发展方向及政策要点［J］．中国林业产业，2005.
75. 洪伟，闫淑君，吴承祯．福建森林生态系统安全和生态响应［J］．福建农林大学学报（自然科学版），2003，32（1）：79-84.
76. 胡坚强，张佩．浙江森林旅游的文化内涵及开发［J］．浙江林业科技，24（4）：73-76.
77. 胡亚芬，周建全，翁逸锋．对构筑杭州城市化建设绿色屏障的探讨［J］．华东森林经理，2003，17（1）：44-46.
78. 淮小英．浙江省农村生态环境的主要问题及其保护对策［J］．浙江大学学报．
79. 江泽慧．加快城市森林建设，走生态化城市发展道路［J］．中国城市林业，2003，1（1）：1-8.
80. 金辉，徐德才，叶俊．浙江西北山区酸雨成因研究［J］．重庆环境科学，1998，20（5）：26-29.
81. 李永宁，于珍，陈占稳．林业区划是实施林业分类经营的基础［J］．林业资源管理，2000，6：17-20.
82. 李云梅，金卫斌，吴元奇．胡秉民浙江仙居风景区景观格局与旅游价值的关系［J］．山地学报，2001，19（3）：274-277.
83. 陆献锋．培育阔叶林资源与生态安全［J］．浙江林业，2004，2：20-21.
84. 罗斌．关于我国林业国际发展战略的思考［J］．林业工作研究，2004.
85. 茅史亮，杨幼平，贾伟江，等．浙江森林火灾发生规律与发展趋势研究［J］．浙江林业科技，2004，24（1）：16-20.
86. 苗曼倩，唐有华．长江三角洲夏季海陆风与热岛环流的相互作用及城市化的影响［J］．高原气象，1997，17（3）：280-289.
87. 彭镇华，江泽慧．中国森林生态网络体系建设研究［J］．应用生态学报，1999，10（1）：99-103.
88. 彭镇华，王成，城郊生态敏感区土地利用思考［J］．中国城市林业，2005，3（3）：4-7.
89. 彭镇华．林网化与水网化——中国城市森林建设理念的探究［J］．中国城市林业，2003，1（2）：1-7.
90. 彭镇华．上海现代城市森林发展研究［J］．北京：中国林业出版社，2003.
91. 彭镇华．中国城市森林［M］．北京：中国林业出版社，2003.

92. 秦钟，周兆德．森林与水资源的可持续利用［J］．热带农业科学，2001，91（3）：49-56.
93. 沈新强，袁骐，王云龙，蒋玫．长江口、杭州湾附近渔业水域生态环境质量评价研究［J］．水产学报，2003，27（增刊）：76-81.
94. 沈月琴，顾蕾，沈月娣，等．浙江山区现代化建设若干问题的思考［J］．浙江林学院学报，2000，17（4）：445-449.
95. 盛学良，董雅文，等．城市化对生态环境的影响与对策［J］．环境导报，2001（6）：8-9.
96. 宋永昌．城市森林研究中心的几个问题［J］．中国城市林业，2004，2（1）：4-9.
97. 孙华，李云梅，王秀珍，倪绍祥．典型小流域土地利用景观生态评价方法及其应用研究——以浙江仙居县永安溪为例［J］．武汉大学学报（信息科学版），2003，28（2）：177-181.
98. 谭芳林．森林水文学的研究进展与展望［J］．2002，29（4）：47-51.
99. 唐秀萍．公众生态需求推动林业发展［J］．中国林业，2003，10（A）：18-19.
100. 唐志，张新华，郑四渭，等．浙江林业发展历程分析［J］．林业经济问题，2003，23（6）：344-347.
101. 汪传佳．培育和保护森林资源必须树立新观念［J］．浙江林业，2004，2：8-9.
102. 汪奎宏，许利群．浙江林业可持续发展研究［J］．浙江林业科技，2002，22（3）：1-6.
103. 王成，蔡春菊，陶康华．城市森林的概念、范围及其研究［J］．世界林业研究，2004，17（2）：23-27.
104. 王成，彭镇华，陶康华．中国城市森林的特点及发展思考［J］．生态学杂志，2004，23（3）：88-92.
105. 王成，彭镇华．关于城镇绿地增加生物多样性的思考［J］．城市发展研究，2004，3：32-36.
106. 王成．近自然的设计和管护——建设高效和谐的城市森林［J］．中国城市林业，2003，1（1）：44-47.
107. 王同新，试论浙江森林资源的经济价值［J］．浙江林业科技，2000，20（6）：59-76.
108. 吴长文，城市化进程中的水土保持问题，中国水土保持，1995，（12）：38-40.
109. 吴钦孝，赵鸿雁，刘向东．森林枯枝落叶层涵养水源保持水土的作用评价［J］．土壤侵蚀与水土保持学报，1998，4（2）：23-28.
110. 吴韵琴．发展浙江省花木产业经济的思考［J］．林业经济问题，2000，20（2）：105-108.
111. 夏本安．论森林生态在水土保持中的作用［J］．中南林业调查规划，2001，20（2）：53-55.
112. 谢左章，刘燕堂，栗娟．“林带＋林区＋园林”——广州城市森林的总体布局与构建［J］．中国城市林业，2004，2（3）：12-16.
113. 徐建春．资源、环境与浙江的可持续发展［J］．浙江学刊，1998（1）：51-54.
114. 杨幼平，茅史亮，贾伟江，等．浙江省森林火灾发生现状、发展趋势和对策研究［J］．防火研究，2003，4：12-15.
115. 姚昌恬．把握社会需求、加快林业生产力发展［J］．林业工作研究，1999.
116. 叶兴勇，孙乐玲．浙江省环境地质工作与城市化进程［J］．上海地质，2001（增刊）：32-35.
117. 于兴修，杨桂山．典型流域土地利用覆被变化及对水质的影响——以太湖上游浙江西苕溪流域为例［J］．长江流域资源与环境，2003，12（3）：212-217.
118. 俞丹宏，吕军，胡丽娟．浙江水土流失现状及防治措施［J］．科技通报，1998，14（1）：22-26.
119. 岳春雷，王华胜，高瞻．人工湿地循环净化杭州植物园玉泉观鱼池水效果分析［J］．浙江林业科技，2002，22（4）：1-4.
120. 张浩，王祥荣，闫水玉．浙北城市化进程与区域水资源可持续利用［J］．中国人口资源与环境，

2001，11（2）：71-72.

121. 张建国,余建辉,舒信国．林业区划：生态林业建设的地域分工基础［J］．林业经济问题,1989：1-9.
122. 张金泉．生态需求管理与科学发展观［J］．四川大学学报，2004，134（5）：5-10.
123. 张庆费，宋永昌，由文辉．浙江天童植物群落次生演替与土壤肥力的关系［J］．生态学报，1999，19（2）：174-178.
124. 张涛，李惠敏，韦东，等．城市化过程中余杭市森林景观空间格局的研究［J］．复旦学报（自然科学版），2002，41（1）：83-88.
125. 张晓华，应松康，刘雪康，等．浙江海岛砂生植被研究（Ⅱ）天然植被类型及开发利用［J］．浙江林学院学报，1997，14（1）：50-57.
126. 张校军．林业下山、森林进城［J］．浙江林业，2004，4：22-23.
127. 张叶．浙江农村工业化、城镇化与生态环境［J］．浙江学刊，1998，（4）：61-65.
128. 张於倩，王玉芳．林业生态建设的成效、问题及对策［J］．林业经济问题，2004，24（4）：227-230.
129. 赵铮红，潘毅．浙江省农村生态环境现状与保护对策［J］．能源工程，2001.
130. 赵志荣．生态安全是加快林业发展的前提和基础［J］．陕西林业，学习〈决定〉增刊．
131. 浙江生态省建设工作领导小组办公室．生态省建设与自然环境保护文件汇编（内部资料）．
132. 浙江省地质调查院．浙江省农业地质环境调查［J］.2005.
133. 浙江省环境保护局．浙江省环境状况公报（1997~2004）［M］．
134. 浙江省林业局．浙江林业自然资源（森林卷）［M］．北京：中国农业科学技术出版社，2002.
135. 浙江省水利厅．浙江省水情年报（1998~2003）［M］．
136. 浙江省统计局．浙江统计年鉴（2004）［M］．北京：中国统计出版社，2004.
137. 郑郁善，郭海涛，徐凤兰．福建含笑杉木混交林水源涵养功能差异研究［J］．福建林学院学报，1997，17（2）：126-130.
138. 中国可持续发展林业战略研究项目组．中国可持续发展林业战略研究［M］．北京：中国林业出版社，2002.
139. 钟茂初．可持续消费：物质需求、人文需求、生态需求视角的阐释［J］．消费经济，2004，5：48-51.
140. 周福．影响浙江水资源和水环境的因素及对策［J］．浙江气象科技，2000，19（1）9-13.
141. 周钦华，刘小根，章永伟，等．四十二年来登陆浙江的台风及其对杭州的影响［J］．杭州大学学报（自然科学版），1994，21（2）：235-242.
142. 周永康，刘为伦．台风对浙江农业的影响及其对策研究［J］．杭州大学学报（自然科学版），1994，21（1）：92-98.
143. 朱永军，王安国，詹森梁．试论山区林业发展在生态省建设中的作用［J］.2004，24（1）：47-51.
144. 吴鸿．林业科技创新与浙江林业现代化建设［J］．浙江林业，2005，11：24–28.
145. 鲍淳松，楼建华，曾新宇，等．杭州城市园林绿化对小气候的影响［J］．浙江大学学报：农业与生命科学版，2001，27（4）：415–418.
146. 陈国富，吴黎明，等．浙江省林业生态建设与治理模式［M］．北京：中国林业出版社，2001.
147. 陈筎鸿，汪咏梅，毕良武，等．我国西部地区植物单宁资源开发利用现状与发展建议［J］．林产化学与工业，2002，22（3）：65–69.
148. 陈建国．我国民族植物色素的应用［J］．中国野生植物资源，2002，19（2）：21–24.

149. 陈涛，李刚，梁正阳．深圳生态风景林树种选择与示范林营造［J］．中国园林，1999，(4)：44-46.
150. 邓可蕴，贺亮．我国农村地区能源形势分析［J］．中国工程科学，2000，2(6)：52-57.
151. 段舜山．绿地植物的环境功能与作用［J］．生态科学，1999，18(2)：79-81.
152. 范月娇，江晓波．空间信息技术支持下的三峡库区土地利用时空变化分析［J］．资源科学，2002，24(5)：75-80.
153. 冯建国，徐跃庭，陈益泰．浙西南丘陵地八种乡土阔叶树的生长表现［J］．林业科学研究，1999，12(4)：438-441.
154. 高智慧，张金池，陈顺伟，等．岩质海岸防护林——理论与实践［M］．北京：中国林业出版社，2001.
155. 古炎坤．龙头山森林公园景区的树种选择与配置［J］．生态科学，1999，18(4)：78-81.
156. 郭浩，步兆东，陈国山，等．人工林培育技术与景观生态学［J］．世界林业研究，2003，16(1)：6-9.
157. 华强，陈静．欧洲植物药市场的发展概况［J］．中国中医药信息杂志，2000，7(10)：82-85.
158. 黄清麟．生态景观学与森林经理学［J］．森林资源管理，1997(4)：22-28.
159. 蒋景瞳，刘若梅，贾云鹏．中国地理信息元数据标准研究［M］．北京：科学出版社，1999.
160. 蒋景瞳，刘若梅．国外地理信息标准化进展和我国的对策［J］．遥感信息，1996，2.
161. 李崇贵，李春干．森林资源调查林区 GPS 控制网的试验研究［J］．林业科学，2005，41(1)：19-24.
162. 李根有．陈征海．刘安兴，等．浙江省湿地植被分类系统及主要植被类型与分布特点［J］．浙江林学院学报，2002，19(4)：356-362.
163. 林业“十一五”高技术产业发展规划征求意见稿［M］．2006，6.
164. 林业科学数据中心．林业科学数据库和数据共享技术标准与规范［M］．北京：中国林业出版社，2001.
165. 蔺银鼎．城市绿地生态效应研究［J］．中国园林，2003，(11)：36-38.
166. 刘基余．GPS 卫星导航定位原理与方法［M］．北京：科学出版社，2003.
167. 刘建勋，丛伟红．我国植物药（中药）研究的问题与建议［J］．中国中药杂志，2002，27(7)：484-486.
168. 刘仁义，刘南．基于 GIS 技术的水利防灾信息系统研究［J］．自然灾害学报，2002，11(1)：62-67.
169. 卢劲松，叶春定，廖北云．龙泉市百万亩生态公益林建设模式初探[J]．浙江林业科技，2001，21(4)：59-64.
170. 鲁敏，李英杰．城市生态绿地系统建设——植物种选择与绿化工程构建［M］．北京：中国林业出版社，2005.
171. 陆海根．生态学原理及乡土文化在公路绿化景观设计中的运用［J］．林业科技开发，2003，17(2)：63-64.
172. 陆元昌，甘敬．21 世纪的森林经理发展动态［J］．世界林业研究，2002，15(1).
173. 罗红艳，李吉跃，刘增．绿化树种对大气 SO2 的净化作用［J］．北京林业大学学报，2000，22(1)：45-50.
174. 罗怀斌，陈雪清，周光辉，等．GPS 定位技术在西藏“连清”工作中的应用效益分析［J］．中南林业调查规划，2002，21(1)：25-26.
175. 闽恩泽．利用可再生资源发展炼油和石油化工的探讨［C］．中国工程院第 7 次会议化工冶金组专题发言，2004，6.
176. 彭腾，李柏群，等 . 植物提取物在我国的应用现状和发展策略［J］. 中国药业，2004，13（2）：35.
177. 彭镇华 . 上海现代城市森林发展［M］. 北京：中国林业出版社，2003.
178. 钦佩，安树青，颜京松 . 生态生态工程学［M］. 南京：南京大学出版社，1998.
179. 全国地理信息标准化技术委员会 . 地理信息国家标准手册［M］. 北京：中国标准出版社，2004.
180. 邵青还 . 林业和谐论的进展及持续发展战略初析［J］. 自然杂志，2001，23（1）.
181. 国家发改委 . 生物质产业发展工程专题研究报告［C］. 2005. 6.
182. 石碧，狄莹 . 植物多酚［M］. 北京：科学出版社，2000：292–306.
183. 石元春，等 . 国家中长期科学和技术发展规划重大专项建议书［J］. 农林生物质工程，2004. 11.
184. 孙翠玲，李重和，顾万春 . 城市森林绿地和环境质量定量评论的研究［J］. 林业科学研究，1991，4（3）：302–307.
185. 孙汉董 . 现代化是中药与植物药发展的必由之路［J］. 云南中医学院学报，2004，27（1）：3–5.
186. 汪奎宏，等 . 浙江林业可持续发展研究［J］. 浙江林业科技，2002，22（3）：1–6.
187. 王安明 . 章孝灿 . 黄智才 . 浙江省水土流失遥感普查有关技术问题的研究［J］. 中国水土保持，1999，（7）：19–21.
188. 王大中，等 . 中长期科技发展战略研究能源专题征求意见稿［M］.2004.
189. 王华 . 我省生态公益林建设主要乡土阔叶树种造林技术［J］. 广东林勘设计，2001. 3：1–6.
190. 王劲峰，柏延臣，朱彩英，等 . 地理信息系统空间分析能力探讨［J］. 中国图象图形学报，2001，6（9）：849–853.
191. 王礼先，王斌瑞，朱金兆，等 . 林业生态工程学［M］. 北京：中国林业出版社，1998.
192. 王良衍，王希华，等 . 天童林场采用“近自然林业”理论恢复退化天然林和改造人工林研究［J］. 林业科技通讯，2000，（11）：4–6.
193. 王思远，张增祥，周全斌，等 . 遥感与 GIS 支持下的中国森林植被动态变化分析［J］. 资源科学，2002，24（5）：64–69.
194. 王希华，陈小勇 . 宫胁法在建设上海城市生态环境中的应用［J］. 上海环境科学，1999，18（2）：100–101，104.
195. 王正军，张爱兵，程家安，等 . 基于 GIS 的种群动态的时空分析与模拟研究的方法进展［J］. 生态学报，2002，22（1）：104–110.
196. 吴征镒 . 中国植被［M］. 北京：科学出版社，1983：235–238.
197. 徐化成 . 景观生态学［M］. 北京：中国林业出版社，1996.
198. 许关煜，李敏华，等 . 植物药的研究开发动向［J］. 上海医药，2001，22（4）：165–167.
199. 薛立，陈红跃 . 世界森林发展趋势［J］. 广东林业科技，2000，16（2）：38–40.
200. 杨存建，陈德清，魏一鸣，等 . 遥感和 GIS 在森林病虫害监测管理中的应用模式［J］. 灾害学，1999，14（1）：6–10.
201. 尹佃忠 . 森林植被对地下水补给作用分析［J］. 地下水，2003，25（1）：9–10.
202. 余泳华 . 天然植物药的市场现状及对策［J］. 林产化学与工业，2002，22（1）：82–85.
203. 俞益武，吴家森，等 . 苍南县公益林生态系统生态经济价值研究［J］. 华东森林经理，2001，15（3）：42–44.
204. 宇凡 . 植物药物在美国的发展概况［J］. 湖南中医药导报，2000，6（10）：10–12.
205. 翟明普，郭素娟 . 关于提高我国造林质量的若干意见［J］. 世界林业研究，2003，16（1）：50–

54.
206. 张鼎华，林卿 . 近自然林业与林业的可持续发展［J］. 生态经济，2000（7）.
207. 张鼎华，叶章发，王伯雄 .“近自然林业”经营法在杉木人工幼林经营中的应用［J］. 应用与环境生物学报，2001，7（3）.
208. 张鸿铭 . 建设生态省推进“绿色浙江”［J］. 环境污染与防治，2003，25（1）: 1-3.
209. 张建锋，房义福，宋玉民 . GIS 在森林景观监测方面的应用［J］. 浙江林业科技，2000，20（6）: 50-52.
210. 浙江省林业志编纂委员会 . 浙江省林业志［M］. 北京：中华书局，2001.
211. 郑四渭，等 . 浙江林业现代化建设目标研究［J］. 浙江林学院学报，2005，22（1）: 87-92.
212. 中国林业生物产业发展“十一五”规划报告［C］.2005，7.
213. Biomass Research and Development Technical Advisory Committee. Recommendations to the U.S. Department of Energy and the U.S Department of Agriculture［C］.Dec.2001：2-16.
214. Biomass Research and Development Technical Advisory Committee. Vision for Bioenergy & Biobased Products in the United States［C］. Oct. 2002：9-10.
215. Morris D, Minority Report to the Secretary of the U.S. Department of Energy and the Secretary of the U.S. Department of Agriculture. Biomass Research and Development Technical Advisory Committee Recommendations［C］.Dec. 2001：3-15.
216. Sun Y, Cheng J. Hydrolysis of lignocellulosic materials for ethanol production: a review［J］. Bioresource Technology, 2002, 83：1-11.
217. “非公有制林业发展研究”课题组 . 非公有制林业发展制度障碍及解决对策［J］. 林业经济，2003（2）.
218.《林业公共财政政策》课题组 . 公共财政对广东林业支持的政策研究［J］. 林业经济，2003（3）.
219. 案例：美国、日本农场管理体制考察报告［C］. 农业部考察团，2003，9.
220. 陈德良，余寿艾，汪长健 . 论林地产权市场体系的建立与完善［J］. 林业经济问题，1998（6）.
221. 陈火春 . 论林业税费与森林采伐［J］. 华东森林经理，2000，14（4）.
222. 陈建祥，汪永红 . 浙江林业基地多渠道投融资的思考［J］. 林业经济，2000（2）.
223. 陈廉 . 揭开林业税费过重神秘面纱［J］. 中国林业，1999（5）.
224. 陈钦，徐益良，刘伟平 . 森林生态效益补偿范围和数量的确定［J］. 林业财务与会计，2000（8）.
225. 陈晓倩 . 论林业可持续发展中的资金运行机制［M］. 北京：中国林业出版社，2002.
226. 戴广翠，徐晋涛，等 . 中国集体林产权现状及安全性研究［J］. 林业经济，2002（11）.
227. 戴维・菲尼 . 制度分析与发展的反思—问题与抉择［M］. 北京：商务印书馆，1992.
228. 方仁柱，沈国华 . 管好用好林业四项贷款，促进浙江林业快速发展［J］. 浙江林业科技，2001，21（6）.
229. 国家林业局 . 中国林业发展报告［M］.北京：中国林业出版社，2004.
230. 侯俊玲 . 人力资源开发利用的分析研究［J］. 内蒙古科技与经济，2002，（8）.
231. 胡蛟，曹丽荣 . 试谈股份制林业的社会融资［J］. 林业财务与会计，1995（10）.
232. 孔凡斌 . 试论森林生态补偿制度的政策理论、对象和实现途径［J］. 西北林学院学报，2003（2）.
233. 孔令锋 . 人力资源开发利用的内在机制分析［J］. 人口学刊，2000（1）.
234. 匡启键 .3 年 178 亿打造新常州［N］. 新华日报，2002-10-16.
235. 李立清，李燕凌 . 对我国林业资本市场的观察和思考［J］. 林业经济，2000（3）.
236. 李向前，陈隽，张胜 . 生态公益林建设管理的环境经济政策分析——以广州为例［J］. 中国人口・资源与环境，2002（4）.
237. 铃木尚夫 . 现代林业经济论［M］. 陈陆圻，于政中，鲍禾，等，译 . 北京：中国林业出版社，1989.

238. 刘璨 . 我国森林环境服务市场构建与私人参与的选择［J］. 自然资源学报，2002（2）.
239. 刘国成，刘晓光 . 林业与公共财政［M］. 哈尔滨：东北林业大学出版社，2004.
240. 刘宏明 . 我国林权有关法律问题探究［J］. 生态文化，2004（2）.
241. 刘均 . 关于产权理论研究状况综述［J］. 财经问题研究，1995（10）.
242. 卢现祥 . 西方新制度经济学［M］. 北京：中国发展出版社，2003.
243. 鲁潍 . 环保融投资须与市场经济发展相适应［J］. 中国环境报，2002 年 5 月 20 日 .
244. 茅史亮，李土生，邱瑶德，等 . 浙江省生态公益林区划界定现状和建设建议［J］. 浙江林业科技，2003（1）.
245. 苗昆 . 守得云开见月明——关于环保彩票的话题［J］. 东方环境，2001-7-9.
246. 潘家坪 . 对我国林业税费改革的思考［J］. 林业经济问题，1997（4）.
247. 全国野生博物资源和自然保护区合理利用座谈会召开［N］. 中国绿色时报，2001-8-16.
248. 沈世香 . 集体林区森林产权交易市场管理亟待解决的几个问题［J］. 绿色中国，2004（10）.
249. 沈世香 . 林业税费并轨的思考［J］. 江西林业科技，1999（2）.
250. 沈文星，马天乐，等 . 江苏省林业产权制度改革林地流转政策研究［J］. 林业经济问题，2001（5）.
251. 沈月琴，刘德弟，徐秀英，等 . 森林可持续经营的政策支持体系［M］. 北京：中国环境科学出版社，2004.
252. 宋元媛，曾寅初，王兆君 . 采伐限额政策对非公有制林业的影响［J］. 林业经济，2003（2）.
253. 陶仁川 . 组建森林资源资产专职评估机构是林业行业的当务之急［J］. 林业经济，2003（4）.
254. 田国启，刘增光 . 山西省生态公益林实行效益补偿的调查与思考［J］. 林业经济，2001（11）.
255. 田明华 . 对林业税费的经济学分析［J］. 北京林业大学学报（社会科学版），2002，1（23）.
256. 田明华，张卫民，陈建成 . 我国森林采伐限额政策评价［J］. 中国人口·资源与环境，2003（1）.
257. 王玉玲，杨平 . 当前我国林业发展存在主要问题初析［J］. 林业经济，1999（4）.
258. 吴鸿 . 林业科技创新与浙江林业现代化建设［J］. 浙江林业，2005（11）.
259. 肖平，张敏新 . 国外森林产权问题研究［J］. 世界林业研究，1995（1）.
260. 徐秀英 . 南方集体林区森林可持续经营的林权制度研究［M］. 北京：中国林业出版社，2005.
261. 徐秀英 . 关于加快发展山地市场的初步探讨［J］. 林业经济问题，1998（1）.
262. 徐秀英 . 南方集体林产权制度历史变迁［J］. 世界林业研究，2004（3）.
263. 徐正春 . 关于林业税费负担问题的调查研究［J］. 农业经济问题，1999（11）.
264. 姚顺波 . 产权残缺的非公有制林业［J］. 农业经济问题，2003（6）.
265. 余燕 . 建立和健全农村融资服务体系的探讨［J］. 福建农业科技，1995（增刊）.
266. 曾福生 . 构建农业产业化的投融资体系［J］. 湖南财经高等专科学校学报，2002，18（6）.
267. 曾华锋，王晓南 . 江苏省森林生态系统多元化融资渠道及政策研究［J］. 林业经济，2001（3）.
268. 詹昌关 . 林业税费改革问题的探讨［J］. 林业财务与会计，2000（12）.
269. 张建国，吴静和 . 现代林业论［M］. 北京：中国林业出版社，2002.
270. 张建国，章静 . 关于南方集体林区林地问题的研究［J］. 林业经济问题，1995（1）.
271. 张蕾，巫忠泽，朱福华 . 推进林地市场化配置 促进林业可持续经营——四川省林地流转调查报告［J］. 林业经济，2000（4）.
272. 张秋根，晏雨鸿，万承永 . 浅析公益林生态效益补偿理论［J］. 中国林业调查规划，2001（2）.
273. 张文棋 . 论可持续发展的投融资问题［J］. 农业现代化研究，2001，22（5）.
274. 中国可持续发展战略研究项目组 . 中国可持续发展战略研究［M］. 北京：中国林业出版社，2003.
275. 朱妙生 . 林业税费调查与分析［J］. 江西林业科技，2000（1）.

附 件

APPENDIX

附件一 浙江林业现代化发展指标术语说明

一、林业现代化核心指标

林业资源优丰度——林业现代化的基础支撑：是指森林资源丰富与优质的程度。

1. 资源丰富指数

（1）有林地与林业用地面积比例：指有林地面积占林业用地的比率。

（2）单位国土面积的绿量：绿量是指植物全部叶片的1/2总面积，用以表达森林结构和功能等林分质量以及估算森林的生态效益的基础性资源数据，相同面积上绿量的高低，说明其上植物群落乔、灌、草的总绿量的高低。

2. 资源优质指数

（1）单位面积蓄积量：指单位森林面积（包括有林地面积和灌木林面积）的活立木蓄积量。以反映浙江省的林分质量以及森林生物量的消长和密度；是表达森林资源的丰富程度、衡量森林生态环境优劣的重要依据。

（2）森林碳密度：是指单位森林面积中森林碳总储量，固碳是增加温室气体汇（吸收）、减缓气候变暖、保护人类生存环境的重要途径，对于我国的环境保护与履行国际公约将起到重要作用。

3. 城市林业发展指数

（1）城镇人均公共绿地面积：指城镇建成区公共绿地面积与建成区常住人口的比值。

（2）城市绿地率：指居住区用地范围内各类绿地的总和与居住区用地的比率。

（3）城市绿化覆盖率：指城市各类型绿地（公共绿地、街道绿地、庭院绿地、专用绿地等）合计面积占城市总面积的比率。

森林生态安全度——社会经济可持续发展的保障：指某一地区赖以生存与发展的森林生态环境处于相对稳定和可持续利用的状态，包括环境安全、资源安全、生物安全等。

4. 森林生态建设指数

（1）生态公益林建成率：指已建成的生态公益林面积占规划建设生态公益林面积的比例。根据浙江省生态公益林建设导则（DB33/379.1-2002），生态公益林是指为维护和改善生态环境，保护生态平衡，保护生物多样性等满足人类社会的生态、社会需求和可持续发展为主体功能，主要提供公益性、社会性产品或服务的森林、林木、林地。根据生态公益林成林标准，对林分保存率、郁闭度、植被盖度、混交比、均匀度、完整度以及物种多样性、阔叶林、阔叶为主的针阔混交林、动植物物种丰富、针阔混交林和混交比具有严格要求，因此，生态公益林建成率一定程度上反映了林分质量及以天然林比率和阔叶化比率反映的森林自然度。

（2）沿海防护林建成率：指已建成的沿海防护林面积占规划沿海防护林面积的比例。

5. 国土安全指数

（1）森林成灾率：用森林发生灾害的程度来表示，是灾害（病虫害、火灾及其他灾害）发生面积在整个森林面积中发生的比率。

（2）水土流失率：指水土流失面积占整个国土面积的比例，是用来衡量水土保持状况的环境性指标。

6. 生态保护指数

（1）自然保护区占国土面积比例：指辖区内各类（级）自然保护区、风景名胜区等面积占全部陆地面积的百分比。

（2）森林公园（含湿地）占国土面积比例：指辖区内各类森林公园（含湿地）等面积占全部陆地面积的百分比。

林业产业经济高效度—林业现代化的基本要求，是指林业行业中第一产业、第二产业、第三产业所组成的产业链的结构组成、集约经营的强度和创造物质财富的能力。

7. 林业集约经营指数

单位森林面积林产品产值：指平均单位商品林面积所产生的林产品价值，本指标反映了当年林业土地创造的物质财富的能力和集约经营的强度。

8. 产业结构指数

二、三产业占林业总产值比重：指林业工业、森林旅游、林业服务等在林业行业总产值中的比重，反映林业产业结构发展水平。

9. 产业效率指数

劳动生产率：指根据产品的价值量指标计算的平均每一个职工在单位时间内的产品生产量。

林业发展的保障度—林业现代化的保障，是指实现林业现代化所需的科技、人力、资金和经济社会方面的保障。

10. 科技保障指数

林业科技贡献率：是定量评价科技进步对林业经济增长的贡献率，计算方法：林业科技贡献率 = 林业科技进步率 / 林业总产值增长率，林业科技进步率 = 林业总产值增长率 - 新增投入而产生的林业产值增长率。

11. 生态建设投入指数

（1）林业生态投入占财政支出中的比例：按用于林业生态建设方面的资金占整个财政支出的比重。生态投入包括生态公益林的建设、自然保护区的建设、防护林的建设等用于保护森林生态环境和生物多样性等方面而对林业的投入水平。

（2）单位面积生态投入水平：按单位生态林面积的资金投入表示。

12. 科学管理指数

（1）资源管理信息化程度：指实行森林资源、林地等信息化管理、实时灾害监控的小班数占浙江林区总小班数的百分比。规范、迅捷、高效的林业管理体系是浙江省林业现代化的必要保证，也是体现浙江省林业现代化建设时代特征的重要内容。

（2）管理人员知识化水平：按技术管理人员在林业职工中比例表示。

13. 社会公指数

（1）林业职工收入与社会职工收入之比：林业职工人均收入与整个社会职工人均收入的比率表示。林业职工收入与社会职工收入比率一定程度上反映了林业在社会经济发展中地位以及社会的公平程度。

（2）农民收入与城市居民的收入之比：用农民人均收入与整个社会人均收入的比率表示。这种城乡差距水平一定程度上反映了目前浙江省以工辅农（林）的程度。

二、林业现代化特色指标

（1）特色产业在林业总产值的比重：指具有明显特色的、在省内外有较大影响的林产品产值在林业总产值的比重，以反映林业产业特色。浙江具有丰富的竹笋、茶叶、山核桃、香榧等特色鲜明的森林资源，走特色、精品、优质、高效的路子，是森林资源产业的发展方向。

（2）林产品专业市场交易率：指林产品专业市场交易量占林业总产值的比重，以反映浙江市场经济特色。浙江率先在专业市场带动产业群发展方面获得巨大成功，具有丰富的经验优势。

（3）林特产业合作社组织比重：指根据林特产业合作社组织所生产的产值与当地的同类林特产业所生产的总产值的比率，以反映浙江的林特产业合作社发展水平。浙江林业产业品牌杂、规模小，以“千军万马”取胜，制约了产业的升级发展。产业化合作组织的建立，将极大提高市场竞争力，从而提升林产业发展水平。

（4）林源生物产业比重：指包括生物质能源、生物质材料、生物制剂等在内的林源生物产业在整个林业行业中的比重。林源生物产业是一项惠及人民健康、生态安全以及经济社会可持续发展的世纪工程，是低消耗、轻污染、高效益的朝阳产业。浙江省具有发展林源生物产业的基础和科技支撑力量，是浙江林业产业跨越发展的最大潜力所在。

（5）林业投入的非公资金比重：指非公有资金在整个林地投入的比重。浙江省非公有资金投入林业，显著促进林业的发展，是全国的表率，浙江省社会民间资本雄厚，应积极鼓励引导，以加速林业现代化进程。

三、城市林业现代化核心指标

（1）城市森林覆盖率：是城市森林总面积占土地总面积的比率。

（2）城市绿容率：是一个立体的概念，它是总绿量与土地面积之比。

（3）城市人均公共绿地面积：指人均城市常住人口的公共游憩绿地总面积。

（4）森林功能类型多样性指数：按森林类型按主导功能分类计算的用香农—威纳指数表示。

（5）空气 SO_2 浓度减低率：指城市林业中森林和草地中 SO_2 含量比非林地和非草地中 SO_2 含量减少的程度。

（6）空气 NO_2 浓度减低率：指城市林业中森林和草地中 NO_2 含量比非林地和非草地中 NO_2 含量减少的程度。

（7）空气总悬浮颗粒浓度减低率：指城市林业中森林和草地中有害气体 N 比非林地和非草地中有害气体减少的程度。

（8）降温效应指数：指林区或绿地的平均温度与非林区或非绿地的平均温度的差异与非林区或非绿地的平均温度的比值。

（9）森林景观游憩吸引度：指城市森林年接待游人量与城市年总接待游量之比，表征城市森林景观发挥生态旅游的服务功能的大小。

（10）城市居民义务植树尽责率：指实际参加义务植树的人数占有义务参加植树的总人数的比率。

（11）城市绿化建设的投资占 GDP 的比例：指用于城市绿化建设的总投入占城市的 GDP 总值的百分比。

（12）林木安全度：用林木成灾率反映，是林木灾害（病虫害、火灾及其他灾害）发生面积在整个面积中的比例。

（13）城市林业管理水平：概念与评价方法类同林业现代化发展水平评价指标中的林业管理水平。

四、林业现代化发展阶段性发展指标确定依据

（1）森林覆盖率：体现浙江省森林总水平。浙江省可利用林地面积有限，但人口增加、城市扩展、基础设施建设等经济社会发展对土地需求巨大，对稳定目前森林覆盖率水平，并有所增长，对林业本身是一个巨大挑战。

（2）森林总绿量：指植物全部叶片的 1/2 总面积，反映在环境中绿色面积能发生实际效应的生物量、生态效率以及生态功能，特别是在分析森林结构和功能以及估算森林的生态效益时，森林覆盖率等指标是无法实现的。根据不同龄级、不同林种的森林综合计算。

（3）活立木总蓄积：反映一个浙江省森林资源总规模和水平的基本指标之一，也是反映森林资源的丰富程度及森林生物量的消长和密度、衡量森林生态环境优劣的重要依据。发展目标值是根据目前浙江省的森林结构类型和相关林木生长模型确定其发展目标。

（4）城市建成区绿化覆盖率：反映城市林业发展水平的重要指标。发展目标值是根据城

市化扩展速度和人口增加速度确定。

（5）村庄绿化覆盖率：反映乡村林业发展水平的重要指标，村庄绿化在推进城乡一体化发展中也有着重要的地位。发展目标值是根据“千村示范万村整治工程”要求确定。

（6）森林公园、保护区、湿地公园等占国土面积：反映了森林资源和森林生态的保护水平和生态功能状况。发展目标值是根据相关规划及与林业发达国家水平比较确定。

（7）建成一、二类的重点生态公益林比例：反映林分质量及以天然林比率和阔叶化比率反映的森林自然度。一类林：郁闭度 0.8 以上的阔叶林及针阔混交林；二类林：郁闭度 0.5 以上的针阔混交林（混交比 30% 以上）。发展目标值是根据浙江省“浙江省生态公益林建设规划”等确定。

（8）森林碳贮量：森林的生物量、植物碎屑和森林土壤固定了碳素而成为碳汇。植被有机碳是表征生物量的指标，土壤有机碳是表征土壤质量演变的敏感指标，表明森林吸收并储存二氧化碳的能力。发展目标值是根据未来活立木总蓄积量的发展趋势及相关模型估算确定。

（9）森林生态价值：指浙江森林生态服务功能的总价值。的总价值。森林生态服务功能效益正逐渐被我国政府、科学界和公众所认识，是反映浙江省森林生态功能综合指标。发展目标值根据森林资源发展目标计算确定。

（10）林业行业社会总产值：林业行业社会总产值是反映林业产业发展总体规模和水平的指标。其发展目标值根据林业产业发展趋势确定。

（11）资源管理信息化程度：指实行基础数据（森林资源、林地等）信息化管理、实时灾害监控的小班数占浙江林区总小班数的百分比。规范、迅捷、高效的林业管理体系是浙江省林业现代化的必要保证，也是体现浙江省林业现代化建设时代特征的重要内容。

（12）林业生态建设投入占财政支出中的比例：林业生态建设投入是森林生态保护的资金保障和保护的力度。发展目标值是根据国民经济发展水平及森林生态投入需求确定。

（13）山区农民收入年净增额（林业收益）：指山区农民从林业产业中获得的年收入增加额，以表达林业现代化发展的富民成效。发展目标值根据商品林发展趋势及政府对林农补助规模确定。

附件二　浙江林业现代化工程建设主要树种推荐表

编号	树种	科名	类型	适用范围				生态特性						主要用途				宜林工程
				山地	平原	沿海	城区	耐干旱	耐瘠薄	耐水湿	耐盐碱	抗污染	其他	用材林	生态林	经济林	珍稀濒危	
1	侧柏	柏科	乔木	√	√	√	√	√	√	√	√	√	吸氟、氯、滞尘	√	√			1~5
2	圆柏	柏科	乔木	√		√	√	√	√		√	√	吸氯、杀菌	√	√			1~5
3	龙柏	柏科	乔木	√	√	√	√	√	√		√	√	吸氯、滞尘		√			1~4
4	桧柏	柏科	灌木	√	√	√	√	√	√		√	√	滞尘		√			1~4
5	日本扁柏	柏科	乔木	√	√	√		√	√					√	√			2~5
6	日本花柏	柏科	乔木	√	√	√	√	√	√						√			1~4
7	北美香柏	柏科	乔木	√	√	√		√	√					√	√			2~5
8	雪松	松科	乔木		√	√	√	√	√			√	滞尘	√	√			1~4
9	湿地松	松科	乔木	√	√	√	√	√	√	√		√	滞尘	√	√			1~5
10	火炬松	松科	乔木	√	√		√	√	√					√	√			1~5
11	马尾松	松科	乔木	√	√		√	√	√					√	√			1~4
12	金钱松	松科	乔木	√	√	√	√	√				√	滞尘	√	√	√	√	1~5
13	杉木	杉科	乔木	√		√					√	√	吸硫、滞尘	√	√			2~5
14	水杉	杉科	乔木		√	√	√					√	吸重金属		√			1~4
15	池杉	杉科	乔木		√	√	√								√			1~4
16	落羽杉	杉科	乔木		√	√	√								√			1~4
17	柳杉	杉科	乔木	√		√		√				√	吸硫、吸氯	√	√			2~5
18	北美红杉	杉科	乔木	√		√		√						√	√			2~5
19	南方红豆杉	红豆杉科	乔木	√		√	√	√	√			√	杀菌	√	√	√	√	1~5
20	香榧	红豆杉科	乔木	√	√		√	√				√	杀菌	√	√	√		1~5，8
21	罗汉松	罗汉松科	乔木		√		√	√				√	吸氯		√			1~4
22	银杏	银杏科	乔木	√	√	√	√	√	√		√	√	吸硫、氯	√	√	√	√	1~5，8
23	多花含笑	木兰科	乔木	√	√	√	√							√	√		√	1~5，7
24	峨眉含笑	木兰科	乔木	√	√	√	√							√	√		√	1~5，7

（续）

编号	树种	科名	类型	适用范围				生态特性						主要用途				宜林工程
				山地	平原	沿海	城区	耐干旱	耐瘠薄	耐水湿	耐盐碱	抗污染	其他	用材林	生态林	经济林	珍稀濒危	
25	观光木	木兰科	乔木	√	√	√	√							√	√		√	1~5，7
26	桂南木莲	木兰科	乔木	√	√	√	√	√	√					√	√		√	1~5，7
27	黄心夜合	木兰科	乔木	√	√	√	√							√	√		√	1~5，7
28	红花木莲	木兰科	乔木	√	√	√	√	√	√					√	√		√	1~5，7
29	玉兰	木兰科	乔木	√	√	√	√	√	√					√	√		√	1~5，7
30	紫玉兰	木兰科	乔木	√	√	√	√	√	√					√	√		√	1~5，7
31	广玉兰	木兰科	乔木		√	√	√	√	√			√	吸硫	√	√			1~4
32	马褂木	木兰科	乔木	√	√	√	√							√	√		√	1~5，7
33	乳源木莲	木兰科	乔木	√	√	√	√		√					√	√		√	1~5，7
34	深山含笑	木兰科	乔木	√	√	√	√	√	√					√	√		√	1~5，7
35	乐昌含笑	木兰科	乔木	√	√	√	√	√	√		√			√	√		√	1~5，7
36	黄山木兰	木兰科	乔木	√	√	√	√	√	√		√			√	√			1~5，7
37	厚朴	木兰科	乔木	√	√	√	√							√	√	√	√	1~5，7，8
38	醉香含笑	木兰科	乔木	√			√							√	√			1~5，7
39	乐东拟单性木兰	木兰科	乔木	√	√	√	√	√	√					√	√		√	1~5，7
40	凸头木兰	木兰科	乔木	√	√		√		√					√	√			1~5，7
41	香樟	樟科	乔木	√	√	√	√	√	√	√		√	吸氯、重金属、滞尘	√	√			1~5，7
42	浙江樟	樟科	乔木	√	√	√	√	√						√	√		√	1~5，7，8
43	天竺桂	樟科	乔木	√	√	√	√	√						√	√		√	1~5，7，8
44	舟山新木姜子	樟科	乔木	√	√	√	√	√			√			√	√		√	1~5，7，8
45	普陀樟	樟科	乔木	√	√	√		√						√	√		√	2~5，7，8

（续）

编号	树种	科名	类型	适用范围				生态特性						主要用途				宜林工程
				山地	平原	沿海	城区	耐干旱	耐瘠薄	耐水湿	耐盐碱	抗污染	其他	用材林	生态林	经济林	珍稀濒危	
46	黄樟	樟科	乔木	√	√	√	√	√			√			√	√			1~5，7
47	沉水樟	樟科	乔木	√	√	√	√	√						√	√		√	1~5，7，8
48	华东楠	樟科	乔木	√	√	√	√	√						√	√		√	1~5，7，8
49	浙江楠	樟科	乔木	√	√	√	√	√						√	√		√	1~5，7，8
50	檫树	樟科	乔木	√	√	√		√	√					√	√			2~5，7
51	大叶樟	樟科	乔木	√	√	√	√	√	√					√	√			1~5，7
52	红楠	樟科	乔木	√	√	√	√	√						√	√		√	1~5，7，8
53	金合欢	豆科	乔木	√		√		√						√	√			2~5，7
54	合欢	豆科	乔木	√	√	√	√	√				√	吸氯	√	√			1~5，7
55	黄檀	豆科	乔木	√	√	√		√	√					√	√			2~4，7
56	皂荚	豆科	乔木	√	√	√		√			√	√	吸氯	√	√			2~4
57	刺槐	豆科	乔木		√	√	√	√			√	√	吸硫、氯、氟、重金属					1~4
58	翅荚香槐	豆科	乔木	√		√		√										1~5，7
59	山合欢	豆科	乔木	√		√		√	√					√	√			2~4
60	花榈木	豆科	乔木	√		√	√		√					√	√			1~5，7
61	红豆树	豆科	乔木	√		√	√		√					√	√			1~5，7
62	紫藤	豆科	藤本	√	√	√	√	√	√						√			1~4
63	胡枝子	豆科	灌木	√	√	√	√	√	√						√			1~4
64	猕猴桃	猕猴桃科	藤本	√				√								√		5，9
65	七叶树	七叶树科	乔木	√	√		√	√				√	吸硫	√	√		√	1~5，7，8
66	桤木	桦木科	乔木	√	√	√	√			√	√			√	√			1~5，7
67	光皮桦	桦木科	乔木	√		√	√	√						√	√			1~5，7
68	臭椿	苦木科	乔木	√	√	√	√	√			√	√	吸硫、氯、氟、烟尘	√	√			1~5，7

（续）

编号	树种	科名	类型	适用范围				生态特性						主要用途				宜林工程
				山地	平原	沿海	城区	耐干旱	耐瘠薄	耐水湿	耐盐碱	抗污染	其他	用材林	生态林	经济林	珍稀濒危	
69	山核桃	胡桃科	乔木	√				√	√					√	√	√		2，5，7，9
70	薄壳山核桃	胡桃科	乔木	√				√	√					√	√	√		2，5，7，9
71	枫杨	胡桃科	乔木		√	√	√		√	√					√			1，3，4
72	楤木	五加科	乔木	√		√		√	√						√	√		2，3，5，9
73	常春藤	五加科	藤本	√		√	√	√	√						√			
74	木荷	山茶科	乔木	√		√	√	√	√					√	√			1~7
75	柃木	山茶科	灌木	√		√	√	√	√						√	√		1~7
76	油茶	山茶科	乔木	√		√		√	√			√	吸氯		√	√		2~7，9
77	浙江红花油茶	山茶科	乔木	√		√	√	√	√						√			2~7
78	杨桐	山茶科	灌木	√		√	√	√	√						√	√		1~7
79	锥栗	壳斗科	乔木	√		√		√	√					√	√	√		2，3，5，7，9
80	板栗	壳斗科	乔木	√		√		√	√					√	√	√		2，3，5，7，9
81	苦槠	壳斗科	乔木	√		√		√	√			√	吸氯	√	√			2~7
82	甜槠	壳斗科	乔木	√		√	√	√	√					√	√			1~7
83	米槠	壳斗科	乔木	√		√	√	√	√					√	√			1~7
84	栓皮栎	壳斗科	乔木	√		√		√	√					√	√			2~5，7
85	青冈栎	壳斗科	乔木	√		√	√	√	√			√	吸氯	√	√			1~7
86	石栎	壳斗科	乔木	√		√	√	√	√					√	√			1~7
87	麻栎	壳斗科	乔木	√		√		√	√			√	吸氯	√	√			2~5，7
88	柿	柿树科	乔木	√	√	√	√	√	√		√	√	吸氯		√	√		1~7，9
89	浙江柿	柿树科	乔木	√	√	√	√	√	√					√	√			1~5，7
90	枇杷	蔷薇科	乔木	√	√	√	√							√	√	√		1~7，9
91	石楠	蔷薇科	乔木	√	√	√	√	√	√			√	吸重金属、滞尘	√	√			1~7

（续）

编号	树种	科名	类型	适用范围				生态特性						主要用途				宜林工程
				山地	平原	沿海	城区	耐干旱	耐瘠薄	耐水湿	耐盐碱	抗污染	其他	用材林	生态林	经济林	珍稀濒危	
92	梅	蔷薇科	乔木	√	√	√	√		√						√	√		1~5，9
93	桃	蔷薇科	乔木	√	√	√	√	√	√						√	√		1~5，9
94	李	蔷薇科	乔木	√	√		√	√	√						√	√		1~5，9
95	月季	蔷薇科	灌	√	√	√	√	√	√			√	吸氯		√			1~4
96	樱桃	蔷薇科	乔木	√	√	√	√	√	√						√			1~4
97	日本樱花	蔷薇科	乔木	√	√	√	√	√	√						√			1~4
98	海棠	蔷薇科	乔木	√	√	√	√		√						√			1~4
99	杜仲	杜仲科	乔木	√	√	√	√	√	√		√	√	吸氟、杀菌	√	√	√	√	1~9
100	桑	桑科	乔木	√	√	√		√	√		√	√	吸氟、重金属、滞尘、杀菌		√	√		2~5，9
101	无花果	桑科	灌木		√	√	√	√			√	√	吸氯		√	√		1，3，4，9
102	构树	桑科	乔木	√	√	√	√	√	√		√	√	吸氯、重金属		√			1，4
103	枸骨冬青	冬青科	乔木	√	√	√	√	√	√						√			1~4，7
104	大叶冬青	冬青科	乔木	√	√	√	√	√						√	√	√		1~7，9
105	宁波木犀	木犀科	乔木	√	√	√	√	√	√					√	√			1~4，6，7
106	女贞	木犀科	乔木	√	√	√	√	√	√			√	吸硫、氯、氟、重金属、滞尘	√	√			1~4，6，7
107	金叶女贞	木犀科	灌木	√	√	√	√	√	√						√			1，4
108	桂花	木犀科	乔木	√	√	√	√	√				√	吸氯、滞尘		√	√		1~4，9
109	迎春花	木犀科	藤本	√	√	√	√	√	√			√	滞尘		√			1~4
110	石榴	石榴科	乔木	√	√		√	√	√						√	√		1~4，9
111	悬铃木	悬铃木科	乔木		√		√	√	√			√	吸氟、重金属、吸烟滞尘	√	√			1，3，4
112	海桐	海桐花科	灌木		√		√	√	√		√	√	吸氯		√			1，3，4
113	泡桐	玄参科	乔木	√	√		√	√				√	吸硫、氯、氟	√	√			1~4，7

（续）

编号	树种	科名	类型	适用范围				生态特性						主要用途				宜林工程
				山地	平原	沿海	城区	耐干旱	耐瘠薄	耐水湿	耐盐碱	抗污染	其他	用材林	生态林	经济林	珍稀濒危	
114	苦楝	楝科	乔木	√	√	√	√		√	√	√	√	吸硫	√	√			1~4，7
115	毛红椿	楝科	乔木	√	√	√	√		√					√	√			1~5，7
116	香椿	楝科	乔木	√	√	√	√	√	√		√			√	√	√		1~5，7，9
117	杨梅	杨梅科	乔木	√	√	√	√	√	√						√	√		1~7，9
118	南酸枣	漆树科	乔木	√	√	√	√		√					√	√			1~5，7
119	黄连木	漆树科	乔木	√	√	√	√	√	√			√	吸氯	√	√			1~4，7
120	盐肤木	漆树科	灌木	√	√	√	√	√	√		√			√	√			1~4，7
121	黄山栾树	无患子科	乔木	√	√	√	√	√	√					√	√			1~4，7
122	无患子	无患子科	乔木	√	√	√	√	√	√			√	吸氯	√	√			1~4，7
123	杜英	杜英科	乔木	√	√	√	√	√	√					√	√			1~4，7
124	猴欢喜	杜英科	乔木	√	√	√	√	√	√					√	√			1~4，7
125	柞木	大风子科	乔木	√	√	√	√	√	√					√	√			1~4，7
126	朴树	榆科	乔木	√	√	√	√	√	√			√	吸硫、氯	√	√			1~4，7
127	多脉榆	榆科	乔木	√	√	√	√	√	√		√			√	√			1~4，7
128	榔榆	榆科	乔木	√	√	√	√	√	√		√	√	抗烟尘、毒气	√	√			1~4，7
129	榉树	榆科	乔木	√	√	√	√	√	√					√	√			1~4，7
130	糙叶树	榆科	乔木	√	√	√	√	√	√					√	√			1~4，7
131	青榨槭	槭树科	乔木	√	√	√	√	√	√					√	√			1~4，7
132	鸡爪槭	槭树科	乔木	√	√	√	√	√	√						√			1~4，7
133	秀丽槭	槭树科	乔木	√	√	√	√	√	√					√	√			1~4，7
134	色木槭	槭树科	乔木	√	√	√	√	√	√					√	√		√	1~4，7，8
135	枫香	金缕梅科	乔木	√	√	√	√	√	√					√	√			1~4，7
136	银缕梅	金缕梅科	乔木	√	√	√	√		√					√	√		√	1~4，7，8
137	红花檵木	金缕梅科	灌木	√	√	√	√	√	√						√			1~4

（续）

编号	树种	科名	类型	适用范围				生态特性						主要用途				宜林工程
				山地	平原	沿海	城区	耐干旱	耐瘠薄	耐水湿	耐盐碱	抗污染	其他	用材林	生态林	经济林	珍稀濒危	
138	细柄阿丁枫	金缕梅科	乔木	√	√	√	√	√	√					√	√			1~4，7
139	美洲黑杨	杨柳科	乔木		√	√	√		√		√			√	√			1，3，4，5
140	旱柳	杨柳科	乔木		√	√	√	√	√		√	√	吸硫、氯、氟	√	√			1~4
141	垂柳	杨柳科	乔木		√	√	√	√	√		√			√	√			1，3，4
142	重阳木	大戟科	乔木	√	√	√	√	√	√					√	√			1~4，7
143	油桐	大戟科	乔木	√		√		√	√					√	√	√		1~5，7
144	乌桕	大戟科	乔木	√	√	√	√	√	√			√	吸硫、氯	√	√	√		1~5，7
145	黄栀子	茜草科	灌木	√	√		√	√	√						√			1，3，4
146	紫薇	千屈菜科	灌木	√	√		√	√	√			√	吸氯、重金属		√			1，3，4
147	夹竹桃	夹竹桃科	灌木		√		√		√			√	吸氯、重金属		√			1，3，4
148	喜树	蓝果树科	乔木	√	√	√	√			√	√	√	吸氯	√	√			1，3，4
149	秀丽四照花	山茱萸科	乔木	√	√	√	√	√						√	√			1~5，7，8
150	梾木	山茱萸科	乔木	√		√	√							√	√			1~4
151	山茱萸	山茱萸科	乔木	√		√		√							√	√		2，5，7，9
152	毛竹	禾本科	乔木	√		√		√						√	√	√		2，3，5，9，10
153	早竹	禾本科	乔木	√	√	√	√	√						√	√	√		1~4，，5，9，10
154	淡竹	禾本科	乔木	√	√	√	√	√						√	√	√		1~4，5，9，10
155	角竹	禾本科	乔木	√	√	√	√	√						√	√	√		1~4，5，9，10
156	乌哺鸡竹	禾本科	乔木	√	√	√	√	√			√			√	√	√		1~4，5，9，10
157	青皮竹	禾本科	乔木	√	√	√	√							√	√	√		1~4，5，9，10
158	紫竹	禾本科	乔木	√		√	√	√							√			1，4
159	方竹	禾本科	乔木	√		√	√	√							√			1，4
160	佛肚竹	禾本科	乔木	√		√	√	√							√			1，4

（续）

编号	树种	科名	类型	适用范围				生态特性						主要用途				宜林工程
				山地	平原	沿海	城区	耐干旱	耐瘠薄	耐水湿	耐盐碱	抗污染	其他	用材林	生态林	经济林	珍稀濒危	
161	罗汉竹	禾本科	乔木	√		√	√	√							√			1，4
162	斑竹	禾本科	乔木	√		√	√	√							√			1，4
163	翠竹	禾本科	灌木	√		√	√	√							√			1，4
164	孝顺竹	禾本科	灌木	√		√	√	√							√			1，4
165	黄杆乌哺鸡竹	禾本科	乔木	√		√	√	√			√				√			1，4
166	红壳雷竹	禾本科	乔木	√		√	√	√							√			1，4
167	菲白竹	禾本科	灌木	√		√	√	√							√			1，4
168	小檗	小檗科	灌木		√		√			√		√	吸氟		√			1，4
169	杜鹃	杜鹃科	灌木	√	√	√	√	√	√						√			1~4
170	爬山虎	葡萄科	藤本				√								√			1，4
171	大叶黄杨	黄杨科	灌木		√		√					√	吸氟、重金属、滞尘、杀菌		√			1，4
172	黄杨	黄杨科	灌木		√		√	√			√	√	吸氯、滞尘		√			1，4
173	木槿	锦葵科	灌木		√		√				√	√	吸氯		√			1，4
174	海滨木槿	锦葵科	灌木		√	√	√				√				√			1，4
175	木麻黄	木麻黄科	乔木		√	√					√	√	吸氯		√			3，4
176	桉树	桃金娘科	乔木	√	√	√	√	√	√		√	√	赤桉吸氯	√	√			1~4
177	蜡梅	蜡梅科	灌木	√	√	√	√	√							√			1~4
178	柑橘	芸香科	乔木	√	√	√	√								√	√		1~7，9
179	梧桐	梧桐科	乔木	√	√	√	√		√		√	√	吸氯	√	√			1~4，7
180	拟赤杨	野茉莉科	乔木	√	√	√	√							√	√			1~5，7
181	秋茄	红树科	乔木			√												3，8

宜林工程代码分别为：1. 城市森林工程；2. 山地森林保育工程；3. 防护林建设工程；4. 绿色通道建设工程；5. 退耕还林工程；6. 生物防火林带工程；7. 针叶林阔叶化改造工程；8. 野生动植物与湿地保护工程；9. 森林食品生产基地；10. 竹产业工程。

附件三 主要研究人员

分工	姓名	职称	专业	工作单位
负责人	王 成	博士、研究员	城市林业	中国林业科学研究院
	刘安兴	教授级高工	林业	浙江省森林资源监测中心
主要参加人员	贾宝全	博士、研究员	景观生态	中国林业科学研究院
	陶康华	教授	生态学	上海师范大学
	高智慧	研究员	生态学	浙江省林业科学研究院
	邱尔发	博士、副研究员	森林培育	中国林业科学研究院
	杜 群	工程师	林业	浙江省森林资源监测中心
	郄光发	博士	城市林业	中国林科院林业研究所
	许利群	教授级高工	生态学	浙江省林业科学研究院
	倪 军	硕士	环境科学	上海师范大学城市信息研究中心
	王金锋	硕士	GIS 与遥感	上海师范大学城市信息研究中心
	周国祺	副教授	区域规划	上海师范大学城市信息研究中心
	宋锦华	副教授	农业地质	上海师范大学城市信息研究中心
	詹晓红	助理研究员	园林	中国林业科学研究院
	孙晓霞	工程师	经济管理	中国林业科学研究院

附件四　专题主要完成人员

分工	姓名	职称	专业	工作单位
负责人	汪奎宏	研究员	森林培育	浙江省林业科学研究院
	储富祥	博士、研究员	林产化工	中国林业科学研究院
主要参加人员	杜国坚	研究员	经济林	浙江省林业科学研究院
	刘军利	博士、副研究员	林产化工	中国林业科学研究院
	王树东	研究员	生态学	中国林科院竹子中心
	孙启祥	博士、副研究员	城市林业	中国林科院林业所
	武红敢	研究员	数字林业	中国林科院资源信息所
	朴春根	博士、副研究员	森林保护	中国林科院生态所
	刘明刚	研究员	林业机械	中国林科院林机所
	张建锋	博士、副研究员	城市林业	中国林科院林业所
	付立忠	博士、助理研究员	遗传育种	浙江省林业科学研究院
	陈友吾	助理研究员	森林保护	浙江省林业科学研究院
	李　永	助理研究员	森林生态	中国林科院生态所
	何奇江	助理研究员	竹子加工	浙江省林业科学研究院

附件五 专题主要研究人员

	姓名	职务职称	业务专业	所在单位
负责人	沈月琴	博士、教授	林业经济管理	浙江林学院
	蔡登谷	教授级高工	林业经济管理	中国林业科学研究院
	费本华	博士、研究员	木材科学	中国林业科学研究院
主要参加人员	徐秀英	博士、教授	经济学	浙江林学院
	吴伟光	副教授	国际贸易	浙江林学院
	林 群	助理研究员	林业经济管理	中国林业科学研究院
	邱尔发	博士、副研究员	森林培育	中国林业科学研究院
	许利群	教授级高工	生态学	浙江省林业科学研究院
	马锦生	讲师	产业经济学	浙江林学院
	何志华	高级工程师	林业	浙江省林业厅
	蒋国红	工程师	森林培育	浙江省林业厅
	朱 臻	研究生	林业经济管理	浙江林学院

附件六 案例分析——云和仙宫果业经营模式创新与启示

一、云和仙宫果业经营模式的背景

1. 顺天时

《中共中央 国务院关于促进农民增加收入若干政策意见》明确指出:“培育农产品营销主体。鼓励发展各类农产品专业合作组织、购销大户和农民经纪人。积极推进有关农民专业合作组织的立法工作。从2004年起，中央和地方要安排专门资金，支持农民专业合作组织开展信息、技术、培训、质量标准与认证、市场营销等服务。”这是中央从资金与政策扶持、工作机制和立法上，赋予农产品营销主体以合法地位。而地处东部沿海的浙江省更是好戏连台:为了重点帮扶该省25个经济欠发达县和211个欠发达乡镇发展经济，不仅由省级财政每年安排1亿多元扶持专项资金，通过省、市、县三级结对帮扶实施数以千计的扶贫项目，并从农林科研机构、高校选派百余名科技人员下到100个欠发达乡镇担任科技特派员。这一系列“顺民意、暖民心”的重大举措，不仅增强了当地农民发展多种经营增收的信心，而且在云和孕育了中国农村新型的农民专业合作组织。

2. 占地利

地处浙西南山区的云和县，自然条件十分优越，当地盛产乡土优质水果云和雪梨、早香柚等，近几年又从10多个国外引进的果品中筛选了适合当地种植的美国加州黑李等品种。1997年春，在省、市林业主管部门支持下，县林业、财政、农业开发等12个部门联合采取股份制合作投入、土地流转经营、科技承包等机制，在重河湾创办了集果品生产、良种培育、新技术推广和果品营销为一体的实验示范基地。初始规模2000余亩，以云和雪梨、美国黑李为主导产品，其中果树良种园200亩。实验示范基地三年后开始挂果投产，五年后进入盛果期。可观的经济效益、可靠的科技支撑条件和良好的市场前景，对周边地区产生了强烈的辐射效应。这一切为培育“云和仙宫果业”、“云和雪梨协会”奠定了雄厚的物质基础。

3. 取人和

果农依托由4名学有专长的年轻科技人员领头（其中1名下派的乡镇科技特派员）创办的农业合作组织所提供的技术服务与市场信息，科学经营果园，大力发展特色果品经济。3年来，重河湾以基地为核心，迅速带动了附近5个乡镇、2000多个农户自筹资金，自主开发，自愿加盟，形成了拥有2万余亩果品生产基地的规模（目前尚有80%以上的果园未进入盛果期）。

二、可贵的借鉴

科技人员发挥知识与信息的优势，在研究借鉴美国“新奇士”经营模式的基础上，开始结合当地的实际，酝酿、设计并运作了中国特色的“新奇士”——“云和仙宫果业”及其经营模式。

美国新奇士柑橘种植者协会（又称为联合体或合作社）是1893年，由60位加州的果农为谋求其自身利益的最大化而自发成立农业合作组织，实行会员制管理。经过百年磨合，这个协会基本运作模式至今仍沿用传统的约定，即合作社完全由果农拥有和管理，也只有果农才有资格成为董事局成员。协会的主要功能是通过提供统一的包装和质量标准，为会员销售柑橘产品提供服务。美国农业的生产要素正是在农户、农产品市场、农业合作组织和政府的互动下组织起来,其中类似“新奇士”那样的农业合作组织发挥了不可替代的作用。其主要特点有四：一是以服务为宗旨，以非营利和利润共享为特征；二是自发成立、结构松散、互助互利；三是对会员负责，保持与政府和国会的对话与沟通，影响或参与制定农业政策；四是形式多样，功能各异（从事各种农资购买、信贷、通信、储运等服务）。目的是为了降低成本，共同抵御市场和自然风险，开拓市场、销售产品或购买农业生产资料和技术推广等服务。目前,新奇士已拥有6000名果农会员,涵盖了加州和亚利桑那州的大部分果农，年销售收入达10亿美元，是北美十大协会之一，也是世界上规模最大、竞争力最强的果蔬组织。

借鉴并不意味着简单移植，而是建立在国情民意基础上的农村经营管理体制的创新。他们从美国“新奇士”经营模式中吸取有益的成分，于2002年新注册了以参与果品基地管理的科技人员、果农大户为主体，以股份制为特色的“云和县仙宫果业有限责任公司”。与此同时，又登记成立了具有自己品牌的“云和雪梨协会”，注册了自己的商标“仙宫湖”。公司与协会一套人马，实行会员制管理，承担着为果农和云和果业发展提供产前、产中、产后全过程配套服务的重任。

三、基本做法——以服务为宗旨

云和县仙宫果业有限责任公司实行董事会领导下的总经理负责制，严格按照公司章程和购销合同从事果品营销与服务，享受地方优惠政策（包括地方税收减免政策、争取省、市、县三级扶助项目与配套资金等）。而云和雪梨协会则是果农自发创办的农民专业合作组织，实行会员大会制，主要承担协调公司与会员（尤其是果农大户）之间的利益关系和双方履约执行情况，根据会员需要提供各种服务。其基本做法是：

（1）政策服务。与当地政府保持紧密联系，并得到政策、资金等扶持。凡是自愿加盟的果农，由协会帮助果农从县政府农业开发部门得到无偿提供苗木经费的扶持。

（2）技术服务。由协会进行新品种、新技术研究开发，帮助果农进行果园规划设计，提供基地培育的优质果树苗木，根据不同品种、季节和服务对象的需求，在施肥、修剪、打药、采摘等果园管理技术指导与培训。

（3）信息服务。通常以简报、专刊（每季度两期）等形式，免费向会员发布市场供销、果品价格、气象、防治病虫害与冻害技术、生产资料与果园管理等信息。

（4）农资采购服务。根据会员需求承担集中采购各种工具、化肥和无公害低毒农药等，以保证质量，降低成本。

（5）果品收购与销售服务。按质论价，统一收购，即根据市场行情和不同果品的成熟季节，确定统一的采摘时间，就地就近设置收购点。当年果品收购基价按照上年实际成交价的 70% 当场向果农兑付现金。公司负责将收购的果品进行分级、包装、贮藏、运输、广告宣传和组织上市销售。

（6）商标服务。为保护自主知识产权和果农利益，创名优品牌和市场信誉，协会对外营销一律使用“仙公湖”果品注册商标。最近，协会又注册了一个公用商标——“云和雪梨”，免费提供给非会员果农使用，统一印制果品包装箱只收取工本费，按照市场规律和质量要求进行商标管理。

（7）组织协会活动。协会每年定期召开两次会员大会。上半年果品销售前主要介绍市场信息、销售行情预测、政策沟通等；下半年在果品销售后主要进行工作总结、账务公开、确定二次分配方案、技术培训以及商讨下一步发展计划等。

（8）利益共享。云和仙宫果业的经济利益主要由两部分组成：一部分为本年度果品的公司收购价与实际成交价之间的差额，剔除销售成本后，计算出平均返还的基价，然后按照当年公司实际收购会员果品的数量和质量，将差额部分直接返还给果农，这就是公司向果农进行二次分配的机制；另一部分是公司当年从事其他业务（如自营培育出售种苗、代办非会员果品销售以及其他服务等）所得的可分配利润，则按股分红（比例大体为：65% 用于分红，35% 用于发展）。公司成立 3 年来，用于扩大再生产的资金投入 200 多万元。假如当年公司经营产生亏损，不向会员分摊，而在下一年度利润中冲减（三年来公司未发生经营亏损，表 1）。

表 1　2002~2004 连续三年销售果品二次分配情况表　　单位：万斤、元

年度	收购果品总量	收购均价	实际均价	每斤返还	总返还
2002	70	2	2.6	0.386	270000
2003	110	1.8	2.48	0.43	473000
2004	180	2.55	2.875	0.325	585000

（9）账务公开。云和仙宫果业实行股份合作制，由公司的管理人员、科技人员和协会会员（主要是果树种植大户）直接参与公司管理与财务监督。董事长每年向会员大会报告工作，公开全年财务收支情况，审议公司积累的投入。

四、模式创新

通过经营模式与分配机制的创新，不仅赢得果农的信任和市场的信誉，而且为公司与协会的发展赢得一片天地。

（1）公司性质：自主经营、独立核算、自负盈亏，照章纳税，以非营利为目的，以利润分享为特征。

（2）协会管理：“云和雪梨协会”实行会员制管理，充分尊重会员的个人权利和自主选择，遵循“自愿加盟、进出自由、松散联合、互助互利”的原则，实行诚信为本、服务至上、合同管理、接受监督的管理机制，形成利益共同体。

（3）经营特点：统一经营、分散管理；利益共享、风险共担；规模经营、联合竞争；以质取胜、争创名牌。

（4）成功之处：云和仙宫果业与云和雪梨协会的经营模式之所以得到当地政府、果农和市场的普遍认可，其成功之处在“四个有利于”：①有利于加快农村经济结构调整，发展农副产品生产加工过程中的专业化分工和规模化经营；②有利于降低生产与营销成本，提高经济效益和市场竞争力；③有利于创出优质品牌，减少经营风险，增加果农收入；④有利于协调不同环节中各方经济利益关系，实现公司与会员、公司与市场的有效对接。

五、有益启示

云和仙宫果业经营模式给我们有三点有益的启示：

（1）要有一个鼓励科技人员为“三农”服务的好政策。党的政策在服务“三农”，促进科技与经济结合方面所显示的威力在于引导、激励和保障作用。浙江省委、省政府又以下派乡镇科技特派员的形式，为科技人员搭建了一个施展才华的政策平台。2004 年，省里从省农科院、浙江大学等单位选派了百名农业科技人员，到 100 个欠发达乡镇任职，从根本上解决了开发项目、扶持资金问题，并在生活待遇等方面从优。正因为如此，浙江云和的农林科技人员得以在重河湾镇依托果园实验示范基地，创建了农业经济合作组织——雪梨协会，有声有色地为当地果农开展服务。

（2）要有一个能够有效促进农户、农产品市场、农民专业合作组织与政府之间互动的好机制。创新农村经营模式是新时期完善市场经济的必然结果和发展趋势。云和仙宫果业经营模式正是从当地的实际出发，通过公司 + 协会的组织形式和二次分配的机制，把各种生产要素在农户、市场、农民专业合作组织与政府之间实现了紧密联系与良性互动，以技术为依托，市场为导向，以创“云和品牌”、实现利润最大化为目标，最终还利于民，促进果农增收。这种为民谋利、简洁明快的运行机制深受果农欢迎。

（3）要有一个真正为农民说话、办事、服务的好组织。长期以来中国果品生产者（果农）在与市场对接中往往处于弱势地位，云和仙宫果业经营模式正是在汲取以往的教训中，把松散、无序的群体组织起来，联手参与市场竞争，在把果品做优、做精，把公司做大、做强的过程中为农民赢得效益。我国广大农村和农民怎能不呼唤更多这样的农民专业合作组织在中华这片热土上诞生。

诚然，云和农民专业合作组织尚处于探索与尝试阶段，尤其是在我国目前农村商品生产与市场经济发育仍未达到高度专业化、集约化和规模化的程度，社会分工与大生产之间的相互衔接仍不够配套，使得许多本应由社会专业分工来承担的配套设施与服务（包括专业运输、果品仓储与冷库等），责无旁贷地由新生的农民专业合作组织（无论是公司还是协会）承担，显得力不从心。农民专业合作组织的合法地位以及在规范管理、技术服务、质量标准与创优质精品等方面还有许多工作要做。尽管如此，云和毕竟迈出了十分可贵的第一步，成为率先在中国农村创办属于农民自己的专业合作组织的实践者之一，为全国农村和农民提供了宝贵的经验。

附 图

APPENDED FIGURE

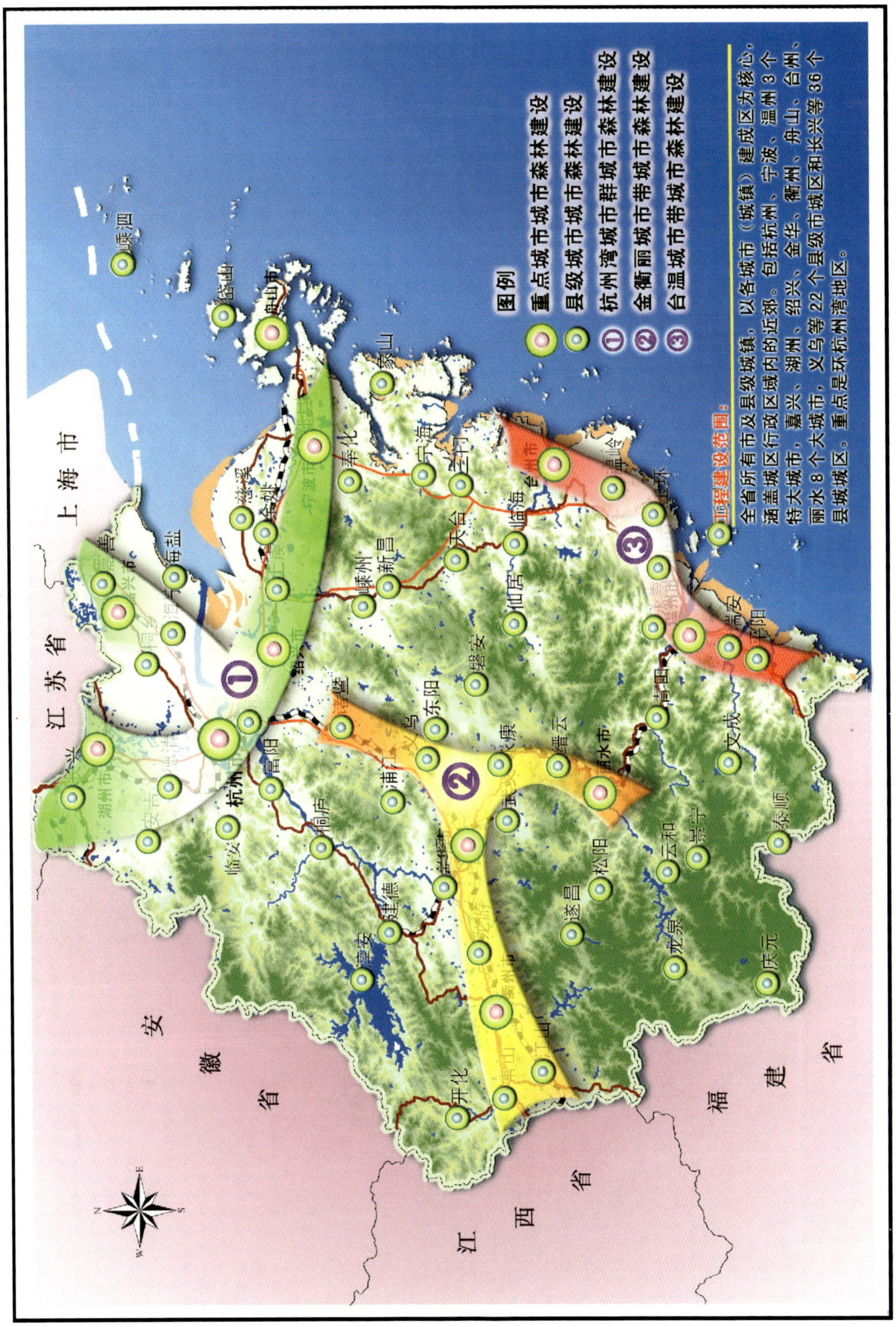

附图一 城市森林工程

附图二　山地森林保育工程

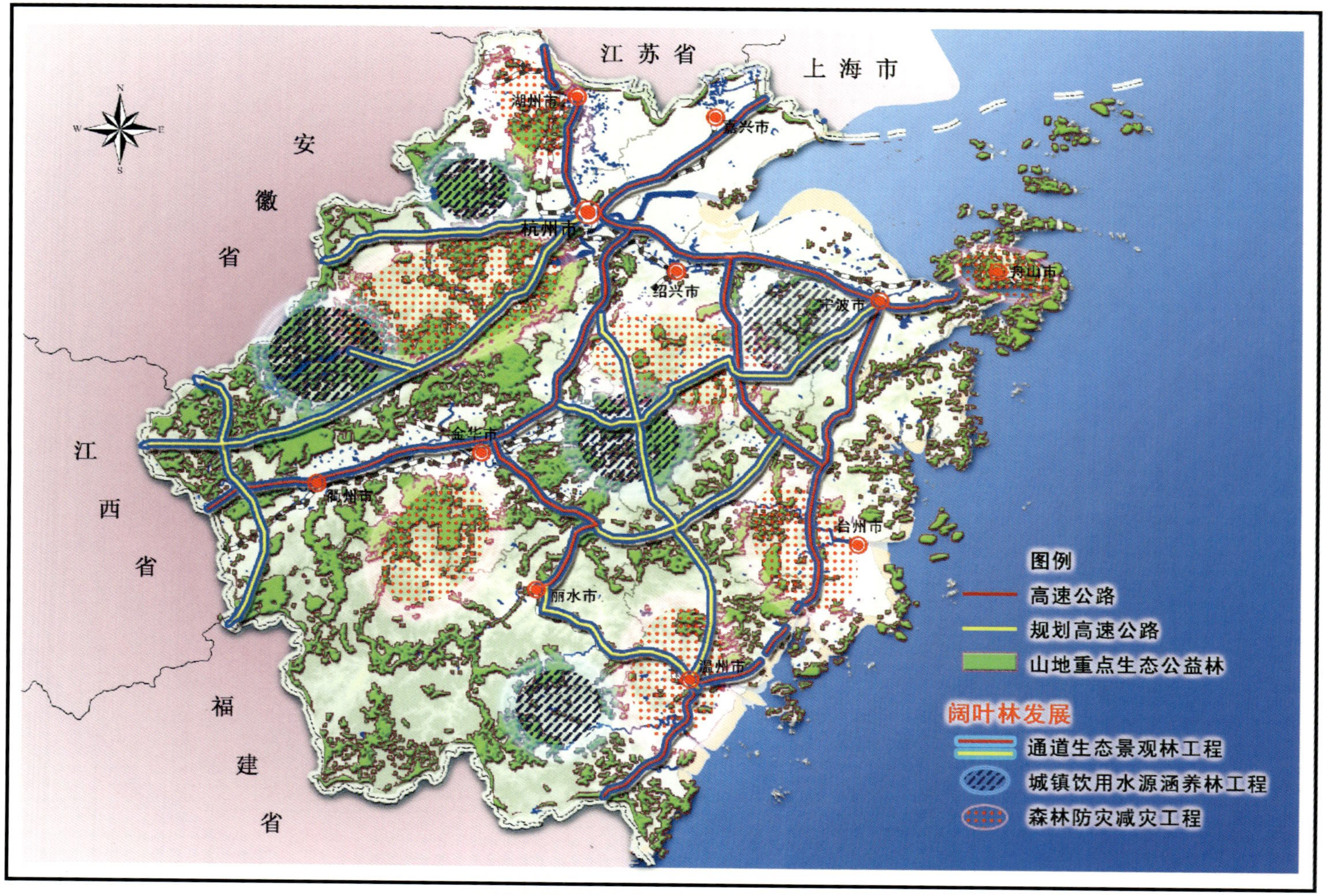

附图三　沿海防护林体系建设工程

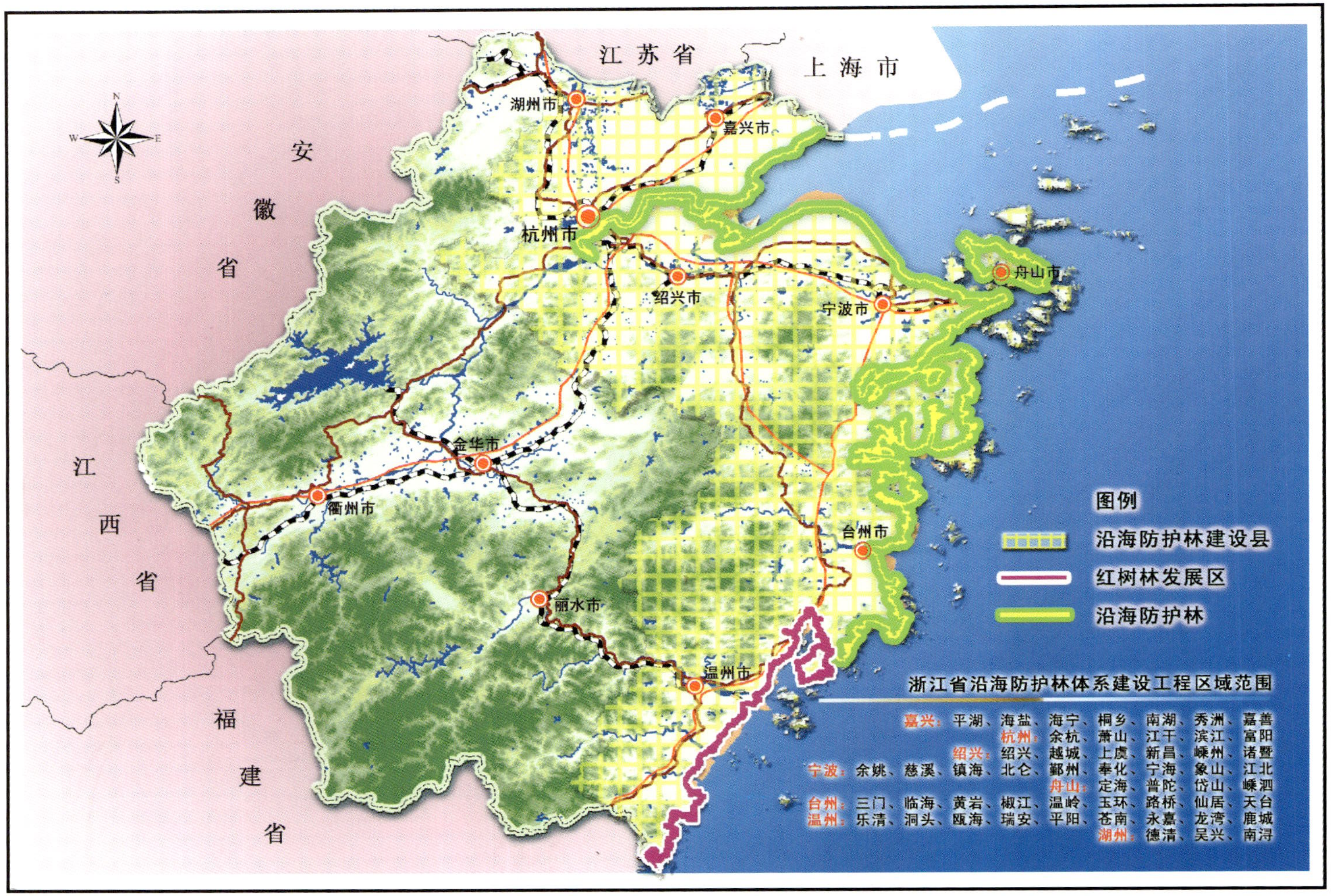

附图四 野生动物与湿地保护工程

附图五　竹木业工程

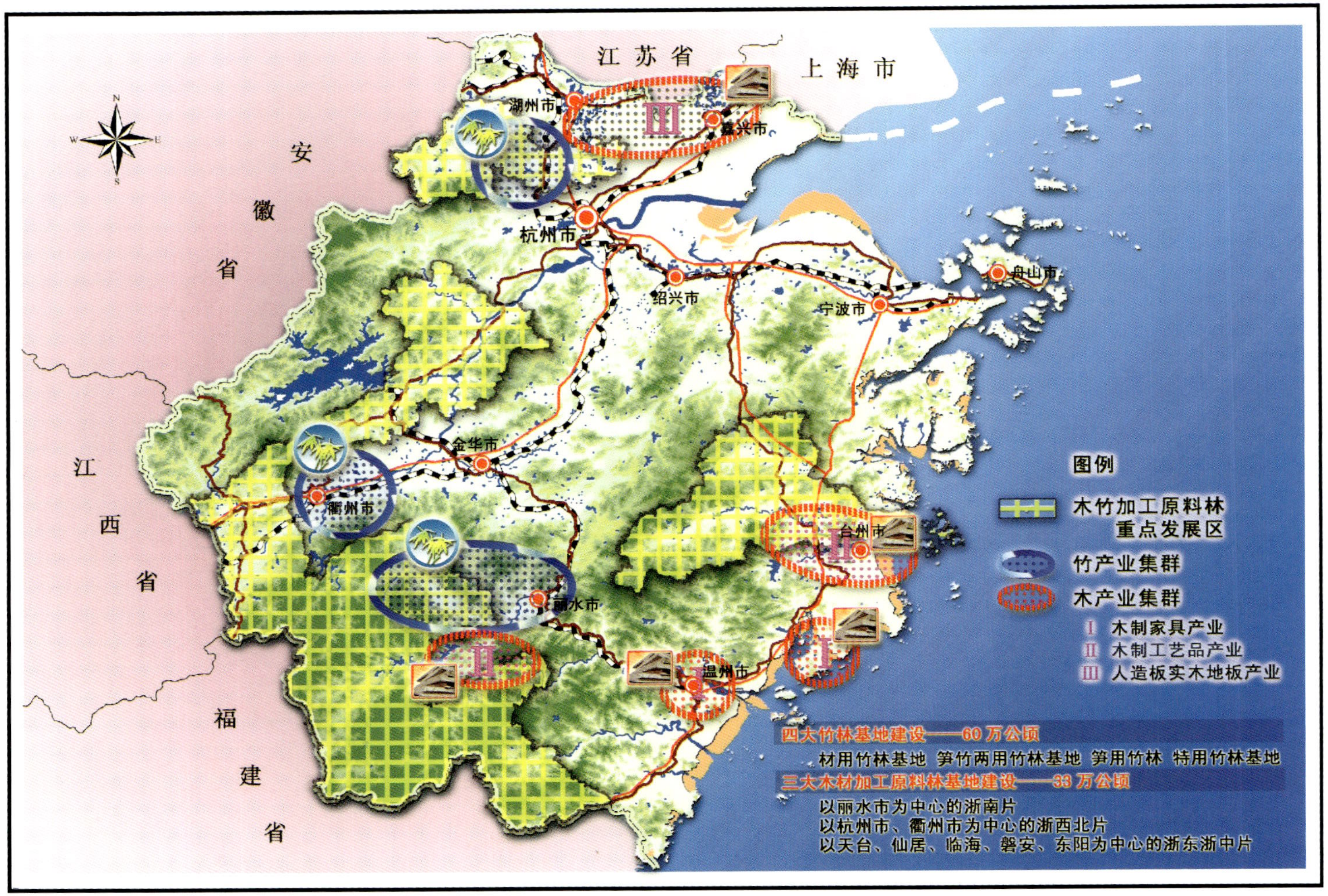
江苏省
上海市
安
徽
省
江
西
省
福
建
省
湖州市
嘉兴市
杭州市
绍兴市
宁波市
舟山市
金华市
衢州市
丽水市
台州市
温州市
图例
木竹加工原料林
重点发展区
竹产业集群
木产业集群
Ⅰ 木制家具产业
Ⅱ 木制工艺品产业
Ⅲ 人造板实木地板产业
四大竹林基地建设——60万公顷
材用竹林基地 笋竹两用竹林基地 笋用竹林 特用竹林基地
三大木材加工原料林基地建设——33万公顷
以丽水市为中心的浙南片
以杭州市、衢州市为中心的浙西北片
以天台、仙居、临海、磐安、东阳为中心的浙东浙中片

附图六 森林生态旅游工程

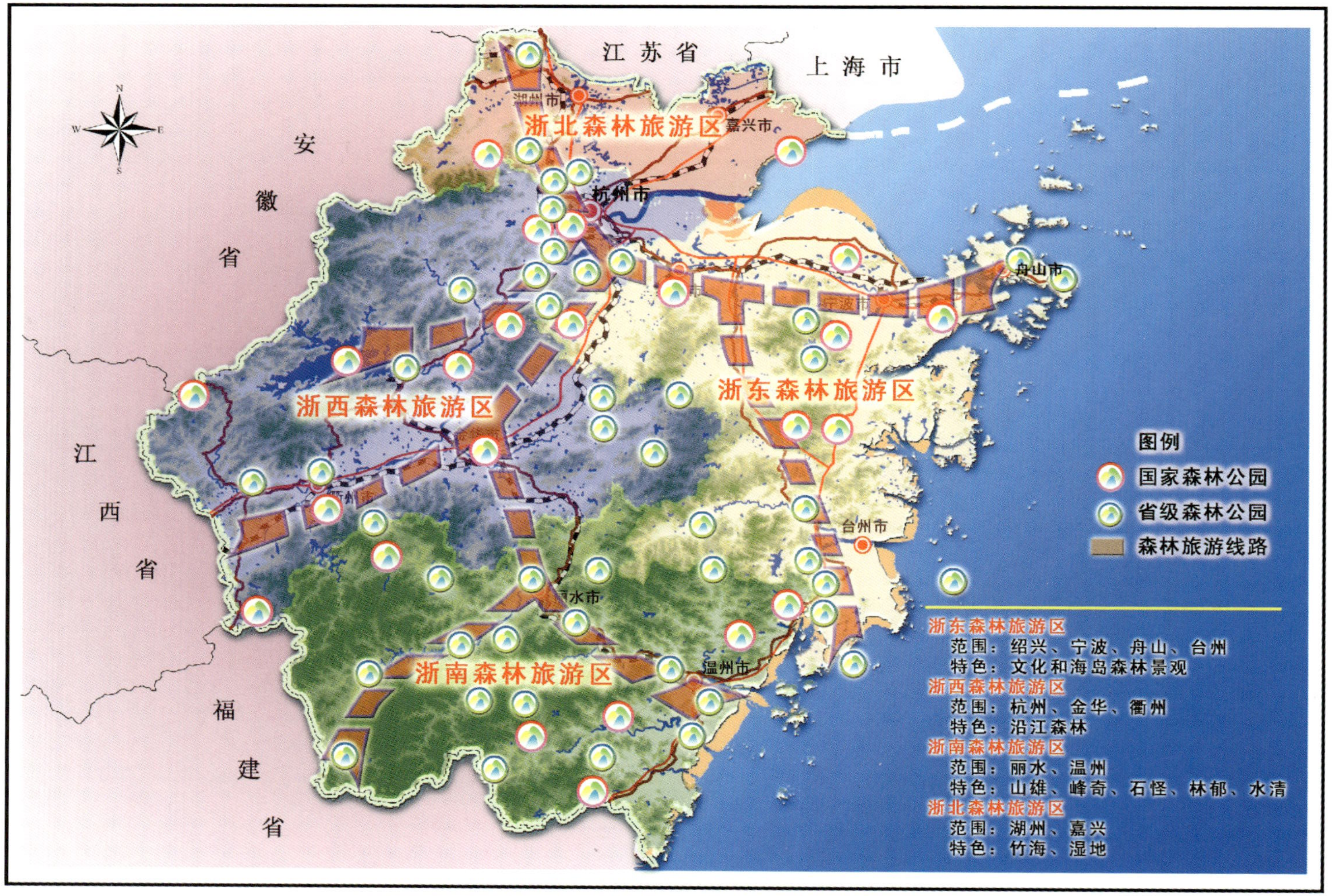

附图七　乡村绿色家园建设工程

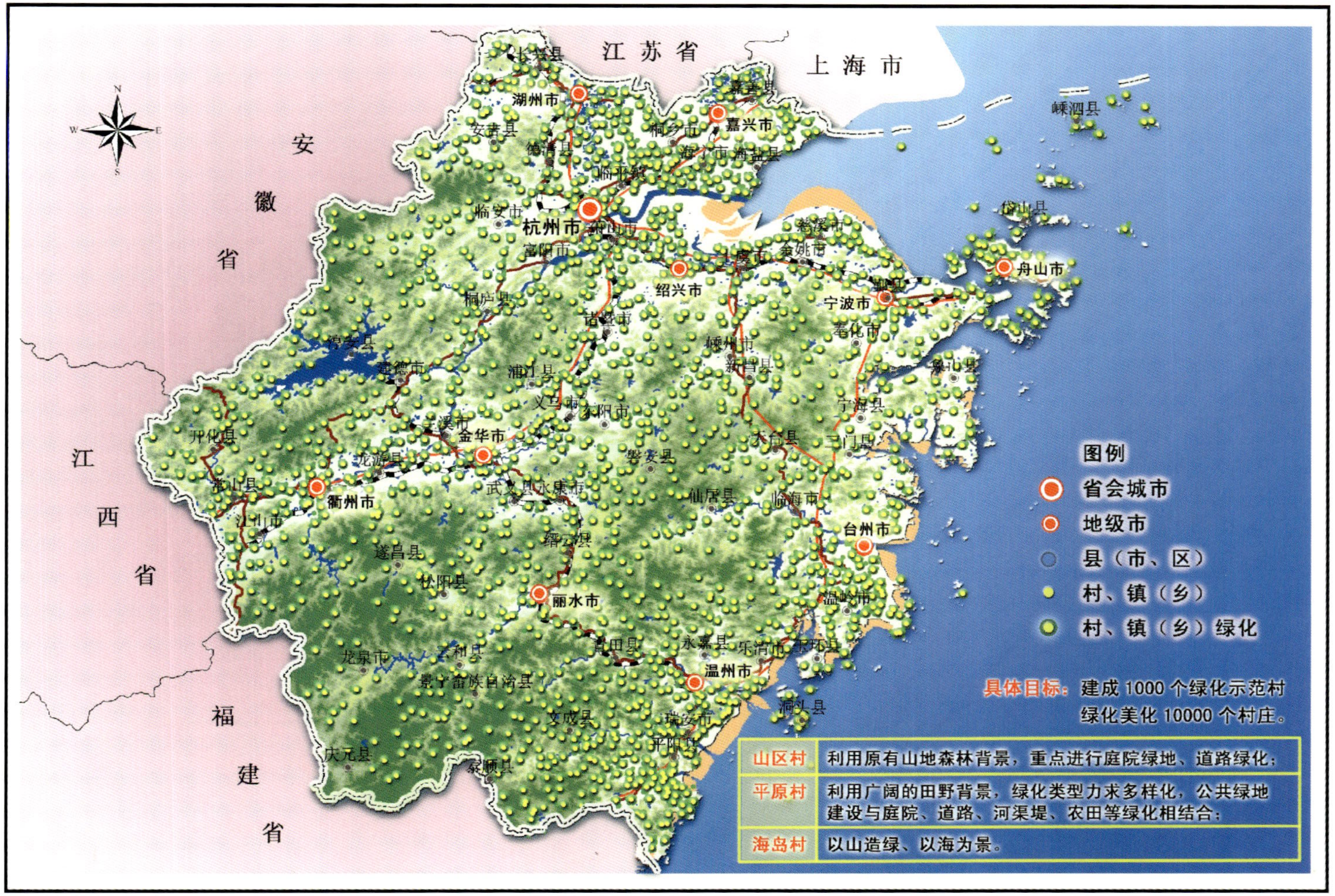

国家林业局重点出版工程　国家出版基金资助项目

“十二五”国家重点图书出版规划项目——中国森林生态网络体系建设出版工程

内容简介

党的十八大把生态文明建设放在突出地位，将生态文明建设提高到一个前所未有的高度，并提出建设美丽中国的目标，通过大力加强生态建设，实现中华疆域山川秀美，让我们的家园林荫气爽、鸟语花香，清水常流、鱼跃草茂。

2002 年，在中央和国务院领导亲自指导下，中国林业科学研究院院长江泽慧教授主持《中国可持续发展林业战略研究》，从国家整体的角度和发展要求提出生态安全、生态建设、生态文明的“三生态”指导思想，成为制定国家林业发展战略的重要内容。国家科技部、国家林业局等部委组织以彭镇华教授为首的专家们开展了“中国森林生态网络体系工程建设”研究工作，并先后在全国选择 25 个省（自治区、直辖市）的 46 个试验点开展了试验示范研究，按照“点”（北京、上海、广州、成都、南京、扬州、唐山、合肥等）“线”（青藏铁路沿线，长江、黄河中下游沿线，林业血防工程及蝗虫防治等）“面”（江苏、浙江、安徽、湖南、福建、江西等地区）理论大框架，面对整个国土合理布局，针对我国林业发展存在的问题，直接面向与群众生产、生活，乃至生命密切相关的问题；将开发与治理相结合，及科研与生产相结合，摸索出一套科学的技术支撑体系和健全的管理服务体系，为有效解决“林业惠农”“既治病又扶贫”等民生问题，优化城乡人居环境，提升国土资源的整治与利用水平，促进我国社会、经济与生态的持续健康协调发展提供了有力的科技支撑和决策支持。

“中国森林生态网络体系建设出版工程”是“中国森林生态网络体系工程建设”等系列研究的成果集成。按国家精品图书出版的要求，以打造国家精品图书，为生态文明建设提供科学的理论与实践。其内容包括系列研究中的中国森林生态网络体系理论，我国森林生态网络体系科学布局的框架、建设技术和综合评价体系，新的经验，重要的研究成果等。包含各研究区域森林生态网络体系建设实践，森林生态网络体系建设的理念、环境变迁、林业发展历程、森林生态网络建设的意义、可持续发展的重要思想、森林生态网络建设的目标、森林生态网络分区建设；森林生态网络体系建设的背景、经济社会条件与评价、气候、土壤、植被条件、森林资源评价、生态安全问题；森林生态网络体系建设总体规划、林业主体工程规划等内容。这些内容紧密联系我国实际，是国内首次以全国国土区域为单位，按照点、线、面的框架，从理论探索和实验研究两个方面，对区域森林生态网络体系建设的规划布局、支撑技术、评价标准、保障措施等进行深入的系统研究；同时立足国情林情，从可持续发展的角度，对我国林业生产力布局进行科学规划，是我国森林生态网络体系建设的重要理论和技术支撑，为圆几代林业人“黄河流碧水，赤地变青山”梦想，实现中华民族的大复兴。

作者简介

彭镇华教授，1964 年 7 月获苏联列宁格勒林业技术大学生物学副博士学位。现任中国林业科学研究院首席科学家、博士生导师。国家林业血防专家指导组主任，《湿地科学与管理》《中国城市林业》主编，《应用生态学报》《林业科学研究》副主编等。主要研究方向为林业生态工程、林业血防、城市森林、林木遗传育种等。主持完成“长江中下游低丘滩地综合治理与开发研究”“中国森林生态网络体系建设研究”“上海现代城市森林发展研究”等国家和地方的重大及各类科研项目 30 余项，现主持“十二五”国家科技支持项目“林业血防安全屏障体系建设示范”。获国家科技进步一等奖 1 项，国家科技进步二等奖 2 项，省部级科技进步奖 5 项等。出版专著 30 多部，在《Nature genetics》《BMC Plant Biology》等杂志发表学术论文 100 余篇。荣获首届梁希科技一等奖，2001 年被授予九五国家重点攻关计划突出贡献者，2002 年被授予“全国杰出专业人才”称号。2004 年被授予“全国十大英才”称号。